国家出版基金项目
NATIONAL PUBLICATION FOUNDATION

中国近代
思想家文库

◎

周月峰 编

杜亚泉卷

中国人民大学出版社
·北京·

总　序

　　对于近代的理解，虽不见得所有人都是一致的，但总的说来，对于近代这个词所涵的基本意义，人们还是有共识的。一个国家、一个民族走入近代，就意味着以工业化为主导的经济取代了以地主经济、领主经济或自然经济为主导的中世纪的经济形态，也还意味着，它不再是孤立的或是封闭与半封闭的，而是以某种形式加入到世界总的发展进程。尤其重要的是，它以某种形式的民主制度取代君主专制或其他不同形式的专制制度。中国是个幅员广大、人口众多、历史悠久的多民族国家，由于长期历史发展是自成一体的，与外界的交往比较有限，其生产方式的代谢迟缓了一些。如果说，世界的近代是从17世纪开始的，那么中国的近代则是从19世纪中期才开始的。现在国内学界比较一致的认识，是把1840年到1949年视为中国的近代。

　　中国的近代起始的标志是1840年的鸦片战争。原来相对封闭的国门被拥有近代种种优势的英帝国以军舰、大炮再加上种种卑鄙的欺诈打开了。从此，中国不情愿地加入到世界秩序中，沦为半殖民地。原来独立的大一统的中央集权的君主专制国家，如今独立已经极大地被限制，大一统也逐渐残缺不全，中央集权因列强的侵夺也不完全名实相符了。后来因太平天国运动，地方军政势力崛起，形成内轻外重的形势，也使中央集权被弱化。经历第二次鸦片战争、中法战争、甲午战争、八国联军入侵的战争以及辛亥革命后的多次内外战争，直至日本全面侵略中国的战争，致使中国的经济、政治、教育、文化，都无法顺利走上近代发展的轨道。古今之间，新旧之间，中外之间，混杂、矛盾、冲突。总之，鸦片战争后的中国，既未能成为近代国家，更不能维持原有的统治秩序。而外患内忧咄咄逼人，人们都有某种程度"国将不国"的忧虑。

　　"天下兴亡，匹夫有责"，读书明理的士大夫，或今所谓知识分子，尤为敏感，在空前的危机与挑战面前，皆思有所献替。于是发生种种救亡图存的思想与主张。有的从所能见及的西方国家发展的经验中借鉴某些东西，形成自己的改革方案；有的从历史回忆中拾取某些智慧，形成某种民族复兴的设想；有的则力图把西方的和中国所固有的一些东西加以调和或结合，形成某种救亡图强的主张。这些方案、设想、主张，从世界上"最先进的"，到"最落后的"，几乎样样都有。就提出这些方案、设想、主张者的初衷而言，绝大多数都含着几分救国的意愿。其先进与落后，是否可行，能否成功，尽可充分讨论，但可不必过为诛心之论。显而易见，既然救国的问题最为紧迫，人们所心营目注者自然是种种与救国的方案直接相关的思想学说，而作为产生这些学说的更基础性的理论，及其他各种知识、思想，则关注者少。

围绕着救国、强国的大议题，知识精英们参考世界上种种思想学说，加以研究、选择，认为其中比较适用的思想学说，拿来向国人宣传，并赢得一部分人的认可。于是互相推引，互相激励，更加发挥，演而成潮。在近代中国，曾经得到比较广泛的传播的思想学说，或者够得上思潮的，主要有以下几种：

（一）进化论。近代西方思想较早被引介到中国，而又发生绝大影响的，要属进化论。中国人逐渐相信，进化是宇宙之铁则，不进化就必遭淘汰。以此思想警醒国人，颇曾有助于振作民族精神。但随后不久，社会达尔文主义伴随而来，不免发生一些负面的影响。人们对进化的了解，也存在某些片面性，有时把进化理解为一条简单的直线。辩证法思想帮助人们形成内容更丰富和更加符合实际的发展观念，减少或避免片面性的进化观念的某些负面影响。

（二）民族主义。中国古代的民族主义思想，其核心是"非我族类，其心必异"，所以最重"华夷之辨"。鸦片战争前后一段时期，中国人的民族思想，大体仍是如此。后来渐渐认识到"今之夷狄，非古之夷狄"，"西人治国有法度，不得以古旧之夷狄视之"。但当时中国正遭受西方列强的侵略和掠夺，追求民族独立是民族主义之第一义。20 世纪初，中国知识精英开始有了"中华民族"的概念。于是，渐渐形成以建立近代民族国家为核心的近代民族主义。结束清朝君主专制，创立中华民国，是这一思想的初步实现。第一次世界大战爆发，中国加入"协约国"，第一次以主动的姿态参与世界事务，接着俄国十月革命爆发，这两件事对近代中国的发展历程造成绝大影响。同时也将中国人的民族主义提升到一个新的层次，即与国际主义（或世界主义）发生紧密联系。也可以说，中国人更加自觉地用世界的眼光来观察中国的问题。新生的中国共产党和改组后的国民党都是如此。民族主义成为中国的知识精英用来应对近代中国所面临的种种危机和种种挑战的一个重要的思想武器。

（三）社会主义。社会主义作为一种模糊的理想是早在古代就有的，而且不论东方和西方都曾有过。但作为近代思潮，它是于19世纪在批判近代资本主义的基础上产生的。起初仍带有空想的性质，直到马克思和恩格斯才创立起科学社会主义。20世纪初期，社会主义开始传入中国。当时的传播者不太了解科学社会主义与以往的社会主义学说的本质区别。有一部分人，明显地受到无政府主义的强烈影响，更远离科学社会主义。直到五四新文化运动兴起之后，中国人始较严格地引介、宣传科学社会主义。但有一段时间，无政府主义仍是一股很大的思想潮流。中国共产党的成立，从思想上说，是战胜无政府主义的结果。中国共产党把在中国实现社会主义乃至共产主义作为自己的奋斗目标。此后，社会主义者，多次同各种非科学社会主义思想的信仰者进行论争并不断克服种种非科学社会主义思想的影响。

（四）自由主义。自由主义也是从清末就被介绍到中国来，只是信从者一直寥寥。直到五四新文化运动兴起，具有欧美教育背景的知识精英的数量渐渐多起来，自由主义始渐渐形成一股思想潮流。自由主义强调个性解放、意志自由和自己承担责任，在政治上反对一切专制主义。在中国的社会条件下，自由主义缺乏社会基础。在政治激烈动荡的时候，自由主义者很难凝聚成一股有组织的力量；在稍稍平和的时候，他们往往更多沉浸在自己的专业中。所以，在中国近代史上，自由主义不曾有，也不可能有大的作为。

（五）激进主义与保守主义。处于转型期的社会，旧的东西尚未完全退出舞台，新的东西也还未能巩固地树立起来，新旧冲突往往要持续很长的时间，有时甚至达到很激烈的程度。凡助推新东西成长的，人们便视为进步的；凡帮助旧东西排斥新东西的，人们便视为保守的。其实，与保守主义对应的，应是进步主义；与顽固主义相对的则应是激进主义。不过在通常话语环境中人们不太严格加以区分。中国历史悠久，特别是君主专制制度持续两千余年，旧东西积累异常丰富，社会转型极其不易。而世界的发展却进步甚速。中国的一部分精英分子往往特别急切地想改造中国社会，总想找出最厉害的手段，选一条最捷近的路，以最快的速度实现全盘改造。这类思想、主张及其采取的行动，皆属激进主义。在中共党史上，它表现为"左"倾或极左的机会主义。从极端的激进主义到极端的顽固主义，中间有着各种程度的进步与保守的流派。社会的稳定，或社会和平改革的成功，都依赖有一个实力雄厚的中间力量。但因种种原因，中国社会的中间力量一直未能成长到足够的程度。进步主义与保守主义，以及激进主义与顽固主义，不断进行斗争，而实际所获进步不大。

（六）革命与和平改革。中国近代史上，革命运动与和平改革运动交替进行，有时又是平行发展。两者的宗旨都是为改变原有的君主专制制度而代之以某种形式的近代民主制度。有很长一个时期，有两种错误的观念，一是把革命理解为仅仅是指以暴力取得政权的行动，二是与此相关联，把暴力革命与和平改革对立起来，认为革命是推动历史进步的，而改革是维护旧有统治秩序的。这两种论调既无理论根据，也不合历史实际。凡是有助于改变君主专制制度的探索，无论暴力的或和平的改革都是应予肯定的。

中国近代揭幕之时，西方列强正在疯狂地侵略与掠夺殖民地和半殖民地，中国是它们互相争夺的最后一块、也是最大的资源地。而这时的中国，沿袭了两千年的君主专制制度已到了奄奄一息的末日，统治当局腐朽无能，对外不足以御侮，对内不足以言治，其统治的合法性和统治的能力均招致怀疑。革命运动与改革的呼声，以及自发的民变接连不断。国家、民族的命运真的到了千钧一发之际，危机极端紧迫。先觉分子救国之心切，每遇稍具新意义的思想学说便急不可待地学习引介。于是西方思想学说纷纷涌进中国，各阶层、各领域，凡能读书读报者，受其影响，各依其家庭、职业、教育之不同背景而选择自以为不错的一种，接受之，信仰之，传播之。于是西方几百年里相继风行的思想学说，在短时期内纷纷涌进中国。在清末最后的十几年里是这样，五四时期在较高的水准上重复出现这种情况。

这种情况直接造成两个重要的历史现象：一个是中国社会的实际代谢过程（亦即社会转型过程）相对迟缓，而思想的代谢过程却来得格外神速。另一个是在西方原是差不多三百年的历史中渐次出现的各种思想学说，集中在几年或十几年的时间里狂泻而来，人们不及深入研究、审慎抉择，便匆忙引介、传播，引介者、传播者、听闻者，都难免有些消化不良。其实，这种情况在清末，在五四时期，都已有人觉察。我们现在指出这些问题并非苛求前人，而是要引为教训。

同时我们也看到，中国近代思想无比的多样性与复杂性呈现出绚丽多彩的姿态，各种思想持续不断地展开论争，这又构成中国近代思想史的一个突出特点。有些论争为我们留下了非常丰富的思想资料。如兴洋务与反洋务之争，变法与反变法之争，革命与改良之争，共和与立宪之争，东西文化之争，文言与白话之争，新旧伦理之争，科学与人生观之争，中国社会性质的论争，社会史的论争，人权与约法之争，全盘西化与本位文化之争，民主与独裁之争，等等。这些争论都不同程度地关联着一直影响甚至困扰着中国人的几个核心问题，即所谓中西问题、古今问题与心物关系问题。

中国近代思想的光谱虽比较齐全，但各种思想的存在状态及其影响力是很不平衡的。有些思想信从者多，言论著作亦多，且略成系统；有些可能只有很少的人做过介绍或略加研究；有的还可能因种种原因，只存在私人载记中，当时未及面世。然这些思想，其中有很多并不因时间久远而失去其价值。因为就总的情况说，我们还没有完成社会的近代转型，所以先贤们对某些问题的思考，在今天对我们仍有参考借鉴的价值。我们编辑这套《中国近代思想家文库》，希望尽可能全面地、系统地整理出近代中国思想家的思想成果，一则借以保存这份珍贵遗产，再则为研究思想史提供方便，三则为有心于中国思想文化建设者提供参考借鉴的便利。

考虑到中国近代思想的上述诸特点，我们编辑本《文库》时，对于思想家不取太严格的界定，凡在某一学科、某一领域，有其独立思考、提出特别见解和主张者，都尽量收入。虽然其中有些主张与表述有时代和个人的局限，但为反映近代思想发展的轨迹，以供今人参考，我们亦保留其原貌。所以本《文库》实为"中国近代思想集成"。

本《文库》入选的思想家，主要是活跃在 1840 年至 1949 年之间的思想人物。但中共领袖人物，因有较为丰富的研究著述，本《文库》则未收入。

编辑如此规模的《文库》，对象范围的确定，材料的搜集，版本的比勘，体例的斟酌，在在皆非易事。限于我们的水平，容有瑕隙，敬请方家指正。

《中国近代思想家文库》编纂委员会

目　　录

导　言

从晚清、北洋时期到南京国民政府，不管是政局抑或时代潮流，其变化都可说是翻天覆地。杜亚泉身历其中，个人命运随着这"互起互伏，波波相续"的"过渡时代"而沉浮，也在观察与思考着这过渡时代，同时构想着未来。正如蔡元培所描述的，杜亚泉虽专攻数理，头脑较冷，却始终不肯以数理自域，常好根据哲理以指导个人，改良社会。① 杜氏活跃于清末至五四的言论界，影响很大。但在很多年中均处于"失语"状态，"不但他的生平和功业很少人提及，就连他的名字也似乎湮没无闻了"②。上世纪90年代后，思想界逐渐注意到杜氏之言行。不过，杜氏言行与时代风气互动互竞的一面仍值得我们进一步关注。

一

杜亚泉，1873年生于浙江绍兴府山阴县伧塘乡，原名炜孙，字秋帆，自号亚泉，后以号行。他曾对蔡元培解释"亚泉"二字之含义："亚泉者，'氩线'之省写，氩为空气中最冷淡之原素，线则在几何上为无面无体之形式。我以此自名，表示我为冷淡而不体面之人而已。"③

杜亚泉自幼刻苦，青少年时曾勤于科举，治帖括、训诂。在有清一

---

① 参见蔡元培：《书杜亚泉先生遗事》，见高平叔编：《蔡元培全集》（六），360页，北京，中华书局，1984。

② 王元化：《杜亚泉与东西文化问题论战》，见田建业等编：《杜亚泉文选》，2～3页，上海，华东师范大学出版社，1993。1993年，王元化先生在读到杜亚泉的资料时感叹"读得越多，就越感到杜未被当时以至后代所理解，更未被注意"（《王元化集》，第8卷，《日记》，193页，1993年8月4日，武汉，湖北教育出版社，2007）。正是"失语"的最好诠释。

③ 蔡元培：《书杜亚泉先生遗事》，见高平叔编：《蔡元培全集》（六），360页。

代，绍兴山阴县科举之风浓厚。杜姓为山阴望族，祖上屡有举人、进士出身者。杜亚泉的父亲杜锡三曾非常希望其科举入仕，光耀门楣。事实上，杜亚泉幼时对于举业也确实能"恒自奋勉"。我们不应因为后来杜氏不再参加科举，而忽略了他曾追随科举的读书脉络。[①]

蔡元培后来这样记录杜亚泉这一时期的学术转变：

> 光绪己丑，年十八，入旧山阴县泮，次年娶薛夫人。谓乡居见寡陋，晋郡城，从何君桐侯受业，致力清初大家之文，上追天崇隆万。辛卯应乡试，报罢回乡，觉帖括非学效，从叔山佳治训诂，罗致许氏学诸家书。……甲午春，肄业省垣崇文书院，秋试后仍回乡。[②]

当时读书人在考中秀才之前，一般都是学"制艺"，如长杜亚泉五岁的同乡蔡元培"十二岁而学为制艺，汩没者六七年"，在十七岁考中秀才后"乃迁于词章"[③]。稍后，杜亚泉第一次乡试落榜，乃跟随族叔杜山佳"治训诂"。在清代科举考试中，秀才重文采，考举人除重文采之外，同时需讲求学问。此次乡试落榜，杜亚泉大概意识到自己学问不足，"以帖括为不足业"。于是跟随族叔杜山佳治训诂，"尤肆力于许氏之学，罗致群书"[④]。从帖括到治训诂考据的转变，在参加完童生试成为秀才的读书人中普遍存在。如蔡元培中秀才后先"迁于词章"，两年后"读王伯申氏、段懋堂氏诸书，乃治故训之学"[⑤]。又如与杜亚泉同一年出生的梁启超，也是在考中秀才后先治帖括，治帖括一两年后"始知有段、王训诂之学，大好之，渐有弃帖括之志"[⑥]。我们可以看到，杜亚泉上述治学的转变，与同一时期的蔡、梁两人类似，读书、治学虽有变化，却仍在传统之内变。或可以说，在1895年之前，杜氏仍是一

---

①　后来与杜亚泉共事的胡愈之便说杜"先生无意科名，幼年专攻数理化博物"（胡愈之：《追悼杜亚泉先生》，见许纪霖、田建业编：《一溪集：杜亚泉的生平与思想》，9页，北京，生活·读书·新知三联书店，1999）。杜亚泉之子杜其在也回忆说其父在变法图强热潮的影响下，"毅然抛弃科举学业，改学西方科学技术"（杜其在：《回忆我的父亲杜亚泉》，见许纪霖、田建业编：《一溪集：杜亚泉的生平与思想》，42页）。

②　蔡元培：《杜亚泉传》，见高平叔编：《蔡元培全集》（七），168页。

③　蔡元培：《剡山二戴两书院学约》，见高叔平编：《蔡元培全集》（一），96页。

④　张梓生：《悼杜亚泉先生》，见许纪霖、田建业编：《一溪集：杜亚泉的生平与思想》，19页。

⑤　蔡元培：《剡山二戴两书院学约》，见高叔平编：《蔡元培全集》（一），96页。

⑥　梁启超：《三十自述》，见《饮冰室合集》文集之十一，16页，北京，中华书局，1989年影印本。

个科举制下传统的读书人。

中日甲午战争，"唤起中国四千年之大梦"①。杜亚泉也是在次年秋听到战耗后，"心知我国兵制之不足恃，而外患之将日益亟也"，"见热心科名之士，辄忧喜狂遽，置国事若罔闻知，于是叹考据词章之汩人心性，而科举之误人身世也"②。至此，杜亚泉虽对考据词章、科举有所不满，但似乎也并未毅然决然放弃科举，而是再一次调整了治学方向，改治筹人术。

自阮元编撰《筹人传》之后，天文历算已为治考据者所关注。杜亚泉的业师杜山佳本治训诂，但此时也在"治中算，习天元"③，另一位与杜山佳为同科举人的何寿章也"治筹人家言"，并著有《圆锥曲线论心》一卷④。两人都是光绪十九年（1893年）的举人，均为杜亚泉所熟识，并一同应举。他们当时同治中算，对杜亚泉治学方向的转变当有直接的影响。事实上，最先指导杜氏治筹人术的也确实是曾指导他治训诂的杜山佳。

另一方面，杜亚泉这次治学的转变也与当时的时代背景有关。在甲午前后，时代风气已经大变，取士的标准已是鼓励新旧学兼通。与杜亚泉相识的钱塘士子叶瀚后来回忆，他在年轻时所读多为西学，重西文、数理化、地理等，在其二十二岁（1884年）时，"新会潘学使衍桐为浙江学使，命题云《〈海国图志〉纠谬》。阅生作，诧而奇才，拔置第一。于是杭人士始知新学讲求之有益，闻风而起者大有人矣"⑤。这种风气未必始于叶瀚，但学使命题的改变造成当时学风的改变，大致属实。几年之后（1889年），另一位浙江士子汪康年应乡试，以第三艺作骚体，不合科场程式，依旧例应不取，却因在次题《日月星辰系焉》中，能"以吸力解'系'字，罗列最新天文家言"，被主考官认为"新旧学均有根抵"，欲以首名取，终因犯规而以第六名中式。科场程式尚不熟，竟能以高名取，可知实以"新学"中式。⑥

---

① 梁启超：《戊戌政变记》，见《饮冰室合集》专集之一，1页。
② 杜亚泉：《〈定性分析〉后记》。已收入本书。
③ 张梓生：《悼杜亚泉先生》，见许纪霖、田建业编：《一溪集：杜亚泉的生平与思想》，19页。
④ 参见绍兴县修志委员会辑：《绍兴县志资料》，第1辑，《人物列传》，3165页，绍兴县修志委员会，1939。
⑤ 叶瀚：《块余生自纪》上，见《中国文化研究集刊》，第5辑，479页，上海，复旦大学出版社，1987。
⑥ 参见罗志田：《科举的废除与四民社会的解体》，见《权势转移：近代中国的思想、社会与学术》，171页，武汉，湖北人民出版社，1999。

杜亚泉正是在这样的风气下"改为畴人术,由中法而西法,读李善兰、华蘅芳二氏书,时以习代数所得,与叔山佳之习天者相印证,如是者二年"①。他在这两年间研习数学精进迅速,到1898年时,学使按临,考算学,他已是阖郡第一。精于数学后,又自修物理、化学及矿、植、动物诸科,并治哲学,通日语。他个人这一连串的治学转变,一定程度上恰恰是始于追随科举而变,从训诂到畴人术,由畴人术到西方算学,再由西方算学进而接触到整个西方文化,直至放弃科举。杜亚泉后来也说直到戊戌政变发生,他才"知国难将作,绝意仕进"②。也正是在这时,他进入绍兴中西学堂,开始以教书立身、用世。

二

甲午后两年,何寿章与徐树兰在绍兴办中西学堂,聘杜亚泉为算学教习。这很可能是何寿章与杜山佳、杜亚泉熟识,了解杜亚泉在这两年中算学精进。自此,他才开始以算学闻名于绍兴,并以算学谋生,在绍兴古城中,成了一个新人物。在学堂中,杜亚泉结识了后来影响其人生轨迹的蔡元培。

1898年冬,蔡元培受邀任中西学堂总理。杜亚泉始与蔡元培相识。蔡元培1884年十七岁时考取秀才,1889年中举人,次年成为贡士,1892年经殿试中进士,被点为翰林院庶吉士,1894年得授职翰林院编修。他在甲午战争爆发后便开始接触西学,同情维新,提倡新学。1898年九月受戊戌变法失败的影响,返回绍兴,任职中西学堂。与杜亚泉相比,蔡元培显然是一个全国性的人物,更能直接感受国家层面时局与时代风气的转变,且深受其影响。蔡元培回到绍兴,无疑影响了绍兴小环境的变化,也深深地影响了杜亚泉。

在结识蔡元培后,杜亚泉与之来往密切,一起学日文、英文,共同编和韵记号。其中,中西学堂开设日语课程便是蔡元培的主张,并由他引进日语教师。因此杜氏才有机会学习日语。在他们学习日语后,同读"日文书籍及杂志,间接的窥见世界新思潮",都对传统学说"不免有所怀疑"③,思想逐渐趋同。

---

① 蔡元培:《杜亚泉传》,见高平叔编:《蔡元培全集》(七),168页。
② 杜亚泉:《智识阶级之团结》。已收入本书。
③ 蔡元培:《书杜亚泉先生遗事》,见高平叔编:《蔡元培全集》(六),359~360页。

不仅如此，蔡元培还通过中西学堂，将绍兴的精英集合在一起，形成一种群体效应。蔡元培曾说当时教员中马用锡、薛炳、马绸章、杜亚泉、寿孝天等，在当时的绍兴，"极一时之选"①。这种群体氛围的存在，当对杜亚泉有不小触动。

在这样的交往与氛围中，杜亚泉的思想发生着不小的变化。到第二年，他曾向蔡元培提议"兴一蒙学会，集同志数人，分编课程书。先于府城开一学堂，会中人为教习，并立师范生数人，教学生二十余人，即以所编之书授之，借以知其善否，随时改定，俟部类略备，风气渐开，乃推之乡镇"。对杜氏建议，徐树兰听后"愿任刻书之资"。当时设计的课程有：初学惟识字、故事、公理三门，附以体操之易者。第二界分读经、阅史、舆图、数学、格致，皆由浅入深，大约以三年为限。当时拟编初学书，计划由蔡元培任识字书、马用锡任故事书、杜亚泉任公理书编撰。②

组学会，开学堂，特别是以蒙学为名，正是当时的时代风气，趋新士人多从事于此。当时蔡元培、杜亚泉的旧交叶瀚曾在上海创办《蒙学报》，在蔡元培、杜亚泉等阅读的报刊中，《蒙学报》便是较为固定的一种。正因蔡元培已将这一群体结合在一起，故杜氏才会有"集同志数人，分编课程书"的提议。也因他与蔡在这一时期关系密切，思想趋同，故同被认为是"新派"，在"旧派"的反对下，一起离校。后来蔡元培回忆当时学校中新旧之争的情形：

> 每提出一问题，先生与余往往偏于革新方面，教员中如马湄莼、何阗仙诸君亦多赞同，座中有一二倾向保守之教员不以为然。然我众彼寡，反对者之意见，遂无由宣达。在全体学生视听之间，不为少数旧学精深之教员稍留余地，确为余等之过失，而余等竟未及注意也。卒以此等龃龉之积累，致受校董之警告，余愤而辞职，先生亦不久离校矣。③

遭"旧派"反对固然使杜亚泉失去了这一教席，但在当时趋新尊西的时风之下，被看做"新派"一员，也是一种身份上升的渠道，某种程度上取代了传统通过科举实现身份上升的方式。

可以说，从1898年与蔡元培相识到1904年入商务印书馆之间的几

①　蔡元培：《我在教育界的经验》，见高平叔编：《蔡元培全集》（七），194～195页。
②　参见《蔡元培日记》（上），105页，1899年二月十一日，北京，北京大学出版社，2010。
③　蔡元培：《书杜亚泉先生遗事》，见高平叔编：《蔡元培全集》（六），360页。

年中，蔡元培在杜亚泉事业中的地位，几乎无人能及。在这几年中，杜亚泉事业上每遇到困难，往往首先想到向蔡元培咨询，甚至求助。比如，杜亚泉于1902年受邀主持南浔浔溪公学，杜在赴任之前向蔡咨询；在任上出现学潮时，也向蔡求援，蔡从上海"特往南浔调停"。① 杜亚泉要创办事业时，也往往首先邀请蔡元培加入。如在创办《普通学报》之前，事前先函商蔡元培，并"属元培任经学门"②。

也正是通过蔡元培，杜亚泉得以结识活跃于上海文化界的张元济等人，并于1904年由蔡元培介绍加入商务印书馆编译所。商务印书馆编译所成立于1902年，由张元济推荐蔡元培兼任所长，仅数月，《苏报》案发生，蔡即避地离开上海。1903年，张元济正式任编译所所长，所内主要分国文、英文、理化数学三部。"又依蔡孑民的推荐，聘他的同乡人杜亚泉为理化数学部主任。"③ 如果说，绍兴的算学教习仍是一个地方性人物，那加入商务印书馆负责理化数学部，特别是之后主政《东方杂志》，则显然已是一个全国性的文化人物。

三

清末数年，中国政治、社会变动极大，朝野空气也随之活泛。1905年清廷派载泽、端方等五大臣出洋考察宪政。1906年宣布预备立宪，设立考察政治馆，次年改建为宪政编查馆，作为预备立宪的办事机构。1908年宣布预备立宪以九年为限，同时颁布《钦定宪法大纲》二十三条。此后立宪的推进其实已相当快速，但仍未能赶上民间对宪政推行的期盼。当时民间士绅纷纷组社团，办杂志，进京请愿，要求加快立宪。

时局也牵动着杜亚泉。事实上，他进商务印书馆后，对时局非常关注，也热心于社会事务。1907年，他与张元济等创立浙江旅沪学会，被选为评议员；1908年参与江、浙两省反对清政府向英商出卖苏沪及沪杭两铁路修筑权的风潮，对于路事，极尽心力；在1909年浙江旅沪学会开会时，杜亚泉做题为"现值预备立宪时代当先研究宪政"的

---

① 参见《蔡元培日记》（上），196页，1902年二月十四日；蔡元培：《书杜亚泉先生遗事》，见高平叔编：《蔡元培全集》（六），360页。
② 《蔡元培日记》（上），80页，1901年七月二十九日。
③ 章锡琛：《漫谈商务印书馆》，见《商务印书馆九十年——我和商务印书馆》，107～108页，北京，商务印书馆，1987。

演说①。

这样的时代风气也影响到了商务印书馆。1908 年，时在日本考察的张元济从报上看到清廷宣布预备立宪九年清单的报道，立刻写信给商务印书馆同人高凤谦、陶葆霖、杜亚泉，希望国内同志不要随声附和，"宜时时从高一层着想，以为国民之向导"，并建议立刻着手编译政法书籍。② 也正是在这样的情况下，商务印书馆对自己的出版事业做了重大的调整，同时，对《东方杂志》也进行相应改革。

《东方杂志》创刊于 1904 年，原是一种选报性质的刊物，只偶然发表几篇撰译的文字。1908 年七月以前的编者为徐珂。③ 或正因时局的转变，选报不足以担当"国民之向导"的责任，故从七月开始，《东方杂志》改由更精通政法、热心时事的孟森主编。但孟森担任《东方杂志》主编不到一年，便因当选江苏省谘议局议员，无暇撰述，辞去主编。杜亚泉大致从这时起，开始参与杂志编辑。杜氏在数月前刚与孟森合作笺释《各省谘议局章程》和《议员选举章程》，由杜亚泉接替孟森主掌《东方杂志》合情合理。

杜亚泉于 1909 年初入主《东方杂志》。到 1910 年 4 月，《东方杂志》在第 7 卷第 2 期（1910 年 3 月）刊出《改良序例》，重申"代表舆论，主持清议，对政府而尽其忠告，悯斯民而代为呼吁"的办刊宗旨，并以各种新栏目配合"宪政方新，世变益亟"的现状。又一年后，更在第 8 卷第 1 期（1911 年 3 月）宣示了"本社之大改良"，表示随着"国家实行宪政之期日益迫近，社会上一切事物，皆有亟亟改进之观"。《东方杂志》也从内容到体例进行了较大的变动，以回应"随世运而俱进"的读者。或可以说，杜亚泉时代的《东方杂志》，就是与清末宪政偕行的。而他对清季新政的认知，却比很多时人更深刻。④ 在稍后，他又经历辛亥革命与随后的尝试共和。正因他要随时"为国民之向导"及"对政府而尽其忠告"，他的言论多有所为而发，有具体的针对，为我们留

---

① 参见《浙江旅沪学会开会纪事》，见《申报》，1909 年 3 月 29 日第 20 版。

② 参见《张元济致高凤谦、陶葆霖、杜亚泉》，见《张元济全集》，第 3 卷，《书信》，133 页，1908 年八月初五，北京，商务印书馆，2008。

③ 参见章锡琛：《漫谈商务印书馆》，见《商务印书馆九十年——我和商务印书馆》，111～112 页。

④ 关于杜亚泉在辛亥前后对时局的洞察，可参见罗志田：《五千年的大变：杜亚泉看辛亥革命（代序）》，见杜亚泉等著，周月峰整理：《辛亥前十年中国政治通览》，7～8 页，北京，中华书局，2012。

下了不少对"当前一境"的即时观察及批评建议。

四

在杜亚泉任《东方杂志》主编期间，曾用"伧父"或"高劳"笔名撰写论文、杂感或译著三百余篇。在杜氏主持之下，《东方杂志》成为当时国内销量最大、最有影响的杂志。章锡琛评价："《东方杂志》之有今日，君之力也。"胡愈之亦坦言："《东方杂志》是在先生的怀抱中抚育长大的。"① 在这一时期，杜氏将主要精力集中于杂志事，甚至在1917 年时曾向张元济建议将编译所理化数学部委托其他人，自己专力主编杂志。② 但当时新文化运动渐起，时代风气再次改变，杜亚泉渐渐因其不那么激进的主张，成为一个"不新不旧"的"落伍者"。

民初在对尝试共和挫败的反思中，时人的关注点有一从政治热到文化热的转向。但很快不满渐生，从 1913 年开始，有一迷茫徘徊时期。此时，杜亚泉已开始对此前国人所追慕的"西方"政治有所反思，而当第一次世界大战（时人多称为"欧战"）爆发之后，此种反思进而扩大到东西方文明全体，并使他卷入东西文明论争之中。

在第一次世界大战之前，中国是步步深入模仿西洋，大致从坚船利炮到政治制度，再到西洋文化精神。正如杜亚泉所说："近年以来，吾国人之羡慕西洋文明无所不至，自军国大事以至日用细微，无不效法西洋，而于自国固有之文明，几不复置意。"③ 但第一次世界大战发生，使得很多时人对"欧洲文明之权威，大生疑念"④。如梁启超认为第一次世界大战后"举凡一切国家社会之组织，皆将大异乎其前"，此后"新时代行将发生"⑤。陈独秀认为受此次战争之洗礼，1916 年以后欧洲的形势、军事、政治、学术、思想，"必有剧变，大异于前"⑥。他们认

---

① 章锡琛：《杜亚泉传略》，见许纪霖、田建业编：《一溪集：杜亚泉的生平与思想》，16～17 页；胡愈之：《追悼杜亚泉先生》，见许纪霖、田建业编：《一溪集：杜亚泉的生平与思想》，12 页。

② 参见《张元济全集》，第 6 卷，《日记》，225 页，1917 年 7 月 2 日，北京，商务印书馆，2008。

③ 杜亚泉：《静的文明与动的文明》。已收入本书。

④ 平佚：《中西文明之评判》，载《东方杂志》第 15 卷第 6 号（1918 年 6 月 15 日），81 页。

⑤ 梁启超：《欧战蠡测》，见《饮冰室合集》文集之十一，12 页。

⑥ 陈独秀：《一九一六》，见陈独秀著，任建树编：《陈独秀著作选编》（一），197、198 页，上海，上海人民出版社，2009。

为在第一次世界大战之后有了新潮流，不久后即会出现一更新的世界，在这个新世界中，文化、政治、经济等都是全新的。但对具体是怎样一个新世界并不清楚，言人人殊。正是在这样一个"新者之取舍犹有待于研求"的"混沌时期"①，杜亚泉有其自己的判断，对"向所羡慕之西洋文明，已不胜其怀疑"，"对于固有文明，乃主张科学的刷新，并不主张顽固的保守；对于西洋文明，亦主张相当的吸收，惟不主张完全的仿效而已"。在杜氏看来，这比戊戌时代的"新"更新，是"现时代之新思想"②。这种论调与时代流风格格不入，陈独秀批评其对新潮流的判断为"梦呓"，而罗家伦攻击《东方杂志》"你说他旧吗，他又像新；你说他新吗，他实在不配"③。其实，当时双方都自认为代表了"新"，顺应了时代潮流，仅是对"新"与潮流的判断不同。更可见当时的新旧远比我们一般认知中的复杂。但因为五四前后，《新青年》一派的激进主张成为时代潮流，使杜亚泉显得格格不入。这就急坏了商务印书馆当局，竭力劝说杜氏不要再反驳，并要他改变立场，避免违反时代潮流。杜亚泉迫于情势，只得辞去《东方杂志》主编职务，专管理化数学部事。④

　　1932 年淞沪战争爆发，杜寓所与商务印书馆俱被炮火焚毁，商务印书馆被迫停业并解雇职工。杜亚泉率全家回乡避难，变卖家产，举债为生。一年后，患肋膜炎，至 12 月 6 日去世。病笃时无钱医治，身后萧然，几于不克棺殓。

　　杜亚泉在民初时曾说，在当时新旧交替的社会，不规则的风潮常陡然而起，大多数人陷于漂泊沉沦之域，汩没于社会风潮之中，诸如"科举停罢，八股专家之老死牖下"，"法政速成，刑钱幕友之槁饿家园"。他曾忧虑，就算自己"澄其智虑，宁其神气"，临此大变，能否侥幸逃脱劫运，仍未可知。⑤ 当时尚是 1913 年，其个人事业正可谓如日中天。

---

　　①　胡政之：《世界新旧势力奋斗中之中国》，见王瑾、胡玫编：《胡政之文集》，87 页，天津，天津人民出版社，2007。
　　②　杜亚泉：《静的文明与动的文明》、《新旧思想之折衷》。已收入本书。
　　③　陈独秀：《质问〈东方杂志〉记者——〈东方杂志〉与复辟问题》，见陈独秀著，任建树编：《陈独秀著作选编》（一），434 页。罗家伦：《今日中国之杂志界》，载《新潮》第 1 卷第 4 期（1919 年 4 月 1 日），623 页。
　　④　参见章锡琛：《漫谈商务印书馆》，见《商务印书馆九十年——我和商务印书馆》，113 页。
　　⑤　参见杜亚泉：《论社会变动之趋势与吾人处世之方针》。已收入本书。

但一语成谶，仅仅五六年之后，新文化运动之风潮陡然而起，他自己也如之前的八股专家和刑钱幕友一般"汩没于社会风潮之中"。

五

杜亚泉知识广博，所撰文字，除数、理、化、动、植、矿外，自国际时事、经济、政治以至哲学、教育、科学、语言、考古，靡不具备。他的论著，除教科参考书外，多散见各杂志。单行者有《叔本华处世哲学》、《东西文化批评》、《人生哲学》、《博史》诸书。本卷辑取其中最具代表性的思想论著一百五十余篇（部），涵盖杜氏对清末民初政治、社会、文化等方方面面的思考。

本书选取杜氏文稿，除记事与理、化文章不收外，尽可能多收、全收。以文章发表时间先后排列，亦不另行分类。所收文稿均以发表时的杂志（书）原件为底本，其中属明显错字，以〔〕内之字改正之；明显脱字，以〈〉内之字补之。虽多次校对，唯学识所限，自知错误仍多，尚祈读者正之。

《亚泉杂志》序 *
（1900）

　　我国自与欧州〔洲〕交通以来，士大夫皆称道其〈艺〉术。甲午以后，国论一变，啧啧言政法者日众。即如南皮张氏所著《劝学篇》，亦云西政为上，西艺次之。氏固今之大政治家，所言必有见，且政重于艺，亦我国向来传述不刊之论也。但政治与艺术之关系，自其内部言之，则政治之发达，全根于理想，而理想之真际，非艺术不能发现。自其外部观之，则艺术者固握政治之枢纽矣。航海之术兴，而内治外交之政一变；军械之学兴，而兵政一变；蒸汽电力之机兴，而工商之政一变；铅字石印之法兴，士风日辟，而学政亦不得不变。且政治学中之所谓进步，皆借艺术以成之。例如电信通而后文报疾是也。德意志之兴，虽其君相之贤，而得赉赐创置新枪，中兴之功，未始非铜匠之力耳。

　　且吾更有说焉，设使吾国之士，皆热心于政治之为，在下则疾声狂呼，赤手无所展布，终老而成一不生产之人物，在朝则冲突竞争，至不可终日。果如是，亦毋宁降格以求，潜心实际，熟习技能，各服高等之职业，犹为不败之基础也。夫日本固以改革政治而兴者，今其教育社中之言曰：今日学生之趋向，欲当于应用之实务者甚少，可为国家忧。〈吾〉见社中所著《游学案》内，〈固〉亦此意耳。抑吾岂谓政治学之不适于实用？但譬之人身，必以手足耳目口鼻组合而成，脑髓只须一个。又譬之船舰，水手要多，船长只须一人。则存活我社会中多数之生命者，必在农商工业之界可知矣。今世界之公言曰：二十世纪者，工艺时代。吾恐吾国之人，嚣嚣然争进于一国之中，而忽争存于万国之实也。苟使职业兴而社会富，此外皆不足忧。文明福泽，乃富强后自然之趋

---

* 《亚泉杂志》创刊号，1900 年，无署名。

势。天下无不可为之事，惟资本之缺乏为可虑耳。吾愿诸君之留意焉。亚泉学馆辑《亚泉杂志》，揭载格致算化农商工艺诸科学，其目的盖如此。然记者自料非能副此目的者，且区区杂志，讵足当此目的，惟冀为他日艺林中之一片败叶也。是为序。

《定性分析》后记 *

（1901）

　　甲午之秋，中日战耗传至内地，予心知我国兵制之不足恃，而外患之将日益亟也，蹙然忧之。时方秋试将竣，见热心科名之士，辄忧喜狂遽，置国事若罔闻知，于是叹考据词章之汩人心性，而科举之误人身世也。翻然改志，购译书读之，得制造局所译化学若干种而倾心焉，以谓天下万物之原理在是矣。穷日力以研究之，购造粗拙之瓶钵，搜罗纷杂之材料，水溶火锻，昏瞀终日，丧财耗精，千失一得。僻居乡曲，无所见闻，畏化学器材之繁贵，不敢问鼎，仅仅得寄其心思于卷帙之中而已。丁酉，越中设郡学，予承乏以算学课诸弟，暇则读分原辨质之书，知分类定性之理，乃专备考质之器料以治之，复得学堂所备之小学理化器械而试验之，于是前所读之书始有条理而得纲领也。旋复以小学化学课诸弟，同志渐多，颇得研究之乐。惟以仅借数种译籍为脚本，如沟之无源，如邱之无脉。时塾中同志延日人课东文，予从游焉。条理其文典，稍有一得，乃购日文之化学书读之，渐得熟其学名与规则，而世界普通之化学乃略窥其范〔藩〕篱。然所得东籍，言化学者既少，而亦非善本，其间惟丹、柴二氏所藏之书为最美，其《无机化学》收采近世新理虽伙，但与旧译相去尚少，惟《有机化学》则甚完备，而向来译籍中百不得一二焉。工业、医药二者，均以有机化学为根本，而门径未开，译名未立，则是书不可不亟译矣，其《定性分析》、《定量分析》二书颇精当。虽旧译已有《考质》、《求数》二书，但分析之门法较多，亦不可不择他本以参究。予屡欲译其书，而卷帙繁重，今得平野、河村二氏之书，译入杂志。此书较之丹、柴所藏生田氏之书，条理稍逊，但卷帙少而法亦备。惟译录之舛误，排印之误字，自知甚多，祈同学正之。

亚泉又志

---

* 《亚泉杂志》第 10 期，1901 年，署名亚泉。

无极太极论*

（1901）

　　今试燃一烛于太平洋之海中，其光荧荧，不甚明也。试问其光能照若干远？吾则曰："是烛也，东照美，西照亚，南照澳，北照冰洋，上照诸星，下照海窟。"人必曰，是妄言也。虽然，斥吾妄者必无据，而吾之言必不谬。夫斥吾者，亦谓一烛之光，照几案咫尺地耳，如子所言，虽日球之明，不过尔尔。此言也，亦曰烛光渐远则渐微耳。然谓咫尺之间有烛光，万里之外无烛光，则自咫尺间以至万里外之中途，必有一有光无光之分界矣。按质学之理，光之明暗与距光原之远近有反比例，是则虽无穷大之远，必有无穷小之光，而其中必无明尽暗来截然分划之一境。推而暨之，其何极乎？而吾之言谬乎，妄乎？

　　由是推之，则虽一小热，一小力，一小声，而其波及之境界，终无程限也。

　　吾因此而作三问题。一曰：自吾顶而上之，空气已尽，其境无名，名之曰天。天者，其虚境乎，抑实质乎？其为虚境，则长此虚境，无尽程乎？乘虚而上，靡有底止乎？假令不然，必遇实质。此实质也，有尽程乎？无尽程乎？吾能步虚，又能蚀实，凿之镕之，钻而过之，实质尽则虚境又来，是故纯虚纯实，何谓尽程？虚实相间，亦无止境。吾侪人类，一举首而未知之恨事尚多，高明之士，其何以释吾问乎？此关于方位之问题也。一曰：自吾父而上之，而祖，而曾，而始祖，而人类原始之祖，而动物原始之祖，而生物原始之祖，而无生物世，而云霞世，究而上之，不可知矣。云霞之世，诸星体不分，扩散弥布，此为吾人所想像中万有最始之理，进而益始，并想像而亦穷矣。夫吾人想像所到者，

---

　　*《普通学报》第 2 期，1901 年，署名亚泉。

不过在已有云霞之世。此世之先，究竟有无未有云霞质而为真无之世乎？以为无此未有云霞质之世，则云霞质之有，始于何时？以为有此世，而此世更始于何际？茫茫兆古，不可端倪。推而下之，今日之世界，他日更作何归宿乎？何所始？何所终？有终始？无终始？能断定之乎？此关于时候之问题也。一曰：质学有定律焉，曰不生不灭。是不能从有而无也，是不能从无而有也。今日果俨然有矣，其有之原始，有之究竟，及质学之定律可凭不可凭，能解释之乎？此关于物质之问题也。

夫方位、时候、物质三者，乃吾人顷刻不离而习以为常者，而不能受一诘。《中庸》所谓夫妇能知能行，及其至圣人有所不知不能。天地之大也，人犹有所恨。所恨惟何？非阴阳寒暑之不齐，亦即知能中之缺恨也耳。

就第一问题言之，则方位之无极也。就第二问题言之，则时候之无极也。就第三问题言之，则物质之无极也。且就一烛光而思之，则一事一物之微，推暨之皆无极也。上无极，下无极，四方无极，今日之万有，直无极之所包围者耳。

吾将以更显之理明之：夫由一、二、三、四，积而至恒河沙至无量数，虽穷万古之岁月，不能写至数之尽头。若以正负言之，正者可由一而至无量数，则负者亦可由一而至无量数。然则吾人所有日用之数目，即在正负两无量数之中间，而为两无量数所包含者也。若以大小言之，则由一而积之，可无穷大；由一而析之，可无穷小。然则吾人所有日用之数目，即在无穷大无穷小之中间，而为两无穷所包含者也。

然则，《易》所谓无极者，固不必以深浑之义理解之，就其字之本义而释之，已了然想见无极之所指矣。而所谓太极者何欤？

今夫以三除一，其小数三三三……不尽，此吾人所熟知者。如于交易之时，既遇此事，而其人曰：吾必得此三分之一，不多不少。则此交易万年不能毕。而交易者乃或截取小数三位四位，最精者十余位而止。盖以下之小数为无极，不得不于中求一止境。惟以何位为止境，则各从其意耳。

吾前之论烛光也，或斥吾妄。斥吾者是欤非欤，亦是也。一烛之光，照耀万物，目力弱者能于咫尺之地感其光，强者更远，更强者更远，至于吾人目力所不能感者，遂以为光有止境矣。然其止境随时随物而异，动物中如猫、鼠、蝙蝠、鱼类，则止境较人更远也。

夫方位、时候、物质之无极，吾既言之矣。然人之于方位也，以测望言，则初以目力所不能望见者为止境，继以远镜所不能窥见者为止境；以身历言，则初以登最高山巅为止境，继以乘气球所至者为止境；而凡在境内，即吾人思想能力之所及者。以时候言，则或以唐虞为止境，或进而以盘古时代为止境，或以人类原始时代为止境，最高则以云霞质时代为止境。以物质言，则前以其已有时为止境，后以其尚有时为止境，亦因其思想能力之大小而定止境之远近耳。

故万有包含于无极之中，而吾于无极之内，截取其地段若干，而立为太极。太者大也，最大之止境也。人类所取之太极，即在人类思想能力所已及者为界，谓太极界。太极界之愈扩而愈大，即人类之进步矣。

吾曾言自吾父而上以至最原始之祖，其境界为无极。吾亲吾父，进而上之，其亲义亦无极也。古人乃立之限，为五族，为九族，亲尽则祧。吾人之作家乘也，或溯至元明，或溯至唐宋，或溯至秦汉，至春秋，至三代，至不能溯之第一代，曰始祖。又作史者以唐虞为断，稗官野史，则至盘古以上，亦不克言。此皆无极之中之太极而已。

无极、太极之谊，以人之世系喻之，最为明显。无极云者，不能溯之祖也；太极者，能溯之祖，即始祖也。无极生太极者，犹言不能溯之祖生始祖而已。

斯宾塞耳著《哲学原理》，分不可知、可知二编。不可知者，无极之界也；可知者，太极之界也。

太极界之扩大，为人类之进步，其证例甚多，吾不枚举。然人与人乃物类相交接之道，吾欲以此理证明之。

吾尝思物竞之理矣，动物非食植物不生，人类非食动植物不生，则吾人之残害动植物也亦太忍，而独至人与人则虽日日肆其有形无形之竞争，而讲群学者则必以爱其同类为鹄的。夫人与人之宜相亲相爱，固亦天理所当然。但何以人与人宜相亲相爱，而于动物植物，则待之若不必亲爱而可残暴也？以为人与人为同类共祖也，宜爱之亲之也。则人为脊椎动物之一类，而他之脊椎动物即吾类也；人又为动物中之一类，则动物皆吾同类也；人为生物中之一类，则凡生物皆吾同类也。以为同类者亦不妨残暴，则人与人亦不过同类也耳。亲爱之宜也，则亲爱亦无极；残暴而可也，则残暴亦无极。吾人乃于无极中有太极焉。

此太极也者，其界即由渐而扩者也。原人之世，除吾身外，凡不关吾痛痒者皆不相爱，其极界甚小。渐而爱吾之所生，爱吾之所友，渐而爱吾宗，爱吾邻，又渐而爱吾乡，爱吾国，又渐而爱吾同种，爱吾同类之人。孟子曰：亲亲而仁民，仁民而爱物。此即极界渐广之阶级矣。极界渐广之阶级，出乎自然。有自然之阶级而秩序生也，于是乎有差别，于是乎有礼仪，于是乎有名分。然则秩序也者，乃竞争之无极范围内所立之太极界也。文明云者，乃即其秩序之极界扩展于至大之谓。最文明之世，万有皆列于秩序之中而已。我汉族历古以来所期望之天国即在是耳。四千年来讲秩序之学而无成，乃仅存秩序之虚褪，且容竞争于虚褪之中。（按：秩序之中必有竞争，即借秩序以为竞具之具，此亦犹吾人所可知之事物中，仍含不可知之理是也。）转以此虚褪之秩序，隘其竞争之域，而为讲竞争者所败，而虚褪亦将灭裂矣。虽然，竞争者，无极也，天则也；秩序者，太极也，亦天则也。今之人闻竞争之说，以为天则，而吾欲举秩序亦天则之言以匹敌之，故为此论。

中国士流改进策 *

（1901）

科举变矣，书院废矣，吾国今日之士流，作何状况乎？吾得而言之，其一研求新学，交通声气，组织学堂，经营书报，然而纷失张皇之态不可讳饰，此非八股士流之状况也。其二则逼于无可奈之势，强学时装，汲汲于涉躐，将涂泽其外观以合时，悻悻于时政，以破坏其巢穴而饮恨，此八股士流之状况也。以外情观之，则八股士流遭此非常之失败，而非八股士流为侥幸矣。吾则曰其实皆失败者耳。其一于将败之际张皇无措而为歧路之谋，其一于已败之时无法可施而为穷途之泣，孟子所谓五十步与百步之比例也。夫今日吾士林之失败，不过为社会之先声耳。生存竞争之烈，不知伊于何底，他日而官司，而幕僚，而工场，而商业，而都市，而家族，其遭此等之失败者，固将次第而来。吾等士流，直为秋风之一叶，此吾辈所宜大加警醒者也。夫八股之有势力于国家也，盖数百年矣，而结果如斯，谁非个中人能无有兔死狐悲之戚欤？际此时会，则惟有集群策以考其失败之由，合群力以图其进取之势，而进取之方法，所当慎之"又"慎者。以八股之势力，而犹若冰山，则我辈将来托足之乡，苟非择一万稳妥者以自立，吾恐必复有一败涂地之时，其穷蹙将有更甚于今日者。佛者之徒、道者之徒，品位果居于何等，非吾侪之所目击者欤？

夫此次八股之失败，吾得而言其故矣。天下之势力，苟非其发于本体者，其势力必不可久。所谓本体之势力如何，即无求于国家，无求于社会，而为国家社会所不得不用者。孔子所谓虽欲勿用，山川其舍诸者是也。前此士流，以八股度日，而得功名富贵于其中。此功名富贵者，

---

* 《选报》第 5 期，1901 年，署名亚泉。

非八股中自有之功名富贵，盖仰赈给于国家，而以八股为得赈给之媒介耳。譬诸一物，布帛粟菽以不得不用而贵，此即本体之势力也；珠玉锦绣以他人之嗜好而贵，此即非本体之势力也。八股之势力，犹珠玉锦绣之见贵已耳。今若因珠玉锦绣之不足贵，而仍不为布帛粟菽之谋，而仍欲以近于珠玉锦绣之古董玩好以代之，则是一败之不足，而将再败也。今之士流曰：我辈宜捐弃故技以合时。我则曰：我辈宜改革故心以立世。有志之士，以吾言为然乎否乎？

吾曾闻于某先生曰：外国学生之卒业者，虽给以文凭，与以学位，而出校后仍自营生业，不能遽入仕途，必待其人之事业著有成效，其才望为人所推服，而后公举之。吾闻其言，吾知其意矣。夫国家以教育产出有学问之人，正欲其自树立以裨益于世耳。国家产出之，而又责成国家销用之，是为学生者，但坐俟国家恩泽之来，其福分不亦太厚乎？是则学生一生之责任，皆国家担之，而自己无责任焉，则其自立之权限更何在乎？是直犹妇女之权之为男子所侵而不自知者也。今之士流，尝仰屋而嗟曰：学成而无所用。虽然，吾不知其所可用者果何在。近时人才败腐之由，吾直以为求有用之法之未合耳。八股家足不出户，咿唔数年，而逢场应试，即欲坐待魏科高第之来，坐待高官厚禄之至，以得为用，不得为不用，所谓用不用者如此，而害及国家害及乃身矣。故吾有一喻焉，如一商人出广告曰：吾欲购货，凡货有能如吾式者吾将尽购之。诸工闻之，群仿而造焉，而为工者以其货为定购之货，冀仅如其式而止。货之适用与否，则为商者之责任，吾不必过问焉。既而以其货之无用也，人莫之购，而商病，商病货不复购，工抱其货而无所售。又习为此货不能复为他货，而工亦病矣。今日八股之末流，盖无以异此也。然则今日国家之设学堂，当以此为培材造士之区，而不必以此为与人官职之地。谓他日之受官职者，必学堂出身可也。谓学堂出身者，他日必授以官职不可也。必使学堂之学生，知此为立身养命之原，而非为干禄求荣之地，则当其学之之时，必处处为他日实用地步。而凡不足以实用于他日者，皆将弃之而不顾矣。学堂之原理不如是乎？而今日之学堂，果何如乎？

抑吾所谓进取之方法如何？吾先言其大意焉。曰：凡一群之人得树势力于社会者，必先担责任于社会。吾士流之在社会，独无责任乎？英之人士，以广布欧化管理全球为天职；俄人自以为史老夫人种，为腊丁民族之代兴者，为新文明之继续为天职；日本人以任东亚之文明为天职。吾辈生文明最古之国，独喁喁于甲科乙榜，而以为天职乎？夫所谓责任焉，天职焉，固在自认之而自担之，而不在他人之授吾以是任命吾以是责也。际此时会，吾侪应认之天职、应担之责任固甚多。凡吾同志，可漠不加察乎？兹以吾所见者，提出若干条于后：

一、画一汉族语言并广布汉语于各族。

一、广布汉文于全国之人并修正而补益之。

一、画一全国中之风俗、思想、宗教。

一、研究各种学理、政法、艺能、教化之事而传布之。

一、调查全国中关于学理（如动植矿、地质之类）、政法（如户口、地图、物产、民俗）、艺能、教化之事。

一、组织全国教育事宜。

一、组织全国卫生事宜。

一、组织各种慈善公益之事。

一、僻除邪说及污俗（如缠足、吸鸦片、扶乩之类）。

是策也，盖欲改困守以丐国恩之士流，进而为力行以救民命之士流。吾士流果能树此事业于全国乎？此诚坚船巨炮所不能破，强有力所不能屈者矣。

《支那文明史论》凡例 *

（1901）

　　是编系日人论我国学理之最新警切当者，读之令人识见超迈，思想开展。其宗旨正确，不偏不倚，直有上下五千年、纵横九万里、独具只眼之概。

　　是编议论，阐旧学，标新义，中正和平，摘发我国古有文明之髓。惟因论汉族而不免有歧视他族之处，亦非一视同仁之道。且于现今国体有关，故遇此等处，译者略有删节，阅者谅之。

　　是编初照原文直译，故词句中冗沓不堪，渐复修改一过，而冗沓处仍复不免，望大雅教之。

　　是编论文之确凿处，读之大于吾国之进步有关，将来拟加眉批以与当世学士证论其是非，即著者所云其评议，乞读者加之意也。

光绪二十七年十月　译者志

---

　　* ［日］中西牛郎著，普通学书室译：《支那文明史论》，上海，普通学书室，1901 年。

浔溪公学开校之演说 *

（1902）

今者诸同学不远千里而来此就学，吾甚喜我国之前途将与诸同学之青年上达日进无疆相似也，又甚喜此公学之名誉亦将随国家文明之气运隆隆而日上也。兹当开校之期，吾将有以告吾同学者，盖即诸同学在校中为学之趋向与将来出校后对国家世界之方针而已。夫吾人生于今日，亦知吾人今日之责任乎？人生在世，无人不有责任，若一人自卸其责任，则此人即为蠹国而病民者。然此犹为通常之责任也。通常之责任者，即谋生、从公（如纳税守法律之类）、教子女，此数者，无一国之民，无一代之民，无此责任者也。此责任之外，又有特有之责任，为在此时代之民，或居住此国土之民，所特有者。上古之民，亟亟以谋同类之衣食为责任，故有巢、燧人、神农、黄帝崛起而担之。中古之民，亟亟以平犷悍之俗酿和平之福为责任，故文王、周公、孔子起而担之。即如咸同之间，发匪起乱，淫掠屠戮，民不聊生，此时之民，当亟亟以定乱为责任，故中兴时代诸人，皆出而担之。此皆一代之民特有之责任也。法败于普，而法之民亟亟以复仇为责任；俄有据东亚之志，日本之民，亟亟以抵抗其东下为责任。此一国之民特有之责任也。呜呼！今日我国之民，对其所生之时与所居之国，已有莫大而不可诿之责任，吾同学其亦自认此特有之责任乎？今同学闻吾言，必以为国败民穷至斯已极，吾人际此时会，当起而挽东亚之风云，策富强之实效，行维新于政治之上，充实理于学问之中，其责任殆如是耳。虽然，此言也，犹未尽吾所谓特有责任之旨。盖一兴一衰，一起一灭，四千年历史，已陈陈相

---

* 《普通学报》第 4 期，1902 年，署名亚泉。

因。当外敌凭陵、内治失坠之秋，因国势之贫弱而策富强，因民俗之浮浇而励实学，此不过为国运否塞之时，人民应担之特有责任耳。若今日，则固不得仅以国运之否塞视之也。吾同学之视今日，不可仅以为国家受外敌凭陵之时，当以为我四千年固有之文明受外敌压制之时矣。试观中外历史，我黄色人种建设社会于亚细亚，白色人种建社会于欧罗巴，各不相谋，而自筹其生活之法、治安之道，以成一种之文明。故世界之文明者，有二大潮流，即东洋文明与西洋文明是也。此二大文明，发源不同，性质自异，虽其间不无互相交通互相影响之处，而四千年来未曾直相接触，今也不但相接触而且相冲突矣。譬诸学童，幼时各居一塾，各读其书，各为其文，各解其所解，各习其所习，不相闻问，今也聚于一试场之中，考官校试之而将定其弃取焉。是固科名家所谓争三年之辛苦于九日之中，岂非千载一时之暂境乎？处此激烈竞争之地，一旦失败，则我四百兆所团结之社会与四千年所蕴蓄之权力，将随之而俱付东流。临渊履冰，岂足喻此危境耶？夫优胜劣败者，定理也。东西二大文明，孰优孰劣，孰胜孰败，吾同学亦曾计及之乎？或曰：东洋文明，腐败已极，西洋文明，新机勃勃，西优而东劣，西胜而东败，不待转计决矣，吾辈今日，正宜摧陷廓清，尽去已败之文明，而后可以输新进之文明。斯言也，吾向亦云然。虽然，果其西优而东劣乎？则固不容拘泥而遏自新之路，而无如东洋之文明，果可以一笔抹煞之耶？且所谓新者，无非为腐者之改良；所谓腐者，又未始不可为新者之材料也。吾于西洋文明，固无所窥见，间读日人所著《支那文明史论》及《支那问题》等书，折衷其言，则知基于科学而发达之形体的文明，即形而下之文明，则东固输一筹于西；若属于思想道义界之精神的文明，即形而上之文明，东西之孰优孰劣，固未易遽判也。然则东之未尽劣于西，而不无东优于西之处矣。抑此所谓东优于西之处，经百年内之八股家支离破坏以后，几亦无可表见。然化朽腐为神奇，正今日以后可图之功业。是则诸同学在校或他日出校之责任，第一当研求科学以补东洋文明之不足，第二研究固有之文明，与西洋之文明包含而化合之，以表章一绝新之文明于十九周之后，以为东洋之特色，亦庶乎无愧为今日东洋之男子耳。夫所为形而下之文明，其学果如何乎？在东籍中所常见者有一表如下（第一表）。

第一表

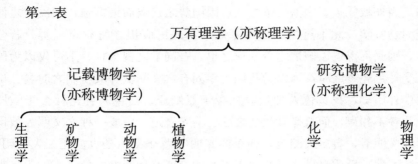

第二表

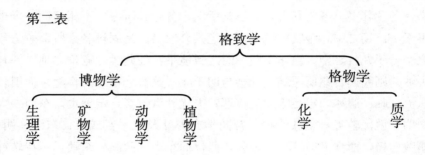

余今易以通用名目，另为一表（第二表）。格致学者，为格物与博物二科之总名。而格物学者，研究万物内蕴之形状质性，而考其公律；博物学者，研究万物外著之形状质性，而辨其系统。此二科之分界也，格物学又分质、化学二科。质学考各物之形状质性，化学考此物与彼物变化后所成之形状质性。如水之结冰化汽，为质学之理；火之能燃、金之生锈，为化学之理也。博物学虽分四类，而大别为无机、有机，即非生物与生物之二种。矿为无机物，动植为有机物。生理学者，本属动物学，盖动物学本有究动物生理学之一部，而因生理关系于吾身生命之源，故扩大之而又为专科。此数者，即为形体的文明之基本。论其应用，而农工商实业及海陆军学医学药学，无不受其影响。至形而上之学，在普通学科中，如历史地志文学，皆为其基址，而其归宿，终不过二大部，即哲学与政法学是也。哲学之名，虽为译名，然我国先圣先贤百家诸子之大义微言，包含哲学之要理者，参互散见于其间，不可悉数。揭而言之，则哲学者，内圣之学；政法学者，外王之学。以哲学断世界之公理，而著为政法以行之。政法为有形之哲学，哲学即为无形之政法。余于二者，虽未有窥见，仅从友人窃闻其绪余，盖其关系殆如是矣。吾同学诸人，当能执前所举二事以为入学之方向，他日出校，立身行事，亦当万变不离其宗。若游移无据，其在校也学成外国语之口技，出校而为无关身世之营谋，殊非所以对此责任之道矣。且吾为此言，非望诸同学尽为振名教立宪法之人。吾侪一介寒微，徒效英雄之口吻，作豪杰之梦想，亦恐非实际担负此责任者。但使立志既定，人人于此责任中各认其一部中之一部，则今日同学数十人，即可收众擎共举之效。今诸同学入学伊始，吾以齐一其志以认明责任为诸同学勖，即以克偿其志以担荷此责任为诸同学颂，并以为公学颂，则以此为开校之颂辞也可。

《文学初阶》叙言 *

（1902）

蒙学一事不但为学生一身德行知识之基础，实为全国人民盛衰文野之根源，所关甚巨。近年以来有识之士见我国训蒙之法未臻妥善，亟思整顿编辑蒙学新书者，已若干家，体段粗具。是编恁借诸家之蓝本，冀为初学之津逮。更增图画，俾蒙童披览不致厌倦乏味，亦可识物之真形。惟智虑短浅，体例错杂，匡予不逮，是所望于同志耳。兹录编辑大意如下：

一、此书为教授初次入塾之孩童所用，其业经入塾而识字无多、字义未解者，亦可以此书授之。

一、此书共分六本。让学生每半年读一本，足敷三年之用。读毕此书可以文学进阶授之。

一、此书由浅入深，先以二三字联缀成简短之句，逐次增长至以数句联属成文，略成片段而止。学生读毕是书，则浅近之文学不难自解矣。

一、此书原拟为蒙学堂中所用。凡各处书馆、家塾用此书课徒者，亦宜仿照学堂规式，则受益较多。兹列教授略法于卷首，请高明披阅一过，如可采用，务祈依法施行。庶不负编辑是书者之本意。

一、训蒙之法须随本地之语言、风俗、事物以为权度。我国幅员广大，语言、风俗、事物错杂不齐。教师课读是书，如遇书中字句有为本地所罕见者，即宜随时改易。编辑是书者所切望也。

光绪二十八荷月　亚泉学馆编辑

＊　杜亚泉：《文学初阶》，第 1 册，上海，商务印书馆，1902 年。

物质进化论 *

（1905）

宇宙间事事物物，为吾人所感所知者，纷纭万状，不可条理。吾于其间为类别之，为总括之。类别之为三：曰物质，曰生命，曰心灵。总括之则曰现象。

物质者，有重量，有立积，二者为其特别之现象。次如光色臭味之类，非普通所具。然宇宙内感于吾人之官体者，大率为物质现象，凡化学、物理学所讲论者皆是也。惟生长、生殖二者，为物质之所无，盖二者乃生命之现象，以具此现象者为有生命之证据，凡生物学中所讲论者皆是也。心灵之现象，曰智，曰情，曰意，凡心理学中所讲论者皆是也。

何谓现象？现象者，对于实体而言。常人往往以实体为可凭，而以现象为未确。如云物质，则人以为是有实体者：至云生命，云心灵，则觉此二者皆为虚无幽渺之名词，且觉心灵较生命更为幽渺，彼盖以二者为无实体也。然就学术言之，则意殊不同。学者之言曰：物质、生命、心灵三者，皆只有现象而已。非谓其无实体也，以吾人之可感可知者，乃皆现象也，非实体也。现象在觉性界中，实体不可觉，故在悟性界中。常人误以物质为可觉之实体，不过因目见其返光，耳闻其颤动，手足肤体能觉其重量与立积耳。兹数者，现象耶实体耶不待辨。以现象之直接于感官者为实体，非直接于感官者为虚境，此与以空气所在之处为空处无异。苟细心体会，则三者之在吾人觉性界中同为现象可知矣。

宇宙间种种现象，既不出此三者以外，则一切学术，虽科目甚繁，皆可以此统之。何则？学也者，自客观言，乃就宇宙间本有之定理定法

研究而发明之，以应用于世之谓。自主观言，乃由所感所知者，进于演绎归纳之谓。宇宙间三者以外，别无现象，则所谓定理定法者，即在此现象之中；所感所知者，亦感知此现象而已。故此三象者，一切学术之根据。其直接研究之记载之者为物理学（包化学、博物学言）、生理学（包生物学言）、心理学。以此三科为根据地，应用其材料，而有种种工艺、航海、机械之学，医药、卫生、农林、畜牧之学，伦理、论理、宗教、教育、政法、经济之学，又统合三科，研究其具此现象之实体而有哲学。

以上所言，乃表明宇宙之内，觉性之中，无非三象。然此三象者，虽各具特别性能，而又不可分离。盖必有物质而后有生命，有生命而后有心灵。有无生命无心灵之物质，无无物质之生命；有无心灵之生命，无无生命无物质之心灵。无生命心灵之物质，矿物质及生物之遗骸是也；无心灵之生命，植物及动物之去其脑者是也。无物质之生命，则为佛为仙；无生命之心灵，则为妖为鬼。是皆初民之想像、宗教之寓言而已。

三象之不能分离，论证甚多，且其关系甚为切密。如生命之保存，必赖物质之营养；且同一物质，有生命时则不至酸化，生命一绝，即有腐败枯落之忧，此物质生命之关系也。吾人壮健时心思灵敏，老病则感觉记忆思悟之力俱退，喜乐则爽健，忧郁则病死，此生命心灵之关系也。心理学中，论心物关系之理甚多，且以为心物同元，而倡一元论或多元一体论。多元一体者，犹言多象一体也，今既以诸种现象别为三类，则曰三象一体可也。

三象一体固已，而其中又有可异者在。生命不能离物质而存，而可离此物以附于彼物。无论何种生物，均有新陈代谢之能，则今日之生命，附此物质而存者，明日则又附他物质而存，而与此物质相离矣，而此物质或为他生物所吸收，则另为他生命所附丽。心灵之于生命亦然，心灵之单位为一观念，盖心灵界中，虽包藏无数之观念，然不能同时并起于意识界，故仅有数观念联合，入意识界中而为念圈。此念圈之中，又有一念占主位，使他念服从而辅助之，此一念即为注意点，然又不免时时移换，以他念起而代之。一日之间，念之忽起忽落于吾意识中者，转变迁流，莫可踪迹，而我之所注意者，或不知不觉而入于他人意识中。如见人喜而亦喜，闻人忧而亦忧，此同情之事实，心理学中多证论之。由此以观，则同一生命，其心灵之注意点屡移，而此注意点转可附于他生命而存，如受高明之教育而成才智，积历代之知识而启文明，是皆他人之心灵附丽于他人之生命者，则其间若可分离若不可分离者，其现象不亦奇欤？

近之学者，论心灵之发达，皆推原于感觉，而感觉之能力，似与生命俱存。植物之中，有感觉者不少，由此而进化，即为心灵之起原，是生命与心灵为一体，可无异说。惟生命之起原，是否由物质之现象而进化者，近世学说，无以证之。据生物学中之所考，凡有细胞，必为细胞所分生，非细胞不能生细胞。故化学家能以无机物质造有机物质，而不能以无生物造有生物，是生命物质，截然两途。生命之起原，固学界中之一大疑问也。

推想地球太古之时，断不能为生物所居住。至于今日，被于全球之皮层者，几无非生物与生物之遗骸，则其间自无生物而为有生物之原因如何耶？其第一生物果如何出现耶？此种答案，虽达尔文犹难之，以为不可思议。彼之进化论所发明者，乃从有原始生物以后而论其递次变迁繁殖之情形。故原始生物之何自而来，学界中无能言之，只能以理论定其为由无机物化成，卒无可以实验，则生命之是否由物质而进化，尚难定论也。

但就已有生物之后而言，则无生命之物质，进化而为有生命之物质者，几无限量。据理以推，则再经悠久之时日，必将尽地球之物质而皆有生命，而皆有心灵。何以言之？试观生物繁殖之多，长成之速，充其量固必有尽全球而悉为生物之时。虽其间生存竞争，得遂其生者无几，然其或生或灭，可置不计，但计其可以为生物之资料者，固已年多一年。其营造此资料者，即绿色植物之同化作用是也。绿色植物借太阳之光线与叶绿质之功用，日变无机物质为有机物质，此有机物质之增多，即为生物繁殖之总因。虽其增多之率为数学级数，不能敌生物繁殖之几何级数，然生物增多之率，亦即以数学级数推之，则悠久无极之时间，苟不尽此地球而为生物不止，即地球之原质，有不为生物所含者，然皆少数之原质耳。尽地球之物质而皆有生命，此就学理推之，固无甚不合者。既有生命，则依心理发达之理，必将皆有心灵，其说亦无可议也。

吾尝疑此地球之各物质，终古营营扰扰，或体变，或化变，无一息之停，彼固抱如何之目的，将成如何之结果耶？若以为自然而然，在地球实为无意识之作用，此实非深于观察者之所言。且即为无意识之作用，既有作用，亦安得不有结果？彼之结果，殆将使现在之块然土石，一变而为灿烂美丽之花草，再变而为活泼灵敏之精神。综其所归，无非进化，然则进化者，固地球维〔唯〕一之特性也。或曰：地球之内，质与力终古不能增损，既无增损，安有所谓进化者？然质无所增，而质之能力日增；力无所增，而日以其不规则之力为有规则之力，此即进化之旨矣。

伦理标准说 *

（1905）

伦理学者，辨明善恶邪正而定行为之规范者也。

夫善恶邪正云者，岂如轻重大小长短之可权可量可度耶？不可权不可量不可度，则所谓善恶邪正者，将以何者为标准耶？如无标准，何以生此辨别耶？欧洲学者研究此理，各主一说，散见于伦理书中。兹举其主要者如左：

一、神意说。以神之意见及命令为伦理之标准，甚至以为非圣书所载者，皆不得为善为正，此宗教门徒之说也。

二、君主说。以君主之命令为伦理之标准，英之呵菩斯（一千五百八十八年生，一千六百七十一年殁）倡此说。

三、道理说。凡人之行为，由自己之悟性与理性判断之，以得其宜者为标准，英之喀来克（一千六百七十五年生，一千七百二十九年殁）及拍来依（一千七百二十三年生，一千七百九十一年殁）之徒倡此说。

四、道德说。人心之中，有自然之直觉力，善恶在前，一瞥即能判定之，与口之于味、目之于色无异，即以此良心为标准，英之赛甫台司倍林（一千六百七十一年生，一千七百一十三年殁）、吓铁森（一千六百九十四年生，一千七百四十七年殁）等主张之。

五、他爱说。以爱他人为人之天性，即以之为伦理之标准，法之康德（一千七百九十八年生，一千八百五十七年殁）是也。

六、自爱说。人之为善者，由于自爱自护，以自爱为伦理之正道，以自护为万物之原则，英之梅台皮尔（一千六百七十年生，一千七百三十三年殁）等主张之。

---

* 《东方杂志》第 2 卷第 5 期，1905 年 6 月，署名亚泉。

七、实利说。以人类之幸福安全为伦理之标准，属于司他依克学派及爱披克腊司学派者，并近世弥儿（一千七百八十三年生，一千八百三十六年殁）、裴苦姆（一千七百四十三年生，一千八百三十二年殁）等，可入此派。又斯宾塞尔之幸福说，与之同类。

以上诸说，第一说乃神道设教之意，正以善恶邪正无可折衷，乃托之于在人类以上者之命而听从之，其意仍杳冥而无凭准。第二说，则当蒙昧未开之时，听其时杰出之一人之所言以为行为之准则，犹之弟子之受命于师而已，而其师之所以辨其善恶邪正者，仍不能无标准也。此两说者，皆有重外轻内之意以此为标准，正以未得标准之法，而强立一起点耳。第三以下诸说，或求之于吾心而论其起源，或按之于当世而考其结果，伦理家皆存其说而无定论。

今试以我国先哲之言，比较而参究之。神意之说，小同大异。吾国之学说曰："天命之谓性，率性之谓道。"又曰："惟天降衷下民，厥有恒性。"所谓天者，原与神无异，不过指在人类以上而主宰之者言之。但吾国学说，以谓天赋授吾人以为善之良心，人当本此心以行善，故善恶邪正，仍辨之于吾心，非听之于天命也。天意之说，原属杳渺无凭，苍苍之天，非有谆谆之命，据经典而信为上帝所指示者，不过宗教家之迷信而已。君主之说，吾国无之，吾国以君主之命令为法律，法律固不可不遵，但法律之与道德异其质性，吾国固早辨之。道理、道德二说，一主本能，一主经验，即我国尊德性与道问学之别，宋儒朱、陆二派各占一说。他爱者，以仁为本，而其流弊至于舍己殉人，墨说是矣。自爱者，以修身为道之本，以守身为义之大，其流弊至于自私自利，而与伦理相背，杨说是矣。实利者，道之结果。孔子以老安少怀为志，《大学》以治国平天下为止，尧舜以修己安百姓为病，故伦理之目的，固以人类之安全幸福为期。但据此立论，亦有专求成效，论利害不论是非，背于伦理之本意者。今之言伦理者，折衷诸说而贯通之，谓伦理之标准，起于自爱及他爱，由其本能，加以经验，而终以人己之安全幸福为目的。或直接，或间接，适于此目的者为正为善，不适者为邪为恶，此吾人行为之标准也。

初印《妖怪学讲义总论》序*
（1906）

　　余自初知学问，涉略理科，常以天下事物，有果者必有因，有象者必有体，无不可以常理推之，无所谓妖怪也。于是将幼年所闻妖怪之谈论，所受妖怪之教育，洗濯净尽。又悯家庭之内，社会之间，常窟穴无数之妖怪，思一切扫除之。惟自知学力未足，他人之所谓妖怪者，吾虽常决言其非妖怪，而不能确言其非妖怪之所以然，又不能证明他人所以误为妖怪之故，惟觉妖雾漫空，使人迷眩而不知方向耳。闻日人井上圆了氏有《妖怪学讲义》之著，甚见重于其国人，甚有益于其民俗，购而读之。煌煌巨册，其精思名论，令余钦佩崇拜，不可名状。且余读是书时，学问上之智识已略进，稍知心理学及生物学之门径，自觉宇宙间之名理，汇集胸次，使予心汪洋于其间，而发见一不可思议之真怪，觉哲学上之所谓元，心理学之所为实体，宗教家之所谓天帝神佛、真如法性，清谈家、性理家之所称为无名、为无极，无一非此真怪之记号。即物理学之所谓质力，生理学之所谓生命，心理学之所谓心灵，亦无非真怪之一方面之一支脉。而一切所谓物理、生理、心理等之理云者，乃皆此真怪之产物。怪乎！怪乎！余之心中，前则有理而无怪，今则有怪而无理矣。每读井上氏之书及生物进化精神物理诸论，常使余心幽焉渺焉，与此真怪相接触，日夕萦念，觉心境之圆妙活泼，触处自然，不复作人世役役之想。余常思显此真怪于我国文字之间，苦无心得，乃取井上氏之书译之。全书共八大卷，非一人所易为力，曾于前数年，由蔡先生子民译其十之六七，今先将总论付印，即蔡先生所手译者，印将成，识数语以表其钦慕之意。

乙巳年五月　亚泉学馆识

---

　　* ［日］井上圆了著，蔡元培译：《妖怪学讲义录总论》，上海，商务印书馆，1906年。

比较中法度量权衡说帖上会议政务处*

（1908）

本年三月二十八日，农工商部会同度支部具奏遵拟度量权衡画一制度图说总表及推行章程一折，奉旨会议政务处议奏，钦此。炜孙谨案：部拟总表第一为度量衡名称及定位表，第二为度量衡之种类式样及材料表，酌古斟今，以因为创，草茅下士，钦佩莫名。第三为中国度量衡与法国迈当制度之比较表，事关推算，炜孙略知算术，细加抽绎，知部拟比较数，以营造尺每尺合三十二生的迈当为中尺与法尺之准比例。炜孙管窥蠡测之见，窃谓现在定中尺与迈当之比例，不外二法，一法由实地比较而得，一法由算理推测而得。向来官私记载，所用营造尺与迈当之比例数，有据《邹伯奇遗书》图式推定者，得营造尺一尺合法三十一生的迈当小数四二二一；有遵《会典》图式推定者，得营造尺一尺合法三十一生的迈当小数七零九五。此皆依第一法由实地比较而得之数也，惟营造尺之祖器业已无存，仅据户图以为比例，则镌刻之板，印刷之纸，皆因燥湿而有涨缩之差，即所用之外国尺。亦非外国之原器，得数势难密合。恭读《御制数理精蕴》曰：里法则三百六十步，计一百八十丈为一里。古称在天一度，在地二百五十里，以今尺验之，在天一度，在地二百里，算学家李善兰曾遵此法，用赤道周密率推算，推得英尺一幅地合营造尺九寸八分五厘七毫七丝，则营造尺一尺应合法三百零九密理迈当。《西国师船图表》中，有中西度量权衡表一卷，大率准此。学堂教科书，亦相沿用。惟李氏所推，用赤道周之密率，而法国定迈当制度，则用子午周之略数。（各国在巴黎会议时定子午周为四千万迈当，其后更密测之，则实为四千万零零三千四百迈当，故会议时所推为子午周之

---

*《东方杂志》第 5 卷第 7 期，1908 年 8 月，署名杜炜孙。

略数。）因此李氏所推营造尺与迈当之比例，其数尚多奇零不尽。若遵每度二百里、每里一百八十丈之定制，而以子午周略数入算，则有适尽之比例。其法以子午周四千万迈当为一率，以子午周三百六十度与每度二百里、每里一百八十丈连乘为二率，以一为三率，得四率为一迈当，合营造尺三尺二寸四分，其数适尽无零，用以入算，用以制器，较为便利。新出教科书，已多改用此数。此皆依第二法由算理推测而得之数也。今部拟比例数，似从第一法实地比较而得之数，用四舍五入法，收纳小数而得，比例乘除，皆得适尽无余，诚为便利起见。惟依此数推算，则以子午周略数计之，得每度为一百九十二里九；以子午周密率计之，则每度为一百九十三里九六五。实与《数理精蕴》所定每度二百里、每里一百八十丈之制不合。部奏谓恪遵祖制，定于一尊，又部拟总表，谓所列名称及命位之法，皆以《汉志》及《数理精蕴》为本。今里法既与《数理精蕴》定制不符，必致日后学者争论纷歧莫衷一是。且一度二百里之制通行已久，学堂中以此为教科，测量者以此计道里，用于航海则测算海里尤为便捷，今诚依迈当制度以子午周略数入算，则比较有适尽之数，既合于学理，又便于实用。上承《御制数理精蕴》之定制，外合巴黎万国会议之通法，不揣鄙陋，谨献刍荛。至地积量法，本由尺度而生，尺度之比例一定，则面积体积之比例均因之而定，无烦赘述。惟衡之比例，推定较难。《会典》载五金每立方寸之重量，以今日格致学中所定五金重量较之，颇有参差。部拟总表内，谓不能概以体积相同为断，诚为确论。窃谓衡之比例，既不能从旧制推算，则宜以现今通行之比例为准。炜孙曾就上海票号调查其汇兑之法，并与日本人所调查者参合，综其大要，则广秤八百二十七两八钱一分四厘合英国秤一百温司，即四万八千英厘。此为数十年来中外商民通行之比例。而广秤一千两合漕秤一千零二十五两，库秤一千两合漕秤一千零十八两，此为中国商民通行秤两之比例，准此推算，则库秤一两应合英国五百七十五厘又千分之八百八十。更以英秤转合法秤，得库秤一两合法国三十七格兰姆又千分之三百十六，与部拟总表内库秤一两合法国三十七格兰姆又千分之三百零一，其差数为一万分之四。炜孙见闻狭隘，调查容有未确，合并陈明，以资采择，附呈炜孙私著《中外度量衡币比较表》二册，恭呈钧鉴。

《各省谘议局章程笺释》序言[*]

（1908）

君主立宪国政体，以议院为国家之立法机关，以政府为国家之行政机关，以法院为国家之司法机关，三权分立，而君主总揽之。我国《宪法大纲》，即本斯义而定。至立宪政体，除三权分立以外，尤以地方自治为重要之制度。盖国家政务，仅由国家机关以执行之，尚难完密。故于政务之关系于一地方，而与国家无直接之利害者，委任之于地方人民之团体，使得就法律命令之范围以内，自处理其地方之各种政务，谓之地方行政，又谓之自治行政。而国家机关所执行之政务，则谓之国家行政，又谓之官治行政。至行政机关之内，通常分之为三部，而各部又有分别。兹就法学家所论定者，列之如第一表（此表从日本明治大学编纂之《法律经济辞解》摘出）。

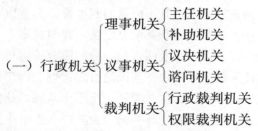

但是表所列，乃一行政法人之内部所具之各机关。至行政有国家与地方之分，而国家行政之机关，又有中央机关与地方机关之别。中央机关，在国之中枢，执行国家之政务。地方机关，在各地方执行国家之政务者也。故更列第二表以明之。

---

[*] 孟森、杜亚泉合纂：《各省谘议局章程笺释》，上海，商务印书馆，1908 年。

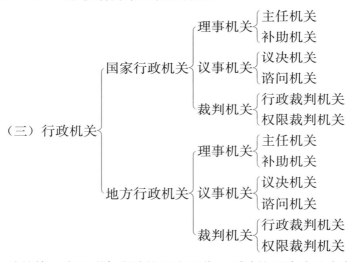

（二）行政机关 ｛ 国家行政机关 ｛ 中央机关（中央官厅） / 地方机关（地方官厅） ｝ / 地方行政机关

若以国家作为行政之法人观，则政府为国家行政之理事机关，议院为国家行政之议事机关之议决机关，行政判裁所及权限裁判所为国家行政之裁判机关。至地方行政机关，其议事机关则以地方团体组织之，理事机关及裁判机关或以国家之地方机关兼之，或由地方团体组织。今将（一）、（二）两表参合为第三表以明之。

（三）行政机关 ｛ 国家行政机关 ｛ 理事机关 ｛ 主任机关 / 补助机关 ｝ / 议事机关 ｛ 议决机关 / 谘问机关 ｝ / 裁判机关 ｛ 行政裁判机关 / 权限裁判机关 ｝ ｝ / 地方行政机关 ｛ 理事机关 ｛ 主任机关 / 补助机关 ｝ / 议事机关 ｛ 议决机关 / 谘问机关 ｝ / 裁判机关 ｛ 行政裁判机关 / 权限裁判机关 ｝ ｝

欲就第三表以明各省谘议局之地位，则谘议局当为地方行政之议事机关。然谘议局，实又兼国家行政之议事机关。试举宪政编查馆、资政院会奏各省谘议局及议员选举章程折内所陈要义以考求之。其第一要义谓：各国立宪制度，皆设上、下议院于国都，其下直接地方自治之议会，惟联邦之制，各邦自有国会，帝国但总其大纲。中国地大民众，分省而治，各省之政主于督抚，与各国地方之治直接国都者不同。而郡县之制，异于封建，督抚仍事事受命于朝廷，亦与联邦之各为法制者不同。谘议局之设，为中央集权与地方自治之枢纽，必使下足以哀集一省之舆论，而上仍无妨于国家统一之大权云云。夫谘议局既与地方自治之议会不同，则其为国家行政即官治行政之议事机关可知。然国家行政之议会，在今日则有资政院，在将来则有上、下议院，与各省谘议局其权限固如何区别乎？会奏折内第二要义谓：谘议局为一省言论之汇归，尚非中央议院之比云云。盖京师之议院，乃国家之中央议院，即国家议事机关中之中央机关，议中央机关所执行之国家政务者也。各省之谘议局，乃国家之地方议会，即国家议事机关中之地方机关，议地方机关所执行之国家政务者也。故议院或资政院所议，乃中央政府所执行之国家政务。谘议局所议，乃督抚以下各官厅所执行之国家政务。其区别自明。（参看第二十一条案语笺释。）盖我国之国家行政机关，不如第三表之式。兹更以第四表以明之。

$$
\text{（四）国家行政机关}
\begin{cases}
\text{理事机关}
\begin{cases}
\text{中央机关（中央官厅）}\\
\text{地方机关（地方官厅）}
\end{cases}\\
\text{议事机关}
\begin{cases}
\text{中央机关（资政院或议院）}\\
\text{地方机关（各省谘议局）}
\end{cases}\\
\text{裁判机关}
\end{cases}
$$

夫国家行政之议事机关，有中央、地方之别。虽他国无其先例，然我国地大民众，分省而治，各省之政主于督抚。若各省地方无议事之机关，则国家虽立宪于上，而各省仍专制于下，未易望其整理也。其所以属于国家机关者，既无妨于国家统一之大权之意，而又与联邦之自为国会不同也。

夫各省谘议局既为国家议事机关之地方机关，何以又为地方行政之议事机关乎？会奏折内第一要义既云"谘议局与地方自治之议会不同"，则谘议局似不得更为地方行政之议事机关。但谘议局是否为地方行政之机关，须从各省之是否为行政法人而知之。查《谘议局章程》第二十一条第五、六两款"议决本省权利存废，义务增加事件"，则固认各省为权利义务之主体，而为行政法人可知。要义所谓"谘议局与地方自治之议会不同"者，盖以国家议事机关之地方机关，而兼为地方行政之议事机关，与他国之地方自治议会专为地方行政之议事机关者不同也，要义谓"谘议局之设，为中央集权与地方自治之枢纽"，盖谓兼官治、自治而浑合之，即谘议局为国家行政之议事机关，而兼地方行政之议事机关之证，犹之督抚在国家行政之地位则为理事机关之地方机关，在地方行政之地位则为理事机关。盖督抚为本省之官吏，当行政之任，与谘议局本属对立。故督抚有监督谘议局之权，得行解散及停会之令。谘议局亦有监察督抚之责，得有纠举及质问之权也。

谘议局之地位既说明如上，其不曰"省议院"者，示与联邦议院不同；其不曰"省议会"者，示与地方自治之议会不同。或有误会谘议局为"省议会"者，不知就性质言，谘议局兼有国家议会及地方议会之性质；就形式言，谘议局兼有议会及参事会之形式，非"省议会"所能概括。"谘议"二字，一则根本于光绪二十九年九月十三日谕旨，一则示其为议决机关及谘问机关之意耳。谘议局既为国家行政议事机关之地方机关，而又兼为地方行政之议事机关，则其机关之组织及其职任权限，依立宪国之制，当以法律定之。但议院未开之时，君主得发诏令，以代法律。且此章程于光绪三十四年六月二十四日奉旨允准办理，为发布宪法以前之法令。依立宪国之制，此等法令苟与宪法不相抵触者，皆有效力。其称曰"章程"者，盖"章程"二字与规则、规程之意略同。世界事物无不各有其规则，就规则而定其程式，曰"规程"。"章程"者，著于篇章之规程也。其意义甚为广泛，无事不可立章程，无人不可自定其章程。法律命令，亦国家政务上之章程而已。就我国习用之意义观之，除私人及私法人所自定之章程外，有由地方绅董订立者，有由地方官厅颁行者，有由政府颁行者，有奉谕旨颁行者，或与自治条例相同，或与官厅命令相同，或与法令相类，其性质颇难确定。而此章程之性质，则属于法令无疑。从宪法上观之，则不外为有关于人民权利、义务之法规命令，或为代法律之诏令而已。

此章程之性质，既属于法令，其附加之案语，亦与章程同时奏准颁行，则此案语为立法上之解释，有公正之效力。今吾辈复加以解释，乃就条文及案语之范围内，比较印证，互见者使之贯注，概括者使之厘析，引伸其应有之余义，提出其研究之问题。不过为私见解释，无公正之效力，惟足为当事者及人民参考之资料而已。不名曰"释义"，而名"笺释"者，以非逐条解释其意义，仅笺出其若干条而解释之，尚非完全之解释故也。

致某君书 *
（1909）

　　承示山东刘光照君编纂之初高等数学教科书两种，并谓上海西人教育会会员以此书为近今最佳之课本，高等一种尤为完善。故教会所设立之学堂多采用之。究竟此书有何特长，是否合用，嘱陈述鄙意。查高等一种，大致仿笔算数学而改良之，文笔较为清爽；初等一种，则参合笔算数学与商务书馆最新初等小学笔算教科书之体例，亦甚适用。惟初等一种，参用白话，鄙意未敢以为是。盖以白话入书，不如用浅近文辞之易解，且孰为白话孰为文辞，小学生胸中未必即能辨别。若惯用白话书，则将来作文时，必致夹入白话，转多障碍矣。例如使钱若干不如用钱若干之易明，打了三只碗不如打破三只碗之易解。若书中习用"使"字"了"字，则学生作文时必将此等字夹入文中，触处皆是，不能自别，不但不成文理，反令人费解矣。言文不一致，为吾国交通统一之大碍，惟用浅近文辞，则言与文或可渐趋于一致，若参以白话，使文言夹杂用之，则各处有各处之白话，必至各处有各处之文辞，而文辞亦将不能一致矣。盖我国语言多异，而文辞相同，故欲统一语言，是当以言就文，不当以文就言也。至小学数学教科书体例，当以日本文部省所编小学算术书之法为最合，近来商务馆出版之初小算术书、高小算术书等，皆采用其法者也。

＊《教育杂志》第 1 年第 9 期，1909 年 9 月。

减政主义 *

（1911）

减政云者，减并官厅，减少官吏，减省政务，即减缩政治范围之谓也。此主义在欧洲及日本各国间，颇倡导之。盖欲矫繁复政治之弊，节政费以养民力，减政权以顺民情，一方面去人民依赖政府之心，以破除政府万能主义之迷误，一方面消人民嫉视政府之念，以防止无政府主义之蔓延，是固政治学上重要之论题也。我国数年以来，施行宪政，摹拟他国之繁复政治，包举一切，而能力不足以副之，弊害已形，致反对之声，一时哄起。自此以往，又恐有因噎废食之举。与其事庞言杂，一切失坠于冥冥之中，复见阻于哓哓之口，不如采用减政主义，收束局面，以为持久之谋，专一精神，以赴目前之急。现在新官制将颁，大局方针，亟宜于此时考定，故揭此论题，愿与我国民共研究之。

欧洲及日本各国之倡导减政主义也，予得述其大意曰：政治者，社会上一种之事务也。政府者，社会上之政治机关，亦一种之机关也。今各国政府，组织繁复之官僚政治，视社会上一切事务，均可包含于政治之内，政府无不可为之，亦无不能为之。政权日重，政费日繁，政治机关之强大，实社会之忧也。社会之人，或习焉不察，讴歌于政府万能之下，至事事依赖政府而为之。营一业则请国库之补助，举一事则求官厅之保护。民间独立心之薄弱，实为当局者多年之干涉政略所养成，积之既久，遂不自觉其迷误。法国人收获葡萄之时节，向由政府告示，久之则以此告示为不可少。识者谓蒸饼之制造发卖，若向由官吏营之，则其人民亦必生一种迷误，以为此蒸饼苟为民间私业，则必有不足供给之忧矣。今之人谓无学部则教育必衰，无农工商部则实业不振，亦犹是焉。

---

* 《东方杂志》第 8 卷第 1 号，1911 年 3 月，署名杜亚泉。

夫社会之事物，有自然之法则管理之，此为政者之所不可不知者也。社会之活力（才力、财力之结合作用），有一定之制限，政府决不能创造之。有研究学术之活力，则教育自兴；有生产之活力，则实业自盛矣。社会之发展，有一定之秩序，政府亦不能揠助之。知能之竞争烈，则发展于教育；物质之需要增，则发展于实业矣。一国政府之本分，在保全社会之安宁，维持社会之秩序，养其活力之泉源而勿涸竭之，顺其发展之进路而勿障碍之，即使社会可以自由发展其活力而已。教育也，殖产也，政府惟司其关于政务者，不必自为教育家，自营农工商之业也。夫国家教育之兴，非政府多颁学堂章程，多编教科书籍之谓；国民实业之盛，非政府多营官有事业，多定检查方法之谓。总言之，则国运之进步，非政府强大之谓。不察此理，贸贸焉扩张政权，增加政费，国民之受干涉也愈多，国民之增担负也愈速。干涉甚则碍社会之发展，担负重则竭社会之活力，社会衰而政府随之。试观法国政府，官吏之数，多至六十万人，政费占国民生产力十分之三，长此不变，其能久乎？欧美之无政府党，所以主张无政府主义，且欲以暴行达其目的者，亦以欧美之民，对于繁重之政权，浩大之政费，久抱不平，于是设理想之社会，以谓政府非社会所必须，且认无政府为社会之真态。此种主义，在今日观之，适足以扰乱社会而已。然此危险不平之党，甘为安宁秩序之敌者，实由好事喜功之政府，激之而成也。故欲图社会之进步，计政府之安全，非实行减政主义不可。

夫各国政府组织，繁复之官僚政治也，有统一之才能，有监督之方法。其官厅之治事也，敏捷而有调理，其官吏之服务也，精勤而有历练，其为国民谋福利也，盖无不周而且至。而有识之士，犹窃窃焉忧之，以谓于社会无益而有害，其势且不可久。若夫我国，人才未贮，财力未充，政府虽有改弦易辙之心，官僚犹仍泄沓偷安之习，乃不自量力，尤而效之。规模不可不备也，于是乎增设若干之官厅，添置多数之官吏，而又不可无所事事也，于是乎编订种种之条例，设立种种之名目。新政之规模略具矣，而旧日之习惯，不可尽废也，于是乎有重规叠矩者，有纷歧错杂者，且有无关于政治而为赘瘤者。群流并进，新旧杂陈，当局以张皇粉饰其因循，朝士以奔走荒弃其职务，问其名则百废具举，按其实则百举具废。孟子曰：以若所为，求若所欲，犹缘木而求鱼也。此之谓矣。持此以往，吾辈逆料其结果，殆不出两途：一曰迫于财政之困乏，仅仅维持现状而不得，则敷衍益甚，而几等于销灭；一曰不顾民力之竭蹶，益益进行现在之政策，则搜括愈力，而终至于溃决。其尤不堪设想者，则一方面行其敷衍之策，而政治销灭于上；一方面尽其搜括之实，而经济溃决于下，大局遂不堪问矣。此吾之所以欲持减政主义以挽目下之颓风，而纾将来之实祸也。

或曰："减政主义者，各国人民理想上之言论也，今各国政府不但无采用之倾向，且示反对之趋势，而乃欲采用之于吾国，其亦审察吾国社会上之情势，固适用乎？否乎？夫吾国之社会，非欧美社会之比也。欧美之社会，有组织之能力，有秩序之观念，崇尚公德，热心公益，故政府即不为之谋，社会亦能起而自谋之，减政主义，犹或可行也。若我国之社会，离如散沙，杂如丛莽，道德之堕落，有江河日下之观，经济之困难，有杼轴其空之感，今若实行减政主义，一切听其自然，吾恐永无进化之期，终有陆沉之祸耳。"然予以为此社会悲观论，非真相也。我国国民独立性质之强，自治基础之固，正有未可自菲者。若谓社会之进步，必仰政府之提携，不如反而言之，谓政府之进步，仰社会之提携，较为确当。试以近事证之，则宪政之施行，虽出于先皇之英断，而亦未始非社会鼓吹之力。他如禁烟之渐著成绩，游学之日见增加，虽由政府惩治之严，奖励之厚，平心而论，亦社会之倾向也耳。非然者，以林文忠、曾文正、李文忠之政略，而效果不如今日者。何也？以此观之，则吾社会之精神，亦讵逊于欧美，但急起直追勿自菲薄也可耳。抑吾更有进者，则以吾国历史证之，知吾国社会之情势，实有不可不采用减政主义者。吾国古来，以恭己无为为至治，而以庸人自扰为至戒。观始皇一统以后，立强大之政府，行繁苛之政令，其中亦非无为人民永久之谋者，然卒遭人民之反抗，不旋踵而破灭。汉室继之，乃一反其所为，崇尚宽大，萧、曹相业，以清静宁一称，遂开四百年长久之基。一成一败之间，情势已昭然可见。又如王荆公之厉行新政，其意岂不欲便民，卒以干涉太繁，反为民病，此亦我国政治家之殷鉴也。纪文达有言：三代以下，以不扰民为治。盖减政主义之先觉者矣。

或曰："减政主义者，消极之主义也，退化者也，非进化者也。由简单而至于繁复，自然界之一大原则，不能逆其势而行。今者世界竞争，纷纭繁变，我国家惟有取进行之方略，决不能保退守之习惯。非然者，老成持重之政府，亦岂好为此铺张扬厉之举哉？诚以内忧外患，交起迭乘，鉴于大势之不可违，迫于时机之不可待，不得已而为之耳。今若采用减政主义，则衮衮诸公，适得遂其妇人醇酒之私，养其缓带轻裘之度，而守旧之师儒，偷安之疆吏，正得借法繁赋重为口实，以摧残宪政之萌芽，中国之亡，可立而待矣。"然此实误解减政主义之真意者也。孟子曰：人必有所不为而后可以有为。减政主义者，即有所不为以期有为之意，乃以消极之手段，达积极之目的，似退而实进者也。若今日之政府，则以积极之面目，行其消极之志趣，似进而实退者也。吾亦知吾政府非好为此铺张扬厉之举者，诚不得已而为之。然此不得已云者，即今日政治上之病根，而铺张扬厉者，乃今日政治上之病态。减政主义，即对于此病之特效药耳。才力不充也，则去其旁骛之精神，财力不济也，则汰其繁杂之费用，推陷廓清而后，乃就当先之急务，立一定之范围，刻意励行，坚持勿懈。减政主义，岂无政主义之谓哉？岂使政府伴食于朝堂，委蛇于寮署，而无所事事之谓哉？盖将以此揭宪政之外幕以显其光荣，抉官僚之假面以清其神气，一方面使政府有所资以措手，一方面使政府无所借以藏身。必涂泽之政治，既淘汰无遗，庶真正之政治，有发现之日，则减政主义之赐矣。

今姑持减政主义以观现在之政治，其不属于宪政范围以内者，可置勿论。就属于宪政范围以内而言，而使吾人感其事之无益，觉其费之可省者，亦所在有之。就其重要者，略述一二。邮传部之糜费，农工商部之虚设，论者啧啧，岂尽无因？若夫民政以警察之费为巨，然我国警察制度，摹拟他国，似未适合于我国之情势。盖各国人民，皆麕聚于都市，五方杂处，奸侩百出，又复车马喧阗，时虞危险，故有市街警察之制。我国一二大都会繁盛之区，固可仿而行之，乃各府县之城治市集，亦复于数十武之内，植立武装之巡士，甚至乡村之间，亦间有之，其费甚繁，其益殊少。若改革之，使任司法警察等事以稍适于用，则全国之内，所节必多。（予非谓巡警可废也，惟不可使其终日植立而无所事事耳。）至学部管理教育，事事必就绳墨，毕业奖励，综核尤严，各省学务公所及各县劝学所，以稽核名册，计算分数，费时殊甚。然此等繁密条例之结果，必碍学问之发达。兹不暇详说其理由，但思科举时代之学问所以不能发达者，非为功令所缚束乎？今学部之条例，仿之科举而更甚矣，为教育前途计，实不可不大加减削者也。类此事实，势不能一一枚举。今者新官制将颁行，新内阁将成立，减政之方针，当于此时握定。立法于简，其后可繁；立法于繁，后虽简之，而款已糜，弊已甚矣。

今更持减政主义以论将来之官制。旧日之六部，今增为十二部矣。

就行政之统系观之，则吏部可裁，而归其一部分之事务于内阁；礼部可裁，而并其一部分之事务于内务府。已为世论所公认。其他各部，以他国之繁复政治之形式比较之，似亦不可减少，然国家政治，在精神而不在形式，况宪政初行之日，形式何必求备乎？日本之持减政主义者，主张废止文部省、农商务省、警视厅及枢密院。（参考日本《中央公论》二十二卷一号增田氏论文。）我中国今日，亦可酌采其说。凡属内务行政，殆可合为一部，或将交通行政，分设一部，而其余之教育行政、农工商行政，不必另设专部。盖教育、实业等事，全赖社会之自谋，国家仅任提倡检查之责，其直接自办之事本少也。如是，则国家行政，但分外交为一部，分军事为一部或二部，分财政为一部，分司法为一部，分内务为一部或二部，至藩属事务，今尚不得不设专部。以是计之，则设六部或八部足矣。其他中央官厅，除审计院、行政裁判所、大理院以外（内务府不在政治范围以内，故不列入），一切皆可裁撤。至地方官制，各省设一行政官厅，置长官一人，分设数科，其下设厅。州县一级，置行政官一人，书记一二人，足矣（除司法官外），一切司道府及同通佐杂，皆可裁撤。兵在精而不在多，官吏亦然。今日之政治，所以纷烦纠杂者，正因官吏太多，彼此以文牍往还以消日力，所谓"纸张天下"是也。此等事务，皆在官与官之间，与吾民无与。吾民之所须于国家者，除对外而求其捍卫国境，对内而求其缉除暴乱，此外则讼狱之事，不可不仰官厅裁判，赋税之款，不可不向官厅输纳而已，所谓刑名钱谷而已矣。吾望吾政府编订官制之时，勿仅存官多治事之见，而当虑及官多生事之害也。

总之，减政主义者，各国社会上之新倾向也，我国政治上之旧经验也，实行宪政之前提也，救济财政之良法也。我邦人君子，勿以此为反对新政者之常谈，则幸甚矣。

政党论[*]

（1911）

宪法将颁矣，国会将开矣，我国十余年以来，朝野上下所汲汲希望者，今已渐入佳境。自今以后，与吾国民休戚利害相关至切者，则政党是矣。然则我国民关于政党之种种问题，固有不可不研究者，今将举其问题之重要者而推论之。

第一问题，即政党之有无问题。此问题当自两方面观之：自一方面言，则我国今日之人民，固能发生政党否乎？此能有不能有之问题也。自又一方面言，则立宪政治之下，固不可不结合政党乎？此可有不可有之问题也。然此问题甚易解决，一言以蔽之曰：我国不立宪则已，果其立宪，则不论何国，无不有政党者。为不能有者之说曰："吾国人民，素无政治思想，今时势危迫，少数人民虽已警觉，而热心毅力，牺牲于政治者，殆不可见。若大多数人民对于宪政，淡焉漠焉。吾恐欧州〔洲〕产出之政党，未必能移殖于吾国也。"斯言也，谓吾国民无发生政党之能力，是直谓吾国无立宪之资格也可耳。专制政治之下，国民虽于政治上有若何之意见，不能于政治上生若何之关系，故亦不暇顾问，听肉食者谋之，不复以此空费其思想。立宪政治重视舆论，国民渐自知其与政治之关系，于是由政治上之关系而生政治上之研究，由政治上之研究而生政治上之欲望。此固心理作用，随在可以证明者。地不论欧亚，此心同，此理同也。况立宪政治实施之际，政府施政之方向，往往因计国家之大利益而牺牲一部分之利益，以伸张他部分之利益者，国民分子之间，遂蒙利害切己之影响，于是利害相同者，互相结合以求达其目的。结合以后，则虽目的已达，而利害之关系，决不能断绝，则他目的之发

* 《东方杂志》第 8 卷第 1 号，1911 年 3 月，署名杜亚泉。

生，遂成永久之结合，而形成政党，此亦自然之理也。是政党者，因立宪政治实施之结果而发生，所谓宪政下自然产出之子是矣。故不立宪则已，既立宪而无政党，吾不信也。其为不可有之说者曰："政党者，把持舆论，紊乱政治，非宪政之所必须者。"然此固未解政党之意义者也。政党之"党"字，就各国之文字上考之，皆有部分之意义。故政党者，必与他政党对立而后成。若一政党并合他党，而无反对党存在时，则全失其政党之性质而消灭（通例，凡敌党力薄或消灭时则本党必分裂）。然则政党之所以为党，正恐有把持舆论之弊，而以政见不同之两团体，互相对立，使舆论有表示之地位。政党之消长盛衰，即舆论之标识所在，国民利害之多寡，将于是乎辨之。有宪政而无政党，犹之航海者无灯塔无磁针，将不知其所向，而政治且因以紊乱矣。况政党既由宪政之结果而自然发生，与宪政如形影之相随而不可离，则虽以为不可有而欲删除之，亦乌可得乎？

第二问题，即政党之目的是也。此问题为吾国今日所正当研究者。今之论者辄谓："吾国政府，政权重大，往往不顾舆论，行专制之旧习，政策纷乱，无奋发之精神。将来国会成立，而乌合之议员涣散无力，决不足以限制其权势，督促其进步。故必集合政党，以舆论为后援，与政府抗争。"然以此为一时之手段则可，若以为政党之目的在此，则误矣。持此目的以往，则议会与政府，将永成冲突之机关，岂立宪政体设立议会之本意乎？政府屡屡被弹劾，议会屡屡被解散，甚非国家之福也。或曰："政党之目的，在实行政党政治，以议会之多数党组织内阁，实施其政策而已。"然此亦热中于英国之政党政治者之偏见也。立宪政体之所以设立议会以参与政治者，诚以一机关执行政务而无他机关以参与之，则往往流于专制而招危险也。若以政党组织内阁，是不啻以下议院之多数党，取决一切政务矣。以内阁之专制，加以政党之专制，势必滥用其权力而百弊丛出。多数专制之害，历史上不少其证，故谓政党政治之必胜于官僚政治，殊不足信也。夫议会者，关于行政上虽有议定豫算及上奏建议之权限，而自政治上观察之，则常处于行政之外以监督行政，犹公司之董事与查帐，各分其职。若以议会之多数党任国政，则政府之意见即议会之意见，势必失其监督行政之任务，不已失宪政上分设两机关之旨趣乎？果如是，则政党之目的在取得政权，而议会将失其以公益为目的，而议政务之性质，变为争夺政权之地，实吾辈之所深忧者也。或曰："政党之目的，在统一舆论，使党员弃其小异以就大同，以厚舆论之势力，定舆论之方向。"然以此为政党之目的，予等亦不能深服。盖如是，则必以党议束缚党员之言论，而失法律上言论自由之真意矣。议员之言论，不使负议院外之责任，不能受选举人之嘱托，今日各国之法律所公认者也。观此等法律之精神，则议员当以自由发言、自由表决为至当之理，而可以政党之党议约束之乎？且以党议夺党员之自由，必招党派之分裂，在英国不少其例，如因爱尔兰自治案而自由党分裂，因防谷令废止案而保守党分裂是也。验之于实际，则对于小问题，以党议一致党员易；对于大问题，以党议约束党员难。是则舆论之统一云者，于小事虽有效，于大事仍无效也。不合于理，而亦无所益，以此为政党之目的也，误矣。然则政党之目的何在乎？以予辈观之，则当以调查政务、研究政策、指导国民为目的。盖一国之民对于国家之政治，以利害关系之切，既不能置若罔闻，又以各有职业之故，势不能以政治为生涯。而政治之状态纷繁，学理深邃，决不可以轻率卤莽之意见妄谈国是，不得不赖热心之政治家考察之、讨论之，而以利害之结果指示吾民，以为利者，则罗列其利之所在，使吾民得从而赞成之，以为害者，则备举其害之所极，使吾民得从而反对之，各标其帜，以定吾民之趋向，任吾民之选择焉。是则政党真正之目的，而为立宪政治之所不可无者也。

第三问题，则政党之种类是也。将来吾国发生之政党种类如何，中外人士，不少臆度之说，在今日研究之，颇为有兴趣之问题。或谓："中国向行专制政治，官吏之威权甚重，宪政施行以后，民气日张，习于威福自恣之官吏，为拥护其固有之权势计，必出死力以争之。而民间急进之士，欲促宪政之进行，决不能不排除其权势。于是民吏两党，互相凌轹，如日本议会之初期然。"而予辈以为此一时之现象，容或有之，若依此而形成政党，则可决为必无之事。盖官吏与人民，非一种之阶级门第，有朝为吏而夕为民者，有父为吏而子为民者，固无利害不一致之虑也。又有谓："中国南北两方，气候、风土、地势、物产迥然不同，其人情、风俗、言语、思想、品性、才能等，亦各具特长而各异其倾向。故将来中国政治上，必分为南北二党，各依其居住之地域以结合团体而争夺政权。证之数十年来政界中之历史，已可悬想。近来省界之分别愈重，即一省之中，犹有因地域而成党派者，观过去之各省谘议局可知。以是推之，则北党援北，南党援南，各戴其地之勋臣硕学以为首领，以议会为角逐之场，而以各省之谘议局为声援。议会之中，北省占优势，则南方诸省之谘议局反对之。南省占优势，则北方诸省亦然。"（此采日本刊行《支那调查报告书》说。）但以予度之，如是之政党，虽亦未敢保其必无，果我国之政治家，稍稍进步，则其政党决不能因地域而存立。盖政党者，以主义结合，非以感情结合者也。自主义上观之，则将来我国之政党，不外通例所有之二种，即保守党与进步党而已。进步党之主义，不惜牺牲国民之幸福，努力于政治之改革与国势之振兴；保守党之主义，则在惜物力，重习惯，持稳健之方针，以改革政治，增进国势。是二者之主义，孰优孰劣，孰利孰害，非一时之所能论定。予以谓此二党者，如车之两轮，鸟之两翼，相扶相助而皆不可缺。进步过骤，则不免流于危险，当以保守主义维持之；保守过甚，则不免流于退弱，当以进步主义调和之。若二党不失其平衡，则宪政愈形其圆满。政党乎！政党乎！吾当馨香以祝之矣。

《中国文字之将来》译者按 *

（1911）

  译者云：此论文所谓中国文字者，即中国最通行之汉文汉字是也。世之论者，常谓中国文字为象形文字，记忆殊艰，不及欧美标音文字之易于认识，且言文不能一致，故通文义尤难，国民中通识文字者之少，其原因实由于此。此说倡于欧美人之学习中国文字者，日本醉心欧美之人，乃附和之，遂有废止汉字节减汉字之论。至吾国之人，亦有主张用标音文字以期言文一致者。窃常闻而心非之，盖国民通文识字者之少，由于教育之制度未备，不能归咎于文字，否则吾国中若清文、若蒙文、若藏文，皆标音文字，何以吾国民之通识清文者亦不多觏，而蒙、藏之民通文识字者，亦不能多于行省之民也。至言文不能一致，虽不便于通俗，然因文字与语言离异之故，其文字不至随语言而改变，于学术上及社会上之便利殊多。欧洲各国，区域较小，而各国之文字不同。若我国亦用标音文字，使言文一致，则一国之中，将有数十百种文字出现。今全国之内，方音虽异，而文字可通，即日本、朝鲜、安南诸国，亦得通行同一之文字，使东亚各国，性情风俗，不至绝然悬异者，未始非同文之赐。此其便利一也。欧美现今之文字，与希腊、拉丁之文字不同，于是研究古代之文字为一种专门之学术。盖标音之文字，不能不随语言而变，而语言之传述，不能不因时代而殊。若我国亦用标音文字，则不但春秋战国之文将无从索解，即汉唐宋明之文，亦将不能卒读矣。四千年之中，至少有三四种专门之文学。承学之士，虽白首而不能尽通。今则历朝著述，藏之名山，传之后世，沧桑屡易，而文字则亘古如新。其便利二也。至称中国文字为象形文字，亦属一偏之论。中国文字，属于象

---

  * 《东方杂志》第 8 卷第 1 号，1911 年 3 月，署名杜亚泉。

形者不过千百分之一，其大多数则为形声之字，以两偏旁相合而成，一旁标音之所从，一旁示义之所属。其制作之方法，实兼有象形文字与标音文字之长。欧美文字，有标音之字母，而无偏旁部类，遇有同音异义之字，乃不得不变其联缀之方法以别之。因此而标音之规则，亦不能一律。平居私念，以谓理想上最完善之文字，不能不用形声之方法。一旁标音，宜有简单之规则；一旁表义，宜有明晰之部类。至于文字语言，不能强归一致。语言发于口而感于耳，文字作于手而触于目。器官既异，作用自殊，强令一致，则便于口者不便于手，利于耳者不利于目，无两全之道也。夫言语传以声音，过而不留，简短者易于忽略含浑，文字则有迹象可求，不虑其忽略含浑。惟冗长繁缛，则写作诵读，均为不便。故理想上之文字，必简略于语言，但能有一定之规则与语言相对照斯可矣。且欲使语言与文字，有对照之规则，亦惟有改变言语以就文字，使言语渐归于统一，不能改变文字以就语言，致文字日即于纷歧。数年以来，常怀抱此意见而不敢自信。去年日本《近畿评论》，揭载日人山木宪之论文，题曰《息邪》，其论文之纲领有三：（一）斥汉字废止论与汉字节减论之谬妄。（二）论中国文字之便利及欧美文字之不便不利。（三）言欧美各国当采用中国文字，将来中国文字必遍布于宇内。其持论未免过当，而理由充足之处颇多，与数年来怀抱之意见，殊多符合。爰改题辑译，以为当世文学家研究之资料。至其论文中极言欧美文字之不便不利，固自有所见，但读者不可因此而鄙夷欧美文字，以为不足学。今我国中学程度以上之学堂，多习欧美文字，将以通知各国之情事，研究各国之学术，非以其便利于吾国而学之也。至现今欧美文字，流行日广，乃其国家及社会势力之关系。此论仅就文字之便利与否而言，非就现在流行之势力而言。附志于此，以质读者。

论今日之教育行政 *

（1911）

　　今日我国之教育行政上，所持以达普及教育之目的者，果有若何之政策耶？予得一言以蔽之曰：出身之奖励而已。然则此出身奖励之政策，果得收若何之效果耶？此即予今日所欲论究之问题也。

　　出身奖励之政策，不独今日之教育行政上所视为惟一之政策，亦我国千余年以来之教育史中，所认为不易之政策者也。科举也，学堂也，今日之教育制度，虽已异于曩日，而所谓出身奖励之政策，固自唐宋以来，因袭而未之或变者也。

　　科举时代之八股试帖所以较为普及者，不可谓非此政策之效果。今日既设学堂，废科举，而犹维持此政策而不变者，在当局者豫期之效果，岂不欲以普通之科学及外国语代科举时代之八股及试帖耶？夫使普通科学及外国语之普及与科举时代之八股及试帖相等，则以现今之教育状况比较之，诚不得不谓之进步矣。

　　然使今日之时势，果得以出身奖励之政策，收此豫期之效果也耶？则吾直以当日之设学堂、废科举为多事矣。向使当日者不废科举之制度，但稍稍改易其课士之程式，简稍通时事之儒臣典试各省，招一二研究科学及肄习外国语者入其幕中，依今日之教科门类，列为试题，以定弃取，则科举之奖励，决不难与学堂之奖励收同一之效果也。且以予意观之，不但收同一之效果而已，其效果且倍蓰焉，则亦何必投此巨额之教育经费以行此学堂奖励之政策也哉？

　　同一以出身奖励为政策之教育行政，则学堂奖励之效果，必不及科举奖励之效果，其理由予得而述焉。科举之奖励，但论其学力而已，无

---

　　* 《东方杂志》第 8 卷第 2、8 号，1911 年 4、10 月，署名杜亚泉。

年龄学级之制限，人人得争自濯磨，以发展其自修之力，故普及较易。学堂之奖励，限于若干年龄以内，又必经一定之学级，则窒碍其自修力，而普及较难。一也。科举时代之学业，人自为谋，国家不支出教育经费，而得设无限之学校，其普及较易。学堂教育，困于经费，限于学额，而普及较难。二也。学堂教育，国家既支巨额之经费，而就学者仍必出相当之学费方得入学，中人之资，力有勿逮，其普及较难。若放任之听其自谋，则萤窗雪案之下，无特殊之学费，即有所需，亦得量力而为之，其普及较易。三也。更有一事，为学堂奖励之大弊害，而使吾辈转觉科举制度之犹为彼善于此者，则今日之学堂精神形式，多未具备，教授管理不尽合法，敷衍之习，腐败之象，每为世所指摘，入其中者，实足以刺戟其神经，使生愤懑不平之感；堕落其品性，使有薰莸同器之虞。惟以国家之奖励，必出于此途，于是教者以是为之招，学者以是为之的，相安于敷衍腐败而不复自知。在教育行政之当局者，固欲持此奖励之政策，尽驱全国青年，以入吾彀中也。而自予等之悲观论者言之，直犹驱无病之人入疫病收容之所也耳。父兄之稍有识见者，自不愿使其子弟以图此无谓之功名，而染此流行之病毒。此教育普及之所以大难，转不如科举时代之父诏兄勉，择善而师，犹得各自发挥其品性，矫正其弊害，为家庭计，为社会计，实较为安全之策也。

　　以上四端，虽不过理论上之比较，而证之事实，谅亦不至大诬。试回忆科举时代之应童子试者，大州县率数千人，其次亦数百人。今日之高等小学堂，在一州县以内者，合官公私立而总计之，其学生在千人以上者，殆寥寥无几。科举之废，学堂之兴，亦已十年于兹矣，而教育之普及，较之科举时代，乃反见其退步焉。则科举奖励与学堂奖励，其效果之孰多孰寡，亦不待智者而知矣。

　　学堂奖励之效果不及科举奖励之效果，予为此言，非欲废学堂而复科举也。第以出身奖励为政策，则与其设立学堂，予宁赞成科举，以其效果无大殊，而可以节省巨额之经费，且减少其弊害也耳。其实则处今日之时势，无论为学堂为科举，苟仅恃出身奖励以为教育行政上之政策，则其势必处于失败，而决不能收其豫期之效果者也。科举之奖励，得使八股及试帖收较为普及之效者，亦限于锁国时代及专制时代则然耳。世界交通以后，生存之竞争日烈，青年之国民亟亟于自立，不复能牺牲一切以求身分上之荣名。况立宪以后，国家岁计不能不宣示于国民，行政之经费势不能如前此之冒滥，于是官吏之生涯亦渐不如昔，有荣名而无厚利，遂不足以羁縻一世之人心，故开国与立宪二者，实奖励政策之前途所不可避之障害也。此惟一之政策失败以后，吾不知当局者将更置吾国之教育基础于何地也矣。

夫教育之基础，当立于国民生活之上，不当立于官吏进身之上者也。国民当以谋生活之故而求教育，不当以作官吏之故而受教育。二者之目的大异，故其效果亦迥乎不同。以谋生活之故而求教育者，当其在学校之时，所研究之学业，所怀抱之希望，无一不求其适于将来社会之生活，毕业以后，即为独立自营之国民。世界教育家之论普通教育也，于智育一方面，无不以教授生活上所必须之知识技能为本旨，盖以此也。若夫以作官吏之故而受教育，则其效果有适相反者矣。

以作官吏之故而受教育，则当其在学校焉，所期待者，年级之资格也；所预备者，问题之答案也；所注意者，考试之等第也；所摹拟者，官场之习气也。毕业以后，幸获一官，则日后之生涯，即依赖于国家之豢养。国家既悬是以招之，不得不月费俸钱，岁縻〔糜〕廪粟。而彼之得此，其心理上不认为职务之俸给，须以相当之劳力，谋其报称，直曰：是固予数年以来辛苦于课业之代价也耳，是固予身分资格上所应享有之权利也耳。故虽安坐徒食而不以为怍，养尊处优而不以为泰，其害国家之经济，耗社会之生产，坏官吏之风习也，无待言矣。此我国千余年以来之积弊，而尤于今为烈者也。

然此犹其显而易见者耳，而今后之隐忧，则更有甚焉。有限之行政经费，势不能安置多数之冗员，则国家之豢养，终不可恃，而若辈之学业与希望，又不适于普通之生活，则若之何？于是而失望、而无业。国民之中，失望与无业者众，则国家之大戚也。科举时代之士流，穷老一经，槁死于牖下者多矣。以其知识浅陋，能力薄弱，不足以为害于社会，而已隐为社会之患。其狡而黠者，若所谓讼棍，若所谓刁生劣监，皆为社会之蟊贼。其尤甚者，若唐之黄巢，若近代之洪秀全，遂为剧盗之魁，酿涂炭生灵之大祸焉。若夫今后之士流，有科学及外国语之知识，更非科举时代不第秀才之比，而顾令其咨嗟太息于失望与无业之中，恐其才图温饱则不足，扰社会则有余，遗患乃正长也。英国之大哲学家大法律家培根公之言曰：暴动之原因有二种，太贫与大不平是也。破产者多，则暴动之赞成者亦多。又曰：中流以上之破产与下层人民中之缺乏及困穷相合，其危险激烈而重大。（见《培根论说集》*Bacon's Essays*）环顾吾国，行省之中，伏莽遍野，边陲之地，王灵不及，一般有膂力而无生计之人民，已时时现暴动之征候。若更与有知识而无生计之人民相合，则中国之忧，不在列强，而在四境以内也。日本之幸德秋水传布社会党之理想，运动劳动界之人民，致有赤旗事件及此次谋危日皇之举，全国大受刺戟。日本之论者，推究事变之原因，谓由毕业生就职困难所致。夫日本之教育，已非我国之奖励政策所可比拟，而犹不能免此等之危险，则我国今日出身奖励之政策，直谓之制造革命党及无政府党之政策，讵得为过欤？

然则学堂奖励之效果，可得而言矣。一方面产出少数虚縻〔糜〕俸给之官吏，以贻害于今日之政治；一方面养成多数失望无业之国民，以流毒于将来之社会。教育普及欤？果如是之教育而得普及于全国也，则予心乃滋戚矣。

学堂奖励出身为教育之害，前论已述其概略。今日吾国舆论，主张停止奖励者，既有举国一致之概。此次以各省教育总会联合会之陈请，中央教育会之决议，其结果自明年起将实官奖励停止。出身奖励虽依然存续，然此亦不过月攘一鸡以待来年之计，教育行政上奖励出身之政策，实已有不能维持之势矣。夫奖励学生，为向来教育官厅中重大之职务，一切颁定之法规，施行之手续，其精神之所环注，权力之所集中，固无不在于奖励也。今停止奖励，殆不能不见诸实行，则今后之教育行政有不可不翻然变计者。然则当取如何之方针，采如何之计画，此又今日所宜论究之问题也。

予对于此问题，请先以概括之语解答之曰：今后之教育行政，凡关于社会所经营之教育事业，宜力主放任，去其干涉之手段；关于政府所经营之教育事业，宜力求进步，尽其诱导之责任。盖数年来吾政府之教育行政方针，适与此相反对，惟以出身奖励为目标，置社会上一切教育事业于其权力之下，而提倡之，而制限之，试其种种之干涉手段。而其自身所经营之教育事业，亦惟以产出若干之进士举人为能事，曾无足为社会一扩其闻见，一新其思想者。是即今日教育上之病因，今而后当反其道而行之者也。

今日教育上最显著之弊害，在各地方多设立有名无实之学堂。此种学堂，其名义上无论为官公私立，实际则皆为一二私人，歆于创立学堂之名誉，且冀筹取地方之公款以恣其消费，凭借官厅之权力以张其声势，非实有教育上之见地与其志愿者也。故内容之陋劣，现象之骇怪，不但失社会之信用，且以增社会之恶感。试将此种学堂与从前之家馆义塾比较其教育上之价值，如以从前之教育为单位，则此种学堂，当为零以下之负数。夫优胜劣败，社会之公理，依此公理，则此种学堂，何由而发生？更何由而存立？夷考其故，则由十年以来，当局者之意旨，欲仅持此学堂奖励章程，尽变全国之家馆义塾为新式教育之学校。应时势而发生之学堂，遂直接间接，皆以举贡生员为其专利之制造品，教育事业遂变而为投机事业矣。故此种学堂，实非社会上自然所发生，乃万能之政府，尽力提倡之结果耳。自然界中，往往有受人为之干涉，而使劣者得以生存。盖受保护而生存者，其能力必较自然生存者为劣，今日之学堂，即其例也。

政府提倡之结果，社会上乃发生有名无实之学堂，教育之真价，日以堕落，政府不得不设法以限制之，亦势也。近来中央及地方官厅所颁布之教育法令，渐臻严密，其教科必如何分配，其学级必如何编制，其教师必具如何之资格，其教授必用何项之书籍，此其重且大者，其他若节日纪念必行如何之礼式，放假休学必在如何之期日，甚至服物细故亦或规定而取缔之。在政府之意，一方面以提倡之手段促其发生，一方面以制限之手段防其冒滥，其计画不可谓不良，其操纵亦不可谓不巧。虽然，徒法不能以自行，欲强令无教育思想及其学问与经验者，悉依成规以施教育，其必不能达其目的可知也。揆诸现势，仅求于学堂表册上收整齐画一之效而犹不可得，实际上之收效，殊觉大难。即曰能之，吾恐束缚之余，于教育前途，仍多窒碍。何则？政府以成规制限学堂，则其合于成规者，不可不与以特别之利益，但无论何种利益，其势皆处于必穷。况政府以特别之利益，保护依成规而设立之学堂，一方面使受其保护者日形退化，一方面又使不受其保护者不得存立，欲以是防止教育之堕落，容有济乎？

然则今日之教育行政，对于社会上所经营之教育事业，有不可不力持放任主义者，请更述其理由。夫教育之基础，当立于国民生活之上，前论已略及之。故教育之价值，即以其对于国民生活上之价值为标准。苟学堂之所教育，有益于国民之生活也，则自然臻于兴盛，无待政府之提倡也；其无益于国民之生活也，则自然至于消灭，更无待政府之限制也。人民之自求生活也，若水之赴壑，其势力常较政府为大，其期望亦必较政府为切。前日之家馆义塾，守其陈旧之教育方法，不足以扩张人民生活之能力，学堂教育代之而兴。苟其受教育之人，确有知识技能，为社会辟一新生活之途径，谁不趋之？生存竞争，自然淘汰，为生物进化之公例。社会一大生物，自必循此公例而行，政府对于社会，必不可逆此公例。但使社会之中，各保其均等之机会，遂其自由之发展，则成绩自彰。今日教育之成绩所以难言者，政府之提倡与限制，实有以致之。其提倡也，妨其机会之均等；其限制也，碍其发展之自由。非与进化之公例相背乎？夫人民以求生活之故而受教育，政府对于受教育者奖励之，与以生活上之便利，似亦促进教育之方法。然政府所与之生活，乃人为之生活，非自然之生活。以人为之生活代自然之生活，而自然之生活遂难矣。征之往事，则凡吾国之教育，其受政府之干涉者，皆失其自然生活之能力。读圣贤书，发明义理，为立身处世计，所以求高尚之生活也。政府干涉之，而帖括之文乃日流于污下，不足与于学艺之林，习为此文者，除向政府讨生活以外，无可以自立。他如农工商业与夫算术绘画之类，民间自相传习，不受政府之干涉，虽其学术不及近世欧美各邦之发达，而其中固有确实之经验、精当之理法，为近世专家所取资者，全国之生活机能，今犹惟此是赖，决不至无用如八股也。以是观之，教育之事，听诸社会之自谋，虽未必骤见进步，而其结果必较政府之干涉为良。吾非谓政府中必无明通教育之人才，不足为社会谋教育。第求之于理论，证之以事实，知政府之干涉，虽有如何之良法美意，往往未能收效，而庸暗者之尸位，顽固者之当权，则其蹂躏学界，辄流毒数十年而未能尽涤。故吾望政府，无为宋人揠苗之愚，而效郭驼养树之术焉。

社会上教育事业，政府宜力主放任，然则教育行政官厅，可以不设欤？近时言论，有主张废去学部，并入民政者。（《留美学生会年报》之《兴学刍言》颇主张此说，盖美国不设学部，教育行政隶于内部也。）然学部之存废，为官制上之问题，无论特设专部，或并入民政，在国家固不能无教育行政，况当此教育幼稚之时代，非力求进取，势必不能谋生活于列强竞争之场里。我政府于教育事业，决不宜抱消极主义，固无待言。惟进取之方，须从诱导入手，不可从干涉入手耳。诱导云者，以政府所经营之教育事业为社会之模范，听其自由效法之谓也。以法令相绳，不如以成绩相勉；以权力相统，不如以学识相师。欧美各国学校之兴起，非其政府之章程规则有以致之，皆由其国内著名之大学校提倡学术，研究师范，为一国学艺之中心，其规模为全国所景仰，其校风为全国所矜式。一国学校，靡然向风，由都会以及城镇，由城镇以及乡里，互相联络，其内容不必尽同，而大纲自无差异。盖一代之学术，提纲挈领者，常不在官吏而在师儒，此古今中外之所同也。我国旧时代之学术，若经史舆地、历象算术、道学性理、经济掌故、诗古文词、金石书画之类，皆由一二名流硕彦提揭宗风，使承学之士闻风兴起，全国响应，此岂风尘俗吏簿书期会之所能奏效哉？审乎此，而诱导之方，可以知矣。

盖予之以诱导望诸政府者，非欲以学部大臣领袖群英，以官吏而兼师儒之责也。今日之教育行政，正误在以官厅为学术之中心，以官吏为学者之表率，是与以海陆军大臣为军人模范，以法部大臣为法廷首领，其误会正复相同。夫国家之教育行政官厅经营国家之教育事业，犹地方自治团体经营地方教育事业，二者皆有经营教育之任务，而非实施教育之人。故予之所谓诱导云者，非欲以官厅自身任诱导之责，乃以其所经营之教育事业为诱导之资耳，二者似不过直接与间接之殊，而其用意乃大异。前者之诱导为空言，而后者之诱导为事实；前者之诱导为政治上之形式，而后者之诱导为学术上之精神。二者收效之殊，当有不可以道里计者，愿当局之一审也。

故今日教育行政之要，必须将政府之教育行政与政府所经营之教育事业分晰明白，不可混视，而其尤要者，则节减教育行政费以扩充教育事业费是也。社会上教育事业，政府苟力主放任，则政务自简。能仿美国之制，不立专部，仅于民政部内设一学务司以理之，则行政费之所节必多。即官制不能骤改，亦宜力加裁汰，行政费节减一分，即事业费扩充一分。若教育事业不兴盛，虽有完备之教育官厅，亦属无益，犹之军队窳败，将校缺乏，无人戮力行间，虽设立重大之海陆军部，岂能克敌致果欤？夫节减行政费以扩充事业费，实为我国今日整理行政清理财政之要道，兹特就教育行政，举其一斑耳。

至政府所经营之教育事业，就目下之形势，策进步之方法，谨举纲要二端，以备采择：

（一）京师大学堂为全国学艺之中枢，京师师范学堂为全国教育之根本，必尽力扩充，以求完备。宜遴选国内硕学通儒数十人组织议会，筹议其大纲，推学行冠时、才望盖世之人以为之总裁，网罗内外专门学士以为之教授，选高材生万余人肄业其中，必使内足以系全国士林之物望，外足以与欧美著名之大学并驾齐驱。风声既树，则全国学业，自受其影响矣。

（二）各省之高等学堂、专门学堂、优级师范学堂及各府厅州县之初级师范学堂、中学堂等，宜酌量裁并。与其多设规模狭小不完不备之学堂，不如裁并之，合数省或数府厅州县之力，设规模较备之学堂于交通较便之地。此等学堂本设寄宿舍，散布各处，与集合一处，除稍增学生旅费外，他无分别，而利益甚多。管理员及教师易于得人，一也；人才既聚，研究自盛，二也；学校不至自为风气，学生见识，亦不为乡土所囿，三也；都会之地，众目共瞻，学堂事权，不至为一二乡绅所据而日即腐败，四也；财力既厚，规模自宏，而教育经费，反可因合并而节省，五也。总之欲新社会之耳目，使无有因陋就简之观念，勿行改头换面之习惯，以远大之眼光求学术之进步，以整齐之秩序谋共同之发达，则必自裁并现在之学校始矣。以上二端，皆就政府所经营之教育事业而言，至小学教育及通俗教育，为挽救时局缔造国家之要务，政府固不能放弃责任，但须就通都大邑，设立规模较备者一二处，以为社会之取资，又必随时改良，与社会共其进步。若夫教育之普及，固赖社会之自谋，政府但顺其机以导之，前意已明，不复赘述。

论政策 *

（1911）

自责任内阁成立以来，"政策"二字，乃屡见于谕旨。夫皇帝之谕旨，非内阁之训令也，决无代内阁说明其政策之理。乃内阁大臣竟屡假谕旨以说明自己之政策，立宪国家果有此政策乎？政策云者，政治上所以达其目的之手段，政治家审时势之轻重缓急而定之。苟可以利国福民者，皆不失为一种政策。铁道国有，政策也。而主张非国有者，亦不得谓之非政策。在主张其政策者，皆无不持之有故，言之成理。而其政策之当不当适不适，固不可使国民无辩难之余地，其政策之得以实行与否，即以国民之中赞成此政策者之多寡为衡。现内阁所持之政策，苟为国民多数之所赞成，则虽有少数者之反对亦无能为力，其政策自可维持而不变，固无待以大权保障之也。如其不然，则内阁已无维持其政策之力，不能完全其责任，除辞职以外，固无他道。若夫借皇帝之谕旨以保障其政策，则是君主负责任而大臣为溺职，一也；强制国民，不得反对，是专制而非立宪，二也；内阁交迭，政策变换，为立宪国常有之事，以一时性质之政策为谕旨，使王言有反汗之虑，三也；以神圣不可侵犯之谕旨为内阁政策之辩护，轻蔑王言，亵渎神圣，四也；内阁自身，既无维持其政策之方法，至不得不假大权以保障之，是表明现内阁之政策，实为多数国民之所反对者，以多数国民所反对之政策而归其责任于君主，是过则归君，且使君主与人民之间生一层之障碍，五也。愚谓现内阁之政策，无论为良政策为恶政策，苟非破坏立宪政体者，则一切皆可容许。惟借君主之名义以遂行其自己之政策，则为非立宪之行动，凡为国民者，不可不起而问其责任矣。

---

* 《时事新报》，1911 年 6 月 3 日，署名伧父。

论蓄妾 *

（1911）

　　西洋社会之文明，发源于个人之独立；东洋社会之文明，发源于家族之联系。此世人之所公认者也。二者各有特长，而亦各有其弊害。西洋今日之社会，通例为一夫一妇之小家庭，甚至以生育子女为苦厄。生齿之不繁，遂为社会上重大之问题。而我东洋之社会，则以家族制度重视血统之故，务为繁殖子姓之计。至留遗未开时代一夫多妻之陋俗而未之改革。何东西社会间倾向之大殊，而其弊害乃适相反欤？

　　社会文野之程度，视女权发达之程度以为准。此欧美社会中一偏之论，其极端至以女尊男卑为文明之模范。予辈未敢深信，即男女平等为自然不易之至理，而误会其说，亦足以乖女子之天职，妨两性之平衡。今日东洋之女子问题，犹在研究时代，予固未敢遽加论断。至蓄妾一事，其为有乖人道，固已无待犹豫，此而不去，则所谓男女平等、女权发达诸说直无庸置议。语成吉思汗以立宪制度、共和政体，亦不入耳之谈矣。我东洋民族自视其社会之文明，固非甘居于劣等者。今欧美之社会，若妇人解放问题，若女子选举权问题，方群相研究，以冀实行。而我东洋社会犹未明认女子之人格，视为物类而得设置所有权于其身体之上。是非我东洋文明之一大污点乎？

　　今日我社会中之蓄妾者，以中流以上之富裕者为多，而尤以居高官享厚禄者为甚。彼等之蓄妾，除淫逸无度以外，殆无其他之目的。其为嗣续之故，不得已而为之者盖甚鲜。我社会之中，虽容许蓄妾之制，亦限于维持血统之必要，非所以供淫逸也。彼等之所为，直辱没我社会，玷污我文明，讵得以家族制度为借口？然使彼等得假为护符，恣其淫

　　* 《东方杂志》第 8 卷第 4 号，1911 年 6 月，署名杜亚泉。

逸，不受社会之制裁者，家族制度中容许蓄妾之制亦不能不尸其咎。我东洋民族果欲发挥其固有之文明，使家族制度益臻于圆满，则蓄妾之制有不可不铲除净尽者矣。

予之所以欲铲除蓄妾之制者，非欲仅于形式上表示社会之文明，实欲于实际上扫除社会之祸害也。我东洋民族因此蓄妾之制而所受之祸害，实可谓至惨而且烈。一家族之中以蓄妾之故，害其平和，因而损失名誉损失财产损失生命者，不知凡几。阀阅之族，温饱之家，每因此而颠覆。此蓄妾之制，本为维持家族之生命而留遗，而适以酿成亡身破家之惨，则亦可以废然返矣。我东洋之社会，本为家族之分子所构成，而蓄妾之制实为家族之分子间所含有之毒素。此毒素不扑灭，则分子不全健，社会之全体亦遂受其病，此固可以理论推而知之者。况证之事实，则社会之受其祸害尤为显著。试翻阅吾国四千年以来之历史，风云扰扰，事变纷纷，若所谓宫庭之祸、宦官之祸、外戚之祸，固无不因蓄妾而发生，即其他兴亡之迹，争战之端，若求其原因，穷其竟委，殆无不胚胎于女祸者。宗社播迁，生民涂炭，殷鉴不远，谁为厉阶？揽六代之山河，尽销磨于金粉，吊古者有余痛焉。吾愿吾国民读历史而憬然悟焉。

夫国家之败，由于官邪；官之失德，由于奢侈。今日国家之秸糈虽薄，其禄讵不足以代耕？八口之家，何至不能自给，胡以贪墨相寻？既为公家之害，而察其私计，犹复负巨额之债务，破其产而不能相偿，岂果廉吏之不可为耶？夷考其故，则实以淫逸为惟一之原因。勋门华胄，高官显宦，侍妾满前者无论矣，下至草茅新进，升斗小吏，亦复藏娇纳宠，相习成风。淫靡之气薰蒸于都会之中，征逐之夫竞厕于搢绅之列，政治界中直摩门教徒之渊薮耳。无论其淫昏之状态，决无整理政务之精神。即就其个人之享用、家庭之挥霍观之，实有使彼等不得不丧失其廉耻，汩没其良心之势。盖淫则必奢，奢则必贪，皆相因之结果也。今日之贿赂通于上，搜括竭于下，国弱民贫，危亡迫于旦夕者，推原祸始即在彼等之床笫帷薄之间，此又蓄妾之贻害社会于今为烈者也。

社会中蓄妾之祸，考之于历史之事实，证之于现今之时事，既如前所述，而其隐患之所伏，犹不止是。今试检去年民政部调查之人口清单（见本志第八卷一号），不论何省何籍，无不男多于女，平均计之，每男子一千人中，仅有女子七百九十七人。此次清单，虽于全国人口未能完备，而男多女少，大体上已可作为标准。以此推之，则我国之男子每千人之中当有鳏者二百余人，此等无家室之人民，实为社会中不安定之分子。盖男性者，不得女性之调和，其性质易陷于躁妄与暴戾，且其人既无子女，则对于社会自无永久维持之观念，往往轻视储蓄，耽游惰而好破坏，市井中之所谓棍徒流氓者，概含有无家室之意义。棍徒流氓之日众，即土匪流寇之朕兆耳。男性女性分配之不均，其极必至破坏社会之和平而酿成战乱，必经一次大杀戮以后男女之人数始略剂于平。盖乱事一生，战死者必男子为多也。吾人苟知社会危险之景象已悬于目前，而思设法以拯救之，则不可不矫正重男轻女之恶习，注意于女子之抚育及妇女之卫生，如严惩溺女，禁止缠足之类，固皆为当务之急，而蓄妾之制，亦为使男女分配不均之重大原因，不可不有以铲除之。孔子谓：有国有家者不患寡而患不均，不患贫而患不安。今旷夫遍于国中，而一部分之人民乃左拥右抱，日以纵恣淫欲为事，不均不安孰甚于此乎？愿我士大夫之猛省焉。

诸君以为灭种之事为近世之所无而不信乎？达斯马尼 Tasmania 人种在一八一五年以前，人口尚五千人，至一八七六年，仅遗一女子，名曰拉尔克，溘然去世，而此人种遂为化石学上之纪念物。此十九世纪亡种之实例也。然人种之衰亡与兴盛固不关于生殖之多寡。研究社会学者皆以体格之发育，知德之近〔进〕步为人种改良民族发展之符，故保种之道，首在节制性欲，盖吾人之身体，大别之为营养机关、运动机关、智识机关、性欲机关之四部。性欲机关之使用过甚，则他机关萎缩，而传其不良之形质于子孙，灭种之由即在于此。反之而节制性欲，使他机关发达，以全健之躯体高尚之道德知识遗于子孙，即为国民对于子孙之天职。下层社会不知保自己之品位，又乏教育子女思想，无远虑，无责任，滥事生殖，此固各国之通病。一国之民族所以维持于不敝者，全赖中流人士有自制克己之精神，重责任义务之观念，压制动物之情欲，以为之中坚。社会学家谓制情为文明之产物，又谓文明之社会必有制情之行，又谓民族之向上由节制性欲而得，盖中等阶级实为一国之精华。乃返观我国下层社会，固无制欲之能力，而中流以上之社会则更有甚焉。彼等四体不勤，其种性既日流于文弱，而早婚累之，多妻又累之，四千年以来民族之日益退化者，盖由于此。在闭关时代，此种性已难自立，屡为强族所凭陵。交通以后，竞争益烈，长此不变，吾惧其为达斯马尼人种之续也。福善祸淫之说，非宗教上之因果律，乃社会上之因果律耳。达尔文雌雄淘汰论中记鸭在野生时为一夫一妇制，至饲养于人后，化为一夫多妻制。吾国向来亦知雁为节义之鸟，至为饲养之鹅，则亦一夫多妻，与鸭相同。此等鸟类，在野生时求食困难，作巢孵卵，劳苦经营，一夫一妻之制赖以维持；饲养以后，此种之苦难已去，良善之品性遂失，致使子孙失其飞翔千里之翼，忘其作巢孵卵之能，而以刀俎之烹割为其生活中纵欲之代价。吾望吾中国人勿使其子孙为鹅及鸭也。

蓄妾之制，本原于经典，历代之律文又规定之，故在旧道德旧法律，皆无所裁制。今日新道德、新法律渐有形成之势，或足以弥其缺陷。吾辈研究裁制之法，当以法律、道德互相辅助。盖仅以法律裁制不能深及于隐微，而仅以道德裁制又无显著之权力也。今先就法律一方面论之，旧律中本有停妻再娶之条，新颁刑律中亦有重婚之罪。畜妾一事，若在基督教诸国视之，固为重婚，当科之以罪而令其离异。我国旧律对于蓄妾，不视为婚姻，亦不视为奸淫，而别有所规定。今既改良法律，将来民法之亲族篇中，断不至将蓄妾之事以明文承认之。民法既不承认，则蓄妾之事，苟非重婚即为奸淫，殆无疑义。惟此种奸淫之性质，为无夫妇女之和奸。欧美日本诸国皆视为道德上之问题，为法律所不问。日本今日蓄妾之风尚盛，即以法律上不认和奸无夫妇女为有罪故也。我国新刑律中暂行章程第四条定和奸无夫妇女之罪，而此项犯罪，待直系尊亲属之告诉，其纵容及得利者，虽告诉不为审理。此尊亲属，为犯奸者之尊亲属乎？抑相奸者之尊亲属乎？若为相奸者之尊亲属，则为人妾者之尊亲属，固皆纵容得利，无告诉之权。若为和奸者之尊亲属，则男子于父母俱亡以后，亦得任意蓄妾而无罪。故新颁之刑律对于蓄妾直可视为毫无制裁之力。今和奸无夫妇女之罪，资政院议员中方以礼教法律，争论纷纷，将来未知如何解决。闻当时资政院法典股中曾拟改新刑律第二百八十三条"凡和奸有夫之妇者处四等以下有期徒刑或拘役，其相奸者亦同"之条文，为"有配偶而和奸者处四等以下有期徒刑或拘役，其相奸者亦同"；又"本条之罪待其本夫告诉乃论"改为"须其配偶者告诉乃论"。此修改之文，实基于男女平等之理想，至公至正，而于现情亦最适。盖如是，则有夫之妇固不得犯奸，有妇之夫亦不能蓄妾，而又以待配偶者之告诉及事前纵容、事后和解为目前已蓄妾或于情势上不能不娶妾者和缓之方法。今年资政院对于新刑律之修正为重大之任务，窃愿吾人民以多数之意见赞成此修改之条文，俾成文明之法律。至就道德一方面言之，则全赖社会之热心者共同提倡，而其责任尤在于维新之士。彼等既具新知识新思想，或任官吏公吏议员等职，抱革新政治之希望；或任教育实业等文明事业，以开通社会。彼等之一举一动，每为国人所注意。《语》云：未有己不正而能正人者。故彼等于立身行己之间，尤不可不示国人以模范。若夫文明其职业，文明其言论，文明其服食起居，而于隐微之地、中冓之间，则转借旧来之习惯、野蛮之自由，以便其私图，陷于淫昏奢侈而不之觉，贻害社会流毒子孙而不之恤，若而人者，心之云亡，本实先拨，直视之为新国民之蟊贼可也。

革命战争 *

（1911）

战争为人间社会一种之事实，人间社会之历史，其大部分皆供战争之纪录。倡导和平者，以此为属于过去社会之事实，社会之将来，战争必渐归于歇灭。然世纪屡更，文化日近，而此理想尚迟迟而不能实现，则所谓和平云者，果仅为社会乐观主义者所怀抱之一种空想乎？我国儒家对于战争，多非认之。曰："春秋无义战"。曰："善战者服上刑"。是皆我民族和平主义之代表，实为世界万国之所公认。欧洲前哲，亦多类似之言论。孟德依尼氏曰："战争者，人与人相杀之作业也，人类自相灭之作业也，是实禽兽之不若焉。"福诺伦氏曰：赐同类浴于铁火，伤于锋镝，困于饥饿，以遂其虚荣心，是为人类以下之怪物。其他大哲学家大文豪之主张战争非认说者，不胜屈指。然近世思想家主张战争是认说者亦不少，谓战争为神圣之事实，理想之示现，和平者，废弛国民之性状，战争所以更张之。德之雷斯罗尔 Röszler 曰：支配世人者唯一，强力是也。其实行之之方法唯一，战争是也。战争之胜负，即决定民族进路之宣告也。美之裴克尔 Becker 曰：人世果能废腕力之争斗，而仅为精神之争斗欤？吾谓仅以精神，不能行争斗，精神唯能导其体力，组织军队，以相见于战场而已。德之史家忒利乞克 Treitschke 曰：以战争牺牲自己之生命，为人类相爱之本能，抛去爱生恶死之自然的感情，而以自身埋没于意志之里，诸君或目之为野蛮。吾试问诸君，若以血液购得之胜利为无益，则人间伟大而健全之政治，果不能以吾人之实力得之乎？凡此诸说，皆以战争为人间社会之所不能避，亦人间社会发达之所不可缺。盖国民无战斗之精神，亦不能保持其和平之主义。此则记者之

---

* 《东方杂志》第 8 卷第 9 号，1911 年 11 月，署名伧父。

所深信者也。

　人类何为而有战争乎？就其原因可分数类。曰人种战争。因人类间体格性情言语习惯之差异而生人种的感情，即对于同人种有私爱自尊之念，对于异人种有排斥憎恶之心，于是为人种对于人种之战争。为人类社会原始时期所屡见，即由动物社会继续发现者也。社会发达以后，犹不能免。曰宗教战争，因人类间信仰崇拜之殊异而起，于人种亦常有关系。亦为原始社会所屡见，当社会文明徬徨于或程度时，此战争最为激烈，十字军即其最著者也。曰经济战争。以争生活所资用之财产权利为目的，其第一期为劫夺财产，第二期为俘虏奴隶，第三期为占据土地，第四期为侵略版图，第五期为伸张权利。此战争自原始社会以至现在之社会继续行之，惟依其时期而进步。今日所行者，第四期与第五期之战争为多。曰政治战争。较前举之人种战争、宗教战争，稍具开明之体貌。虽世运发达时，此战争犹常不绝，而其种类亦较为繁复。大别之为内战、外战之二种。其纯乎为内战者，即革命战争是也。其纯乎为外战者，有征服战争，如英国征服特兰斯哇是，有制驭第三国之战争，如日本因欲制驭朝鲜而开中日战争及日俄战争是也。其内战而近于外战者，有独立战争，即国家之一部分，欲独立而成一新国家，如美利坚之离英国而独立是。有霸权战争，于联合之众国家中，其一国特握统一中心之权力，他一国复起与之争，如春秋时五霸之战争是也。兹将战争之种类，列表如下。

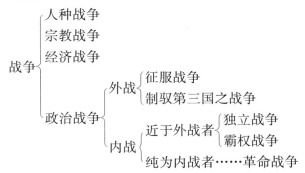

　革命战争之性质，就前表观之，已可知其大略，即纯乎为政治上之一种内国战争也。然细为研求，则尚有种种之区别。革命二字，本于经典，《易》曰汤武革命，《书》曰天革厥命，其本意以天子为天所命，天子不道，天即革其命而改命他人，盖专指帝王之易姓改物而言。（后世谶纬之说，以革命为君臣克贼之义，又称辛酉为革命年，《诗》疏则云亥为革命。本年革命之举，适为辛亥，而洪杨之难亦作于辛亥，与《诗》疏及谶纬家言巧相符合，然阴阳术数之事为吾辈所不解，非研究天文心理学者不能说明之。）近世以"革命"二字为 Revolution 之译名，其意义较广，大要以违反国家大法之手段，改革国家之基础，在现在之为政者视之，为叛逆或敌抗之行为。而其原因，则由国民之全部或一部对于现政怀激烈之反感，仅以普通之手段，不能遂其改革，乃因此而起战争，即革命战争也。革命战争常分为二种：一为争夺统治权之战争，二为转移统治权之战争。争夺统治权之战争中，又分为争夺王位之战争与争夺政权之战争。我国列代兴替时之战争，多为争夺王位之战争。英之蔷薇战争，亦属此类。而本年墨西哥之战争，则争夺政权之战争也。转移统治权之战争云者，一国之统治权，自君主之手移于国民之手，此时君民之间，常起战争。其与争夺统治权之分别，则争夺统治权之战争，常起于统治者之君主或大统领与候补者之间；而移转统治权之战争，则起于统治者之君主与被治者之人民之间，晚近之所谓革命战争，属于此者为多。由此观之，则虽同一革命战争之名义，而其间尚有几许之差别。兹更列表以明之。

$$
\text{革命战争}
\begin{cases}
\text{争夺统治权之战争}
\begin{cases}
\text{争夺王位之战争} \\
\text{争夺政权之战争}
\end{cases} \\
\text{转移统治权之战争}
\end{cases}
$$

我国四千年以来之历史，战争不绝，有属于人种战争者（如涿鹿之战），有属于宗教战争者（如近年之教案），有属于经济战争者（如北方种族之侵入中原，以劫掠财物侵略版图为主；又如近数百年与欧洲各国之战争，多以要求经济上之权利为主），而其中固以政治战争为最多。政治战争，除外战外，尤以革命战争为常见。虽全盛之世，亦无数十年不起革命战争者。世人或称吾民族为革命之民族，非无故也。惟前代之革命战争，无非因争夺王位权而起。盖专制相承之国，其国民间初未有立宪共和之观念。故革命之起，无不以王位为目的物。故"革命"之名词，亦仅为易姓改物时之所专用。自欧美之政治思想输入以来，久苦于专制之国民，乃勃起而欢迎之，革命之声，渐流布于薄海内外，而革命之意义，亦大变其本来，几若专为推翻专制政府改建立宪共和政体之标志。故自今以后，我中国革命战争之兴起，不可不以转移统治权为目的。若复有觊觎王位专窃政权之举，则固为我国民族之所决不能容者也。

　　此次我国革命军之起，其宣示于我国民者：一为政治革命，非种族革命，是无人种战争之意味；一为主张人道，保护人民生命财产，是无劫夺捕虏之行为；一为建设民国，创立共和政体，是无争夺统治权之性质。故此次战争，纯乎为转移统治权之政治战争，一改历代革命战争之面目，实为我革命民族中一种之异彩，不特大多数国民倾向于此主义，即清政府中，亦已承认此主义而不惜让步于国民。虽实行宪政与创立共和，主张各异，而转移统治权之主义，实已确立而不可移。我国民今日所当兢兢注意者，即有维持此主义，不使稍有所动摇，以免他主义之阑入。盖战争一起，兵连祸结，其结果往往不可豫料，非赖国民之精神毅力以贯澈之，则转移统治权之战争，或一变而为争夺统治权之战争，若觊觎王位（如法国大革命后之拿破伦）竞争总统之类。又或由革命战争转化而为独立战争，由独立战争激荡而为霸权战争，驯至以内战而引起外战。是皆不可不思患而豫防者。至以满族之歧异而酿成人种战争，因生活之困难而迫为经济战争，主义一淆，即为我革命民族之污点。记者爰敢揭革命战争之种类与此次革命战争之主义，与国人共研究之。

中华民国之前途 *

（1912）

　　吾闻历史家论革命之性质也，曰国家政治上之革命，犹之于吾人身体上施外科之大手术也。盖吾人既罹重大之疾病，渐成慢性之痼疾，终非姑息之疗治所得愈，则不得不行根本上解除之大手术。然当施此手术时，苟执刀者无名医，其助手无能人，其周围之事情又多缺陷，则其手术拙劣迟钝，且不清洁，既与患者以苦痛，且因血液之消耗而陷于非常衰弱，或留遗余毒，旋复蔓延，或引入病菌，另发他症，即幸而不至于死亡，而以后之恢复，非经长久之时日不可。反之而医士精能，器械完备，手术敏活，则苦痛少而创痍易复。若患者之气体素来强健，则元气恢复之后，其发荣滋长，必胜于曩日。即患者体素衰弱，而沉疴既去，亦足以促发其固有之生活机能，以臻于强健。吾中华民国，当此新施手术之后，其经过幸而良好，而此一时期内之调护维持，实与此后一生涯间之康健与否，有密切之关系，是固我国民之所当兢兢注意者也。

　　英吉利之革命先后亘八年，其结果则议会拥立法之空权，不能制驭军队，两者之间，凌轹日甚。赖克林威尔监国，行高压之政策而奏功。于其时败荷兰之海军，平北亚非利加沿岸之海贼，屡胜西班牙军，监国五年，威武彰于海外。法兰西革命之后，国内诸党，仇杀无已，几如狂瘈，至成恐怖时代。外与列国启衅，奈破仑乃兴师四伐。战云迷漫于全欧，扰攘二十五年，而终于失败。是二国者，皆袭霸国之余威，革命之后，民心一动，不可复静，乃移以对外，以求境内之粗安。若夫我国今日，内审国势，外度时局，固非当日英、法之比。今日革命之目的，在救亡不在启衅。英、法之前事，不足以例我国。就晚近之时事观之，若

* 《东方杂志》第 8 卷第 10 号，1912 年 4 月，署名伧父。

波斯，若土耳其，其革命之原因，皆以国民伏屈于专制或伪立宪政体之下，国势屡弱，非改革政体，不足挽救危局，其形势殆与我同。土耳其革命军于一九○八年七月举义旗，至十二月而新政府成立。然青年土耳其党所标榜之收回权利发扬国威之主义，却使保加利亚独立，波斯尼亚及黑尔哥维那两州为奥匈所并，致人心渐离，未一年而起反动的革命，君权复炽。虽青年党拥护宪政，复举义旗，行第二次革命，卒底成功，毅然致力于改革内政。然内则民族不能统一，致巴尔干半岛风云未靖。外则强邻四迫。近以的里波利之故，与意国开战，相持半年，虽迭有胜负，度其终局，不能不为意人所屈。波斯之第一次革命，发端于一九○八年之秋，至一九○九年因俄国之干涉，其事益急，乃举第二次革命，至七月而波皇出奔，新政府立，十一月召集议会而革命成。然其后国内之纷扰不息，去年废皇复图再举，虽幸而镇定，然与俄国之冲突日亟，近日俄波交涉，波斯政府卒至绝对屈从，外交既不振，内政亦未修，危象日呈。革命之结果，殊无足道。至前年葡萄牙之革命，成功最速，于十月四日午前一时发难，至午后二时而葡王出走，是日白拉茄被推为假大统领，一年以内，痛革旧政，颇收美果。去年六月，发布宪法，八月举挨礼挨葛为大统领。现以共和党内凌轹不息，分裂为数小党，互相仇视，政府地位，日处困难，前相辞职，勤王派之将领扰于北部，与劳动党之抱君主主义者相联络，共和政体之前途，不免小有挫折。至去年墨西哥、海地之革命，虽均告成功，然皆以争夺政权为目的，所谓似是而非之革命，不可与以上诸国之革命同日语。且革命尚未完全成功，而第二革命军已起，近日墨西哥之革党势且日炽，统领梅特洛或将为狄爱士之续，未可知也。我国革命之成功，虽不及葡萄牙之神速，然决非其他诸国所能比拟。自是以后，四千年来酝酿之文明，三百年来潜伏之民气，皆得乘时发抒，为东亚细亚方面开伊古未有之创局。外人之论者，或谓我国今后，恐变为寡头政治（即少数政治），陷于墨西哥之悲运（《新日本》二卷三号译珂克华氏论）。虽不无可以推测之理由，然前途茫茫，可成可败，要在吾国民之抉择进行而已。

中华民国成立以后，其第一发生之大问题，悬于吾等之目前者，即地方制是也。革命军之起也，各省同时响应，标独立之帜，各设军政府，推举都督。迨形势既成，乃设统一之临时政府于其上。南京之临时政府，殆有联邦政府之观。其时言论界颇有主张联邦说者，但就从来之关系观之，则我国各行省，究与联邦之关系不同，故联邦非联邦问题，已足大资攻究。即使联邦说不再燃，而各行省自治权之广狭，于前途之关系甚重；集权分权之得失利害，讨论之余地甚多。美国独立之后，第一期议会，福兑兰陵 Federalism 与安的福兑兰陵 Anti-federalism 之二政党兴，即联邦党与非联邦党是也。二党之政争，至第二独立战役之后始渐熄。而兑摩克拉忒 Democrat 党与黎泼勃利堪 Republican 党继起，前者主分权，后者主集权。二党相继秉政，卒因集权说行于北方，分权说行于南方，政见不相容，于北党之林肯被选为大统领后，南美分离，致启南北战争之惨祸。墨西哥由帝政改共和以后，中央集权派与联邦派对立，互相轧轹，因集权派之海特兰式被选为大统领，反对派起兵逐之。自是以后，大统领几无有能安于其位者。塔克撒斯州，卒因不服大统领而独立，致启美墨之战争。殷鉴不远，我国民不可不豫为谋矣。夫集权制与分权制，其利害得失，固非一时所能尽述。综其大要，则集权制利于统一而易流于专制，且统一之政令，不易适切于各地方之习俗人心，每致中央与地方之意思不能融洽，起反抗或分裂之变。分权制利用人民之两重爱国心，内治易于进步，而政令不统一，中央之政绩不举，各地方之争议易兴，对内对外均成孱弱之势。我国历史上于中央与地方之关系，久为未解决之问题。周行封建，以分权而天子守府。秦改郡县，以集权而乱者四起。唐设府兵，以分权而藩镇不可制。清之季世，行省分权，不能举改革之实，遂主张集权，即以是受人民之反抗，为此次革命之重大原因。大抵内外苟有所偏重，其祸均足以亡国，今后之谋国者，不可不折衷于二者之间，以求调剂之方法。据记者私见，以为调剂之道，首在定国家官吏与地方官吏之区别。每一省或数省，设一代表中央政府之官厅。其官吏由中央政府任用，承中央之命令，处理国家行政，并监督地方行政。至各省地方行政，当另设一官厅以处理之（或就本省地理形势及居民之志愿分为二行政区，设二官厅），其长官由人民公举，其司属由长官经地方议会之同意委任。此两种官厅，性质不同，权限各别。惟前者对于后者有监督之责，后者对于前者有办理其委托事务之责而已。至国家行政与地方行政，当详定其界限而活用之。例如关于国防之军事，若在各省编练或驻扎之海陆军事务，及军港要塞等建设及防御事务，皆为国家行政；而本省防兵，为本省捕治匪盗之用者，则属于地方行政。盖国家军队，若分驻地方，常任捕治盗匪之事，久必失其国家的性质。而一地方之小警，动用国家军队，亦不便利也。且各地方捕治盗匪，其军队不可不受地方官吏之节制，不可不与地方人民接治。故用地方性质的军队为宜。然遇省防兵不敷调遣或不能镇压时，则由地方官厅请诸政府发国家军队。而国家有事，亦得征发省兵，任国防之役。此则其活用之法也。又如教育，高等专门以上，属于国家行政，普通教育属于地方行政。盖高等专门以上之学校，宜统筹全局，一国内之大学，不过数处，不必各省并设；而农田畜牧，宜设于旷土较多之省，商工实业当设于商务最盛之地，航业渔业，便于沿海，森林矿业宜在山乡，皆当因地制宜，不能拘于地域。若普通教育，中央只定其大纲，斟酌损益，听诸地方可也。至财政宽裕之地方，自设专门学校，财力较绌之省，普通教育事业亦由国家补助或筹设，不能拘于一定。他若干路归各省人民自办，而仍由中央管辖。高等裁判，各省必设一所，而仍为国家法院。行政之区划既明，而后国家法令与地方法令，国家财政与地方财政，亦得因是以区分焉。中央与地方之界限愈明晰，则中央与地方之感情愈融洽，不因中央政策之变换而使地方行政受其影响，亦不因地方政见之不同使中央行政受其窒碍，则共和之基础也。

中华民国之第二大问题，为吾辈所亟当研究者，则外债是矣。近一二年中，有主张大借外债，以整理币制、兴办实业及筑全国之干路者，舆论抗之。清政府之颠覆，未始不由于此。然至今日而一部分之言论，仍有主张此说者。彼等鉴于国计之困难，民生之凋敝，以谓非输入外资，则全国上下几无活动之余地。盖资本既竭，生产日薄，长此以往，惟有坐以待毙而已。夫资本、劳力、土地，为生产之三要素。我国赢于劳工，绌于资本，与英、美诸国适成反比。以赢补绌，乃自然流通之趋势。我国之防止外债，与英、美之禁止华工，皆为反乎自然，自减杀其生产力者。虽外债输入以后，未必全无危险。然我国今后之形势，惟有积极进行，尚有挽救之希望。若徒持防止外债之论，限于消极的地位，则外力之侵入，亦岂能终免乎？是等言论，非无确当之理由，然外债亡国，固近世之事实也。埃及之前车已覆，摩洛哥之来轸方遒，我国民其肯以理论蹈实祸乎？或谓外债非绝对的不可借，惟所借之债，投之于生利事业则可，投之于不生利事业则不可，诚为不刊之论。但事业之生利与否，非可豫定，即明明为生利之事业，苟无举办此事业之才干与学识，及其经验与道德，亦未有不终于失败者。譬之一家，中落以后，田园荒秽，其子弟又多庸懦失学，徒羡邻人之服用华美，乃称贷于邻，以易其奢侈之品物，此必败之道，无待言矣。即其子弟，欲奋发有为，以所贷之赀，除治其田园，然四体不勤，五谷不分，消耗之巨，亦将与称贷以求奢侈品者相等。我国内生利事业虽未可限量，而举办此事业之才干、学识与经验、道德，尚未充分豫备，贸贸然为之，不能操刀而使之割，其危险何堪设想乎？况今日列国之竞争借款，其意在扩张商权，干涉内政，为文明的侵略，和平的进击，亦已无待赘言。我国民不能利用外资，徒为外资所利用，于国计何裨焉？虽目下之经济状态已极窘迫，外资输入可赖以稍纾，然其利害亦复相伴，盖其时银价必落，物价必贵，无生产力之人民，其生活益陷于困难，有生产力之人民，其日用渐流于奢侈。而银贱物贵之结果，必致外货之输入益多，国货之输出益少，于民生亦无济也。故居今日而主张外债，恐为自速其灭亡之政策。吾国民惟有力崇节俭以贮资本，整理财政以厚信用，于经济上先谋独立之基础，然后豫备研究利用外资之方法，庶不致与埃、摩二国携手而同入图圄耳。（参看本志第八卷六号《论埃及摩洛哥之外债》）

第三问题，则租税是也。我国自古迄今，皆以薄税敛为仁政，加赋之禁，几为不成文之大宪章。外人或以我国民之嫌忌纳税义务，为由于爱国心薄弱之故。然专制政体之下，我国民之所以限制君主者，惟有此消极之方法。当闭关自守时代，既无所谓对外关系，故专持此消极之限制以与暴君污吏抗衡，与欧人所谓不出代议士不纳租税之说同为国民自主之精神所表见。然共和政体成立以后，我国民对于国家之财政，宜为积极之监督，而无取乎消极之限制。处列强竞争之世界，而欲达国家存立之目的，则国民之担负，不能不加于曩日，可断言也。我国岁入，据宣统三年豫算，为三万万两，除捐输公债非纯粹之收入约一千万两外，计岁入仅二万九千万两。是年豫算，国家税与地方税尚未分别。此为中央与地方并计之数，其中厘金一项，为病商之恶税，民国军政府业已废除之，是项收入为四千四百万两，则今后之岁入，合中央、地方并计，仅二万四千余万两而已。日本领土，较我国甚为狭小，而国税与地方税乃达十万万圆，我国岁入仅及其十分之三。以我领土之广漠，行政费之繁重，已当数倍于日本。况外债既巨，筹还本息，不能无款，内政未举，整理开发，不能无费，势不得不求确实之税源，以期岁计之平衡。时势所趋，增加租税之事，殆不能免。然居今日而欲为增加租税之议，其势实处于万难。军兴以来，民间之损耗甚巨。北京、天津、汉口等繁盛之地，均遭兵燹。金融紧迫，物力维艰。失业之民，不堪数计。凋敝余生，岂能重加担负？一也。水患仍频，粮价腾贵，饥民遍地，赈给之不暇，遑论征税。二也。教育未普及，下层社会之人民尚乏政治思想，未识共和之真意，骤加以担负，必群起以鸣其不平。三也。夫欲增进国势，则不得不斥民财以裕国用，而欲休养民力，又不能不轻国计而重民生。将为民耶，则国何以立？将为国耶，则民何以堪？今后政治上之难问题，殆无过于此矣。记者对于此问题，虽不敢骤有所主张，惟以为征加租税，目前殆不能行，必不得已，则当议之于整理财政节减政费之后。我国目前之岁入，以田赋、盐税、海关税为大宗。海关税由外人经收，抵偿洋债，姑置不论。田赋、盐税，丛累朝之积弊，若不能廓而清之，则我国民无整理之才力，其前途尚何望乎？田赋之整理，第一步当暂依旧时银额征收，但将银额与现行货币，定划一之准则，无使经收者可以蒙混。第二步，则清丈土地，改定科则，立登记法，定小作权，改除费税契为登记税，改赁费小租为小作税，期以十年，当可竣事。盐税之整理，在尽除旧制，去商专卖，行官专卖法。（参看本志八卷五号《日本盐专买法与两淮盐法之比较观》。）据外人推测，以谓今日支那人民，实际纳入租税之额，不下十万万，而交入中央政府者不过二万万，其差数为八万万，是为行政不统一之代价。其言或不免过甚，但以之抵厘税之四千万两，当有盈无绌矣。至行政费之节减，首在减少官厅，近闻中央政府将分设十二部，则行政费必益浩大，殊可忧虑。记者之意，中央各部，宜仍南京临时政府之制，更于各省分设一官厅，以处理国家政务之施行于各省者。行政费既减，则事业费自增。民间之担负义务者，将晓然于政府之取之吾民，非为豢养官吏之用，而一改其嫌忌纳税之观念。其关系盖非浅鲜也。

总之，此次清廷之革命，其本因有二：一为远因。则以满人专有政治上之特权，种族间生不平之观念。一为近因。则由于世运变迁，专制政体不适于时世。而其助因有三：一为中央集权，二为大借外债，三则财政紊乱，政费浩大，税目繁杂。今者满人之特权去，专制之政府倒，本因既除，而其余三者，若何调剂，若何改革，则视乎我国民建设之能力矣！

论共和折衷制 *

（1912）

　　本志前号论文谓中华民国成立以后之第一大问题，为联邦非联邦问题，即分权制与集权制问题。证以美、墨之已事，以谓我国民不可不引为殷鉴。近日《纽约世界报》中，有《中华民国急应解决之问题》一则，略谓："美国共和国也，其难题为中央集权与地方分权之界限。地方之权固不可尽以属于中央政府，然对于紧要问题，则中央政府不可无权。此一难题亦即中华民国之难题。"云云。亦可知此问题实为中外人士所共同注意者矣。

　　本志对于此问题，已于前号论文略表其臆见，以谓"中央与地方苟有所偏重，其祸均足以亡国。今后之谋国者，不可不折衷于二者之间，以求调剂之方法。"至国内舆论，对于此问题之趋势，亦可概述。据新闻所载："北京临时筹办处议定，立法、司法用郡县制，行政用联邦制，已呈袁总统交参议院决议。"筹办处所议，其详虽不得而知，以臆度之，大致当与国民共进会之《共和联邦折中制商榷书》中所唱导者相同。国民共进会之《商榷书》（载本志"内外时报"栏）略谓："今日舆论所趋，不外二派，一主郡县制，一主联邦制。郡县制主集权，联邦制主分权。郡县制根于法，联邦制根于美。然极端之郡县制与极端之联邦制，其害之轻重大略相等，皆未可率尔仿行。故不得不于二者之间斟酌尽善，发生联邦折衷制之说。所谓折衷制者，取联邦之形式，行郡县之精神，照三权上立说，则立法采郡县制，而行政则采联邦制。"云云。临时筹办处所议定者，殆即以此为张本。吾辈默察时势，集权制固不能遂行，分权制又殊多危险，则参酌美、法之成规，定一折衷之制，自必为

---

　　* 《东方杂志》第 8 卷第 11 号，1912 年 5 月，署名伧父。

舆论之所赞成无疑也。

国民共进会之折衷说，大体上固为吾辈之所赞成。至其条件，容有待于商榷者。如关于立法之条件二：一、各州得自定约法，以规定本省之组织；二、全国法律，均由中央议会规定，惟习惯法、单行法、特别法规或章程等不在此限。以此二条件为立法权之集中计，吾辈殊未能明晰。夫各州约法者，非即关于一省之地方制度乎？是固次于宪法而为重要之法规也。若此重要之地方制由各州自定，则固完全之联邦制矣。至全国法律由中央议会规定，其意固在使中央之立法权得遍及于全国各种法律，与美国议会之立法权仅限于宪法上所列举者不同。然中央议会，既握全国之立法权，地方议会之立法权，果如何限制耶？曰习惯法、单行法、特别法规或章程等不在此限，其意使地方议会之立法权，仅得以此数者为范围。然此数者之性质与全国法律之性质，所区分者果何在耶？就文字上言之，全国法律云者，施行于全国之法律也。习惯法、单行法、特别法规或章程等云者，施行于一地方或一事件之法律也。综其大意，不过曰：中央议会规定之法律当施行于全国，地方议会规定之法律仅施行于其地方而已。易言之，即为中央议会有全国之立法权，地方议会有地方之立法权而已。欲使中央与地方之立法权保其统一，而无骈枝之虑，抵触之忧，不可不更有明晰之界限。此吾辈之所宜研究者也。

今吾辈姑以折中制为前提，而妄述其臆见，则首以区画中央行政与各省地方行政之界限为要。区画既明，则中央议会与地方议会之立法界限，中央政府与各省地方政府之行政界限，均易明晰矣。兹条列如左。

中央行政与各省地方行政之区画：

一、外交行政。全属于中央，但保护旅居各地方之外国人生命财产及处理居民与旅居外国人之间所发生事务，得依法律或条约理处者，则为内务行政，属于各省地方行政。

一、海陆军行政。全属于中央，但地方所编制之警备兵以捕治匪盗者，则为内务行政，属于各省地方行政。

一、财务行政。国税与各省地方税，区画明晰，则行政之区画自定。国税之收入，中央政费之支出，属于中央行政。各省地方税之收入。各省地方政费之支出，属于各省地方行政。

一、司法行政。设于中央之最高法院及设于各省之分院，其司法事务，属于中央行政。其余各地方之法院，其司法事务，属于各省地方行政。

一、内务行政。教育行政之区画，以关于专门教育者及为普通教育、社会之模范者，属于中央行政；中等教育、师范教育及各县地方所不能独力担任之教育事务，属于各省地方行政。交通行政，以中央与各省各商埠及著名各城镇间之交通，属于国家行政，其他则属于各省地方行政。例如指定干路若干条，由国家经营，或招商经办，由国家监督管理；其余支路，归各省经营。航路亦然。至电报未通区域尚多，当听各省自设支线，邮政未通区域，及各省城镇内之本地邮局，亦可由各省自办，与民局无异。农工商行政，在经营事业，故其事业为国家所经营者，属于中央行政；其为各省所经营者，属于各省地方行政。其区画易明。其他内务行政，以警察事务、选举事务及测量土地、调查户口等为最繁重，决非中央所能直辖，自必分属于地方。惟首都之内，当归中央直辖。

其他区画，为法律中所明定者，自必不赘述。大致此所谓中央行政者，即直接由中央举行之政务；所谓各省地方行政者，即由各省举行而间接于中央之政务也。但行政之区画，虽如上述，非谓中央之权限，仅及于中央行政，而不能涉及地方行政；地方之权限，仅及于地方行政，而不必顾及国家行政也。兹将中央议会与各省地方议会之权限，及中央政府与各省地方政府之权限，区画如左。

中央议会与各省地方议会权限之区画：

一、全国立法权，尽属于中央议会，详言之，即不论关于中央政务之法律，或关于地方政务之法律，或通行全国之法律，或单行一省之法律，概得由中央议会议决。

一、关于各省地方政务之法律，得由各省地方议会议决，由地方政府呈请中央政府核准颁行，作为本省单行法。此项单行法颁行时。须经中央议会之同意。已颁行之单行法，中央政府，得经中央议会之同意，增删修改或废止之。

右列第二条，于地方议会所议定之单行法，须经中央核准颁行者，固美国联邦之制；其须得中央议会之同意者，则兼采加那大联邦制（可参考本志前号《美利坚与加那大之联邦制度比较观》），所以保法律之统一也。盖单行法经中央之核准，自无与全国通行之法律相抵触或歧异之虑；其得由中央政府增删修改或废止之者，因单行法或经中央采取而定为全国通行之法律，或因与新定之通行法相抵触歧异，中央政府不得不有增删修改或废止之权也。至中央政府，对于各省地方议会之立法权，固不可任意蹂躏。故颁行与废止，均须经中央议会之同意，使立法权仍统一于中央议会也。大抵各省地方议会议决之单行法，苟非大有违碍，中央议会，自当与地方议会同意。观于加那大各省所定法律，不下七八千条，然其见摈于中央者，不过四十条左右，可以知矣。

中央政府与各省地方政府权限之区画：

一、属于中央政者，由中央政府执行。属于各省地方行政者，由各省地方政府执行。

一、中央政府对于各省地方行政，有下列各项之责任：

（一）监察其违法之举动。（二）视察其政务之状况。（三）征集其报告。

一、各省地方政府对于中央行政，有依法律命令之委任而执行其政务之责任。

一、中央政府得于一省或数省间设立一官厅，执行分配于各省之中央行政。其官吏即由中央政府委任。遇紧要时，中央政府得授以全权，对于所分配之区域内，代表中央政府。

一、各省地方政府之长官，由地方公民所选出之复选举人选举，由中央政府委任之，其属官由长官经地方议会之同意委任之。

右列各条，其关系最重者，为各省地方长官由地方公民选举是也。盖各省地方长官若不由地方公举，是极端之集权制，弊害滋多，兹不暇详述。本论既以折中制为前提，其所注意，即在于此。然各省地方长官欲归地方公选，则不得不将中央行政与地方行政之范围区画明晰，使地方政府不兼中央行政而后可。而全国幅员广大，交通机关，尚未普及。中央行政之分配于各地方者，不可不有官厅以执行之。故于一省或数省间，置一代表中央政府之官厅，庶中央与地方，各守范围，各专责任，中央无鞭长不及之忧，地方无尾大不掉之虑矣。或以地方行政，全由地方政府执行，则各省政令纷歧，不能统一。且长官由地方公举，虽名义上归中央委任，而黜陟之权，中央政府不能自由行使，则监督亦徒托空名，此事固不可不虑。然立法之权，既集于中央，则各省行政，自不能逾越法律之范围。各地方均依法律以执行政务，自无纷歧不统一之弊。设地方政府违法行事，则当然负法律上之责任，故中央政府对于各省地方行政之责任，最重要者，在监督其违法之举动而已。至视察其政务之状况，为编订法制之豫备；征集其报告，为编制统计之豫备。盖全国法律，既由中央议会决议，则编订法制，自为中央政府之责；统计为施行全国政务之方针，亦当由中央编制。此外则一切听地方之自谋，中央政府，固无庸干涉也。至司法之编制，各法院均系独立，其权限自无待区画，各省法官当依法律任命，亦不赘述。

以上所述，就前号论文提出之第一问题，敷陈其臆见，既无学术之根据，未经团体之研究，自知无当，惟国民对于国家之问题，各有研究其解决方法之责任，故贡其千虑之愚，冀为当世之唱导折衷制者效一得之助而已。

《社会主义神髓》译者按 *

（1912）

　　社会主义，发达于欧美，渐暨于东亚。崇拜之者，称为人类幸福之源泉；非难之者，目为世界危险之种子。幸福乎？危险乎？吾人所不敢言，亦不能言，以吾人对于此主义，未尝加以研究故也。夫以为幸福耶，则此主义固有研究之价值；以为危险耶，则此主义更不可不为研究之准备。幸德秋水氏，固东亚社会主义之先导者。今译此著，非将以此造幸福于吾人，亦非敢以此贻危险于社会。第以此供世人之研究，知其幸福之如何，明其危险之安在而已。抑吾更有进者，自社会主义盛而社会政策兴。社会政策者，本源于社会主义，而趋其幸福避其危险之政策也。吾人苟知社会主义之真髓，而知社会政策之不容缓，则其关系于中华民国之前途，岂浅鲜哉？

译者记

---

* 《东方杂志》第 8 卷第 11 号，1912 年 5 月，署名高劳。

生活困难之研究 *

（1912）

　　数年以前，米价腾贵，各地方屡有暴动之事。予曾就物价腾贵之原因作一论文，载于某杂志。作此论文之意，则因世人对于此问题之见解，颇与予意不甚相合，故欲世人就此问题，加以研究也。盖世人对于此问题，其通常之持论，大约如下。

　　（一）生活困难之原因，由于物价之腾贵。

　　（二）物价腾贵之原因，由于下列之三项：

　　　　（甲）生齿日繁，生产不给。

　　　　（乙）世风奢侈，消费过多。

　　　　（丙）输入超过输出，银货外溢。

　　而予之意见，则大旨如下：

　　（一）生活困难之原因，不在于物价腾贵。

　　（二）物价腾贵之原因，由于货币之供给增加，若甲、乙、丙三项，可为生活困难之原因，而非物价腾贵之原因。

　　何以言生活困难之原因，不在于物价腾贵也。盖物价腾贵与生活困难，系属二事。目下生活困难与物价腾贵同时并起，遂误以物价腾贵为生活困难之原因，然其谬误可不烦言而解。美国之物价，倍蓰于东亚，而东亚之生活困难则甚于美国，故劳工之移住日多。都会之物价倍蓰于乡曲，而乡曲之生活困难，则甚于都会，故都会之户口日增。夫物之生产，以土地、资本、劳力为必需。物价既贵，则土地之收入必丰，资本之利润必厚，劳力之价值必增。倍出倍入，理所当然，亦势所必至也。其因物价腾贵而生生活困难之感者，必为不生产之人，或其生产事业已

　　* 《东方杂志》第 8 卷第 11 号，1912 年 5 月，署名伧父。

处于劣败之地位，不能与全体之进行相伴者，既不能得物价腾贵之利益，乃徒受其害。但此一部分之生活困难，决不因物价之腾贵而有所加损，盖彼等既不生产，或其生产不为时势所需要，则即物价低落如前，彼等亦决不能徒手坐食，或坐守其业已失败之事业以维持其生活可知也。

何以言物价腾贵之原因，由于货币供给之增加也。盖价物云者，乃物品与货币相准之价值。以货币为主位而言之，则谓之物价腾贵；若以物品为主位而言之，则当谓之币价低落。此易明之理也。或谓自海外通商以来，输入超过输出，银货外溢，不知凡几，货币且日益缺乏，安有增加之理？此实谬论，试略为研究。则外国之物品输入吾国，售出后变为吾国之货币，乃复以吾国之货币变为吾国之物品而输出，或吾国之物品输出外国，售出后变为外国之货币乃复以外国之货币变为外国之物品而输入。若输入溢于输出，其结果为吾国对于外国负货币若干，或外国对于吾国存货币若干。常人之意见，以为此时必将吾国之货币输出外国以抵之，不知货币之输出，其价值亦计在输出额以内。果其输出以相抵，则输入输出之额，必适相等矣。今既输入溢于输出，是吾国对于外国负若干之货币，即外国对于吾国，尚存若干之货币也。此所存货币，或出借于吾国之政府及人民而变为债权，或以之购置土地房屋及矿山铁道等而变为物权，或以之经营工商事业而变为资本，其货币仍流通于吾国，但此货币本为固有之货币，尚非增加之货币也。至增加之货币，则以由外国输入为主。世界各国，产银日多，各国又主用金币，金贵银贱之影响，银货之输入于吾国者遂日盛。墨西哥之银圆，英国之大条银，充斥于市场，无待言矣，即我国政府所铸之银圆及炉房所铸之马蹄银，亦复购入外国生银以为之。近年滥造铜币，其铜多自日本输入，有形之增加，已不可数计，而无形之增加则尤甚。公私各银行及外国银行所发行之钞票，凭空增出几亿万之货币，其明证也。况交通便利，金融活泼，一圆之货，胜于昔日二元之用。而数千年来乡曲人民所储蓄之金银，窖藏而柜蓄之者，又因风气之开通，咸出而为生产利息之用，是皆货币供给增加之原因。货币之供给既增，则其价值自必低落，世人不认为银价之低落而认为物价之腾贵者，是犹舟中之人，不知舟之前进，而认为岸之后退也。

生齿日繁，生产不给，可认为生活困难之原因，而不能认为物价腾贵之原因者。何也？则试举一事以证之。美国人口，不及吾国之稠密，而美国物价则贵于吾国，是可知物价之腾贵与人口之增加无相关矣。人或以为人口既多，则物之需要必增，求过于供，物价自贵。不知所谓求者，非仅仅欲望之谓，必备相当之价值以求之。饥非不欲食也，寒非不欲衣也，而无可以交换衣食之资产，则决不能问价于市，不得已而减衣缩食，多者易而为少，精者易而为粗，更不得已，则忍冻受饿以濒于死而已。故生活虽极困难，而物价终未腾贵。总之生活困难与否，由人口与产物之比较而定；物价腾贵与否，由物品与货币之比较而定，其原因不同。故货币不加，虽人口日多，物价亦无腾贵之理也。

世风奢侈，消费过多，可认为生活困难之原因，不能认为物价腾贵之原因者，何也？盖奢侈者，消耗多数之产物以供其肉欲，为现时生活宽裕之现象，为他日生活困难之原因；或为一部分生活宽裕之现象，为多数人生活困难之原因。其结果与人口之增加无异。盖以一人消耗多数人之生产，犹之以一人而食多数人之食，衣多数人之衣也。其略异者，则人口增加对于生产，尚有增加之效力，奢侈则有消耗而无生产。然于物价腾贵之原因，则无甚关系，与人口增加不能为物价腾贵之原因，其理同也。

输入超过输出，致银货外溢，此说之谬误，前已言之。至输入超过输出，为生活困难之原因，非物价腾贵之原因，则更有说。前言输入对于输出之溢额，变为债权物权及资本，积之既久，则吾之生产机关（即土地、资本）多入外人之手，所余之生产力，仅为劳动之一部。因而国内之生产，其大半为外人之所有。生活困难，遂日益加甚。然就物价论之，则输入之物品既较输出为多，则物品加增，价值必因而低减。惟其所输入者不仅为物品，即货币亦同时输入耳。

予此论之主旨，不外二端。（一）谓物价腾贵，由于货币增加之率大于产物增加之率之故。盖物产虽随时增加，而随时消费。金银货币产出以后，流通世界，与年俱积，消费甚少也。（二）谓生活困难，由于人口增加之率大于物产增加之率之故。盖人口之增加为几何比例，而物产之增加为数学比例也，二者虽原因不同，要皆为社会自然之趋势，世界通共之现象而已。

予为此论，不敢自信其无误，惟以当时米价大涨，各地暴民蜂起，抱悲观主义者，咸谓来日大难，窃窃然有地球末日之感，故予特揭物价腾贵与生活困难原因不同之理，以与当世商榷。近来美国大总统塔虎脱氏颁一教书，以生活费之腾贵为万国共同之现象，不可不为万国共同之研究，拟于华盛顿或他处，开万国会议讨论此事。经费十万美金，由美国议会承认支出。又谓："关于本问题，英、法、奥、意、比、加那大、丹麦、和兰、美国及其他数十国之公私研究，皆认为世界普通之现象，必须共同研究，今尚未得有通世界完全之标准，亦不闻有与他国据同一之标准同一之法则以维持物价之国，此予所以于各国各自研究之外而为此议也。"云云。近闻此会议之目的：一、关于工价与生活费之最近变动，集全世界之资料为万国之比较研究。二、证明关于此变动之主因。三、讨论其可以施行之救济策。将来我国对于此万国会议，当必遣派委员与会，予甚望我国之留意于民生问题者，先就自国为实地之研究，故更揭前论，以待当世之批评。

中央财政概论 *

（1912）

今日民国财政之状态，已由当局者示其概略于吾民。一为唐总理在南京参议院中之演说，一为熊总长奉职时之通告，皆谓本年岁出入相抵，其不足额为二亿六千余万，舍大借外债外别无救济之策。呜呼！吾民国之财政固困难至于如此耶？如二氏之言，诚足令吾民惊心骇汗，将疾首蹙颏以望外债之告成。然苟就二氏之所言，略为考核，则知其所示于吾民者，绝非财政之真相，不过故作危词以悚恫吾民，俾赞成其大借外债之政策而已。民国之财政，尚未至于无可救济之地位，外债非绝对的不可借，亦非绝对的不可不借，愿吾民之一审也。

据唐总理之演说，则本年之不足额为二亿六千五百万两。其概算如下：

甲	宣统三年豫算不足额	七八〇〇万两
乙	外债利息及赔款	五〇〇〇万两
丙	四国借款等二万万两之利息	一〇〇〇万两
丁	去冬未付之外债利息及赔款	二〇〇〇万两
戊	六十师团一年之饷额	八〇〇〇万两
己	破坏建筑物之规复费	一〇〇〇万两
庚	伤亡军士之抚恤费	一〇〇〇万两
辛	南京临时财政部支出费	七〇〇万两

吾辈对于此概算疑问甚多。民国成立以后，其政费决不能如前清之冒滥，自不当以宣统三年之豫算为依据。然即以此为依据，而是年豫

---

* 初载《申报》1912 年 5 月 18、19 日，第 1 版，署名杜亚泉，今据《东方杂志》第 8 卷第 12 号，1912 年 6 月，署名伧父。

算，经资政院之决议者，岁出入相抵外，尚余三百万两，其不足七千余万者，乃清内阁提出及追加之原案也。唐氏何不据资政院之决议案，而必据内阁之原案乎？此甲款之不可尽信者也。吾国每年应还借款赔款本息约五千万两，袁大总统在参议院亦言及之。然前清豫算案既列此款，其数为五千六百余万两，唐氏既以前清豫算为依据，则乙款实为重出。此乙款之不可尽信者也。四国借款等二万万两尚未全数收入，即或收入，决未用尽，币制固未整也，东省实业固未办也，川粤汉铁路固未成也，款未收入，何以有利，即或收入，苟未用尽，亦必有利以相抵，即或用矣，岂不生利？此丙款之不可尽信者也。袁大总统宣告，谓去冬欠交庚子赔款一千二百余万两，唐氏乃作二千万两，此款有去冬未交之关税可抵，何以不计？此丁款之不可尽信者也。六十师团之饷额为八千万两，然宣统豫算既列禁卫军、绿营、新军、旗营、防营、武卫军等款六千余万，除旗营之九百万应为旗人谋生计外，其余五千余万自应控除，而唐氏乃重计之。此戊款之不可尽信者也。己款之建筑规复费，为官有物乎？无如是之巨。若合商民之损害赔偿计之，数或差近。庚款之抚恤费尤为难信。今以伤亡兵士每人每年平均给抚恤费一百圆计之，必伤亡兵士至十五万人方须支出一千万两之抚恤费，十五万人约合十三师团之数，试问交战者果有若干师团？则此数之无稽可想。吾辈考核唐氏之概算，几无一款可以成立。熊氏既知其说之万不能自圆，故复于奉职之通告中为之弥缝纠正。今更录熊氏之概算如下：

甲	宣统三年豫算不足额	五三〇〇万两
乙	又追加费	二四〇〇万两
丙	四国借款等二万万两之利息	一〇〇〇万两
丁	免税减损商务停滞岁入减少	五〇〇〇万两
戊	八十师团饷额加倍岁出增加	三〇〇〇万两
己	外债利息赔款、中外商民损失偿款、遣散军队恩恤各款、新国建设经费等	一〇〇〇〇万两

熊氏之概算，颇为唐氏纠正其误。甲、乙、丙三款，与唐氏甲、丙两款同，而删去唐氏之乙款五千万两，又将唐氏之戊款减少五千万两，此皆纠正唐氏概算中之重出者。熊氏又加丁款，实为唐氏所遗漏。熊氏之概算，固较唐氏为近理，然欲弥缝唐氏之言，勉符二亿六千万之数，故虚虚实实并而合之，成为己款，其数为一亿万两。概而言之，则唐氏之意，在遂行其大借外债之政策，虑国民之反对，乃以未经深考之概

算，危词悚恫以欺朦于一时。熊氏既知其误，又不得不成其说，其实非财政之真相，盖不烦言而得矣。

吾辈于民国财政既无他项材料可以依据，即就二氏之概算而推测之，则民国元年之岁入，如厘金必当免除之类，自当较宣统三年减少，熊总长之概算较为可信。姑以五千万两计之，是为岁入减少款，至岁出增加款，则师团饷额。熊总长作全岁计算，其数为三千万两，然军队之必须裁减，已无待赘言。宣统豫算，新军饷额不及三千万，今纵不能将新招之军尽行裁撤，以复前清之旧额，然宣统豫算中有绿防营饷额，今绿防营裁遣已多，可以抵补。豫算中又有绿防营裁遣费军事扩充费等约一千三百万两，亦可提充以作新招之兵饷。则新招之兵仅裁其半，其饷额已无待另筹。应裁之半额，以本年七月为遣散之期，则此增加之饷额可作半年计算，其数当为一千五百万两；遣散经费以全年饷额四分之一即三个月饷额计算，其数为七百五十万两。此外伤亡兵士之抚恤费、商民损失之赔偿费，其数虽难臆定，今姑以臆见推测作概算如下：

依宣统三年资政院决议豫算案之标准

岁入减少	五〇〇〇万两	（依熊氏原算丁款）
岁出增加	四〇〇〇万两	（款目列下）
新兵饷额	一五〇〇万两	（依熊氏原算戊款作半年计）
军队裁遣费	七五〇万两	（依熊氏原算戊款之四分之一）
南京财政部支出	七〇〇万两	（依唐氏原算辛款）
各省新借外债利息	五〇万两	（袁总统宣言各省外债约一千万两，其利息以五厘计）

伤亡军人抚恤费
商民损害赔偿费　　约一〇〇〇万两（此等数目无可标准，悬定
其他各费　　　　　　　　此数）

以上所列，系局外之推测，虽未必尽当于事实，然局中之言既难尽信，我辈推测，只能如此。若据此以为准，则本年岁出入相抵，约差九千万两，不过宣统三年岁入四分之一而已，何必哑哑焉借外债？累累焉借十亿圆之外债乎？

岁出既超过九千万，其救济之法，就吾辈所见较为稳妥者言之，一为土地登记税，二为短期公债。土地登记税，即前清之契税，民间隐匿者甚多，民国成立以后重行登记，不特事理上所可行，亦政治上所不可

不行也。孙前总统谓此款约计当不下四十亿圆，今固不须此数，但得其百分之一可矣。姑以最低之额计之，依田赋以为准，去年田赋业已减免，今登记税准于田赋，于民间担负实未增加。此项收入计五千万两，适以抵减少之岁入，其岁出增加之四千万两，以短期公债补之，为目前救急之需。此款已成，其数似可更减，今姑舍去外债，仅就内国公债设法。内国公债募集之难易，以民间信用与否为定。欲其信用之增加，则在偿还之确实。兹拟办法如右〔左〕。

一、短期公债。定额为四千万两或六千万圆。

二、公债借入之期。以民国元年九月为限。

三、公债偿还之期。以民国二年九月为始。

四、公债年利一分。

五、民国二年九月以后，此债券之本利，可以完纳国家及地方各种赋税，或向政府所指定之银行银号支收现银。

六、债券发行之方法。其半额可分配各县，劝该地纳税较多之人民应募，其半额则发商埠市场，劝商民应募。

如此公债有相当之利息，不患耗损；可以完纳赋税，不患停付。人民自必信用，与其受难堪之要挟以借外债，何如出稍重之利息以募内债乎？

或曰：以本年之债券纳次年之赋税，是无异豫收次年之赋税也。民国二年既无登记税之收入，又须偿此四千万两之短期公债，财政不更棘手欤？则答之曰：民国二年之收入当不至有五千万两之短少，厘金必须裁撤，加税自当实行，袁大总统宣言业已及此。又谓：仿照新法整理盐政，可增课五千万两云云。吾辈所论，仅为救济现时财政计，民国二年之岁计自当全行改订，决不能以宣统之豫算为标准矣！

论依赖外债之误国*

（1912）

　　自垫款条件发布以来，一方面之舆论激昂反对，财政总长宣言辞职；一方面之舆论又深谅政府之苦衷而赞成之。参议院于条件大纲，已表示同意，垫款成而大宗借款之张本定矣。夫外债非必不可借，惟不善利用之，则其累殊甚，埃、摩前途，俱可借鉴。记者心以为危，故复揭此题，与读者一论究之。

　　夫吾人之处世焉，必谋自立。若其人不能维持自己之生活而依赖他人，则失其自由而为奴隶。国之存立于世界焉亦然。若其国不能维持自己之存立而依赖他国，则亦失其独立国之资格矣。吾民国建设伊始，而当局者之言，一则曰舍外债无他法，再则曰除借外债外尚有何术？三则曰舍大借款无以支持危局。呜呼！何其依赖外债之迫切至于如是也。

　　读者诸君亦将信当局之言，以为事实固如是耶？果其如是，则民国诚不国矣。记者以为此非事实，特当局之依赖心则然耳。试设一二问题以反证之，有如伦敦会议不谐，银行团解散，则吾民国将如何？又如欧美金融骤起恐慌，其他资本团，亦无有应民国之借款者，则吾民国将如何？岂从此不复建设国家，不复组织政府乎？是固必无之理。人贫则立志，依赖之途绝，则奋发之心生。吾知吾民国亦将有他法他术以支持危局者。当局之言，不过自表其依赖心，其不足取信，固无待辩。

　　吾闻之，用兵者必先可以守而后可以战，必先可以战而后可以和。借外债亦然。必先可以不借，而后可以借。是故为国者当以不借外债为根据，不可以必借外债为前提；当以不借外债为本职，不可以得借外债为能事。今之依赖外债者，未尝不曰磋商条件也，未尝不曰减轻流弊

　　*《东方杂志》第 9 卷第 1 号，1912 年 7 月，署名伧父。

也，然绝不为可以不借之豫备。依赖之心不去，则其能磋商者几何？能减轻者几何？夫亦涂饰耳目，聊尽人事而已。舍此别无他法，除此尚有何术，当局者苟常存此心而习为此言，则虽至夷其宗社，奴其人民，亦未尝不可适用此数语以自解也。

依赖外债之结果，不但条件上之损失而已，其贻误于政治上之计画也尤甚。临时政府之成立，半年于兹，其行动之昭著于吾辈耳目者，除外债以外，他无可举。国务院云者，几成为承诺外债之债务院。军队之不裁撤如故也，内治之不统一如故也。羁縻政策，姑息政策，即所谓维持现状云者，乃不过无政无策之代名词。日复一日，以待外债之至。当局者方谓外债不成，则裁撤军队，统一内政，均无从著手。是彼固以此为依赖外债之原因也，而予则以为此乃依赖外债之结果耳。

夫国家当草创经营之日，自必有多少之难题以梗阻于前途，是在国民淬厉其精神以解决之。不诉之于国民之精神而诉之于金钱之能力，精神之斲丧日甚，金钱之欲望益张，则难题益无由解决矣。当夫广州首难，武汉兴师，革命精神震铄一世，专制共和之大问题赖是以决。迨大局既定，政府告成，铁血之光化为金钱之气，民国之精神遂亦随清帝之威权以俱去。斯时之当国者，当处以大公无我之心，持以坚忍不挠之气，乘方新之国运，振已堕之精神，大计所关，其当使人民担负其义务牺牲其权利者，即无容姑息以养奸，羁縻以示惠，其为共和前途之障害者，慨然喻之以国家之大义，毅然临之以国家之威力。人之欲善，谁不如我，初不以小人之腹度君子之心也。不此之务，而以羁縻政策姑息政策施于前，复欲以散金政策縻官政策盾于后，是实计之至左者矣。

在依赖外债者，固谓外债一成，则难题悉解，崛强者可以使之软化，怨望者可以使之满足，慰劳金也，退隐料也，买收运动之秘密费也。政府拥多金，当世曷敢有抗颜行者，此即所谓散金政策也。政费既充，政局自展，乃建设膨大之官僚政治，内立十部，外置七司，穷乏得我而党势张，英雄入彀而政争息，此即所谓縻官政策也。盖彼等心目中，灿烂之中华民国共和政府，固将尽以英镑、美弗、马克、佛郎为资料而建筑之，其依赖之迫切而不能自已，亦何足怪欤？

吾民国之难题，果能以此法解决之乎？借曰能之，则民国之忧患方长矣，不以义而以利，不以正而以谲；拜金之主义盛，而人道有歇绝之虞；猎官之风气开，而吏治无澄清之日。是即收效于一时，实足贻患于百世。况以若所为，求若所欲，犹抱薪以救火，缘木以求鱼，吾知其愈解而愈难焉。吾固不敢轻量当世士，谓其有攘夺权利之心，果或有之，则与之以权利，其攘夺必将益甚。授盗以金，则盗群至；投犬以骨，则犬益争。非事理之显而易见者乎？

依赖外债之误国，就目前之时局论之，既如上所述。若就将来之国势论之，则吾尤滋惧。非惧夫偿还外债之将重吾民担负也，非惧夫监督财政之有损吾主权也，乃惧依赖之久而益甚，终至不复可离，而舍此别无他法，外此尚有何术之言，将成为吾国政治上之金科玉律也。生物通例，凡动植物营寄生生活者，其器官必退化，卒至不能再营独立生活。牛马鸡犬之饲养于人者，本能衰退，非饲养不能生存，国家依赖外债之结果，亦如是矣。当其初输入外债之时，国家之政治，社会之事业，非不骤现宽舒活泼之景象，于是政费增加，世风奢侈，物价腾贵，外货输入，其后已习为固然。至此而欲其偿还，犹割其已经愈合之肉，必痛苦不可言状。且其时政府已设之机关，不可无维持之费焉；社会已起之事业，不可无继续之费焉。不再借外债，则不但已借之债无可偿还，而前此以外债所举之机关事业，且将中道废止，前功尽弃，损害益巨，于是此金科玉律之言，不得不再为引用。此非记者过作此不祥之论，读者苟取埃及近世史而覆按之，则其经历之程途固如是也。

盖外债如醇酒，如雅〔鸦〕片，饮之吸之，非不足以助人血气增人神志，然其后则不复可离，乃沉湎憔悴以终其身焉。今之人曰，国民捐无成效也，不换纸币有流弊也，是固然矣，乃并内国公债、土地登记税，以为急切不易举办，为求速效计，至便至利，诚无有过于外债者，是犹米麦鱼肉之滋养吾身，其收效必不及醇酒雅〔鸦〕片之迅速，吾特惧其既饮既吸之后，虽欲不饮不吸，而其苦痛且倍于未饮未吸之时也。

依赖之不可复离焉，前就内政之关系论之，而其关系于外交者，尤不可不注意。政府之对外也，固宜尽其亲交之谊，然亲交与依赖，不可混也。若以依赖为亲交，在一时非不得外交上之助力，然其日后之待遇如何，即视其依赖心之如何以为进退。墨西哥大总统狄爱士依赖美国，输入其资本以经营墨西哥，借以扶植其势力，占大总统之位者二十有八年。迨狄爱士之亲美政策渐变，美人不复援手，而反对之梅特洛乃阳借排美之潮流阴持亲美之政策，得美人之援助，崛起而覆狄爱士之位，革命战争，至今未息。埃及王威斯明流信欧人之说，谓欧洲之资本输入埃及，合于经济学上之正理，增加国债，以振兴工商事业，物产繁殖，国力发达，是决无足忧，国之富强文明，必于其国债之多少卜之。（按：今日主张外债者皆利用此说。）其后为外债所厄，又为监督之欧人所扰，国民苦痛奋怒，集议员于海兰而反对之。外交官乃迫埃王曰，国民党与欧人反对者，即与内阁反对者也，与内阁反对者，即与殿下反对者也，宜速下严令解散。威斯明流不用其言，外人乃废其位而立通必苦。可知依赖外人之结果，一旦有脱离其依赖之心，则变故立至。唐总理假比款而银行团即有责言，遂非难唐总理而欢迎熊总长。近日国民捐之时论起，外人谓我国民将有排外之举动。此皆履霜坚冰之象也。政体初更，国民之运用未熟，舆论幼稚，易为外人所眩惑，将来选举总统，更迭内阁，势必与财政有关系，稍一不慎，则为埃及、墨西哥之续，我国民可不加之意乎？

论命令之性质及范围*

（1912）

吾人发表其意思，则为言论。言论者，无强制他人服从之性质者也。惟其无强制他人服从之性质，故法律上保障其自由，而不定何种之制限，但各守其自由之范围而已。若其发表之意思，有强制他人服从之性质者，则谓之命令。既有强制他人服从之性质，故法律上必加以一定之范围，而不许其自由发布，是故言论可以自由，而命令不可以自由。

就命令之性质研究之，则命令与服从为相对之关系，而不能或离，犹权利与义务之关系不能或离也。无相对之义务关系者非权利，无相对之服从关系者非命令，欲区别其为命令与否，可以有无相对之服从关系定之。故既为命令，必有强制他人服从之性质，而此性质更可分析之为二部。一为强制他人服从之权力，二为强制他人服从之条件。有权力而无条件，是为有命令权者之言论，非命令也；有条件而无权力，是为用命令词之言论，非命令也。然则所谓命令之性质，即具有强制他人服从之权力者，所发表强制他人服从之条件是已。

命令之性质，为一切命令之所必具。如国家对于人民，自治团体对于住民，父母对于子女，苟有所命令，必无不具此性质者。至其范围，则各有不同。范围者，制限其权力得施行于某种条件之谓。盖命令之权力，或为自身所具有，或为他人所赋与，如父母对于子女，自治团体对于住民，其命令权皆为法律之所赋与，当然受法律之制限。若国家对于人民之命令权，固为自身所具有，而不受他人之制限。然立宪国家，常以自己之意思制限自己，权力所及，固非漠然无所范围者也。

今更就国家对于人民之命令范围研究之。法律上所用命令之意义，

---

* 《东方杂志》第 9 卷第 2 号，1912 年 8 月，署名伧父。

常有广狭之殊。广义之命令，包法律、命令及处分而言。狭义之命令，则对法律及处分而言之，即不经立法机关之决议，而由其他机关发布之法规也。广义之命令，除国家自为制限以外，固无何等之范围。故英人有"议会除不能变男为女外无所不能"之语。若夫狭义之命令，则不论君主民主，苟为立宪国，宪法中常示以一定之范围。盖国家以一部分之命令权分寄于其机关，使得施行于某种条件，如吾《民国临时约法》第三十一条"临时大总统为执行法律或基于法律之委任得发布命令并得使发布之"是也。故临时大总统发布命令之权力，为《约法》所授与，而其范围为《约法》所规定。依《约法》，则临时大总统之命令仅有二项，一曰执行命令，一曰委任命令。执行命令者，因执行法律而规定其施行法或细则，限于行政事项，不能侵及立法事项，且必随附于法律，必既有其法律，而后有执行其法律之命令，不能离法律而新有所规定也。委任命令者，法律中以属于立法事项，用明文委任于命令以规定之，故必根据于法律，法律所未尝委任者，不能以命令定之也。然则《约法》所载临时大总统之命令，范围甚明，与君主立宪国之君主于执行命令委任命令而外尚有紧急命令及独立命令者，其范围稍狭。（日本君主有大权命令，如任免官吏、宣战、媾和、缔结条约、授与勋章荣典、大赦特赦、减刑复权等，皆属于大权，然就立宪之原则论之，实亦出于宪法之委任。民主立宪国于此等事项之命令，虽委任于大总统，尚须得上议院或国会之同意。）若逾越范围，则本无命令之权，人民自不负服从之义务，其不得认为命令也。无待言矣。

我民国临时政府成立以来，临时大总统所发布之命令，无命令之性质，越命令之范围者，不止一二。其他行政机关所发布之命令，类此者尤更仆难尽。盖由君主专制骤变为民主共和，专制之余习未能尽除，共和之作用未甚深悉。发命令者初未尝有蔑视《约法》之成心，即在被命令者亦未尝以违反《约法》为骇怪。然长此相循，则《约法》将等于无效，吾国民可不为履霜坚冰之戒乎？

今试取《约法》公布以后大总统所发布之命令，略为研究。其不合于命令之性质者，例如四月十六日令劝农保商，二十三日令申儆邦人毋畏强御毋侮鳏众，五月十一日令国民黜奢崇俭，六月十三日令各省行政官议会共体时艰互相提挈，又申儆全国宜崇质厚之风无蹈诡谲之习，七月初十日令政党蠲除成见，凡此诸令，皆劝告之文词，无强制之条件，其中属于道德问题者，在古代帝王谟诰以及后世人君之诏敕谕旨等，固多类此之文。专制之君主，称为圣人，故化民成俗，亦将以王言是赖。然苟非其人，其效力亦卒不可见。清帝之圣谕广训，令科场默写之，令学官宣讲之，而其后仅视为奉行之故事而已。法治国之大总统，不兼宗教之主权，亦无神圣之称谓，与道德问题本不相涉，况所谓蠲除成见，体念时艰，其动机在国民胸臆之中，决非命令所能及之地乎！夫儆世励俗之言，以个人之资格发表于社会，固未尝无益，若必著之为令，则严重之形式，转失其劝导之本心矣。至其属于政治问题者，或类似于美国大总统之教书。美国大总统，对于国会无提案之权，故仅以教书发表意见于国会，就最重要之时事问题，指示必须救治之弊害，劝告切要之立法。盖大总统有以合众国之情形通知国会或以政策呈送国会之义务也。又美国大总统，有以演说或意见书或布告表示其意见于国民者，然用之者极少。当大总统就职时，往往就时事问题披露意见，为就职演说，习以为常，华盛顿更加以告别演说，其后亦无复为之者，极富森因模仿华盛顿之告别演说，蒙虚荣之诮。此等教书及演说、意见书、布告等，决不能与命令同视。《民国约法》，大总统既有提案之权，国务员又得出席发言，对于议会，自无发教书之必要。至大总统表示意见于国民，在美国虽不常用，我民国临时大总统既习用之，亦当别为布告书或意见书等名称，决不可与命令相混。至此等命令之中，更有仅关于大总统自己身分之事，而无关于政治者，如本大总统生长兵间习知甘苦，本大总统受五大族公同推举，本大总统素以保国卫民为宗旨云云，不过文词上点缀之笔，徒有极富森虚荣之诮，于命令之性质，固毫无关系者也。

其不合于命令之范围者，约可分为四项，其一，则全然属于立法事项者。例如三月十八日令各省规定普通选举简易办法迅速办理议会，五月二十五日令禁售排满及诋毁前清各项书籍等是。禁书之令，表面上以为随附于优待条件，然条件之明文固不及此，而以独立命令限制著作之自由，侵害财产之保有（书籍亦财产，令中禁其出售，已出版者取缔消除，是侵害财产），与《约法》不大刺谬乎？其二，则为关于官制者。依《约法》，临时大总统得制定官制，但须提交参议院议决。则官制未议决之前，大总统自不能任意设置官吏。虽间有紧急必要，不能待诸官制发布以后者，亦宜将其设置之名称、职务、权限等提交参议院先行议决，故如任命南京留守、仓场总督、各省都督、新疆青海屯垦使之类，皆未能为合于命令之范围者。其三，则为类似执行命令者。临时政府成立以来，此项命令，不知凡几，如孙总统令、禁止体罚、开放蛋〔疍〕

户惰民、禁卖猪仔、禁官吏将领违法，袁总统令禁贿赂、禁鸦片、禁胁迫议会、禁私立团体干涉行政之类。其事项皆当然为法律所规定。民国初建，法律未备，在《约法》未颁布以前，袁总统曾有暂行援用从前法律之命令。依此命令，则其事项实已规定于从前法律之中，今复以命令重言而申明之，似不过因执行此法律而更为详明之指示，未始不可认为执行命令。但援用从前法律，未经参议院之议决，则其得为法律之效力尚未确实，故其得为执行命令与否，亦在疑似之间。且若认为执行命令，则不可不援引法律，而以命令随附之。乃研究前举各令之文义，则又若因现在之时事而更定新章，非为适用旧日之法律而详加指示。故其合于范围与否，实在疑似之间也。其四，则为属于司法事项者。如七月八日令各省严拿洪恩广并抄没其财产。夫洪恩广办理振捐不实不尽，弃职潜逃，以命令拘捕，交法院审问，并查明其财产以备抵，固属于处分事项，至其果为侵冒与否，其财产当抄没与否，则当待法院判决以后也。

夫民国在临时期内，政府命令之纷杂，自必难免，吾辈固未可以毛举为能。惟此后不可不急图整理，将来大总统命令，可分为四类。其一为宪法上所委任之命令。如公布法律、任免官吏、宣战、媾和、缔结条约、宣告戒严、酌给勋章荣典、宣告大赦特赦、减刑复权等是也。二曰执行命令，随附法律。规定其执行之方法，指示其执行之事项。三曰委任命令。法律既规定其大体，而以法文委任于命令，规定其细目。四曰处分命令。则依据法令处分某人某事，如批牍训令之类，不公布于全国者也。此外则仿美国之例，大总统对于内政外交之重要问题，得以意见布告国民，称为大总统布告书或意见书。无副署之形式，无强制之效力，亦不必以布告之权明定于宪法。大总统发此布告必须慎重，不可习用，其无关于政治之浮文不得阑入。如是，则界限既明，无浮滥之虑，实政治上正本清源之道也。命令为国民耳目所系，外人观瞻所属，共和之能实行与否，即将于此征之矣！

论省制及省官制 *

（1912）

　　本志八卷十号论文，谓中华民国成立以后之第一大问题为地方制，举美墨已事以促国民之注意，并附陈对于此问题之意见。其大要在将分配地方之中央行政与地方行政，各定范围，而以中央任命之官吏承中央政府之命令，处理中央行政；以地方公选之吏员，依地方议会之决议，处理地方行政。中央官吏对于地方行政，有监督之权；地方吏员对于中央行政，有执行其委托事务之责。八卷十一号论文复引申其说。近日省制及省官制议案业已提出于参议院。议案之要点，各省设总监，由大总统任命，其职权以内务行政为限，军政、外交、司法、财务各项行政不入总监统属范围，另设掌军政之官吏及交涉使、国税厅之类，以直辖于中央。此议案提出以后，各省都督及议会，对于军民分治问题及总监简任问题，颇有唱异议者。现此议案正在撤回修正。本志不自厌其繁复，请更申前说以尽其意。

　　近世论行政法者，关于地方行政组织之方法分为二种，一曰英国方法，二曰大陆方法。英国方法，于分配地方之中央行政与地方行政，不明析区分，其中央政府赋与于地方之行政权，皆由中央立法部枚举细目，随时得斟酌损益。地方制度，虽冠绝于大陆诸国，然皆从习惯上自然发达，非从立法上加意改良，故纠纷错杂，无画一之秩序，其精神可取，其形式不足采，其运用之妙可学，其组织之法不足效。大陆方法为欧洲大陆诸国一般所采用，其要点，即将分配地方之中央行政与地方行政明白区别，各定范围。凡中央行政之分配于地方者，中央政府即于地方区画中设置与地方团体毫不相干涉之官吏以掌管之。地方行政则委任

---

　　* 《东方杂志》第 9 卷第 3 号，1912 年 9 月，署名伧父。

于地方团体，以其吏员掌管之。依此理论以定制度，则地方区画中，须有特别二种之官府，一从事于中央行政，其一则从事于地方行政。且以中央行政上之目的而设备之行政区划，与地方团体之区划，亦不必同一。惟实际上之施行，不尽合于纯然之理论。于法于德，中央官府，掌管中央事务，同时命掌管地方事务；地方官府，掌管地方事务，同时命掌管中央事物，颇亦不鲜。然以同一官府从事于两范围之职务时，其中央之行为与地方之行为，职务之范围，必截然区别。中央政府对于是等官府之监督，亦因其职务之为中央的与地方的而异。（以上参考日本浮田和民译美国 Frank J. Goodnow *Comparative Administrative Law* 第一卷第三编第六章第一节。）是则分配地方之中央行政与地方行政，各定范围，固为近世论行政法者所深许，不论其执行之官吏是否同一，而职务之不宜混同，固无待言矣。

发表大陆思想之最为显著者，现今普鲁士之州制是也。其州之行政官吏，有中央行政官吏及地方行政官吏之区别，设资格及职务各异之二个机关。一为州知事，为中央政府之代理官，为国务大臣之永久代表，由国王随意任免。州知事兼带文武两任，司州内之军务及政务，于战时则中央政府尽以其权力赋与之，有为临时应变处分之权。设州参事会，以州知事为议长，由州委员会选举名誉职之参事会员五名，监督州知事之行为，协赞州知事之命令，审理对于下级官府之行政诉讼。一为州长，代表一州，掌其州固有之行政事务，由州会选举，经君主之认可。（此州长或不仅举一人而为五人以下之合议制。）州之行政，由州会决议。州会更选举州委员七名或十三名为州委员会。凡州长之处分事务，均经州委员会之议决。至普之郡制及法之县制郡制，皆一机关兼任中央政务与地方政务，一方面为中央政府之代表，一方面为地方全体之代表，其官厅虽为同一，而职务则显有区分也。

此次省官制议案，其理由书中言总监在法律上具有两种性质。一、执行国家所委任事务。对于中央政府，负事务上之责任。一、执行本省行政。对于省议会，负政治上之责任。是固采用大陆方法者。然军政、外交、司法及中央财政均集权于中央，各设专官。总监职务之范围，仅以内务、教育、实业及地方财政等属于内务行政之事项为限。此等内务行政事项，在立宪国家，其行政权大都赋与于地方团体，故就总监之职务而考其性质，实不过为省自治之执行机关，军政、外交、司法、财政凡有国家行政性质之事项，均与总监无涉。所谓中央事务官之性质，不过徒有虚名，其职务既纯为地方性质，则当然为地方之公吏，非国家之官吏矣。国家官吏，由于任命；地方公吏，当由公选。此各省对于总监简任问题所以唱异议之理由也。至一省之内，分设军政官、交涉司、国税厅、总监等官厅，各直隶于中央各部，在省内不设一总汇之机关，与从来之行省制度大相差异，恐不免有不统一及互相牵掣之虑。此又各省对于军民分治问题所以唱异议之理由也。

此议案所规定之制，在我国既无其先例，在各国亦无可印证，骤然创行，恐蹈危险。记者之意，以为我国地方制度，既采用大陆方法，则其制度殆不能出于二者之外，非法之县制，即普之州制而已。

依法之县制，则地方长官，一方面执行分配于地方之中央行政，一方面执行地方行政，与我国从来之地方习惯颇合。盖我国各级之地方官吏，向来皆兼中央与地方两方面之职务，惟混合而不分析而已。然法制以行于地方区画狭小政务较简者为当。我国规定县制，自宜采用法制，以一县之中分设中央与地方之两机关，则政费过大也。若省则区域既广，政务自繁，仅以一机关从事于两范围，其机关必极膨大，政权未免过重，故以采普之州制为善。法国之县，面积平均为二万三千八百四十方哩，其大略等于我之府。普国之州，面积平均为十一万二千五百方哩，其大略等于我之省。普之地方行政组织，于一八七〇年前后颇多改革，采用法制者甚多，而其州制，特与法之县制殊异者，殆亦区划大小不同之故耳。我国既以省为最大之地方区划，则于大陆方法中采用普之州制，于学理当为最适。至就习惯而论，则从来之行省制度，亦颇与普之州制相合。盖总督、巡抚本为元代行中书省之遗制，总督即行中书省之丞相，巡抚即行中书省之左右丞也。清代之督抚犹兼兵部及都察官，其职务为统辖文武，考核地方官吏，本有中央官吏之性质。至布政司之职务，掌一省之政，与古代之方伯、后世之州牧相同，全属地方官吏之性质。其后两方职务逐渐混同，遂成上下级官厅，而布政司乃仅任内务与财政。然旧日遗制，固犹有存者，则采用普之州制，不过修正旧制，而非创行新制，于习惯固无所违异也。

省制仿普之州制，既当于理论，合于习惯，而其他之便利，犹有可举者。地方行政，与分布于地方之中央行政，其机关虽不妨合一，而职务必当区分，然目下人才未备，官厅之行为动辄乖违法意，若以两范围并合于一机关，势必牵连混合分析不清，致以中央行政混入地方行政而取决于一省之舆论，则破坏国家之统一；或以地方行政混入中央行政，而禀承中央之意旨，则窒碍自治之发达。故必分为两机关，庶职守所关，范围自定，而下级地方官及地方团体亦有所模范。其便利一也。中央行政与地方行政并合于一机关，则官吏之任免虽出于中央，而众情之好恶必采诸舆论。前清督抚常利用其中间之地位以施其狡狯之伎俩。当民气强盛时，豫揣中央之意旨，必将屈从舆论，则竭力鼓吹，发扬民气，借人民之后援以抵抗中央；若值中央意志强硬时，默揣人民之言论，不能挽回朝旨，则又尽力压制，滥用威权，保中央之信用，以摧残民气。清廷之失坠，其近因以此为最著。民国定制，不宜蹈其覆辙。今分为两机关，其属于中央者，任免为中央之自由。其属于地方者，去就悉地方之公意。权有专属，斯意不两歧。其便利二也。上级地方团体，接近于中央，关于中央行政事项，亦可备中央之谘询，而无决议之效力。然苟执行地方行政之官厅，兼有中央官吏之性质，则地方议会亦必扩张其范围而及于中央行政。法国之县议会，在法律上不得议决国家行政事项，而实际上则默许之。前清之谘议局，其职任范围，均限于本省，而实际上则议及国家行政者不鲜。夫使地方议会而得议中央政务，则不免与中央议会有意见之冲突。今以执行地方行政之机关与执行国家行政之机关区分为二。对待之机关既别，权限之界画自明。其便利三也。分配于地方之中央行政，若各设专官，直辖于中央各部，地方无总汇之机关，则散漫而失其统一。即以军民分治论之。前清驻防兵丁隶于将军，不归督抚管辖，致驻防与人民之间偶有冲突，将军袒驻防，督抚护人民，酿成巨案。清之前襟有驻防省分，常有此等案件。以此类推，则军民分治以后，军民之间偶有事故，必蹈覆辙，即使中央政府急为处分，然道路悬隔，情实未谙，未必遽能解决。今设一代表中央之官厅，平时为中央寄耳目，而调查考核，不必屡遣专官。临时代中央处分，则随机应变，情势不至扞格。其便利四也。地方行政，必揣地方之情形，考从来之习惯，审现在之人心，定将来之策略，非平日留意本省之政治，熟悉本省之人物者，不能施行悉当。若其执行之官吏不归地方公选而由中央任命，则朝秦暮楚之流，既不豫筹于前，亦无关系于后，敷衍终任，地方政治决不能发达，殆可断言。今使执行地方行政之官吏由地方选出，则人民得实行其意志，自治必易于进行。其便利五也。今日各省对于军民分治及总监简任，既有倡异议者，而国民舆论，对于集权与分权之程度及分量，亦各有所主张，窃谓调剂折衷，莫适于普之州制，此本志所以不惮辞费而为再三之告也。

论人民重视官吏之害 *

（1912）

  法国社会学者爱特蒙特摩兰氏著书，痛论法人争夺政权之弊害。其书曰《掌握政权者有利乎？》（*A-t-on intérêt à s'emparer du Pouvoir?*）首章所揭曰："吾人苦于政治界轧轹之弊也久矣，得意之徒，意气扬扬，纷扰无所不至，欲壑难满，私利是营；失意之辈，懊恼烦闷，谓我党不有天下，祸根不能遂绝。更迭相寻，当局之人一旦而为在野之士，在野之士一跃而当大政之局。而所谓新政府者，亦固陋顽迷，专弄威福，从事于中央集权，纵容本党，压抑他党，能虐者变而为被虐者，被虐者变而为能虐者。新政府之人物，处闲散之时日已久，贪婪不绝，至此时惟行使其战胜之权利。于是变革之要求再起，而国民乃随之而益益陷于否境。吾人前后若干次支办其变革之经费，自鲁意十四之大王国，而革命时代，而第一帝国，而复古王国，而第二帝国。前日之苦难不复论，至于今日，或为保守的共和政，或为急进的共和政，吾人皆不可不担负其用费。政局虽屡改，其不改者惟有一事，即吾人之常常纳税是也。政局虽屡改，其所改者实亦惟有一事，即吾人之纳税益益增加而不知其所底止也。"吾闻特摩兰氏之言，吾不禁对于民国前途而涔涔汗下矣。（特摩兰氏书，日本应庆义塾有译本，改名《大国民》。）

  法国近七八年来，内阁更迭凡三十余次，其陷于争夺政权之旋涡中而不能自拔者，原因果何在乎？则由于其人民重视官吏之故。法国在欧洲，以官吏国称，其官吏最多，据一八九一年之调查，奉职官厅者，二十四万零二百六十九人，其使用人三万二千五百二十六人，家族四十二万六千八百十六人，共六十九万九千六百十一人，约为其人口百分之

---

  * 《东方杂志》第 9 卷第 4 号，1912 年 10 月，署名伧父。

二。加以陆军五十六万一千八百七十五人，海军一万二千一百三十八人，宪兵及警察官十四万一千六百十一人，总数为一百四十一万四千二百三十五人，约为人口百分之四。官吏之多如此，而志望为官吏者之多，犹数倍于是。一官吏缺额，则候补者蚁集；若值登庸试验，则受验者常数千人。其学校之毕业生，四分之三皆志愿为官吏者。青年之热望，非陆军武官，则高等文官，或奉公于官立学校及其他官设之局所中。若自营独立之职业，不过为此等竞争场里之失败落后者退隐之地而已。特摩兰氏书中谓："'官吏'二字在法兰西有特种之魔力。"此法兰西政治之所以不安，而社会之所以受病也。

然则法国人民，何以有重视官吏之习乎？此以法国人民与英、美人民相比较，可得其故矣。一、法国为中央集权政治之故乡，自废州改郡县以后，其地方自治之权极隘，虽乡村自治表面上有乡董、乡会，而按其实际，亦不过为传达中央之命令而设置。乡村内行政事务之大部分，常由国家直接管理之。故国民之倾向，无不注目于政府，入政府者为支配国民、左右社会惟一之阶级，其他方面，欲显其头角甚难。法之青年，遂觉政治以外无事功，官吏以外无荣誉。二、法国为官僚政治之发源地，其仪文之繁缛，态度之倨傲，皆为官僚政治之特征。官吏之尊严，既足动庸俗之欣羡，而机械的行动与豫定的俸给尤觉身安而利固。普通人民之心理，遂以为依赖国家，生活于国库之支给，较之依赖自力，生活于独立之职业者，其生计较为安全，而身心亦较为暇逸。英、美为自治最发达之国，其官吏之数亦少。一八九一年统计，大不列颠国之官吏公吏等从事于公务者，不过其人口千分之五。又一八九二年统计，美国之官吏及陆海军官，并计八万二千五百九十人，不过其人口万分之十三，在世界中特为非官僚政治之国家。其人民喜自由，不肯受他人之制驭，亦不希望制驭他人。人民之心理，不信人间职业有贵贱之殊别，惟知其人对于其职业，有能否及勤惰之区分而已。是以优秀之民，为农为工为商，毫不损其高尚之品位，转视官吏为较劣之职业，以其不能得相当之酬报，且夺人间之独立故也。两国之官吏，既不如他国之多，在英国常使爱尔兰、苏格兰或威尔斯人当之，美国则委之于爱尔兰人及德意志人之手。盖英、美人民重自立，故主于实利；法国人民重政权，故骛于虚荣。两国之社会，遂生依赖与自营之差别。欧洲人常谓东洋社会为依赖之社会，西洋社会为自营之社会，若就西洋论之，则法国社会犹为依赖之社会，英、美社会乃真自营之社会也。

　　人民重视官吏，其危害之及于国家甚大。直接之影响，使国家之政治不安；间接之影响，使社会之实业不振。其关系可得而言焉。盖人民既视官吏为最优之职业，则必努力以造成官吏之人才，教育乃首承其弊。其教育方法，常不出准备试验之范围，务为目录表解之学，重于记忆而忽于实用。盖受教育者之志愿如斯，虽有良教育家，亦无能为力。而一般人民，且以登第学生之多寡定学校之价值。试验之成绩如何，为学校之死活问题，于此而欲施正当之教育，殆无可望。风气所趋，年年岁岁，制出多数之官吏候补者，供过于求，无待言矣。此等多余之官吏，其学问志愿，除政治生涯以外，不适于他种之职业，即或为学校教师，或为新闻记者，亦无非鼓吹政治主义，挑拨政治感情，使政治风潮波及于学校，政治新闻弥蔓于城市而已。其不得职业之高等游民，贫困无聊，对于现政治负怨望，对于现社会抱不平，改革之声，一倡百和，虽以俾士麦之雄，对于大学卒业生之贫民窟，犹惴惴焉。此即直接贻害于国家之政治者也。夫社会积个人而成，个人各自独立，则社会之基础亦固。若多数个人皆依赖社会以为生活，则其少数之独立者必受其牵掣而困难日甚，欧人所谓"依赖之结果必共倒"是也。官吏虽亦为社会上所不可缺之分子，然治人者食于人，其生活之所须，皆依赖于农工商之手，官吏多，官吏之候补者多，则农工商受其累矣。况当此竞争剧烈之时，农工商各方面皆须有杰出之才，抱坚苦之志，以开辟富源，改良组织。今国民之优秀者，相率趋于官吏之一途，营寄生之生活，而社会上所赖以资生之实业转付诸等闲，社会之生产有不日就衰弱者乎？特摩兰氏书中曾言："新教徒与犹太教徒之在法国者，其人数远不及旧教徒，而其势力则甚大。因是等教徒，向被驱逐于政治社会之外，无文武官职之希望，故刻苦勉励以讲生活之道，遂成强健富裕之民，于是政治上之地位，亦不能复拒其勿入。多年不许触手之果实，至此遂得尝其滋味，不知此果实含有毒性，不知不觉之间，遂遗弃其培养之能力。"吾辈更从吾国中得一反证之实例，则满洲人入关以后，于政治上独占优势，其取得官吏之资格较他族为便易，故其人多以官吏为生涯，卒致实业不兴，生计日窘，今后之旗人生计问题，殊可焦虑。官吏之毒，酷烈如是，此又间接贻害于社会之实业者也。

　　我国数千年来伏屈于专制政体之下，官吏之威权特重，且安富尊荣，独占社会上优厚之权利，故人民之重视官吏，几成根性。秦汉以后，经长久之时期，而政治不改良，实业不进化者，实为此根性之所累。今者政体虽更，根性未变，竞争益剧，运动益多，而当局者复持縻官政策以牢笼一世，将借此以实行中央集权之主义，回复官僚政治之盛况。吾知流风所播，将有倍蓰于法兰西者。况来日大难，已无复容争夺政权之余地，瓜分豆剖，虽欲为法兰西而不可得焉。吾辈欲谋民国政治之安宁，望民国实业之发达，则其首要之条件，即在拔除人民重视官吏之根性。拔除方法，有当为国家之任务者，有当为社会之任务者，有当为学者之任务者，各方面均宜为种种之改革，固不能以简单之条件遽期奏效。兹就关系较重者，列举数事于下，以备论世者之取资焉。

一、减少官吏。官多为害，世界各国之通病。欧洲学者尝谓："官僚政治为社会重大之疾患，蔓延于机体之全部，破坏其康健，危害其生命，殊为可恐。"去此毒害，首在减官，而减官之要，尤在减政。减政主义，久为世界学者所倡导，本志已论及之，共和立宪政府，尤宜注重于此。奥国法学名家海尔勃斯德曰："凡以立宪的精神为基础之政府，于可以减轻之事务，当努力减轻之，苟非政府本来之事务，悉当省略。"可为至言。至减政方法，兹篇不暇备举，当另论之。

二、划除官威。立宪国之官吏，当以人民之奴仆自居，常自卑下，言语之间，宜为平民态度。若骄慢无礼，徒表自己之无教育，不合共和立宪之程度而已。专制时代之官吏，常有任意责斥人民以张其威力者。立宪国之官吏，同受治于法律之下，若责斥人民，则殴打詈骂之罪，亦不能以官吏而幸免，不可不懔焉。至文书告示，亦宜尽改专制时代之旧习，若"本官言出法随"、"本县爱民如子"等语，尤为国法所不容。外国地方官告示，其辞气与寻常广告无异。大致文告体裁，宜简洁明了。若个人之政见，推想之断语，含浑之指令，以及威吓噢咻感情上之文字，皆当力避之。

三、厘定官俸。前清官俸殊薄，且有名无实，闲曹散吏，衣食不给，而优差美缺，则岁获百十万，政治腐败，此为最著。民国定制，自宜大加洗刷，然官俸厚薄，标准如何，亦为政治上之一问题。论者谓俸给薄则不足以招致人才，且启贪欲之患，然俸厚则贪欲者竞进，亦非招致人才之道。且人之贪欲无厌，有收入愈多而贪欲愈甚者，则厚俸亦非所以养廉也。窃谓国家与官吏以俸禄，一方面宜使官吏对于身家无金钱上之顾虑，一方面勿使人民之图得金钱者视官吏为最便利之途径。故俸给虽不宜过薄，然当较从事于实业者之收入稍逊。现在实业上法律既未完备，组织亦未改良，未易得其标准。为目前计，当就人民生活程度上酌定。八口之家，中人之产，岁费若干，随地方情形调查，不难得其中数，定其等差，取为标准，则自好者既足为生活之资，贪婪者不视为利禄之薮矣。

以上三事，自以减少官吏为根本之救济法，而划除官威，厘订官俸，亦目前切实救济之法也。盖今日人民之所以重视官吏者，无非震其威权与羡其利禄耳。若去官吏之威权，与人民平等，而其利禄亦仅足以支持中人之生计，则人民之于官吏，将视为较劣之地位，其具有奢望与能力者，必将从事于独立自营之事业。而身入政界者，上者必具有贡献于国家之诚意，其次亦不失为谨身修己之士，国家社会必交有裨益，而共和政体亦将赖是以实见也矣。

共和政体与国民心理*

（1912）

国民心理者，社会心理之表现于一国国民之间者也。盖个人集合而成社会，个人心理亦集合而成社会心理。社会心理，有表现于一时代之间者，如商质周文，霸骦王皓，各以时代而异。其表现于一地方之间者，如郑淫卫乱，唐俭秦强。古人著为国风。近世学说，谓人之性质。常受地理上之影响。大陆之民，抱伟大之思想。岛国之民，富进取之性质。山国之民，气宇严重。泽国之民，性情伶俐。是皆以地域而殊者。进而求之，则社会心理，有表现于一人种之间者，如条顿人种之头脑冷静，腊丁人种之性情轻躁，犹太人种强于宗教之感情，印度亚地安人种偏于厌世之主义皆是。其现于一国民之间者，如法国国民，万事皆有以国家经营之倾向；英国国民，则多恃个人之活动以处理之；德国国民，凡事必先求其理解，决定其事物之利害得失而后实行；英国国民，则实行为先，而后为理论上之解释。此外如法、意等国，富于美术的情操；英、德、美诸国，则勤于业务。各国国民，皆各有其特殊之性质，彼此不能强同，是即所谓国民心理。而吾中国之国民心理，则又吾辈之所亟欲自知者也。

一国之国民心理，必赖他国之比较而后得，而尤以映射于他国人之眼帘者为最足注意。欧美人之评论吾国民者，其说滋多。有谓强于忍耐力者，有谓富于保守性者，有谓乏科学的智识者，有谓无发明之才能者，有目为残忍者，有称为和平者，有讥其不知爱国者，有美其长于自治者，有笑其固陋而不能开发富源者，有赞其勤俭而以为善于贮蓄者，虽毁誉不同，要皆各有见地，各具理由。而其较为确切而概括者，则莫

* 《东方杂志》第 9 卷第 5 号，1912 年 11 月，署名伧父。

如"现实的国民"一语。盖吾国民之心理，常注重于现在之事实，而于事物之原理，则常忽略之而不顾也。

吾国民重事实而忽原理，于伦理、宗教、学术、技艺上均可得其证明。我国伦理，于君臣父子夫妇兄弟朋友之间，日用实行之事，亦既详明而周至。遵而行之，可以齐家，可以治国。然君权之成立，只认为天命之所归；家庭之构成，偏重于男姓之系统。举如此类，其原理若可解若不可解。古昔贤哲，大都言其然而不言其所以然。孔子所谓"民可使由之，不可使知之"者，盖深知吾国民善为事实上之措置，而不善为原理上之探索也。佛教之本旨，具广大之愿力，含幽妙之哲理，而施之吾国，则为因果报应之说，祈祷祛禳之仪，全注目于实地上之应用。科学之中，历学、算术发达甚早。若合朔置闰之法，句股方田之术，于应用上已无缺憾。而公转自转之说明，几何代数之推演，亘数千年之久，始由欧洲输入者，亦以重事实而忽原理之故耳。他如农桑、畜牧、兵事、外交、本草、医学以及堪舆、人相诸技术，寻绎旧闻，常有经验独到之处，足与近世学理互相印证，而考其说明之理由，则皆参齿附会，不可究诘。盖吾国人对于事物原理之观念，大都为一种特别之归纳法所误。此特别之归纳法者，即"五行生克之理"。凡一切事物，其原理不明者，辄弃置之而以五行生克为其归宿之点。此实吾国人忽于推理之由，亦即吾国人疏于推理之证也。

今试从政体上以考察吾国民之心理。稽诸载籍，若天视自我民视，天听自我民听，若民为贵君为轻，若得乎邱民为天子，于民主立宪之原理，未尝不露其端倪。然数千年来，潜伏于君主专制政体之下。此等理想，消磨于若有若无之间。而史家之批评，儒生之论议，人民之倾向，专注重于君主之仁暴问题。抚我则后，虐我则仇。盖全从事实上立论也。故君主而仁焉，则专制可也，世袭可也；如其暴焉，则怨毒归之，而为事实上之革命。美国、法国之革命，皆以理想为之先驱。革命以后，政体遂变。我国之革命，自汤武以来，无虑数十次，仅于事实上驱除暴君污吏而已。国民政治上之思想，数千年绝无改革。此亦吾国民重事实而忽原理之证焉。

至此次革命，固以原理为动机，然特少数之先觉者怀抱此理想耳。就大多数国民之心理观之，则共和政体之发生，仍依据于事实，而非根本于原理。盖事实问题者，以利害为标准；原理问题者，依是非而判别。而吾国民对于共和政体之观念，乃歆于事实上之所谓利，非动于原理上之所谓是也。盖我国民既惩于甲午、庚子以来之失败，又受日俄战役之激刺，就事实上之比较，知专制之终于覆国，立宪之可以兴邦。又以他国已往之事实推测之，则立宪政体之成立，非革命流血不为功。故武汉发难，全国响应。我国民之推翻专制创立共和者，固欲于事实上维持国家之势力，非欲于原理上主张天赋之人权。是以民国成立以后，政府间有非共和的行动，受反对党之责难者，一般论者辄以"国家为前提"之一语抵制反对党，祖助现政府，意即但求事实上之利，则于共和之原理如何，不妨暂置之勿论。是亦国民心理之易于窥见者也。

今民国成立将一稔矣。觇共和政治之现状，则其表示吾国民心理者，尤彰彰焉。论者每谓现今吾民国政治上，兵马权重而法律权轻，行政权重而立法权轻，与美、法诸共和国之政治颇异其趣。而予则以谓此等现象，殆国民心理之所构成，颇足以资研究。夫兵马与法律之两权常互为消长。非兵马服从于法律，则法律服从于兵马，其势然也。然兵马之权，事实上之权；法律之权，原理上之权。国民之重视原理者，固以法律上之解决为正当。而在重视事实之国民，则觉兵马权之所解决者，较法律权之所解决，更为真确。至立法、行政二权，又随兵马权与法律权而相为消长。盖兵马服从命令，统属于政府（间有统属于议院者，如英国格林威尔时代，然非常例）；法律根据学理，发生于议院。法律常拘束政府，缩其便宜处事之范围。兵马常蔑视议院，试其破坏蹂躏之手段。故二者常处于相对之地位。欧洲之国家学者，谓政府为事实权之所在，议院为理想权之所在。盖一拥调遣兵马之权，一握制定法律之权也。欧洲共和政体之发生，渊源于希腊。希腊共和国之立法权所以强大者，以希腊人民之天性好析理，又有析理之力。其各都市皆有著名之创法家，如梭伦（Solon）、来喀瓦士（Lykourgos）辈，并一国之民生政治而改铸之，为国法上之大改革。吾中华现实的国民，适与希腊之析理的国民性质相反。故虽同一共和政体而立法行政之间，其权力轻重乃大异。橘逾淮而为枳，物犹如是，况政体乎？

夫一国之政体，必适应乎一国之人心。故虽同一共和国，而其间不少差异。古昔罗马之共和国，其实权在为议官之贵族；亚美利加中西班牙人种之共和国，皆戴武人为首领，且使得随意创定宪法或废止之。是固不能以法、美等共和国比而同之也。吾中华现实的国民，自不能以纯粹理想的共和政体移殖于其间，而所谓中华民国之共和政体者，殆不能离事实而趋于理想。此非记者愤时嫉俗之言，乃度势衡情，而以是为适应乎人心之政体。盖国家本由事实发生，力征经营以构成之，本非理想界上之物。哲学者谓国家以民约为起原，法学者谓国家为法律的组织。民主立宪之说，即以是推演而来。是盖欲以事实的国家，移为理想的国家，其意非不甚美。然非存立于国家以内者，悉为理想的高等之人民；范围于国家以外者，更为理想的和平之世界。则理想之势力，决不足以敌事实之势力。盖内忧外患之来，不能持理想上之势力以解决之，则国家统治之权能，不能不以事实上之势力充之也。

虽然，理想者，事实之母也。事实之进步，必以理想为之前导。吾国人蔑视理想，以为迂阔而远于事情，数千年来进步之迟缓，概由于此。但自欧洲学术输入以后，觉原理上之应用尤宏，国民心理，未始不因以渐变。近年以来，理想上之进步已渐著。惟事实之进步，犹不能如理想之速耳。彼哲学者、法学者所持之共和原理，在事实上本不能一蹴而几。今日吾民国之共和政体，其不能满于哲学者、法学者之意，诚无足怪。吾国民苟自审其政体上之缺陷，采欧人千余年来发明之原理，而以现实的心理陶铸之，则今日之所谓原理者，他日未必不著为事实。柏拉图曰："共和之统治，归于哲学者。"吾愿柏拉图之不我欺也。

省制仿普鲁士州制之商榷 *

（1912）

　　省制省官制案，自政府第二次提交参议院后，现又撤回修正。闻其修正之内容，大致拟规仿普鲁士制，定省兼有行政区划与联合自治体之两性质。于行政方面，设省长及各司官，由中央任命，专执国家行政事务，权限上不侵入自治范围，省长旁设参事会，以监督省长，裁决行政事项。于联合自治方面，设省议会以立法，设执行机关（省行政厅）以执行，举董事长及数名之董事执行自治事务，不涉及官治行政范围。而两者权限之划分，官治则依于国家专占事项之法令行之，自治则取概括的列举，俾各省程度不齐者，便于伸缩。按官治民治，宜分设两机关，本志已屡经论及。三号论文复节述大陆方法之要点。略谓大陆方法，系就分配于各省之中央行政与地方行政明白区别，各定范围，制美法良，已为近世论行政法者所深许。并引普鲁士之州制、法兰西县制之比较，而谓我国采用普制，实为当于理论，合于习惯。今法制局修正草案，拟根据普制，虽将来之结果不可知，而记者观之，则谓我国不欲有完全之地方制则已，果欲有完全之地方制，则理之所在，势之所趋，非将官治民治分设两机关不可。现今政论家对于法制局提出之省制颇为注意，各表赞否之论。其主持否论者，大致从地域、沿革、事实三者立说。记者不敏，窃就私见所及，谬附商榷如下。

　　从地域之广狭上以证普制之不适用于吾国者，略谓："以德国论，仅当吾一大行省。若析联邦为一国，析一国为一县，就疆域言之，不如吾州县，或仅当吾之市镇乡。故自治官治，可以并行。且自治区域宜小，区域大者，自治之能力不显。今合数十或百余之州县，而以省会为

---

　　* 《东方杂志》第 9 卷第 5 号，1912 年 11 月，署名高劳。

自治之中心，其能力断难顾及。又下级之地方团体，自治之必要最多，而自治之范围亦最广。递进而至于上级，则官治之事恒七八，自治之事恒二三。故吾国行省，无划为自治区域及特设自治官吏之必要。"查普鲁士地方面积，占德意志全国三分之二，计十三万七千余方哩。分为十二州，每州平均为一万一千四百余方哩。（前号论文中数字有误，已经校正。）是其幅员亦复辽阔，虽不及我国之一省，而较之我国州县，则相差远甚，不能以我国之州县及市镇乡相比。至自治事务之繁简，当依国家所赋与自治范围之大小而定，非依自治区域之大小而异。上级地方团体之自治范围，不及下级自治团体之广者，乃由国家限制上级地方团体之自治范围而然。故谓上级地方团体官治之事多，自治之事少，因而谓吾国行省，无划为自治区域及设自治官吏之必要者，实倒果为因之论耳。地方行政事务，由国家之官吏掌管之，则谓之官治；由地方团体管之，即谓之自治。其属于官治或自治之区别，全为国家法律上之规定，非政治原理上之界划。若求之于原理，则凡属于一地方之政务，苟任之于地方团体而无碍于国家之统一者，皆可为属于自治之事。故就地域立论，以否认采用普制之说者，固无充分之理由也。

从沿革上立论者谓："德制立法之初，并无此两机关之区别，嗣因贵族院保守党之主张，分而为二，为欲扩张其权力，故设两种各别之会议。"又："普制乃因地主专横，故划分省治，欲以参与地方政治之权，分配于各级社会，以减杀地主之势。吾民间无此现象，无所用其调和。况以普鲁士民智民法之高，举此尚形竭蹶。即创议斯制之德儒格乃斯特，亦病其乏活泼之力。"查普鲁士地方制之改革，虽实行于俾士麦之采用格乃斯特议案，然已胚胎于斯推音及哈尔敦保二氏执政之时。斯氏之主张，关于司法及警察之职掌，宜属于国王任命之官吏。而组织国民立法部，则不但令有财产者得参与国家立法及行政之权利，且须尽其应尽之义务。其大致多模仿英制。斯氏失位，哈氏继之。其政策亦欲多与人民以多数地方自治权。一八二二年，哈氏逝世，而地主家之反动遂生，谋于地方行政内扩其权力，虽为自由派所破坏，然不久而其焰复炽。迨一八六一年威廉第一即位，君主之势力大张，而此冲突乃截然而止。柏林大学教授格乃斯特以为欲使人民稳当行用其权力，非将地方行政制度大加改革不可，遂规抚英制，著地方制论，详切指陈实际方策之梗概。经多次之讨论，遂为俾士麦所采用，而成为一八七二年之法律。嗣后虽叠有增改，然大要不出格氏所主张。夫当格氏创议俾氏采用之时，地主家之专横业已消灭，而二氏乃汲汲焉以为此制之必当施用者，殆从政治原理著眼，乃根本上之解决，而非补苴罅漏之谋。盖不如此则保守、自由两派虽消灭而不免复生。即无此两派，亦不免有他项阶级之冲突。故吾人对于普之地方制，当视为消弭冲突预防冲突而行此根本之改革，不宜视为应付冲突调和冲突而始创此临时之改革也。况即以临时论，吾国目前虽无自由、保守之冲突，而简任民选问题，其争执已趋于极端。无论何派占胜，均有流弊，则何如规仿普制已行之良法而消弭此两派之争执之为愈乎？至格氏病其缺乏活泼能力，乃就官治一方面而言，于民治一方并无遗憾。夫两治划分，犹受官治繁重之影响，设不区划而使民治亦受辖于官治之下，其影响当更何如？此就沿革上立论以否认采用普制者亦无充分之理由也。

从事实上立论者谓："同一区域，同一阶级，而设位置相同者，分领其事，则两长并立，两治杂糅，界限难清，冲突易起。"夫中央事务与地方事务，当明晰区分，已为近世政治家所公认。即令两治统于一人，其职务上之范围，行政上之监督，仍当显为区别，则因分治而谓其界限难以划清者，岂因合治而遂可听其混淆乎？夫吾国久承专制之遗风，未离酋长之阶级，官治自治，习惯上混淆错合，诚有不易划清者。然当此改革之初，正宜求本源上之更变，是在立法之如何及他日之随时修正而已，不能因其难而因循迁就，仍使其紊如乱丝也。夫两长并立，冲突争持，一时或不能免，然使合设一机关以统辖两治，则人民团体之对于简任省长，或民选省长之对于中央政府，两者之间，其遂能免于冲突乎？夫冲突之起，由于界限之不清，分设两机关，正所以清界限而免冲突耳。又或谓机关复杂，则执行不能敏捷。而于吾国因循忨愒之习尤非所宜。且董事长既掌一省之地方行政，则因缘依托而至者为数必繁，恐不能脱党派之关系。又董事长有行政厅及省会为之后援，而省长无之，则地方行政一方面势必挟其民选之势力，以侵蚀中央行政范围，至演成反对之事实。记者以为机关复杂，以官民合治为最甚。盖官民合治，事务既繁，机关不能毕举，必增设他机关以辅佐之。且官民合治，权势既重，不得不更设他机关以监督之。前清行省，既有抚，又有督，既设各司，又设各局所，即以此故。分治之后，各设一单独之机关，事分则各有责成，无重重委卸之虑。权分则互相监察，无尾大不掉之患。若夫党派之说，则又有难言者。党见之事，何地蔑有？中央地方，同此喧哝。省长即改为简任，此被简者果能遂脱党派之关系乎？以依托因缘为虑而欲豫为防止之策，则莫如前清时代糊名掣签之为妙矣。夫党派之争，为政治活动所必要，岂能令其断绝关系？因缘请托，人类社交之所不能免，苟因此而违法溺职，则有立法上之弹劾，行政上之惩戒，司法上之起诉，防止之道正多，无所用其过虑。目前党争，尚非正轨，假以时日，容有健全美满之时，不能废食惩羹，引为诟病。至虞民选势力侵入官治范围，亦复过虑。国家法律既规定其权限之范围，则权限以内，既有法律之保障，岂虑他势力之侵入？若以法律之保障为难凭，势力之侵入为难免，则所谓省制省官制，业已根本上取消，何容吾辈之讨论乎？且虞民选势力之侵入而将两治统于一人，则前清谘议局与督抚之纷争不难再见于今日，势必官治自治牵连混合，区划不清，并侵入之迹而亦不可见矣。又或谓："普民爱国，是其特性。其官吏分专门、普通两项，专门任官治，普通任自治。任普通者率无报酬，意在开发人民纯洁之政治思想。吾民程度，恐难望此。且普制官治范围较自治为大，号称立法机关之省会，将隶属于自治一方，无力直接于官治。而自治人员，又纯属义务性质，不支官俸，恐为争分治者所哗怒。"查普之州长，由州会选举，经国王认可，而为有给职。其行政会会员，虽无俸给，而得支必要之费用，是其制与吾国前时之谘议局议员无异。吾国既已适用之矣，安见人民程度之不足以语此。若谓省会无直接官治之能力，则正为中央行政与地方行政当然之区划。中央政务之立法与监督，自应属诸中央议会，地方议会原无干涉之理。从前谘议局之干涉地方中央行政，本属越俎之行为，不足悬以为训。此就事实上以否认采用普制，亦无充分之理由也。

抑今日之否认采用普制者，大都以民选省长为近于分权，故欲合官治自治，统于简任之官吏，以为实行集权之计。记者亦知分权之制妨碍国家之统一，决非时势之所宜，未尝不企望集权，以完成民国统一之事业。惟以为欲实行集权，非区自治于官治之外，而执行自治事务之省长听人民公选不可，若必合官治自治统于简任之官吏，以为如是而后可以集权，则殊未尽是。前清各行省，自督抚司道以迄于府厅州县，无一不出于中央之任命，而卒不克举集权之实者，其故安在？一因中央政府与地方形势隔膜，平日既疏于监督，听各省之自由行动，临事又昧于情势，不能切实指令之。二则因中央势力，自不统一。自皇帝以下，皇族贵族，枢臣部臣，分占一部分之势力。行省官吏，各有奥援，常听受个人私意之指挥，而漠视上级机关之命令。故今日欲实行集权，一在监督之周密，一在权力之统一。以行省之大，事务之繁，中央政府，欲尽其监督之责，其势良难。惟区自治事务于官治之外，自治事务听民选省长之执行，受民选议会之监督，则中央政府但顾及官治一方面，范围既狭，或不至有顾此失彼之虑。至权力之统一，固当以责任内阁为中心。而中央之行政权，尤不可使地方得掣其肘。区自治事务于官治之外，使地方行政不与国家行政相错迕，则国家行政权自无分裂之处。盖集权云者，非收集地方之行政权于中央，使地方失其自治之力；乃收集国家之行政权于中央，使国家得举其统治之实而已。然则采用普制，正所以实行集权，愿当世之主张集权主义者，深长思之焉。

论切音字母 *

（1912）

　　吾国研究音韵之学、制切音字母者，近世颇不乏人，如蔡毅若、沈学、王照、劳乃宣诸家，尤知名于世。诸家之意，皆欲以切音字母记述语言，缀成文字，以代旧日象形文字之用。然此种切音字母，果足以记述各地之语言而无所挂漏乎？其缀成之文字，果足以代数千年沿用之象形文字而无所窒碍乎？且记语言以成文字，不至因语言之歧异，失文字之统一乎？是等问题，皆足起当世学者之疑难。切音字母之不能普及以获实用也，亦由于此。最近数年来，世人对于切音字母之用途，乃渐变其初意，专以字母为象形文字读音之标准，即不以为象形文字之代用品，而以为象形文字之补助品。而切音字母之制作，乃愈觉其必要。此次临时教育会议，遂有采用切音字母之决议。其决议案如下。

　　（一）教育宜普及文字，宜适用于一般人民，不得专为少数才俊计。

　　（二）全国读音宜归一律。

　　（三）读音一律，宜先定字音标准。

　　（四）字音标准宜召集于音韵之学（不论中西）素有研究之人及通欧文两种以上之人公同决议，并于各省城召集方音代表以备谘询。

　　（五）字音既定，宜将一切音韵纳于少数母韵（字典等韵有三十六母十二韵母者辅音韵者主音），凡一母一韵皆用一形表之，名曰字母（与日本假名功用相同）。

　　（六）字母形体但求笔画简易，便于书写，俟临时教育会议议决，须用切音字母，即由教育部征集各种字母形体，酌取其一。

　　（七）编成切音字典发行全国应用。

―――――――

　　* 《东方杂志》第 9 卷第 5 号，1912 年 11 月，署名杜亚泉。

　　此项决议案，果能实行，诚为教育前途之庆幸。吾辈悬拟此议案施行之次第，当然分为三步。第一步为定读音。即集各省方音代表，将现用之字，审其地方之读音，乃择定一音，以为读音之标准。第二步为定母韵。即将标准之读音，纳于少数母韵。第三步为定字母。即一母一韵，皆定一形以表之是也。此字母通行，则文字之读音，渐归一律，语言亦渐有统一之望。数世以后，或可以此字母缀成文字，为象形文字之代用品，亦未可知。

　　鄙人于音韵之学，无所心得，但向日研究之结果，有少许之经验，敢告之于当世者，则向者以为人类口音，有自然之系统，故切音之母韵，苟吻合于口音原理，足以表示其自然之系统，则凡人口所能发种种之音，必可以少数之母韵切合之。后则知此特理想，决不能见之于事实。盖人类口音，虽有自然之系统，而系统之全部，殆不能完全发达。吾人在褓褓之中所发之音，仅其系统中重要之一小部分，其后因年齿之长成，随口耳之练习，渐次发达其数部分而成为言语，其余不甚发达或全不发达之部分尚多。其发达之程度，大有参差，故有某部分之音，在某处人业已发达，用之已熟，闻之甚确者，而在某处之人，则不甚发达。非详细审辨，不能择别，或竟全不发达，其耳虽详聆之，其口虽强效之，而含糊影响，仍与他音无择焉。太抵通晓多处方言之人及研究音韵之人，其口耳所能择别之部分较广，然谓其能举口音系统之全部而无所遗漏，则殆甚难。记者以为口音系统，略与动植物之系统相似，其现为世界应用于言语之口音，犹现存于世界之动植物，其系统已残缺而不相连贯。至各地方音，则与分布于各地之动植物无异。某部分发达于此处，某部分发达于彼处，其自然分布之原因，在动植物则关于地理与气候，在口音当本于民族与习惯。故切音之母韵，若必据准口音原理包举其完全之系统，则其母韵必繁复而不适于实用。近世研究发音学者所作音字，非专门学者不能问津，其不能为标准读音之用，可断言也。吾中华民国，采用切音，所定母韵，其最要之条件，则此母韵乃用以切合吾国民普通发达之口音。所能切合者不过口音系统中之一部分，非一切口音，均将以此母韵切合之也。因此而规定韵母时，应注意者二事。（一）某母某韵之口音，有数处地方，虽已发达，而有数处地方全不发达者，则此母此韵，宁以删去为是。盖强某处之人，学其素所不能择别之口音，其事甚难也。（二）甲母之音，在子韵中已发达，而在丑韵则否；乙母之音，在丑韵中已发达，而在子韵中则否。故定母韵时不可拘于一定之规律，此皆记者所自信为千虑之一得者也。

母韵须表以字母，字母之形体，临时教育会议决案中以笔画简易便于书写为断。记者更有怀抱之意见，欲为当世告者，则近来制造字母者，往往力求简易，以为便于书写，此见解殊为谬误。盖简易之笔画，其长短曲直之间，常易混淆而难于识别。吾辈童年识字，如"未"之与"末"，"士"之与"土"，皆必反覆指示，而犹不能无误。即年长之人，于相仿之字形，常有误书误读者。日本人常嘲其大学生屡将木旁之字误作扌旁，我国人亦尝嘲某大员误读"游弋"为"游戈"，足见单简之笔画，不免互相类似，不易识别。故字母之形体，虽不宜过繁，亦决不宜过简。西洋之速记符号，系专门之学，非普通所应用。普通应用之字母，决不可采用速记之符号。若"蔡毅"若"快"字之类，只能用于速记，而不能用为字母者也。其他各家字母，有以撇捺等为区别者，亦殊不便。盖撇捺之区别，在用毛笔时尚能别之。若用铅笔、亚笔之类，其区别殊不易显。至字母之形体，决不能限于一种。西洋字母有楷体、草体之别，日本字母有片假、平假之殊，可知正、草二体，不能不并用。盖正体便于初学者之认识与书写，而草体则便于应用，二者不可偏废也。又文字之横行、直行，亦与字母之形体有关系。直行文字为数千年之习惯，自不能骤改，而横行文字为世界所通用。日后世界交通，全赖文字为先导。故如算术、理科及簿记等，近已通用横行文字。其他与外国文字参照之译文，亦以用横行为便。时势之所趋，不可不有以利导之。字母形体，当择其横行、直行均无不便者。此皆选字母形体时所当注意者也。

至音韵之学，当世学者各有所研究，得窥知其系统之一斑。而欲综贯其全体，抽绎其原理，则常不免为其自己口耳之所限。将来教育部召集全国音韵学家互相讨论，当能各出其所见，于音韵学上有新发明之公理定法，则吾辈所不胜希望者也。前言切音母韵，不能准据口音原理包举其完全系统，乃谓求适于实用，不可泥于学理，非谓切音之母韵可以向壁虚造，而置口音原理于勿顾也。治生物学者，必明了生物全部之系统，而后能考察一区域之产物，别所属之种类。讲音韵者，亦必明了口音全部之系统，而后能审察一地方之口音，定应用之母韵。故口音原理之研究，决不可忽。兹就鄙人平日所得关于口音之研究者数事，记述于下。但皆就鄙人耳口之所习而臆为之，于口音原理，无背戾与否，则亦不能自知也。

（一）口音发于喉，而以唇、齿、舌调节之。若喉不出气，仅以唇、齿、舌之作用激动空气，亦能作声如下。

齿音　　　灼侧卓竹

舌音　　（得格）得泃笃

唇音　　　柏迫剥北

上所标注之字，系江浙间之读音，即鄙人之所习者，一为切音之符号，即"得格"切也，"泃"读"得各"切，见字典。此九字之音，但须以唇、舌、齿相激，如"笃"字作"笃笃呼鸡"之状可也。

以上同行者为同母之音，如"灼侧卓竹"属知母，"（得格）得泃笃"属端母，"柏迫剥北"属帮母是也。同列者为同韵之音，如"侧"、"得"、"迫"为曷韵，"卓"、"泃"、"剥"为沃韵是也。

（二）前列四韵之外，另有四韵与前四韵有类似之关系，惟广狭相殊。此四韵中齿音最明晰发达，亦可不赖喉头之作用而成声。至舌音、唇音，依鄙人自验，非以喉助之，不能成声矣。兹列于下。

齿音　札则▲卒

舌音　搭○▲掇

唇音　八不▲○

○为无字可标注之符号。▲为其音不发达之记号。"札"行之▲，依鄙人自验，与"卓"音尚可区别。至"搭"、"八"两行之▲，与"泃"、"剥"绝难分辨矣。

以上除不发达之三音外，"札"、"搭"、"八"为一韵，"则"、"○"、"不"为一韵，"卒"、"掇"、"○"为一韵，合前共七韵。

依鄙人自验，凡入声仅此七韵，以知母之音代表其韵，即"灼侧卓竹札则卒"是也。此等韵宜以喉音代表。惟因无合宜之字以标注其音。如明反切者，可即以华严谱之阿为母，以"灼侧作竹札则卒"七字为韵而切之，另作七音，可为入声各韵之代表矣。

（三）前列七韵，其知母之音为"灼侧卓竹札则竹"，而"灼侧卓竹"与"札则▲卒"相类似，第有广狭之殊，前条既言之矣。"灼侧卓竹"四音，转为平音，则为"哉追遮租"，更易为华严谱阿母之音，则为"哀爱阿（遏乎）"，即西洋字母之 A、E、O、U 也，A、E、O、U 本有广狭二音，平常混合不分，然细辨之自有区别。惟 O、U 之狭音不甚明晰耳。

前言入声只有七韵，则平、上、去、入相转。有入声必有其平、上、去各声，有平、上、去各声，即有其入声，似平、上、去声亦当限于七韵矣，是固不然。盖有异平相入之理，古人业已言之。如"张哉昭"之入声皆为"灼"，征之周之入声皆为侧是也。故入声少而平、上、去多，入声虽仅有七韵，而平、上、去之韵，据鄙人之自验，当三倍于入声之韵。因同一入声，每可转为三个平声也，然因其中有不明晰发达者。据鄙人所自验，一入声而仅能得一平声或二平声者，颇亦不少。今即将"灼侧"等七入声求其平声，列表如下。

灼之平声　　　哉张昭▲

侧之平声　　　追正舟之

作之平声　　　遮庄▲▲

竹之平声　　　租中▲▲

札之平声　　　▲斩▲▲

则之平声　　　▲专真（则衣）

卒之平声　　　▲钻尊（卒于）

▲为其音不发达或与他音区别甚微之符号。

（四）凡韵宜以喉音代表之，前已言及。盖韵者，即日本所谓母音。据音韵学者所言，吾人任发一音，继续延长之，则其音变迁，其后继续而不变之音，即为母音，故表韵必用喉音。西洋以 A、E、O、U 为主音，日本以ア、エ、オ、ッ为母音，皆喉音也。惟据鄙人自验，真正延长继续而不变之母音，实非 A、E、O、U 等阿母之音，而为"（合哀）孩和"（合乎）"等何母（何母本《般若经》）之音，惟何母不及阿母之明确。故东西诸国，皆取阿母代之为韵。今将前条之表，以阿母之音易之。

（哀入声）哀罂奥▲

遏爱鞧欧（遏时）

恶阿盎▲▲

○（遏乎）（遏红）▲▲

压▲（压咸）▲▲

（恩入声）▲安恩（遏以）

○▲（遏钻）（遏尊）（遏于）

▲为其音不明晰发达之符号。

＿为切音之符号。

○为无字可以标注其音之符号。

以上各韵，除不明晰发达者外，共二十五音，而此二十五音中，"（遏时）"韵只有五音，余音均不发达。"（遏以）"、"（遏于）"两韵，发达者亦只有狭音，故均可删去。而以"（遏时）"韵之五音与"（遏以）"韵之狭音，用之为母，以省其韵。"（遏于）"韵之狭音，与"（遏乎）"韵之狭音常相混合，即并入"（遏乎）"韵。故余二十二韵，联缀之如下。

哀爱阿（遏乎）○遏恶○压○○奥欧恩（遏尊）罂鞥益（遏红）（压咸）安（遏钻）

更以唇、舌、齿音依前列之如下。

哉追遮租灼侧作竹札则卒、昭周真尊张征庄中斩专钻

戴谁多都○得沲笃搭○掇、刀斗○敦打登当东担（得韩）端

拜悲巴布柏逼剥北八不○、包哀奔○浜崩帮琫斑（不韩）半。

（五）前条所列之韵表，以西洋字母表示之如下。

u'	e'	a'	û	ô	ê	â
▲	▲	▲	u	o	e	a
un	en	an	un'	on'	en'	an'
u'n	e'n	▲	▲	▲	eu	ao

表中 a、e、o、u 读"哀爱阿（遏乎）"，而 â、ê、ô、û 为其入声，á、é、ú 即 á、é、ú 之狭音也。n' 读如江浙呼鱼之俗音，即鼻音之最重者。an' 即哀鱼，合成罂音。on' 即阿鱼，合成益音。皆可自然呼出。an、en 等亦可自然呼之，成"（压咸）"、"恩"等音。至 ao 为奥，en 为欧，以两韵相合成音。此等合音，虽非切音，而皆出于自然，东西各国所通用者也。

（六）前（一）条所列之表，仅唇、舌、齿三音，加以喉音为四。然喉音有开合，则为五音矣。盖声发于喉，如唇、舌、齿不加作用，则不过开口、合口二音。作以唇、齿、舌之作用，则成五音。古人以五音配宫、商、角、徵、羽，此固不敢附会也。依鄙人自验，喉、舌、唇、齿各有九母。兹就爱韵列表于下。

喉音（开）　　　　该开戤0呆爱孩海○

喉音（合）　　　　规窥葵0○隈危灰○

齿口　　　　　　　追催财0○▲▲岁裁

舌音　　　　　　　堆退殆0内○来▲▲

唇音　　　　　　　悲配赔0梅▲▲▲▲

0 之符号，示其音虽达发，而通常不用者也。唇音之后四音，常与合口喉音之后四音相混同，故亦作▲号。

以上四十五母，除不发达者八音外，共为三十八音，又第四列诸音，

在江浙省俗语中，固甚发达，即在文字中，亦有此读音。爱韵中虽无可标注之文字，而在他韵中则有之，如"拿"、"挠"、"唔"等字是也。但古人韵书，皆无此列之母，而江浙间读音，时亦与第五列相混，可无用区别。第四列各音，竟可删去，而以第五列代用。故只有三十三音，对于韵而言之，则称之为母。

（七）前（二）条言韵有广狭二种，母亦如是，上所举者，其音之广者也。兹列其狭音于下。

喉音开　　０００００００

喉音合　　０００００００

齿音　　　嗟且借（疑也）（衣也）也写（谢也）

舌音　　　（低也）（梯也）（地也）（你也）○（厘也）▲▲

唇音　　　（比也）（譬也）（皮也）（迷也）▲（肥也）（飞也）▲

喉音之狭者，依鄙人自验，虽能区别，然与阔者相去甚微，间有一二韵，区别稍明，音韵家常细为区别。然为应用计，则尽可删去，故以０记之。

（九）兹将（七）、（八）两条所列，删并为一。其中尚有可删者，以０记之。如下。

喉音（开）　　　该开戤呆爱害海０

喉音（合）　　　规窥葵（吾爱）限危灰０

齿音（广）　　　追催财０▲▲岁裁

齿音（狭）　　　嗟且借（疑也）（哀也）也（息也）（谢也）

舌音（广）　　　堆退殆内０来▲▲

舌音（狭）　　　（低也）（梯也）（地也）（你也）０（厘也）▲▲

唇音（广）　　　悲配赔梅▲▲▲▲▲０

唇音（狭）　　　（比也）（譬也）（皮也）（迷也）０（肥也）（飞也）０

以上各母，联缀之如下。

悲配赔梅堆退殆内来、（比也）（譬也）（皮也）（迷也）（低也）（梯也）（地也）（你也）（厘也）、追催财岁裁、嗟且借（息也）（谢也）规窥葵○限危灰、该开戤呆爱害海、（飞也）（肥也）（衣也）也（疑也）。

共四十七母，其哀韵、阿韵各音可列之于下。

拜派败迈带太大那赖（比耶）（匹耶）（别耶）（密耶）爹（铁耶）（迭耶）（你耶）（里耶）哉蔡（直哀）衰（石哀）借（七耶）（及耶）写谢乖快○（吾哀）歪坏○盖揩○○哀鞋哈（飞耶）（肥耶）隑耶惹。

巴坡婆摩多他驼傩罗（<u>比雅</u>）（<u>譬雅</u>）（<u>皮雅</u>）（<u>迷雅</u>）（<u>低雅</u>）（<u>梯雅</u>）（<u>地雅</u>）（<u>你雅</u>）（<u>里雅</u>）左搓查梭坐加（<u>起雅</u>）（<u>其雅</u>）（唛）（斜）爪夸〇〇哇华花枷珂〇我阿河呵〇〇雅夏（<u>疑夏</u>）。

（九）兹将（九）条之表，以西洋字母表示之。如下。

喉（开）　　K'e 该 Ke 开 Ge 戤 N'e 呆 e 爱 Ye 孩 He 海▲▲

同（合）　　K'ue 归 Kue 窥 Gue 葵 N'ue（<u>吾爱</u>）Ue 隈 Ve 危 Fe 灰▲▲

齿（广）　　Tse 追 The 催 Tde 财▲▲▲▲▲▲▲Se 岁 Ze 裁

同（狭）　　Hui 嗟 Hie 且 Gie 借 N'ie（<u>疑也</u>）Ie（<u>衣也</u>）Yie 也 Cie（<u>息也</u>）Zie（<u>谢也</u>）

舌（广）　　T'e 堆 Te 退 De 殆 Ne 内▲▲Le 来▲▲▲▲

同（狭）　　T'ie（<u>低也</u>）Tie（<u>梯也</u>）Die（<u>地也</u>）Nie（<u>你也</u>）▲▲Lie（<u>里也</u>）▲▲▲▲

唇（广）　　P'e 悲 Pe 配 Be 赔 Me 梅▲▲▲▲▲▲▲▲

同（狭）　　P'ie（<u>必也</u>）Pie（<u>譬也</u>）Bie 皮 Mie（<u>迷也</u>）▲▲Vie（<u>肥也</u>）Fie（<u>飞也</u>）▲▲

右表内各音，可除去 e 韵，而与他韵相合，以切各音，若不与韵相合，则成为无韵之母。其母之读音，标注如下。

喉（开）　　K' 该 K 开 G 戤 N'（<u>鱼俗</u>）韵 Y 孩 H' 墨▲▲

喉（合）　　K'u 姑 Ku 枯 Gu（<u>辫乎</u>）N'u 吾 U（<u>遏乎</u>）V 乎 F 甫▲▲

齿（广）　　Ts 之 Th 此 Td 迟▲▲▲▲▲▲▲S 司 Z 时

齿（狭）　　Hui 饥 Hi 妻 Gi 其 N'i 疑 I 衣 Yi 以 Ci 西 Zi 齐

舌（广）　　T' 带 T 泰 D 大 N（<u>鼻音</u>）▲▲L 尔▲▲▲▲

舌（狭）　　T'i 低 Ti 梯 Di 提 Ni 你▲▲Li 里▲▲▲▲

唇（广）　　P' 拜 P 派 B 排 M 姆▲▲▲▲▲▲▲▲

唇（狭）　　P'i 妣 Pi 披 Bi 皮 Mi 迷▲▲Vi 微 Fi 飞▲▲

（十）以上表示母韵所用之西文字母，凡二十有一，其读音如下。

a 哀　b 排　c 衰　d 大　e 爱　f 甫　g 戤　h 区　i 衣　k 开　l 尔　M 姆　n（<u>鼻音</u>）　o 阿　p 派　s 司　t 泰　n（<u>遏乎</u>）　v 乎　y 孩　z 时

其用记号变音者十有二，读音列下。

â 哀入声　ê 遏　ô 恶　û 无可注之音　a' 压　e' 入恩声　u' 无可注之音　n' 读"鱼"字之俗音　k' 该　t' 带　p' 拜　h' 黑

共计字母形体二十一，字母读音三十三，母四十七，韵二十二，母韵相切，成音在千以上矣。

右为鄙人数年中研究所得，自知口耳拙劣，不过一地方之土音，不足以论音韵之学。当世君子，若就其途径而理董之，知其中非无可取之条理，则辨别其混淆，增删其阙衍，亦或能为一家之言，以备采择而应实用焉。

独立命令论[*]

（1912）

　　记者曩闻人言，前清资政院将开院，学部大臣拟提出关于教育事务之法律案，属所司起草。所司乃取日本法规大全检之，则日本法规中关于教育事务者，多为敕令或文部省令，其为法律者，仅《地方学事通则》、《国库补助实业教育费法》等一二通而已。以白部臣，部臣大喜，以为教育法规，皆可以命令制定之。嗣后学部屡改章程，中学小学制度纷更数次，皆由于此。民国设教育部后，首开临时教育会议，会议中提出之议案，如《小学教育令》、《中学校令》、《师范教育令》、《实业学校令》、《专门学校令》、《大学校令》等，率称为令。其他议案，或不称为令，然决议后悉以教育部令发布之，是援日本法规为先例，犹是前清学部之故智也。不知此等法规，在日本固可以命令定之，而在民国则无此命令权。贸然仿效，其能不负违反《约法》之责任乎？《约法》第三十一条曰："临时大总统为执行法律或基于法律之委任得发布命令并得使发布之。"故吾民国之命令权载于《约法》者，仅有执行命令与委任命令而已。执行命令者，因执行法律而规定其施行之细则，限于行政事项，不能侵及立法事项，且必随附于法律。必既有其法律，而后有执行其法律之命令，不能离法律而别有所规定也。委任命令者，法律中以属于立法事项，用明文委任于命令以规定之，故必根据于法律。法律所未尝委任者，不能以命令定之也。（本志九卷二号论文已述及。）若夫日本之君主，有独立命令权，载于其国之宪法。独立命令者，不根据于法律或随附于法律，凡法律所未曾规定之事件，皆可以独立命令补充之。世界各国宪法，未有认君主或大总统有独立命令权者，惟日本宪法第九条

＊《东方杂志》第 9 卷第 6 号，1912 年 12 月，署名伦父。

下半所载"为保持公共之安宁秩序，增进臣民之幸福，发必要之命令或使发之"云云，即独立命令权之明载于宪法者。教育事务为增进臣民之幸福，故在日本得依宪法发独立命令，固非吾民国所能仿效也。且以日本论，其《官制通则》中云：凡阁令以下所规定者，以保持安宁秩序者为限。即以保安警察及行政警察之命令为限。故关于增进幸福之独立命令，必为敕令。试检日本法规，则凡《小学校令》、《中学校令》、《师范教育令》、《实业学校令》、《大学令》等，皆敕令而非省令。其属于省令者，皆执行命令，无独立命令也。夫以有独立命令权之日本君主国，关于此等教育令，犹限于天皇亲发，而我民主国之教育部乃悉以部令发之，亦至可骇怪者矣。

吾民国临时政府发布独立命令，固以教育部为最多，然若《勋章令》、《勋位令》，亦未经参议院议诀者。《约法》载大总统得给勋章及其他荣典，但给与勋章荣典与制定关于勋章荣典之法规，其权限固截然而不能相混。故此等命令，不能视为《约法》上所委任也。又若禁售排满及诋毁前清各项书籍，亦为独立命令。其他禁令，介乎补充法律与申明法律之间，类似独立命令者亦不少。（参考本志九卷二号论文。）在欧洲诸国中，宪法上不设独立命令之正条，而实际上仍发独立命令者，仅有普鲁士而已。学者对于普国之独立命令权，颇有为之解说者。一说谓普鲁士在专制国家之时，国王之命令即为法律。宪法发布以后，凡宪法法律所不制限之范围内，君主专制之权，尚完全存续。一说谓普鲁士宪法第六十二条载法律须国王与两院一致之文，然宪法中别有条文，概括当为法律性质之事项，列记当以法律制定之事件。故六十二条所为法律，仅指此列记事件而言，其他事件，宪法上不指明当以法律规定者，其独立规定之权仍属于国王。凡此诸说，均非正当，第以事实上既与宪法之明条相背，不得不为此曲说以救济之。而在吾民国《约法》上，则更不能以此等勉强之词为之附会，吾未知吾政府将为何说以自解焉。

世界立宪国，宪法上明认独立命令权者，只有日本；宪法上无明条，而实际上仍发独立命令者，只有普国。此外如英国，本无成文宪法，求诸往事，有基于王家大权之布告，似未尝无独立命令之权，然因法制之进步，大权命令之范围，益益减缩，近时惯例，只有枢议令属于王家之大权，乃紧急命令，非独立命令。比利时国王关于警察事件，事实上尚有用独立命令者。奥地利皇帝关于奥匈协同事件，亦有发独立命令者。盖独立命令本为君主专制之权，欧洲各国立宪以后，此权已芟夷殆尽，一切制规悉以法律定之，间有一二君主立宪国于实际上犹用其不完全之独立命令权于甚狭隘之范围以内，乃专制时代之遗物也。惟日本之君主立宪与欧洲各国根本不同，其独立命令权之范围广大与效力完全，他立宪国绝无其类例。日本国法学者之解说谓："行政部所以使其得有独立命令之权者，以法律不能应于国家行政之活动而无所遗漏。当法律未定之前，国家应发动之事件已起，或其事件不适于经由立法之手续，则实际上不得不发独立命令。若宪法无明条，而迫于实际上之必要，始推类衍义以认此权，其效力殊不完全。日本于宪法中特设正条，虽他国无此成例，而我宪法（日本人自谓）之所以称为斟酌尽善者，亦在于此。"德国学者，间亦是认政府之独立命令权而作类似之说者，大旨谓："行政部所以发独立命令之权者，无他，以政府对于国家事业之全体，在活动之地位，当可依之法律未定而其活动难止之时，其自己之意志，虽偏于一方，不足代表国家全部之意志，亦得以之补充法律。且因不得不补充之故也，若其命令不适于立法部之意志，则立法部可自著手于立法之作用，使大臣提出可换此命令之法律案，或自行起草，而独立命令之权可属于政府，则无庸疑难也。"云云。此等解说，从事实上之必要及便利立论，予辈亦视为不能自圆之曲说。盖以必要言，则事实上无独立命令之民主立宪国，及德、奥、意等君主国，何以不感其必要乎？以便利言，则便利之中，实有大不便利者在。盖立法之手续繁，则将来更变之手续亦繁，故无朝令夕改之虑。若独立命令，则可以独立命令更变之，其势力极不巩固。为政府计，自由活动，诚极便利；为人民计，则法令纷更，固大不便利之事也。

抑命令者，有强制之性质者也。而强制性质之所不可缺者，则处罚是也。然非依法律不得处罚，为立宪国家之原则。（民国《约法》第六条载："人民之身体，非依法律不得逮捕、监禁、审问、处罚。"此"身体"二字，殆为各国宪法所无，若依《约法》文义，则此条"处罚"二字，限于体罚，而名誉罚及罚金不包在内，将来订立宪法时，不可不注意。）执行命令及委任命令，各有所根据之法律，处罚之规程。于其本法定之，或以法律委任于命令。至独立命令，既无根据之法律，则无处罚之方法，因而失其强制之性质。日本宪法，既有独立命令之条文，又有非法律不受处罚之规定，两条兀立，不免支牾，故特以法律定反违命令之罚则，世称《命令罚则法》。其法文为："违犯命令之条项者，各从其命令之所规定，处以二百圆以内之罚金，或一年以下之禁锢。"复基此法律而以命令定其细则，为："各省大臣所发省令，得附以二十五圆以内之罚金或二十五日以下之禁锢之罚则；地方长官及警视总监所发命令，得附以十圆以内之罚金或拘留之罚则。"此命令罚则法，即专为执行独立命令而设。他国法律，虽亦规定违背官厅命令之罚则，然大旨皆于违警罪中规定之。法国刑法之违警罪内，于各项违警罪之外特设概括之一条，大旨：凡违背行政官厅依法律而设之规则者，不从邑之官厅依法律而公布之规则及命令者，处以一佛郎以上五佛郎以下之罚金。普国法律，中央官署之大臣，得于法律所委任可发警察命令之事件内，向全国或一地方发警察规则，对于不服从者，得设百马克以下之罚金。州长得依法令于全州或数县数郡内发警察规则，对于不服从者，得设六十马克以下之罚金。县知事对于全县或数郡，有与前项同一之职权。又地方警察官，得于乡镇内发警察规则，对于不服从者，得设三太尔以下（一太尔合三马克）之罚金。但州长、县知事所发警察规则，须州会县会之同意；地方警察官所发警察规则，须问乡镇董事之意见。大致各国通例，法律上以关于警察事务之一小部委任于命令，得以命令发布规则，而法律中规定对于不服从此命令者加以一定之罚金。此违反官厅命令之罚，本指法律上所委任之命令而言。日本以独立命令，根据宪法，即可视为宪法所委任，故依各国于法律上规定违反委任命令之罚则，而制定"命令罚则法"。我民国现行刑律及违警律无概括的违犯命令之罚则，故除根据于法律外，绝无以命令处罚之方法。况独立命令本为《约法》所不载，安有强制之权力乎？

夫民国政府在临时期内，各项法律，均未完备，则迫于事实上之必要，而以独立命令补充法律，殆亦有所不得已。以普国法律之完密，而宪法发布以后，事实上尚有独立命令，况吾初创之民国乎？惟吾民国政体既定，将来民国宪法，自不能违世界立宪国之通例，载独立命令之条文。民国政府，亦不宜效德国之尤，于事实上发独立命令以违反宪法。若恐法律未备，事实上不能以已定之法律概括者必多，则不妨以法律之委任，于警察事务内暂扩其委任命令之范围，并以法律定概括的违犯警察命令之罚则，使政府得宽展其活动之地位，巩固其执行之势力。至临时期内之独立命令，或由政府提出于议院要求追认，或由议院另订相当之法律以代之，是则不能不属望于将来之国会与将来之政府者也。

再论减政主义 *

（1913）

吾民国目前之大问题凡三：其一为对外问题。则俄库协约如何取消，英藏交涉如何对付是也。其二为对内问题。则内政如何整理，一也；财政如何救济，二也。三问题之中，对外问题，关系于国家之实力，必内政统一，财政宽裕，国力稍充以后，方能为根本上之解决。则目下之急务，尤在对内问题之及早解决而已。欲解决此对内之二大问题，则吾请更以减政主义进。

减政主义之理论，本志第八卷第一号已叙述之。此主义之大要，在减少政务，减缩政费。就民国一年来之政治现象观之，适与此主义为反对之趋势。记者寤寐思服，深知此主义不能为吾国多数政论家所赞同，然益深信此主义之有裨益于吾国，故不厌其辞之复，更揭此论题以申吾说焉。

夫今日内政之所以纷歧，财政之所以竭蹶者，实由行政机关过于膨大之所致。因中央机关之膨大，而群流并进，吏治以紊。因地方机关之膨大，而尾大不掉，政权以裂。且因此而人浮于事，安坐徒食，仰给于国库者日益众。甚且因人生事，作为无益，以支消国家之经费。持此不变，不特统一事业之完成无可希望，吾恐国家破产之时期，可立而至焉。则欲挽目下之颓风，纾将来之实祸，舍减政主义末由矣。

吾侪试思吾国家今日设此膨大之行政机关，果有若何必要之理由乎？就吾侪闻见之所及者以考证之，则此等机关，其大部分为无所事事者；其小部分则以无所事事之故，勉筹一二事以为敷衍之计。而此一二事者，亦复可有可无，非国家政治上之所必要。其实可认为国家之政

* 《东方杂志》第 9 卷第 7 号，1913 年 1 月，署名伧父。

务，而为此等机关所处理者，仅一小部分中之一小部分而已。著名之某记者，曾揭于其杂志曰："庚子以后之外务部，其真办事之司员不及十人，余皆伴食耳。而此十人者，每日办事又不过二小时，余暇则奔走征逐游谈也。外务素称繁部，犹且如此，他部可知。乃近年以来，衣食于各部者，部动数百人。其部员俸薪，丰者月数千，次亦数百，试问所为何事者？"记者亦曾闻诸政界中人云："前清农工商部，自载振出部以后，司员无事可为，俸给以外，他无所入，欲揽得一二事以支消经费，而长部者不善揽事，司员苦之。"又闻诸民国某省教育司之司员云："司中自司长以至各科员凡四十余人，实则司中之事，并录事在内，仅六七人已可毕举。"此等言论，或不足据为事实。吾侪无政治上之经验，于京省情形亦不能确指，第就与吾民较为接近之各县地方论之，则当日知事以下，虽有属官，殆皆闲曹冷署，主县事者仅知事及幕友二三人。今日则司法独立，政务已减其太半。知事署中且设科分属，俨然开府之制。加以自治之职员，数且十余倍于曩日，而公益之不举，治安之不保也，与曩日绝无所异，则吾侪国民，亦何所需而置此无用之长物欤？

抑今日行政机关之所以日益膨大，如狂澜下注而莫之挽者，其原因果何在乎？一方面由于高等游民之日众，不思刻苦勉励，依赖自力，于社会上营独立之职业，为真实之生活，群窟穴于行政机关之中，依赖国家，仰衣食于国库。一方面则由一二诡谲之政治家利用此浅薄国民之心理，遂行其操纵党人之手段，以多数国民担负之资财，为一二人买穷乏得我之荣誉。二者互相为因，日演日烈，而其结果则使国民骛于虚荣，习为狡诈，减杀自营之能力，酿成政治之罪恶，吾国民胡不憬然悟欤？

减政主义之实行也，必自裁减官厅始。就中央言，则教育、农林、工商三部可裁，而并之于内务部；海军部可裁，而附设于陆军部或归并为军政部。或曰：如是，则普及教育，振兴实业及规画海军，皆减政主义之所反对者乎？曰：不然否否。裁并官厅，非与开发事业为反对者。何为事业？若学校图书馆之属于教育事业，试验场、劝业会之属于农工商事业，军舰军港之属于海军事业是也。此等事业，有当专为国家所经营者，有不必专为国家所经营者。官厅者，为国家经营此等事业而设置之机关。今之为政者，于其所经营之事业则甚小，而为经营事业而设置之机关则甚大。譬之一公司，股本不充，交易不广，制造之工场未设，发行之商店甚隘，而独设一膨大之事务所，雇用多数之事务员，则其失败也必矣。减政主义对于此等事业，其不必为国家所经营者，决不持政府万能主义以干涉之；其当为国家所经营者，亦决不持消极主义以废置之。而其经营之方法，则务在节减行政费以扩充事业费。今日中央所经营之教育事业，仅京师大学及一二专门学校，规模尚未完备。农工商事业，更寥寥无几。海军事业，仅四万余吨之军舰而已。现有事业之仅少既如此，而筹备事业，则又以财政支绌之故，无确实之计画。是此数事者，实尚无设立专部之必要。以美国教育之隆盛，工商业之繁昌，而教育尚未立专部，工商部始于近十年中设立。此平民政治之国家，正吾民所宜取法者也。

更就地方言之，则今日之都督，本为军政府之首长，为革命战争时代之规制。战争终止以后，犹因缘未改，设司分署，俨如中央政府之组织。其机关之膨大，上之有大都偶国之嫌，下之有政繁民贫之虑。其不能不大施裁并也，无待言矣。今日省制问题，众说纷纭，莫衷一是。减政主义，则在划分地方行政之一部分属于自治团体之执行，而其必须由国家机关执行之一部分，则仅设一官厅以处理之，且以监督自治团体。本志于此问题，主张采用普鲁士州制，已屡有所论述，兹不复赘。

减政主义，于减并官厅而外，尤必减少官吏。今日国务院中设一厅五局，每一厅局设官自十余人至二十余人，全院凡百余人。各部厅司官吏，多者二百余人，少者百余人。各省官吏，其数尤不可稽核。吾辈纵不能确定某部某局之官吏实须若干人，可裁减者若干人。然悬想一厅或一司局之中，有长官一人，属官三四人，实行治事，殆无不济。美国大总统任行政部首领，而其行政局中，仅设秘书长一人，秘书二人，电报官一人，给事一人，共五人，其余则信官门卫而已。前清外务部，为设立新部之最先者，其时每司仅郎中、员外、主事各二人，尚无如今日各部之浮滥。故予辈之所悬想，殆非不能实行者。以是推之，则国务院及各部，平均设一厅四局。官吏之数多者，二三十人，少者，一二十人而已足。各省于一行政署中设置厅司，人数略如一部。各县则于长官以下设书记长及书记，人数略如一司。较之现状，殆可减缩十之八九焉。

减并官厅，减少官吏而外，尤不可不裁节官俸。吾人非主张为官吏者不得受相当之酬报，然与他自由职业之收入，比较过于悬隔，则其妨害社会经济之发达，较之侵害国家财政之康健，其弊害尤甚焉。今日社会上实业衰歇，职业之获得也益难，而其收入也益寡。大多数之国民，为不得职业者，或得职业而其收入犹不足自赡者。而官吏之俸给，一月所得，破中人数家之产，无怪乎今日之高等游民奔走运动，无所不至。

幸而得之，则又纵欲败度，无所不为也。且今日官吏之俸给，不但于社会上之职业相悬隔而已，即官吏之中，高等官之俸给与下级官之俸给，其悬隔亦殊甚。民国官俸法，委任官第十二级之月俸为五十圆，而特任官之月俸，则二十倍或三十倍焉，简任官之月俸，亦十倍或十二倍焉。其分配之不公平，即官僚政治之代表。美国最下级之官吏，年俸约八百弗，而局长年俸仅二千弗，知事年俸仅一千二百弗，相去仅一倍余而已。日本为官僚政治之国，其生活费贵于吾国，而官吏之俸略半于我。我国家当此民穷财尽债台百级之时，而政府官吏侈然取盈，以吸吾民之膏血，苟廉耻未亡，则清夜问心，其亦安乎否乎？吾侪之意见，以为民国官俸，纵未能脱官僚政治之旧习，亦宜大加裁减以养其廉。高等官俸，当半于日本，即现俸之四分之一。普通官俸，略如日本，即现俸之二分之一。是固不仅为减轻国库之担负计，亦道德上之防腐剂，政治上之解热剂而已。

盖减政主义者，打破官僚政治之主义也。官僚政治专重形式，以形式之故，虽支出多数之费用而不惜。财政稍裕，则滥兴形式的事业，以支销政费。若财政艰窘，则宁减缩实益的支出，而形式的支出决不能废撤。其惟一之目的，为膨胀岁计，务使豫算失其平衡。德人之反对官僚政治者，曾言防御官僚政治增长之惟一武器，即国库困厄豫算缺乏而已。我民国之国库困厄豫算缺乏，诚达极点，而官僚政治之霉菌，蔓延益甚者，以有大借外债之一策为援耳。以国民之生产事业抵押外债，而为不生产的消费，必至借无可借，抵无可抵，而后官僚政治乃与国民同归于尽。法人之谚曰："王死矣，虽然、王实永生。"（Le roi est mort, vive roi.）言革命虽已成功，而官僚政治不能破灭也。吾国民于革命以后第一之任务，即在破灭官僚政治。蒙藏之事，手足之癣疽，而官僚政治，实肠胃间之寄生虫病，愿吾国民速起而药之也。

吾人将以何法治疗社会之疾病乎？*

（1913）

　　世界一切有机物，常有感受疾病，以阻碍其生存发达者。其疾病之来，或为外部之侵害，或为内部之衰弱。然外部侵害之加，苟内部有健全之生活力足以抵抗，则亦不足为患。必内部既陷于衰弱，外部之侵害乃得而乘之，此其理为人身生理及动植物生理上所经验者。社会为有机体，亦不能外此公理也。

　　吾侪之社会，自与欧美人之社会交通以后，外围事物，多所改变，权利朘削，势力失坠，此为外部侵害之疾病。然外部之侵害，常乘内部之衰弱而起，则吾侪对于社会内部之疾病，不可不研究其疾因，考察其病态，以定治疗之方法。然其状态与原因，均极复杂，吾侪苦不能为简单之说明，兹略示其内部之组织，以为研究病因考察病态之资料。

　　吾侪社会中，大都不生产之分子多，生产之分子少。而此不生产之分子中，其小部分之侥幸者，常横领社会之生产物，席丰履厚，恣为淫侈，以酿社会之腐败。其大部分则以不得受生产物之分配故，贫乏痛苦，一方面沦于疾病死亡，演成社会之悲惨；一方面流为盗贼无赖，迫为社会之扰乱。此种状况，自周秦以来，已蓄积数千百年之久，日甚一日，深入膏肓，即无外部之侵害，其生存发达之机能，已停滞而衰弱，特今者以外害之侵入而愈形危殆耳。其组织之概要，表示如下：

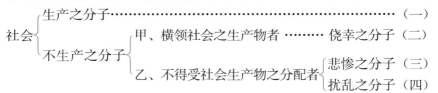

```
　　　　生产之分子……………………………………………（一）
社会<
　　　　　　　　甲、横领社会之生产物者………侥幸之分子（二）
　　　不生产之分子<
　　　　　　　　　　　　　　　　　　　　　　悲惨之分子（三）
　　　　　　　　乙、不得受社会生产物之分配者<
　　　　　　　　　　　　　　　　　　　　　　扰乱之分子（四）
```

　　* 《东方杂志》第 9 卷第 8 号，1913 年 2 月，署名高劳。

　　吾侪社会之组织，既如前表所列，则病因所在，略可研究。夫社会之所以生存而强健者，赖有生产之分子。今吾侪之社会，何以多不生产之分子乎？经济学中，以土地、资本、劳力为生产之三大要素。将谓土地限之，则吾侪之土地，固拥有莫大之面积，无穷之富源，其不能利用土地以资生产者何也？将谓资本限之，则资本者，劳力之结果，贮蓄之而得，吾侪固富有贮蓄性质，乃不能获得资本以事生产者何也？然则推论之结果，夫亦曰劳力之勿施而已。吾侪之社会，何以多不劳力之分子，是即吾侪对于社会之组织而欲研究其原因者也。

　　夫不施劳力不能生产，既为经济学中之原则，则社会中不劳力之分子，不能获得社会生产物之分配，当亦为社会中之公理。而今日社会之组织，尝有与此公理相背者，即不劳力之分子，得横领社会之生产物是也。夫吾侪之欲减少劳力，且欲多得生产物也，固为人类之通性，惟为经济学之原则所范围，故劳力有所不敢靳耳。今既有不施劳力以获得生产物者，则吾侪必群起而趋之，此亦自然之势矣。

　　社会之中，既有不施劳力而获得生产物之分子，于是人争趋之，不劳力之分子，遂因而日众。此众多之分子，既各挟其势力与希望，日求达其横领之目的，扩其横领之范围。然社会之生产有限，不足供多数之取求，故其竞争之结果，除少数侥幸者以外，不能不产出多数之失败者。此等失败之徒，即不得受社会生产物之分配者也。夫社会中不劳力之分子所以日众者，本为少数之侥幸者所诱起，今既产出多数之失败者，则亦可以改弦易辙，别求生存之道矣。然而社会中侥幸之途一开，往往使人心之倾向，陷于迷误而不知返。前车虽覆，来轸仍遒。例如起家科第致身通显者，不过几人，而困踬名场沉沦宦海者，乃不计其数。又如设富签者得标不过千百分之一，而投资者之耗蚀，何啻亿万。故吾侪之社会，乃多数不生产者互相竞争互相攘夺之社会，其状况几与赌博无异，而其率大多数之人，以投身于赌场里者，实自少数之侥幸者始也。

　　此少数侥幸之分子，不但引诱多数，使变为不劳力之分子已也，一方面又对于劳力之分子，加以迫压，使其不能从事于生产。盖彼等所横领之生产物，既足减少劳力者之所得，致其生计日就艰难，而彼等产出之悲惨与扰乱之分子，复遍布于社会，使少数生产者日受凌侮，不能遂其生产之机能。当其甚时，全社会之生产，几乎歇绝。吾侪略一回忆，觉哀鸿遍地，伏莽丛生，农不安耕，工失其业，其景况固犹在目前，而推原祸始，要不过多数悲惨扰乱之分子与少数侥幸之分子，互角逐此横领之生产物，以酿成此巨劫而已。

不但此也，不生产而又不得受生产物之分配，遂流为社会之悲惨与扰乱者，特就常因言之耳。若论其变，则生产之分子，为侥幸悲惨扰乱诸分子所迫侮，至失其生计，如上文所述时，亦或沦为悲惨。而人心之欲望无穷，社会之生产有限，即侥幸之分子中，未尝无一部分，或以分配不公，或以贪欲未餍，由侥幸而转为扰乱，平时潜伏不动，一遇变乱，嚣然思逞，此征诸近事而可信者。夫至生产者而亦沦于悲惨，受生产物分配者而亦思为扰乱，是吾侪社会全体，除横领生产物之自为满足者及其谨愿者之极少数外，其大多数，无论生产不生产，受分配不受分配，固无不具有悲惨扰乱之性质及可悲惨可扰乱之资格也。而究厥病因，夫孰非社会组织之不善，不以生产物为劳力报酬之所致耶？

此外更有一特因，为吾社会所独具者，则数千年来对于此种病理，视为当然而不知纠正是也。夫不欲以劳力易生产，乃人类普通之天性，吾社会所有之现象，世界各国，亦曾有之。特以内部组织之不同，人民心理之各异，遇有此种事实，即群相牵制，以剂其平，故流弊不甚。独吾社会生产不生产之区别，素不分明，惟以劳力者食人、劳心者食于人，为生产物分配之标准。夫劳心而获食于人之报，于理原非背驰，特劳心之界说不明，而所谓食于人者，其范围又漫无限制，于是智取豪夺，凡不劳力而攫得社会之生产物者，均得托于劳心之一途以自庇，安然处于法律保护之中。积数千年之习惯，一般人民，遂承认此为天然公例，安之若素。不独利用此攫夺行为希图侥幸者，莫肯显揭其非也，即生产之分子，受不生产之迫压陵侮时，亦以为分所应尔，惟自叹其所遭之不幸，而不知此例之不当者。法律保护之，人民公认之，而吾人社会之病机，遂深入而骤难救拔矣。

综上所述，则病因略可明晰，彼少数侥幸之分子，实为社会致病之霉菌。此霉菌之能力，始则诱起他分子，使其一部分自趋于悲惨扰乱之途，继又迫压他分子，使其全体陷于悲惨扰乱之境，而吾社会之组织，又适合于此霉菌之生存发达，故其病状乃变化百出而不可究诘焉。病因既明，请进而述社会之病状。

吾侪读四千年来之历史，觉一治一乱，反复循环，历历不爽者，此何故耶？论者谓社会承平日久，生齿过繁，生产物不足以赡养之，生活既艰，则酿成干戈疾疠，以减杀其人口。迨过剩之人口，既即于死亡，生活稍豫，乃渐致太平。此等论者，固以一治一乱，为社会上必至之趋势，乃社会自然之生理。然社会自然之生理，苟必至于如斯，则吾侪之社会，将永沦于悲观而莫能救济。吾侪以为生产之增加，虽不敌人口增加之速，而此等危险，尚远在若干世纪以后，在近世纪内，尚不能成为问题。吾侪之土地，利源未辟，地力未尽，所需于劳力者正亟，生齿之繁，劳力之所自出也，吾侪苟勿靳劳力者，亦讵有人满之忧欤？故生活之艰，非人口过多之患，乃不劳力者过多之患。一治一乱之循环，决非社会自然之生理，正社会疾病之状态也耳。

吾侪社会之病态，时进时退，与间歇之疟疾无异。疟之发也，由于霉菌之作用，此霉菌入于人体至充分发育时，病者即寒热陡作。迨汗出热退，霉菌由排泄以去，病体乃稍即于乂安。然霉菌虽去，其芽胞仍留存于病体之中，故届一定之时期而疟又作。吾侪社会之一治一乱，状态正复相同。当少数侥幸分子，势力充分横施迫压时，社会全体即陷于悲惨扰乱之状态，而生产几乎歇绝。生产既绝，则少数之横领者亦穷，是犹土膏涸竭，寄主之植物枯，而寄生之植物亦枯，草木凋零，食草之动物死，而食肉之动物亦死也。病源之霉菌，既经一度之变乱而失其势力，于是社会生产，不虞迫压，而秩序渐即于安宁。然是等病菌之芽胞，未尝绝灭，一遇社会生机，稍复常态，必将潜滋暗长，以逞其引诱迫压之作用。迨至势力充分时，则又陷全社会于悲惨扰乱之境矣。故一治一乱，成为吾侪社会之惯例者，皆社会之病态，而非自然之生理也。

吾侪之社会，既具斯病因，现斯病态，故当闭关自守之日，其势力已不足抵抗北方游牧之社会，而屡为所乘，其与欧美之工商业社会相遇，而情见势绌者，亦固其所。彼等之社会，务开发天然之富源，而吾侪之社会，乃奔逐于人为之利薮。彼等之社会，以多数之劳动者与少数之资本家相竞争，而吾侪之社会，乃为多数之不劳力者互相竞争。外部侵害之加，适中吾内部之弱点。吾东方病夫，欲维持其生命于此危难之时期，非对于内部之疾病为根本之治疗不可。

然则吾人将以何法治疗社会之疾病乎？夫病菌既遍布于全社会，则当从全社会以奏刀圭；病菌既深入于各个人，则当从各个人以施针灸。吾人曩日倡言变法，希望立宪，赞成革命，欲借政治以挽回痼疾，施治者三次。而社会之病势，乃有增而无退，侥幸之分子，益发生不绝，悲惨扰乱之分子更蔓延靡既者，则以病在社会全体之各个人，非政治界一二人手术所能愈。且政治界中，本为少数侥幸分子所占据，乃霉菌之制造场，传染病之生产地，而欲其祛除社会之疾病，势必不能。而今而后，治疗之任务，不能望之政府，而当责之于社会之个人；不能委诸政治之机关，而当属诸于社会之全体。请进言治疗之方法。

吾侪治疗社会疾病之方法，有广狭二义。狭义维何？即保守自己之一分子，不受疾病之传染是也。吾侪纵不能使社会中不发生侥幸之分子，而自己之一分子，则不可希图侥幸。吾侪纵不能使社会中不产出悲惨与扰乱之分子，而自己之一分子，则不可以希图侥幸之故，陷于悲惨与扰乱之境。质言之，即勿靳其劳力而已。许行之捆屦织席，虽不可以率天下；陶侃之运甓，托尔斯泰之装书，则未始不可以自励。使社会各个人，多能遵循斯旨，以己身为本位，力行不怠，虽侥幸之分子与希图侥幸而陷于悲惨扰乱者，未必遽能绝迹，然社会之疾病，固未尝不可杀其大半也。

虽然，治疗多数不劳力所生之疾病，固宜先从各个人自身劳力始，亦犹吾人生理上扑灭病菌，全恃各个白血轮之作用也。然使病者口体所接触及病室中之空气，均不免有病菌之留存，或足以促成病菌之发育，则白血轮之能力几何，其功效终无由而显。夫吾社会不以劳力为生产物之代价，相争相夺，酿成一治一乱者，数千年于兹矣。侥幸之见深入人心，横领之习衍为根性，是非正本清源，从社会习染上，施以扫除，如治病者之洁清四围所接触及病室中之空气，则病菌仍难绝灭。此广义之说也。广义治疗，以改变社会心理转移社会积习为要旨。宜揭明经济学之原则暨吾社会之病状，普示于社会全体，俾人人观念中，晓然于自食其力为天然之公例，而希图侥幸乃致乱之大原。浸润既深，心理自变。多数之心理既变，则沉痼之积习亦将潜移默化于无形，而又得持狭义之独行家为之先导，其收效也应更速。当斯时也，即有一二侥幸之分子，依然横领其生产物，然心理积习，既已改移，则社会之观念，亦将易歆羡而为鄙弃，虽有诱起迫压之作用，终亦无能为害矣。

广狭二义，互相为用。盖个人虽保守自己一分子，不受疾病传染，而不能保各个分子之均不受传染，是仅能治疗自己之疾病，未能治疗社会之疾病也。且吾社会中，特立独行，洁身自爱，如上列狭义治疗云云者，古今不乏其人，而当时之社会，终不受何等之影响。是非参用广义治疗，不足以济狭义之穷。然社会为各个分子所积而成，必分子中有一部分，自具却病之能力，不受疾病之传染，而后全体之疾，乃有转机。故狭义之治疗，亦为广义之基础。正如治病者不清洁病室及其空气，则霉菌固难绝灭。然病室之霉菌，每由病体中排泄而来，故必体内白血轮，各效其扑灭霉菌之作用，而后病室中之霉菌，乃能次第消除也。

要之，吾社会之疾病，乃吾社会所自酿而成，故当由吾社会自为治疗，而不当望之于政治机关；亦当由吾各分子各自治疗，而不当委之于社会全体。曩者闭关自守，无他种社会接于吾前，故病虽深而未殆。今则寰海交通，相形见绌矣。曩者政体专制，一切制度，均悬禄利以为招，故人心咸趋于侥幸之途，而治疗不易于从事。今则政体变更，事半功倍矣。势之不容缓也如彼，时之不可失也如此，吾社会数千年之痼疾，其以此为治疗最好之机会乎？吾国民盍起而图之。

论中国之社会心理[*]

（1913）

社会心理者，社会各个人心理所积而成，即社会之精神也。社会不能离个人而独立，故社会精神，亦不能离个人精神而存在。特社会精神，为集合的，为组织的，乃个人精神之互动，而个人精神，则为单独之行动。又社会精神，以各方面观念之不同，故不免同时出于反对之地位；个人精神，则无同时自居于绝端反对之理。此其所以区别耳。

个人心理，分为智、情、意三大端。社会心理，亦分为智、情、意三大端，即社会智识、社会感情、社会意思是也。三者为一浑圆体，复杂混合，不能为显然之区画，亦如个人心理，参互错综，不能为判然之界限。略言之，则智识者，所以开浚社会之精神；感情者，所以推动社会之精神；意思者，所以表示社会之精神。而社会之智、情、意，既由个人之智、情、意集合而成，则必个人之智、情、意，先立于精确正当稳健之地，然后社会之智、情、意，乃得臻于精确正当稳健之域。此则社会心理之纲要也。

社会之智识，分常识与科学智识、哲学智识之三种。常识者，社会各个人共有之普通智识，系社会各个人，经过长年月，营共同生活所产出之结果。科学智识、哲学智识者，乃促成社会发达之要素，社会进化必需之智识也。然科学哲学之智识，未必尽人能具，且二者均以常识为基础。故相当之常识，尤为社会心理所必要。社会感情，复如个人感情之有种种，其影响之及于社会，以愤怒、恐怖二者为尤著。又社会生活感情，为社会形成之根本动力，实居社会感情最要之部分。社会意思者，社会精神之所发动，假社会各团体以为表示，团体有大小，故意思

* 《东方杂志》第 9 卷第 9 号，1913 年 3 月，署名高劳。

之表示有广狭。凡此乃社会智、情、意三方面之概要也。

社会智、情、意，又有互相关系之处。如社会感情无适当之社会智识为之指导，则感情易流于偏倚；反之，社会智识无适当之社会感情为之调和，则智识必归于枯寂。又社会意思之发动，亦赖社会智识之指示，否则为妄动，为盲从，均足贻社会发达之障害。他如社会的意思能制止社会不正之感情，社会的感情能发动社会潜伏之意思，三者互为补救，互为调剂，而社会精神乃完全发达而无过不及之弊焉，此又智、情、意三方面互相关系之作用也。

由智、情、意三方面结合而为一浑圆态，是为社会精神，即为社会心理。而此社会心理，有因时代而异者，如草昧时代之社会心理与文明时代之社会心理显有区别是也。有因人种而异者，如欧美人种之社会心理与野蛮人种之社会心理，迥分优劣是也。即就欧美人之社会心理而论，亦各因其国民性而有特殊之点。如法国国民，具有营造国家之思想；英国国民，则倾于个人活动之方向；德国国民，每先决事物之利害而后实行；英国国民，每先实行而后判断得失。他如意、德等国民，长于美术的情操；英、德、法、美诸国民，富于勤务之性质。皆由国民之特性而形成社会之心理。此外如社会所在之土地、之天时，与夫社会外界之遭际，内容之组织，及其所守之法律，所奉之宗教，皆与社会心理有息息相关者。

社会心理之要旨，暨欧美各国社会心理之概略，已叙述之如上矣。夫欧美各国，既各因其国民性而形成社会心理，则吾中国，岂遂无国民性形成之社会心理乎？吾今者欲因此而推论吾中国之社会心理。

吾中国之社会心理，从历史上观之，虽递有改变，难为简括之论定。然就大体而言，则中国之社会心理，乃幼稚而又静默者也。夫中国开化在数千年前，哲学肇兴先于希腊，而《书》、《史》所纪，《风》、《雅》可歌，凡所以表示情意者，尤难仆数，以云幼稚，似非定评。且其间学术思想之变迁，人情风俗之嬗蜕，升降隆污，代为转移。而一治一乱之动机，往复循环，曾无数百年之宁静，尤为显著之事实。则静默云云，恐亦未为确论。抑知中国之社会心理，虽具体于数千年前，而此数千年间，则绝少可言之进步。例如孔、孟、庄、老诸学说，所以牖启社会智识者，在当日非不昌明，然自秦汉以迄今兹，学派纷纭，终不出旧有范围之外，未闻有因时变通，引伸而光大之者。而独辟径途，发挥新理，更无论已。若夫情、意两方面，亦复若有若无，或隐或现，且以群学未明，社会行动惯以个人为本位，故情意之所表示，亦以关于个人者为多，而关于社会者少。虽箕风毕雨，怨暑咨寒，社会情意，未尝绝无表示，而政治之扰乱不绝，实为情意积极发见之时。然此种表示与发见，乃外界一时之刺戟，所酿而成，不久仍归静寂，无永久持续之性。夫世事进行，一日千里，而中国之社会心理，乃犹是数千年之故态，守此退婴主义，一无变动之可言，方之欧美社会心理之与时俱进，极煊耀发皇之致者，诚不能不谓之比较的幼稚比较的静默也。

且也，政体专制，禁令繁苛，人民无评议时政之权，政府有诛求文字之狱，而集会结社，又复悬为禁条。以故民间英俊，具有启迪社会智识之才力者，每因多所拘忌，而偏重于哲学玄理之中，无敢就政治民生，为事实上之阐发。卢骚、孟德斯鸠，中国社会固未尝无其人也。而感情意思，复以言论不能自由，行动又多牵制故，相与隐默。加之土地广漠，交通不灵，言语不通，风俗各异，无团体无报章以为交换智识沟通感情传输意思之枢纽，于是社会精神之传播性、流行性、模仿性遂无所借以发达。此又中国社会心理幼稚静默之原因也。

虽然，此特就曩时之中国社会心理言之耳，若近十余年来之况状，则大异矣。欧风东渐，哲学智识既增无数新理，弥吾旧有之缺陷，而科学智识与夫世界之眼光、政治之观念，亦因而俱进，足补前此心理所未备。试就近年来学者之著述及教育界所设施、言论界所倡导者观之，皆曩时社会所得未曾有者。是吾人社会智识之增进，诚不可以道里计。而若感情、若意思，复以历受外国之侵迫，政府之压制，郁极思发，静极思动，几有傲然不可终日之势。如铁道矿产之收回，干路国有之争执，提前国会之请愿，其尤著者，即此次革命成功之迅速，亦全属社会心理之作用，为中国数千年来所未见，诚不得谓非社会心理发达之确证也。

社会进化，以社会心理之发达与否为标准。中国社会心理，既若是其发达，则中国社会之进化，其庶几乎？虽然，发达之内容及事实上之程度如何，不可不一为研究也。夫心理所表示者，谓之意思，而欲得稳健之意思，必赖有正当之感情；欲得正当之感情，尤赖有精确之智识。此自然之顺序，心理发达所必具之程度也。今中国社会心理之发达，其果依此顺序，具此程度否耶？朝驰一电，夕布一书，甲主和平，乙持激烈，意思所表示，其洞中肯綮，熟悉利害者固多，而凭虚憍客气，发为无责任之言者，亦在所不免。而感情所流露，又大都以好恶为爱憎，以恩怨为喜怒，鲜有能为正当之使用者。若夫智识一方面，比之曩时，虽形增进，然社会上具此完全智识者，实居少数，其大多数，则犹是颛蒙愚陋，一如十余年前之故态。且此大多数，曩时犹能自安于静默，无所主张，今则嚣然并起，竞欲有所表见，为盲从，为妄动，而意思感情所以发见种种不正当不稳健之状态，酿成社会之纷扰者，实由于此。凡此皆中国社会心理近今之缺点，固有不能为讳者。

中国社会心理，因此缺点而酿成社会上之纷扰者，其故何在耶？一言以蔽之，则社会的意思、社会的感情，极端发达，而社会的智识，不能与之同时而发达是也。夫中国社会智识，就事实而论，固不能谓之不增进，然智识虽增，而其发达之分量，终不逮感情意思之速而骤，故其程度仍不能相等。且也，社会进化，以常识为基础，与其有少数特殊之智识，无宁有多数相当之常识。而近今中国之社会智识则反是，上焉者固日进于高明，下焉者仍不改其浅陋，求其不亢不卑、备具相当之常识者，迄不多见。此所以感情杂出，意思纷歧，即彼具有特殊智识之少数，亦且为大势所牵制而无可补救也。

然则中国社会心理之发达，其果为利乎？抑害乎？将何术以善其后乎？此亦不可不研究者也。夫社会进化，在乎社会心理之进行。曩者幼稚静默，实进化之障碍，长此终古，中国社会将永永沦陷而无振拔之期。今既一反曩时之状态矣，虽以程度不齐，分量不等，酿成社会之纷扰，然此种现象，乃进化必经之阶级，假以时日，容有改正之时，较诸幼稚静默，固自远胜。吾国人固富于自觉力者，前此既自觉其幼稚静默之不可久，而促成今日之发达，安见后此不自觉其纷扰之不可久，力惩其不齐不等者，而驯至相齐相等耶？特待其创巨痛深，而始谋改变，何如先事导引之为愈？则改善之说尚已。社会心理学家所称改善社会精神者，有伦理的改善、宗教的改善、审美的改善、政治的改善、经济的改善、教育的改善之种种，且必须诸法互用，乃能收美满之效果，此固根本上改善之方法。然就中国目前现状而为治标之策，则必以开通智识为前提，而尤以普浚常识为急务。是则诸方法中，其以教育的改善，为最适当最切合之方法乎？夫教育云者，非限于学校教育已也，宜兼及于社会教育；且非指高等教育而言也，宜注重于普通教育。务使社会的个人，咸受教育的影响，备具相当之常识，庶感情意思，得所指导，不至为盲从为妄动，则中国社会心理，其或有精确正当稳健之一日。而目前之发达，乃真足为中国之利而不为害乎！虽然，道德之堕落，风俗之污下，生活之困难，亦为中国社会近今之缺点，则伦理、宗教、审美、政治、经济改善诸方法，亦宜随机应用，不得以教育为当务之急，而概弃其余也。

论社会变动之趋势与吾人处世之方针 *

（1913）

一、人生切要之大问题

吾人置身社会之间，如船舶之航行大海，必审视潮流，测验风向，然后校正罗针，扬帆前进，方不至彷徨失道，误陷迷津。吾为此言，非欲随波逐流，乘风潮以图急进也。当此沧海横流之日，操航业者正宜确循路线，慎重进行。然欲不为风潮所簸荡，则于风潮之兆候与势力，固有不可忽视者。吾侪不幸，生今日新旧交替之社会，正如一年中之四月及十月为气候风交代之时期，不规则之风潮，常陡然而起。论世者对于此瞬息千变之世态，欲揣测一二事之结果，亦且术智俱穷。世变之亟，诚于今为烈。然世事益复纠纷，则吾人之虑患益不得不深，操心益不得不远。天祸吾人，将以自然淘汰之方法，除去过剩之人口，故构此变幻离奇之世局，使大多数之人，谬妄昏迷，自陷于漂泊沉沦之域。吾人即澄其智虑，宁其神气，以临此大变，其能否幸逃劫运，犹未可知。试思近十余年来，吾人之汨没于社会风潮中者，已不可胜计。科举停罢，八股专家之老死牖下者几何人；法政速成，刑钱幕友之槁饿家园者几何人；帝制倾而王孙流于道路，朝局变而卿士降为舆台，政界中之沦落不偶者又几何人；推之而洋货之输入日盛，机械之制品日多，劳动生涯，被占夺以失其职业者不知凡几；地方之事变频仍，市场之金融紧迫，工商实业，被障害以丧其资本者，更不知凡几。览沧桑之变迁，感生存之危难，渺渺予身，将何所挟以撄此巨飓狂澜而得达彼岸乎？是不可不深

思熟虑者矣。我国一派之哲学者，以委心任运为处世惟一之方针，以谓世变无常，吾人区区之知能，殆不能有特别之发明，以得幸福而避危险，则亦何苦劳心竭智，逆臆未来。此等思想，固足使厌世之流，引起其乐天之观念，然以生物之公例推之，则凡含生负气之伦，对于外围事物之变迁，莫不具有机能，以为适应之豫备。《诗》云："迨天之未阴雨，彻彼桑土，绸缪牖户。"可以人而不如鸟乎？是以沉机观变之士，对于社会变迁之趋势及自己处世之方针，各费几许之脑力，各具若干之见解。其志在独善者，将以此为蒙难坚贞之备；其志在兼善者，即以此策扶危持颠之方。盖本论所揭，实人生切要之大问题，而为吾人所亟欲解决者也。

二、实现之黄金世界

今日社会变动之大原因，为吾人所公认者，即西洋文明之输入是也。此输入之西洋文明，大别之为物质上之文明与精神上之文明。吾社会之受其影响而变动者，亦可区之为物质及精神之二方面。论者谓："吾社会之变动，精神界最为剧烈。如民权立宪之说，大为吾社会所欢迎，致五千年相沿之君主专制政体，颓然以倒，是其著例。变动之甚者，首推政治，其次若道德，若宗教，若家族制度，若男女关系，经新思想之输入，其动机已一发而不可遏，将来之影响于社会，当亦不亚于政治。此等现象，实足使社会基础为之动摇，社会组织为之更变。精神界之势力，迥超越于物质界之上，于此可见。"然吾人默窥社会之情状，考其变动之形势，则知此等观察，殊未确实。今日之社会，几纯然为物质的势力，精神界中，殆无势力之可言，故认为精神界之变动，毋宁认为物质界之变动。语云："仓廪实而知礼节，衣食足而知荣辱。"物质界之变动，本具有左右精神界之势力。自西洋之物质文明输入以后，吾社会全体，对于物质界之欲望顿增，故衣食居住之模仿欧风，日用品物之流行洋货，其势若抉江河，沛然莫御。生活程度之高，乃倍蓰于曩日。世风既因之日侈，富力即因之日竭。一方面以纵恣其欲之故，致生计之艰难愈甚；一方面以不满所欲之故，觉生涯之缺陷尚多。处艰难之境，怀缺陷之心，其精神自然抑郁愤闷，对于现社会之占有势力者，思一切破坏之以为快。今日就政治言，其势力已破坏殆尽，微特专制政治之势力固不能复容，即共和政治之势力，亦未易成立。他如强权盛而旧道德之势力失，迷信破而旧宗教之势力堕，个人独立，女权扩张，而家族制度男女关系之旧风习均不能维持其势力。其代之之新道德、新宗教、新风习，势力本不甚盛，反对者更倡保存国粹说，尊重习惯说，以牵制之。今日吾社会之精神界，惝恍无凭，殆近于怀疑时代。其弥漫于吾社会之间者，物质之势力也。物质之种类甚多，而其代表之者则为金钱，今日之独占势力于吾社会者，金钱而已矣。金钱之势力，猖獗于社会，虽非自今日始，第向者尚有政治上之势力及道德、宗教、风俗习惯之势力，稍加以裁制，今则精神上之势力衰微，举无足以抵抗之者。故金钱势力之所在，专制政治可也，共和政治可也，新道德、新宗教、新风习可也，旧道德、旧宗教、旧风习可也。质言之，一无政治、无道德、无宗教、无风俗习惯之社会，扰攘于金钱势力之下而已。西人称未来之理想世界曰黄金世界，吾侪之社会，真实现之黄金世界也。

三、幸福耶？危险耶？

吾侪之社会，既为物质的势力所奄有，处其中者，以充满其肉欲为惟一之目的，物质生活之向上，遂有一跃千里之势。吾侪试游历国内之都会间，则每越一时，而饮食，而服饰，而建筑，而舆马，而家庭日用之具，而声色娱乐之品，莫不继长增高，争新斗异。更访村落间之景况，则凡奢侈品之流行，西洋风之传播，其进行之速度，又非常之大，物质变动之剧烈，实有出吾人意料之外者。吾侪揣测趋势，则物质之供给吾人生活之需者，品质既日益加精，品种复日益加多，生活于此社会间者，其幸福诚无限量。然一思此增加之品质与品种，果何自而来？则觉生活上之危险，相逼而起，实足以惊吾心而怵吾目。以社会正当之趋势推之，则物质之增加，不外开发天产物与振兴工艺品之二道，是固非可幸而致者。故吾人而欲得此幸福之生活，不可不增其生产之能力，即增进其智能与增加其劳动是也。昔之不学而从事者，今不可不积若干之学力以为之；昔之安坐而徒食者，今不可不从事于工作。知能之薄弱者及其不堪劳动者，势必被屏斥于社会生活以外。生活之幸福愈甚，则支持此生活之危险亦愈甚。幸福与危险，本相随伴而不可离，况吾社会之趋势，更不依常轨以进行。科学幼稚，生产之知能不进焉；游手日多，生产之劳力不加焉。生活所须物质之增加，初不由开发天产物与振兴工艺品而来，乃为一种赌博行为之所致。赌博行为者，不借智能，不事劳动，不能增加生产物，专恃冒危险以博幸福者之谓。今日之政治界商业界之行为，类此者正居多数。其居要津享厚禄者，政治界之胜利者也；隐匿流窜拘囚捕杀者，政治界之失败者也。其投机得利拥资千万者，商业界之胜利者也；倾赏破产及被其牵累者，商业界之失败者也。总言之，则穷奢极侈挥霍如意者，皆赌博社会中之胜利者也；妻啼儿号，贫不能自存者，即赌博社会中之失败者也。夺失败者之藜藿，以为胜利者之膏粱；褫失败者之衣褐，以为胜利者之文绣；竭失败者之精血，以泽胜利者之身；剥失败者之肌肤，以果胜利者之腹。吾侪之社会，乃间接的人将相食之社会。其结果则第一次失败者既尽，而胜利者之中，复产出第二之失败者。失败者日增，胜利者日少，终局乃为他社会所乘，占最后之胜利。就天演之学理言之，此等现象，不过为竞争淘汰之常。而吾侪之身处其境，行将躬被其厄者，其危险为何如乎？故今日之社会，以为幸福耶，则幸福固无限；以为危险耶，则危险亦无限。幸福耶？危险耶？见仁见智之不同，即悲观乐观之互异。若在记者之心目中，固认此幸福为一时的虚伪的，而危险为永久且真实者。怅望前途，不觉身心俱悚矣。

四、奋斗的处世法与克己的处世法

吾人既生活于此无限幸福无限危险之社会中，欲讨论处世之方法，则其方法之大别，亦不外二种：一为专求幸福者，即奋斗的处世法；一为专避危险者，即克己的处世法是也。吾人欲评论此二方法之孰为适当，可先就其关系于社会全体者言之。

大抵奋斗的处世方法，对于社会，一方面有激进智能奖励劳动之效，西洋物质文明之进步，实原因于此。西人常谓人类为欲望而劳动，故一派之论者，颇以遏抑嗜欲为无益于社会，而主张黜俭崇奢之说。外人之评论吾社会者，称吾国民为无欲之国民，以谓吾国数千年来进步迟缓，即由国民欲望薄弱之故。此等言论，非无至理。然从又一方面观之，则流弊所极，不但无激进智能奖励劳动之效，且适足以激进恶德奖励游惰。我国现今社会，以与西洋社会接触之故，朴素之风渐失，患害所钟，即由一种嗜欲旺盛之人，本无若何之知能，亦不为相当之劳动，惟不肯安于淡泊、守其素位，纵欲无度，既为逾分之享用，乃为非理之营求，卑屈谄佞以取禄利，暴行欺诈以攫货财。在洁己自好者，固不屑尤而效之以与之竞争，而彼等之处世方法，乃转得占优势于社会。于是社会之风纪为之破坏，社会之道德为之堕落。盖纵欲之贻害社会，非特我国为然，即西洋各国，表面上虽盛诩文明，而其里面之黑暗，常有出吾人意料之外者。某君之评论西洋社会也，谓彼等不可不飞而食肉，不然则不得不自食其肉。盖西洋人以奋斗生活，侵略他社会，充满其欲望，设无侵略之余地，则其欲望之所迫，必为社会扰乱之媒。

我国数千年来闭关自守，不与他社会相接，无所谓侵略主义，故社会形势与西洋大殊。彼等以欲望强盛之故，而刻苦，而黾勉；而我社会中之刻苦黾勉者，转为廉静寡欲之人，以其无分外之希冀，故能尽当然之职务也。我国先哲立言，皆以克己为处世之本，而绝无提倡异说者。可知吾社会所以相忍而安之道，固在此不在彼焉。我社会克己之特质，西洋人最为注目，其所称道，不暇尽述，试就丁格尔游记（译文见本志）读之，则其反覆陈说者，即为此事。兹节录其中之数语。彼谓："中国之人在此世界上，真可谓有最坚苦之力以抵当其生命之不幸及一切忧苦逼迫之局者，彼性情实不同于西洋人，其所以能忍耐非常之穷苦，真予游历时所最刻于脑筋之中而不能忘者也。"又云："国者，民之所积，观其个人之性质，可以断其国家之运命。中国人有一种绝坚苦之忍耐力，以抵当外界困难忧患之来，具此特质，必可成极大之事业，决不止抵当一身之穷苦而已。"又云："欧美今日与中国情形迥别。然余与中国人同居既久，觉欧美之文明，使人心终日扰扰不能稍休者，鉴于中国人真实朴素之风，正当引为针石也。"彼之所言，实能洞见东西社会根柢上之差异。故我今日社会中之欢迎物质文明，仿效欧美奢侈之生活者，实破坏其社会之特质，而自速其灭亡。此即伊索寓言中之乌鸦，以投河澡羽，学天鹅而死者也。抑克己的处世法，亦非绝无流弊者。以其专避危险之故，致才智不能发达，精神不能振起，遂成卑屈委靡、畏葸苟且之习惯。我今日社会之所以对于西洋社会而情见势绌者，未始非克己的处世法之恶果，是固不可不采奋斗的处世法以救济之。然祛其流弊，决不可毁其特质。奋斗与克己，其末流虽若背驰，善用之则亦有相辅相成之效。惟克己始能奋斗。纵欲之国民，常失其奋斗之能力。览六朝之兴替，观罗马之衰亡，俱足为社会之殷鉴。今日欧美社会中文明病之流行，识者亦抱无限之隐忧，盖为此也。吾东亚人民，欲于欧风美雨之中免社会之飘摇，亦惟有保持其克己之特质，以养成其奋斗之精神而已。

五、个人的计算

吾今更离开社会之关系，专就个人上计算，以考定处世之方针。所谓个人的计算者，即计算其如何可以得幸福，如何可以避危险之谓也。抑世人之计算，常有大相矛盾者，欲得幸福，而转失其幸福；欲避危险，而转罹于危险。如此者盖比比而是矣。彼欲得幸福者耗其资财，竭其精力，以充满其物质上之欲望，锦衣玉食，广厦细旃，彼固以是为幸福也，不知生活所须之物质，过于贫乏，诚于幸福有损；过于富足，亦决不可谓之幸福。吾人不食则饥，多食则病，此理固显而易见者。故吾人为真正之幸福计，则必须之物质，正自无多，若为欲望所驱而无理性以制之，则身心为物质所役使，转不能领略其真趣，其为幸福之障碍，正与贫乏者无异。乞丐行吟，富豪蹙额，此非吾人所尝见者乎？故仅知奋斗而不知克己者，决不足以得幸福也。其欲避危险者，遇事退屈，不敢稍有所活动，惟减衣缩食，兢兢焉为苟且偷安之生活。彼固以是为无危险矣，不知危险之事，无地不可有，无时不可有，全赖吾人之才智以抵御之。若不激励其才智，而以不遇危险为幸，退屈之久，则抵御危险之才智全失，转为危险所乘。彼守钱之奴，不肯斥其资财以增阅历，以广见识，韬声匿迹，若惟恐不与人世隔绝者。然强暴者得而鱼肉之，谫薄者复从而嫉忌之，刻苦贮蓄之资，或转以供他人之挥霍。即或幸免，而其人之才智卑下，已与废弃无异，既不能追随世运为共同之进步，久必为社会中落伍之人物而归于淘汰。故仅知克己而不知奋斗者，亦决不足以免危险也。今日之社会，既为物质变动最剧烈之时期，虚伪之幸福日增，真实之危险将至。吾人处世之方针，除克己外无以致幸福，除奋斗外无以免危险。能克己则奋斗始有实力，所谓无欲则刚也；能奋斗则克己始可实行，所谓以战为守也。艰苦其身体，淬砺其精神，纯洁其胸襟，发扬其志气，以祛诱惑之纷华，以担艰巨之事业，为个人计当如是，为社会计亦如是而已矣。

现代文明之弱点 *

（1913）

　　今之谈时事者，辄咨嗟太息曰：民国成立，倏已岁余，而内治之纷乱如是，财政之竭蹶如是，外交之危迫如是，长此终古，吾国将不足以自存，非速求挽救之方，无以济燃眉之急。是说也，惩于现象之脆觥，而为急则治标之计画，诚目今切要之图，吾固无辞以易之。虽然，吾国之弱点，果仅此数者而已乎？数者解决以后，吾国遂足以自存，且得跻于富强矣乎？此记者所欲一为研究者也。

　　世界一切事理，有现在，有未来。现在之事理，固宜应付也；未来之事理，亦不容漠视。《语》曰："人无远虑，必有近忧。"又曰："犹七年之病，求三年之艾，苟为不蓄，终身不得。"此未来之说也。人事然，国是亦何独不然？夫所谓内治纷乱、财政竭蹶、外交危迫者，现在之困难也。现在之困难，既已横亘于吾前，为众目所共睹，故人咸知为当务之急。且其事实逼处此，无可解免，则合群策群力以赴之，终必有解决之一日。所差者，解决之迟速，解决方法之优绌，与夫解决后之留遗后患否耳。若夫未来之困难，则事未显露，人咸忽视。然不筹之于预，迨一旦显露，固无从咄嗟挽救也。且也，现在之困难，属于政府之责任，事已形而应付之。而未来之困难，属于社会之责任，事未形而预防之。立国大计，固不宜但见已然，而忘其将然。且不宜事事诿诸政府，而人民遂可自弛其责。此又记者欲起而商榷之要点也。

　　所谓未来之困难，吾人当预为筹备者，果何事乎？则吾国文明程度是也。夫目前急务，诚无逾于内治、财政、外交三事。然使此三事者果一一解决，纷乱者不纷乱而统一，竭蹶者不竭蹶而充裕，其危迫者亦以

---

* 《东方杂志》第 9 卷第 11 号，1913 年 5 月，署名高劳。

内政统一财政充裕故而次第销除，而以吾现在文明之程度，其果可觍颜出而与列强抗衡乎？不惟对外之相形见绌也，即对内亦恐无以自立。则就吾现在之弱点，而急谋补救之策，固目前所应有之事矣。

今试就吾国文明之弱点，分为精神上、物质上两方面观之。夫吾国今日，非力求物质文明之进步者乎？铁路之修筑也，汽船之驶行也，机厂之创设也，他如家屋工场之建筑，声光热电之使用，与夫日用起居饮食衣服之琐细，无不仿效欧西，一变曩日淳朴简陋之旧习。方之文明诸先进，虽有未逮，然循此进行，似亦不至久落人后者。然返观吾社会程度，则绝少利用此物质文明以裨益己国之能力。微特无匠心独运，阐明一二新理，以发挥己有之文明，即对于输入之文明，依样葫芦，犹多缺陷。其欢迎文明也，不过如儿童之欢迎玩物，但求纵其欲望，他无所知。是吾社会乃物质文明之消耗场，而非物质文明之生产地也。吾社会人民，乃使用物质文明之人类，而非制造物质文明之人类也。长此不变，金钱日益输出，社会日益奢华，而亦日就穷蹙，岂非未来之困难耶？

若夫精神一方面，吾社会之进步，亦有绝景而驰之势。以数千年慑伏专制之民族，不数年而民权立宪之说遍布海内，且因而见诸事实，改建共和。此外如伦理、论理、教育诸问题，亦莫不有新思想之输入，甚至社会主义，文明各国尚未能实行者，吾社会亦起而唱导之，似亦足与欧美争胜矣。然细为推究，吾社会程度究足当此精神文明之名称否耶？新思潮之灌注虽弥漫全国，然知其当然而不知其所以然者，仍居多数。其影响于事实如此其速者，乃缘时势之要求，非全出于精神上之作用也。且近今所谓精神文明者，类由摹仿袭取而来，非己身所产出，而又无推测抉择之力，贯通融会之方，调剂之以求其体合。假邻人之冠服，不审其修短广狭，贸然被之于吾身，故貌合神离、削足适履之消，常所不免。其尤可虑者，一国有一国之特性，则一国亦自有一国之文明，取他人所长，以补吾之所短，可也；乞他人所余，而弃吾之所有，不可也。而吾社会输入之文明，则与旧时之国性，居于冲突之地位，绝不融合，乃欲持此摹仿袭取而来，无国性以系乎其后者，以与世界相见，是犹披假贷之冠服，以傲其所借之物主，其不贻笑者几何？不徒贻笑已也，恐将被引而与之同化，此亦当预为顾虑者也。

吾社会物质上、精神上之文明，其弱点既如此矣。夫二者，立国之大原，富强之要素也。民群所以进化，国际所以争存，咸视此二者为消长，而一切内治、财政、外交诸要政，悉包举乎其中。目前之纷乱、竭蹶、危迫者，特其标耳。不从本原上预为救正，则现在之困难虽除，而他日之困难将有什伯于是者。救正之法奈何？亦惟就物质上、精神上之文明，裁除其弱点，养助其优点，使不长此为消耗为袭取，而利用此输入之文明，以形成吾国独立之文明而已。

论者谓吾国现势，尚非适用物质文明时代。除关乎国防之战备及铁道、航业、矿产诸要项，与世界竞争有关系者，当与世界物质文明同一进行，其余各事，悉可暂仍其旧，既足养国民淳朴之风，且免巨额金钱之输出。是说也，未尝非斟酌利害切中现状之计画，而无如势有不行，无论与世界竞争之有无关系，不易区别。且社会大势，既已日趋于文明，断难强之复安于简陋。即令关系可以区别，社风可以革除，然既不能拒此物质文明之侵入，徒就一二事以为之限制，节流而不开源，则所谓有关系各项所需之文明，终不能不取材异地，其为销耗，永无穷期。夫吾社会不与世界交通则已，既交通矣，物质文明之灌输，实应乎时势之必要，断非一二限制政策所能挽回。计惟有顺其潮流，施以救正，使销耗者转而为生产，使用者转而为制造，或则销用产造，各得其平，则文明何害？文明乃愈跻吾国于富强耳。

虽然，救正之法，亦有亟宜商榷者。就大要而言，固不外振兴实业。然振兴之策，亦有本末之不同。近数年来，吾国亦既从事于振兴矣。其究也，农工两业，除创设一二具体之试验场工艺厂外，别无良果；铁道矿产，则以风气未开，资本未裕，更无成绩之可言，于物质文明上，均无何等之影响也。然则实业之所以不振者，当舍其末而求其本矣。其本维何？一、吾人无从事实业之根性；二、社会无崇尚实业之风俗；三、政府无提倡实业之实心。何为无从事实业之根性？吾国人之心理，夙以仕宦为惟一荣幸之途，自胜衣就傅以至成人，父诏兄勉，咸以此为目的，故人民之优秀者，大都致身于仕宦之中。习染既深，衍为种性，其干求禄位之智能，日益发达，日益增高，则其对于实业之观念，必自然薄弱，自然退化。观于近数年所经营之实业，形式虽步武欧西，而其部勒、其精神，终有不逮者，则以性质尚未能适合故也。又如游学实业生之毕业归国，每于政治界谋一枝栖，绝鲜用其所长，一偿负笈之初志。虽迫于无缘自见，毋亦根性留遗之影响乎？光复以来，法政学校报名者，倍蓰于其额，而投考实业学校者，寥寥无几，亦足证此理之不谬也。何为无崇尚实业之风俗？吾社会心理，每以工商二者为无关国计安危。先哲箴言，复以玩物丧志、毋或作为、奇技淫巧等词垂之简册。于是社会对于工商，除日用所需取给外，别无他望，即有发明新理创制新器者，亦不能受社会之欢迎，甚或以机事机心横加排斥。海禁未开之前，有以物品输出外洋者，且以奸商目之。其视工人也，几同佣役。诟詈商贾，动曰狙狯。入仕途者既有营业之禁，抱负高洁之士，亦每以工商贱业，鄙不屑为。积此诸因，实业自末由而振，而物质文明，遂无所丽以发生。今虽时势变迁，渐改曩日之风习。然社会心理，尚未潜移默化于无形也。至政府提倡之力，在三者中为效最微。苟根性风俗，果能改变，自无依赖政府之必要，而政府亦自不能不出以提倡之实心。且其事属诸政府一方面，非本论所注重，故不赘述。为今之计，当先就吾人根性，痛加铲除。虽其事绝非易易，然不绝其途于彼，必不能专其力于此，况改帝制为共和，实一铲除官僚根性之绝好机会。吾人当思世界物质之竞争，已周绕吾之四围而日加逼压，不自辟其物质之势力，其受朘削，胡有尽期？亟宜趁此时机，革除其重视官僚之心，引起其劳力赴功之念，使人人心理，不以分利为职志，而以生利为前提。个人之心理既移，社会之风俗，亦必因之而丕变。吾国地大物博，物质文明之原素，蕴藏至富，但有能适用此蕴藏之人民之风俗，自不难次第发达以趋于优胜也。不然者，舍本逐末，徒为形式之踸效，虽竭力经营，日求所以辟利源塞漏卮之计，其奈人民根性社会风俗之障碍何？

抑更有进者，物质文明之影响于人类，利弊亦复互见。就增进国家之富强及人民之幸福一方面观之，利益固难殚述。然其弊之所至，往往能导人心于惰逸，陷社会于奢华。巴黎、纽约为欧美两洲物质文明之中点，而持以相较，则有华实之不同，论国本者，且于此分优绌焉。吾国物质文明，尚在耗用时代，而其所需求者，乃以奢侈品为多数，人民程度，可见一斑。循此现象，本此倾向，他日纵能由耗用而进为产造，其裨益于国计者几何？此不可不预防者也。故今日而欲铲除根性改变风俗，当并此现象倾向而亦铲除改变之。又田野生活者，富国之源泉，物质文明之生产地也。近今欧美各国，每以人民群集都会引为文明过盛之隐忧。吾国文明，尚在幼稚，而都市生活之趋势，已露端倪，亦宜杜渐防微，力为禁遏，夫然后受物质文明之利而不承其弊也。

至若精神文明之不能适合乎国性，亦吾人目前亟应研究之事。持保守之说者，每谓吾国开化，远在希腊罗马以前，文物典章，粲焉明备。今虽时势变更，不能笃守闭关之故态，然所宜改革以薪合于世界之大同者，不过国体政体之间而已。若道德，若文学，若宗教，以及社会之风习，家族之制度，凡在国家民族范围以内者，固无所用其变革也。此其说诚不免胶执，然一观近今输入之文明，其影响于吾国之利害若何？亦有不能踌躇满志者。夫精神文明之于人国也，非无因而产出，亦非虚悬一物而尽人皆可适用也，必经其国若干年之历史政教习惯经验，与夫地利以及外界之关系，相劘相荡，相酝相酿，始形成一特种之文明。虽其大要为人类之所同，然必有一二端为某种人类之所独，宜于甲者，未必宜于乙也。吾国易闭关为开放，改专制为共和，形势骤变，旧时文化既不敷今日之需用，而欲由历史等种种关系，自酿一特种之文明，又迫不及待，则取他人已行之成绩，以补吾所未备，亦过渡时代所不能免者。特不可累量短长以定去取，融合新旧以期适合耳。乃吾目前所输入者，往往不审情势，刻意效颦，苟有先例之可援，便尔步趋之恐后，而与吾国之历史政教风习经验不无凿枘。比来政治之扰攘，社会之不宁，半由于此。循此以往，文明日见增进，则冲突日见激烈，而国性亦日见梏亡，后患之长，夫岂细故？故吾人现今所宜致力者，当采世界文明之所同，而去其一二端之所独，复以吾国性之所独，融合乎世界之所同，毋徒持此摹仿袭取者，慊然自足，夸耀其文明之进步也。

今试举一二事言之。如宪法者，国脉之所系，而政治精神之所借以发展者也。吾国无共和立宪之前例，自不能不取法于先进各国。顾各国宪法，无与吾国地位历史毫发悉合者，自非采择众长，就其相似之点斟酌损益，不能适合吾用。近今谈宪法者，亦未尝不注意于是，他日成绩如何，尚不可知。然或观察未确，比拟不伦，以一二少数相似之点，而强其多数之不相似者以徇之，则流弊胡可胜道？此不可不虑者也。又如政党之组织，其所以保持政治之均平，助成国家之发达者，为效至广。吾乃滥用其形式，日相标榜，以为无意识之竞争，亦可为买椟而还其珠者矣。此犹仅就政治上言之也。若从社会一方面而论，则道德新旧之殊异，理论事实之差违，两不相容，时生冲突。而言论自由、出版自由，他人用以促进文明者，吾取法焉，转成为意气之纷争，书物之滥印。凡此种种，夫孰非但求形似而不求实际之所致也？故吾国现象，非无文明之为患，乃不能适用文明之为患；亦非输入新文明之为患，乃不能调和旧文明之为患。则夫所以适用之，调和之，去其畛畦，祛其扞格，以陶铸一自有之文明，谓非今日之要务耶？

要之，吾国现在文明之不足恃，已为不可逃避之事实。目前所以无文明缺乏之感，不见有显著之困难者，盖以创痛未巨，弊害未深，故尔玩忽优游，相忘于不觉。且国基初定，扰乱频仍，对内补苴之不暇，尚无以文明与列强颉颃之余力，亦未达以文明与世界接触之时期也。然中国岂长此受人陵侮而偷安视息已乎？三五年后，内治稍宁，势不能不力求进行。出而为国际间之争竞，相形见绌，会有其时。与其见绌于将来，何如预筹于此日？则夫所以发展物质之势力，促进精神之作用，以为文明竞争之准备者，诚切要而不容稍缓者矣。谚曰：见兔而顾犬，犹未为晚。愿吾人知吾国文明弱点之所在，急起而为顾犬之计也。

精神救国论*

（1913）

　　本论题自表面上骤观之，似不过提倡军国民主义，警告吾国民，使发挥其战斗之精神，以赴国家之患难而已。然如此见解，实与本论之旨趣大相刺谬，故记者特于本论之开端，呕呕表明之曰：不然，否否。精神救国论者，乃从物质救国论转变而来，而其针对之反面，则为物质亡国论。盖近数十年中，吾国民所倡导之物质救国论，将酿成物质亡国之事实，反其道而药之，则精神救国论之本旨也。军国民主义，乃一种危险而褊狭之主义，与精神救国论绝不相容。彼主战争，以杀敌致果为目的；此主和平，以胜残去杀为目的。其相去固不可以道里计焉。

　　甚矣！学说之杀人，烈于枪炮而惨于疫厉也。当十九世纪后半期，风靡欧美流行世界者，为一种危险至极之唯物主义。此主义航渡东亚，输入我国，我国民受之，其初则为富强论，其继则为天演论，一时传播于上中流人士之间，眩耀耳目，渗入脏腑，而我国民之思想，乃陷于危笃之病态，卒至抛掷若干之生命，损失若干之财产，投入于生存竞争之旋涡中而不能自拔，祸乱之兴，正未有艾。而此十数年来欧美社会之思潮，乃急转直下，全然改变其面目，唯物论破碎，唯心论复兴，物质主义一转而为精神主义。而我国民乃犹彷徨于唯物论之魔障中，述达尔文、斯宾塞之绪余，踟蹰于此惨酷无情之宇宙中，认物质势力为万能，以弱肉强食为天则，日演日剧，不亦可为长太息者乎？

　　欧洲自中世纪以后，古学复兴，讴歌古代之文明，剿袭古代之形式，所谓拟古主义之时代。当时人间之一举一动，悉范以模型，无发展性灵之地，社会之间，寂寂然无复生气，惟受人为之迫压与文明之桎梏

---

　　* 《东方杂志》第 10 卷第 1、2、3 号，1913 年 7、8、9 月，署名伧父。

而已。物极必反，乃发生一种空疏之思想，突破藩篱，以脱去拘束之苦痛，回复自然之状态，为真正之幸福。卢骚《民约论》，即由此空想而生，以原始社会之自由状态为立论之基础，一人唱之，百夫和之，声震全欧，遂引起法兰西之大革命。自是以后，尊自由，重性法，一切道德法律，皆以是为根柢，唯心论之哲学，至此时而大昌。康德所谓"事物之真理，当求之于人间之心"，又曰"人间之心支配万事万物"，又曰"宇宙者，即吾人理想的产出物也"云云，实为唯心论之骨髓。若黑智尔之精神现象论，柏克雷（Berkeley）之经验论，谦谟（Hume）之怀疑论，孟德斯鸠之理性论，皆大同小异之唯心论也。唯心论日益隆盛，全欧之制度文物，为之一新。然至十九世纪后半，物质科学日益昌明，以空想为基础之唯心论，遂不能不服屈于以实验为基础之唯物论之下。于是以孔德之实验论启其绪，以达尔文之动物进化论植其基，以斯宾塞之哲学论总其成，唯物论哲学，昌明于世，物质主义之潮流，乃弥漫于全欧，而浸润于世界矣。

孔德之实验论，为由唯心论转入唯物论之始。其论人类心意进化之顺序，分为三段，即最初之神学时代，过渡期之哲学时代，最后之实理时代是也。神学时代之社会，为军队组织。实理时代之社会，为产业组织。其初实理隶属于神学，犹生产阶级之隶属于军队。其后实理渐明，神学之势力范围渐狭，犹之生产阶级发达，则军队从属于实业之下。而军队组织与产业组织中间之过渡期，为现时之哲学时代。盖孔德著论，在一八三零年，故犹为过渡时代也。

达尔文之研究，本以生物学上之事实及法则为主，惟其学说之影响所及甚为广泛，社会思想，遂为之开一新纪元。其学说本由马尔桑斯之人口论推演而来，一转而适用于生物学上，乃益觉精密。其主要之论旨，不外乎以生存竞争为原因，以自然淘汰为作用，以进化为结果。而其证明人类在自然界中之位置，使向来之人类观全然破坏，另建设一人类观，则尤其影响之大者。人类既为生物之一，故生物学之真理得应用于人类社会，人类社会之事实，得以生物学之法则说明之。

至斯宾塞之哲学论，应用生物学之原理，尤为广泛。一切宇宙现象，皆以进化之根本法则一以贯之，惟〔唯〕物哲学之大系，至是而完成。其进化论之法式，不外乎物质之集合及运动，且由单简之状态变复杂之状态。详言之，则其物质由不定形不调和之等质状态，变为有定形而调和之异质状态。此法式于生物体之进化，固得确证，即生物之生长，由物质之增加，及新陈代谢之不绝运动而成。自个体之发生及系统之发达观之，则自组织单简之卵或单细胞生物，进而为机官复杂之高等生物体，尤为自等质推移至异质之实例。高等生物体之机官，各具机能，互相依傍，即定形与调和之进步也。斯宾塞氏复以此法式说明天体之进化，由星雾之集合及运动而来，以各部分皆相类似之星雾，变为异点甚多之各星体，以形态朦胧内部互相冲突之星雾，变为周围明了彼此互相维系之各星体，皆为由等质而异质，由不定形不调和而进于定形及调和之证。人类社会之进化，亦为同一法式。由家族而部落，由部落而国家，即物质之集合也。原始社会，人人从事于同一之职业，各自制作其所须之物以自营生活，为单简等质之状态；进步社会，职业之分化甚著，为复杂异质之状态。故斯宾塞与达尔文之学说，虽皆应用生物学之原理，而一则以生存竞争自然淘汰之事实就人类社会观察，一则以生物体之组织与人类社会之组织比较以明社会之性质与其生长发达之法则，一属于动的方面，一属于静的方面，此二氏学说之概略也。

抑二氏之学说，流传于庸俗之间者，每多谬解。

其谬解达氏之说者，往往视进化论为弱肉强食主义之异名，乃主张强者之权利，恝置弱者之死灭，于人类社会之道德，置之不顾。实则达氏之说，决非蔑视道德者。彼谓："道德之起源，发生于亲子之爱情，扩张而为同族同类间之社会的生活，称为动物之社会的本能，与动物之自然的本能（即自己保存之欲望）并存。因自然淘汰之故，此性质益益尊重保存而增进之。盖单独生活易于消灭，故社会的本能之发达与否，亦为适者资格中之一大条件。就同一社会中之个人言，则慈悲忠实者之子孙，较之徇私纵欲及奸黠者之子孙，于个人之生存竞争上，是否得占胜利，虽未可必；而以团体竞争言，则多数慈悲忠实之个人所构成之社会，必较诸多数徇私纵欲及奸黠之个人所构成之社会，为繁荣而强固，则无可疑之事实也。彼等既知道德为成功之要素，则因同类之毁誉及教育宗教之提倡，使道德之标准渐高，善良之个人益多，亦自然之理。"是达氏之道德观念与竞争观念，实相成而不相悖。

至斯氏之学说，世或以为主张社会为有机体，专以生活的有机体之状态与社会之状态相比较，为达氏进化论之后劲，其重视生存竞争自然淘汰之理，与达氏大同小异。实则斯氏之进化说，以协力互助为人类进步之特征，已与生存竞争之说隐相对抗。斯氏谓："吾人因自己生活之欲望而有竞争，因与他人共生活与他人之要求相调和而有协力。协力也者，组织社会之行为，而社会之维持，实为此社会中各个人生命维持之手段。其初社会与社会之间，互相抗争，故常牺牲个人之福利以保社会之生命。其时之道德法，以社会之要求为重，而视个人之要求为轻，是为强制的协力。其后渐进于平和时代，个人为社会而牺牲之程度，次第渐少，社会全体之生活，以个人生活之完成为目的，强制的协力，变而为自动的协力。于是个人之要求与社会之要求，根本调和，道德法始明白而恒久。"是斯氏固以协力互助与生存竞争根本调和，为绝对之道德法，其说较达氏为精。乃世俗流传，仅窥二氏学说之半面，专以生存竞争为二氏学说之标帜，互相推演，而社会进化之学理，转为社会堕落之原因。此非二氏之过，而学二氏者之过耳。

现代社会之堕落，不能不以受唯物论哲学之影响为重大之原因。盖物质主义深入人心以来，宇宙无神，人间无灵，惟物质力之万能是认。复以惨酷无情之竞争淘汰说，鼓吹其间，觉自然之迫压，生活之难关，既临于吾人之头上而无可抵抗，地狱相之人生，修罗场之世界，复横于吾人之眼前而不能幸免。于是社会之各方面，悉现凄怆之色。悲观主义之下，一切人生之目的如何，宇宙之美观如何，均无暇问及，惟以如何而得保其生存，如何而得免于淘汰，为处世之紧急问题。质言之，即如何而使我为优者胜者，使人为劣者败者而已。如此世界，有优劣而无善恶，有胜败而无是非。道德云者，竞争之假面具也；教育云者，竞争之练习场也。其为和平之竞争，则为拜金主义焉；其为激烈之竞争，则为杀人主义焉。以物质欲之愈纵而愈烈焉，几若聚一世之物力，尽资其挥霍，而犹不足以快其豪举；以竞争心之愈演而愈剧也，几若驱多数之人民，尽投诸炮火，而犹不足以畅其野心。其抱极端之厌世主义者，以为死后之名，不如生前之酒，则有醇酒妇人以自弃其身者；其抱极端之奋斗主义者，以为我不杀人，毋宁自杀，则有行险侥幸以自戕其生者。此固不独我国之现社会为然，彼欧美劳动党与资本家之竞争，无政府党与政府之竞争，于十九世纪之末期而尤烈者，亦未始不由于此。今彼国学者方亟亟焉提倡新唯心论以救济之，而唯物论之颓波，乃犹盛扬于吾国。继此以往，社会将因之而涣散，国家即随之而灭亡，此吾所以戚戚焉有物质亡国之惧也。

抑唯物论与唯心论之转变，实为社会上压制主义与自由主义转变之先声，此可考之近世史而得其确证者。欧洲大革命之蜂起，专制政体之倾覆，以唯心论为导线，前已述及。然自唯物论盛行以后，政治上之压制，变而经济上之压制，大资本家之跋扈，殆不减于贵族，人类自由之实现，平等自动之协力，犹不可期。

就日本近数十年中之历史观之，王政复古时代之拟古主义，为旧唯心论所打破；法国派之民主说，在明治初代，颇耸动一时之人心；自由党之勃兴，民选议院之建议，皆唯心论思想之所激荡而成。当时学者之间，以较含保守性质之英国派宪政论与过激之民主论相抗持，日本国君主立宪之方针，以是而定。其时国民思想，以旧唯心论为基础，具多大之希望，向前发展。因欧美各国之治外法权不能撤去之故，政治上受一大压迫，唯心论之气焰，为之一挫。至与清俄开战以后，对外之势力稍强，治外法权撤去，遂为完全独立之国。然自维新以来输入之唯物论，至此时乃代唯心论而兴，大占优势于社会。上流人士，为虚荣心所驱策，醉心于物质文明，而以旧唯心论为空想梦幻。说人权自由者，人且匿笑之。一方面以形式的法律与官僚的手段复行独断政治，一方面假国粹主义以诱致顽固之徒，鼓吹拟古时代之道德，扑灭唯心论之余烬。一般之人民，以经济困难之故，乞食于官僚政治之下，无论为学者，为政治家，为实业家，为地方绅士，为毕业学生，熙熙攘攘，群集于政府之门，以种种之名义，丐生活资料。即豪侠之武士崛〔倔〕强之书生，亦不能不为金钱所软化。形式上为法治国，实际上变为私惠治国。如斯政治下之人民，除依自暴自弃之肉欲的刺戟以外，无以求精神之慰安，风俗愈趋于颓坏，则人心愈向于压制。日本江木博士近著之《国家道德论》，已慨乎言之。

返观我国，则自通海以来，所输入者大都为唯物主义之学说，以唯心主义之学说，与我国之拟古主义及专制政体不相容故也。甲午战役以前，李鸿章等所提倡之富国强兵论，其结果则造成一种洋务人员，在当时既目为奢侈与腐败之代表，甲午之辱，实彼等尸之。自是以后，变法之议兴，维新守旧，争持不下，而其时所输入于我国者，以唯物主义之天演论最占势力于社会，而由唯物主义产出之形式的法律学，亦同时由日本输出。民间之有志者复取唯心主义之民权自由说，以鼓吹于国民之间。此唯物、唯心之二大思潮，磅礴郁结，而成我国前年之革命。但此伟大革命事业，果为唯心论所产出乎？抑为唯物论所产出乎？以记者之所见言之，则唯心论的革命，仅主动者之少数而已，大多数之赞成革命，实由唯物主义而来。盖自生存竞争之说浸润人心，邻厚君薄之言，已为社会上不可动摇之定律。故当时各地方各团体各阶级各个人之间，几无所在而不用其竞争。革命之兴，其表面之标帜，为汉人与满族之竞争；其潜伏之势力，为官僚与亲贵之竞争；而一般之现象，则为攘夺权利者与占有权利者之竞争。故饭碗革命之新名词，在当时已哄传于道路。革命成功以后，一切外交、军事、政治、法律，殆无不可以金钱关系概之。物质势力之昂进，已达于极点。种瓜得瓜，种豆得豆，物质主义之革命，其结果正当如是。今日者，我中华民国之共和国民，以多数之生命，强供暴乱派之牺牲；以有限之金钱，代负官僚派之债务。双方压迫，殆无解免之方。彼唯心派所谓人权自由者，吾侪几不复能梦见矣。物质竞争之社会中，而欲构成真正之共和国家，发生真正之立宪政治，吾知其决无是理也。（未完）

此论文篇幅颇长，以上仅言物质主义之贻害社会，系精神救国论之 反证，尚未入本论范围，容俟次号陆续揭载。

记者附志

唯物主义之贻害社会，已如前文所述，约言之则为三端：一激进人类之竞争心，二使人类之物质欲昂进，三使人类陷于悲观主义。我国今日之社会，道德堕落之声，喧腾于众口者，推其主因，实承唯物主义之弊。国人之筹救济之策者，或欲复兴拟古主义，尊孔子为教主，规定国教以维系人心；或则仍持唯物主义以救济之，欲输入外资，振兴实业，舒展社会之经济，以弛缓目前之竞争。记者对于前策，以为昌明国学，与世界之文明，融洽调剂，诚为吾国民之天职。若欲取历圣相传之道义学术，视为宗教，以与耶、佛、回相对峙，就政策言之，或足以取悦于闭关时代所留遗少数老朽顽固者之心，而于满、蒙、回、藏之信仰，已不无关系；若就国家社会之进步发展言之，则仅能于现在之动机上，稍与以障碍，俾发生一种之反动，以酿成将来抉破樊篱时之大冲突而已。至对于次策，则振兴实业，诚不失为救国之要图，但以水济水，于社会之道德上未必有若何之影响。孔子曰："不患寡而患不均，不患贫而患不安。"国富虽增，富者自富，贫者自贫，不均不安，犹是今日，况生活程度日高，贫者益难存立，竞争或且更甚。盖吾人精神上无形之道德，殆非物质上有形之金钱所能购致也。系铃解铃，欲救济今日之社会，不可不揭示唯物论之破绽，打破唯物论之根据，使知吾侪向来所认为万能，奉为天则者，在现世纪中，已确知其为一种谬误之学说，而吾侪社会之所以日益堕落者，实因此谬误之学说，潜滋暗长于社会之里面，使社会向上之动机，陷于迷惘之故。今者唯物论之势力，在欧美之社会间，已不能保其桑榆之末光；精神主义之新唯心论，已如旭日东升，为社会间扫除翳障。记者不敏，谨就所知，介绍一二，若求其详，则在专门家之研究与有志者之提倡已。

　　夫达尔文、斯宾塞之学说，虽非蔑视伦理，毁弃道德，而其根底则为唯物论，已为学者所夙稔。当时与达氏并世，鼓吹达氏之进化论，对于宗教家之攻击达氏，辩护最为有力者，莫如赫胥黎。然赫氏对于达氏所主张"道德的本能亦不过生存欲"之谬见，则极反对之，主张限制竞争说，力纠达氏之谬点。大致谓自然界生存竞争之现象，初不可以人间道德之见地观之。狼之逐鹿也，自吾人观之，狼之狠也可恶，鹿之苦也可怜，人若助鹿而免其死亡之厄，则谓之勇敢，谓之慈爱；若助狼而遂其流血之惨，则谓之野蛮，谓之残酷。若夫自然，则右手助狼，左手助鹿，善行恶行，同时并行。自然之地位，完全中立，无善亦无恶，无所谓道德，亦无所谓不道德，只可谓非道德而已。人类之初，弱肉强食，犹与禽兽无异，全然营非道德的生活。人类社会之进化云者，即自此境遇中脱出，由非道德的人类，变而为道德的人类之谓也。脱离非道德的进化律自由发展之动物世界，建设一道德的进化律所支配之人间世界，以共同之和平，代相互之争斗，使生存竞争，受若干之制限。文明愈进，制限愈严，个人之自由，以不害他人之自由为限。此即赫氏限制竞争说之大意。对于达氏进化论，以生物界之生存竞争，适用于人间社会，已表否认之意。同时更有乌尔土氏，亦生物进化论之骁将，然已证明自然淘汰说不能为一切进化现象之总解释。乌氏划有机界之进化为三大时期：第一，自无机界入有机界。此赋与于原生体之生命力，其起源如何，全然在自然淘汰说所得说明之范围以外。第二，自植物界进于动物界。发生感觉及意识，此亦决非物质或物质之法则所能说明。第三，则人类高贵诸机能之显现。是亦非有机界进化之法则及人类肉体进化之法则所能说明。以上三端，属于不可见之精神世界，而物质世界从属之，若重力、分子力、原子力、发光力、电气力等，亦存在于此精神世界中；若此无形世界中之势力，偶有缺失，则物质世界，即不能保其存在。吾辈考赫氏及乌氏之说，一则以人间世界脱离动物世界而进行，一则以精神世界超越物质世界而存在，其根底上实为心物二元论，与达氏、斯氏之说，已异其趣矣。

　　赫氏既知生存竞争说之不能泛用于人间世界，乌氏更言自然淘汰说之不足以说明精神世界，于是英人特兰门德（Drumont Henry）氏著《人类向上论》（*Ascent of man*），其名称与达氏之动物进化论相对照，其内容提倡爱之进化，与达氏之竞争进化相对峙。特氏谓生物为生存而努力者有二：一为维持己之生存，一为维持他之生存。生活之网，乃以此二种之丝结成之。为己之生命而努力，乃有竞争，而其为他之生命而努力者，即伦理学中之所谓爱也。爱之云者，非近世所发见，非后天之观念，非宗教伦理文学美术之所产出，其根源于地球上原形质现出时相时并生，其发生及进步，自有独特之系统。从来言进化者，以进化之主要素为竞争，而不知以爱为一大原理，是仅注意于为己之生命而努力者，而于其为他之生命而努力者，则忽而忘之也。夫生物与无生物之区别有二，即营养与生殖而已。营养者，自外部吸收物质于体内而同化之，是为己之生命而努力也；生殖者，区体内之一部分而养育之，使分离于体外，另成一生活体，是为他之生命而努力也。故原形质中，利己主义与利他主义，同时并存。下等原生细胞之个体分裂，即牺牲自己以成多数之生体，即爱之原始的作用。至高等植物，则生殖机官与营养机官，同一完备。吾人若观察花、果实及种子之一切机能，则知其为他之生命而努力者，其进步已著。入动物界则生殖机能，益益进步，爱情已显露其端倪。至人类而保抱提携，鞠育教诲，亲子间之爱情，发达已极，推之而家庭也、国家也、社会也，皆爱之所创造者也；同情也、协助也，皆爱之所产出者也。盖爱之意义，非仅父母对于其子女而存，子女者，只爱之精神最显著之发表机关而已。爱之真意义，即牺牲自己以保他之生存，并无所向之物。父母之生育子女，其初为生理的活动，其继为伦理的活动。方其生也，生理作用也，然生理作用方毕，而伦理作用即起，伦理的爱，所以继生理的爱而完成之者也。以生理学中未终了之爱，入伦理学之范围而继续之，其爱乃臻于完成。而人类之生存，不能不依赖此伦理的活动，此则所谓爱之进化也。自特氏之说出，而生物学与伦理学乃连络矣。

特氏发明爱之进化说，既于竞争进化以外，立进化之新原则，俄人克罗帕得肯（Kropotkin Peter Alexeivich）氏，更著《协助论》以引申之。克氏曾在东部西比利亚及北满洲地方，观察动物之生态，见动物之间，因食物缺乏之故，生相互之争斗，其结果则不但不能使其种族进于优等，且其体力与健康，皆渐至于衰弱，因知竞争剧烈之生物种族，决无进步之事。到处目睹动物社会，则协力互助，实为持续生存之要素，自然界中竞争之法则，与协助之法则并行，而种族之进步，实以后者为主。克氏以此见解为基础，叙述动物界中互相协助之事实，进而至于野蛮人种、未开人种、中世之都市、现代之生活，精细论述。而以协助之起源，为基于亲子之感情，其思想与特氏同一系统。惟克氏之说，较为探源立论，而材料亦更为丰富矣。

达氏进化论发明以后，应用生存竞争之理，而别抒新机轴以贡献于思想界者，为英人颉德（Benjamin Kidd）氏，所著《社会进化论》颇耸动一时。其说之大要，以为生存竞争及自然淘汰者，实十九世纪之一大发见，不变不易之原则也。人类以前之生物历史，即无间断之进步记录，同时即峻烈的生存竞争之画图；竞争与淘汰，实生进步，苟不退步之生物，皆与竞争淘汰相随伴。至生物中最高种族之人类，始有二大新势力作用于其间，一曰理性，一曰社会的感情。此二大势力互相作用，人类生活之状态，顿为一变，现种种复杂之进化形式。盖进化论所谓适者生存，同时即含不适者灭亡之意，是固进化之必要条件。而自理性之见地言之，则此状态决不能满足。理性者，以个人之利福满足为主。人类各自之理性，皆欲其生存之安固，则希望自然淘汰之废止，实理性当然之要求。易言之，则理性之要求，为阻止人类之进步者。人类社会之实际的状态，是能容如是之理性作用乎？现今欧洲最高之文明社会，尚有多数之人类，飘荡于竞争之涡中，理性之制裁，终无何等之效力。方今所谓劳动问题，如何而起乎？大多数之民众，饥饿困苦，而少数之阶级，安逸骄奢，不平之声，遍于社会，理性之制裁，对之亦不知所措。以赫胥黎之健实思想家，乃不过学失意者之口吻，以为大多数之困苦，无救济之法，则不如彗星自天外飞来冲破地球之为幸。是言也，亦可以证明进步之条件如何严峻，理性之效力如何薄弱矣。理性之所主张，在使强弱贤愚，悉遂其生存之欲，故理性之极致，即白克尼一流之无政府主义也。（记者按：观颉氏此言，可知欧人所谓无政府主义，与我国人之见解全别。我国人所谓无政府云者，即弱肉强食无复有机关以制裁之，正与颉氏所言相反也。）进化之条件，实与理性相反，而社会的感情者，则又与理性相反者也。社会的感情，即牺牲各个人之福利，以谋全社会福利。人类之进化史，实理性与社会的感情不绝冲突之历史。二者既互不相容，于是宗教出现，对于理性之要求，加以超理性的制裁力，抑制各个人之主我心，以完全社会进化之活动。故宗教者，实与自然界生存竞争之理法相提携。泰西文明之发生，在基督纪元之初代，此时罗马帝国之伦理组织渐坏，失制裁人心之活力，基督教代之而兴。此宗教如何而起，如何而弘，决非理性之所产，决非智力之所得。信仰而传宣之者，多不学之平民，在学者视之，反以为浅薄。当时基督教与理性派，既不免有不相容之观。十二三世纪时，理性之活动，几全然停止，苟理性之与教会相反者，无论何事，皆不能为，是所谓黑暗时代也。然以是谓欧洲近世文明，与宗教无关系者，实皮相之见。近代文明，不过以当时潜在之势力，变为显著之势力而已。十三四世纪间之长年月，为宗教组织生长发达之期，犹种子之埋于土中，随时而发。文艺复兴以后，理性渐露头角，起思想界之大革命，近世文明，焕然出现，人多归之于理性之胜利，是果合于事实乎？泰西文明发达之第一势力，即基督教之爱他的精神。精神之所横溢，特权阶级等社会上之障壁，次第撤除，人民悉为平等，以平等而自由生，以自由而竞争盛，以竞争而进步显。近代文明之激进，此为根本的动机，理性不过第二之势力而已。颉氏之说，以宗教与竞争进化相提携，实为创见，而于泰西文明发达之关系，则确有见地。向来视进化论与宗教相抵触而不能容者，至是而思想为之一变。至其以理性为利己心，而此利己心之要求，在竞争废止；社会感情为利他心，而此利他心之活动，使竞争进行。皆与寻常之见解相异，批评非难之者颇多。

以上所述诸氏之进化论，大都以伦理学的观念，补足生物学的原理，其根底皆为心物二元论。至美人巴特文（James Mark Baldwin）氏，始从心理学的原理上，建设社会进化论，于进化论之历史上开一新纪元。同时德、法诸国提倡此说者，名家辈出，均与巴氏相颉颃。至近年而学者之研究，倾向于此方面者，益复隆盛。于是人类社会进化之观念，自生物学之基础上，移置于心理学之基础上。此研究虽非由巴氏开宗，而巴氏实可为其代表。巴氏所著《儿童及民族之心理进化》，以儿童与民族之发达为比较，与生物学中，以个体发生为系统发生之缩图，互相对照。其学说未尝不从生物学中得其暗示，且其学说中以生物学之理法为比照者颇多。然其比照生物学理法之处，决非适用生物学之理法，而别立心理学之理法。其社会进化论之要旨，开宗明义，亦比较生物学之理法以说明之。生物之进步，有二种作用：一、生物间两性相交所生之新个体，具父母中间之性质。其父母所具优良之性质，虽遗传于子孙，然不能使之较为进步，宁以两性平均之故而反见退步，是为减退作用。然生物学上变种之现象，往往两亲所不有之性质，突然现出于子孙，是为变异作用，其具优良性质之变异，因自然淘汰之法则而保存。
故前者之作用，使各个体之性质，达于平均，谓之普遍化之作用；后者
之作用，使超凡个体之性质，影响于种属全体之将来，谓之特殊化之作
用。人类社会，亦行此生物学之二大法则以进步。思想家生新思想，以
变更社会之信仰、意见、制度、仪式。发明家改革劳力之器关，于贸
易、交通及其他之方面开新纪元。他如解放奴隶，改进妇人地位，扩张
人民自由，皆由个人之反感，生全体之改革，法律政治，无不皆然。故
与社会以活气而生进步之效果者，不得不赖个人之力，是即特殊化之社
会力也。此特殊化之社会力，常作用于社会中既普遍化的基础之上，故
个人之发明发见，必先学得现社会上所既有之智识而后可，思想感情之
改进，亦必就现社会之思想感情参照而判断之。特殊化者，非创造之
谓，各个人以自己之心力，受社会的暗示，或同化，或排除，本自己之
选择，以行特殊化，供给社会，社会乃以个人所特殊化者为普遍化。如
一法律也，一个人作成之，依众个人之同意而成立，是即普遍化之一
例。有时其成立之法律，或制度、仪式、风俗、习惯等，既为众人所是
认，而其创始者为何人，发起者为谁氏，杳不可知，几如社会之共同生
产物者，是又普遍化之一例也。且第一普遍化之作用方完，第二之特殊
化又起，则其结果再起第二之普遍化，既普遍化以后，成为永久确保之
性。社会真实之进步，不能依个人之特殊化而量度之，当就其社会所普
遍化者而量度之。至特殊化与普遍化，其倾向略殊，因社会生活，有二
种显著之倾向，一为智的，一为伦理的，二者常不一致。普遍化之作
用，当智与伦理冲突时，常使前者屈服于后者，甚至加压迫于其个人之
身体，又加于其产物。若因智力之反抗，使其伦理观念，较高于现代普
通之标准，则此特殊化之作用，大助社会之进步。

以上为巴氏论心的进化之概略。其立论之大略，以社会之进步为心
理学的而非生物学的。其显著之差异：一、生物界之变异为个体，而社
会之变异，非个人之体质而为内容之思想；二、生物之遗传，使各个体
向平均常态而为普遍化，社会的遗传，常向新思想新发明新感情之高水
准。故社会有机体之语，缺点甚多，不足示社会之真相。自然淘汰，虽
为生物进化之法则，然有智性之生物，能依思考与意思之力，营适合作
用，使自然淘汰生一大障碍，智性既生长，感情亦共同发达。动物之结
合社会，即使其所属之个体，免于自然淘汰之直接作用也。至于人类，
此感情与智性结合，协力互助以减杀自然淘汰。或谓自然淘汰，既为生

物进化之法则，则减杀其作用，是不能进化也。不知就物质遗传而言，则此智性与感情，固为进化之阻碍，然吾人之进步，不在物质的遗传，而在精神的遗传，依教育之结果，使后世之人，皆得前时代之造诣，且将个人之造诣，依普遍化之作用，使社会全体，得同一程度之造诣。盖人类社会之进化，既自生物学的进化，变而为心理学的进化矣。

近年以来研究社会学贡献最富者为胡德（Lester F. Ward）氏，其所著《社会动学》、《文明之心的要素》及《纯正社会学》、《应用社会学》等，于研究斯学者之裨益良多。其社会动学之所考究者，即社会体制之变化。变化之结果，或为进步，或为退步，而发明其原理者，即社会动学也。社会动学中有三大原理：一为内在力之差异，二为新生命，三为行意力。内在力之差异者，谓社会之间，各具内在力，以行生长繁殖。因人口增加，突出国境以外，与信仰习惯言语倾向相异之他人种接触，而战斗，而调和，遂使文化相混淆和合，或统制之。进步云者，即相异的要素混交之结果也。新生命者，与生物学中变异之现象同。通常有机体，仅于遗传之范围内，就已得之体制，反覆增殖。而生命之力，破此范围，是为新生命。社会之新生命，如思想之改革、事物之发明皆是，此现象全为心意之活动。盖社会亦与有机体相似，往往有余剩之精力，不分布于全体之社会。大多数之社会，除体制之反覆增殖以外，不为何等之活动，而此精力常集中于或场所或民族，集中而后，再分布之。新生命即由精力之集中点发生，社会之进步，毕竟由此新生命之连锁而成。行意力者，人类发生行为之动机，得约之为三种：一为欲满足其欲望，二为欲保续其生命，三则使外围变化是也。欲望不满足则感苦痛，满足则感快乐与幸福，然既满足以后，别无所余，其结果与动学无关系。保续生命，亦于进步无效果。盖此二者，不外生物的营养、生殖之二作用。社会之进步，实以第三动机为主，即使外围变化之行意力是也，是不但于经济产业之方面如是，即美术、智识、伦理各方面亦然。夫文明者，人间所成就功绩之总称，而心的功绩，比物的功绩，尤为可贵。不朽之业，属于后者，然此精神的贡献之本质，不外更变物的外围，使适于人间之利益，而社会之进步，即自此行意力而发生。然此行意力之本质如何，则努力而已矣。欲变化外围，其障碍大者，努力之量亦不得不大；其目的远者，努力亦当耐久。结果之量，殆与努力之量成正比者也。生物学上亦有可名为行意力者，即拉迈克（Jean Lamarck）所谓使用（生物体之诸机官，用之则发达，不用则退化，此说称为拉迈克使用说），亦不外努力而已。此固生物学之原理，与偶然变异，同为种之变化之起因。在生物学，则外围使有机体变化；而在社会学，则人类使外围变化。斯则原理同而活动之样式不同者也。

此胡氏社会动学三原理，亦与生物学之原理相比照。生存竞争者，即差异之内在力相对抗也。惟达氏之说，注重于竞争，而胡氏之说，则注重于调和而生新样之体制，用意稍殊。至生物之偶然变异，即社会新生命之理，使用说又与努力之观念相同。然其社会进化之观念，为心的进化，非物的进化，则与巴氏之学说，同为唯心论，即现时所称为新唯心论者。胡氏之努力主义，尤代表新唯心论之真谛者也。

> 本论介绍达氏、斯氏以后诸家之进化论，可与本志九卷第八号之《新唯心论》及前号《现今两大哲学家学说概略》参看，以见欧美进化论之发达，由唯物论转变为心物二元论及唯心论之次第。而进化之原理，于生存竞争以外，尚有种种学说，亦可概见。惟所介绍诸说，多从日本译书中采辑，辗转迻译，不免谬误，且摘要举示，于诸氏学说，亦不免有得粗遗精之处。我国关于此等学说之译著甚少，或者借此一脔，得引起我国人之兴味，而提倡之而研究之，则精致完全之著作，当不难出现。以后当就诸家学说，以记者之见地，妄为取舍，以明精神救国论之本旨。
>
> 记者附志

> 《大学》之首章，揭示心理学进化论之要旨者也。明明德者，个人各以其心之所得，发明理法，显现于社会，即特殊化之作用也。在新民者，以个人之所得者为普遍化，而社会乃显著进步，成日新又新之新社会，即所谓心理学之进化也。在止于至善者，言社会之普遍化，常倾向于伦理，以至善为进化之目的也。故新唯心论者，《大学》首章之注解也。

达氏、斯氏以后，欧美学者之进化论，既自生物学的基础上移置于心理学的基础上，吾辈涉略诸家之学说，觉进化之理法，固大有研究之余地，决非生存竞争自然淘汰之一种理法所得包举无遗。语云：学然后知不足。或反言之曰：知不足然后学。吾辈既觉竞争淘汰说之不足于吾心，则必更求其可以餍足吾心者而学焉。诸家学说中，若胡氏以变化外围为人类之行意力，是以意的能力，为社会进化之本质。特氏则提倡爱之进化说，颉氏更言爱他的感情为泰西文明之特色，皆以情的能力，为社会进化之本质。巴氏以特殊化为倾向于智性，更以智的能力为社会进化之本质。大都就心理之三方面中，各捉其一方面之要素。吾辈今日将奉一家言以为圭臬乎？抑将综合诸家之说而求其汇通乎？唯心论之真谛果何在？唯物论之破绽果何在？是皆吾人所亟宜研究者。记者不揣谫陋，欲以管窥蠡测之见，妄为钻坚仰高之举，非敢谓集诸家之大成，亦惟望吾国民发展其自由之思想，勿为竞争淘汰说所锢蔽，至生心害事，生事害政，以陷其国于灭亡之惨而已。

　　吾辈研究诸家之进化论，而知宇宙进化之顺序，可分为三阶段：一为无机界之进化。盖宇宙之最初，各电子分离而独立，电子集合而为原子，原子集合而为分子，分子集合而为物体，是即无机界之进化也。二为有机界之进化。即由单细胞之原始生物，进而为机关复杂机能活泼之高等生物是也。三为人类社会之进化。即由蒙昧未开之原始人类，进而为智德高尚连带切密之人类社会，即斯宾塞氏所谓超有机界之进化是也。此进化之三阶段，分而言之，则有各别之理法焉。无机界之进化，属于物理学（或理化学）的理法，如电子之涡动力、原子之化合力、分子之凝集力，皆可以力之作用说明之。有机界之进化，属于生理学（或生物学）的理法，如拉迈克氏之使用说、斯宾塞氏之外围影响说、克利加氏之偶然变异说，皆说明生命力之作用者也。超有机界之进化，属于心理学的理法，如巴氏所谓特殊化普遍化之作用，与胡氏之努力说，皆说明心力之作用者也。又将此三阶段合而观之，则为宇宙之进化，有普遍之理法焉。此普遍之理法，属于哲学的理法，哲学中所谓"分化与统整"（Differentiation and Integration），即说明造化力之作用者也。

　　宇宙进化之理法，为分化与统整，欲详述之，固非本论所能尽，兹略述其大意。无机界中，以均等之电子，涡动而成八十余种之原子，化合而成数千百种之分子，凝集而成种种之物体。分子之内部，有基核伊洪之分化，而以涡动力化合力统整之。各分子之间，又以重量性质之不同而分化，而以凝集力及粘著力统整之。至入有机界，则结合单简之细胞，构成繁复之个体，个体之内部，以机官之构造而分化，而以生命之连锁统整之。各个体之间，以个体之变异而分化，而以杂婚之关系统整之。至于超有机界，则积单简之感应作用，构成繁复之心理作用，个人心理之内部，以智情意之复杂而分化，而以意识之主宰统整之。各个人心理之间，以特殊化之作用而分化，以普遍化之作用统整之。故三阶段之进化，皆一方面向分化进行，一方面向统整进行，其理法甚显。若联络三阶段而为宇宙的大进化，其理法亦不外乎此。由物理的进化，而弥漫之星雾，变为各别之星体，其分化之端倪已露；进而为生理的进化，则块然之无机体，现出种种之动植矿物，其分化之现象益明；更进而为心理的进化，对于自然之构造，佐之以心意之经营，天演与人治，互相对待，而分化益无究极矣。然物理的进化，对于宇宙间之万有，仅仅以物体的摄引力互相摄引，使其集合于摄引力之中心，不至离散而已。至生理的进化，而万有之间，乃以生命力为同化之中心，从事于生命之繁孳，生物体与万有之间，乃现种种之关系。至心理的进化，则以人间之意识为中心，对于自然界为意识的统整，宇宙间种种现象，一一吸收于吾心，吾心中种种之现象，亦一一影响于自然界。统整无止境，即进化之无止境也，此宇宙进化之大意也。

分化与统整，为宇宙进化之理法。理法云者，从进化之形式上考量而得，然形式附丽于本质，故研究进化论者，不可不从本质上考量之。本质上之考量云者，换言之，即考察进化之目的也。向来生物学中，常以生物进化之形式，从关系于生物体之利益不利益上加以观察，而以生活上之利益，为生物进化之目的。至斯宾塞氏，则专就形式立论，而置目的于不顾。斯氏曾言："世人普通思想，以〈财〉富之蓄积、智识之增加、自由范围之扩张，为社会进化之目的。欲知正当之进化，不可不离人类之利益而别有所考察，盖社会之进化，即存于此社会有机体之不绝变化而已。"云云。后之学者，汲斯氏之流，故专重进化之形式，而蔑视进化之目的。至胡德氏始反对斯氏之说，谓体制之进步，不过为对于目的上之一方法。胡氏又谓社会之进化，与人类之幸福相关联，而所谓幸福者，即在人类内有的自然能力之自由活动。

吾辈就胡氏之说而引申之，以为宇宙进化之终极目的，殆非吾辈所能知，吾辈之所可知者，仅各阶段中之目的而已。无机界进化之目的，为质力之保存，简其词则曰存在。盖电子因涡动而不散失，物体因摄引而不涣散，无非保持其存在而已。理化学中所谓物质不灭能力不灭之定则，即此存在之目的所显现者也。至有机界进化之目的，为生命之繁孳，简其词则曰生存。盖生物体制及机能之进步，皆本于生存之利益也。若夫超有机界进化之目的，则为心意之遂达，胡氏所谓内在力之活动自由，即属此义。世人往往以吾人人类之目的，亦在生存，与有机界之目的相同，实不免于谬误。予非谓超有机界中，全无生存之目的，然生存以外，固尚有心意遂达之目焉，犹之有机界中，亦不能谓其无存在之目的，然存在以外，固尚有生存之目的焉。不有质力，安有生命？

不有生命，安有心意？故生存之目的中，自然兼有存在之目的；心意遂达之目的中，亦自然兼有生存之目的。顾谓超有机界中，兼含有生存之目的则可；谓超有机界中，仅以生存为目的则不可。彼义烈之士，或审于理，或迫于情，或动于意，以心意之不得遂达，而掷其生命者甚多，可知吾侪人类，固于躯体之生存以外，别有高尚之目的存乎其间。语曰：不自由，毋宁死。自由云者，即心意遂达之谓耳。夫心意之遂达，不能不与生存相关联，故二者常若合而为一。然当欲生欲义，二者不可兼得之时，则取义舍生，超有机界之目的，遂全然脱离有机界之目的而独显矣。或又谓有机界中，亦有心意遂达之目的。胡德氏曾谓增进适意状态为生物进化之目的，其于有机界之进化，亦注重于心理可知。然生物之适意目的，可以生存之目的概之。盖心意之原始作用，本包在生理范围以内也。至于人类，则生理作用中之一部，即心意作用，乃特别发达，与他之生理作用，绝靱而驰，遂于生理的进化以外，别开心理的进化之一阶段，而心意遂达之目的，乃不能为生存目的之附属物，转使生存目的，附属于心意遂达目的之下矣。

有机界之进化与超有机界之进化，理法不同，目的不同。世之操生存竞争说者，欲以生物界之现象，说明人类社会之现象，至使人类社会堕落于禽兽之域，其谬误既不待言。即就生物界而言，欲以此生存竞争之说，说明生物界之一切现象，亦殊多谬误。生物进化之目的，既在生命之繁孳。繁孳不已，不能不受外围之制限，而为其目的之障碍，于是生物以欲达其目的之故，不能不与外围之障碍力相抗争。不幸而外围之障碍力强固，致无数生物中之抗争力稍弱者，不能排除此障碍物而丧失其目的，仅仅留遗此抗争力较强之少数生物，犹得继续其目的而与之抗争。譬之军队，向敌军进击，因敌军之强悍，致多数军士陷于死亡，仅留少数精壮之军士，与敌军继续战斗。而吾侪之观战者，乃谓此队军士，实互相竞争，其多数之战斗力较弱者，自然为少数之战斗力较强者所杀灭。如此评论，固合于事实否乎？夫动物食植物而生，食肉动物又食他动物而生，生物界中，非无自相残杀之事实。但此特一部分之现象，非生物界全体之现象。研究生物者，决不宜略去其对于外围抗争之现象，而尽以生物间互相竞争之现象说明之。至以竞争为进化之原因，则尤不足取信。生物之体制，由不优良而变为优良，是果竞争之效果耶？使生物之内部，无变异之本能，具有自不优良而变为优良之能力，则虽日事竞争，其不优良也亦将如故。则进化之原因，不当归之于相互之竞争，而当归之于个体之变异也明矣。惟个体有变异之本能，故或为偶然变异，或于受外围刺戟时，以使用而发生变异，皆为生物进化之内的原因，而对于外围之抗争，则生物进化之外的原因也。

以生存为目的，以在内的变异与对外的抗争为原因，遂演成分化与统整之形式。盖单细胞独立，变异不著，即抗争不强，各细胞间乃为生理的联合，成复细胞之个体。个体以内，各机官分工互养，一部分之枯荣苦快，悉与全体相关，此等现象，有协助而无冲突。惟生理的联合，其范围不能过广，否则因其周围营养物之不给，转有碍于生存，故各个体之间，不可不另有联合之方法。但个体间联合之方法，其纯属于生理者，只有杂婚之调和，以互换其优良之性质而已。于是于生理的联合以外，别为心理的联合。心理的联合者，甲之知能传于乙而与之共知，甲之情能感于乙而与之同情，甲之意能达于乙而与之同意，生命虽各具，而心意则相通，于是各个体乃联合而构成社会。此心理的联合，在有机界中，已具雏形，故动物亦有群居之族类，至其发达显露，乃入超有机界进化之阶段矣。夫心理的联合，本继生理的联合而起，将以扩生理联合之范围，使各个体之间，互相协助而无冲突也。今日之人类社会，固以互相协助而成立，而其间尚不能无互相冲突之迹者，则以进化程度之未臻，致心理联合，尚不能如生理联合之切密，是实人类社会之缺憾也。弥补此缺憾，使社会之内，有协助而无冲突，心理的联合，一如生理的联合，则唯心的进化论应用之旨趣已。

论者谓吾人心理中，常具有互相反对之二方面：一为自利的，一为利他的；一为自己之生存，一为与他人共生存。从社会上之事实观察之，则自利者不可不利他，利他者未尝不自利；欲自己之生存，不能不与他人共生存。二者本互相融合。而在吾人之心理上，则二者尝不绝冲突。吾国往古之思想家，有以理与情为互相冲突者，有以理与欲为互相冲突者，又有以性之善恶相辩难者。欧美哲学家，亦为类似之思想，如颉德氏谓理性与社会的感情相反，巴特文谓智与伦理不一致，皆即此义。大抵吾国普通思想，以理本于天，故称天理；欲起于人，故称人欲，又以其为生物所共有，故称物欲。理为中正，欲为偏私，二者常相反对。吾人之性，本于天，合于理，故曰性善。情则为性之所表见，若性为人欲所蔽，则发而为情，即偏私而失其中正，亦与理为反对矣。夫理得于知，欲现于意，同为心理之一方面，何以互相冲突乎？予谓理者，存于宇宙间，吾人以知性推考而得之，以知率情，以情发意，此高尚之心理，纯乎心理作用者也。欲者，存于吾身，冲动吾意，以意率情，以情掣知，此卑劣之心理作用，根于生理作用而起者也。古圣贤之所谓克己无我，及宗教家之所谓解脱等，皆使心理作用，超脱于生理作用以外，而不为生理作用所牵掣而已。故吾人之心，当超然离立于宇宙之间，如太阳之丽于天空，照察万有，而吾人之身，当使其为宇宙间忠勤之仆役，受心之命令，为世界作工。至饮食衣服居处等一切卫生之事，乃此仆役作工所得，应给与之赡养费，非主人自养之资料也。苟人类社会之中，各个人之心灵，皆超然离立于宇宙之间，以察万有之理，互相通达，互相联合，督率仆役，为世界作工，则社会自臻于完成之域。若竞争之说，乃唆使主人，各率奴仆，弃其工作，以互相争斗者也。吾虚灵不昧之主人，勿可再受此蛇鬼之诱惑矣。

今日吾国之社会中，亟亟焉为生存欲所迫，皇皇焉为竞争心所驱，几有不可终日之势。物欲昌炽，理性牿亡，中华民国之国家，行将变为动物之薮泽矣。旧道德之强制的协力，与宗教之超理的制裁，既不能复施于今日之社会，吾侪今日，惟有唤起吾侪之精神，以自挽救而已。新唯心论者，即唤起吾侪精神之福音也。吾侪今日之生存，既大受外围之障碍，吾侪欲拔除此障碍，以保持其生存，是亦吾侪当然之目的，即前所谓超有机界中，非全然无生存之目的是也。但吾侪若仅仅持此生存之目的以进行，且以竞争为达其目的之手段，是实大背乎理化之理法，将永无达其目的之时矣。

夫生物之生理的联合，本为达其生存之目的而起，以生理联合之范围不能过广，乃进而为心理的联合，于是生存目的以外，更发生高尚之目的。此目的虽与生存之目的并存，而实较生存之目的为重，若失此目的，则生存之目的亦将不能幸保。即或幸保焉，而为牛马奴隶之生存，为地狱火坑之生存，亦大失其生存之旨趣。故吾侪今日，不可以生存之迫而役役于此卑近之目的，当开发进取，以赴心意遂达之目的。心意遂达云者，非纵恣其心意之谓。吾人心理中知情意之各方面，皆有自卑登高之倾向。未开之人种，知识卑陋，情意薄弱，因心理之进化而达于高明强毅。故遂达云者，即使其心之能力，自由向上发展之谓，即孔子之所谓君子上达是也。又吾人之心力，常欲变化外围，使勿为吾人生理上及心理上之障碍。遂达云者，即遂达此变更外围之心力，即胡德氏所谓行意力是也。

遂达心意之法则：一、在使其心理勿受生理之牵掣，是为心理向上之总则。二、各自发展其心力，于社会中既普遍化之智识、感情、意志上，更求进境，或为学理上之发见，或为艺术上之发明，各专一门，各精一事，是为心理上分化之法则。三、社会上各个人所发明发见之新思想新法则，当以吾之心理，精切推考而选择之，且当设法以便利社会间心理之交通（如学会、讲演会、宣讲社、书籍、报章、杂志等，皆为心理交通之机会），促进社会之普遍化，使社会中各个人之心理，渐渐融洽，是为心理上统整之法则。四、常坚持其心力，勿使弛懈，并督率其身体，为世工作。五、各个人之间，当力谋心理的联合，厚集心力，以变化外围之境遇，勿为相互之冲突，以减杀其心力。以上二端，为努力之法则。此诸法则，不过就巴氏、胡氏诸家之新惟〔唯〕心论，引申其义，而皆为今日救国之良谟。吾国人诚能推阐新惟〔唯〕心论之妙义，实行新惟〔唯〕心论之训示，则物质竞争之流毒，当可渐次扫除，文明进化之社会，亦将从此出现矣。

国民今后之道德*

（1913）

　　人类之所以生存，社会之所以成立，因而形成一国家之有机体者，其间有二大要素焉：一曰法律，一曰道德。法律制其外，道德制其内；法律治已然，道德防未然。二者交资为用，相辅而成，而人类遂由个人而进于团体，由部落而成为国家，且由野蛮而臻于文明之域。苟其群无斯二者，或有之而粗略不完，则无以达乎形成国家之地位。即其已完者，一旦破碎焉，堕落焉，则强者转而为弱，弱者且沦于亡。此固历证不爽，无中外，无古今。凡具有土地、人民、主权，而以国家名义存立于世界者，胥赖是也。然法律每缘行为而规定，道德乃由理性以发生；法律仅属消极之制裁，道德则为积极之诏示。其次序之先后，范围之广狭，固已不同。况乎法律但求形式之整齐，性质类于强制；道德本乎心理之洽合，联结出诸自然。由是言之，法律也、道德也，其表面虽居同等地位，而探厥源本，则法律之维絷人心，远不如道德之巩固；涵濡民俗，亦不如道德之秩深。然则就今日中国之现状，而欲为补救维持之商榷，其不能不推原于国民之道德也审矣。

　　况乎吾中国者，四千年来以道德为治之古国也。虽寰球各国，殆无一不以道德为立国之本源。欧西中古之神权，列强近今之法治，均含有道德之意味，特杂而不纯，间接而非直接。独吾中国，则为纯粹惟一之道德国家。《书》称唐尧克明峻德，平章百姓。虞舜玄德升闻，乃命以位。降至三代，其所以化民成俗者，咸汲汲焉以正德为首务。而孔子之论治国，一则曰：为政以德。再则曰：道之以政，齐之以刑，民免无耻；道之以德，齐之以礼，有耻且格。是不特以德治为独一之径途，且悬法治于禁戒之列。汉晋而后，主治者虽有仁暴之分，然范世牖民，要无不以道德为揭示。而历代师儒，复相与阐扬此旨，以磨励风俗。人民上受政治之范治，下沭贤哲之薰陶，内秉祖父之遗传，外被社会之濡染者数千年，其浸润于道德也深，其服从于道德也挚，其本道德以为相维相系之具，亦遂历劫而不渝。以故丧乱频仍，犹岿然存立于世界。夫自唐虞以后，既已以此道德为立国之大原，则当此危殆之余，亦不能不以此道德为救国之良剂。犹之吾人平日，借动植物滋养之品以遂其生，则疾病之后，虽间用药饵，终必借平时习用之食物以回复元气，而助其天然之却病力。夫然，则道德之于国家，虽为普通之必要，而在吾中国，则尤为必要中之必要，可无疑也。

虽然，中国固有之道德，果适合于今日之现象乎？果足以为今日救国之良剂，而无需夫损益乎？此亟当商榷者也。吾以为中国道德之大体，当然可以不变，不特今日不变，即再历千百年而亦可以不变。若其小端及其应用之倾向，决不能不因时因势，有所损益于其间。闻者以为过言乎？则试推原于道德之初立。夫道德之初立也，非有天然之条件，强人以必当尔尔也。除一二秉之天性者外，其余节目，类皆就社会当时之现象而树之典型，缘社会各具之特情，而立之规则。复因民族之或文或野，毗刚毗柔，而为之调剂焉，消息焉。盖道德之名义一，而其应用于社会，则固随时随地而各有不同也。夫既以切合社会状况为道德成立之本因，则社会遇有变动时，其道德自不能不稍稍变易。苟社会变矣，而道德不变，非特凿枘之一部分，失其效力，不能强人民以率循，且转而开蔑视道德之端，影响将及于全体。夫国奢示俭，国俭示礼，与夫三代之尚忠、尚质、尚文，无不以时势迁移，各殊其道德之倾向。则中国今后之道德倾向，其不能不稍有变动，固亦势所必至者矣。

乃世之论者，则谓吾国道德，非从根本改革不可，不能以曩日为比拟也。曩日变动，仅内部风习之稍有迁移而已。今则寰海交通，内部风习，已为外势所撼摇。此后接触愈近，则撼摇当愈甚。且曩日仅为社会变动，与国体无与也。今则易专制为共和，凡曩日所揭橥以约束人心者，其意义已不完全，其势力亦多失坠。乃欲持此破碎信条，以维持今日之新社会，其扞格而不相入，无待赘言。况乎旧道德乃由习惯造成，非理想所发见，其性质属于保守，而无进步之可言。且既由习惯造成，必有几许涉及迷信及受裁于政治权威，而与人生天性科学公理互相剌谬之处。又其条件过于束缚，乏自由活动之精神，今兹溃决藩篱，一发而不可收拾者，何莫非束缚过甚之反动力？故近世言新道德者，咸谓非基于理想，破除习惯，而发挥个人自由之进步，不足以促成道德之进化也。彼欧美之道德，既以法兰西之大革命而一变其故形，吾中国亦宜及此时机，为根本之改革，内以符社会之现状，外以合世界之潮流。此一说也。而持保存国粹说者，则曰今日之偾攘，非道德不适合之为害，乃道德失坠之为害。为今之计，无他求也，发明固有之道德可矣。甚且有欲规抚宗教形式，设立国教，以为挽回风俗纠正人心之具者。窃以为此二说均各明一义，而于中国道德之性质及今后之情形，尚有未能切合者焉。夫旧道德之不适用，吾固承认之，特不深究新旧差违之点，不能轻下论断也。吾以为道德新旧，其差至微，而中国旧道德与新者尤少抵牾。彼新道德所标定义，谓旧道德概以习惯为基础，含有宗教之性质，合于教旨则为善，违乎教旨则为恶，人民行动，咸受裁于此教旨之中。又旧道德之标准，每囿于团体之范围，如贵族，如平民，如僧侣，各因其生活状态，而有特殊之道德，且形成一特殊之舆论。个人行为，常为舆论所牵制，因是无活动之余地，末由阐发事理之真相，以求进境。若夫新道德之特色，则无习惯团体之障碍，故人民得以自由发展其理想，完全使用其智识，日新月异以合乎社会之进程。是说也，未尝无充分之理由。特其所陈，多以欧西社会为根据，与吾国况状，微有不同。盖吾国道德，初无宗教之观念也。虽释、老、耶、回，同受闾阎之信奉，然别为统系，与道德本体素不相蒙。又如古昔之敬畏天命，流俗之崇拜鬼神，未尝不有宗教之意义。然天者，宇宙自然之理所从出，范围至为广漠，苟未别立一种条教，强人率从，即不能与宗教等视。而鬼神之事，儒者不道，其为力亦至微。若夫团体拘缚，则吾国阶级职业之畛域不甚峻严，非欧西之贵族、僧侣比，故团体舆论，不能有特殊之权势。观于周秦学派之离合，朱陆学说之异同，则吾国道德，亦何尝有习惯团体之关系，而不许人以自由发展其理想也？如以外势侵入、国体已变为辞，则外势侵入，正宜刷新旧物，巩固防围，以为抵抗。无舍一国之特性，靡然与他人俱化之理。且吾国道德，类皆注重社会行动，其涉及国体者，又未尝极端推戴君权。唐虞之让德传贤，孟子之君轻民贵，均与共和之原理相合。民国建设，所以如此易易者，未始非旧道德不拥护专制之力也。由此言之，吾国道德，实无根本改革之必要。然因是而谓旧道德之无须改易，且谓当设国教以振兴之，则又不可。夫道德有体有用，体不可变而用不能不变，前已言之矣。若设为国教，则必有其形式上之约束，而失因时救济之妙用。且他人方离宗教之羁缚，而进于理想之自由，吾乃从理想之自由而趋于宗教之羁缚，闭遏智识，阻碍进步，莫甚于此，殊未见其可也。

然则今后之道德当若何？曰：变其不合时势者一二端可已。变者什一，不变者仍什九也。此不特证之道德本体，毋庸过事更张，即揆之社会近情，亦万不能多所改易。盖国家当变乱初平之后，秩序未复之时，惟以维持现状、保守平和为急务，而不宜速求进步，固亦主张新道德所承认者。法国革命后，所以全国抢攘，造成恐怖时代，迄一世纪而始获安宁，未始不由旧道德全然破坏所致也。吾尝熟思审虑，以为今后道德，有亟应变动者三，其余虽有当变者，而要非今日之首务也，而不变之中又有亟应扩充者一焉。今先举其亟应变动之三事。

一、改服从命令之习惯而为服从法律之习惯也。服从命令者，专制国之通例，而在吾国则更有特因。盖吾国古昔，主持道德者，即主持命令之人。《虞书》敷五教，《王制》明七教以兴民德，《周官·司徒》以乡三物教万民。凡道德之标准，悉由朝廷制定之，而即由命令颁布之。三代而后，君若相虽未必皆贤，独至诏民警众，则必假道德名义以为文饰。故一般人民，咸认命令为道德所从出。即有知为伪托者，亦以为言之成理，从其令而略其意，未尝无裨于人心。因是服从命令之名词，他国视为出于强制之执行，吾国则视为兼有道德之义务。况既以天泽尊卑之分凛乎其前，复以刑罚戮辱之威惩乎其后，由是父诏兄勉，相戒勿抗，期为明哲之保身，积习既深，遂衍成一种甘受压制之根性。共和成立，命令严威，虽已失坠，而此种根性，迄未湔除。叫嚣跳掷之行为，年来弥蔓全国，语以法律而不知遵守，经一种权力加乎其上，则又不问其权力之当否，帖然翕服而莫敢谁何。民德如斯，欲跻共和之盛轨，亦安能致？是不可不变其习惯之倾向者，而命令基乎法律之亦当服从，不待言矣。

二、推家族之观念而为国家之观念也。吾国族制，最为发达。国体所以组成，且历数千年而不涣者，良由于是。《记》称治国先齐家，《书》云始于家邦终于四海，古之人视家国关连如是密切，且息息相通而不可隔阂也若此。自后世帝王私有天下，而家国之间，遂画若鸿沟。国事之处理，国势之安危，悉由主治佐治之少数人握其柄而负其责，而齐民无与焉。岂惟无与，且禁阻之，有引为己任而干预之论列者，则从而加之以罚。虽国家培养，冀为他日辅佐之人才，当其射策公门，犹且禁言时事，其他更无论矣。以故人民咸守其家族之小范围，以国家为传舍，视其成败，如秦越肥瘠，漠不关心。政治所以陵夷，丧乱所以洊至者，盖在是也。今既由君主私有还而为吾民所共有矣，则其荣其辱，其存其亡，均与吾有直接关系，亟宜推承先虑后、敬宗睦族之义，扩而为合群保国、捍患御侮之心。常目在兹，共尽监督之责，永矢勿失，互致葆爱之诚。务使视国事如家事，而勿堕于冥冥焉，是不可不充其观念之倾向者。他日更由国家观念进而为世界观念以求进步，则吾国其庶几乎？

三、移权利之竞争而为服务之竞争也。民族以竞争而进化。当仁不让，相观而善之谓摩，均含有心竞之意。故竞争非恶德也，视乎所争之何如耳。欧美所以富强者，以其民各勤其事，各竞其业，能争权利于职务之内也。返观吾国，则乐事赴功之念，每不敌其希荣弋利之心。自物竞论输入以来，更引之以为重。利己主义，金钱主义，日益磅礴，而责在人先、利在人后之古训，转荡焉无存。革命以还，此风尤炽。人民咸鄙弃其固有职业以徼幸利禄，几至举国若狂。其在位者，则又尸位素餐，不知责任为何物。循此以往，必至全国上下，无一勤务负责之人，而国将安赖？为今之计，亟宜改此争点。不为权利之角逐，而为职务之服勤。必使农奋于野，工勉于肆，商振于廛，士励于校，而从政之百执事，亦因其责之所在而各尽所长，则国是庶有豸也。况乎权利者，与义务为对待之名词，亦为交换之代价，致其力于此，未有不收其效于彼者乎？是不可不易其竞争之倾向者。若正其谊不谋其利，明其道不计其功，苟有其人，吾更馨香祝之矣。

上列三事，乃循目前现状而为因时损益之策，新旧方面，两无背戾，而于社会秩序，亦不至有所撼摇。卑之无甚高论，执两而用其中，无事侈言改革也，转移其趋赴之方向而已。其余各事，苟于新社会无特别冲突之点，均不宜轻议更张。即如忠之一义，就君臣关系之狭义言之，固已根本破坏，然人民当效忠于其国及他事之宜用其忠，则仍不可废，是所忠之客体变，而忠之主体固未尝或变也。虽然，尚有一亟宜注重，微特不变，且当扩而充之之一事焉。则旧道德中所谓仁爱是已。吾国自古迄今，言道德者均以仁为大本，孔子尤丁宁反覆于是。《鲁论》二十篇，大都以仁为统摄诸德之总名。虽有时与智、勇、礼、义并列，要无不以是为主干。盖深知乎人类非此无以主存，而一切道德，亦非此无所附丽也。晚近学子，习焉不察，视为老生常谈，且惑于争存之说，遂认弱肉强食为天演之常经，而利人济物之懿德转为世俗所诟病。不知天演学说，本以制私保种为前提。近世欧美学者，亦谓人群进化，以爱为一大原则。且谓爱之为用，由亲子而达于家国。与吾国克己、复礼、亲亲、仁民、爱物诸古训，均隐相吻合。夫欧美经多数学者先后讨论，其结果仍不外一爱字，则吾先哲见理之高深，树义之坚卓，与夫此旨之合乎进化公理而不可动摇，当无疑义。今者物竞之祸，遍于寰区，吾国人心，尤深陷溺，相攻相取而不相容，几有儳焉不可终日之势。循是不返，人道之不灭绝者几何？彼欧美既倡新惟〔唯〕心论以遏惟〔唯〕物之流弊矣，吾国亦宜阐明旧有之仁爱，发辉而光大之，使人人知利己必以利他为衡，独善要以兼善为断，以挽此攻夺贪残之末俗，而蕲合乎世界之思潮。此又今后道德扼要之图，而吾国生死存亡之关键也。

理性之势力*

（1913）

　　理性者，吾人所持以应付事物、范律身心者也。本乎生理之自然，与夫心理之契合，又益之以外围时地之经验，遂形成一种意识。平时寂处，则蕴之为良知；出与物接，则发之为意志。凡人类之各遂其生活，社会之获保其安宁，非仅恃乎军队之保障，政治之设施，法令之诏示，刑赏之劝惩已也，赖有理性焉，为之主宰是而纲维是。小之如民生细故，大之如国政邦交，无不本此以策进行而定趋向，无所令而莫之或叛，无所强而莫敢或违焉。其目的所在，虽以畅达个人之生机，希求小己之利益为基础，然充义至尽，且或呈反是之现象。例如乐生恶死，恒情所同，而理有不可，则虽牺其生命而不敢辞；饮食男女，人之大欲，而性有未安，则或自为抑制而不敢肆。孟子所谓由是得生而有不用，由是可以辟患而有不为者，此物此志也。且非独个人为然也，即扩之而为群众，苟其所在之社会及其所遭之境遇，无特别差异之点，则其理性亦必相同。古今来风俗之变迁，战争之起灭，治乱之更迭，家国之兴亡，殆莫不视乎群众理性之向背。我国前年革命，其总因亦在于是。然则理性之势力，其亦伟大矣哉！

　　虽然，理性之势力，果能长保其伟大而不为他种势力所克制乎？亦疑问也。哲学家海格尔氏谓：理性为宇宙之本体，有统一宇宙之功能，且具有无限之实现活动力。凡自然界心灵界一切事象，悉备于理性之中。而人类历史，国家目的，皆理性之发展及其本质之显现者也。其推崇理性，可谓至矣。而颉德氏则谓：理性目的，与进化原则相背。盖理性所要求者，在于个人各得其福利，而社会进化自然淘汰之作用，决不

---

　　*《东方杂志》第 10 卷第 6 号，1913 年 12 月，署名高劳。

能使生物全体悉偿其福利之要求，必有一部分之理性，屈伏于此淘汰作用之下。二说立论互异，然固各具确切之理由。海氏之说，专从大体着想，统观社会全局，而察其过去之进程，不能不归功于理性。虽其间不无抵牾之事实，然要必以调和统合，形成合理之组织为断，故理性实有统一之机能。颉氏则仅从一部分立论，故其说相反。实则理性虽具有伟大之势力，而究不能无杀减之时，亦虽有杀减之时，而仍不失其伟大之势力者也。今先就其所以杀减之点，分别论之。

夫理性有广狭二义焉。自狭义言之，其所蕲向者，仅以得遂生活为限，属诸生理及简单心理之表示，与欲望同一性质。然社会进化后应用之理性，决不容如是之简单，必有几许裁制惩遏之力寓乎其中，而其用乃广。故推私利为公利，由爱己以爱他，均为理性中应有之事。此广义之说也。前之说，理性与欲望为同源；后之说，理性与欲望为对待。然人类之生，实与欲望相终始，其能牺牲欲望以徇理性，如前所谓得生不用、辟患不为者，仅少数耳。其余则嗜欲动于中，利害驱于外，不胜其惩克，因而汨没一己之理性，且侵害他人之理性者，比比皆是。人世扰攘，半由此理性欲望不绝之冲动而来，固征之历史而可信者。此理性势力杀减之一因也。

抑理性又与武力不相容者也。夫理性为物，属诸想念，而凭虚之想念，每易为实力之威武所慑伏。虽战争之事，半由理性蕴酿而成，而当武力膨胀之时，则理性必退处于无权，而反遭其蹂躏。如法国革命，其初起也，固为全国人民理性所表现，迨至恐怖时代，则一切举动，悉违民意。而当时理性，竟全失制驭之能力。凡中外古今，当军队专制之时，殆无不呈此现象者。是又理性势力薄弱之一证也。

且非独武力为然也，即经济势力，亦能消灭理性而有余。彼无数贫民，尝低首下心，听命于金钱支配之下者，岂其理性所愿哉？产业集中，有限之资财，既为豪强所占领，而其余民众为维持生命故，遂不得不捐弃理性所求之福利，沉沦于困苦劳力之中。观欧美托竦〔辣〕斯营业之专横，大工厂待遇工人之苛虐，纵违反多数工商之理性，悍然不顾，不平之声达于四境，而劳动问题、社会主义，经学者多方之研究，累年之倡导，而终无何等之效果者，亦理性势力不敌经济势力之显据也。

更推而论之，则理性又易陷于迷误，且因时而屡有变迁者也。盖理性虽本生理为基础，然必赖心理以判抉真伪，审择从违。而人类心理，常缘外界为迁移，故吾人理性，或被动，或自觉，均不能不受外界之影响。如宗教科条，本非天然之法则，而崇拜既久，方寸转失其灵明。个人意志，自有一定之轨途，而利害所惑，趋步或易其常态。凡群众之行为动作，有因一时之刺激，不正之感情，叫嚣愤烈，贻后日之悔而不顾；又或受一二野心家所煽惑，为所左右，虽损及身命而不悟者，皆属此类。是之为理性迷误。其不迷误而为正当者，则谓之理性变迁。如欧陆人民之理性，自《民约论》出，而旧时之态度为之一变，迨唯物论兴，而曩日之精神又为之一变。我国前此之拥戴君主，近今之醉心共和，先后数十年，而倾向乃绝端反对者，虽事实为理性所要求，而实则理性为时势所推变故也。

由是言之，则理性者，常受裁制于事物，而无制裁事物之权；亦每为时世所转移，而乏转移时世之用。海氏称其有统一之功能，谓为宇宙之本体，恐非定评。虽然，此特暂时之现象耳。若论其常，则理性势力，实永久伸张而不替。夫欲望理性，初为同源，继为对待，前已论之矣。故文化之浅深，恒视二者方向距离之远近，及其冲突之激烈与否以为准。方向近而冲突少者，文化必浅；方向远而冲突多者，文化必深。虽有时不免为欲望所遏抑，然必理性战胜，社会乃进于文明。吾人所以高出庶物，脱除蛮野，成为今日之社会者，皆历代理性战胜之成绩也。若夫武力专制，固为事实所不能免，第从历史观之，则此种现象，究居少数，且不久即回复其常态。自古一治一乱，即二者势力互为消长之时，而治日常多，乱日常少，则理性仍占长时间之胜利。

至如经济势力，在欧美数十年间，诚强横专擅矣。顾罢工风潮，屡见不鲜，即为理性力求恢复之朕兆。其政府百端补救，如英之励行社会政策，与夫养老年金、劳动时间之各项规定，何莫非迫于理性之要挟而为此和缓之谋。美国去年选举，民主党得握政权，亦为人民理性不慊于财力专制之见端。目前经济势力，尚未铲除，然理性已露峥嵘之头角。近今资本家亟亟焉讲求调剂，从事于噢咻者，即其示弱于理性，知其势力终必不敌，而甘为退让也。

且精而核之，欲望实为理性中之一部分，惟性质有公私，目的有广狭，此其所以异耳。故二者之间，无论欲望常为理性所克制，就令欲望战胜，亦仍在理性势力范围之中，仅能谓之内部之争持，不能谓其对于外界而有所挠屈也。军队蹂躏，亦未尝非理性自身所招致。盖武力初无意识，必赖理性为之主持，而理性失之过激，往往有一发而不可复收，既动而不能遽静，轶出轨范，反乎原动之主的，而为其障碍者。人但见理性为武力所妨害，而不知此武力乃为理性所胚胎，虽征之事实，不能谓其尽出是因，而由此因缘，什常八九。且武力横暴，虽足妨害理性之发越，然仍有一他种之理性，为其中坚。凡枭雄之拥众横行，必其所拥之众之理性被其眩惑，甘为所用，而后得行其志。武力若无理性，必无势力之可言。前徒倒戈，攻后以北，有旅若林，而终不免血流漂杵者，则理性具有操纵武力之权，而亦武力不能不借重理性之明验也。至财力问题之迄未解决，其原因仍属诸理性势〈力〉之尚未充分。盖资本家之专横，虽为一般劳动者所疾视，然一方面以支持生活故，仍承认此制，以期博得工资。彼理性中所希冀者，仅以增加俸给减少劳力为宗旨，未尝主张绝端之变革，其他人民，更不愿遽行破坏，陷社会于恐慌。经济革命均富主义之不能实现者，亦以未得多数理性赞同故耳。若夫迷误变迁，则为别一问题，不能引为势力杀减之证据。盖仅改其势力之方向，而未尝失其理性之本能也。

虽然，其足为理性之累者，亦惟此迷误、变迁之二事，而迷误为尤。盖理性若无势力，则亦已耳。今势力之伟大既若此，是凡人类祸福，国家安危，均惟理性之马首是瞻。而其倾向之于彼于此，或左或右，实有不容或误者。若一旦失其常轨而陷于迷惘，则一切事理，亦必随而入于瞑瞀之中，贻害实非浅鲜。故无论其惑于暗示，中于感情，当夫群情汹涌，众意愤激之时，常有一种无上之权威，淆是非而乱真伪，此即理性势力之显露，其横暴且有出诸武力上者。非至事过情迁，祸患昭著，虽有明哲心知其故，亦慑于此迷误之势力，钳口结舌而莫可如何。凡世界泯纷之秋，鲜有不呈此态者。且迷误之本因，不限于暗示感情已也，即觉世牖民之学说，有时亦足以致误。何则？群众理性，多属凡庸，学说过于艰深，必难尽人而领解，于是得粗忘精遗神袭迹之事，往往不免。近世所传弱肉强食之竞争主义，即其一也。而持论之故作新奇，立说之好为颖异者，更无论已。若夫理性变迁，虽不能与迷误等视，然时期先后之间，利害权衡之际，苟或不当，流弊亦复相同。甚矣！理性之难得中正也。

然则纠正之法当奈何？第一，吾人当各澄清其意虑，疏浚其灵明，养成判别事理审察物情之能力。又复闲邪窒欲，释躁平矜，使一切虚憍之客气，谬幻之感觉，不易淆吾之观听。其次则凡操维持世道化民成俗之权者，当知人民理性之不可抑挠，而又不容任其迷误，一方面迎机善导，顺其发展之本能；一方面救弊扶偏，匡厥趋向之歧误。盖理性之迷惑，半由见事之不明，半亦遏制之反动。善为政者，所以消息盈虚，潜移默化，利用其势力，以收赞助之功，而不使轶出范围，形成种种之障害也。尤有望者，儒者著书，哲人觉世，敷陈学理，启迪颛蒙，为理性之前驱，作人民之先导，务宜力求平正，切中事情，察人民程度以立言，揆世运迁流而立教，毋骛高远，毋尚精深，毋见弹求炙而涉及张皇，毋惩羹吹齑而流于激烈，庶理性得和平中正之指导，而不致偏倚矫切，贻世界以无穷之纷扰也。孔子言理性，丁宁反复于中庸之为德。鸣呼！此其所以范围天下而不过欤。

个人之改革 *

（1914）

　　吾侪自与西洋社会接触以来，虽不敢谓西洋社会事事物物，悉胜于吾侪，为吾侪所当效法。然比较衡量之余，终觉吾侪之社会间，积五千余年沉淀之渣滓，蒙二十余朝风化之尘埃，症结之所在，迷谬之所丛，不可不有以扩清而扫除之。故近二三十年以内，社会变动之状况，虽左旋右转，方向不同，而其以改革为动机则一也。社会间稍有智能之人士，其对于社会之运动，虽温和急进，手段不同，而其以改革为目的则一也。改革云者，实吾侪社会新陈代谢之机能，而亦吾侪社会生死存亡之关键矣。

　　吾侪社会之必须改革，固已无待赘言。乃就二三十年以来改革之效果观之，在表面上虽有种种改革之事迹，而实际上之所改革者，则甚微渺。且即此微渺之改革而言，亦觉如水益深，如火益热，不如不改革之为愈。然则吾侪平日所抱持改革社会之希望，竟无由得达，改革社会之志愿，将终不能副欤？吾谓吾侪今日，所以不能达其改革社会之希望，不能副其改革社会之志愿者，即由此改革社会之希望与志愿误之。未有己不正而能正人者，亦未有分子腐败而团体能良好者。吾侪不改革自己之个人，而侈言改革社会，是实吾侪之大误也。

　　吾侪抱改革社会之希望与志愿者，或谓吾侪当运动政治，或谓吾侪宜投身教育，或则谓吾侪将从事于实业。政治也，教育也，实业也，固皆足以发辉〔挥〕吾侪改革社会之希望与志愿者，然一回顾吾侪之自身，则所持以改革社会者，亦仅此茫无实际之希望与志愿而已。吾侪之身体，则孱弱而不能自强也。吾侪之精神，则萎顿而勿能自振也。吾侪

　　* 《东方杂志》第 10 卷第 12 号，1914 年 6 月，署名伧父。

之思想，则剽窃而浮泛。吾侪之经验，则凌杂而暧昧。世人不学，而吾侪之不学，乃无异于世人。世人多欲，而吾侪之多欲，乃更甚于世人。是以言政治而政治益紊乱，讲教育而教育益坠落，求实业而实业上之诈伪乃益甚。今日吾侪社会间杌陧不安之现象，皆吾侪抱改革社会之希望与志愿者所演成，而不能不尸其咎者矣。

今日为改革社会之障害者，或借口于官僚之腐败，或归咎于党人之暴乱。虽然，官僚也，党人也，亦孰不以改革社会为其标帜乎？官僚以刷新政治相期许，于是帝政末叶之官僚，一变为共和开幕之官僚；臣服一姓之官僚，一变而为国民公仆之官僚。究之人犹是人，官犹是官，即政治亦犹是政治，其所改革者，位阶职务之名称，簿书文告之程式，而其所不可改革者，即为官吏之个人。旧人行新政，彼官僚派之万能，诚足为吾侪所惊异。然吾侪试返躬自问，果将以何者表异于旧人而得自命为新人物乎？新也旧也，亦五十步百步之间耳。而吾侪乃放言肆志，一若改革社会之事业，非吾侪莫任者，不亦赧然自愧欤？至党人之以改革相号召也，亦既失社会之信用矣。彼等之失其信用，非以其个人之关系乎？落拓不检之书生，庸懦无能之官吏，以至乡里豪强，江湖枭贩，一投入于革命党旗帜之下，悉为共和缔造之伟人。虽豪杰之生平，不能限之以绳墨，然鸦被彩羽而群鸟大哗，驴蒙狮皮而鸣声不改，既其服之不称，自不信而勿从，今则云散风流，依然故我矣。政争之成败不足论，其个人之价值，要不可掩。吾侪借镜返观，觉改革社会之事业，不必由吾侪而告厥成功，惟勿使因吾侪而失其信用可耳。若以吾侪个人无信用之故，而使社会改革之前途受其障害，则吾侪之负疚社会，不已甚欤？

大抵人之常情，恒欲强人以就己，而不肯舍己以从人；恒欲以自己改革他人，而不喜自己为他人所改革。静观十余年来吾社会间改革之历史，不论为政治，为教育，为实业，其间冲突竞争，不知凡几，而常有一不可逃之规范存于其间，即其初由一部分之人发生改革思想，遂以改革之中心人物自命。其于改革之能力既无暇准备，改革之条理亦不屑研究，惟亟亟焉以改革为标帜，欲持之以改革他人，而其一部分之人，不愿为他人而改革者，遂起而与之反对，是为改革者与不改革者之争。既而反对改革之人，渐知改革之大势不可挽回，又窥破改革者之手段，亦无他谬巧，乃幡然变计，以为改革之事业，予等亦优为之，于是易改革之面目，据改革之地位，而与改革者相反对，是为改革者与改革者之争。此二部分之人，或合或离，或胜或负，是非成败，殆非吾侪所得而推量。总而言之，则此二部分之人，皆徇改革之名，不能举改革之实。在佁言改革者，其所谓改革，本等于橘之变枳。在貌为改革者，其所谓改革，亦无非莠之乱苗。吾侪而具改革之真意，持改革之热心焉，则无须改革他人，亦无须为他人而改革，其惟一改革之方法，即以自己改革自己之个人而已。

是故吾侪今日，不必讨论吾侪之社会当如何改革，但研究吾侪之个人，当如何改革而已；不必悬想吾侪之社会当改革之使成如何之社会，惟考念吾侪之个人，当改革之使成如何之个人而已；不必叹社会之病弱，但当求个人之强健；不必痛社会之茶疲，但当期个人之振作；不必悲社会之沉沦，但个人当自求其救济；不必忧社会之堕落，但个人当自高其品格；不必斥社会之不道德无法律，但个人不可不有道德以自养，有法律以自治。吾侪非个人主义者，但吾侪之社会主义，当以个人主义发明之。孔子所谓学者为己，孟子所谓独善其身，亦此义也。

社会改革之事项千万，个人改革之事项亦千万，况各个人之间，性质不同，习惯互异，将持何者以为改革之标准乎？吾谓个人改革之标准，不待外求，但于自己之个人中求之可矣。耳目官骸，生理上之机能，为个人所同具，而吾侪或目短而齿龋，或脊弯而胸陷，肢体衰弱，形神枯槁，此生理上之缺陷，不能完成其为个人者也。知情意者，心理上之作用，亦个人所同具，而吾侪或鲁钝而少智力，或冷酷而乏感情，或退屈而无意志，或智力偏胜而心计过多，或感情易动而喜怒无定，或意志不能自制而轻躁卞急，此心理上之缺陷，不能完成其为个人者也。依动物学之公例，一切动物，皆有求食与防御之本能。而吾侪则多为社会中之高等游民，营寄生生活于社会，以实际言，已失其求食之本能。况力不胜雏，胆小如鼠，强暴之加，不能为正当之防卫，所谓防御本能者，亦既消失。是以饿莩盈野，盗贼满地，社会中之苦痛与罪恶，大半为吾侪失其求食与防御之本能者所酿成。《洪范》以贫与弱列六极之中。无求食之本能，贫之至也；无防御之本能，弱之甚也。夫动物中失求食与防御之本能者，已为退化之种类，况忝然自立为人类社会中之个人乎？又依经济学之公例，则劳力为社会生产之要素。而吾侪个人，或袭祖父之余资，或托权贵之庇荫，终日晏息，无所事事，时则以博奕〔弈〕征逐，消耗其日力，慵惰之极，甚至自己之服食起居，亦赖仆役之给奉。从社会之经济上观之，如此个人，实不如无之之为愈。经济家常谓一国之人口，不当计其数而当计其量，如此个人，乃增加人口之数而减杀人口之量者，称之为个人，殊无当焉。故吾侪所谓个人之改革者，非改革之使别成新造之个人，亦改革之使完成固有之个人而已。

然则吾侪之个人，当如何改革乎？吾侪之个人，当改革之使成如何之个人乎？知病而后可医，知过而后能改，吾侪欲解答此问题，诚莫如自审其病与过之所在。兹姑酌列大纲，以备此问题一种之答案。其一曰卫生。使身体全健，机官发达，于体格上得成为个人。然养小失大，孟子之所讥，吾侪所谓个人，岂仅负昂藏七尺之躯而已哉？故其二曰养心。使知情意各方面调和圆满，于精神上得成为个人，身心无缺陷矣。然欲立身社会，表现个人之能力，则不可不具相当之学艺。故其三曰储能。大之如文事武备，小之如应对洒扫，凡属普通应用者，皆当习之。于学理上之研究以外，尤当为实地之试验。但学艺虽备，而欲效用于世，尤不可不持之以黾勉，出之以忍耐。故其四曰耐劳。人生斯世，一日不食则饥，一日不衣则寒，每日得衣得食，则每日必出若干之劳力以为酬。故除老幼以外，无论何人，当随其年龄职业，日治事以六时至八时为率，方为不虚生于世。虽生计充裕，无须以力谋衣食者，及现无职业，不能得劳力之酬报者，亦不可不以此自课。盖劳力为个人皆当自尽之义务，非仅以谋衣食得酬报而为之也。以上四者，为个人对于自己之个人上所立之标准。至其对于家庭对于国家对于社会之标准，则非本论范围所及，不复赘述。

吾侪平日抱改革社会之思想，大都由接触西洋社会而发生。凡游历西洋诸国，及觇览西洋人在东亚各地所建设之市场者，未有不喟然兴叹，谓吾侪社会，苟不从事于改革，则将无以自立。然更进而与西洋社会中之个人相接触，则其身体之强健，精神之活泼，技能之熟练，服务之精勤，无在不足使吾侪相形而见拙〔绌〕，于此而不发生改革个人之思想者，非狂人即愚者矣。社会者，个人之集合体，个人完成，而后社会乃能进步。吾侪欲改革社会，而不从个人着手，不从自己之个人着手，不揣其本而齐其末，则其改革之结果，亦惟有增官僚之腐败，纵党人之暴乱已耳，于社会何益之有哉？

接续主义 *

（1914）

国家者，国民共同之大厦，我国民生于斯，聚于斯，而不可一日无者也。且国民之共同生聚于斯者，不仅限于现代之国民而已，其先我而死，后我而生者，亦皆赖此以生聚。故国家非一时之业，乃亿万年长久之业也。西人有言曰：国家如一大家产，我祖宗传之于我，我当经营之、增殖之，以复传于我之子孙。如是之国民，始真为政治上之国民。是以国民云者，其狭义为现代之人民总合而成；求其广义，则前有古人，后有来者，与现代之人民，相接续而不能分离者也。

国民对于国家，改革其政务，更变其宪典，凡主权在民之国，当然有此权利，称之为政治上之自由。英人有"议会除不能变男为女外，他无不能"之语，以明此自由权之广大。但此广大权利之上，不可不有道德上之义务以限制之。此道德上之义务，即对于从前之国民及今后之国民，所应担负之义务也。对于从前之国民而善为接续，对于今后之国民而使其可以接续，此即德儒佛郎都氏所著《国家生理学》中之所谓"接续主义"是矣。

国民对于国家之接续主义，可以吾人对于自己之接续主义明之。吾人之所谓我，即现在之我与过去之我及将来之我，相接续而成者。故昨日所发之言，今日践之；昨日未竟之事，今日成之。此现在之我，对于过去之我，所当负之义务也。今日所言，必思日后之如言履行；今日所行，必思日后之有无流弊。此又现在之我，对于将来之我，所当负之义务也。若使今日之我，忘其从前之事情，弃其旧有之职业，则其苦痛可以立至。村民初入都市，则耳目皆迷，文人骤执耒耜，则手足无措，以

---

* 《东方杂志》第 11 卷第 1 号，1914 年 7 月，署名伧父。

其与前日之我，不相接续故耳。又使今日之我，但顾目前之安乐，不知日后之忧患。今日醉饱，贻明日以疾病；今日奢侈，听他日之贫乏。岂非人类中之大愚。语云："今朝有酒今朝醉，明日愁来明日当。"此不过一时旷达之言，非立身之正轨。盖人之所以为人，正欲使此接续主义之不至丧失耳。推而至于家庭，推而至于团体，亦皆赖此接续主义以存立，而国家政治之不可无接续主义，亦从可知矣。

国家之接续主义，一方面含有开进之意味，一方面又含有保守之意味。盖接续云者，以旧业与新业相接续之谓。有保守而无开进，则拘墟旧业，复何所用其接续乎？若是则仅可谓之顽固而已。夫使吾侪之先民，不为吾侪谋开进，则吾侪今日，犹是野蛮之国、狉獉之民耳。今日之国民，既享用前代所留遗之文明，则开发文明，实所以继承先志。反之，有开进而无保守，使新旧间之接续，截然中断，则国家之基础，必为之动摇。盖旧时之习惯既失，各人之意见纷乘，甲以为然者，乙以为否，丙以为是者，丁以为非。此时虽有如何之理论，决不能折衷于一是，以理论辩护者，人即能以理论反驳之。世界之理论，殆无有绝对的不能反驳者，哲学家对于万有之事物，犹有怀疑之论，则理论者，实疑之所由生；以理论为国者，犹之以疑为国，徒供才知者之诡辩，而失普通人民之信用耳。故欲谋开进者，不可不善于接续。近世之国家中，开进而兼能保守者，以英国为第一，用能以三岛之土地，威加海陆。即北美合众国之政治，亦根据于殖民时代之历史者为多。此接续主义对于国家之明效大验也。

持接续主义以施行政治于国家，则开进之中，不可不注意于保守，固已。然所谓保守者，在不事纷更，而非力求复古也。国家当扰乱以后，旧时法制，其一部分已经破坏，若其接续尚未全断者，但稍为护持，不加摧折，则其创痍亦自然愈合。若其破坏已甚，接续全断者，则惟有就现在之状况修饰之，整理之，为不接续之接续。必欲复兴旧制，摧折新机，则破坏之后，重以破坏，而国本愈摇矣。法国当革命之后，古法破灭，其后虽屡欲复古，卒不能成功。战国时废井田为阡陌，秦始时改封建为郡县，后世因之。汉高欲复封建之制，而张良力阻，王莽欲行井田之法，而身败名裂，殷鉴不远，可不慎乎？设使今日之俄国欲复彼得以前之旧法，今日之日本欲行明治以前之藩制，则世皆知其不能，识其不可矣。孟子曰："吾闻出于幽谷，迁于乔木，未闻下乔木而入于幽谷者。"接续主义者，乃出谷迁乔之谓，非下乔入谷之谓也。水之流也，往者过，来者续，接续者如斯而已。若必激东流之水，返之在山，是岂水之性也哉？

抑民主政治之国家，其视接续主义，实较君主政治之国家，尤为重要。盖君主国家，其君主既终身在位，其国家之接续主义，常与君主个人之接续主义相关联。且因皇位世袭之故，其子孙不能违反其祖父之成规，国家之接续主义，又得赖君主家族上之接续主义以为维系。故君主之国家，所难者在开进而已，苟有开进之机，则其接续常不至中断。若夫民主之国家，无论为总统制，为内阁制，皆不能无交迭之时期与党派之关系，若不重视国家之接续主义，以限制政治上之自由，则政权代谢党派消长之间，小之足以起政治之纷更，大之即足以酿国家之扰乱。乙能改甲，丁即援之以改丙，戊来复丙，己又仿之以复丁，彷徨波折之中，国家亦随以颠覆矣。故民主国家于新旧交递之间，当以稳静持重为主。接续主义一破，则恶影响之留遗，虽数世而犹未艾，此固吾民国国民，所当慎之于始者也。

欲保持国家之接续主义，使不至破裂，此非国法之所能限制也，要恃国民之道德以救济之。国家者，积国民之个人而成者也。然个人与国家，究非同物，故国家之目的与个人之目的，自不能尽同。舍个人之目的，以服从国家之目的，此国民政治上之道德也。世人称国民之从事于政治者，谓之公仆。公仆之意义，即其人无自己之目的，而受国家役使者之谓。无道德之国民，其从事于政治也，往往役使国家，以达其自己之目的。国家既受个人之役使，遂以役使者之关系，而不能保其接续主义矣。役使之人一易，则一切反乎前之所为，法令更新，有自我作古之概，财政膨胀，不遑恤我后之艰。呜呼！人寿几何，使国家政治上之接续，仅与个人相终始焉，已为危道矣。况乎挽〔晚〕近之政治家，其个人之生涯，尚不自成为一贯，朝为急进之先锋，夕戴守旧之面具，昨为民党之领袖，今厕官僚之末席，朝秦暮楚之流，其个人之接续主义，尚破弃无余，其对于国家之政治，方以翻手为云覆手为雨为惟一之手段，欲期其持接续主义以与其个人相终始，亦乌可得乎？国民无道德，则政治失接续，此由因而生果也。政治之接续愈破裂，则国民之道德愈堕落，此又由果而生因也。吾并世之国民，其亦稍自省察，以对吾侪之先进，以示吾党之后生乎！

策消极 *

（1914）

　　近数年来，吾国士夫对于国是，类抱一种悲观主义，疾首痛心，咨嗟太息，以为时势至此，宁复人力所可挽回？与其焦头烂额而无补于时，何如洁身远引以自完其我。除有目的物者，循其目的物以活动外，其余无贤不肖，殆莫不趋赴于消极之一途。虽曩时揭橥急进，志在济人利物者，经一再之刺戟，亦多舍其宏愿，退而求乎小己之乐利，目前之安宁。若此者，不必远证也，即记者落落知交中，盖已十人而九焉。于是论者遂谓吾国之大患，不在强敌之凭陵，不在财政之竭蹶，不在官僚之腐败，不在乱事之蔓延，惟此人心之沦胥，群情之枯寂，即足以亡国灭种而有余。吾国人而不欲为波兰、印度之续也，其各惩此消极之念而从事于积极焉，国是庶或有豸乎？

　　虽然，消极非恶德也，视乎其处之何如耳。自名词上观之，消极积极，实居对待之地，然不过为相对之异义，而非绝对之背驰。积极志在进行，而消极固非却走也；积极事属建设，而消极亦非破坏也。苟善用之，固未尝不可为积极之准备，且间接以成积极之功。夫气候不能有春夏而无秋冬，而积阴冱寒，终有一阳来复之机会；草木不能有繁茂而无黄落，而枝枯叶陨，实蕴异时荣长之胚胎。动而不静，辟而不翕，乾坤尚不能神其用，吾人社会，何独不然？由是言之，积极也，消极也，一为效实，一为储能，一为当境之设施，一为未来之预备，随时随地，皆可各致其功。吾国近今思想之趋于消极，非独时势迫之使然，抑亦社会进化、人群活动所必不可逃之阶级。今日所当自勉者，惟在此善用其消极主义之方法，俾得储能以为后来之用斯可矣，不必谓惟积极乃可图

---

* 《东方杂志》第 11 卷第 2 号，1914 年 8 月，署名高劳。

存，而消极之必将覆败也。

夫吾人曩者，固尝屡用其积极矣，初则要求立宪，继则创建共和，积极之精神，诚有不可一世之概。迨政体改变而后，全社会之思想之言论之行动，更觉发扬蹈厉，锐进无前，宜若可以致治而图强矣。乃所得之效果，不能如其所期，转演成怵扰纷沓而莫可救正者，此何故欤？则以积极而无根柢无经验无条理无轨途，故棼乱至于此极也。夫以如此不规则之积极，就令进行无阻，亦岂国家之福？今幸时势予我以教训，阻其前进而不令盲行，吾人正宜及此时机，盘根错节，退而返省，以为他日进行之计。琴瑟不调，则改弦而更张之；旅行者误入歧途，则停骖而审测方向。今日之消极，正吾人改弦更张，停骖问津之时代也。吾人应认此消极为栽植根柢增加经验之绝好机会，磨砻锻炼，动忍增益，举曩日不规则之种种，驱而纳诸条理轨途之中，夫然后不蒙消极之害，而转获消极之利，盖消极中亦自有其进行之道在也。

世或以此言为过于矫饰乎？则请证之往事。夫孔子者，一车两马，仆仆周流。当其初，固未尝不欲为积极行动也。卒之道大莫容，所如辄阻，不得已退而修《诗》、《书》，赞《周易》，作《春秋》，以垂教于后世。孟子游梁齐间，欲以王道说时君，既不见用，乃与万章之徒，序《诗》、《书》，述仲尼之意，作《孟子》七篇，以尽其守先待后之责。此皆孔孟消极时代之所为也，泽及生民，数千年而未有替焉。向使得行厥志，功德所施，不过一国一时而止耳。是消极中未尝无事业，且或为积极所不逮，章章明矣。诸葛孔明躬耕陇亩，卧隐南阳，自以为苟全性命于乱世，不求闻达于诸侯，其消极亦云至矣。然而宁静致远，不以消极而一日忘天下。观其初遇先主，论列世事了如指掌，是后日之丰功伟绩，已储于隐居消极之年。他如希腊之柏拉图，以避祸之余生，遭时势之困厄，不可为非消极之境遇也，而卒能潜心著述，开西学之大源。此外之因穷愁而发愤，遭屯艰而励志者，中外古今，无代蔑有。孟子不云乎："其操心也危，其虑患也深，故达。"又曰："必先苦其心志，劳其筋骨，饿其体肤，空乏其身。"今日之消极，乃时势所以玉成人才，吾人宜利用之，而不当牢愁抑郁，以自丧其我也。

抑人类之生，苟有思想，有意识，无不思有所表见，而世事变幻无常，治乱靡定，容有不能偿吾志望、展吾抱负之时。人之生命，长者不过七十、八十、九十年，其可效用者，四十、五十年而已耳。世变纷纭，不予人以效用之机会者，或数十年而未艾，吾人当此，其将汶汶以生，泯泯以死乎？其不能不别求所以处之之道也审矣！故吾人苟不欲虚生此世，必当具有可穷可达可通可塞之才，幸而得际其时，则为孔明之及身而试；不幸而躬逢其厄，则当如孔孟，如柏拉图，昌明学术，诏后世而觊将来。盖吾人纵不能为英雄之造时势，亦当为时势所造之英雄；纵不能为豪杰之铸世运，亦当为世运所铸之豪杰。今者时势世运，已陷人于消极之深渊，吾人即宜于此中励进行、求生活、勉学游泳以为诞登彼岸之准备，虽不必抗逆潮流以求进，要不当随波委靡，荡漾中流，任其沉沦而不思自振也。

况乎吾人今日所处之地位，与曩昔不同。曩者闭关自守，无外境之督促，虽视息偷安，长此消沮，亦第社会停滞无进步已耳；今则四围环迫，绝无优游俯仰之余地。且人类通性，能动而不能静，既经一度之锐进，断无一蹶即罢不思再振之理。目前之颓丧，乃初经失望，劳而求息，倦而思憩之时。久之，痛苦渐忘，疲劳既复，必有见猎心喜怦然复动之一日。若不预为修养，力弥前此之缺陷，则他日进行，仍不免蹈无根柢无经验无条理无轨途之覆辙，一误再误，国将奚堪？故吾人所宜注意者，不患人心之日趋于消极，而患虚糜其消极之光阴；不患无积极之时期，而患无积极之准备。尤不必强斯人以积极奋往之行动，而当示斯人消极正当之径涂也。

虽然，尚有不得不辨者。试问吾人现在之消极，果何因而来耶？闻者必曰：是盖鉴于国事社会之莫可希望，无以慰其志愿，偿其目的，乃索然意尽，而呈此颓废之现象也。然细为解剖，则其中怀有志愿、具有目的、曾于国事社会有所尽力者，果有几人？且此曾经尽力之少数中，其能怀公普之志愿，具纯正之目的，而无私意客气杂乎其间者，又有几人？吾恐十人而不得一二也。抑今之自命为消极者，其志趣，其行谊，以及其服用起居，果能自贬自抑，一一合乎消极之旨否？吾又恐谈时事谋公益则形槁心灰，而殖货财营利禄与夫妻妾宫室之奉、声色口腹之娱，绝未尝因消极而稍自惩克者，实居多数也。是则所谓消极者，原因既不尽皆纯，名义又不尽相副，有消极之形式，而无消极之精神，处消极之时间，而乏消极之淬励，以此而为消极，则诚足以亡国灭种矣。今所先宜纠正者，吾人不消极则已，既消极矣，无论原因若何，曾否有所致力，其致力是否悉出于中正，但目前既抱此消极主义，即当时时念念，不忘吾身之处于消极之中，务以国事社会为前提，不以私意客气为进退。而又顾名思义，纵不能屏绝世好，亦当淡泊其心志，澄净其神明，毋使外物之移吾志气，夺吾节操，夫然后有消极之实，不负此消极之名。盖必有真消极，而后有消极事业之可言，且可于此中励进行求生活也。

所谓消极之事业果何如？其所以励进行求生活之方法又安在耶？吾人须知现在之消极，乃因个人与时局，相接触而始发生，事由外铄，非吾人性分中所产出。若离时局而返勘，则吾人意志，依然存在，时局未尝侵削其毫厘；吾人能力，仍自完全，时局未能减损其微末。无论时局若何窳败，若何困难，驱吾人于不得不消极之途，而吾人自身，仍有用吾意志、尽吾能力之余地。吾人当各随其意志，度其能力，痛自刻厉，分途致功，或求效用于及身，或期远果于来叶。倘自谓志力薄弱，日暮途远，于斯二者，均有未遑，则亦宜确定消极方针，力持消极态度，收视返听，息影韬声，屏居寂寞之乡，躬厉贞廉之行，西山薇蕨，誓以终身，东篱菊英，共其晨夕，晨门荷蒉，沮溺接舆，虽非圣贤之所许，固未尝不可讽末俗而挽颓波也。若夫进无匡济之可言，退无隐遁之必要，饥寒迫我，势难息交以绝游，事畜累人，不能遗世而独立，则乘田委吏，亦自可为，铺糟歠醨，夫岂得已？然要必量才受食，絜事呈能，黾勉图功，勤恳将事，下之挟一技一艺以自给者，亦当出劳力以易报酬，无冀侥幸之弋获。庶吾身纵不能有裨于社会，亦不令社会因吾身而重其腐败焉。君平卜易，伯鸾赁春，亦消极所宜取法者矣。至如泽畔行吟，愤而汨没，谪居惜誓，用夭天年，若而人者，虽非中庸之道，然苟有其人，吾犹敬之。盖其悲时悯世，不惜举生命以为殉，固胜于醇酒妇人、粜贱贩贵者万万也。

且也，今日时局，多所牵掣，多所扞格，而非个人志力所能积极运行者，亦惟国家社会之全体而已。若夫一部分一方隅，其可致吾志力者，为事尚伙。如教育，如实业，纵不能大举而大效，岂不能小用而小成？吾人尽可择所能任而自尽厥责也。即云社会事业，决非个体所能举，则家庭之间，一身之内，讵无有待振刷以间接效用于社会者？国者家之积，社会者个人之所积，苟全国人人悉于此致意焉，尚何时局消极之足云耶？顾宁人曰："天下兴亡，匹夫有责。"亦谓个人有个人之责云耳，非必越位儳言，以匹夫而干预国事也。宁人之遭遇，固消极之尤者，而所言若此，岂不大可念乎？吾愿吾国人衡虑困心，卧薪尝胆，就其地位所在，志愿所在，各求所以处此消极之道，毋诿之世运，徒揭消极之名，以为卸责藏拙地也。

大战争与中国 *

（1914）

天道十年一小变，百年一大变。未来之变局不可知，就已往之变局推之，则吾人今日，不可不以兢兢业业之心，临此未来之变局。盖今日欧洲各国之大战争，实为百年以来之大变。而其影响于吾中国者，亦将为十年中之小变焉。欧洲在百年以前，为法帝那破仑全盛时代，自莫司科退兵以后，俄、普、奥、瑞之同盟军，来因同盟之日耳曼军，与惠灵吞侯所将之英吉利军合攻巴黎，那破仑辞帝位，仅为地中海中爱尔拔孤岛之王。欧洲诸国，开维也纳会议，议战后之处分，此一八一四年事也。更同忆二百年以前，则为法之路易十四世称霸时代，前后战争凡四起。西班牙、荷兰、日耳曼、意大利诸国皆被其侵略，英吉利、葡萄牙、普鲁士、瑞典之兵皆被其挠败。然勃伦哈姆之战，卒为英将马尔伯罗、奥将欧热尼所破，割地以和。各国开拉士达会议，而路易十四世之霸局，于是终结，此一七一四年事也。拉士达会议以后，西班牙就衰，而英吉利之海权乃盛。维也纳会议以后，法兰西受挫，而日耳曼之势力乃张，其直接关系于欧洲之国际，间接影响于世界之大势者，久为历史家所注目。此次战争，其结果之重大，将不减于勃伦哈姆与滑铁卢之两役，当为世人所深信。世事之进行为螺线，历史之开展成圆周，吾人曩日抱怀和平之理想，以为世界文明日进，则战争将从此绝迹。此理想殆不能实现矣。日本攻青岛，与德宣战，战祸既蔓延于亚东，其情事适与十年以前之日俄战役相类。吾人更回忆二十年前，则中日有甲午之战；三十年以前，则中法有甲申之役。何天时与人事之偶合如此也。甲申之役，我国弃安南之宗主权，于是英占缅甸，日灭琉球，朝鲜之争端继起。至甲

---

* 《东方杂志》第 11 卷第 3 号，1914 年 9 月，署名伦父。

午一战，而我国之藩篱尽撤。甲午战后，国势一变，引起变法自强之议，酿成新旧两党之争，遂有戊戌垂帘之变，遂有庚子拳匪之祸。迨日俄一战，而国势又一变，立宪法改政体之论深中人心，认为救时良策。清廷之预备宪政，民党之鼓吹革命，互相激荡，遂有共和民国之创立。今也立宪革命，已知春梦一场，遽然醒觉矣，国民之精神，正陷于懊丧沉滞疲软颓唐之状态，而欧西之炮火，黄海之波涛，忽焉相逼而来，震吾耳而炫吾目。盖世事已成急转直下之趋势，不能复许吾人以停滞之机会也。生物之精神，皆由感受外界之刺戟而起奋兴。国民亦然，吾闭关自守之国民，以无外界刺戟之故，停滞至数千年之久。近数十年中之动机，常以外界之刺戟为主因，故今日之大战争，殆将为吾国未来之十年中开一变局，而特以此峻烈之奋兴剂，贶与吾人耳。

此次大战争之印象，其激射于吾国民之眼帘，深刻于吾国民之脑底者，则欧洲国民爱国心之实见是也。战耗传来，交战国人民之侨寓东亚，营商业，任教育，及受吾政府之佣雇者，皆弃其职业，托其妻子，联袂归国，以效命于疆场，曾无观望徘徊之意。青岛一隅，以五千余之德人，抗日本全国之海陆军，众寡悬殊，应援全绝，而犹效死勿去，寄五千余通之遗言，以示必死。呜呼！帐悬佩刀，手书遗嘱，吾国古来专阃之将帅，临危授命，犹为历史所艳称。青岛五千余德人，果能视死如归，同殉祖国，则遗此军国民之模范，亦足使吾人景仰流连而闻风兴起矣。塞尔维亚一小国，人口二百九十万，兵额二十三万，十三人中从军者一人。德国全国，十八岁至四十五岁之壮丁，凡千二百万有奇，此次加入战役者，在三百万以上，则壮丁之从战者已四人而一。法国人口仅德国之十分之六，此次加入战役者，约二百四五十万，以德国为比例，则壮丁之从战者且三人而一矣。如此奋勇之国民，直使吾侪闻之，舌挢不得下。吾侪国民，欲于此四郊多垒之秋，争存立于亚东大地之上，则非激发其真挚之爱国心，忍受剧烈之痛苦。准备重大之牺牲不可。二十世纪之国家，苟不建筑于国民爱国心之基础上者，即幸不灭亡，亦奴隶国而已。虽然，国民之爱国心，非可以力征经营得也，非可以智驱术驭求也。曩者帝制未改，视国家为一姓一人之私产，蚩蚩之氓，仅有乡土之感情，无国家之观念。故历朝军役之兴，人民无不逡巡畏避，怨叹愁苦，读唐代诗人从征遣戍之作，亦几疑吾国民无军人资格矣。平心论之，则承平之世，拥大权享厚利者，非天潢之胄，即禄仕之家，普通人民，日惧刑威之压迫，躬受官吏之朘削，绝无权利之可言。一旦有事，而驱此耕凿之民，捐其血肉之躯，以拥若辈之权利。其逡巡畏避，怨叹愁苦，亦情理之当然也。近十年以来，我国上下，所以哓哓谋立宪者，亦外觇世变，内察国情，欲谋国家之生存，则对于普通人民，不可不高其智德，优其待遇，与以公权，试以自治，变一姓一人私有之国家，为全体国民公有之国家，而后能合全国之心思才力，以捍国家之患难，谋国家之发达。乃民国成立，于今三年，徒拥共和之名，未举立宪之实。国家岁计，虽欲稽考而无从。地方自治，未知规复之何日。处此特别政体之下，吾侪小民，亦惟有自谋其个人之生活，安其消极之状态而已。民气之消沉，从政府现时之政策言之，或亦可认为乐观；从国家根本之大计言之，终不能不认为悲观耳。此次大战争开始后，俄帝许波兰人以自治，允犹太人以同等之待遇。英政府对威尔斯人反抗爱兰自治法案之事，亦不复置议。可知国家欲对外而维持国势，则必对内而固结民心。我政府若不乘此列强多事之秋，整理内治，力促宪政之成功，以顺舆情而固国本，而徒倚赖此少数奔走之官僚与佣雇之军队，以为国家之保障。吾不知此少数人之爱国心，其程度若何，其与欧洲国民之比较若何，吾恐真实之爱国心，决非俸给饷糈与夫勋章荣典所能引起者，此记者对于我政府而不敢不正告者也。

欲维持吾国之国势，就政府一方面，固不可不整饬内治，力行宪政，以引起国民之爱国心；而就国民一方面言，则记者尤不敢不有所警告。今日吾国国民性之消失，实有一落千丈之势。上层社会，无论为政治家，为实业家，其胸臆中怀抱之隐愿，无非欲乘此国权尚未尽失之时，凭借势力，攫取权利，幸得达其目的，则将流寓他邦，托身租界，借外人之庇护，作犹太之富民。祖国存亡，同胞休戚，从此不复过问。中下层社会，见欧人资本之丰富，事业之发达，制品之精美，生活之奢华，咸思依附其末光，以沾溉余沥，仿效其风习，以自诩文明。欧洲各国，利用吾国民之离心力，广布其语言，销行其商品，以施其同化之政策，英、德两国，近年来在东亚之竞争冲突，其争点即在于此。然吾侪国民，苟就此次大战争之关系而研究之，则知亲昵外人以求援系，托庇外人以丐生活者，其计实大左。欧洲各国之民族间，互相猜忌，互相嫉恶，积不能返，实在吾侪豫想以外。今日东欧之战争，斯拉夫民族与日耳曼民族之战争也。西欧之战争，日耳曼民族与拉丁民族之战争也。比利时守中立而受攻，意大利脱同盟而中立，门的内哥罗助塞以拒奥，无非民族异同之关系。至英联日以攻德，德嗾土以拒俄，间亦利用他民族以资臂助。

要不过出于一时利害共同之观念而已。世界主义，博爱主义，虽为基督教之标帜，而其国民之里面，则褊狭之民族主义，桀傲之帝国主义，固结而不可解。以民族之夸负心，酿成民族战争，同一白色人种之间，犹演出如此之惨剧。吾侪黄人，能勿悚然惧而惕然悟欤？现今世界各民族，无不以民族为基础，构成政治的单位，以实现国民生活，显示同类意识。读近世欧洲历史，如希腊之独立，比利时之分离，意大利之统一，德意志之强盛，巴尔干诸邦之分裂，爱尔兰对英、芬兰对俄之自治运动，匈牙利对奥地利之独立运动，皆不外民族主义之发现。其他各洲，如土耳其青年党之进行，埃及国民党之活动，以及印度之呼号自治，皆为近世民族自觉之证候。我中华民国，尚未沦于异族之手，将来之兴衰存亡，一以我民族之自觉心如何以为断。今不自谋，一旦陷于印度、埃及之境遇，则虽哀痛迫切，欲脱离他人之羁绊，盖亦难矣。日耳曼、斯拉夫两民族决斗之结果，近东问题，渐就解决，将依次以及于远东问题，吾国民对于此问题之准备如何。德皇曾唱黄祸论，绘黄白战争图以警告白人。此悲惨之黄白战争，岂真为未来世界中不可逃之劫运乎？今日德意志国民，为其向上之生活而战。（亦德皇之言）吾国民而欲为向上之生活，其毋忘此未来之劫运可也。

故此次大战争之关系于吾中国者，一为戟刺吾国民之爱国心，二为唤起吾民族之自觉心。此虽为间接之影响，而关系于吾中国十年内之变局者，当以此为最巨。至直接之影响，则自列强开战以后，外资供给之缺乏，而财政益窘迫也；土货输出之停滞，而商业益衰落也；划龙口、莱州及接连胶州湾附近之领土为战地，而外交愈陷于困难也。此皆现时所已发现者，至将来发见之事变，尤纷纠而难于悬揣，当视战争之结果而定。吾人无军事上之智识，战争之结果，将为德、奥之胜利乎，抑为英、俄、法所屈服乎，战事之终结将在何时，战争之损失至如何地位，吾人皆未敢臆断。以吾侪之希望言之，则交战之两国际团体，苟有一方面完全胜利，一方面完全屈服者，则均非吾中国之福。德、奥而完全胜利者，则奥地利、比利时、荷兰皆将为德意志之联邦。（荷兰君主之夫，为德国王子，其对于并入德意志一节，亦无十分反对之意。详见本志八卷二号《最近欧洲各国之外交政策》。）巴尔干诸国及土耳其波斯等，凡伯达路线之所经者，皆将折而入于德意志势力之下。中世纪之神圣罗马帝国，将复现于欧洲。俄人于东欧南下之志既为所阻，不得不经营亚洲以图东进。英人亦必汲汲注意于印度之防护，且现时南洋荷属之殖民地，如婆罗洲、苏门答腊、爪哇、西里伯等，其面积之广，数倍于日本，荷并于德，则与青岛及德属之太平洋群岛，联合一气，其在亚东之势力，将凌驾于日、英、俄、法诸国以上。诸国为保持东亚之势力平衡，势必互相协商，攫取种种权利以相抵制，而我国乃陷于四面楚歌之中。然苟德、奥而完全屈服也，则英、俄、法三协商国，苟不自相离畔。则在欧洲无对抗之力，无内顾之忧，得长驱远驭以扩其势力于东亚。东亚诸国所受之迫压，必较甚于今日。日本虽崛强，恐亦将左支而右绌矣。吾侪所希望者，则战争之结果，于现状仍无甚改变，同盟诸国与协商诸国之对抗，依然存在，则在东亚方面，亦必维持现状，无敢发难。吾国近十年中外交状态，固赖列强均势之局得以维持，无容讳饰，欧洲均势之破坏，其必非吾国之福，不待智者而知。故严正之中立，实我政府及我国民共同之意思也。

夫以百年来未有之大战争，而谓战争之结果，与现状仍无甚改变。夫谁信之？然从事实上考量，则交战国之一方面，欲使他方面全然屈服，殊非易易。德国之战略，在利用其动员之迅速，于英法联军未集中以前，直达巴黎，使法迫而求和，乃转马首而东，与俄决战。然今日之法国，已非一八七〇年之比。巴黎附近之要塞，设备甚为严密，包围之策，非集极大之军队，经长久之时日，不能有成。况近时法国骑兵之优胜，大炮之精良，有驾德国而上之之势，已为世界所注目。加以英、俄之援助，岂易遽为城下之盟？俄则自日俄战役以后，锐意改良陆军，其战时之兵额，足以与欧洲二大强国相当。德、奥之同盟军，即尽加于俄，亦足以颉颃上下。况北地早寒，十月之交，霜雪洊至，行军甚难，德、奥虽叩关以攻，岂易得志乎？至就德、奥方面言，德为新兴之民族，其勇猛精锐之气与拉丁诸国民之享受自由，营和平丰富之市民生活者迥异。世人或以德帝维廉二世拟法帝那破仑，一朝失败，则声威全坠。不知当时之法国，以帝皇个人之野心为动机，率国民而使战。今日之德国，以一国民族之生活为主义，怂帝皇而使战。其情形迥不相同，屈个人易，屈民族难。普法之战，巴黎受围，路易既遁，普卒与共和政府议和者，亦以法兰西国民强悍未易屈服故也。当时俾斯麦公谓法人已受不能恢复之打击，乃不数年而法兰西复为强国。以此推之，则欲屈服德意志民族，亦殆不可能之事矣。奥国之患，在奥匈联合基础之未固，然观此次战争，匈政府之热心赞助，则奥匈国势，未必如世人所豫料之危险。虽交战国现时之状态，似非待胜负大定以后，决不肯遽尔休止。然如此实力上之解决，恐非一时所能达到，势非延长战事之期日不可。而战事之延长，又非时势之所许。盖现代战争，决非往昔时代之比。那破仑时代，战争亘二十三年之久，然当时全欧洲之陆军，总数不过二百二十万，战费亦较少，决不能与今日之战费同年而语。其时英为对抗那破仑之主力军，欧洲大陆诸国之抗那破仑者，其战费亦仰英供给，而二十三年战费之总额，不过十二亿（万万）五千万镑，则一年间之战费，平均为五千四百万镑。今日全欧战费，据美国某军事家之约算，每日须用五千五百十二万五千元。又据德国大学某教授之言，谓战争开始之六星期内，战费最巨，每日平均须五千八百万马克，此数约合银二千九百万元。俄、法两国，于开战时之用费，亦大略相等，加以英、比、奥、塞诸国，则自开战至今，每日至少须一亿圆以上。故当时一年间之战费，在现时不足支十日之用。若经若干时期，而胜负尚不能遽决，则工商业之受害，自不待言。欧洲之国家，战争一起，举国一致，其国家观念之强，诚为吾侪所惊叹，而其社会中之一部，即劳动阶级之观念，全与权力阶级异趣。彼等深知战胜之利益，多为权力阶级所获得，分配于劳动阶级者极少。故常以限制军备反对战争为主义，常与他国之同阶级者亲昵，而与同国之权力阶级相抗争。彼等之观念，以阶级为境域，不以国家为境域。其国家观念决不及阶级观念之强，战争永续，决非此自觉之劳动阶级所能堪，而彼等之势力，实足以牵制欧洲之国势，使其息鼓偃旗，无力再战。此劳动阶级之态度，在今日已可考其一二。据俄京传来之消息，德国之非战党，已于柏林之温特台大道上，德皇及皇太子之马车经过时，为示意运动。（见八月十三日日本各新闻。）又据纽约传来之消息，则德国社会民主党首领博克耐希氏，因主张拒兵役被枪毙。博氏即前年以不敬事件入狱，数万之劳动者呼万岁而送入狱中者也。法国社会党首领乔雷氏，欲于大战争未开始以前，行国际总同盟罢业，与德国社会党呼应。业于七月十六日开社会党临时大会，乔雷议案，以千六百九十票对千零四十票可决。现乔雷氏虽已被野心家所暗杀，乔雷议案，终未实行，但社会党员之在法国议院为代议士者，在百名以上，其势力决不可侮。英国议会，自由党、统一党、国民党一律赞成开战，而四十名之劳动党议员终反对之，商务总长乔彭氏以与同僚之主战论者意见不合而辞职。乔彭氏久为劳动界之领袖，彼之辞职，实足代表劳动界之意见者也。将来战事延长，致社会全体沦于疲乏，则此横断国境之社会党，决不能再安沉默。当此之时，一般之政治家、军事家、资本家，皆将收视返听，亟亟对内，国际之战争，将不息而自息矣。故此次战争，其作始虽巨，将来之结果，或不至改变现状，亦非无理由。欧洲各国，或渐悟穷兵黩武之非计，知武装和平之难保，一变为无武装的和平。各国国民，互以好意相结合。国民之爱国心，民族之竞争心，不表见于炮火，而表见于工商事业文化事业之中，则此次大战争之血，或将一洗前世纪之秽恶，而培养新纪世之和平，未可知也。果尔，则世界历史，将于此战争以后起显著之大变化，何百年大变十年小变之足云乎？

大战争之所感*

（1914）

　　吾人不幸，生于东方腐败之国家中，常觉事事物物，不如吾意。官吏之贪暴也，盗贼之纵横也，疫疠之蔓延也，水旱之频仍也，吾侪小民，罹于刑戮、劫杀、疾病、灾难而死者，岁不知凡几。生活之危，有如朝露。民命之贱，无异草芥。彼欧洲文明国家之人民，所享自由丰富之幸福，固常使吾侪惊叹羡慕而不能自已者也。然大战争一起，欧洲人民之死于炮火兵刃之下者，乃至数十百万人。吾侪之死于刑戮、劫杀、疾病、灾难者，其数虽亦不下于此，其势固不若是之骤焉。两相比较，则彼等平日之幸福，虽胜于吾侪，而不幸之事，乃积聚于一时期之内。吾侪之不幸，则蔓延散布于数十百年之间。同一死也，惟紧缩与弛缓之殊耳。世人愿学神仙，神仙亦须遭劫。吾侪虽不幸，亦可聊以自慰矣。腐败欤？文明欤？人类之幸福，固将于何处求之欤？

　　吾侪之死于刑戮、劫杀、病疾及灾难者，推其原因，皆由于实业衰微，生计涸渴而起，质言之，则皆死于贫乏者也。英、德之军备竞争也，英人之言曰："若英之军备，不胜于德，则不能免于饥馑与混乱，因食物之不足而人口将失其半，海外之领地将尽失。"德人之言曰："德国人口日盛，不得不于世界求一更大之土地以殖民，因而不得不扩张海军，德之海军，系德人之生命，与面包无异。"是英、德之战争，亦求免于贫乏而已。彼等以救济贫乏而起战争，则吾侪果以嫌忌战争而致贫乏乎？战争者果为救济贫乏之方法欤？贫乏者果为嫌忌战争之结果欤？

　　主张和平者曰：欧洲列强，以竞争军备之故，其国民既担负莫大之租税，致劳动阶级之生活日益困难，竞争不已，卒惹起今日之大战争。

---

　　* 《东方杂志》第 11 卷第 4 号，1914 年 10 月，署名伧父。

除耗数亿万之军事费以外，工商业之损失，尤不堪数计。战败之国，困难益困难，自无待论，即战胜之国，既防敌国之复雠，又招他国之嫉忌，军备益不能懈弛。数年以后，或因敌国之势力回复，或因他国之利害冲突，竞争再开，战争复起，其结果必至民力凋敝而后已。然则吾侪以嫌忌战争而致贫乏，欧洲人将以主张战争而致贫乏，不战争亦贫乏，战争亦贫乏，贫乏者，固人类最终之结局欤？马尔桑斯人口论之公理，固世界所莫能逃者欤？

主张战争者曰：战争者，残酷之事也。然工商业界所行之残酷，比诸战争，曾无少异。且以人类之理性，对于裁制工商业界所行之残酷，较不注意，故其结果，更为永久而持续，平和职业中之流血，实较战争为多。盖弱肉强食之行于人类之间，决非仅国际之战争而已。一商货之流行，一工艺之发达，而使他种工商事业陷于危地，致于绝灭者，皆战争也。然则彼等之贫乏，起于有形之战争。吾侪之贫乏，生于无形之战争。主张战争者，固不能免于战争。即嫌忌战争者，亦不能免于战争。战争者，固人类通有之现象乎？达尔文生存竞争之原则，固人类所不能外者欤？

主张和平者曰：战争者，非可以救济贫乏者也。以窃盗得金钱，无论其未必得也，即或得焉，而两方互相掠夺之所费时间与精力，苟用之于正当之劳动，则其所得正当之利益，必较此不正当之利益为多。人类终局之贫乏，虽不能免，然纾缓此贫乏期之进行，必赖人类之互相协力，以增进世界之生产。生存竞争者，乃人类与自然之竞争，犹生物与外围境遇之竞争也。若人类之间，以救济贫乏而互相杀戮，是即为自然界所压伏，而自趋于灭亡之道耳。欧人平日，取精用宏，既无抵抗贫乏之能力，故惟有利用其所发明最惨毒之军械，减杀其人口，以纾缓其贫乏。以战死者之血肉，变为生残者宴会舞蹈之费，其实与人自相食何异。孟子谓善战者服上刑。此等好战之国民，其死于兵刃炮火之下者，虽甚惨烈？要亦自取之咎也。然则今日欧人之死于战争者，殆以其不能抵抗贫乏而加以惩罚欤？世界之人类，固当以忍耐贫乏，为惟一之正道欤？

主张战争者曰：战争者，文明进步之一条件也，刺戟惰眠中之国民使之警醒者也。暴风能清洁腐败空气，吹倒枯朽柔软之树木，使挺立秀拔之乔木得显其丰姿，战争能扫除腐败之国家，使偷安于一时平和之里者，皆不得存立。战争之裁判，为神之所定，最公正而平允。何以胜利？乃国民道德合成之结果。何以失败？乃由国民之罪恶或弱点而生。世界若无战争，则一切人类，皆将堕落而不能自拔。故生长于孤立安逸中之国民，结局失其男子之性质，受他国之蹂躏。西人常言凡对于受他人之侮辱而默从之个人，当使之贫贱。如是之国民，亦惟有使之贫贱而已。然则吾侪国民之死于贫乏者，殆以其不能主张战争，而加以惩罚欤？世界之国民，固当以准备战争为无上之国是欤？

总之，战争死也，贫乏亦死也；不死于贫乏者，不可不死于战争；不死于战争者，不能不死于贫乏。欧人畏贫乏，故不甘死于贫乏，而愿死于战争。吾人畏战争，故不肯死于战争，而宁死于贫乏。人生斯世，殆无免死之方，惟得各自择其就死之方法已耳。勇也，怯也，仁也，暴也，文明也，腐败也，不过世人各从其所择定就死之方法，而自奖励自辩护之词。对于死之事实，固何所关系欤？

破除享福之目的 *

（1914）

吾侪尝有一大问题，日常往来于吾侪之胸中而亟欲求其解答。此问题维何？即吾中国人之社会，以何因而致腐败与贫弱？西洋人之社会，以何因而致振作与富强？换言之，即吾中国人与西洋人之社会，以何点重要之差异，引起两社会间种种之悬隔？质言之，即欲问陷吾中国人于腐败与贫弱者，究为何事也？或曰：以中国人无教育故，以中国人无道德故。虽然，西洋之人，非生而受教育者，非生而具道德者。教育为社会间所举行之公益事业，道德亦由社会训练而成，皆果而非因也。则将谓吾侪之智力不及西洋人，体力不如西洋人乎？然吾侪一读三四百年以前之西洋历史，则其知识之愚暗，岂足与吾唐宋时代之人同年而语者？即云体力，吾燕赵秦晋间之健儿身手，亦讵不如西洋人？吾侪今日，惟当自检其人事之缺失，不当委其咎于天赋之缺陷矣。亦有谓西洋人种糅杂，各小国并立，经千余年之竞争进化，遂开发近世之文明。然则吾侪经五胡之入扰及十六国之割据，胡以当时之社会情状，反有退而无进乎？吾侪辗转寻求，而知吾侪之所以陷于腐败与贫弱者，实由于误解人生之目的。目的误而种种之手段乃无不误，遂驯而致于腐败与贫弱，非偶然也。

欲问吾中国人之所认为人生之目的者果何在，则吾可以一字表之，即吾中国人门户墙壁间所大书，童稚妇女所咸识之"福"字是也。今试任就一中国人而叩其一生之目的如何，则无论官僚士庶、农工商贾，以至妇人女子，当无不同声而答曰："吾之目的在享福。"虽其间手段万殊，有求功名权位者，有谋财货利禄者，有考求学问者，有整理家事

---

* 《东方杂志》第 11 卷第 5 号，1914 年 11 月，署名高劳。

者，而其终局之目的，则无不在于享福。现时不能享福者，则望将来之享福焉；本身不能享福者，则望子孙之享福焉。究之吾中国人所谓福者，果含有如何之性质乎？所谓享福者，果含有如何之意味乎？吾将研究而说明之。

《洪范》列举福之事项凡五，即：富、贵、康宁、好德、考终，谓之五福。就此五者而分析之，则富与贵为积极性之福，即于精神上感快乐之谓；康宁与考终为消极性之福，即于精神上不感苦痛之谓也。但以上四者，皆为受动性之福，惟好德则为自动性之福。盖精神之快乐苦痛，虽不能不受外界之感动，然发生于内部之自动者居多。故性情暴戾、气量褊狭之人，虽处如何之境遇，终不能得快乐而免苦痛，则自动性之福，实较受动性之福为主要可知。乃世人之所谓福者，实专注意于受动性之福，而漠视自动性之福，是其福之主要性质，业已失去。普通之见解，吾固不欲以伦理学及哲学上之见解绳之，惟其所谓享福之意味，则固于积极性及消极性之两方面外，别有一重要之条件，即欲不劳心劳力，安然享受此快乐而不苦痛之境遇是也。彼等几不辨福之性质如何，而惟此不劳心劳力安然享受之条件，决不可破，否则，一切福之性质，皆从而消失。故使其人必劳心劳力，方能得快乐而免苦痛者，则吾国人决不认之为享福。然则吾中国人之所谓福者，为感快乐而不感苦痛，所谓享福者，为不劳心劳力得感快乐而不感苦痛，是即吾中国人所认为人生之目的者也。

吾于是知吾中国人实误解人生之目的者也。以其所认为人生目的者，乃在于不为人而丧失其生活故也。人在生活之中，则其所具之体力与心力，必依生理上之作用而显其活动，苟其生活不丧失，则其活动决不能全停止。而吾人乃以停止活动为人生目的中之重要条件，其谬误不已甚乎！吾中国人普通之见解，以劳心劳力认为一种之苦痛，足以消失福之性质者，是实全由误解而起。惰眠之人，或误以离床为苦，不知吾人苟得适当之睡眠后，则淹留床蓐，转增沉闷，此时苟崛然而兴，必觉起立行动之愉快实胜于睡眠。又家居之人，或误以旅行为苦，道途风雨，别绪离愁，经想像而愈难排遣，然此时苟决然而行，则流览风物，观察世态，知旅行之乐，实大胜于家居。吾人之以劳心劳力为畏途者，亦眠者畏起、居者畏行之类耳。昔英人有就佣于印度公司者，簿书鞅掌，苦不得休息。及积赀归英，谓其友曰："今而后吾不复作事。"世人以不作事为最佳，作善事其次焉。居未几，其友往访之，乃锯木作一柜，友询其故，曰："吾今而知无事之苦，较事繁之苦为尤甚。吾之锯木，求免于自尽而已。"然则以不劳心劳力为享福之条件者，其所谓享福，即英人之所谓自尽者也。

夫吾人托生于宇宙之间，一为宇宙任工作之机械而已。饮食、衣服、居住，及其他一切生活必须之资料，所以与吾人以快乐而免吾人之苦痛者，凡以遂吾人之生活，使其得从事于工作，犹机械发动所须之燃料与保存此机械所须之涂料而已。吾人之目的在生活，生活之意义，为心力体力之活动；活动之结果，成宇宙间种种之工作。吾国语言中，常称工作曰生活，则工作实生活之表现也。感快乐而不感苦痛，固生活之目的中所不能不要求者。然此要求既根据于生活之目的而来，若转因此要求以破弃其生活之目的，其谬误不已甚乎？吾中国人以享福为人生之目的，以吾言之，则享福实违反人生之目的者也。

吾中国人既人人抱一谬误之目的以涉世，于是其所费之心力与体力，乃无不趋于谬误，专图不当得之权利，而巧避其应尽之义务。苟可达其享福之目的者，则其行为虽如何不正当，亦一切置之不顾。此行为之结果，即足陷吾中国人于腐败贫弱而有余。向使吾中国之人，知人生在世，当其生活未丧失以前，决不能不活动，决不能不工作。不论富贵贫贱，苟一日为生活之人，即一日为活动之人，亦即一日为工作之人，终其身于活动工作之中。得权利焉如斯，失权利焉亦如斯，尽义务焉如斯，弃义务焉亦如斯，则尚何权利之足图，义务之足避乎？人生之福，随造而随享之，以心力体力活动而成之工作，为得快乐而免苦痛之代价。不活动，无工作，则快乐即去，苦痛立至。彼富贵者欲保持其富贵，则其劳心力与体力，不但不能减少于贫贱者，必且加甚焉。犹之国土愈广，则守卫之力必愈强大也。彼苟欲不劳其心力与体力，则其所拥之富与贵，适足为其亡身之具而已。夫既至富且贵，而其劳乃甚于贫贱，则不义之富贵，何足以累吾身心乎？此义既明，则享福目的自破，享福之目的一破，则吾中国可得多数生活之人，活动其心力体力以从事于正当之工作。国家振作富强之道，即基于是矣。

吾今为抱享福之目的者正告曰：汝今者舍其正当之工作，冒危险，习欺诈，汲汲营营，以求汝将来或汝子孙之享福，汝果为将来计耶？吾谓汝当锻炼汝之精神，坚实汝之身体，使汝之一生，得为充分之活动。古来名人，常有享七八十之高龄，而于晚年建功立业者，是汝将来所可效法者也。若夫积金钱，占权利，营菟裘，谋退隐，是决不能达汝之目的者。且即如汝之目的，则汝之将来，实虚生于世，是实与自促其生命无异也。抑汝更为汝子孙计耶，则汝当注意于教育，使汝之子孙有明通之学识，有应用之艺能，有强健之体格与活泼之精神，在社会上得自由活动之能力，如此巨大之遗产，足使汝之子孙吃着不尽。若夫储财货，营田宅，使汝之子孙安坐而徒食，是决不能达汝之目的者。果汝之子孙，悉如汝之目的，不复在社会活动，则其固有之才智，无磨炼之机会，其品格必日流于卑下。汝之财货田宅，会有穷期，而子孙之才智，不可复得，是实与自戕贼其子孙无异也。今吾国之人，皆自促其生命，自戕贼其子孙，积数千年而不之悟，亡国灭种之祸，即由此享福之目的中来。然则彼之所谓享福者，非享福，实取祸也。吾国人而欲挽救其腐败与贫弱焉，则必自破除享福之目的始。

社会协力主义 *
（1915）

（一）国家主义与平和主义之冲突

自大战争发生以后，我国民之思想上，颇有活动之景象。一方面见交战国民，举国一致，敌忾同仇，自然激起其爱国心。当世之政治家，复从而提倡之，揭国家主义以诏示国民，持之有故，言之成理。我国民而欲生存于其国中焉，则此主义洵为惟一无二之主义，一切皆当循此主义而行。然一方面又见环球以内，大半数之强国，兵连祸结，伏尸流血，伤财害民，则恻然心忧，以为如此世界，终非人类理性上之所能安。当世之有志者，乃有平和息战团之组织，揭平和主义，以与世界国民之同主义者相号召，其志甚大，其名甚正。我国民而欲生存于世界焉，则此主义又为至高无上之主义，一切皆当循此主义而行。然此二主义之极端，则不相容而相斥。国家主义之极端，即不平和之军国民主义、民族的帝国主义；而平和主义之极端，即非国家之世界主义、社会主义也。我国统一已久，数千年闭关独立，国家主义不如欧洲之发达，平和主义亦无以相形而见优绌，故二主义间之冲突，未尝有所经验。若夫欧洲，在今日正为此二主义激烈竞争之时代。一方面设立万国平和会议，缔结中裁条约；一方面竞争军备，要结与国，开从古未有之大战争。此就国际上言之也。更就国民之思想上观之，则政治界中，若自由党，若社会党，常倾向平和主义，而与之反对之政党，则常抱持国家主义，是为党派之竞争。经济界中，则若地主，若资本家，凡属上层社

会，常赞助国家主义，而劳动之下层社会，则常企慕平和主义，是为阶级之竞争。学术界中，则以德国哲学家尼采氏之学说，为国家主义之根据，以俄国哲学家托尔斯泰氏之学说，为平和主义之根据，相持不下，是为学说之竞争。大战争开始以来，交战国中，表面上国家主义之势力大张，平和主义稍受顿挫，然实则潜滋暗长于社会之里面，固无待言。善读西洋历史者，自罗马帝国思想之衰颓，基督教四海同胞思想之普及，以至十八世纪民权思想之勃兴，十九世纪民族国家之设立，凡龙跳虎跃于欧洲之天地间者，皆此二主义冲突之活剧也。我国自与欧化接触以来，爱国家所主唱之军国主义，革命党所借口之民族主义，与夫宗教家所传宣之世界主义，哲学家所想像之社会主义，同时输入。今又因大战争之刺戟，二主义并显其头角于吾中华民国。将来吾中华国民，对于此二主义，将令其为对抗的存在乎？抑令其为主从的关系乎？调和二者之间，以构成国民之新思想，以随伴世界之新机运，是则吾侪所切望者也。

（二）极端的国家主义之危险

夫国家主义，非必以破坏平和为利也。而极端之国家主义，则常与平和主义立于反对之地位，故托尔斯泰一派之思想家尝谓："忠君爱国之国家主义，不过为排外心复仇心之修辞，为人类实现其理想之最大障碍。"又谓："此偏狭之主义，常与侵掠吞噬之危险相伴。"今之持军国主义以倾覆他国家，持民族主义以陵侮他民族者，实为破坏平和之导线，诚宜为托氏之所深斥也。吾国之提倡国家主义者，就现势论之，不但决无侵掠并吞之事，且亦绝无复仇排外之心，其不至于为极端之国家主义也，固无疑义。然一主义之兴，往往易走极端，而其势且不能自止。欧洲国家之扩张军备也，其始亦以为欲保世界之平和，则不可不备有防御他人侵犯之武力，即吾国所谓能战而后能和之意也。然甲国之修其防御，乙国即恐其侵犯矣；乙国之防其侵犯，甲国益增其防御矣。军备之竞争一开，稍一退屈，则患且立至，不得不竭国力而为之。国力既竭，而犹竞争不已，势将不可以为国，乃不得不出于一战，此英、德战争之所以终不能免耳。况乎群众之心理，往往任意气而乏思考，多猜忌而易冲动，其性质常倾向于极端。吾亦安敢谓吾国民之国家主义，独能翘然自自异于他国，而绝不含有危险之性质也？据近代社会学者之言，凡异人种相接触时，其道德思想必骤然堕落，盖以为他人种之间，惟以智巧武力相尚，无道德为之标准，彼此相接，常存骄慢自负之心，而无克己自制之力，其结果不但不能采取他人之道德，而常模拟他人之罪恶。吾东洋人种自与西洋人种接触以来，此例业已显著。日本人既模拟西洋之军国主义以称霸亚东，吾中国人亦模拟西洋人之民族主义以操戈同室。吾东洋人平日所欢迎崇拜之西洋文明，安知其非西洋罪恶乎？西洋人之罪恶，今方以大战争之血洗之，吾人之模拟西洋罪恶者，其将何以自赎欤？夫吾国自庚子、辛亥以来，国民中之一部分，既存破坏平和之思想，有剑拔弩张之气，而无和亲康乐之风，有挺而走险之心，而无忍以为国之意，国内之平和，几岌岌不能自保。今日之提倡国家主义者，亦无非欲以国家之危难，警此嚣桀之民心。而以吾推之，恐其结果适与之相反，以倾向极端之民心，导之以易走极端之主义，使其主义而得所发展也，将不免与他国家他民族以兵戎相见；使其主义而不得发展也，则且必于自己之国家自己之民族中，自寻祸乱，自相残杀矣。吾非以此诅国家主义之不祥，亦望抱此主义者之懔其危险已耳。

（三）极端平和主义之弊害

抑平和主义，非必破坏国家而后可行也，而极端之平和主义，往往视国家为平和之障碍物，以谓必废斥国防，破除国界，而后战争可以不起。此等悠谬之理想，其果能见之于事实乎？罗斯福氏之言曰："神经病者，非可以启迪世人者也，顾吾国之极端平和派，则常以神经病相揭橥。"今世之持非国家主义，以谋平和之实现者，彼固自认为人类最高之理想，社会终极之目的，实即罗斯福氏所斥为神经病者也。吾人无维持平和之实力，而欲以一纸空谈唤起世人之良心，保弱小之安全，禁强暴之侵掠，亦徒为世人所匿笑而已。况以吾国人心之涣散，民力之疲软，久生强敌之觊觎，若犹迷信极端之平和主义，以弛其捍卫国家之责，是犹舍身饲虎，徒使彼持极端之国家主义者，益得逞其侵掠吞噬之政略耳。夫国家主义，所以结合一国之人心，维持一国之秩序，虽其中不能无危险之存在，而社会上他种之危险，赖此主义以防止者实多。今日欧洲阶级党派间之争斗，其酿成社会之危险屡矣，常赖国家主义以镇抚之。当国家有事之时，辄以举国一致之国家主义，牺牲阶级党派间之利害，其事实固有为吾人之所熟知者。设平和主义之实行，必消灭其人民之国家主义而后可，则即使国家之间，因此而得免战祸，而行于阶级党派间之战争，其危险之度，或较之国际战争为尤甚。吾国近年党派间争斗之烈，国民既身受其害，有志者揭国家主义，冀借此以消弥内乱，而各党派之间，仍以利己党害敌党为职志，无一肯稍自牺牲者，足见我国民国家主义之薄弱。设更以极端之平和主义，鼓吹于我国民之间，则不特假外人之护符以鱼肉国民，吸国民之膏血，以托庇外人者，均得以大同思想世界观念为借口；而党派中之愤激者，且不恤割弃国家之权利，牺牲国家之独立，以快其一日之私仇。故空论之平和主义，不但无补于世界之平和，且恐为引起国内之不平和，是亦抱平和主义者所当深惕者也。

（四）竞争与协力

国家主义与平和主义，何以不相容而相斥乎？是可就自然界之现象以说明之。夫自然界中生存竞争之学说，固吾人所耳熟能详者也。然而有与之并峙之学说焉，即生存协力是也。试思单细胞之生物，何以进而为复细胞之生物乎？独立之个体，何以进而为社会之群体乎？由单细胞之协力而成复细胞之个体，由个体之协力而成社会之群体，此协力之进化也。自然界中，协力者为优胜，不协力者为劣败。故协力之范围愈广，协力之方法愈备者，则竞争之能力愈大，生存亦愈安全。然竞争与协力，究属处于反对之地位。协力者利害相共，竞争者利害相反；协力者相友，竞争者相敌。二者之间，常有一界，界以内为协力，界以外为竞争。寻常生物，即以个体为界，对于个体以内为协力，对于个体以外为竞争。至于人类，为社会生活，其协力之界，渐推渐广，或以部落为界，或以族类为界，而国家主义者，则以政治上之关系或民族上之关系所构成之国家为界者也。平和主义者，则以全体人类为界者也。国家主义，对于国民为协力，对于他国家为竞争。平和主义，对于人类为协力，对于自然界为竞争。故二主义差异之点，在协力与竞争之界广狭不同而已。现今时代，将由国民之协力，进为人类之协力之时代。故处于此时代者，当确保其国民之协力，且进谋人类之协力。所谓二十世纪之问题者，今日虽不能断言，大旨固不外是焉。

（五）国民协力与人类协力之过程

国民协力之进而为人类协力也，其经过之途径，有可得而言者。往古之国家，为一部落或一种族之协力所成，对于他部落他种族之间，战斗不绝，战胜者辄屠戮战败者之人民以为快。既而知屠戮之无益于己，不如捕虏而役使之之为愈也，于是奴隶之制兴，实为他部落他种族间协力之开始。然役使奴隶，苟不与以相当之待遇，终不免有反侧离畔之心，平时之防范既难，一旦更与他种族他部落相争斗，则不得不结其欢心，以巩固内部之团结力。于是不得不改其待遇，高其位置，与以一定之权利，责以相当之义务。协力愈进，而奴隶遂渐侪于齐民矣。后世奴隶之制既废，战胜者对于战败者，惟掠夺其财产，占领其土地，征取其偿金。然掠夺之事，所获无多，惨杀多人，获少许之金，所得实不偿所失，此鞑靼王之愚策，后世已无复效之。占领土地，为从前数世纪战争之重要目的，然至近世则此倾向已大减。盖版图增大，往往减小其国家之统一与巩固。若领土之经营，不得其法，每至征收于领土之税金，不足以抵防卫领土之兵费。西班牙之殖民政策，即以此而陷于失败者。至索取偿金，亦往往不获实益。普法之役，普取偿金五十万万佛郎于法，普虽一时呈繁荣之象，然因是而普之钱币低落，物价大增，输出锐减，供给多而需要少，至生产大受阻碍；法则输出大盛，生产锐进。十年之内，德国屡起恐慌，而法国则工商业大兴，国库余裕，故欧洲经济家，有为偿金无效论者。近时国家之间，渐知此等方法之失败，于是政治的性质，变而为经济的性质。对等之国家，惟以互换其生产品，获得商业上之利益为目的。间或对于政治的秩序不完全、经济的制度不确立之国家，则有独占商场，专有商权及放资权，于经济性质之中，含有政治性质者，然终以经济性质为基础，固无待言也。夫经济之性质，不外乎交换，苟其间不含有政治上强迫之手段，则交换之事，必彼此互有利益而后可行。故今日之国家，已由竞争而渐进于协力。英人常自谓其国苟不与他国民为协力之生活，则其人民之半皆饿死。吾国与世界，交通未久，与他国协力之程度，未甚密致，然以欧战之影响，土产之大豆、茶、茧等跌价而乏顾主，日用之棉布、蔗糖、磷燧（洋火）、石油等则价值日贵，经济上所受之损害，亦殊不少。语云："一夫不耕，或受之饥；一妇不织，或受之寒。"今之世界，一国不幸，他国亦受其弊。美棉歉收，则英之织工失业；德杀俄之农民，则农产物减少，德国之农产物腾贵，其结果几与自杀其农民无异。故今日不论何国，无不借自己国民之协力及与他国民之协力以资生活，以图繁荣。如此情态之下，不但不许对于本国人含有仇怨之意，并不许对于外国人而存敌视之心。虽事实上仍有与此言全相反背者，然人类之趋向于协力，若男女之相求，若阴阳之相翕，终非人力所能抵抗。盖真理之光辉，决非一时之翳障所能消灭者也。

（六）协力主义为平和的国家主义

社会之终归于协力，前已述之。协力之进行，自必以人类协力为极至，而不可不以国民协力为基础。《大学》首章言："欲明明德于天下者，先治其国。"盖物有本末，决未有国民不能协力，而可以与世界人类协力者。譬之个人，其消化营养诸机官不调和，手跛目眇，则安能作工治事，以与社会协力乎？国民协力者，即行于国家以内之协力主义也。其与国家主义之差别，则国家主义者，对内为协力，对外为竞争，而兹则仅取其对内之一部，故为平和的国家主义。此主义之实行，首在国民之储力，即砥砺其才智是也；次在国民之努力，即勤勉其事业是也。必储力与努力，而后始有协力之可言。协力之道，不必侈言义勇，捐身命于国家，高谈匡济，拯同胞于水火也，惟在去其贪欲，捐其猜忌而已。《大学》之传曰："一人贪戾，一国作乱。"贪与戾不但为一国之乱因，即国际之战争，亦往往因一国之贪戾而起。协力为社会必至之趋势，而贪戾实障害之。故吾人不必于积极上谋协力之进行，而不可不于消极上去协力之障碍。若极端的国家主义，足以长国民之贪心，增国民之戾气，实与协力主义相背驰，亦平和的国家主义所不取也。论吾国之现势，保国家之平和，较之保国际之平和，尤为切要。苟国家之平和破裂，则国际之平和必因之而骚动。故平和的国家主义，直接以保国内之平和，即间接以保国际之平和者也。

（七）协力主义即国家的平和主义

协力主义者，平和主义也。然协力之意义，决不在消灭国民及人种间之差异，而尤以国民及人种间之分化为人类协力之所必须。盖分化愈甚，则协力愈全，固生物学社会学中所证明者也。农业国与工商业国，为物质上之协力；东洋文明与西洋文明，为精神上之协力；一方面发展自国之特长，保存自国之特性；一方面确守国际上之道德，实行四海同胞之理想。则所谓国家的平和主义是矣。此平和的国家主义，在承认各国家之并立于世界，各得自谋其繁荣进步。英国以平和论著名之诺尔曼·安格尔氏曰："增进世界万人之幸福，则无论何国，不可不保其财政上之独立。"盖一国得自谋其繁荣进步，方能出其力以与各国相协，而各国之繁荣进步实赖之。故吾人今日抱持平和主义，欲营人类协力之生活，则务使吾国家能出其力以与他国家相协，且当使他国家能出其力以与吾国家相协焉。吾国家果有力与他国家相协，则他国家之赖于吾国家者必多，他国家即持如何之军国主义、民族主义，决不能消灭吾国之力。安格尔氏曾谓："英国如欲破坏德国之工商业，非将其六千万之男女老幼尽行鏖杀不可。若仅解除其海陆军备，则其人民之劳力与资本，益从事于生产，工商业将愈盛。"物理学中有能力不灭之定理，予谓社会学中亦适用之。至他国家有力与吾国家相协，则吾国家之赖于他国家者亦然。互相利赖之结果，平和主义即由是而实见矣。是以国家的平和主义，决不废弃自己之国家主义，亦不排斥他人之国家主义。夫不以自己之国家主义排斥他人之国家主义，是亦平和的国家主义也。

自治之商榷*

（1915）

　　吾国地方自治，肇始于清宣统元年，至民国三年二月，奉令停办。近政府复拟定自治试行条例，经参政院议决，公布施行。夫欲启发人民对于国家之观念，且以补官治之不足，自治诚切要之图。顾吾国之自治，其成绩果何如乎？自开办以来，亦既数年矣。论者每以中途受挫，为自治前途惜。然即不遭停顿，赓续举行，以至于今，其效之裨于地方者几何？政府之停办自治也，谓其蔑法乱纪，盘踞把持也。然即无以上诸弊，动中绳墨，不畔范围，其效之及于国家者又几何？此证诸停办以前之已事而可知者也。今自治又将实行矣，惩前毖后，顾犬补牢，如何而利于施行，如何而可举实效，如何而国家得其裨助，如何而人民蒙其利庥，商量加邃，吾政府，吾国民，胥有责焉。记者不敏，愿就个人之意见一陈述之。

　　夫吾国自治所以无成效者，非自治制之不适于国情也，亦非人民程度之不足与于自治也。如谓不适国情，则啬夫乡老，古已行之；未立宪以前，亦尝有以自治事宜委诸乡董者矣，未见其不适也。如谓程度不足，则吾国官吏，大都来自田间，安有能为官治而不能为自治者？顾何以数载以来，绝无良绩，纷纭烦扰，时有所闻，武断行私，在所不免？其有不如此者，则又一利不兴，一弊不去，形式虚拥，事实无闻，致令自治良规，他人用以臻富强者，在我则未见其利，且若有害焉。间尝推求其故，弊在徒慕自治之虚名，而不求实际上之利益；徒予人民以自治之权利，而不为之规定程序，策励进行；徒袭他人自治之成规，而不就吾国内情、地方现状，稍加参酌。前清章程之疏略，实有以启之。新颁条例，虽多修改，惟于此点亦无特别之矫正。遏嚣张之焰或有余，期美满之效恐仍不足。此记者所欲起而商榷者也。

今试披前清自治章程，其所载自治事宜之各款，亦可谓详且尽矣。列举之不足，复益以本地方习惯向归绅董办理之各事，固未尝靳人民以办事之权也。且其所列举者，均确为自治范围以内之事，应有尽有，应无尽无，亦未尝导人民以溢出范围之举也。然而项目繁重，条件冗多，举凡自治所可为之事，悉搜罗而并列之，又不为之区分缓急，别殊先后，俾得揆情度势，以张弛损益乎其间。法令昭垂，地方官之为监督者，既不敢以己意而有所轻重，有所许拒，而自治职员，又以自治事宜，若此其伙，举其一固不足以塞责，举其少亦仍不足以见功也，遂不得不粉饰敷衍、兼途并进。于是事实所宜缓者而亦急之，情势所可后者而亦先之。经济不足，则惟搜括以趣功；舆论不谐，则恃章程为借口。惟其名不惟其实，惟其形式不惟其精神。其或老成持重，选耎畏事，则又震于款目之多，望而却步，张皇失措，抉择无从，有因循徘徊而一事不办者矣。此犹就自爱者言之也。若夫好事喜功、挟私怀利之徒，则转乐夫条款之广泛，得以举措从心，取舍任意，度某事之有便于己，则援某款而提倡之；嫌某事之不慊于心，则引某款而破坏之。若者可以植党徒，若者可以取声势，无不因一己之便利以为从违。而章程上所列举与人以选择之余地者，乃为豪猾利用之具。矧自治职不止一人，人各有私，其所视为当兴当废者，每相歧异。既无程序之规定，势必各据一款，以争就其所主张，凌杂纷纭，愈所不免。又章程中有监督而无考成，成绩如何，未尝议及，以故阘冗者既得藏拙，而轻于举事者，亦无所顾虑而益逞其私。此虽自治职之不得其人，要亦章程之未尽妥善之故也。

且也事务之建设，首赖人才，尤赖财力。吾国人才，本已缺乏，今忽增此无数之自治机关，而欲其于学务商务农业工业与夫工程卫生，均各措置合宜，厘然具举，此不可能之事也。矧今日之为乡董者，类皆习于受治，而无自治之经验；惯于受动，而乏自动之能力。乃骤示以广泛无垠之条款，令其自择而自举之，其能斟酌悉当、有条不紊者，盖亦寡矣。况乎财政困乏，无地不然，僻壤穷乡，竭蹶尤甚。以如此广泛之条款，举其一二，已觉难堪，若当事者急功近名，好为张大，苟所举不越乎章程各款之外，夫谁得而阻之？其筹款也，苟不越乎章程规定之外，又谁得而禁之？诛求既数，扰乱遂生，即幸而不至于扰乱，而民力不胜负荷，害之中于冥冥者，固不鲜也。现今所颁之试行条例，虽改列举为概括，但其范围依然广泛，无以纠上云诸弊。今欲自治之得收近效，易于推行，似宜力求简约，立之程限，俾过焉者有所制，而不能率意铺张；不及者有所促，而不致借词推诿。庶自治前途，或有循序渐进之一日乎！

夫所谓力求简约，立之程限者，非谓自治范围可以减缩，自治事宜当受拘束也。从前列举之各项，当然在自治界域之中，绝无可以或予或夺之理。第程序有先后，情事有缓急，杂然并列，人民或有不知审择，及好高骛远避难就易之时，孰先孰后，孰缓孰急，法令中不可不为之规定，或予地方官以酌量规定之权，且从而督促之，庶免凌躐迁延之弊。其规定之方法，则就旧有范围中，择其切要者数事，克以时期，先令兴办。俟有成效，则其他各款，仍得次第推行，固未尝减削其权利，干涉其行动也。若夫规定之标准，则以吾国现情、人民现状暨各地方之开通闭塞贫瘠富腴，与夫物产风习地势土宜以审酌之。有事理上认为急务，而吾国力有未逮、时有未宜者，缓之可也；有非事理上之急务，而时势在所需要、人民夙所薪向者，举之可也。其为通国可行者，则取整齐画一之规；其为地各不同者，则从因地异宜之制。吾国土广民众，地方形势、人民程度，歧异之点甚多。而欲规立条目，各适其宜，固非悬拟所可能，亦非数语所得尽，兹姑就上列四项，举目前所共见者，论其一二焉。

例如教育财政，自事理上言之，固自治之纲领也。文明先进国，多以教育权委诸自治团体者。以吾民智识之愚昧，教育行政之难以普及，自非启发民智不为功，尤非各地方之自为设施，无以收普及之效。是以前清自治章程，中学校亦在可以建设之列。顾欲兴教育，首赖办事之人才，更需维持之经费，尤必人民有相当之资格。若不审乎此，徒知缘饰以为名，则不特无益而反有损。常见有学童不满数十，而设立两等小学者，又有居户仅数千，而设立教育会者。卒之未睹良果，先糜巨款，且招怨讟而起冲突。去岁浙省以调查学龄故，几酿风潮。夫调查学龄，为教育普及要着，今人民乃以为厉己，群起反抗，盖程度尚不足以语此也。故今日自治中之教育，凡完美之设置，高远之计画，均可置为后图。但宜各就现情，限以相当之设备，务使学校等级，与其人口学龄，为适合之比例。其荒僻之乡，虽仅私塾，亦不为病，惟教员教科，必当取缔而已。若夫地方经济，实为自治之基础，非经济发达，则一切事业，均难举行。故他国自治之良者，多从整理公私收入及筹集基本财产入手，然揆之吾国情形，则捐税既不易增加，公款公产之经营亦难得人民之同意，勉强行之，必滋纷扰。他如公共营业励行储蓄等事，虽法良意美，然以经理无人，信用不著，均难仿办。故吾国目前之自治，其于发达经济，势不得不暂为戈置，但就款项之易筹措而少阻碍者，征集一二，以足敷要需而止。根本之计算，久远之企图，待诸日后可也。此力有未逮，时有未定，姑宜从缓者也。

比年盗劫之案，无地蔑有，城市乡镇，均难宁居。则欲谋地方之治安，必以戢暴为首务。此虽非自治之要义，且属于官吏行政之范围。然苟委自治以协助之权，则耳目接近，祸患切身，随时可行其侦查，尽人乐勤其义务，较之由官主持，事半功倍。是宜援委托办理之条例，除审问惩治外，厘定界限，授以事权，俾得自为捍卫，以辅官治之不逮。况从前强悍多盗地方，尝有建筑堡寨，编练乡团，为官治所承认者，则防御盗患，固向由绅董办理之事项，亦自治所应有之事也。又如消防火患，利害近在目前，人民各有身家，莫不乐于从事，特无为之提倡，故都市而外，多付缺如。此亦宜责成自治机关，限以户口若干，必设救火会一所，所费无多，而事实上则裨益不浅，较之其他事业，亦难易迥殊。此以时势需要，人民蕲向，亟当提前举办者也。

吾国户口，自前清宣统间清查后，迄未续行。当日所查，殊欠翔实。其时曾有拟俟自治普及后，归自治机关办理之说，然自治章程中，并未订定。夫清查户口，由官主办，则事繁而费重，属之地方，则事简而费轻。今后如续行清查，度必有委托自治机关者。然此类行政，当求统一，若或委或否，听诸官吏之自由，则办法既有参差，成绩必难齐一，是宜取全国一致之办法，概归自治机关查报。现时组织之经界局，情事亦复相同。其调查清理之事，有可归入自治者，亦宜规定程式，委令办理。惟经费必当量为津贴，较之官办，终形节省。盖二者本属自治当为之事，一经委托，在官吏方面，既免繁重之手续，而自治方面，转借法令之督策，经济之补助，易于进行，此宜取整齐画一之规，而不当有所舛错者也。

虽然，自治事宜，其可通行全国者，其例甚鲜，要必审度时地、斟酌损益者为多，不必地势悬隔民俗迥殊而始异也。即城镇与乡，亦决难取同一之步骤。前清章程，仅于机关组织，员额多寡，稍别等级，而事务上则无所区分。新颁条例，区域虽分三种，然亦但分等级而不分事务。窃谓都市之地与偏僻之乡，其人口众寡，财力丰绌，既各不同，则其待举之事，断难一律，必当为之厘定等差，分别种类，俾执行者既有可循而不致躐级，监督者亦有所据而易于观成。此外如地滨江河，应以堤防为急；民苦贫乏，则以教养为先；疫疠频仍，卫生在所注重；物产饶富，兴业为其要图；俗尚狂獉，宜示以简单之制；人情顽梗，当仍其固有之风。各适其适，各宜其宜，庶民不劳而事得举焉。此为因地异宜之制，尤自治所当采行者也。

以上所陈，不过就个人意见，略举大概，引伸隅反，为事尚多，然本此意以为之，或可纠正曩时诸弊，而收尺寸之效。盖自治者，乃授一般人民以自治其事之权，而吾国普通人民之学识经历，方在幼稚，故不可不有所指导而限制之。是犹学校之于年幼生徒，父兄之于稚龄子弟，虽勉以个人自治，仍不得不诏示乎其旁，策励乎其后也。孔子论从政曰："因民之所利而利之，择可劳而劳之。"官治然，自治亦何独不然？今日之自治，亦惟因所利而使之自利，择可劳而使之自劳而已。

虽然，尤有必当注意者，则自治之性质，自治之精神，不可任其湮没也。盖地方自治，乃立于官治辅助之地位，而非官治附属之机关，系统不同，名实各异。然吾国官吏于法理权限，素不分明，而吾国人民，则更有好为官吏之风，乐从大夫之后，每有一为绅董，即俨然自居于从政之列，甘受官吏之指挥，以与齐民对待者。今兹所论，虽主张自治事宜应受限制，然但能为法律上之干预，而不宜侵损其事权。吾人甚望为监督者，审明界限，毋逾范围，而尤望自治职员，各知其位置之所在，乃人民之分子，而非官治之属僚；乃地方之法人，而非官吏之分体。一方面当受法令之裁制，一方面仍当保其固有之职权，毋以督促考成之故，事事仰承意旨，使官治添无数佐治之员，而失其自治之本义也。

论思想战*

（1915）

　　大战争开始以来，几及半年，尚无恢复平和之希望。吾人于此，胸中常有一疑而未决之问题，即吾人向所怀抱平和之思想，将来果能见之于事实否乎？战争论者曰：战争者，由事实上之不得已而发生，非思想所能制止，盖思想不可以动事实也。平和论者，则谓战争之发生，不重在事实，而在对于事实上各人之思想。然则此问题之所当先决者，即人类社会之战争，果发生于事实乎？抑发生于思想乎？如其发生于事实，非吾人思想之所能左右焉，则亦已耳。如其发生于思想焉，则此等悲惨残酷之境遇，乃人之所自为，心之所自造者。猛虎项下金铃，系者解得。既出于人为，由于心造，则不为不造，当亦易易，安见战争之不能永绝，而平和之不能长保也乎？

　　间尝研究人类战争之起因，则知人类由野蛮而进于文明，其战争之起因，亦由事实而移于思想。野蛮人类，部落各殊，凡生活所资，嗜欲所寄者，此欲得之，彼恐失之。战争之起，常属于事实上之得失问题，其关系于思想上之分量极少，不过一简单之动机而已。此时期中之战争，与动物社会食物之争、配偶之争，及儿童时代饼饵之争、玩具之争，所差无几，不过战争之规模较大耳。

　　社会渐进，战争之起因，乃由得失问题，移于利害问题。利害问题者，即得失问题之较为繁复者也，其为利为害，虽仍不离乎事实，而常有多少之思考想像存于其间，故于思想上已有重要之关系。历史上最多之战争，如争政权争霸权之政治战争，争殖民地争通商场之经济战争，皆属于此。盖此种战争，常不系于单纯之得失问题，而由思想上豫期如何之利益，或假定如何之危害而起焉。文明既启，战争之起因，更由利害问题移于是非问题。其为是为非，虽亦从多数上之利害比较定之，非全离乎事实。然是非之构成，自属心理上之作用，其重要关系，固在思想而不在事实矣。求之历史，如十字军，如三十年战役等，世称之为宗教战争；又如法国之革命战争，如美国之南北战争，世称之为文化战争。是皆由主张自己之正义公道，排斥他人之不义无道而起者也。

是故战争之起因，可依人类进化之程序，分之为三级：其始争得失，进则争利害，更进则争是非。争得失者为事实战，争利害者为事实战，亦为思想战，争是非者则思想战也。

战争之起因，由事实而移于思想，一方面可证明思想之足以变改事实，而使战争之发生，因之而困难焉。夫得失之争，最易惹起，薄物细故，辄以身命殉之。人类之战争，几无时无地不可以起，然至为利害之推求，则虽有可得，或虽有所失，惕于利害之关系，不得不克制忍耐，而不敢遽事战争。古今来事物之得失无常，其为利害问题所制止者，盖不少矣。然使人类但知计利害，而不知辨是非，则利害无已时，战争亦将无宁岁。赖人类思想之发达，常有重是非而轻利害之倾向，故得道者多助，失道者寡助，遂使强暴者不敢犯不韪以称兵，弱小者亦得恃义勇以却敌。世间多少之利害冲突，其为是非问题所制限者，盖亦不少。至是非问题，其为战争之起因者，或为争利害者之所假托，或一时为利害所蒙惑而辨别不明，其真因思想上之差异、是非莫定以致酿成战争者，则数百年而不一见。盖人类之心理作用，本属相同，常受旧思想之范围，且常喜得新思想以资取舍。其间因异人种之接触，新学说之发明，致两种思想凿枘不容，积之数千年，普及亿万人，卒之无可调停，则因机会之触发，而战争勃起。此种战争，其发生之困难可知。文明社会中，战争之度数，较之原始社会，大为减少者，即由于各国间之交通发达，利害交错，而道德学术之互相传布，思想上之沟通，尤足以为战争之障害，此固社会学者之所证明，而无容疑议者矣。

更从又一方面观之，可以证明事实之不足以改变思想，而使战争之效力，因之而薄弱焉。夫得失之争，以武力为神圣之解决，战争之结果，胜者得之，败者失之，得失问题，即由是而大定矣。利害之争，虽可以武力解决之，但武力以外，常有其他之关系，故战争之结果，利害问题虽定，而仍不能遽定。战胜者得利，而亦有时乎受害；战败者受害，而亦有时乎得利。历史上多少战争，其初为利害所动，究之认为利者未必果利，认为害者亦未必果害，遂成为毫无意味之战争者，殊不鲜其例。况乎佳兵不祥，战争最终之结果，必为有害而无利，则欲以战争求利而避害者，岂非自相矛盾之举乎？至是非问题，更与武力毫无关系。战争之结果，胜负而已。然胜者未必即是，是者未必即胜；非者未必即败，败者未必即非。故人仍得于胜负之外，为是非之论定。战争之效力，对于是非问题，直毫无价值之可言。彼因是非而起战争者，与野蛮时代以决斗定曲直何异乎？吾国有"兴则为王，败者为贼"之谚，德国盘哈提氏且倡"胜即善焉"之说。人间一时之是非，容有以势力造成者，然势力不能无变迁，即是非终必有定论。最后之裁判，固非武力所能干涉者也。

战争之起因，既由事实移于思想；战争之发生，因之困难；战争之效力，因之薄弱。则思想实有遏止战争之效。将来之人类社会，使战争绝迹，殆非无望。然在今世，尚非以思想遏止战争之时代，而为以思想挑发战争之时代。现时欧洲大战争之起因，以记者之观测，则全属于思想之关系。德之大日耳曼主义、俄之大斯拉夫主义、英之大不列颠主义，此皆思想上预期之利也。协商国之防德也，曰德之黩武主义，将妨害欧洲之均势也；德、奥之诟英、俄、法也，曰俄之侵略主义、法之复仇主义、英之袭击主义，实防遏德人之发展也。是皆思想上假定之害也。此思想上之利害，固得为事实上之利害否乎？彼英人诺尔曼·安格尔（Norman Angel）之著书，曾一言以蔽之曰：大幻影（The Great Illussion）而已。盖今日欧洲之政治界，常为此误而且危之思想所占踞，安格尔氏之著书中尝痛切言之也。且此次大战争之起因，于思想上之利害问题外，固尚有思想上之是非问题横亘于其间，即盘哈提主义与非盘哈提主义是矣。盘哈提（Bernhard）将军，德国著名之军略家也，其所著《战争哲学》，以战争为万物之母，称战争为国民之更新者。英之思想界，对之大起攻击。前者以生物生存竞争之学说为信条，后者以生物协力生存之学说为根据；前者为战争是认说，后者为战争非认说。然非盘哈提主义者，仍以武力表示其主义，以与盘哈提主义对抗，则亦乌能证盘哈提主义之非，适足以成盘哈提主义之是耳。总之思想上之利害是非，本非战争所能解决，而今日之社会，犹欲以战争实现其思想，所谓以思想遏止战争之时代，盖犹未至也。

今之时代，为思想战之时代。十八世纪民权思想之普及，美利坚独立，法兰西革命，其他革命战争之蔓延于各国者，不知凡几。十九世纪民族思想之发达，意大利合并，巴尔干分裂，其他民族战争之爆发于各地者，更不知凡几。此回旋澎湃之思潮，更由太平洋、印度洋远渡亚东，波及吾国，而有辛亥之役。吾国之思想战，盖以此为著矣。

吾国思想界于战国时代，最为活动。秦汉以后，迄于近世，无甚变迁。一则以孔孟之思想，圆满而有系统，后来发生之新思想，不能逾越其范围；二则专制政体之下，往往以政治势力统一国民思想，防遏异思想之发生。其间若黄老之兴起，佛教之输入，与王莽之复古，安石之新法，稍稍以思想影响于政治，而其势力薄弱，尚不足引起战争。迨欧化东渐，吾国固有思想大受动摇，于是守旧、维新之两派，其思想如水火之不相容。前清之季，若拳匪之祸，若安庆之变，皆思想战之一局部也。辛亥一役，思想战爆发，民国由是而成立。赣宁战事，犹为革命思想之余波。而今而后，吾国民将以思想防遏战争乎，抑将以思想发生战争乎，则在吾国民之自择矣。夫西洋人之思想，本不如吾国之统一，其自由发达之结果，思想之方面甚多，若个人主义、国家主义、军国主义、社会主义、无政府主义等。苟研究一家之言，寻绎一派之论，无不有充足之理由，确凿之佐证，可以奉为师资，施之当世者。吾国青年学子，好为陈亢异闻之求，又具子路兼人之概，贸贸然信之，亟亟焉求之。而一般国民，思想本极肤浅，其或赞成之焉，无确实之见地，仅知附和而雷同；其或反对之焉，亦无适当之批评，仅为顽强之抗拒。果尔则我国将来之思想战，或且方兴未艾，未可知也。此亦吾国前途之隐患也。

然则吾国民欲发达其思想，而又避免思想战之发生，果由何道乎？

一、宜开浚其思想。不问何党派之言论，何社会之心理，皆当察其原因，考其理由，以发展自己之思想。盖思想贫乏者，易受眩惑也。

二、宜广博其思想。既知甲说，更不可不知反对之乙说，尤不可不知调和之丙说。盖近世思想发达，往往两种反对之说，各足成立，互相补救者，若专主一说，则思想易陷于谬误。

三、勿轻易排斥异己之思想。世界事理，如环无端，东行之极，则至于西；西行之极，亦至于东。吾人平日主张一种之思想，偶闻异己之论，在当时确认为毫无价值者；迨吾所主张之思想，研究更深，而此异己之论，忽然迎面相逢，为吾思想之先导。此等景象，吾人往往遇之，若入主出奴，恶闻异议，则其思想之浅率可知。

四、勿极端主张自己之思想。世界事理，无往不复，寒往则暑来，否极则泰生。辛亥之革命，即戊戌以来极端守旧思想之反动；近日之复古，亦辛亥以后极端革新思想之反响也。地球之存在，由离心力与向心力对抗调和之故；社会之成立，由利己心与利他心对抗调和之故。故不明对抗调和之理，而欲乘一时之机会，极端发表其思想者，皆所以召反对而速祸乱者也。

惜乎！吾国民之稍有思想者，其度量狭隘，性情卞急，辄与上述四者相反。今者国步初更，寰海接近，旧时束缚思想之政教既已解除，外来学说又复标新而斗异。吾国民丁此时代，务宜力惩前弊，虚怀密虑，明辨审思，以宁静之态度，精详之考察，应付此纷纭之世变、繁赜之事理。虽不能遽望战争之消弭，然或不至以新旧思想之歧异而酿生无意识之冲突，促成可悲惨之战祸也乎？

国家自卫论 *

（1915）

间尝涉略西洋历史，以与我国历史比较，觉西洋人与我国人，对于其国家之关系，有甚著之差异。即西洋人之对于国家，以卫国为重，而治国次之；我国人以治国为重，而卫国次之。故我国政治家之所研究者，常为以何法治其国之问题；西洋政治家所研究者，则为以何法保其国之问题。兹条列数事以证明其说如下：

一、我国民自古迄今，皆倾向平和主义。经典诗歌中，殆无赞美战争者，惟认伐罪吊民之战争为义战而已。西洋历史，多赞美战争。基督教中，虽以战争为违反教旨，但十字军之役，则以罗马教皇为中心。至宗教改革时代，称颂战争者颇多。嗣后始分战争为正义与非正义二种，而认防御战争为正义，即吾国所谓义战者，以合于治国之目的为主。西洋人所谓义战者，以合于卫国之目的为主。

二、我国民素来漠视国家主义，国境之并合，国号之存废，视之殊无关系，惟以人民之治乱为政治之标准。《书》云："抚我则后，虐我则仇。"此二语为我国神圣之宪法。西洋人则宁担负苛税，糜滥生命，争国家之威权，不顾人民之困苦。

三、我国人重治国，故乐于统一，而无欧洲历史上诸小邦永久对立之事，惟易于为他民族所屈服。西洋人重卫国，故罗马解纽以后，千数百年不能统一，甚至一市府、一封地仍维持其独立，而历史上无十年不见兵革之事。

以上所述，证之历史，虽未必处处密合，然为大体上之观察，则殊不能无此感想。兹更就吾国之近事论之。

---

* 《东方杂志》第 12 卷第 4 号，1915 年 4 月，署名伧父。

我国自甲午以后,二十年来,国家绝无自己保存之力,仅赖列强之互相牵掣,不欲使一国独据吾土以为己有,遂得于领土保存之名义下,苟延残喘。其实则国家至不能自为保存,他国家亦谁肯为吾保存者?此固国家之死活问题,亦吾国民之夙所认知者。乃迁延二十年,对于此当面紧急之问题,迄无稍稍当意之准备,自卫之力,即拟诸濒死之土耳其而犹勿若。吾国人苟平心自思,何愚暗疏忽,一至于此!此二十年中,一倡变法,再求立宪,三起革命,政变纷纭,果胡为者?岂不曰,欲为对外之防御,当先为对内之改革,以卫国为目的,不可不以治国为手段乎?则吾国人之断断于治国,因而延误其卫国之谋,挫伤其卫国之力,更足以为上说之证明矣。今者治国之手段,屡变而一无效果。一部分之国人,犹为手段上之争执,不暇顾及卫国之目的;一部分之人,惩于手段之不良,将并卫国之目的而弃之矣。治国不能,遂听其亡国而已乎?吾于是将以卫国之说进。

第一说曰:吾人今后,当一改其从来之趋向,不必再言治国,但专心一志,以求卫国可矣。一国之民心,若专注于内政,不但于内政毫无裨益,转使内部之竞争愈烈,政治愈陷于棼乱。故英人培根,常谓国民之眼光,不可不使之向外。此实政治上经验之言。欧洲政治家,于国民对内之热度过高时,辄引起对外关系以调剂之,亦行此道而已。夫国家之内政,决无绝对美满之一境。吾国自古迄今,代有贤哲,讲求治国之道者,盖二三千年。卒之二十余朝之历史中,其能实行此道者,固在何时乎?汉之文景,唐之贞观开元,历史上称为治平时代。即此时代之治迹,亦岂足以满吾人之意者?微论吾国,即今日欧美列强,立宪共和之国,吾人所奉为模范者,其治国之道,似有较胜于吾国之处,而其内幕之黑暗,为新闻杂志之所揭载者,亦实与吾国无异。彼社会党反抗之声,无政府党暴烈之举,其亦不能满意可知也。大抵内治问题,与人类社会相终始,永无圆满解决之日,殆与哲学上之人生问题相同。吾国人之专意内治,乃闭关数千年之余习,实与印度人之潜心哲学相似。若及今不改,而犹为乌托邦之梦想,希望种种之改革,其结果亦将与印度人之研究哲学以亡其国无异。吾人须知国家之存立,为事实的而非理想的;其存立之基础,在武力而不在文治。故即使吾人于今日获得完美之宪法,施行纯正之法治,苟非如德人佛郎都氏之言,"使吾人得发明以法律伐敌,及依法律得缔结有利条约之秘术",则国家之存立上,皆无若何实益之可言。吾国人欲其国之存立于世界,除以国民之武力为之保证外，固无他道也。是说也，以急于卫国之故，至忽视治国之必要，虽非立国之正论，而亦救时之良药也。

第二说曰：人有恒言，急则治标。治国者，本也；卫国者，标也。吾非谓本之不必治，但当时势危急之际，则不可不舍本而治标。盖较之标本兼病，或犹愈焉。孟子曰："国家闲暇，及是时明其政刑。"治国之事，当于外患略纾，国基稍固时谋之。世未有四郊多警、国权日蹙，而其国民能整理内政有伦有脊者。夫国家莫大之任务，在对内而保其治安，对外而任其防御，若此责任而不能尽，则其他之责任，更何足道乎？德国般哈提将军之言曰："一切政治罪恶中，以懦弱为最大。"吾侪之于政治，当先去此最大之罪恶，而后更去其他之罪恶。若断断焉为法律之争、手续之争，是犹孟子所谓放饭流歠，而问无齿决者。注言智不急于先务，徒弊精神，而无益于天下之治。斯真吾侪今日之药石也。吾侪决不愿舍其历史上之文治主义，而化为武力之国家，但在今日不能不承认国家之自卫为当务之急。试思今日之国家中，若英、日，若俄、法，若德、奥，若土、塞，其内治问题之悬而未决者，何国蔑有？而彼等皆不暇顾及，亟亟焉从事于国防，纷纷焉加入于战斗，盖为时势之所要求，固不得不出于此。我国家同处此圜球之中，岂能外时势而别取蹊径乎？若夫世界平和，业已恢复，我国军备，亦足以维持现状，则所谓革新内政，改良法律，扩充教育，振兴农工商实业诸事，自当次第举行。是说也，对时势立言，不失为一种之政策，今之政治家，颇有主张此说者，但理论上与前说虽异，事实上亦与前说无殊焉。

第三说曰：言治国而不及卫国者，是不知治国者也；言卫国而不及治国者，亦不知卫国者也。卫国之事，常与治国相关联。例如谋军费之充裕，则必清理财政，发达工商事业；欲民心之团结，则必整饬吏治，普及国民教育。卫国与治国，乌有先后缓急之可分者？吾国人而诚欲卫国也，则治国亦庶几矣。近二十年中，在朝者泄沓以保禄位，诡随以攫权利；在野者放纵以求自由，愤激以思一逞，惟其无卫国之诚心，故亦无治国之成绩。而今而后，果能审时势之所急，专心一志，以贯彻卫国之目的，则不必病内治之无益于时艰，而视同刍狗，或置为缓图。吾以为治国之道，必将因此而实现焉。政府而诚心卫国，力负其责任也，则敷衍文饰之政治不得不去，豪侈贪污之官吏不得不黜，财政不得不公开，教育不得不扩张，真正之民意不得不从，地方之自治权不得不与。国民而诚心卫国，力尽其义务也，则虚憍之气不得不敛，虚荣之心不得不除，执业不得不勤，求学不得不力，不得不节私费以充国家之岁计，不得不分日力以谋社会之公益，合群策群力，趋赴于卫国之标帜之下。凡为卫国所必须者则力举之，于卫国无关系者则姑置之，于卫国有障碍者则力遏之，以是为卫国耶？吾亦以是为治国耳。近世国家主义者，每谓："国防准备之须要，在军事方面，不如在政治上、社会上之方面为尤急。"盖政治上、社会上时时以国防准备之须要悬于心目中，则所以振发其精神，鼓励其进步者，其价值实在军事的利益以上也。是说也，以卫国为目的，而包含治国之目的，较前二说尤为圆满，而亦与前二说不相抵触者也。

夫时至今日，平和难恃，欧洲之战局方长；时机可乘，东亚之外交正亟。国家自卫之说，凡有血气，殆无不是认之者。而或者曰："二是实非策也。欧洲列强方以卫国之故，竞争军备，卒至开历史上希有之战争，吾人胡为尤而效之？效之未必能及之也。即勉而及焉，亦适以重吾民之困厄，陷国家于危险而已。吾人欲维持现状，但勤求内治，除暴安良，重农劝学，顺世界之趋势，开放门户，输入欧美文明，振兴工商事业。欧美诸国，既得以羡余之资本，过剩之生产物，输入于我，我亦得利用之以发展国民生计。互相利赖之结果，决不至有如何冲突之发生。其有怀抱野心以侵掠吾领土、攘夺吾政权者，不过自冒当世之不韪，以损其国家之名誉，堕其商业之利益而已。即使吾国一时受其屈辱，而如此侵略主义之国家，势必为世界之公敌。亚历山大帝也，拿破仑第一也，其武力足以镇伏一时，然不旋踵而败，盖好战之国民，终遭破灭，吾人正可引为殷鉴者也。"是说焉，近于托尔斯泰所主唱无抵抗策之平和主义，非吾人所敢信。惟吾人所谓国家自卫云者，亦决非般哈提之战争主义而已。般哈提曰："不为强国，则为亡国。"吾人亦岂望为强国哉？惟望不至亡国而已。不强亦不亡，吾人卫国之目的，盖不过如此。

差等法 *

（1915）

　　东西洋文明之差别，言者各有所见。予以为东洋社会中，有一普遍之法则，为其组织社会之基础，固结深藏于各人之心里，以为应付社会之标准，此法则予号之为差等法。"差等"二字，著于《孟子》。墨者之道，爱无差等，孟子拒之，儒者之教义，其精神实在乎此。差等之法，以自己为社会之中心，由亲以及于疏，由近以及于远，若算学中等差之级数然。此差等法在经训中随在可以发见，如《尧典》曰："克明峻德，以亲九族，九族既睦，平章百姓，百姓昭明，协和万邦。"可知吾国古时已实行其差等法于政教中矣。《大学》以修身、齐家、治国、平天下为等差，《论语》以修己、安人、安百姓为等差，《孟子》以亲亲、仁民、爱物为等差，总之以自己为此级数中之首项，以禽兽草木土石等自然物为级数中之末项，而其中间各项级数之先后，则可以自然之理法、科学之系统证明之。间有不能依级数之顺序而不得不有所变更者，如大义灭亲之类，其正负加减之法，亦可以算学的法则推定之，此算法即所谓时中之道也。如此以自己为中心之各个人，集成社会，实与分子之构成物体无异。盖各分子互以自己之分子力为中心，与他分子结合，成为物体，而物体之重力，则又集会于重心，而成物体之中心点也。

　　至于西洋社会，非不能发见此差等法，但不普遍之以应用于政教，有时级数倒乱，中心点不定，常致两中心点互相冲突。般哈提将军之主战论，世人目为反基督主义者，其论中之一节曰："圣书言爱人如己，然不能谓国与国之关系，亦当适用此原理也，此原理应用于政治上，则必惹起义务之冲突。人若爱他国之人，与自国之人相同，则同时对于自

---

　　* 《东方杂志》第 12 卷第 4 号，1915 年 4 月，署名伧父。

国之人而失其爱，如此之政治主义，将使国民彷徨于歧路。"即此数言，可以证明西洋人未尝应用差等法，以致中心点冲突之证。般哈提主战论之精神，无非以国家为中心点，国家以内之个人，皆当重德义。牺牲自己利益，以爱国家。对于国家以外之他国家，则全无所谓德义，为自己利益之故而侵掠他国家，压灭他民族，亦不得谓之不正。近世所谓国家主义者，虽未必尽如般哈提所说，然以国家为中心，而不复计及其前后各项之级数，则大略相同也。至西洋之个人主义，或利己主义，亦以自己为中心，然仅有差等级数中之首项，其余各项悉行删去，故与杨氏为我之道同。又西洋人亦常主张极端之爱他说，是将级数中之各项并合为一，又与墨子兼爱之道同。总之，个人主义、国家主义、世界主义，在我人皆视为差等级数中之一项，可以差等法贯通之；而西洋人则于此等主义，任择其一以为主，而主项以外，不复列入他项，使成级数。以是之故，社会之中心点，屡起冲突，社会之组织，常动摇而不安定，宗教政治经济上之改革，充满西洋历史。至于近世，国家主义、民族主义共同发展，于是差等级数中末端之数项，其顺序已渐渐明了表示，即国家、同民族（如斯拉夫民族、日尔曼民族、腊丁民族）、同人种（如白人种与有色人种）、人类、动物及其他自然物之数级是也。英联日以攻德，德联土以攻俄，虽于此级数之顺序稍有颠倒，然究属一时之现象，其根柢未尝有所变动。吾人对于西洋社会之差等法，惟认其有此数级而已。

戒早婚*

（1915）

　　予尝谓中国有一致富之法，不借土地，不必劳力，不须资本，其所获之利，为巧历所不能算，约计之，可使吾国民每人平均之富力增加至三倍。如此巨大之国富，而能以简单之方法获得之，或以予言为虚，而非虚也；或以予说为奇，而非奇也。其法维何，即戒早婚是矣。予尝见二劳工，年皆二十，其收入之工资相等，其勤苦亦相等，其一娶妻，继且生子女，工资所入，尽耗于家用。积十年而贫如故，为劳工如故；一未娶，工资所入皆贮之，积十年而有中人产，年三十，乃娶妻，利用其资本，营稍稍高等之事业，而所入亦较丰矣。予以是二人而悟中国致富之法，盖在是也。夫早婚之害多矣，男子以色欲不节而妨其发达，女子以生育过早而损其康健，子女多孱弱，则遗忧于种性；教养不完全，则流毒于社会。即使斥财富以止早婚之害，犹将为之，况可因此以增国富乎？今欧美各国富力之厚，国民程度之高，虽有种种原因以致此，而予谓结婚之迟，必为其最重大之原因矣。夫人之一生，能为社会劳力而生产者，平均不及三十年。若以前十年之生产充母财，以后二十年之生产赡家室，则其母财所生之利息，已略如其岁入（例如岁入为甲，十年后之母财，以百分之七之利率计之，约为甲之十四倍，每年所生之利约为甲百分之九十八），则富力加倍矣。于是下等社会进而入中等社会中等社会进而入上等社会，则程度自高矣。今吾国民平均结婚之年龄，男子为二十余，女子为二十，若延迟十年，男子至三十余，女子至三十。结婚未为晚也。其因此而增进之国富，虽精于统计学者，未必能为确实之解答。予姑臆测之，则如民国四年产出之人，迟至民国十四年而产出，

---

* 《东方杂志》第12卷第4号，1915年4月，署名伧父。

以后皆递迟十年，是无异使全国国民间歇十年，减省十年之消耗减少十年之劳力也。消耗省则母财增，欲计其数，可假定吾国民现时之消耗与生产相等以推之。现时每人每年平均之生产额为二十七圆（参看本志十卷五号《中国之富力》一篇），四万万人十年之生产额，为一千零八十万万圆。至减少劳力十年，决不至影响于生产。因我国劳力过剩，减少十年，不过少去三分之一，而现时无业游民，其数殆不在全国人口三分之一以下也。且以迟婚十年结果，其人口之增殖，必减少三分之一，母财加倍，而人口少三分之一，则每人平均之富力。可增三倍，即平均每人可有八百圆之财产。此计算虽不精确，然大略不离乎此，吾国民其起而图之。

度　量 *

（1915）

　　自欧战发生，交战国人民，各本其爱国热诚，对于敌对国之行为，每故为讥贬，引绳批根，指疵讦短，或据失实之传闻，或用滑稽之口吻，丑诋恶詈，时喧腾于各国报纸之间。日者英国某主教暨某博士，曾痛论此等举动之不合，谓德国伟大人民，吾人仍当钦仰之；彼纵仇恨英国，然英人不宜步其后尘。吾人当记忆昔日高尚之德国；勿轻出雠忌报复之言论。记者对之，不禁叹英人态度，究不失为大国民之资格也。夫丑诋恶詈，英国报纸，虽亦不免，然卒有人焉出而矫正之，警戒之，以公平和蔼之旨导引国民，则其国家根基之深厚，人民性质之稳健，诚有足多者。故虽同洲列强，兴仆相踵，嫌隙丛生，而彼独安谧繁荣。保世滋大，不为公敌，不蹈危机者。其原因固别有所在，不徒恃国力之充盈，军备之强盛已也。

　　吾国伦理学，于此点亦颇注意。如以德报怨，恶而知其善，绝交不出恶声之类，数千年来，咸奉为处世圭臬，今虽百不如人，而独此度量之宽容，犹不落英人之后。吾侪正宜保此懿德，毋使失坠也。虽吾国积弱至此，决非仅仅保此懿德即可图强。然其他强国之具，苟积极进行，数十年可以集事，而独此无形之特性，乃由历史习惯而来，非可猝办者。苟不加保存，而效颦他国，则人之所以胜我者，我既无有，我之所以自存者，先已牿亡。内启哄争，外召衅隙，其为祸患，可胜言耶？因英人之论，特表而出之，以与国人共勉焉。

---

* 《东方杂志》第 12 卷第 4 号，1915 年 4 月，署名高劳。

政　争[*]

（1915）

日本第三十五回议会，众议院以否决增师案解散，定三月二十五日重行选举。比来彼国朝野，咸汲汲于选举竞争，政府方面、政党方面之机关报，各各表示其所主张，互相攻击，以求国民之同意，而谋最后之胜利。其政党方面，复分为反对政府、赞助政府之两途，亦各用其手段方法，运动选举，谋占议院多数之势力。纷纭旁午，甚嚣且尘。不特彼都人士之在局中者，利害所关，未能漠视，即吾侪隔江观火，披其报纸及其逐日电传之消息，且神眩目迷，亦可想见其举国若狂之慨〔概〕矣。

吾国自去年一月十日，停止两院议员职务后，阅十月而《立法院组织法》、《立法院议员选举法》，始经《约法》会议议决公布，并设立筹备立法院事务局，办理选举事宜，迄今又五阅月矣。此十阅月五阅月中，吾政府与人民，处之泰然，未闻有若何之举动，若何之表示。矜平躁释，意态从容，若海客狎鸥，相忘于物外者，何与日本之现状，相去若此其远耶？

吾闻之，欲求国势之隆盛，不仅赖有强健之政府已也，必其人民各有国家观念、政治思想，然后有进步之可言。而具此观念抱此思想之人民，未有不欲为政治上之活动者。故人民挟其政见，于代议范围内，思增殖势力，以与政府相颉颃，或与其异己者相颉颃，不得已而出于运动，出于竞争，乃立宪国必有之现象，亦国家进步必不可逃之阶级。反之而民意消沉，政争阒寂者，必非国家之幸。虽然，吾又闻之，凡稳健之国家、优秀之民族，其人民与执政，均有高尚之性情同等之学识者，其政争恒少，即不幸而或有冲突，求解决于全体国民，亦惟坦白无为，静听国民之公意，无所为运动与竞争也。彼条顿人种之英国，其议院与政府，与夫此党与彼党之间，岂无意见之差违，然卒能和洽调剂，相让相成，归于一致。故其选举也，未闻有不规则之运动，无意识之竞争，惹世人之注目。美国虽为共和之盛轨，而其选举总统，犹不免为世诟病焉。盖代议之本意，选举之原则，固宜任民意之自然，而不应有所诱惑于其间也。

之二说也，由前言之，则国家而无政争，其国必就于衰弱；由后言之，则国家而有政争，其国犹未跻乎郅治也。今吾同洲同种之中、日二国，乃同时而呈相反之状况，日本吾不暇问，若吾中国之现象，其属于前说耶？抑属于后说耶？吾国人当必有以自处矣。

战争与文学[*]

(1915)

法人雷鸿氏 Revon 著《战争哲学》，言"战争为文学之母"。近世之战争论者，多称引之，以为战争之效果，能使文学发展，而以波斯战争后雅典美术之勃兴，那破仑战役后法国文艺之进步为历史上之著例。此等理论，在吾国人闻之，殊觉诧异。吾国历史上，每经大战争以后，则文书图画，建筑雕刻，半遭兵燹，钟簴沦落，衣冠涂炭，后世文人学士，辄凭吊歔欷，以为文学之厄运。是战争与文学，在我国常处于极端反对之地位，岂我国数千年来重文轻武之结果，遂与西洋诸国之情事不同欤？处此大战争时代，吾人将研究吾国中战争与文学之关系，使吾国操觚之士，知其责任焉。

大抵战争之事，本含有美的性质。罗马之格斗戏，以人与人相斗，惨酷无比，虽为历史所痛斥，而当时之罗马人则酷嗜之。每设公宴，辄演是戏，万人空巷，举国如狂，以为惟一行乐之法。此种乐趣，吾人几勿能领解。然吾国儿童，喜斗蟋蟀。罗马人之心理，实不过此儿童心理之发达者耳。人类之战争，苟不以人类一分子之眼光观之，不挟何种之感情，而为非人间的考察，自不失为自然界之大观。即以人类的感情参加于其间，而其愁惨惊惶之情态，与夫暴戾粗蛮之举动，亦足以震烁精神，唤起吾人之愉快。盖愁惨惊惶，为欢喜和乐之反感；暴戾粗蛮，为文秀娴雅之反感。自心理言之，凡与美为反感者亦为美。犹辛辣之适于口，冷水浴之爽于身也。戏曲中之有悲剧，有丑角，亦利用其与美反感之性质耳。吾国小说戏剧，多演古代战争之迹，则战争之美，固为吾人所认知。又叙述女性之美者，往往于肉体之美、服装之美、文艺之美

* 《东方杂志》第 12 卷第 5 号，1915 年 5 月，署名伧父。

（如弹琴咏诗等）、道德之美（如忠孝贞节等）以外，盛道其武勇与战绩，则亦以是为美之一种要素可知。其以美人参加战争，而摹拟其苦战恶斗之迹，或令其处困苦危险之境，遭拘捕杀戮之惨者，即混合正感的美与反感的美而成者也。

战争既含有美的性质，而其事又关系于国家之兴亡，社会之隆替，故世人对于战争，最易引起其注意及兴味。以是而一国中文学上之制作，其最易感动人心普及社会者，无不以战争为材料。而其国内文学之兴盛，即以是等制作品为基础，西洋文学，常由战争画、军事诗、战争小说产出，文学家多承认之。就我国言，则高等文学以《春秋左氏传》为基础，通俗文学，以《三国志演义》为基础，当亦为吾人所承认。是二书者，大部分为纪载战争之作，而城濮、泌、鄢陵之三大役，与夫长坂坡、赤壁等战事，尤为作者精神之所会萃，读者兴味之所集注。则战争在文学上之价值，即此已可推知。至歌咏战争之诗，载于《三百篇》者，如《车攻》、《马同》、《小戎》、《驷铁》之类，固已不鲜。《三百篇》以下，自秦汉唐宋以迄明清之诗，纪征戍之苦，咏从军之乐者，尤难更仆数。小说戏曲，则大半以战争之材料充之。是我国文学之发达，亦与战争有多少之关系。盖战争之于文学，犹产业之于科学，文学以战争为材料，犹科学之以产业为材料焉。

近世战争与文学之关系，其范围益广，不但以战争为文学上之材料，且以文学为战争中之器具。法兰西大革命之原因，即由文人之思想所构成。其时文艺之杰作，常吐露其义愤。歌但替 Dante 之《神曲》，读密尔顿 Milton 之《失乐园》小说，虽懦夫亦将奋起。他如美国之南北战争，由于释放黑奴之运动，而史托胡 Stowe 女史之小说，为其动机。近时之大战争，由于英、德军备之竞争，而般哈提将军之著作，为其揭橥。我国辛亥之革命，亦于文学种其因，远之如宋明两代所流传孤臣遗老悲愤忧愁之著作，近之则新闻杂志所揭载党人志士激昂慷慨之文章，皆足以震撼人心，发扬民气，故革命军一起，不数月而蔓延全国焉。且革命之成功，文学上之功绩，亦多于战场上之功绩。当时一论文之发布，一电报之传播，举国震惊，较五千杆毛瑟枪为尤烈。世之论者，或称之谓新闻战略。可知辛亥之役，不但于文学上种其因，亦于文学上收其果焉，文学与战争之关系，至近世而益形重大，征之我国革命战役而益信矣。

夫战争为感情之产物，文学亦感情之产物，其起原同。战争足以激起感情，文学亦足以激起感情，其结果同。故战争与文学，有相同之性质,而能互为因果。人类对于战争之感情,积极方面,为雄壮愤激;消极方面,为忧愁惨痛。此等感情,表见之于文学,使文学上显种种之色彩。我国之战争文学中,若汉高祖之《大风歌》,岳忠武之《满江红曲》,李华之《吊古战场文》,杜工部之《车马行》等,皆以表见此感情而脍炙人口者。而此等制作品之流传,足以演为一代之风尚,积成国民之特性,于不识不知之间,使国民之精神上受其陶冶焉。大抵雄壮之著作,能引起国民之功名心,而成伟大之思想;愤激之著作,能发生国民之敌忾心,而著忠勇之功绩。皆有鼓吹战争之效。历史上之英雄,战场上之勇士,胚胎于此等文学者居多。关壮缪喜读《春秋》,那破仑喜读阿显之诗,其一生事业,实源于此。至忧愁惨痛之作,能使国民爱好平和,有镇静战争之效,然往往使国民流于文弱。我国近时尚武精神之消失,当以此种文学为重大原因焉。综而言之,则战争上之感情,能影响于文学;文学上之感情,又能影响于战争。斯固社会学一种之公例,而无可疑议者矣。

欧洲近时之战争文学,与往时之风趣颇异。往时作家,大都以战争中之大人物,如那破仑,如周安亚格(英法百年战争时之女豪杰)者为其主人公,摹写其性情,纪录其事迹,使其飒爽之英姿,光荣之战功,照耀行墨间,以博多数读者之同情与追慕。至近世战争,往往为一国家一民族之战争,而无特别之人物为战争中之主人公者,故战争文学,亦大受其影响。其精神与兴味之所集注者,惟在战争之为何物,而不问大将之为何人。其主人公,非那破仑,非周安亚格,乃战争也。此等战争文学中,虽一负伤之兵,一俘虏之卒,一尸骸,一马骨,皆足以抒写感情,与大人物有同等之价值。而欢迎崇拜之主人翁既不可得,则对于战争之观念,自然流于忧愁惨痛者居多。故近世之战争文学,大多数为镇静的文学,而非鼓吹的文学。然战争之事实,在近世尚不能避免。此等文学之影响,惟能警觉世人,使对于军队之横暴举动,痛加非难,以防遏非人道的战争,且增进世人之义侠心,使为扶弱抑强之举。我国战争文学,方面虽多,而其流传于社会者,对于战争,多属悲观之一派。读"一将功成万骨枯"之诗,实与欧洲近世文学家同其心事,惟欲防止战争,殆非嫌忌战争,所能收其效果。我国之文学,既唤起国民悲惨之同情,一方面固可以此消弭其横暴之行为,一方面仍当以此鼓励其侠烈之勇气,斯则今日文学者之责任耳。

波海会 *

（1915）

中亚细亚于近数十年内发现一团体，名波海会。其宗旨欲联合各教，研究相同之道，以同归于惟一之真宰，期有以贯彻于各教，而仍不打破各教之范围。（见本号内外时报。）此会创始于千八百四十四年，因受各教之排挤及土耳其、波斯政府之逼压，发起人先后被锢，已有二人卒于戍狱，门徒之被逮而死者，约三万人。第三发起人，始于千九百零八年，经土耳其政府释放，旋即游历欧美，传播会旨。欧、美、亚三洲，赞成此会者颇众，假以岁月，其必能发扬昌盛，盖可预言也。

宇宙间真理无穷，任从何方面观之，无不有真理之存在。宗教之设立，不过因人因时因地，创为一种之教义，以范围人心，使之去恶而即善耳，非外此别无所为真理也。然自信仰既深，服从既久，遂不免有入主出奴、是丹非素之积习。夫此种积习，苟使各据一隅，长保其固有之疆域，不与他宗教相遇，则亦未尝不可持此片面之真理，以启迪其人民，维持其秩序。无如世界交通，决不能不与他宗教相接触，而人群进化，又决不能以此片面之真理为餍足，则沟通各教，以求更上之真理，亦时势所要求而不容或缓者。况人类战争，虽有种族国界等种种原因，而宗教不同，亦其最著之争点。则欲倡导平和，消弥战祸，联络各教而贯彻之，固亦切要之图也。波海会怀此宏愿，而适值此寰海大通，且值此战事方殷之际，其受各洲人士之欢迎也，宜哉！

吾国素无排除异教之积习，且有同化异教之特长。周秦以来，诸子百家，兼收并蓄，固无论已，其后佛、回、基督各教，次第东渐，亦未闻有若何之冲突。举凡仇教而战、殉教而死之事，在西国史不绝书，吾

---

* 《东方杂志》第 12 卷第 5 号，1915 年 5 月，署名高劳。

则绝无仅有。而佛教精深之哲理，士夫且有取而阐究之者，是诚吾国人之优点，而为欧美所不逮者与。夫波海会所揭之宗旨，在欧美虽目为创举，在吾国则视为故常。今欧美人士，既感于时势之必要，舍其宗教观念，出而赞同，则吾人本无宗教之束缚，且有兼容同化之特长者，当闻而兴起矣，不必拘拘于波海会之名目，而不可不效法其精神。盖为研求真理计，为消除畛域计，均有不宜忽视者。奈何犹有窃取宗教之仪式，强而施诸吾国之中，以期与他教相颉颃者？他人方撤除藩篱以自通，吾乃设置陷阱以自囿，其亦可惑之甚者矣。

　　抑更有进者，世界当联络之事，尚不止宗教一端，凡哲理、伦理、文学、政治，与夫种种之学问，各国皆有其特长，沟通而贯彻之，其有造于人类，实非浅鲜。曩者英人约翰斯顿氏，曾有圣山同盟会之创议，拟设一万国联合之团体，对于知识上、道德上、美术上之种种事物，使东西方人，得自由交换思想，且融洽国民之交谊，设总机关于中国，而设分部于各国。（约翰斯顿有联合中西各国保存国粹提倡精神文明意见书，译载九卷十二号本志。）此计画实为世界大同之枢纽，波海会之宗旨，固已包举乎其中，虽一时未易成立，然吾人苟欲为世界增进幸福，为人类破除障碍，不可不努力经营，以期有成为事实之一日也。

隐　逸 *

（1915）

　　入山必深，入林必密。枕漱泉石，啸傲烟霞。理乱不足动其心，富贵不能移其志者，此吾国隐君子之高风，而为历史所称道，社会所钦慕者也。由今言之，则吾人既已托身于世界，即当为世界效力，尽其一分子之义务。若自投闲散，洁己逃群，则在造物为虚生是人，在一己为虚生此世，其结果无殊于自杀。岂惟自杀而已，流弊且影响于社会。日本某氏，曾著论讥其国人，谓其国士大夫之有物望负盛名者，每骛退隐之高名，年未衰老，即致轩冕，辞职业，选胜地，营菟裘，怡养林泉，置国事于不问。夫此类人才，年事富，阅历深，实负矜式群伦导引社会之责任，今乃远引深藏，绝人忘世，则国事泯梦，谁复为其指导者？无怪全国骚然，多数青年，意气嚣张，行动躁急，每轶出常轨之外，且鄙夷老成，谓其暮气已深，不足与于大事也。吾国古来之隐逸，以文人墨客为多，其或出或处，在国事尚无关得失，与日本现象，微有不同，然岂不能从事社会事业，为同胞谋福利者，而乃自甘废弃，肥遁为高。数千年来吾国国民性之日就退屈，爱国心之日形衰薄，未始非此隐逸之高风有以致之也。

　　虽然，亦视其隐逸之志趣为何如耳，不能一概论也。盖隐逸而忘情世宙，固非所宜。然精深学理之发明，伟大勋业之铸造与夫研究天人之故，推求治乱之原，决非营营扰扰，争名争利之夫所得与。必其绝情利禄，屏迹嚣尘，然后理可专攻，心无旁骛，即降格以求，卑无高论，但能有一二自好之士，伏处田园，躬自刻厉，亦足培人民敦厚之习，养群众勤朴之风。世界硕学名人，其著述之宏富，声闻之卓越，每成之隐居蛰处之中。俄国之大宗教家，尤多以槁卧山林，精研哲理，著闻于世。托尔斯泰之屏除富贵，躬耕著作，即其一也。论者谓俄国之田舍中，不特为国富之供给所，且为人材之供给所，此言良信。诸葛武侯之丰功伟烈，皆由淡泊明志宁静致远而来，则隐逸之未尝无裨于国也明矣。近十余年来，吾上中流人士，大半趋于仕宦之途，其小半亦忻慕虚荣，好为社会上名誉之事业，或则醉心文明生活，麇集于都市商埠之间。所谓隐逸者，久已鄙弃而不屑道，严复氏尝谓野无遗贤之语，幸而徒托空言，如其实焉，则天下必大乱。吾国今日，几几乎野无遗贤矣。以如此广大之国家，际此需才孔亟之时代，而人材之供给所，乃空乏若是，其为危殆，胡可胜言。吾愿爱国志士，稍杀其政治之竞争，而从事于精神之修养，暂搁其繁华之岁月，而退安于恬淡之生涯，淬厉潜修，储能效用，盖此中固大有可为之事，慎勿以投置闲散等于自杀为借口也。

商　会 *

（1915）

　　吾国现时所设之商会，乃商业会议所之性质，非以经营商业为目的而结合之商会也。若能结合以营业为目的之商会，则于发达实业，必能收其效果，实今日社会上所亟宜推行者也。此商会之性质，与公司同，但公司有一定之营业项目，而此则无之，惟集合资本，随时投资于有利益之商业而已。今日中国可企图之实业甚多，但投资以前，须有精确之调查，且须有相当之豫备。调查与豫备，实商业之先锋，而我国商业上之所最缺乏者。今日之商人，群集注于旧有之事业中，互相竞争，不能开发新事业，或贸然从事于新事业，不旋踵而失败者，皆由缺乏调查与豫备之故。然调查与豫备，决非个人所能担任。何则？个人之有资本者，其事务既繁，未必能费精神于茫无实际之调查与豫备。且调查与豫备，亦须有专门智识，非仅赖资本而已足也。其无资本者，则无企业之希望，谁肯耗心力，费光阴，斥金钱，以从事于此乎？如有商会，豫集若干之资本以企图实业，平时由会中出资，设法调查，择其希望较大、计画较稳之事业，著手豫备，则其成立之初，已操成功之券，其所须调查豫备之经费，实为资本中之效用最大者。一事业既立，为世人所信用，则复吸收资本以营第二事业。资本愈富，魄力愈雄，今日各国在我国经营铁路矿山及应政府公债之资本团，皆一种之商会而已。吾国今日组织公司者较多，而组织商会者则无之。其实组织公司，必须其发起人对于所营之事业，已有充分之调查与豫备，为世人之所信任而后可，非然者，则组织公司，毋宁组织商会。盖先集资本从事于调查豫备而后兴事业，较之未曾调查豫备，贸贸然纠合资本滥兴事业者，其危险较少焉。

---

* 《东方杂志》第 12 卷第 5 号，1915 年 5 月，署名伧父。

国民对外方法之考案 *

（1915）

　　半年以来，我国民既惕于欧战之剧烈，又迫于日本之要求，因而激发其对外思想。救国储金团也，劝用国货会也，皆对外思想之郁积而发生者也。夫以我国现时兵力之薄弱，经济之支绌，国民既无所持以为对外之具，而今而后，我国民欲发展其对外思想，惟有于军事上及工商业上谋国力之充实，图国富之增进，此固无待言者。贫弱之国，无对外方法之可言，亦求所以致富强而已。然富强不可以骤致，则不可不于此贫弱之地位中研究国际之关系与社会之状态，以考定对外之方法，此虽非根本之企图，而亦我国民所不容忽视者也。

　　记者窃谓社会之中，强者陵弱，富者欺贫，虽为普通之现象，然其中仍有一自然之理法，为自然之限制，而使强者富者不能逞其势力，以殄灭贫弱者之社会。此理法无论为个人，为国家，为民族，凡属人类之团体，无不受其限制。而一切道德宗教法律与夫国际公法，凡所以抑制人类间之互相欺陵者，皆由此自然之理法发生。此自然之理法维何？即人类所以资生之原料，不能以强力与富力生产之，而实际上当生产于贫弱者之手也。三军之上将，其力可以威天下；百万之富豪，其力足以致百物。然强力可以攫夺，富力可以购致者，正赖有此贫者弱者以生产之耳。使无贫者弱者以生产之，则虽强与富，亦复何用？且人类之所以欲富与强者，正以富者强者，可以不必自己生产，而能吸收他人之所生产者为己有耳。设彼仍须赖自己所生产者以资生，则虽富与强，亦复何乐？夫天之生人也，同此耳目，同此心思，生产之力本属相同，彼何以独强？彼何以独富？所谓强也富也者，固由吸收他人之生产而成者也。

---

　　* 《东方杂志》第 12 卷第 6 号，1915 年 6 月，署名伧父。

其不能吸收他人之生产者，则为贫为弱，则不得不自生产。吾故曰人类资生之原料，实际上常生产于贫弱者之手也。惟贫弱，故生产。惟生产，故贫弱。二者互相因果，不特人类如是，即动植物亦莫不然。植物摄取无机物，营同化作用以资生，实为生物界中之生产者。然以同化作用，耗其能力，不能具锐敏之知觉，营活泼之运动，以与动物竞争，而常见残于动物。动物中之食草兽，取植物性之有机物，变为动物性之有机物，亦为动物界中之生产者。然以植物质之消化较难，耗力既甚，不能更备强利之爪牙，具矫健之躯体，以与食肉兽争斗，遂被屈于食肉兽。人类之中，凡实际上胼手胝足，为人类产出资生之原料者，即贫弱之农民；而凡工商事业家与夫官吏军人等，储有几分之势力，较富而较强者，必为比较的不生产之人。愈富愈强，则其去生产亦愈远。似此类例，固随在可以指证者也。

更就国际观之，则今日之所谓强国，所谓富国，非以军事及工商业立国者乎？如美利坚，如俄罗斯，虽以农业著，然其所以致富与强，仍恃海陆军与工商事业，固非单纯农业之所致也。夫军事之国民，不生产者也。工商业之国民，以广义的生产言，虽亦为生产者；以狭义的生产言，则固为不生产者也。人类资生之物，最重要者为衣食，而稻麦鱼肉果蔬之类，棉丝麻葛毛羽之属，其产出之也，必资夫农牧，其成长有一定之时限，其收获有相当之数量，既不能在机厂中轧轧以制之，又不能以重炮巨舰向自然界要索，此固一切政治家军事家资本家技术家所焦心竭虑而无可如何者。故今日之文明国家，其地方虽如何繁盛，其人民虽如何安乐，事事物物，皆足以表其优胜于吾人，而终有一事，不能不与吾人处同等之境遇，即是等国家，亦不能无缺乏食物之忧。其富力虽倍蓰于吾人，而食料品之昂贵，亦适足以相消相抵。可知近世之所谓物质文明，无非寒不可衣饥不可食之物，于人类生活之根本上，殊无若何价值之可言也。近世国家之所以维持其富强者，大都吸收世界之原料，改其品质，换其地位，以增其价值。彼既以吸收他人之生产而致富与强，则以生产物供给其吸收者，转形其贫弱，自无待言。故今日之国际关系，实与社会间个人之关系无殊。贫弱之国，犹之田野间之农民；富强之国，犹之都会间工商事业家及官吏军人之类。虽国家之性质较个人为复杂，而就大体上言，不能无如是之感想焉。

总之同一人类，其生产力大略相同，故其所得亦有相当之定限。惟人类之一部分，不直接从事于生产，而用其智能，以吸收他人之生产物，因而其所得生产物，能逾越定限，较之直接生产者所得为多，遂为人类中之较富较强者。此较强较富之人，其势力虽足以欺陵贫弱，然若欺陵过甚，其结果适足以自招损害。其最显而易见者，则贫弱者以屡被他人欺陵之故，生产力衰颓，于是吸收他人生产物以资生者，势必同归于尽。然此不过为广泛的关系，尚有更为密接的关系，足以限制此等欺陵之举动者。

夫富者强者之欺贫弱也，势必受贫弱者之抵抗。以贫弱者与富强者抵抗，贫弱者势必无幸，固已。然富者强者，未必无所失也。即使无所失，亦未必有所得也。鞑靼王之侵入欧洲也，杀人而夺其金，其后戕杀多数之人，不得一握之金，于是鞑靼王卒陷于穷困。那破仑之侵入俄罗斯也，俄人毁墨斯科城以避之，那军至，无所居亦无所食，卒毙于饥寒而退。是故贫者弱者，苟自己准备重大之牺牲，忍受多量之痛苦，亦能使富者强者受若干之损失，而无如何之获得。彼富者强者以吸收多数贫弱者之生产物而致富强，若处处受如是之抵抗，则亦将立形贫弱矣。虽如此之抵抗法，在贫弱者之损失较大，然可以防止后日之欺陵，于计亦未为大左也。

抑贫弱者与富强者抵抗，贫弱者虽损失较多，而富强者则常有其他之关系，不敢受贫弱者之抵抗。设或毅然为之，迫成贫弱者之抵抗，则其结果，往往使富强者受重大之惩罚，贫弱者或反收最后之胜利焉。此关系维何？即富强者与富强者间之关系是。富强者既吸收他人之生产物以资生，其吸收之量无穷，而供其吸收者有限，于是富强者之间，互竞其吸收之地位而常相争斗。欧洲列强之屡起战争，大都为此。近时英、德之战，尤其著明者。此种争斗之决不能免，亦为自然之理法。盖自然界中，凡比较的不生产者，其争斗亦比较的剧烈，以生产者易于自给而各足其欲，不生产者其贪欲盛而餍足难也。故食肉之兽，多孤立独处；狮虎之属，往往互噬；而牛马羊鹿等食草兽，则常戢戢成群，不相搏噬。至植物界中虽不免生存竞争，而较之动物界之竞争，则更为纡缓矣。人类社会中，农村之风气醇朴，而朝市之间，奸宄丛集，倾轧无已者，亦率类此。故富者强者，其周围常有许多之危险，不得不注全力以对付之，几无余力以应贫弱者之抵抗。贫弱者抵抗之力虽微，然壮夫相厄，两不相下时，一竖子足以曳其足而踣之。有清之失其政权，岂真革命党之力？亦以其时，有权者之间，树党相敌，排挤倾陷，已达极度，革命党加之，遂为所乘耳。观近日欧洲战事，奥厄塞而俄乘之，德侵比而英援之。可知富强者当欺陵贫弱之时，辄使富强者之间，引起争斗。此富强者之间之争斗，实亦自然理法中所以纾贫弱者之患难，而使其不至殄灭者也。

富强者之欺陵贫弱，既受种种之限制，故富强者苟欲维持其势力，不能不与贫弱者调和。在贫弱者亦利与富强者调和，以免其欺陵而妨害生产。社会之中，资本阶级与劳动阶级相调和，贵族官僚之阶级与平民阶级相调和，皆由此而成。国家之宪典法律，社会之风俗习惯，即其调和时所定之妥协条件。推之国际，亦莫不然。然富强者与贫弱者之调和，其中本有可以调和之性质。以贫弱者所生产之衣食原料，既为富强者之所必需，而富强者所生产之物质文明，虽寒不可衣，饥不可食，然人类之欲望，固非仅仅求衣食而已足者，故亦足以适人生之需要，遂互相利赖焉。且富强者与贫弱者之地位既殊，操业各异，交换之利益多，冲突之事情少，决不如富强者之间，其根本上有不能调和之关系。孟子曰：万乘之国，杀其君者，必千乘之家；千乘之国，杀其君者，必百乘之家。以地位近而操业同，故不夺不餍焉。物理学中有同性相驱异性相吸之理，贫弱者与富强者之可以调和，异性相吸之理也；富强者与富强者之不能调和，同性相驱之理也。

由以上所述，以研究国民对外之方法，则吾侪国民，决不可因现时之贫弱而忿于心，亦不可以现时之贫弱而馁其气。盖忿者易流为无意识之举动，而馁者易慑于虚声之恫吓耳。吾侪对外之方法，其在平日，当常以亲善之意对待列强，勿以口舌间之论锋快一时意气，或以剑拔弩〔弩〕张之态度作示威举动，惟和平忍耐以从事于生产，勤其肢体，劳其筋骨，求利益于自然界，为人类作成衣食之原料。现时世界富强之国，其人民大率为都会的生活，谁愿沾体涂足，减衣缩食，以与吾侪争此汗血者。故如此勤勉刻苦之人民，终必为世界中不可少之人类。一方面既为世界原料品之产出场，一方面又为世界工艺品之行销地。其关系必日益切密，设有一国家挟其野心，逞其暴力，以扰乱吾人之平和，迫压吾人之地位者，是直与对世界列强宣战无异。其国家之危险，必较吾侪为甚。彼决不能于列强注视之下，遂行其狙诈贪戾之行为，可断言也。今日之论者，或谓世界弱国之存在，为战乱之原因，而以中国及巴尔干诸邦为世界之二大喷火口。予谓则战乱之原因，不在弱国，而在欲陵侮此弱国者。故世界之二大喷火口，非中国与巴尔干，在欧洲则德意志，在亚洲则日本也。今德意志之喷火口，已爆烈矣。日本能免于爆烈与否，正未可料。其现时在国际上之情形，固与德意志相类。此亦日本人所自知之而自言之者也。

虽然，国家之存在，不可以依赖他力也。吾侪若仅恃世界列强之互相牵制以苟延残喘，而别无其他之方法，则虽日以亲善之意待人，其如人终不以亲善之意待吾何？故苟有挟其野心逞其暴力以扰乱吾侪之平和，迫压吾侪之地位者，吾侪至于不得已之时，不可不以决心与之抵抗。或者谓抵抗之事，必待诸既富既强而后。虽然，待富强何时乎？吾人苟有抵抗之决心，则尽吾力而为之，其他不必问也。吾人不必计抵抗之后，胜负如何。其惟一之抵抗法，则吾人之土地城邑，可以占据，可以破坏，而不可以割让。吾人之产业财物，可以残毁，可以掠夺，而不可以贡献。吾国之人民，可以杀戮，可以捕虏，而不可以服从。吾国之政府，可以播迁，可以消灭，而不可以屈辱。彼可以自号流寇，自称海贼，以颠覆吾国，不可以自称保全，自号和平，而并吞吾国。如此之抵抗，非以求国家之存在也，惟不愿以受人陵侮之国家，澉涊以立于世界。既不能进而为平和之企图，则惟有退而为灭亡之准备。吾人在此贫弱之地位中，其可以自处者，盖不过如斯而已。吾人自处之道既明，则横逆之来，亦何所激而忿于心，何所却而馁其气乎？

至对外之根本企图，在求所以致富强者，已于开端处述之。兹更有不能已于言者，则吾人决不可以求富强之故，夺生产事业之利益，而为不生产事业之奖励，减少原料品之供给，而增加工艺品之需要。若必以如此之方法求致富强，则宁不如贫弱之为愈。以如此方法，其足以致灭亡而速祸乱，实较贫弱为尤甚也。今吾国人抱过激之国家主义者，几欲使国人舍耒耜以求剑铳。而崇拜外国者流，又厌弃其布帛菽粟之常，模造他国之奢侈品，仿效他国人之奢侈生活，惟恐不肖。以是为强，以是为富，则陷吾国于永劫不复之地位者，必在此富强已。噫！

国家意思之发表*

（1915）

国与国之交涉，不仅赖正式之谈判已也，亦不仅事务发生，始求意思之交换也。即平日无事时，或事先事后，两国政府间，两国人民间，及人民与政府之间，不可无意思之发表，以为交涉之臂助。且不仅限于对待国，即其旁关系之各邦，亦当有所表示，冀得间接之影响。欧美各国，此风盛行，国际消息，国际批评，几于无日不有，其机关则多属诸报纸通信及侨居他国之人民，其手段则或为坦白之宣言，或为诡谲之鼓动，质言之，无非借言论之披露，以达其所向之目的而已。然其效用则甚大，每有危难交涉，经先事之疏通，而临时遂得解决者，又或疑谤丛生，经多方之辩护，而竟能消弭无迹者。日本比年，极注力于此，时有言论发布于欧美报纸之间，故于世界势力，能不落人后。颇闻此次对我交涉，曾间接直接，一再向欧美宣布其意见，谓仍当维持远东之和平，决不侵害门户之开放。故条件提出，局外各国，初不惊疑。迨我国舆论哗然，犹迟徊而未肯深信，则此意思发表先机制人之作用也。吾国事事据理而行，而一举一动，每不为外人所信谅，以得声气之应求者，虽由于国力衰弱，而意思之不求发表，亦其一端。今后而欲稍求胜利，排除国际之困难，其亦于此加之意乎？

---

* 《东方杂志》第 12 卷第 6 号，1915 年 6 月，署名高劳。

禁酒与禁烟*

（1915）

俄人嗜酒，吾国人嗜鸦片，所嗜不同，其流毒于社会则一。吾国十年来厉行禁烟，颇著成绩。俄国自大战发生后，亦下禁酒之令，比闻收效极速，国人之沉湎麴蘖者，业已绝迹。此两国前途至可忻幸之事也。然俄国禁酒之后，同盟罢工、政治犯罪与夫因厌世而自杀者，其数陡减。我国禁烟之后，不独吸烟者充斥囹圄，凡被嫌疑受诬陷而拘留待质者，且不胜枚举。其因反抗拔苗，栽赃嫁祸，激生暴动，酿成大狱者，复时有所闻。何同一政策，而现象相反若是？此无他，立法之未能尽善，办理之未得其人故耳。历来政治设施，所以利不胜弊者，皆缘于此。现今所拟行之印花税及专卖事业，皆他人行之而有效者也。然一或不慎，其为害不可终极。则欲收同等之效，而不现相反之弊，不可不谨之于事先。其道维何？曰：慎重于立法，尤不可不慎重于用人。

---

* 《东方杂志》第 12 卷第 6 号，1915 年 6 月，署名高劳。

产业组合 *

（1915）

　　产业组合之制，各国盛行之，其种类约分为信用组合、贩卖组合、购买组合、生产组合之种种。凡资力薄弱之企业家欲扶植其势力、减免其障碍，率多联集组织，而尤以贩卖、购买二项能著近效。且其制复适用于实业幼稚之国民，比来吾国颇有提倡此二项组合者。窃以谓果欲行之吾国，其内容及组织法，应稍变通。盖二项组织之宗旨，在免除制品出卖时之低价及原料购入时之高价，俾得与大企业对抗竞争。此等困难，吾国小企业固所不免，然其困难尚不止此。往往有制品而不能致之售卖之商场，又往往欲制造而难觅供给之原料，甚或一方需要孔殷，一方物料充斥。此苦缺乏，彼苦剩余，又或供过于求，时而花样翻新，风尚更易，而制造者犹日夕从事于滞销之物品。其为营业之阻害，不可胜言。故欲谋小企业之发达，亟当励行此项组合，合贩卖、购买为一机关。除照旧有组织，防止价格抑勒外，宜加入调查报告介绍转输等事，于原料出产之多寡，物品销路之通滞，则为之调查而报告诸制造家。而用途未著行销未广之制品，复为之介绍于消费者。若夫僻壤遐乡，贩卖购买，均形阻隔，且为之谋交通任转运焉。虽然，此非目前之小企业家所能自为也，宜由各地方绅富或商会起而经营之。其经费则姑先募集，或取诸公款。俟营业发达，然后酌取手续之费，而办事人则不妨于各地商业中，酌选兼任，即如上海一埠，国内人士之经商于斯者，无地蔑有，苟能组织机关，各为本乡担任此项职务，不必拘拘于产业组合之形式，亦不必上列诸项一一举办，但能师其意而仿行焉，择其可任者而任之焉，则所费无多，轻而易举，而其影响之及于各地工商业者，当已不浅矣。

---

* 《东方杂志》第 12 卷第 6 号，1915 年 6 月，署名高劳。

谈名利 *

（1915）

　　予偶与客纵谈国事，客喟然曰：三代以下，惟恐不好名。明清之时，士大夫间，尚有一二好名之人，或以清廉风世，或以骨鲠立朝。虽其人往往尊己卑人，于道德上不无可以訾议者，然求之今日仕途，则亦杳不可得。古人谓名利关头，最难看破，今之人已将"名"字看破，故其心中只有一"利"字矣。予谓古人之所以重名者，以其时印刷物太少，故姓名一登于简册，易为人所注目，流芳遗臭，荣辱判然。今则印刷物日出不穷，费银币一圆，则姓氏遍登于报纸。且朝呼之为贼者，夕或尊之为公。得意则称为伟人，失势则目为乱党。名之不得不看破也，亦时势使然。夫为名为利，同为一种迷信。名固虚也，利亦非实。将来哲学上之学说，流布日广，我同人或亦能将"利"字看破，则障碍都除，道德自现矣。客曰："名利"二字，根柢上不可不看破，表面上却看破不得。根柢上不看破，则贪财沽名，固为道德之累。表面上太看破，则不恤名誉，浪费金钱，其害道德尤甚。予以客言甚圆满，爰退而志之。

＊《东方杂志》第 12 卷第 6 号，1915 年 6 月，署名伧父。

消极之兴业谈 *

（1915）

　　吾国倡言兴业，十数年矣。其他新政，如教育、自治等，犹或有非难之反对之者，独至兴业问题，则自前清以至民国，朝野新旧，莫不表示同意。然生活困难之声，仍喧腾于全国，各种事业之凋敝不振，一如曩昔。此何故耶？间尝研究及之，而知前此之设施，不无谬误之处。试论其一二。

　　夫欧美事业所以有今日之势力者，非短时间之产物也，必经由科学之阐明，技术之进步，智识之增进，积日累月，浸以盛昌。故工业则由家庭而进为工场，由手工而进为机械；商业则由个人而进为团体，由分营而进为集中。皆循自然膨胀力以演成。吾人不察所由来，徒震惊其规模之宏大，贸易之繁盛，于是一言兴业，咸以招股分集公司为不二法门。究之人才缺乏，财力空虚，非仰息于他人，即借材于异地，十余年来此类营业，胜利者百不三四，失败者则十恒八九焉。间有黾勉支持，无胜利亦无失败者，而其内容竭蹶，生气凋零，几有捉襟见肘之慨。后二者姑勿论，即前之胜利者，亦大都席特别原因以占优势。且仅仅及于自身而止，未闻为社会开若何之利源，为人民拓若何之生计也。是则无充实能力，袭他人成规，贸然从事于伟大之企图，其无裨于兴业之旨也明矣。岂惟无裨，且有害焉。夫资本集中，则小企业受其敝；机械发达，则手工家蒙其殃。此二者，虽欧美当日，亦难幸免。然彼乃循序而进，依风会而徐徐变迁，人民之智力财力，不难企踵效法，无显著之痛苦，且以收促成导引之功。吾国则事属模仿，非缘自然力以进行，新规模与旧状态，距离较远，无嬗蜕接续之效，徒贻小企业以逼压、手工家以恐慌而已。且欧美之资本集中，其国内工商，虽稍受弊害，而国外事业，因以发展，不难什百取偿。我国则对外势力，骤难争胜，既已贸然兴此巨业矣，势不得不顾全子母，退而为国内之竞争。对外虽不足，对内则有余，冥冥中受其侵迫者，盖不鲜也。况集巨大财产于一机关，不可无经理之长才，尤不可无保持之信用。而吾国于此二者，尚难求备，以故虚耗糜费亏挪侵蚀之事，每有所闻。既俾公司以莫大之伤痍，复予后来以无形之阻力。比来国人对于此类组织，逡巡观望，视为畏途者，皆前此冒昧从事有以致之也。近复有持开发矿产之说者，谓吾国蕴藏至富，取用不穷，工、商二途，虽不能与人颉颃，独此埋藏地下者，一旦开放，足以强国致富而有余，目前兴业之方，无便捷于此者。不知凡百事业，皆由智慧与劳力相伴而成，若徒恃天然物产，因人成事，就令所入骤增，亦不过救一时之贫而止。谓为生财之道则可，视为兴业之策，则谬误殊甚也。

抑前此奖励之政策，亦嫌失当。吾国官吏，贱视工商，蹂躏摧残，无所不至，实业之凋落，未尝不由于斯。然欲矫惩前弊，当去其疾苦而予以便宜，不当眩以浮荣而导诸歧路。南洋华商之发越，夫岂由奖励而来？特观感有资，而无苛法以随其后，此其所以昌盛耳。前清政府不察乎此，徒恃奖励以为劝，官阶爵秩，顶戴勋章，异数频仍，不胜枚举，其结果徒导商人于希荣梯宠之途，而堕其习苦耐劳之志。且得奖励者亦仅一二富豪，暨夫与官场习近之一二绅商而止，与全国实业界，初无影响，其苦征税受腴削犹是也。又如商会之设立，固以通声气而联感情，然而事实无闻，流弊滋甚，官僚习气，乃弥漫于市廛阛阓之中，以与闻政事为荣而荒其治业，以躔迹搢绅为幸而忘其本图。数载以来，工商之集团体，植权势，求为政治社会上之活动，或斤斤于文书之体裁，隶属之阶级者，屡见不一见。此虽由于国人爱慕虚荣之根性，然非奖励政策有以发扬而诱掖之，当不至此。民国成立，官秩等奖虽已删除，而浮慕嚣张之习，已深入于人人之脑海中，骤难洗拔。近今所颁各项条例，其奖励方法，与曩日固已有间，然亦不过行政家之一种施为，而不可视为兴业之惟一政策。且奖金保息，有种类范围之限制，不能遍及于全体，使知所取法而奋然兴起也。

且也，近来实业界中，尚有一谬点焉，则人人心目间，咸趋重于物质一途是也。其理由殆谓欧美商业之繁荣，吾人遇之，所以相形见绌者，由于一切商品，彼华而我朴，彼巧而我拙，苟欲挽此颓风，不可不蹑彼后尘，勉为趋步。于是言物品，则非机器制造不为功；言形式，则非模拟舶来不适用。甚者且误以物质文明为兴业之前提，以为苟市面繁华，人口麇集，则商业自然振兴。由是辟市场，开戏馆，电灯电话，举凡娱耳目充玩好者，均罗而致之。夫商业失败，缘于华朴巧拙之殊异，非无片面之理由。特有其物质，必有其精神，不求其精神之所以胜吾者，反而自励，徒欣羡于物质之末，以强为则效，亦既误矣。况物质文明，乃实业兴盛之结果，而非实业兴盛之本因。兹乃倒果为因，是缘木求鱼，匪独无益，且酿成物质文明之罪恶，开内地奢侈之习，导青年游荡之风，使人民咸趋于都市生活，而实业根本且受动摇焉。是又可惑之甚者矣。

不宁惟是，吾国商业，亦自有可纪之特长。当数十年前，交通濡滞道路险阻之时，商人之服贾牵牛，懋迁国内者，类能间关千里，北穷河朔，西走川滇，备历艰辛，以求什一之利。而海外贸易，纵无国力之保护，犹能拓基业于异族管理之下，以厚自封殖，是其冒险习劳，坚忍勇毅，方之西人之航海来华，讵容多让？且服用饮食之俭朴，操奇计赢之精详，尤觉难能而可贵，而其处事忠诚，然诺不苟，外人且交口称道焉。凡此皆吾商业史上之光荣，而吾人所当保守不替者也。讵晚近以来，日与西商相接近，见其获利之丰，致富之易，操术之逸，乃相与艳羡而效法之。一二巨子，有资财者则恃其资财，无资财者则凭其优越之地位，皇皇焉日捕捉投机之事业，以冀安然而获巨富，不劳力而得厚酬。驯至一般商人，亦日夜孜孜，讲求猎取弋获之道，人人存一大利在后之念，故起居酬酢，日就奢华，事事怀一侥幸可得之心，故道德信义日渐堕落。由是欺诈之行为，攘夺之手段，赌博之性质，遂传染于商业社会，而曩时可宝贵之优点，且渐灭殆尽焉。不知彼之获利丰、致富易、操术逸者，其创业之初，必几经困苦，几经艰难，而始有今日之坐享，且收获之富厚，悉由铢积寸累而来。欧美富豪，其自奉之菲薄，每为世人所乐道，足证俭约为商业之必要。今吾人乃不知保此美德，听其牿亡，则是兴业之精神先已毁灭，虽日揭其名以相劝告，亦复何裨？无惑乎游民滋多，破产相望，而经济界之俶扰不宁，靡所底止也。

更有进者，吾国旧习，士农工商之种类，辨别綦严，各治其生，不容混杂。且一入仕途，例不许兼营商事，此未免限制过甚。然业有专攻，效乃易举，纵不宜划定阶级，限以终身，亦当各就现在之地位，分治其事。今则不然，商人之驰情禄位，既如上述矣。反之而仕宦中人，则转而营营于货殖，因其权力之足以歆动商民，号召资本，且可于政府间谋获便利之机缘也，故其集事恒易。然通财鬻货之事，本非所谙，腐败晏安之习，又难尽革，以是所营之业，每奄奄无生气，或且出于垄断罔利之为，不幸折阅，则弥缝掩盖之术，又较他人为巧。消耗有用之经济，破坏商市之风习，更间接以扰乱公家之财政，殊非细故。此又一弊也。

然则今日之兴业问题，当以何者为正轨乎？夫兴业之事，为术至多，任取一焉，敷陈而讨论之，无不可言之成理，娓娓动听。然不从社会真相求其适合，则无论理论若何确当，终难举美满之效果。故今后着手方法，当注重现状，而含有补救之意味。撮举其要，则在社会方面，当务为切近之计画，毋骛高远而躐等进行；当守其勤朴之素风，毋役纷华而希图幸获。须知吾实业界之人才物品，两皆幼稚，决非高掌远蹠争雄竞胜之时。即资本集中，亦非目前之急务。盖国内财产，仅有此数，聚之一隅，则其余诸业之待以周转者，必减其活力。且散之为数十业，则此赢彼绌，得失尚可相偿，吸收于一机关，不幸而挫折，必伤无限之元气。况集资既巨，易惹社会注目，而启觊觎者之心。当此商业知识商律观念尚未普遍之时，局中经营，局外监察，又难适当，利不胜弊，势有必然。计不如改良手工，维持小企业之较为实在。夫日本兴业，已数十年矣，而其制造之物品，仍以手工为大宗，则吾国之亦宜致力于此，当无疑义。至各种小企业，就表面而论，似在无足轻重之间，然全国商人之营此事业者，实居多数，中下社会之生计，全系于斯，为菀为枯，关系匪浅，故亦不宜忽视。盖二者，一为人民普通之职业，一为全国生命之源泉，较之伟大企图，仅为少数资本家谋利益者，固有本末先后之不同也。若夫勤俭耐劳之特性，乃吾人立身处世之大原，本无是德，犹当勉行，既具此长，岂容湮没？凡此皆社会所宜自谋者也。

至政府方面，则与其有诱于其前，孰若无扰于其后，不必侈言奖劝也，勿加抑抑而已；无事过为干涉也，遂其生理可已。夫吾国实业之不振，固有多种之因缘，而捐税之繁多，关卡之林立，税章之凌杂，胥吏之留难，实为商业之大害，虽事关国用，万难汰裁。然岂不能定一明了统一之税章，立一简便易行之税法，严禁揸勒，力除弊窦，以苏商困者？至土货之税，苛于洋货，出口入口，重叠抽收，则尤与保卫政策相悖戾，无论度支若何竭蹶，必当蠲减。他如关于实业之法令，亦宜以简明易晓为主，失之严密，毋宁失之粗疏。而尤当慎重者，则各项实业，在理应归国有者，固不妨次第收回，但必须有充分正确之理以折服人民之心意。而一切官营事业，务以不碍商人生计及侵损其权利为要旨。至政界中人自营私业，则必划清界限，毋以官僚势力加入乎其间。不然者，启官民之嫌猜，堕政府之信用，使商人对于政府之行动，疑为上下征利之举，而以敌公司相视，则其贻兴业以恶果，殆难言罄。凡所陈述，虽为消极之主义乎，然苟切实施行，固未尝无积极之效果也。若夫积极之进行，则请俟之异日。

命运说 *

（1915）

"命运"二字之意义，有相异者，即命者，有定者也，其事物由于前定，天之所命，人不能违反也；运者，无定者也，其事物发于偶然，会逢其适，人不能预定也。又有相同者，则命也运也，皆非人类知能之所可左右，超越于知能之境界以外者也。

科学主义之思想家，往往不信命运。然科学虽反对命运，非能灭除命运者。自然界之事物，纷纭繁变，其范围广漠无垠，吾人知能所及之区域，较之自然之区域，甚为狭隘。知能所不及之区域，皆命运之领土也。近世科学，进步甚著，往往侵入命运之领土内，扩张知能之区域。然知能所及之区域，无论如何扩张，常为知能不及之区域所包围，以知能为有限性，自然界为无限性也。故科学虽与命运为仇敌，然谓科学能战胜命运，则决无是理。彼持科学万能说而蔑视命运者，犹于室内燃电灯、置风扇，而谓自然界之昼夜寒暑，皆为吾人知能所管辖，亦多见其不知量矣。

大凡愚夫愚妇之见解，往往不能自举其理由，而究其终极，则虽圣哲之士，亦莫能超轶于此见解之外。命运之说，亦属于此。惟圣哲之见解，有稍异于凡愚者，即凡愚依赖命运而不能顺受命运，圣哲顺受命运而未尝依赖命运也。故不求知能而务趋避祸福者为凡愚，不矜知能亦不计较祸福者为圣哲。若夫竭知尽能，以期免祸而得福；信弱肉强食为天则，以奋起竞争；抱得陇望蜀之野心，以营求非分。若而人者，不但为圣哲之所非，亦且为凡愚之所笑矣。

至于国家之兴亡，民族之盛衰，虽与国民之知能有关系，然亦有命

---

* 《东方杂志》第 12 卷第 7 号，1915 年 7 月，署名伧父。

运存于其间。如国内之气候风土，民族之性质习惯，大都固定而不可移改。热带之民，智力常逊于温带。南方之民，体格常不及北方。版图辽阔之国，团结力多弱。永久孤立之国，战斗力必衰。若是者，命也。又如一事件之偶发，一个人之存亡，往往牵动大局。那破仑威震全欧，而丧师于滑铁卢者，败于一夜之雨。（滑铁卢战役之前一夜，大雨，道路泥泞，炮车不能前进，致豫定之计画不成而败。诗人嚣俄谓那破仑不败于人，败于运也。）哥伦布航通大西洋，不至北美大陆，而仅至圣萨瓦多岛者，误于一群之岛。（如哥不因见岛而转舵，则可直抵北美，西班牙之殖民，不在墨西哥，而在美利坚合众国矣。）德意志之统一，胜奥胜法，雄长欧洲者，由于威廉第一之长寿。（威廉第一即位时年已六十矣，其后更享国二十余年，遂成德意志统一之大业。迈尔通史，谓其若有天意。）前清之季，西力东渐，日本乘机变法，而我国因循延误，日即危亡者，由于西太后当国，握政权至五十年之久。若是者，运也。考诸史册，求诸事实，诸如此类，更仆难举。历史虽为人类之所自造，然人类之自由意识，得表见于历史之间者，其迹甚微，古往今来，此仆彼起，或颠倒错乱，绝无端绪可寻，或刻苦经营，特呈意匠之巧，宗教家谓之神意，玄学家谓之气数，吾人既不能以知能审察其理由，亦惟有付之于命运而已。

吾人今日之国家，存耶亡耶，进步耶，退化耶，前途幽渺而不可知。往者忧国之士，奔走骇汗，以求政治上之改革，而今何如耶？污浊之社会中，决不能产出善良之政治，于是向之以改革政治为惟一之希望者，今则以改革社会为最大之鹄的矣。虽然，改革社会，谈何容易耶，一齐众楚之中，群醉独醒之日，稍有经验者，知此事之无能为力矣。欲挽救将来之国势，不如造成未来之国民，改革社会，不可不自改革儿童始也，此固今日教育家之职志也。然儿童之性质，一部分关系于父母之遗传，一部分关系于家庭之教养，其根深蒂固于未生以前及有生以后者。改革之难，或更甚于成人，美国哲学家燕麦生氏《处世论》中常慨乎言之。如是则改革之实行，亦惟有乞灵于祖宗之血，邀福于上帝之灵耳。吾四万万神明之胄裔，其根器犹深厚耶，则当此存亡关键之时，或能发见新生命力，以自拔于危乱之境，否则天之所废，孰能兴之？欲改革固难，即改革亦无济。吾侪观于数十年来改革之非人，与改革事业之无效果，不能不叹命运之所以压迫吾侪者，至艰且巨。而吾人知能之力，实甚弱而微也。

命运之关系于个人与国家者，其力至为伟大。吾人于事实上不能不与以承认，虽承认命运在事实上无若何效益然精神上亦得稍有所慰藉。个人而承认命运也，可以随遇而安，减杀其自私自利之心。国民而承认命运也，可以相忍为国，销除其愤懑不平之气。当此科学主义横流时代，优胜劣败之说，深中人心。社会之苦痛与罪恶，已达极点。予以为生物中优胜劣败之理，固不可诬。而其为优与劣，实非生物所能自主。近时生物进化论之二大派，所谓偶然变异说与外围影响说，实按之，皆谓生物之生存与灭亡，进化与退化，悉决之于杳不可知之命运而已。吾愿与持科学主义者质证之。

职业智识 *

（1915）

　　普通智识者，吾人涉世所不可或缺者也。世界愈文明，则其足以召危而致灾者，亦愈繁伙，故普通智识之范围，不得不因而扩充。曩时所必备者，卫生及日常事务之粗浅智识可矣，今则汽电机械与夫一切物质文明之享用，其影响苟及于公众者，则其利益及其危险，均为吾人所宜谂知，俾得自为趋避。若夫执有专业，则其职业中应有之智识，尤不可不加意研求。职业愈高，其智识亦愈关紧要。不然者，卤莽灭裂，不独危及一身，且害及于其所执之业，而影响于社会国家，非细故也。

　　山西省垣，近因改造子弹库，令兵士启视旧存火药之药厂。忽然爆发，炸毙兵士二十余人。夫兵士之于火药，为其职业中必用之品，犹匠人之于木材，织工之于机杼也。且所储之火药，犹为前清该省所自制，其非新发明猛烈之品可知。苟稍明浅近之物理，略谙处治之方法，又何至肇如斯之巨祸乎？比年火药炸裂之事，屡见不一见，推求原因，类皆处理失宜所致，绝非不可以人力避免者，是皆职业智识缺乏之故也。牺牲多数之生命，耗失巨额之资财，殃及社会，危及国防，平日无事之时，其疏忽犹若此。一旦炮火相交，间不容发之际，其危险为何如耶？此外各项职工，虽不如军事职业之关系重大，然苟无相当之职业智识，则耗坏物品，损失时间，在所不免，其事业终无发达之希望。故吾人而欲图存于现世纪，不可不扩充其普通之智识，尤不可不注意于职业之智识也。

---

　　* 《东方杂志》第 12 卷第 7 号，1915 年 7 月，署名高劳。

知事试验 *

（1915）

　　第四期知事试验，业已竣事，合各届统计之，试验合格及审查合格之员，已不下七八千人，约得全国知事一千七百余缺之四五倍。人才已足敷用，故政府拟不复举行试验。然试验落第，暨有可以试验之资格而未与于试验者，何啻四五万人。此四五万人者，皆以求官为目的，而又年力富强，不甘槁饿者也。然则将任其向隅而埋沦终老乎？抑将别开径途以为疏通计乎？此亦极当研究之问题也。

　　持疏通之说者，谓此项人才，居人民之上级，为社会之中坚，苟不设官职以维絷之，悬希望以羁縻之，将营营扰扰，于秩序安宁极多阻害，所谓天下英雄咸入彀中者，此物此志也。日本比年因中学毕业生无职可就，颇呈俶扰不宁之状，故其朝野咸匹匹于此，以求解除困难，吾国不可不引为殷鉴。吾意不然，夫中学毕业生，有定额，有年期，其数无多，尚不难于安置。而吾国求官之人，则非有定额年期之限制可以自由生产，疏通之术，有时而穷，且或因试验之故，而产额愈益增多，犹之富签票愈发达，而人民之赌兴亦愈豪，况其中专以官为生，外此无事可为者，仅居少数，其余均未尝不可改求别业。今已四回试验，彼之以官为生者，亦既大半入选矣，若犹赓续举行，是举全国之青年，诱而致之求官之歧路，耗其有用之精神，误其毕生之事业，谓之疏通，无宁谓之陷害。故今后不特不当再行试验，即文官考试，亦当缓行，或严其格而使人不易觊觎。绝其途于此，而后移其趋于彼，庶社会事业上，或可得一二有用之人才也。

---

* 《东方杂志》第 12 卷第 7 号，1915 年 7 月，署名高劳。

国情之歧异 *

（1915）

　　吾前论政争，谓中日两国同时而呈相反之状况，乃自中日交涉而后，复有相反之现象，足供吾人之思考者。自交涉事起，吾政府虽鉴于强弱之势，不能制胜于尊俎之间，不得不忍辱负重，斟酌退让，勉允日人之要求。然对内则颇能抑制人民之感愤，防止暴动，使不至酿成事变，危及国家。反观日本，彼于外交上既以强力获全胜以去矣，然不免受国人之诟病，叫嚣讥詈，无所不至，甚且斥其外相之卖国，而政府无可如何。一则对外虽能力不足，而对内则措置裕如；一则对外虽惟所欲为，而对内则转形退屈。两两相形，吾不知以强于对外弱于对内为胜乎？抑以绌于对外优于对内为胜也？

---

　　* 《东方杂志》第 12 卷第 7 号，1915 年 7 月，署名高劳。

读色纳嘉《幸福论》书后*

(1915)

　　色纳嘉 Seneca 生于西历纪元后三年，殁于六十五年。少时研究哲学。废肉食，持禁欲主义。其父不喜，乃暂废之。学法律，为辩护士，以雄辩著。仕于罗马，直言无忌，为人所谗，流于荒岛八年。后召还为帝养子陀弥却司之傅。陀弥却司登帝位，是为罗马之尼罗帝。尼罗帝者，罗马之桀纣也，尝使卫士纵火焚民屋，己则于台上观火以为乐，其行事大率类此。然其初登帝位时，色纳嘉以师傅兼为大臣，施仁政，五年而罗马大治。帝亦深信任之，赍赐甚厚。未几，帝之嬖人夺色纳嘉权。色纳嘉乃辞职，悉返其所赍赐者于帝，乞归隐而帝不许。乃称疾，闭门著书，《幸福论》即成于其时。后尼罗帝暴虐益著，民怨沸腾，思色纳嘉日甚，群起兵欲诛帝而立色纳嘉。色纳嘉再乞骸首，帝不许。一日色纳嘉在郊外别墅，帝传命赐之死。色纳嘉受命，依当时之习惯，破其腕之脉管以出血。以多年素食之故，出血少，乃复破其足之脉管。尚不死，则浴于温水中以引血。入浴室时，与朋友及弟子谈哲理，视死如归，无稍难色。色纳嘉死，其妻女亦破脉管以殉。帝命人救之，强缚其创口而愈。未几帝亦自杀。当色纳嘉之世，罗马之俗，奢侈淫佚已达极点，色纳嘉尽力提倡斯笃克主义（Stoicism）。此主义为希腊哲学之一派，后传于罗马，于当时风教大有势力，以防遏风教之颓败。其《幸福论》之主旨，以使形体服从于精神，肉身服从于灵魂，为保全幸福之道。其思想最坚实，其议论最稳健，虽去今已二千年之久，而色泽如新，照耀百世，永为欧洲社会之师资。故其著作之保存，实在社会人人之心里，不仅借名山石室以不朽也。予读《幸福论》既竣，始知欧洲在

---

　　*《东方杂志》第 12 卷第 8 号，1915 年 8 月，署名伧父。

二千年以前，已有如此精到之哲学，足与我国之孔子、印度之释迦比迹矣。且其议论思想，亦与东洋哲学相符合。欧洲近世，研究东洋哲学之倾向颇盛，如本志第八卷所揭德人鲦喷哈欧之《处世哲学》多根据于色纳嘉之《幸福论》，而又参以东洋哲学之思想者也。吾国今日之人心风俗，已与罗马末造相近，岌岌焉有崩溃之忧。维系人心，在输入新知以昌明旧学。若色纳嘉之《幸福论》，其深切著明，实可为我国救时之良药。色纳嘉之著作，纵不能救罗马之灭亡，或能于二千年以后收其效果于吾国，未可知也。兹诠其要旨，参以论列，以介绍于读者。至原著篇幅颇多，且《幸福论》以外，尚有其他之著作，有志者取而译之以饷吾国，则固记者所深望焉。

呜呼！世人盲动狂奔，以求幸福，前者既仆，后者继之，迄未一审幸福之何在。此色纳嘉之所深悯者也。色纳嘉以为："人生之旅行，与平常之旅行大异。平常旅行，循他人之所共由者，未有误也。而此则不然，熟路实最危险。吾人须按理而自动，不可蠢如鹿豕，仅知随大群而趋走也。世界人生，如败北之军队，后者续续倒于前者之上。全战场中，尽为一堆颠仆之人。彼等之趋势，若欲借其滔滔群众之力，以压倒真理与正义者。故吾人而欲得真正之幸福焉，不可以群众所共由者为标准。须知幸福问题，非以投票之多数决之也。非惟不可以多数决之而已，且觉多数所赞成者，却为非之左证。盖寻常之人，轻于信而难于辨也。"细玩此言，则今日之千百成群，丐利禄于朝市者，皆仿效他人之所为。熟路最危险，吾侪不可不以此自警。又吾国民之雷同性与模仿性，在近时颇为著明，则指导之人，尤宜谨慎将事，毋谓借群众之力，可以压倒正义与真理，以致全场尽仆焉。

色纳嘉谓："真正之幸福，在脱离懊恼烦闷，知自己之天职，无希望亦无畏怖，不忧不喜，其精神常处于平等状态。故吾人之幸福，即在吾人之胸里。吾人之不得幸福者，犹之在暗中摸索之人，其所搜寻之物，触于其手而不能发见之也。哲人之胸里，快活安舒，不以富贵贫贱异其趣，是实哲人胸里所自生，决非由外而入者，故亦决不能离之而去。夫借何物之希望，以鼓舞其生活之趣味者，即使安然得之，不逢何等之失望。然提心悬念之生活，顾盻旁皇，终不得安静。虽开一时之愁眉，而非永久之满悦也。"然则色纳嘉之所谓幸福，实儒者之所谓乐道，亦释氏所谓涅槃也耳。

色纳嘉以人间之幸福，根于智慧与德行。其所谓智慧者，在判断事物之理，而识其真价。仰观宇宙，俯察万物，推究自然之人性，脱去虚妄之意见。故智慧所以训迪吾人之精神，明治国修身之道，而非教练吾人之手指，造为丝竹管弦等玩具，制为干戈甲胄等凶器，以奖励奢侈与战乱。盖智慧者，当教吾人以生活，且不但当教吾人以生活，而当教吾人以幸福之生活也。又所谓德行者，以纯洁神圣之精神为本位，别之为知与行之二大部。知由于教育，行在于实践，先学习之而后实行之。克制贪婪，不为非望之奴隶。克服淫欲，不为外诱所污染。良心无垢，较之以衣服饰其身，丹漆饰其居者，为美多矣。色纳嘉又谓世间不论何种诱惑，惟智可以袪之；不论何种悲痛，惟德可以愈之。故以智与德为幸福生活必须之基础。

色纳嘉更以哲学为求智德之手段。其论哲学也，别之为伦理的、自然的、论理的之三部。自然哲学者，讲究有形无形之事物，阐明其原因结果而默察众原因之大原因者也。论理哲学者，讲究论法及修辞，供吾人以辨别力及适当之言语、合宜之议论者也。伦理哲学者，讲处世术及生活法，如射者之求其中鹄，使精神薄弱之人间因之而强固，供给吾人以征服诸困难之武器也。吾人之生活，为天地之惠，然善良的生活，则为哲学之赐。人非生而贤知，智德之进，必需师傅，惟恶则虽无师而易学得之。哲学者，教吾人以敬天事神，爱人和众之道，冷吾人之淫欲，辨吾人之谬见，抑奢侈而戒贪婪者也。色纳嘉自言："其师阿泰拉司曾痛斥人生之过谬曰：'吾人所用之物，过于吾人所须者甚大。除其享有者以外，余皆无用之担荷。'予闻师言，觉自己之财产，过于所须，不觉面赤。师又尝攻击世人之虚荣与快乐，主张质素的膳食、清净的精神、贞洁的形体之福祉，甚详而尽。予读其书而自惭，乃减削膳食之味。吾于哲学，造诣虽不深，但修哲学之心颇热。少年时代吾师曾使吾醉心于披色俄拉司及塞克司埃司之说。披氏曾以灵魂轮回说戒杀生，其言曰：转轮之说，信耶否耶，姑可勿论，杀生流血，戒之为宜。若果信耶，幸无残害。若其否耶，亦获节俭之益。塞氏亦说戒杀之理由，以谓人类屠杀生物之行为，实由于其心之残忍。人类之营养，不必流血杀生，天已为人类豫备充足。我感此说，乃废肉食。一年之间，不但不觉其难，且心神甚为愉快。吾父以吾感染犹太人之迷信陋习为恐，我遂自改而复旧。吾引此事，欲人知少年子弟，受师友之陶冶，印象最深。哲学者为人类之师傅，彼等为人类之精神发见良药，我等不可不恭敬之。哲学强健人之精神，人当首先注意于精神之强健，其次则注意于身体之强健，以后者之强健。较为易得也。"色纳嘉之引重哲学如此，其主旨谓吾人由哲学而成知德，由知德而得幸福，故以哲学为人生之师导，以智德为人间之极功。

色纳嘉于哲学以外，又重视古人之训诫，以为："此等训诫，乃以哲学中之智慧，传之后人者。其训诫当甚单简，不外何者可行，何者不可行。由于往古醇朴之世，人之性行较今优尚也。人之学识愈进步，则德行亦愈退步。古时明白醇朴之德行，今化为暗晦复杂之学术而去。此等学术，非教吾人以生活，教吾人以议论而已。古人之恶行单纯，矫正之药剂亦单纯。今人之恶行根深蒂固，医治之药亦不可不强烈。盖人于其所当为之事，苟不知其何故而为之，则不能行之而无间。圣贤之训诫，虽教吾人以当为，而于所以然之故，或者不及。吾人若不先教以处贫富荣辱疾病放逐时，宜持如何意见，则圣贤之训诫尚不能收实效。故我等宜就此等人事，其所具真相不如世人所云之处逐次讲解，则训诫之金言，乃具千钧之力。此时座右若干条之格言，较之茫茫数大册之书籍，更为有功。如斯有益之训诫，日置于念头，乃规正吾人言行之良法也，简洁有力之格言，其感动人心颇大，能营养吾人之悟性且开拓之，指导谨慎与正义之行为，驱吾人尽其职分。而韵文之格言，比散文之格言，其功更大。"色纳嘉论中引古人之训诰甚多，其视训诰与哲学并重。哲学言其所以然，以浚人之思想。训诫言其所当然，以督人之实行。

精神之轻率，为福德之障碍，故厚重载福，吾国人亦习言之。色纳嘉于此事，亦痛加针砭，以为："凡人心思不定，今日欲乘风航海，明日欲旅行陆地；今日悦都会，明日喜乡村；时而赏宫廷之美丽，时而爱旷野之荒寥。然始终烦闷，不去于身。然则吾人之倦者乃自己，非土地也。土地虽变，而烦闷之原因，携于自己之心中而不去。屡易其处，所得者，漂泊周流，徒示精神之不安定而已。吾人于安定其精神之前，不可不安定其形体。今日得一官而明日厌之，今日得一业而明日弃之，嫌今日而望明日，其实明日之性质与今日相同，只反复不止已耳，明日云者，不可妄乐之，亦不必妄惧之。明日若来，吾欢迎之，不来吾亦无憾，明日之有无，于吾无所增损也。"

色纳嘉《幸福论》中，最足以警醒世人者，在指示浮世富贵之不足慕，肉体快乐之不足恋，贪欲野心之无幸，节制谨慎之得福。其言亲切有味，使人易于省悟。色纳嘉以为："身外之事物，得失无常，不可以为幸福之基础。一时之富贵，不足信赖也。吾人常称为自己所有物者，实不过暂时借贷于吾人。欢跃而得之者，终当涕泣而还之。福神今日之所与者，明日即夺去，未可知也。彼以赉赐之物，投于吾人，吾人流汗以争之，万人仰首张臂以求获得，折胫断腿以取此赏牌，苦痛以得之，复不可不忍更大之苦痛以守之。多数之暴力与谲诈，群集于受领者之前，损害所归，终在受领者，则彼福神之所投赠者，芳饵也，羃枝也，网罗也。吾人自以为获得，实则被获而已。世人见他人之富贵，不胜艳羡。不知富贵之人，犹立于断崖绝壁之上。吾人居于平地者，其生活实较为安全而宽展。彼富贵之人，往往因不能下场，不得已而留于其地位。彼等除依直线跌下以外，不能自高地下降，拮据黾勉，以防坠落，尚不得安全之策，而苦痛烦劳，则已甚矣。世人动辄向福神求其援助，亦知福神所以与我者，即奴隶我之代价乎。抑世人所以求富与贵者，亦求肉体之快乐已耳。肉乐之生活，实最不幸之生活也。食也色也，实生苦痛与危险。百味之珍羞，百种之病因也。吾人肉体上所必要而不可缺者，非廉价之物，即无价值之物而已。吾人之天父，为吾人所设备以应吾人之需者已甚丰。饥渴之起，少量之食饵，可以满足，即少许之面包与水，其余皆赘物耳。吾人所卧，不过一室。非实际起卧之家屋，非吾人所必需也。故依道理而生活者决不贫，由意见以生活者决不富。吾人不以简捷之方法满其肉欲，却以莫大之费用刺戟肉欲。既饱足矣，则吐弃其所既食者以备更食。（按：罗马全盛时，宴飨甚丰。既饱后，服乐吐出之而更食，故色纳嘉氏有此言。）呜呼！吾人何为入海以捕鱼，吾人何为操戈以猎兽，吾人何为而求千仓万箱之累积，吾人之身体不能扩大，吾人取得许多不能容受之物。无论何者，皆溢吐以去耳。吾人所需之住宅与食物，费用本寡，今劳费甚多，是则受奢侈之指导，而为肉欲之奴隶耳。往时养一国之民而已足之财产，今则聚之于一人而犹觉其缺乏。湖海森林，无不经吾人之搜索。一条之河，一邱之山，无或免吾人之穿凿者。吾人之一小躯，其所需何如是之伙耶？实则吾人非为应其需要而营衣食住，乃为满足其功名心与虚荣心而营此衣食住。其所衣所食所住者，非食物，非布帛，非居宅，乃奢侈耳。真欲富者，不必滥殖其财产，而先要减削自己之情欲。富财非吾身所必须物，吾人之有之也，不可不善为管理之。吾人之获之也，费多大之流血与危险，破信义，乖友情，而赢得之事物，无非祸福之神命吾暂时保管者，决非吾人之所真有。彼贪欲与野心者，其目的果何在乎？贪欲者之苦痛，乃其对于自己之刑罚也。彼于营求富贵之时，既受若干之苦痛，而其日夜惟恐丧失之者，亦一极大之苦痛也，而其终不能不丧失。丧失之时，又一极大之苦痛也。且彼之苦痛，更以彼之意见扩大之。彼不必直接有所丧失，凡其所希求而不获者，彼皆视为丧失而苦痛随之也。一般人民，以富人为幸福者，求自立于其人之境地。退而考之，虽如何境地，其所含懊丧与羡妒，无有更恶于此者。且吾人之贪欲，无所底止，如患水肿病者，愈饮而愈渴。故彼即有所获得，亦不能使之满足。注水于无底之器，绝无影响之存留。故如此之人，除苦痛以外，更无可以代偿其苦痛之物。其终生陷于苦痛，亦自作之孽也。夫使吾人富而且幸福者，精神是也。金银对之，无复威力。贫之所以苦吾人者，非贫也，乃奢侈与贪欲耳。吾人实际所用者甚有限，防寒暑及饥渴以外，其余皆虚荣之赘物。蔑视此等赘物之人，虽贫亦何患？吾宁以不能购求是等赘物为幸。慎嗜欲，节饮食，修养精神，以成智德。节制的生活，即幸福之生活矣。

畏死贪生之念，其障害幸福也，亦与好货疾贫同。色纳嘉曰：世人夜中依妄想而畏鬼，且觉类于鬼者甚伙。乃晨光既见，则悉化为可笑之物。人之于死，其所怖者果何物乎？斯可怖之物，在实际上比想像者甚为微弱，吾人可以度外置之。而常不能者，则死之为物，非以可怖故怖之，乃因怖之故可怖也。又曰：死者人或以为可怖，然亦有人以谓此实天地间最平等无私之大道，乃若干人之希望，多数人之救济，而万人之终极也。死使奴隶为自由，使放逐者还故国，富贵贫贱至此时而平等，死之德实最广大。遇暴君、苛政、强暴、压制时，以死为一大慰藉，亦人生防御毁害时惟一之武器也。色纳嘉对于人之畏死，常反复说明其理由，而以为死之畏怖，容易克服，但亦不必轻死而厌生，于其时之未来而速之，不如于其时之既来而甘受之为愈也。

色纳嘉之《幸福论》，以不忧贫不畏死为脱离烦恼之要事，故于此二者言之特详。其生平所抱主义，在顺天命，法自然，重躬行，粹然儒者也。我国今日之社会，深沉溺于物质之渊中。肉欲愈纵而愈盛，有才智者抱其野心，几欲囊括一国之财货以为己有，甚则为寡廉鲜耻之行。贪墨之风，不可遏抑。而一般民众但知贪龌龊之生活，乏高尚之思想。芸芸众生，苦海沉沦。陈旧之道德，不足以警其心。迷信之宗教，不足以畏其志。教济之道，当在哲学。色纳嘉谓哲学为人类之师傅，此言也，尤记者所深信而不能忘者焉。

劝业委员会 *

（1915）

　　农商部订定劝业委员会章程，于会内设立工业试验所、工商访问所、商品陈列所三种机关，以谋全国实业之发展。吾国工业制造，多未明物料之功用及其成分，故未能尽物质之利用。而工商企业，又以不谙国内外工商状况及贸易大势之变迁，以致营业动落人后。今设试验所以应其请求，设访问所以备其谘询，诚为当务之急。顾吾国工商智识，尚在幼稚，其能自行研究，于物料上发生疑难，起而请求试验者，必乏其人，而商人又蹈常袭故，囿于一隅，其能考察大势，欲悉现情，造所访问者，亦必不多觏。盖其性质，尚属于被动而不能自动，非设法诱导，广为诏示，虽望其自行奋起，决不能如实业发达之先进国。但设机关以备应付，即能收扶助导引之功也。窃谓劝业委员会既设试验、访问两所，似宜于此数年内，就全国著名习见之物产，不待工业之请求，先行试验，将其成分功用，分析鉴定，详细宣布。而对于国内外工商状况与各种商事消息，商品销路，亦不待工商之访问，随时调查，公之全国。如是则原料所在地之工人，得各就其业，因试验之成绩，随时仿造改良，而一般工商，平日既得闻商业大势，遇有投机事业，自不至茫无适从，即不以工商为专业，或业工商而与公布之事漠不相关者，亦未尝不可触类旁通，因彼悟此。其裨益于实业界，殊非鲜鲜。较之因请求而试验，因访问而答复，仅及于请求、访问之个人者，固有广狭之不同也。

* 《东方杂志》第 12 卷第 9 号，1915 年 9 月，署名高劳。

吾人今后之自觉[*]

（1915）

　　吾国今日，几于无人不抱悲观主义矣。委心任运，颓废因循，无贤不肖，殆同一辙。夫人生如逆旅，以藐然数十寒暑之身，而寄生于此京垓年代之地球上，即勤敏趋事，其裨益于世界者几何？然社会所以进化，国家所以生存，全赖人类不以梦幻视此世，不以泡影视此生，汲汲皇皇，孜孜屹屹，以效用于现世而贻谋于将来，而后生计日以遂昌，智力日以增进，以成今日之世宙。苟放任一切，人人存一得过且过之心，则人类灭绝久矣。印度民族，拥庞大之土地，据富厚之物产，乃不克自振而受人羁勒者，由其人生观太薄弱故。然则立足于地舆之上，断无可以自甘放弃之余地，亦无可以稍事逸豫之时期，自昔已然，而当此寰海交通争存激烈之际，则尤一息尚存，此志不容少懈者也。

　　然而吾国现情，则正相反。从前闭关时代，无侵夺者蹑乎吾后，无强梁者睨乎吾旁，种族之界限未生，生事之艰难未甚。而当日之人心，则颇能奋勉图功，勤劳将事，虽其所企画，多域于家庭之小范围、一己之私生活，然在此范围生活之中，则固维日乾乾，终身淬厉，有坚苦忍耐之气，无苟且偷惰之风。今则不然，外围之逼压愈深，人心之颓丧愈甚，微特对于世界社会漠不相关，即其家庭小己之间，亦且有我躬不阅遑恤我后之慨。又微特素性恬退、淡于名利之人，即力争上游，在政治社会上有所作为者，亦多存五日京兆之心，而不作谋及百年之计。凡所规画，但求及身或其任事之时期内，得以敷衍粉饰而止，永久之利害、他日之安危，非所虑也。大局之阢陧若彼，人心之泄沓若此，国事宁有豸耶？

---

* 《东方杂志》第 12 卷第 10 号，1915 年 10 月，署名高劳。

则尝进求所以致此之故，其因缘盖不一端。普通之无意识及陷于物质潮流，因而迷误人生之趋向者，无论已。有以经遇丧乱，财产不无损失，地位不无变更，抑郁穷愁，日暮途远，遂不觉蠲弃其向时之志愿，而以且以喜乐且以永日，偿其失望之痛苦者，此其一也。其稍上者，虽不以财产地位之关系改其志趣，然以大势变迁，外围之环象，今昔迥异，彼所惯循之轨道，多被破坏，其家庭范围、小己生活，亦复根本动摇，而现时之新思想新势力，又与其旧习惯旧理性格格不相入，不愿屈己以周旋，凿枘之余，因而抛弃一切，作视息偷安之想焉，此又其一也。更进，则未尝感外围环象之殊异，亦未尝有习惯理性之差违，且极欲于此新思想新势力之中有所效力，然而一经从事，则政治之纷乱、社会之泯棼，均足生其愤懑之心，而沮其向往之志，于是嗒然若丧，而不复事事焉，此又其一也。更进，则怀抱宏愿，以为人类终有和亲之日，国家必有郅治之时，日悬此美满之理想以蕲实现于斯世，然而征诸历史，揆诸现状，则无一不与此理想相冲突而成绝对之矛盾。其在国内，既一再改革，而政象愈即于混浊；其在国外，则又相争相劘而不相能，以酿成莫大之战祸。因而悟澈平和之虚幻，安全幸福之终不可期，遂陷于消极厌世之一流，而委弃人生之责务，甚且有欲以一死为解脱者，此又其一也。若此者，虽其主因不尽皆同，意志之纯驳、感想之深浅，亦复不甚相类，顾其所抱之宗旨、所执之态度，则初无少异焉，其诸遭际衰乱，不得已而出此者欤？

虽然，吾人既已生活于世界，即当不问世界之何若，随其趋势，奋斗以图存，不能因情事转移，志望断绝，而有所推诿。财产损失，生命固未尝损失也；地位变更，责任固未尝变更也；习惯理性虽或扞格，然既无挽回世运之才力，自不得不与世运相委蛇。况世运无时不有变迁，前此之理性习惯，乃前此之世运所造成，非与生俱来而不可改易者。譬彼富人，一旦而家道中衰，即不能不营贫寒之生计，初时勉焉，久则安矣。若以政治社会之阻力不能展其所为，则吾人处事，要当排除困难以求成功，不宜慑于困难而为所战胜。矧所谓阻力者，不过多所牵掣，多所挫折而已，未必一步不可行，一事不能举也。吾人宜从可以着手之事，孟晋不息，得尺得寸，终必收若干之效果。至谓理想事实常相违背，世事决无美满之时，吾人终无致力之处，是则神经过于敏锐，志力失之薄弱之流弊。夫世界进步，恒有几许之障碍相与为缘；人事进行，必有意外之波澜起而相厄。乌托邦之梦想，诚不能实现于当前。然吾人当知矛盾乃天演所必不可逃，冲突为人世所必不能免，要贵有尽力乎其间者，斡旋补救，以减杀其祸患，遏止其潮流，则冲突之余，未尝无调和之希望；矛盾之后，或可有融洽之时期。彼全欧战乱，炮火相寻，杀人以逞，违反和平之信约，破坏人道之正义，亦可谓矛盾冲突之甚者矣。而彼都人士，乃亟亟焉讲求消弭之方，讨论善后之策，以为休战后恢复和平、遏绝扰乱之准备，曾不因遭此巨变而稍堕厥志焉，吾人亦可闻之而兴起矣。

上文所述，均属奋斗主义，而为吾人所宜自觉者。吾国今日，非奋斗不足自存，已无疑义。然谓一经奋斗，即可拨乱而致治，是又不然。盖颓废因循，固足以取侮，而卤莽凌躐，亦不足以救亡，则奋斗之中，固自有其中正之道而不容或忽者。撮举其要，有数事焉。

一曰奋斗之目的。无目的之奋斗，非奋斗也，盲行而已。然有目的而不衷诸正，则一举一动，均足以增长罪恶而召致危亡。奋斗愈烈，则危险愈甚，如汽车之轶出轨途，机轮之失其调节，未有不偾事贻祸者也。罗马共和之末期，人民对于政治非常活泼，顾其目的，乃在争政权、植党势，共和基础，因而颠覆。吾国辛壬之际，民气至为发扬，而卒无裨于国是者，实亦根本谬误之故。即比年国内，固未尝无一二积极奋斗之人，其见机之灵警、处事之敏捷，亦可惊叹。然而崇拜金钱，歆慕利禄，故其结果，为标榜，为夤缘，为党派之喧争，为权力之倾轧，是非反覆，弹劾频仍，而国事愈形纷扰焉，则亦非奋斗之正鹄也。

一曰奋斗之径途。夫既以救国为揭橥矣，则其致力之途，当无逾于密接国事之政治。然而林林总总，岂能尽纳诸政治生活之中？况政治乃事务执行之机关，而非质力发生之产地，必民力充牣，百务振兴，而后政治乃有所凭借。犹之商贾之市场，非工艺优良，物产丰阜，则空拳赤掌，决无竞胜之机会也。是则奋斗之途，不特不宜专求诸政治，且决不能求诸政治也明矣。吾国人习惯之心理，每谓政治具有万能，凡百施为，舍此无可假手。殊不知农工商贾、社会家庭，在在具奋斗之机能，亦人人有奋斗之义务。吾人但各就现有职业、现有地位，随时随事，勉力焉可矣。即云置散投闲，无功可见，然时间空间之足容吾自励者，亦复何限？但能煅炼精神，储备智识，未始不可留为后日之用。为途至宽，为力至易，人尽可能，决不宜囿于一隅，亦不容以机缘未遇为借口也。

一曰奋斗之手段。奋斗与争斗不同，争斗含有与人争夺之意义，奋斗则为自己之努力。自竞立争存之学说输入吾国以来，国民颇承其弊，以为人类之生，不外攫他人所有以为己有，弱肉强食乃天演之公例，优胜劣败为进化之大原，奋斗云者，不过致自己于优胜，陷他人于劣败而已。于是不道德不名誉之举动，公然行之而不为怪。不知人类社会，必以共同生活为前提，而共同生活，要以不相侵夺为原则。彼唱导争存之学者，固未尝不于此三致意焉。吾人今后奋斗，不可不笃守此旨，一切排挤倾陷之术，均宜屏斥。虽奋斗之归束，时或不能两利，顾亦宜以公平正直之手段出之，其可以相剂相成者，则必当协力维持，交相辅助。又奋斗之事，虽有时不能不以个人为本位，然亦必权衡轻重，倘我有一利而人有百损，则宁弃其一利而不为，而尤以刻苦黾勉为唯一之要义。世人但知奋斗为对外之行动，其功用在排除外界之障害，发挥内部之智能，殊不知一身之间，凡私欲之情，怠惰之气，其足为吾障害者，较外界为尤甚。则惩忿窒欲，忍性动心，亦为奋斗之要务。故守正义，重人道，维持协力之主义，振刷内部之精神，皆奋斗中所宜注意者也。

一曰奋斗之界限。前云奋斗属于自己之努力，乃就主体言之耳。若其作用，则不能不与他人他社会相接触。而比絜长短，比絜之后，优拙判焉。虽未尝设成心而使之短拙，然一方面既努力以求优长，则一方面之不能不处于退屈，处于失败，实事理上所必不能免。西洋各国地狭人稠，以数百年奋斗之结果，一切事业，阐发无遗，非战败他人，即无自己立脚之地，因而一言奋斗，即含有抑人扬己之意。我国土地广漠，百废待举，事业之需人经营，需人整理者，至繁且伙，尽有自由回旋之余地，利害冲激，决不至如西洋之烈，故奋斗之意味，与西洋微有不同。在西洋不能不采侵略主义者，在吾国则必当避免之，而以不相妨碍为界限。虽此界限决难持久，事业发展而后，终不能不为激烈之竞争，但今后数十年间，则不妨暂守此旨。盖智德未进，人民行动，易走极端，若但倡言奋斗，不加裁制，则变本加厉，转以启自相残杀之风，而陷于悲惨无情之境地也。吾国人素乏独立之精神，举一事，营一业，每喜于众人共趋之途，分取余润，于是同类相轧，同业相争，昧者且误为生计困迫，非此不能存立。不知资生之事，为术尚多，不自求蹊径，而出诸雷同附和之行为，已失奋斗之本旨。况此伸彼绌，必有伤痍，伸者所获无多，绌者所失实巨，徒耗国民之元气，且灰进取之热心，则何如各致其功，不相侵越之为愈乎？不宁惟是，欧陆诸国数十年来，以国力膨胀故，励行国际之竞争，扩张殖民地，攫取制海权，各占先机，互为虞诈，遂构成近今之惨祸，虽原于争攫实利，势不相容，然亦有实利之关系甚微，因彼此怀挟机心，相猜相忌，而形成事实上之嫌隙者。盖我存一陵人之成见，则人之所以报我者，必将增加其分量而靡有已时。中日交涉以还，日人责其政府，谓为交涉失态，徒召友邦之误会，惹列国之嫌疑。夫以日本国势盛强，犹不敢轻启国际上之猜忌，则我国之不能为国际奋斗，当然无疑。但吾民弱点，一方面为委靡不振，一方面为好大喜功，苟徒鼓吹奋斗，不丁宁于此限制之间，则兴高采烈之余，或创巨痛深而后，难保无不负责任之言辞，逾越范围之表示，乘虚憍客气，而发为排外之主张者，虽言者逞一时之意气，未必见诸实行，然足以启外人之疑惑，为实际之妨害者。固已不浅矣。即如排货问题，固出于爱国之诚意，惟不从振兴国货以求制胜，而徒挟此狭隘主义，空言抵制，幸能稳健，不过拒甲而受乙，或使他人待吾力竭而再来，不幸而嚣张，则转授人以隙而重蒙耻辱，殊未见其得也。故吾人苟从事于奋斗，必当守持界限，对内则以不相侵害为依归，对外则以毋召恶感为要旨。德人之主战者，谓不论社会内部及社会外部，非排斥他人无以发达自己。又曰：灭人，不然，则被灭于人。此其言论果当于正理与否，姑不具论，然要非吾人所宜取法者也。

欧战之感想*

(1915)

吾于欧洲大战中，得一感想焉。凡地方人民与其国家，苟历史上之关系未深，种族上之感情未洽，终不能恃为缓急之用，而国家且转受其累也。德之战胜于西欧也，席卷比利时，蚕食法兰西，亦可谓战无不利矣。然其西境之亚尔萨斯州，开战未久，即为法所侵入，一年以来，仍不能驱法军于境外。此一事也。东欧之战，俄军一举而入加里西亚，克兰堡，围克拉科，占领普散弥斯，横行一载之久，德、奥合力抵御，近虽将俄军逐回，然加里西亚仍有俄军之踪迹。此又一事也。俄之于波兰也，固视为国防惟一之要地，竭全力以驻守者也，乃自瓦萨失守，十余城镇相继陷落，不及一月，波兰全境几尽归德人掌握中，何失败如此之速，而曾不能为须臾之抗守欤？此又一事也。凡此种种，其原因果安在耶？盖亚尔萨斯者，本法属也，以一八七一年普法战争之结果，割让于德，虽一六四八年以前，此地本为普鲁士所有，然归法人管领已二百余年，归德人管领仅四十年耳，地方人民对德之关系感情不如对法之深且切也。加里西亚向为波兰之属土，一七七二年，俄、德、奥三国分割波兰时，始属于奥，人民与其国家，尚无密切之连系。且奥人又从而疏侮之。俄之于波兰也亦然。不特此也，高加索俄土之战，双方争持于亚美尼，俄固侵入土境，土亦袭入俄疆。所以倏得倏失，迭为宾主者，亦以亚美尼乃俄、土侵略所得，其人民爱国之观念未深。一切战事，仅赖兵队之主持；而无土著以为援助故也。又如战争爆点奥储被刺之热拉窝，奥人虽以强权占领，而不能得人民之诚服。故刺客乱党，得受人民之庇护，而藏匿乎其间。由此观之，国家对于领土，必诚信相孚，情谊相协，

---

* 《东方杂志》第12卷第10号，1915年10月，署名高劳。

而后患难可以相依。不然者，恃其武力，占他人之地以为己有，虽威权足以镇慑于平时，军队足以扼守于临事，然苟非极诚归附，则终不能为国家效用，有国者其亦知所从事，而毋汲汲于启疆拓土哉！西哲某氏，谓国家若占据他人之土地以增大其国之版图，殊非其国之利。俄人于大战开始，即宣言许波兰人以自治。德人于攻占波兰后，即拟建设波兰王国。殆深悉此中之危险，而欲有所补救也乎！

慈善事业 *

（1915）

慈善事业，中外皆励行之，固人类优美之行为，高尚之道德而不容诋议者也。顾奉行不善，则往往利弊参半。如赈贫之事，至仁惠也，然不加审择，则不免奖励游惰。育婴之举，至慈爱也，然养而不教，则无异制造莠民。若其他之良法美意，因经理不得其人，而弊害丛出者，更无论已。吾国慈善事业，至为繁伙，惟多失慈善本意，且界限不明，系统紊杂，或与公益混为一事，或与宗教并为一谈，甚且以鬼神迷信之事占慈善事业之泰半。夫公益慈善，性质本殊，然其作用，犹觉相类。宗教已别为一事，虽宗教家每好行慈善，慈善事业，亦多为宗教家所提倡。然信仰崇拜与博爱广济，意义绝不相蒙。若鬼神之事，则尤属荒诞，未能济人，安能济鬼？于虚无之中多耗一分赀财，即于实质之上减少一分效力。况科学昌明而后，迷信已被动摇，若列诸慈善之中，则慈善事业，恐不免为社会所诟病。窃谓吾国慈善事业，亟当为根本之厘整，慈善家暨一般社会，不可不具抉别之意识。凡济人而能为其人谋利益，且可减轻国家之负累者为上，如聋瞽之教育等事是也。消极之救济，若恤嫠养老等次之。其直接虽为慈善，而间接足以发生流弊者，则宜随时纠正，审度而行，任事者即本此意以为后先，输财者亦本此旨以为厚薄。而假托名义，因缘为奸，依附鬼神，欺蒙渔利之决宜禁绝，更不待论矣。群学之定义，谓人民之结合，国家之形成，实以爱为基础，慈善事业，亦用爱之一端也。

国民共同之概念 *

（1915）

　　国于天地，必有与立，不仅赖人民、土地、政治之备具已也。其所以能结合而成为国家，不虞涣散者，又不仅赖有险阻之地利、纯粹之民俗、统一之言文、齐同之风习已也，必其人民与人民间，意识思虑大致相同，好恶爱拒不甚悬隔，判断事理既无显著之差违，辨别是非复鲜反覆之矛盾，夫而后群策群力，相系相维，而国本于以奠定焉，则国民共同之概念是已。

　　国民概念每因其国之况状，而有种种之不同，有为道德所铸造或宗教所薰陶者，有受历史之遗传或外围之范冶者。虽原因各别，然使国民苟具其一，人人意念中有不言而喻之信条，若合符节之心理，对于一切事物，本其同具之意念，以为取舍，以定从违，则社会秩序，既不至有绝大之动摇，而国际之间，亦可恃为政府之后盾。如专制国民之服从命令，立宪国民之遵守法律，德人之注重武事，法人之崇尚民权，日人之拥戴天皇，美人之保持孟禄主义，虽不足尽概念之内容，然皆为概念中之一事也。夫小学教育，每与国家以伟大之影响，时或收意外之殊绩者，非徒使识字人数增多，浅近知识普及而已，为其有无形之教旨，深入于人民之脑中，使之齐趋于一致焉。譬之航行，同舟一心，乃克有济，否则帆樯虽具，而舟中人目的不同，方针屡易，此主东进，彼主西航，候而前行，候而返棹，则终无诞登彼岸之一日。又如筑室，必匠人有共喻之准绳，公用之规矩，然后分功饬材，合之而榱桷栋梁，各相衔接，施以成室焉。不然者，材木虽美，而此曲彼直，此短彼长，决不能各适其宜，构成巨厦。且夫动物之能群者，莫蜂蚁若也，彼惟个体之

---

* 《东方杂志》第 12 卷第 11 号，1915 年 11 月，署名高劳。

间，咸具有天赋之共同概念，日营营以采觅食饵，经营巢窟，孳养子卵为职志，不劳督促，各致其功，故能抵抗外敌，繁育种类。然则人类国家，不可无共同概念以为立国基础，固当然而无疑义者矣。

抑共同概念，其在国家上之势力，较之地利、民族、言文、风习尤为重要者，又可举例以证之也。彼大不列颠帝国，就英伦三岛言，地利四者，固完全而无缺陷矣。然其殖民地，若印若美若非若澳，隔越千万里，不相联属，绝无险阻之可守也，民族、言文、风俗之不齐，更无待论。顾英人乃有高尚之特性，互爱之感情，遥为缔合。其殖民地之对于祖国，亦莫不表示忠爱之忱，遇有外患，咸具同仇敌忾之气。去岁欧战勃发，既先后助糈贡舰，其从征战地者，又皆能效死疆场。所以能如此一心者，盖由其平日观念，有公同之的鹄，知对外之必宜协力，且知英国之海权，必宜保守，一旦损失，将蒙巨大之不利。又其帝国殖民会议，虽殖民地之利害不尽皆同，而常能调剂和洽，不相凿枘者，亦以人民心目中，别有联结之要点在也。他如奥匈国内，含有日耳曼、斯拉夫、马加、拉丁各种民族，而各族之中，又分多数之派别，竟能同集于一国旗之下，拥戴政府。去秋俄、奥宣战，奥之塞尔白人应征赴战者甚众。夫塞尔白人，固斯拉夫族而又信奉希腊正教者也，乃与日耳曼等种集合，以与同种同教宣战，非别有共同之概念以连系之，曷克臻此？罗马末叶，人民离心离德，无巩固之团结力，故日耳曼人得乘间侵入，而罗马遂底于覆亡。普之战败于法也，割地求和，受苛酷之限制，亦几无恢复之余望矣，然而举国一心，人人以复仇为天职，越四十年而竟偿厥愿，建欧陆之雄邦。吾国辛亥革命之易于集事，亦以国人有潜伏之排满主义故。由是言之，共同概念，实国家存在之本原，有之则强而存，无之则弱而亡；有之则虽联邦而可构成一体，无之则虽统一而或不免崩离。其关系不綦重欤？

抑所谓共同概念者，非必全国上下无或差池，事事物物不容有少许之歧异也。夫人类理性万别千殊，即为地位时代政治教育所范围，亦岂能合亿兆人而咸出一辙？然苟国民多数，社会中坚，有隐相契合之精神，互为沟通之意见，即能表率余众，发生效力。纵大同之中，不无小异，一隅之龃龉，片面之争持，决难尽免。但根本上不相暌隔，则一切冲突，自能融洽，或受其节制，而不致有绝对之背驰。彼政党对峙，时以政见之不谐交相争执，而或以之利国，或以之召乱者，皆根本上概念异同之所致也。然又非谓此概念必始终笃守而不可改易也，时势所趋，会逢其适，未尝不可易辙改弦，但必为有步骤之变更，得大多数之赞许，则仍可稳健进行，而不失共同之本旨。如近日欧洲之社会党，本以弭兵为宗旨，然自战争一起，乃揭櫜卫国之标帜，相率而蹞足戎行。又如意人之加入协约，英人许俄国攫取他但海峡权，均牺牲其曩日之主张，而无所于惜焉。盖彼虽蠲弃其旧概念，而别有一新概念，以纲维而主宰之，故仍能维持而不至于解纽。不宁惟是，国民概念，固以守真理崇正义为前提，然苟人人视为天则，奉为第二之天性，则虽非真理正义，如野蛮酷陋之习俗，宗教迷信之科条，亦可用以要结人心，审判曲直。而极端之侵略主义，残忍之军国主义，纵违反互爱之原理，决非人类自然之本性，果能涵濡浸润，既固且坚，亦得成为一种之概念，鼓其奋勇之气，作其武烈之风，使国民齐心合力，以耀武佳兵杀敌致果为事。虽如此国家，终难久治，然较之涣如散沙，毫无共同概念者，犹觉差胜也。

是故善为国者，一方面熟察人民之概念，顺其势而善用之，而他方面则又默化潜移，养成人民同一之概念。《传》所谓天视民视，天听民听，民之所好好之，民之所恶恶之者，顺其势而善用之之说也。然视听好恶，岂必尽同？故又不能不用其纠正之方，尽其导引之责，使之整齐画一。俾受治者之所志适符夫主治者之所期，而无或参差扞格焉。古先哲王之制治，所以亟亟于化民成俗，一道同风者，此物此志也。齐有急功近利之习性，而桓公因之以称雄；秦有《小戎》、《驷铁》之国风，而缪公用以之取霸。此为善用国民概念之明效。而晋文之伐原示信，大蒐示礼，则又作成其概念，以为异日之用者也。虽然，国民概念之形成，决非一朝一夕之故。德意志之帝国主义，虽膨胀于近今二三十年，顾其所以孕育而栽培之者，实已亘一世纪之久。其政治家历史家，日以此主义灌输于国人，各社会团体又从而鼓吹之，故能浸渍人心，如此其深固焉。然则觇人家国者，不必观其昭著之政象也，第验其国民有无共同之概念，及其概念之为纯为驳，则其民情之向背，国力之坚窳，可以了然矣。

今本此意以返观吾国，则人心庞杂而无折衷之公理也，众志纷歧而无共循之涂辙也。数十年前，国势虽衰弱，社会虽陵夷，犹有伦理之信念，道德之权威，阴驱而潜率之，故纵无显然可指之国性，而众好众恶，公是公非，尚能不相悖戾。其判别邪正，对待事情，咸本其夙昔所储之智识，平日固有之良心，以为应付。个人之意见，推之群众而大体不殊；私室所主持，质之大廷而相距不远。而下级社会，则又有风俗之习惯，鬼神之迷信，以约束而均同之。今则不然，伦理道德，风俗迷信，均已破坏而无余，又别无相当者出承其乏，而利禄主义，物质潮流，复乘其虚而肆其毒。于是群情恼恍，无所适从，人心摇惑，失其宗主，人人各以其爱憎为好恶，利害为是非。聚十人于一堂，则所见互异；就一人而观察，则前后迥殊。甲党之所服膺，乙党乃指为谬误；丙派之所笃信，丁派则对之怀疑；甚且同时而执数种之主张，一义而为两端之曲解。历史之事实，本极明了，而附会缘饰，则人异其辞；学理所发明，至为详确，而望文生训，则家殊其说。国民既无定见，利用者又从而诱惑之、胁迫之，故利之所在，势之所存，虽个人之私心，不难成全体之公意，少数所唱导，亦可得多数之赞同，而所谓国民概念者，遂纷纭错杂，变幻离奇，而不可究诘焉。政治家者，国民之圭臬，对于国事，有一定之见解，不易之政纲者也，今则朝三暮四，转徙靡常。言论家者，舆情之标准，对于国民，负提撕之责任，劝导之义务者也，今则破碎支离，游移莫定。则亦何怪全国思想之彷徨怅触，而不衷一是也哉？

　　然则救济当奈何？曰：此非旦夕所能奏效也。吾人不幸，当国运衰颓之际，外来之新理，乃连翩而输入，又不幸而吾人乏冷静之头脑，精密之研究，对此新来之学理，但仓皇惊羡以迎受之，卤莽灭裂以宣扬之，未尝为有条理之贯串，有统系之吸收，故国民概念，遂蒙其弊。吾人今后，当力惩此失。凡关于政治社会诸学理，苟非洞明原委，熟审利弊，不宜轻于提倡，率为传播。盖学说之为用，可以启人之灵明，亦可致人于迷罔，其繁赜之理解，既非浅尝者所能领悟，且有正面之甲说，必有反对之乙说，尤足眩惑观听，授人以混淆黑白颠倒美恶之机会。吾人研求哲理，固当博取众说而讨论之，罗致群言而考核之。然不审其可否，而遽以诏示国民，冀其传布，则为害非浅。十余年来，吾国学者多蹈此病。今日见某说，则揭其义曰：非此不足以救亡；明日闻某理，又更其辞曰：非此不足以转弱。道听涂说，其前后两义之能接续否，不违背否，非所问也。在彼固不妨自为辩护曰：昨非今是，吾故从其是而弃其非。然被其影响，受其迷误者，已梦如乱丝，杂糅而不可梳理矣。若夫政治之施措，固当以人民公意为依归，然亦宜辨其真伪，察其纯驳，而不可过于信赖，盖易陷迷误之民意，其趋向本无定点，可以任便转移，若认为国民共同之概念，而倚之为重，则此后民意，恐愈诡幻，而国事亦将愈即于泯梦。故欲国家之乂安，对于此类之民意，必当拒斥，而别以真理正义导诱人民，养成其优美纯一之概念，庶全国合为一体，政府与国民，亦有指臂相联之谊，对内对外，均足保持其独立之资格，而不致失坠也乎！

家庭与国家 *

（1916）

《大学》言：欲治其国者，先齐其家。此非仅为握政权者言也，一般民众欲建设良好之国家，亦必自构造良好之家庭始。

我国为大家庭制，欧美诸国为小家庭制，二者之差别，不在形式而在精神。就形式言，我国非无一夫一妇构成之小家庭。但就精神言，则概为大家庭而非小家庭。小家庭之父母对于子女，仅负教养之责任。子女成人后，即离父母而自构新家庭，大家庭之父母对于子女，负无限之责任。子女成人后，由父母为之成家，仍附属于旧家庭中。故小家庭制度，独立的制度也。大家庭制度，互助的制度也。

互助的大家庭制度裨益于国家者，殊不鲜。盖社会之不易动摇，个人之不易濒于饥饿，实赖此家庭制度以维系也。我国现时国家社会政策既不讲求，慈善事业亦未发达，遇有贫病灾丧等事故，全赖父母子女兄弟姊妹之互相辅助。他国对于养老、救贫、保险以及医药、埋葬等事，均费莫大之国帑，而我国无之。且我国社会上经济之分配甚不平均，高等官吏及投机商人一攫巨万，而多数之有同等智识能力者，欲求一糊口之职业而不可得。不平之声，虽已遍布于社会，而危险状态，尚不若欧洲之甚者，哀多益寡，亦由家庭制度以默为调剂。（记者曾稔知一家族现男女共二百人，均享有中等生活。此家族自清初至今，以官商获利者仅七人，有职业可自给者仅二十余人，余皆以家庭关系直接间接分享此七人所得也。）故记者对于我国之家庭制度，固主张保存而不敢轻言破坏者也。

然互助的家庭制度为害于国家者，亦复甚大。吾人知其利，亦不可

---

* 《东方杂志》第 13 卷第 3 号，1916 年 3 月，署名伧父。

不究其害。害之所在，不可缕述。综而论之，则我国之人少年者多浮浪，老年者多贪鄙，二者皆家庭制度所养成也。欧美国民于成人以后，以欲构成新家庭之故，勤勉于职业，专意于贮蓄，以为成家之豫备；及其晚年，则子女成立，担负既轻，得捐其余资公诸社会，出其余力图谋公益。我国则不然，少年时家室之事，既有父母为之担负，其在社会也无责任可言，惟为依赖的生活而已，故常蔑视职业，恶其拘束，嗜玩好之物，喜狎昵之友。为父母者，既不问其子有无自立之艺能，有无相当之贮蓄，辄为之娶妻育子。迨中年而后，责任始加，儿女成行，家累已重，对外无奋斗之实力，对内无天伦之乐趣，既陷一生于困苦颠连之境，则不能不嗜利若命，凡寡廉鲜耻之事，刻薄无情之举，不得不忍而为之，继遂积为习惯，而酿为风俗矣。且其责任既为无限，子复生子，家口益繁，年齿愈衰，责任愈重，其贪其鄙永无知足而得已之时。即使富贵利达悉如所求，亦既足以裕后昆而贻孙子，而充其无限责任之精神直非立子孙万世之业，不足以餍其欲望，忧伤憔悴迄无已时。凡此种种，实皆大家庭制度之结果使然也。

今我国之中，纷纷扰扰，或为守旧党，或为维新党，或为激烈派，或为官僚派，有始则维新而继复守旧者，有初甚激烈而忽作官僚者，往往前后判若两人，一身犹如隔世，几令人莫可理解。质而言之，则此种党派，不外青年与老年之二大别，即不出浮浪与贪鄙之二大类而已。浮浪之徒一切不负责，任好自由而恶束缚，骛理想而昧事实，喜则放恣以为乐，怒则破坏以泄忿。贪鄙之徒心目中无复有社会之观念，与夫道德之防维，惟汲汲焉图一己之权利。苟有可以达其目的者，虽遭举国之唾骂，受良心之责备，亦悍然不复顾忌。二类之人其行事相违，其心理相反，然有时则出此入彼，虽其原因之复杂殊甚，而其枢纽所在实与家庭制度相关。记者横览世态，往往少年时之浮浪愈甚者，则老年时之贪鄙亦愈剧。则二者实为同类之行事，同一之心理，惟发之方面不同而已。

大家庭制度之为害于国家，于今日实为最烈。补救之道，不可不于互助之制度中采用独立之精神，为父母者宜移其子女婚嫁之资作教育子女之费，宜与以艺能，为子女谋自立，勿孳孳为利，为子孙谋遗产。家室之事，令子女自负责任，毋使早婚以重子女之担负。是则所以宜尔室家者，亦可以教尔国人矣。

再论新旧思想之冲突 *

（1916）

　　远生论文谓："新旧之冲突，莫甚于今日，犹两军相攻，渐逼本垒，最后胜负，旦夕昭布，识者方忧恐悲危，以为国之大厉，实乃吾群进化之效。"又谓："新旧异同，其要不在枪炮工艺以及政法制度等等。若是者，犹滴滴之水，青青之叶，非其本源。本源所在，在其思想。"予以远生兹言颇足诠释现时吾国之状况，因复就此论题，抒予之意见。惜远生已死，不能以予之意见与之质证矣。二月十七日伧父志。

　　大凡人类社会间起有战争或扰乱，其关系不外二事：其一为物质上之关系，即经济之冲突是也；其二为精神上之关系，即思想之冲突是也。（野蛮时代之种族战争及部落战争，容有起于无意识之嫉恶，无关于经济及思想者。）孔子谓有国有家者，不患寡而患不均，不患贫而患不安。不均即指物质的关系而言，不安即指精神的关系而言。吾国历史上内部之战乱，虽往往为暴君污吏所酿成，为奸雄枭桀所搅起，然究其最重之原因，则关系于经济者居多。盖生齿日繁，物力之开发不进，全国资产又被吸于少数高官巨贾之手，多数贫民生事不给，培根所谓"口腹之谋叛最可怖"者是已。至我国民之思想，数千年来无甚进步，新旧递嬗，辄自同化，间有异致，亦势力微弱，不能与固有之思想抗衡，故冲突绝少。惟有时发见之事实，与其固有之思想不相容者，如权奸窃国，女主专政，阉寺弄权，外族入据等，则亦常激起吾国民思想上之反抗而形成战乱。大都战乱之发生于下等社会者，其关系多在经济上；而

---

　　* 《东方杂志》第 13 卷第 4 号，1916 年 4 月，署名伧父。

发生于中等以上之社会者，其关系多在思想上。则以经济之缺乏，在下等社会所感受者为甚；而思想之主张，在中等以上之社会较为明了也。

现时吾国民思想之冲突，概由与西洋思想相接触而起。以亘古不相交通之东西洋两种思想，忽相接触，异点之多，自不待言。况两种思想，各有悠久之历史、庞大之社会以为根据，其势自不能相下。然谓吾国民思想之冲突，即东洋思想与西洋思想之冲突，则殊未是。东西思想之冲突，如欧人所臆想黄祸图之类，决非吾国新旧二派思想可以代表。吾国民之所谓新思想者，岂能脱离其固有之东洋思想？惟吸收几分之西洋思想而已。而所谓旧思想者，又岂能全然墨守其固有之东洋思想，以排斥西洋思想？然则新也、旧也，不过一程度问题。其程度之所由差别，虽复杂多端，综其大要，则或由知识之差违，或由情感之殊异。盖知识明敏者，不易为旧习惯所缚束，而务致其研究，知识蒙昧者反之。又情感热烈者，每易为新事物所诱引，而深感其兴趣，情感冷淡者反之。职是之故，而知识明敏感情热烈者，常为革新之魁。知识蒙昧情感冷淡者，常为守旧之侣。至知识蒙昧感情热烈者，表面上为革新之先锋，而浅尝浮慕，宗旨恒不坚定，或转为守旧者之傀儡，今之所谓暴乱派是已。知识明敏情感冷淡者，实际上为革新之中坚，而徘徊审慎，不肯轻弃旧惯，反似为笃于守旧者，今之所谓稳健派是已。以上四者，于新旧派别略具雏形，而推其由来，实各本于其个人性质。就心理学言之，则胆液质、粘液质、多血质、神经质四类之分别也。四类人性质之异，本为先天之素因，非由接触西洋思想而发生者，特于接触西洋思想以后，随时世之迁移，各各表现其特性已耳。

然谓新旧派别全属于先天之素因，则又未尽是，其为后天加入之势力所影响者亦复甚多，势力之最大者，莫如利欲与意气。盖人之思想，程度虽不能同，若仅为是非问题，其冲突尚不至剧烈。至利欲乘之，则不论是非而计利害，虽以为非而有利则是之，虽以为是而有害则非之，是非遂无定论矣。此等利害关系，常因其人之地位而殊。以现在之地位为满足者，则以维持现状为利，而主张守旧；以现在之地位为不满足者，则以改变现状为利，而倾向维新。其甚者，则以新为利时即托于新，以旧为利时又遁于旧，而所谓新思想旧思想者，不过为其利欲所驱遣之资料。况利欲之外，又杂以意气，意气所加，不但是非有所不问，并利害亦有所勿顾矣。企无谋之暴动，招必至之反抗，有害无利，人谁不知，则谓其徇利欲，毋宁谓其任意气耳！夫利欲与意气，乃吾国民性质中之弱点，亦非与西洋思想相接触而后发生者。试审阅吾国历史，朋党之祸，何代蔑有？其无利欲与意气参加于间者，盖未之闻也。

思想之冲突，以知识与情感为先天的原因，以利欲与意气为后天的原因，而新与旧则为其冲突之地点。此如两军相战，争城夺寨，其城寨乃争夺之地点，而非战斗之原因也。然则就地点言，固孰胜乎孰败乎？即冲突之后，将日趋于新乎，抑复返于旧乎？又就原因言，将永远存在乎，抑逐渐湮灭乎？即国民之知识与情感，能使之齐一否乎？利欲与意气，能使之消除否乎？此等问题，关于吾国之前途者至重，吾人既研究冲突之原因，尤不可不揣测其冲突之结果焉。

第一问题，则记者敢断言之，以为其势必日趋于新焉。前既言新旧为一程度问题，程度虽殊，然皆沿同一之方向以进，但有过不及之差，非若正与负之异。试就事实论之，则今日之所谓新者，较之曩时讲求西艺倡言新法者，固有进步；即所谓旧者，亦非曩时视欧美为夷狄斥新学为异端者所可同日语矣。此非仅为世界之大势所趋而然也，亦事理之不得不如是耳。新之与旧，非必新者固善而旧者固恶也。一切事物，经若干时日之后，必有若干之腐败与颓废积于其中。如衣之旧者必垢，屋之旧者必倾。故旧之与恶，常相为缘。培根有言："恶者，于人事继续之途中，常逞其堕落力；善者反之，如强发之运动，于初发时其力最强。"人之舍旧而谋新，非恶其旧，乃去其恶耳。但旧者虽为恶之所积，而常为习之所安。故著新衣者踧踖不宁，常不如敝缊之适体；入华屋者手足无措，转不如蓬荜之安身。习之难移，不但笃于守旧者如是，即勇于革新者，亦每于不知不觉之间，流露其向来之习惯。可知新之为物，于理论上赞美者极多，于实际上爱顾者颇少，革新之难，职由于此。然新之所以不习，旧之所以相安，无非时日上之关系。岁月进行，新者亦相习而安矣。西人谓岁月为最大之革新家，谓革新事业，经过岁月，则自然成功。予谓岁月非能使旧者变新，不过能使新者变旧。新者既旧，则其习自成，惟其习既成，则其恶亦积，不可不以更新者代之。而社会之日趋于新，乃亦如岁月之进行，未常停滞。设此机能而偶有停滞焉，则其社会必至于沉衰而覆灭。风不行则空气浊，水不流则积潦腐，人身代谢之机能不畅，则老废物充积而疾病生，其理一也。

至个人之知识与情感，固根本于先天之禀赋，然社会之交际与学校之教育，亦能改变其气质。过者进之，不及者退之，虽不能全然消灭其特性，使斠若画一，如铸于一型之中，然使其程度相去不至甚远，固无不可。吾国民于社会交际素不讲求，致互相观摩之机会极少。学校教育既未普及，程度又复幼稚，训练人格，陶铸品性，仅为教育家之门面语，实际则相去尚远。故一般国民，具常识及圆满之性格者甚少，阴阳偏呲，悉成人性上之畸形，欲望其知识情感，渐渐齐一，殊为至难之事。惟人类在同一社会中，与水之同在一器中无异，器底加热，其已受热之分子与未受热之分子起对流作用，使器内之水热度相同，至全体得同等之高热度而后沸。人类之知识情感互相传播，亦复如是。记者纵览二十年之世变，觉今日之官吏商人军士，与戊戌以前者相比较，则其所得世界之知识与对于国家之情感，相去已不可道里计，是皆由少数维新之士所传播者。惟地广民众，欲使全体得同等之高热，尚须俟之岁月耳。且即使全体进步以后，国民之知识与情感，终不无所差池。故世界各国，虽于国民性之陶铸极为尽力，而常有急进与保守之二派互相对峙，各保平衡。吾国将来新旧两党，各各进步，则其结果亦必为急进与保守之二派。惟此二派之知识情感，当较之今日之新旧两派，大为接近耳。

若夫利欲与意气，则为人类恶劣之根性。将来社会日益进步，即未能将此等根性全行铲除，然必能大加抑制，则无可疑义。何则？徇利欲者，求利而适得害；任意气者，求胜而适得败。世界历史先例昭著，东西前哲已无不垂为训诫。吾国政治运动，至近年始臻剧烈。国民对于政治竞争之阅历未久，经验未深，故利欲与意气一遇可以暴发之机位，即乘间而入。视历史之先例，前哲之训诫，不肯轻于置信，必经若干人之实验，受若干次之惩罚而后，乃知具此劣根性者，决不能立于政治之舞台，则不得不勉自抑制矣。夫社会虽如何进步，思想之冲突，终不能免。有冲突而后有调和，进步之机括，实在于此。苟其国民有抑制利欲与意气之能力，则虽有冲突，亦不至为害于社会。惜吾今日之国民，尚未足以语此。果吾国民欲保其政治的独立于将来，则于抑制此劣性之道，不可不加以注意。记者以为吾国他日而果至于灭亡焉，则其灭亡之原因，决不在于维新，亦决不在于守旧，而在此利欲与意气之二弱点而已。

爱与争[*]

（1916）

爱与争，相对之名也。以普通之意义言之，则爱之性质，常属于善；争之性质，多属于恶。故世人喜言爱而讳言争，且以为爱则无争，争则不爱，惟爱可以息争，世间一切之争斗，皆当用爱以消弭之。故对于人类，则提倡博爱主义，以蕲世界之和平；对于国民，则提倡爱国主义，以固国家之统一。乃征之事实，则甚与其所期求者相反。远之若欧洲基督教诸国，昕夕孜孜，以宣布其博爱之福音，而大战经年，杀人盈野，曾不知其所底止。近之若吾中华民国，无上无下，咸曰爱国，甲既爱国，乙亦爱国，而互相冰炭，实不能容。牺牲以为国家者，几将以国家为牺牲。是皆至可骇怪之现状也，则吾人对于爱与争之关系，不能不加以研究而为之诠释矣。

考之哲学家之学说，则人类进化之要素有二：一为利己，一为利他。利己者，竞立争存，为己之生命而努力，争之因也。利他者，协力互助，为他之生命而努力，爱之本也。竞争之说，达尔文实唱道之；协助之说，达氏已开其端，后之学者，益光大其说。于是协助与竞争两说并峙，所谓"人类生活之网，以两种之丝结成之"者也。我国哲学，杨墨二氏各据一说，并峙数千年，两不相下，亦由于此。说者谓爱之与争虽相矛盾，而均为进化之要素。自然界之进化，成于矛盾之理法者居多。如求心力与离心力之对抗，实为宇宙进化之大法，固不必以矛盾而病之。但吾人研究爱与争之关系，则其因缘至为切密。其相为矛盾者，乃仅就现象而言，若其本体，实为同一：争即是爱，爱即是争；有爱即有争，无争即无爱。固不必讳争以为爱，亦不能援爱以息争。诠释斯

旨，则其调剂平衡之道，亦可以知矣。

夫利己为争，固无待言。人苟惟一己之福利是骛，则于他人之福利，自不复顾及。岂惟不顾，且侵夺之。于是他人亦以为自己福利之故，防止其侵夺。不但防止而已，且亦进而侵夺其福利。斯则争矣。然以斯为争，亦可以斯为爱。盖爱之最真最挚而为一切爱情之起始者，即为爱其自身。利己者，亦爱其自身而已。以爱自身之故，不能不与他人争。其爱愈真挚，其争亦愈剧烈。生物界中，以爱自己生命之故，于是乎有饮食之争；以爱自己继续的生命之故，于是乎有配偶之争。以自他之关系言为争，以各自之关系言即为爱。吾得就此而诠释之曰：利己为争，亦为爱也。

或曰：利己为争，利他则无争。牺牲自己以利他人，则吾自无与他人争，他人亦何为而与吾争？虽然，利己利他，特范围广狭之殊耳，其用爱犹是也，其为争亦犹是。爱他之范围，无论广至如何，必有其所及之界限，或爱其宗族，或爱其乡里，或爱其国家，或爱其民族。范围虽异，其有界限则同。界限一生，争端即启。野蛮酋长时代，以爱其宗族及乡里而起战争；近世文明时代，则以爱其国家及民族而起战争。爱之范围愈广，争之规模亦愈大。就令宗族、乡里、国家、民族之界限尽行撤除，而曰吾爱世界之和平，吾爱人类之自由，吾爱道德与信义，是则有形之界限固除，而无形之界限仍在。即不和平不自由不道德不信义者，仍在爱之范围以外也。历史上之宗教战争、文明战争以及近日欧洲之大战争，与吾国之革命战争，皆标揭和平自由道德信义之名，以与危害和平压迫自由破坏道德背弃信义者争，其争之范围，且较之有有形之界限者为广矣。总之，爱他云者，其所谓他，有界限耶？则有所爱亦有所不爱，以有所不爱而争，亦即以有所爱而争也。他而无界限也耶？则无所不爱，亦即无所为爱，以无所不爱而勿争，亦即以无所爱而勿争也。吾更得就此而诠释之曰：利他为爱，利他亦为争，与自利同也。

大凡人之生也，莫不有爱。甲之所爱，亦乙之所爱也。一丙也，甲既爱之，乙复爱之，甲乙二者，乃共争丙。争之起也，莫不由是。故争者何？争所爱也。爱名则争名，爱利则争利，爱好色则争好色。爱在是，争亦在是，爱之目的物即争之目的物也。推之而爱国家爱民族者，以国家民族为争之目的物；爱道德爱信义者，以道德信义为争之目的物。其争其爱，亦犹之名利与好色而已。夫以国家与民族为争之目的物，则其国家与民族必敝；以道德与信义为争之目的物，则其道德与信义亦危。呜呼！争果恶耶？亦既爱矣，乌得不争？爱果善耶？亦既争矣，何如勿爱？此吾人之所滋惑者也。

由前所述，则人苟有所爱，必有所争，此欧人所以有生存竞争之说也。如欲勿争，惟有勿爱，此释氏所以传爱根清净之旨也。然弱肉强食，既非人性所安；舍身饲虎，又非凡夫所愿。争既不可常，爱亦不能割，则奈之何？曰：欲弛其争，宜平其爱。例如名与利，人之所爱也，则有权利义务之制限焉；好色，人之所爱也，则有一夫一妇之规定焉。是皆所以裁制其爱，使不得充分以逾其量。爱不逾其量，虽不能持此以息天下之争，然争亦可稍辑矣。推斯道而行之，则爱国家爱民族爱道德爱信义，其当适如其量焉亦然。所谓量者，即使人人各得用其爱之谓也。我之爱固不可以不如人，而人之爱亦不可谓其不如我。是故他人之意见，不可不许其表白而容纳之；他人之罪过，不可不许其忏悔而原宥之。处事勿专，与他人以行爱之机会；疾恶勿甚，留他人以用爱之余地。勿充己之爱，以拒人之爱；勿张己之爱，以绝人之爱。平爱之道，如斯而已。《柳子厚传》郭橐驼曰：爱之太殷，则本性日离，虽曰爱之，其实害之。此言可反复思也。

罗兰夫人之言曰："自由自由，世间多少罪恶，皆假汝之名以行。"呜呼！今之人假爱之名以行其恶者多矣。多数之人，对于国家民族道德信义，曾漠然而不知爱也。惩于其爱之不及量者，乃思有以矫正之。若谓人之用爱于此，惟不及量之忧，而无逾量之虑，苟能用爱于此，则愈逾其量亦愈善。其说既昌，人乃得于爱之名义之下，极端发挥其意志，迫压他人之爱，以充足自己之爱。论其事实，则争而已矣。然彼不名为争而名为爱，以名为争，则非难者或来；名为爱，则可以肆行无忌也。彼欧洲各国之政治家，既以爱国家爱民族爱道德信义之美名驱全国之生灵，操至凶之战具，以实行其争殖民地争工商事业之野心。而我国政治家，亦日日揭此等之爱以示吾国人，一若彼既被此美名，则虽武断专制、巧伪谲诈，国人亦当忍受之；虽暴戾恣睢、扰乱秩序，国人亦当原谅之。夫彼等之爱，果出于真诚与否，吾不敢知。吾固不能谓彼等之争，实由爱之逾量而起。惜乎举国之人，犹迷信于爱之美名，使彼等得标爱以行其恶，假爱以障其恶。而其尤可惜者，如欧洲诸国之人民及吾国革命时代之志士，皆以爱情过热之故，牺牲生命，破坏资产，前仆后继，从事于战争，以殉其所爱。若而人者，人多钦之敬之，若不忍以爱逾其量为垢病。虽然，是岂人生之常轨，处世之正则也乎？

　　顾宁人曰："天下兴亡，匹夫匹妇与有责焉。"吾人为国家民族中之一个人，为以道德信义构成之社会中之一分子，则吾之对于国家民族与道德信义，宁有不爱之理？然吾所以致吾之爱者，亦只以一个人一分子之爱为止。吾负吾匹夫匹妇之责，他夫他妇之责，吾不可举而尽负之于吾之一身。吾治吾之室家，吾守吾之职业，吾不忘吾之本分，吾不负吾之良心。吾在吾国家民族上与道德信义上之功绩，不但不求胜于他人，且实无以有加于他人。功绩固不足言，吾惟望吾之罪恶不至较他人为甚。吾不愿流芳百世，吾亦不愿遗臭万年。吾之所以酬报国家民族与所以维持道德信义者，如斯而已矣。

论国音字母 *

（1916）

　　欲统一全国之语言，必自统一全国之读音始；欲统一全国之读音，必自设定标注读音之字母始。民国二年教育部开读音统一会，以公定国音字母为职志。当时会议情形，多以议政立法之普通集会方法为标准，稍不适于研究学术之性质。惟开会之后，尚不能谓其全无效果。三十九字母，既于此会中规定，且接字审音，而以规定之字母标注之。虽将来能否收统一读音之效，尚未可知，但即其所成就者而言，亦足备世人讲求声韵者之研究。惜当事者既未力谋其进行，且未尝公表其结果，良可惜也。

　　记者曩日曾躬与斯会，散会后屡欲以斯会之成绩及记者个人之意见，揭诸本志。经年未果，而会员江阴邢岛君，乃以《公定国音字母之概说》一篇投寄本社，即为录载，见本志第十卷第八号中，于会中成绩已举其概要。至记者个人意见，则经此次会议以后，而知吾国读音之所以不统一者，其重要之点，不外下列数端。

　　一、各省母音多寡不同，就其大系而言，约可区为二部。甲部有清音而无浊音，乙部则清浊显有区别。凡乙部读浊音之字，甲部大抵读以清音。惟读平声者，则较之读清音之平声，稍为延长，于是以清音之平声为上平，以清音之平声而稍延长者为下平，其读上去者与清音全无区别。北京音属甲部，江浙音属乙部，其余或属甲，或属乙，或出入于二者之间。

　　例如"通"，清音也；"同"，浊音也。北京人读"同"如"通"，惟其音稍延长而为"通"之下平声。若读上去声者，则全无区别，江浙人"通"、"同"别为二音，平、上、去、入皆然。

---

　　* 《东方杂志》第 13 卷第 5 号，1916 年 5 月，署名伧父。

二、舌上音、齿头音、正齿音三部，有区分明晰者，有仅能辨二部者，有全合为一部者。

例如"之"、"资"、"支"三音，或全然有别，或仅别为二，或全合为一。

三、半舌半齿音，有明晰者，有不能发此音而混入于他母者。

例如日母之字，江浙人多混入禅母或邪母，若欲强其作半舌半齿音，几为不可能之事。

四、四声之别有明晰者，有缺入声者，有分上平、下平者，有分五声、八声、九声者。其八声、九声之别，殆合清浊音之四声而成。

五、各省读音之异，由于声母之不同者尚少，由于韵母之不同者居多。如 A、E、O 三母，有分为高中低三韵者，有分为高低二韵者，有混合为一韵者。

六、向来韵分四呼，即开口呼、齐齿呼、合口呼、撮口呼是也。但有一韵分为四呼者，有二韵三韵四韵配为四呼者。于是一部之人以"江"与"阳"，"东"与"庚"、"青"、"蒸"，"元"与"寒"、"删"、"先"，"文"与"真"、"侵"皆以为同韵而异呼，一部分之人则不认为同韵。

以上六事为我国方音大体上之差异，读音统一会对于上列诸问题有详加研究者，有不甚注意者。就其结果而言，则对于上列问题，其解决如下。

关于第一问题者。会中对此问题，讨论最多，其结果则声母皆读清音，其读浊音者，则附加记号。

关于第二、第三问题者。去舌上音之知澈澄娘诸母，而齿头音之精清心诸母，正齿音之照穿审诸母，及半舌半齿之日母，依旧存留。

关于第四问题者。依旧法分四声。

关于第五问题者。A 之高音与 O 之高音合为一韵，A 之低音为一韵，E 之高音为一韵，E 之低音与 I、U、Ü 合为一韵，O 之低音为一韵，大致与向来之十二摄相同，惟𬌗与赅摄并合而已。

关于第六问题者。定 I、U、Ü 为各呼中之介音，然仍依旧时之法，以异韵相混合。

记者个人意见，以为欲统一读音而设定字母，则此字母之音，必使全国之人皆能读之，故必取全国皆有之音以为准。若其音为某处所无，则强其发此音，在势为不可能，即孟子所谓日挞而不可得者。故凡甲有而乙无，甲分而乙合者，宜从乙勿从甲。依此主张，则浊音之诸母固可去，即齿头音之诸母，半舌半齿之日母亦宜去之。而四声之入声，可并于他三声中。A、E、O之高音低音，亦可并合。但如是则声母韵母简单过甚，在研究声韵之学者，自必不以为然。会中所定，未始非折中之道，惟会中于异韵之普，依呼法混为一韵，记者殊未满意。记者以为每韵分四呼，若甲韵之一种呼音，有一部分之人，不甚明晰，而混入乙韵者，宜缺甲韵之某呼，不可将乙韵并入甲韵，如阳庚韵之合口呼与江东韵混合者。宁缺阳庚韵之各口呼，而勿使江并于阳，东并于庚，以明韵之条理。兹以记者个人意见，表示如下。

K 该	K' 开	H 海平声	NG 呆
T 堆	T' 台	L 来	N 内平声
P 悲	P' 坯	F 灰	M 梅
HC 饥	HC' 溪	HS 希	GN 疑
TS 赀	TS' 此	S 思	R 日平声
GH 之	GH' 鸥	SH 诗	

右声母二十有三，依会中所定，以西文标记之，删去 V 母。此母若非 F 之合口呼，即近于 F 而可并合者也。此西文与声母之对照，亦会中所定，可与邢岛君《国音字母概说》参看，惟次序稍异。

V 以	W 乌	Ü 迂

右介音三，亦会中所定，但改 I 为 V，为齐齿呼之介音；改 U 为 W，为合口呼之介音；以 I、U 用于韵中，作开口呼也；Ü 为撮口呼之介音。

A 丫高音	E 畏开口呼高音	O 阿高音	U 乌开口呼
AI 哀低音	EI 也开口呼低音	I 衣开口呼	Ô 低音
I 迂开口呼	ANG 罂阳韵	ENG 哼庚韵	ONG 盎江韵
ÛNG 翁开口呼	AN 安删韵	EN 庵先韵	IN 恩真韵
ON 钻穿等韵元韵 ON 尊村等韵		AU 懊	EU 欧

右韵母二十，照会中所定者增五韵，此等增加之韵，在会中本以介音连于他韵，以为其韵中之一种呼法者也。又去一韵，因儿而耳等，止有一音可单用一 R 母代之。

AK 罂入声	EK 哼入声	OK 盎入声	UK 翁入声
AP 压	IT 恩入声	ÔT 卒撮等韵	

右入声韵七，其上去声则于韵中作记号可也。至会中所列字母之笔画，以最简单之独体汉字，取其双声，用为韵母；取其叠韵，用为声母。

以示述而不作之意。此等字母，用于吾国文字中，不至破向来沿习之体例，自不可省。会中又于此等字母之外，定对照西文之字母，则专用切音以记录文字语言者，亦可用之。惟其所对照之西文字母拘泥西文固有之音，不稍变换，而仍杂取英、法、拉丁之音，亦非纯粹采用某国或某种之拼法。记者个人意见，以为与其拘泥西音而仍不免于驳杂，何如略加改变。故于韵母中虽用西文字母拼合，但皆从发音之系统上合之，不必尽与西文拼法合也。总之，第一次之读音统一会，为我国统一语言制作标音字母之创始，将来或由政府提倡，或由私人研究，继续进行，则达其目的，亦不难也。

私人之研究音韵，制作标音文字者，不下数百家，其用力最久而最勤者，当推卢君戆章。卢君，居厦门鼓浪屿，孜孜于声韵之学者殆三十余年，奔走南北，以考察方言，推广其标音字母。其标音字母，取单简之笔画，而以一声母与一韵母构成一音。惟其声母则记于韵母之四隅，即以声母所在之地位表示平仄。在左下者为上平，在左上者为上声，在右上为下平，在右下为去声及入声，而入声则加"·"以别于去声。标音字中，笔画之简单殆无出其右者。然笔画过简之文字，记忆及辨别往往较难。故标音文字之最合于理想者，当推邢岛君所作之新汉文。其字母即取诸罗马字母，而更采希腊文以补之。间有不足，则更采及日本假名、朝鲜字母、回文等。较之读音统一会所定之对照西文字母，较为单简。其最合于理想者，则标音之前，另有一字母以表义，如天文、地文、地质、地理、人种、伦理、生理、人造物、动植矿物、药品等名词，及虚字动词形容词之类，各定一字母以为记号，深合于吾国形声之义。盖吾国制作文字，本于六书。六书之中，形声居多。一旁标音，一旁表义。其构造之方法，本为最善，惜声音递变，其标音之偏旁，仅为类似之音，而不能正确名物之分类，又不详尽。其表义之偏旁，条理未明，果能理而董之，使标音正确，表义者亦依科学上取类之法，条理详明，则实为人类理想上最适宜之文字矣。邢岛君冥心独往，既构此新汉文，且设国文社，集同志以推广之。盖慨然有俄国才梦荷 Zamenhof 博士创行世界语之志焉。惜天不假年，赍志以没，遗著仅以誊写版印刷，未有刊本，殊可悼矣。又近闻北京王璞君在京设注音字母传习所，用会中注音字母教授。其推广之热心，令人钦佩。近见其讲义，仍不用浊音而用下平声。盖王君所教授者为京音，故仍用旧法也。卢、邢、王三君，皆读音统一会会员，因论国音字母，附记三君之概略。盖专心壹志研究声韵之学如三君者，亦会员中之仅见者也。

陆先生应麟传 *

(1916)

先生名鹤，字应麟，以字行。清同治四年，生于江苏南汇县之横沔镇。家贫，幼读书乡塾。未三年废学，业于药肆，不成，改业席，又不成，惟好作画读小说不辍。年二十，始悔失学，复入塾读书二年，出课徒于乡里。未几丧父，贫益甚，至周浦镇，设塾课徒，而自从学于周浦赵氏塾师闵先生。闵先生器之，且怜其贫，致脩脯辄返之，令购书。先生乃至上海购理化工艺算术天文医药农艺诸译籍归，穷日力治之，而尤笃志于化学。收集材料，以供实验，制铁酒等药剂，鬻诸市为实验资。赵君楚惟，从闵先生于塾中，为先生同学，夙相契，常佐先生实验，且出资购摄影镜及器械药品等，与先生共之。先生致力益甚，暇则以工艺农艺诸新法告诸乡人。乡人见其贫不能给饔飧，而所言所行，复奇诡不可解，则以为骇而揶揄之。同学为先生愤愤抱不平，劝先生应试，博功名以间执揶揄者之口。先生戏从之，遂补郡庠生。乡人以是稍稍知先生，信先生言者亦众矣。光绪戊戌，变法议起，士大夫渐有言新学者，先生之名，乃闻于时。会江南机器制造局设工艺学堂，延先生为助教。制造局者，国内最大之兵工制造场，译西籍颇富，储机器及工业材料甚多。先生居局中数年，所学益进，自后遂为学校教师，教授物理化学。若上海王氏育材书塾、湖州浔溪公学、湖州中学、杭州府中学、浙江高等学堂，皆延先生任教职。光绪戊申，任云南师范学校教师，遵陆入滇，居滇一年，以风土不习，恚甚，辞归。归而病作，患痹麻，制药自疗，半年愈，遂居家不复出。乡人公举之为县议会议员、县农会副会长、县教育会议员。欧战起，输入工艺品价陡涨。先生招同志集资本，置器

---

* 《学生杂志》第 3 卷第 5 号，1916 年 5 月，署名杜亚泉。

械，求原料，从事于化学制造，制原药数种，输于日本，日商与订约承购。既获利，复事扩充。民国四年冬，为以脱灼伤左手及右面部，病一月治愈。五年春，在室外隙地制药，患感冒，续发肋膜炎。是年三月十六日卒于家，年五十有二。亚泉于光绪庚子年识先生于上海。后数年，先生遭母丧，往吊，造先生之庐，茅茨土壁，与鸡埘豚圈相杂，朽旧倾侧之板几上，覆以报纸，置最新之仪器。稚子裋褐赤足奔走，类农奴。与之谈科学，辄娓娓不倦，且取仪器以证之。亚泉喟然而叹，以谓人类精神之进化，固非境遇所能阻遏也，吾人所居，乡国物质，境遇虽不及欧美，而精神可以突过之亦如是矣。亚泉又于是年识镇海钟先生观光。钟先生之治化学也，笃志一如先生。近年江浙之间从事化学工业，及仪器标本制造业者，非钟先生之同学或同乡里之人，则先生之同学或同乡里之人也，其关系可以知矣。先生殁后，其同学及同乡里者为之开悼会于潢泂小学校，述其生平事实，告之亚泉。亚泉乃为之传，以勖世之笃志于学而厄于境遇如先生者。

力之调节 *
（1916）

宇宙间发生种种之现象，无不有力之存在。不特有形之物质变动离合受力之支配也，即无形之事功成败举废，亦莫不由力之作用。政治隆替，国家兴亡，悉缘于此。故欲薪国家之强盛，政治之修明，则人民对于国家政治上，不可不有自由活动之能力，且不可不有强健之活动能力。此根本之原则，当然而不可缺者也。

顾力既强健矣，苟或庞然杂出，凌躐无序，用力之方法既不同途，致力之鹄的又不一揆，此起彼灭，无协互之功能，甲拒乙迎，乏齐同之步骤，则力虽强健，终难施之实用。且力愈强，则其自相牵掣自相冲突亦愈甚，此盖未尝调节之故也。是故人民之政治力，第一当求其健强，第二当求其调节。更进一步言，则能节斯健，惟调乃强。不调节之健强，败事有余，成事不足。二者实不能强分先后，虽谓二者当相丽而存，相剂为用，亦无不可也。吾国承数千年之专制，民力至为薄弱，政治上之势力，殆全属于施治之方面，虽有不胜政治之逼压，出而反抗，结成一种强力以推翻政府者，然事成之后，即取政府而代之，且以曩日所受于政府者，还而施诸人民。是则所谓人民之政治力者，不过假之以为取得政权之器械，政权取得之后，即为无形之消灭。求其能永久保存于人民方面，当然为人民应有之权利，得以任意使用以为政治上之活动者，未之有也。自欧美学说输入以来，民力始稍稍发展，未几而立宪，又未几而革命，于是此政治力乃得公然使用于民间。人民各得贡献其意志，拓展其能力，以参与国家之大事，宜若可以群策群力，相安而理矣。然效果适得其反。论者或谓历史习惯之不宜，或谓人民程度之未

---

* 《东方杂志》第 13 卷第 6 号，1916 年 6 月，署名高劳。

至，又有谓久受压制之国民，一旦予以参政之权利，必不能善为使用者。凡此诸端，均非中肯之断语。若究其弊之所在，则亦未知调节之道而已。

力之必当调节，可以机械之理说明之。机械之运用也，固赖原动力之牵引。然必轮齿含接，干轴贯联，交相约束，互为裁制，节其力之过巨者，调其力之不均者，夫而后力之所向，悉如夫意之所期，成物利用，不竭不匮。不然者，原动力虽如何强大，而轮与轮不密镕，轴与轴不停匀，无节制机以执其中，无操纵轮以均其势，未有不偾事肇祸者也。政治之力何独不然？虽然，政府之政治力，因势专而调节较易；人民之政治力，则势散而调节弥难。故言乎调节，在人民方面尤为重要。辛壬以还，全国政争纷纭俶扰，保守进取，各不相谋，激烈平和，互持一义，亦既极离奇变幻之致矣，然犹得谓政见不同，不妨各行其是也。然而同一政见之中，亦复参差百出。甲主协进，而乙独孤行；丙欲南辕，而丁乃北辙。军人各逞血气之勇，国会滥行弹劾之权，能发而不能收，知张而不知弛。凡此皆革命后所屡见欲讳之而无可讳者也。虽失败之余，国民已稍省悟，惩前毖后，渐知从事于调和。年来一切进行，已不似从前之轻率，其或发生龃龉，每有一二明达调停补救于其间，此征诸近事而可信者。然而内部之波澜终难尽绝，本源之矛盾迄未蠲除，循此不变，则曩日之纷扰不难复见于今日。就令补苴罅漏，排解得人，亦仅保持现状而止。而有用之精力，半消磨于此扶偏救弊之中，尚安望其力之发展也耶？

然则调节之道当奈何？曰：是非从根本纠正不可。若待力之已生抵触，而始张皇补救，则事倍功半，为效至微。根本何在？

一在意思。意思者，力之发源地也。人类一切势力无不由意思所造成。故欲得纯粹之势力，不可不有纯粹之意思。而欲得纯粹之意思，则必以国民教育为前提。此治本之策，非经数十年之陶铸不为功，目前不足以语此，计惟有急则治标，去其至不纯粹者，使之稍即于纯粹而已。大抵意思之驳杂，缘于知识经历之差殊，感情欲望之歧异，而以后二者之影响为尤多。盖知识经历，纵有高下深浅之不同，而大端决不相戾，即有扞格，尚易融和。独至欲望感情，则尽人而异，且以欲望感情之故，宗旨可以屡易，事理可以混淆，万别千殊，几难梳理。年来国事之泯棼，多缘于是。是则抑除感情，裁制欲望，实吾人所当猛省者矣。虽不能绝感情而不用，然勿逞意气而走于极端，虽不能遏欲望使不生，然勿因私利而酿成巨害。时时存一惩忿窒欲之念以顾及大局之安危，则意思纵未得完全纯粹，而其足以为意思之障害，固已杀厥大半矣。

其二曰地位。今国中所以言庞事杂阻力横生者，非尽由事实之凿枘也，实由地位而生差异。地位所在，每足以淆乱事实而颠倒是非。事实之所是，而地位不便，则或斥之以为非；事实之所非，而地位可安，则且认之以为是。且其力之所向，又每随地位而转移。昨日所拥护，今日可出而阻挠；今日所赞同，明日可出而反对。玄黄靡定，向背无常，一言蔽之，各私其地位而已。不知吾侪个人之私地位固各有不同，而吾侪公共之地位，则未尝有异。同为中国之分子，同随中国之强弱以为安危，公之云亡，私于何有？故吾人而欲求其地位之巩固，不可不牺牲其私有之地位，或贬损其一部分，以谋公共之安宁。盖未有大体不存，而小体犹能存在者也。此又吾人所宜觉悟而亟为改度者也。

顾或谓政治进行，全赖对抗力之作用。有某种之势力，必有他种之势力以相与抗衡；有此方之主张，须有彼方之主张以隐为对待。故政柄无虞偏重，而强权者不得滥用其权，举凡专制骄横之弊，用以消灭。且公理以相持而益显，权力亦以相竞而愈平，欧美政象所以能常保均势不至畸轻畸重者，皆政党对抗之结果也。若谓力之必当调节，是则消除对抗使归一致，毋乃有背政治之原理乎？应之曰，不然。调节云者，乃就各方之内部言之也。盖欲对外而行其对抗，必先对内而施其调节。譬诸两军对垒，必步伐整肃，号令严明，然后可以交战。若不先事调节而遽言对抗，是驱无部勒之士卒，未教练之军队，使之冲锋陷阵，未有不双方交敝，两败俱伤者也。是调节者，所以养成有秩序之对抗，使之悉遵正轨，不为无意识之交哄而已。抑政治之意见，既不能尽人皆同，则对抗力之发生，乃政局自然之产物。然苟各树一帜，人自为谋，分为无数之团体，相互角逐，则是野蛮部落之纷争，而非政治文明之对抗。故必去其小异以即于大同，绝其歧趋以纳于统系，使多数不轨则之涣散力，合而为有条理之团结力，以成旗鼓相当工力悉敌之对抗，是又调节之效果也。要之，调节之有裨于对抗，一在养成对抗之秩序，一在造成对抗之形势，夫而后可立平民政治之基础，可树政党对峙之模型，固相因而不相背者矣。

且调节之事，不仅行之于己方之内部而已，又当间接施诸对抗之彼方，以尽调剂协助之用。盖政治为国内之行动，与国际之对外不同。国际对外之竞争，则但求己方之调节足以制胜而止，彼方之调节与否，非所问也，且愈不调节，愈足为此方之利。若国内之政治对抗，则不能适用此例。虽政见不无抵触，而利害则互相关联。若彼方抵御之力与此方发出之力不相适应，又此方之力指臂相联，而彼方之力参差失序，则无以收攻错之效，亦非政治之福。故广义之调节，当人己两方同一注意。遇有他力失其均衡或过强过弱之际，则宜曲予顾全善为迎受，不然，胜之不武，不胜，则操戈同室，所伤实多。即如政党对峙，固以扩张党势、排遏异己为主旨，然兼顾反对党之情感，缓和反对之意气，亦为大政治家所必具之手腕。盖消弭彼方之机杼，即所以维持己方之平和；增高彼方之程度，即所以排除己方之障碍。其响应固有必至者也。

嗟乎！国危矣。吾人推诚提挈，并力进行，犹恐不济，而乃各持褊见，各图私利，争胜负于此鸡虫得失之间，挟其不联结不融和之涣散势力以与他力竞。成败姑不问，即此卤莽灭裂之现象，其不为国利民福，固无待言。况乎力之培养至不易易，必经内部之蕴蓄与外部之刺激而始得发见。苟不知调节而轻于一试，则挫折摧残失其半，颓废消沉失其半，其不澌灭就尽者几何耶？愿吾人之各爱其力而善为使用也。

天意与民意 *

（1916）

《书》曰：天视自我民视，天听自我民听。《左氏传》曰：民之所欲，天必从之。天者何？非指苍苍之积气与浩浩之空间也。以宗教之信仰言之曰上帝，以科学之理解言之曰自然，天即此等观念之代表耳。天有意耶？曰有。天之有意，微特宗教家信之，即科学家亦无异言。所谓"自然之意志"者，固今日哲学家、生物学家、物理学家所竭力以研究之者也。然则天意与民意之关系若何？有谓民意即天意者，是无异谓天无意，而以民意代表之也。既谓天有意，则天意自天意，民意自民意，不能即以民意为天意也。然则天意与民意之关系果若何？

吾人欲于国家政治上研究天意与民意之关系，可就个人生理上以得其印证之资料。以国家之欲保其生命而遂其发达，与个人之欲保其生命而遂其成长，初无二理焉。个人之生也，有加害于其生命者，如发疾病或遇危险时，其保障生命之作用有二：一为意识作用，即借知能之力，疗治其疾病，除去其危险者是也；一为无意识作用，即不借知能之力，而由本能疗治其疾病，除去其危险者是也。今试有人于此，患痈疽，发高热，毒脓充积于病灶，霉菌蔓延于血液，乃求药饵，施刀圭，欲割其痈疽而不堪痛楚，欲泻其血液而又防虚脱，狼狈周章，不知所为。忽焉其痈自溃，其脓自泄，其热乃渐退，其病机乃大转。此何以故？以生理学言之，则固其人之本能有以致此。

吾人平日借知能以保其生。然当急迫危难之时，知能不及施，则本能常骤然发现。例如飞沙触目，则眼睑忽合；瓦沙落于头上，则急伸手以障之。诸如此类，皆为本能。可知吾人之生，赖于知能者固多，而赖

---

* 《东方杂志》第 13 卷第 7 号，1916 年 7 月，署名伧父。

于本能者，亦复不少。至人类以下之动物，其知能不及吾人，而本能则较吾人为发达。蜘蛛何以能结网？蜂蚁何以能集社？试一考动物学中所记载之事实，则凡关于求食御害传种育卵者，无在非本能之作用。更推而论之，则一切生物，其机官之发达，生态之变迁，悉为本能之所发展，而非出于知能作用者。然则生物之维持生命，实依赖于本能固无可疑也。

本能之作用，既在知能范围以外，故庸众之人，常习而忘之。然有时忽认知此作用之存在，则又觉其奇妙不可思议。在科学未明时代固不能不惊服造化之神奇，而推其作用之本，源于天意。科学渐兴，乃以进化论说明之。然进化论之根据，仍不外乎本能。必生物自有变异之本能，而后能现适应之形质，而后能施淘汰于其不适应者。故本能之奇妙不可思议，仍非进化论所能解释，哲学家乃以自然意志解说之。夫自然意志云者，非即天意之谓乎？庸众人之解释与哲学家之解释，究竟仍归于一致，惟解释之内容，有简单与繁复之不同耳。以自然意志解释本能之由来，则生物之自然意志即为生命之意志，以生命乃自然所赋与也，此意志常向于生之方面发展。人类及高等动物之知能，亦此意志发展之一方面，而其他一方面，则发展为本能。知能为显现之生命意志，而本能为潜在之生命意志。盖吾人欲生之生命意志，平时虽显现于意识而为知能，然在睡梦中，或因他故而意识消灭时，此欲生之生命意志依然潜在，故此时仍有保障生命之本能也。知能与本能之差别，则本能为普遍的，而知能则非普遍的。即动物体内之一机官一细胞，无不具有生命之意志，此普遍之意志，即为本能。故局部受创伤，则局部之组织即增殖新细胞以愈合之；血液有毒素，则血液之成分即发生抗毒素以消灭之。若夫知能，非一机官一细胞所能具也。又知能为机械的，而本能则非机械的。故吾人之知能虽甚发展，能作为耒耜刀匕以求食，作为弧矢枪炮以御害，而于有机体之作用，则不能增损其毫末。本能不然。试征诸动物，其求食也，或具锐敏之感官，或具特异之口器；其御害也，或具锐利之爪牙，或具坚厚之鳞甲，或备毒液螫刺之类。盖其机体为生命意志之所迫，发生此奇妙之器官，决非吾人之知能所可以机械制作者也。是以本能虽为生命意志发展之一方面，而生命意志之奇妙不可思议，实可于本能中认知之。

个人有个人之生命意志，国家亦有国家之生命意志，此意志之显现者曰民意。政治宜如何改革，法律宜如何制定，国利民福如何发展，内乱外侮如何防止，凡经国民之思考议论，定其主旨，而见诸施行者，皆民意也。国家有此民意，即国民之知能作用，与个人之有知能作用相当。然国家固尚有潜在的生命意志，发展为本能作用，与个人之本能作用相当者。当国家危难急迫之时，此本能骤然发见。如法国在一四九二年时为英所破，领土尽失，若安达克（Jeanne d'Arc）一弱女子，忽崛起而解奥尔良之围，屡败英兵，遂抒〔纾〕法难。又如德意志民族、意大利民族，当分崩离析之秋，而忽有威廉一世、意曼纽二世及毕士麦、嘉富尔之徒建统一之大业。冥冥之中，若有启牖之而呵护之者。即如我国，辛亥革命运动之成功，与夫此次帝政运动之消灭，虽曰民意，而事态之变迁与时机之辐辏，均有人力不至于此之感。是皆国家之本能作用，有以致此也。国家本能之性质，亦与个人之本能无殊。一为普遍的，即发于国民内各个人心理上之直觉；一为非机械的，即其作用奇妙不可思议，而非武力智巧及其他之机械力所能及。大都普通之意义所谓国命、国运、国脉者，即指此本能而言。

然则天意与民意之关系果若何？曰：广义之天意，包含民意在内；狭义之天意，则与民意为对待。何谓广义？即天意者，自然之意志也。知能作用及本能作用，均为自然的生命意志所发展。或者以知能作用主于吾人，非如本能作用之不由自主。故本能为自然的，而知能非自然的。不知知能之发展，亦由迫于欲生之一念而来，且决非可以自主（哲学家有反驳意志自由之说），其为自然的与本能无异。以此推之，可知国家之知能作用及本能作用，无非天意，而民意即在天意之包涵中，此广义之说也。何谓狭义？即天意者，不显现于人类意识中之自然意志也。其显现于人类意识中者为民意，然尚有不显现于人类意识中而为人类所认知者，更足为天意存在之证明，此狭义之说也。以广义言，则民意亦天意，反背民意者即为违逆天意。以狭义言，则民意之外，尚有天意。故凡运动选举以制多数于议院者，及威迫利诱以制造民意者，虽能使一时之民意陷于迷乱，而天意终不能假托也。

集权与分权 *

（1916）

自民国二年赣宁事变以后，中央政府欲施行集权政治。分划道区，设置道尹，以辖各县，为地方之高级机关。而从来为集权障碍之省区，则欲变其地方性质为中央性质，改民政长为巡按使，巡行各属，使其性质不过为中央政府派出之视察官。又设置国税厅于各省，使其为财政部征收国税之一出张所。撤消省议会，尤为使省区失其地方性质之重要关键。又从前各省皆自编练军队，辛亥革命以后，此等军队之地方性质，益复明了，地方得置军队，事实上已近于联邦，与集权政治绝不相容。故撤消都督，设督理军务之将军。其本意亦在收各省之军队为国家之军队，而以将军为军队驻在地之最高级军官。此等设置，无非集权政策之表现。然施行之结果，不但无裨于集权，而且分权益甚。就近半年内之事变观之，自明此事变中各省之现象几与联邦无异。集权政策之效果何以至于如此，推其原因：一由于政府之集权政策无贯彻之之精神。故除张更名目以外，事实上悉为惰性（即惯性）所中，将军巡按使之职权仍与前清之总督巡抚无大异。二则由于极端之集权决不能实现。苟非有相当之分权，则集权亦自然消灭也。盖集权与分权以相对而存立，必有分权于地方者，而后其集权于中央者乃得超然于地方性质之外。若一切集权于中央，不使有地方分权者存在，则中央性质与地方性质，仍含混不明，地方性质转得窜入于中央政务中以益张其势力。我国历史上帝皇专制，孰不尽心力于集权，而各省地方常得于专制政治之下养成地方势力，以酿尾大不掉之患者，皆由此也。

近半年内之事变，固由帝制运动而起，与分权集权之问题无所关系。然经此次事变以后，集权政策将因之顿挫，分权势力将因之膨胀，

---

* 《东方杂志》第 13 卷第 7、8 号，1916 年 7、8 月，署名伧父。

殆无疑义。但就我国之现势而言，极端之集权，固属不能；极端之分权，亦为不可。则以分权太甚，对外之势力益弱，且各省之间难保不发生冲突，至破坏国家之统一也。况现今所谓地方分权者，论其实际，尚不能谓之地方分权，只能谓之个人专权于地方而已。试就现时之军队而言，其国家性质，固不如地方性质之明了，然以是为地方的军队亦殊非是，实际则个人的军队也。我国今日之政治既不循常轨而行，故国家与地方悉成为个人性质，所谓集权者，无非集权于个人，使得专制于中央而发生帝政；所谓分权者，亦无非分权于个人，使得跋扈于地方而形成藩镇。二者皆足以危害国家贻患地方。今日借个人分权之势力以去个人之集权，即帝政不至发生，而藩镇已隐然成立。此等个人势力将来能否取而还之于国家，或归之于地方。不能不质之于个人之道德问题。是尤今日主张分权者之所宜注意者也。

以上所述，系表明集权与分权皆不可以过甚，则不可不于二者之间取相当之标准。依吾人之意见，行政事务，宜分为甲、乙、丙三项。甲为中央政府直辖之政务，即军事、外交及交通是也。此数者，全由中央直辖，不分配于地方官厅。乙为中央政府与地方官厅分担之政务，即警察、司法及财政是也。警察与司法配置于各地方，财政由地方征收，故不能不使地方官厅分担之。然其枢纽全握于中央，高级事务由中央主管，其余各级事务由地方官厅分辖。丙为地方人民自治之政务，即教育、实业及道路、桥梁、水利、户口、清丈、卫生、团防、救火等公益事务，即内务中之不含警察性质者，皆归地方自治团体办理。是三项者，甲、乙皆国家行政，丙为地方行政。甲取集权主义，乙、丙皆分权主义。甲及乙之一部属中央政府主管者，为中央统治；乙之一部属地方官分辖者，为地方官治。丙为地方自治。列表如下。

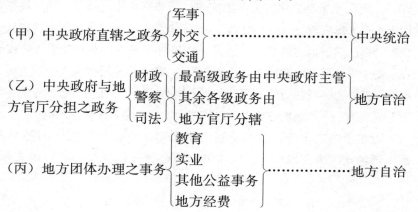

以上三项分别之理由，在中央政府则使实行减政主义。将教育、实业及其他公益事务均归地方团体自行办理，可减去一部分之责任。财政、司法、警察、中央仅主管其最高级之政务。而以军事、外交及交通三者，归中央政府直辖。苟中央政府能实行，其职权则对外可以保持国势，对内亦可以维持统一。在地方官厅仅分辖财政、司法、警察中一级之政务，职权既不至膨大，事务亦不至繁冗。且警察、司法二者皆有强制性质，属之于地方，则对于中央有调节之作用，使中央政府不必专心于对内。归之于官治，则对于人民有保安之作用，使地方团体不至滥用其职权。至教育、实业及其他公益事务，悉归地方团体举办。自治权即甚膨大，然皆属助长性质，决无妨害国家统一，或损害人民自由之虑，吾国地大民众，各处风土民情甚不一致，公益事务由中央政府为之代谋，必不适切，即地方官吏亦仅顾当局之考成，何暇谋人民之公益。现当此时局，中央政府及地方官厅应顾之方面甚多，对于公益事务几不遑计。及虚设机关纷立规程，徒增手续生牵掣耳，故不如尽归之自治，使多数人民得以自舒其政见，各地方互相竞争，互相则效，则其进步必速。政府及官厅但征其报告，察其成绩，其歧异错杂者为之齐一，纷扰冲突者使之整饬而已。又此等公益事务，政府亦可择要举行以补助地方团体，即所谓助长行政与地方公益并行，不悖各自为政，不必更为上下级之区分。大抵自治不发达之处，则助长行政，自不能不注意；若自治发达之区域，尽可听自治团体举办，政府以守减政主义为宜。中央统治之政务既限于甲项及乙项之最高级，则政府之组织，可较现时稍为单简。今将中央政府应设置之各部及其统治事务，列表如下。

国务院
外交部	直辖外交事务，驻外之公使、领事及分派各地方之交涉员，均隶于本部。
陆军部	直辖陆军事务，驻在各地方之军队及军事机关，均隶于本部。但警备属于警察范围，不归本部直辖。
海军部	直辖海军事务。
财政部	主管国家财政，惟地方经费，归地方自治。
内务部	主管京畿警察事务及中央政府所举办之助长行政，监督地方官厅分辖之警察事务及地方自治事务。
司法部	主管最高级法院之司法行政，监督地方官厅分辖之司法行政。

关于甲项，由中央政府直辖之政务，当取集权主义，就中自以军事

集权为最要。据现时国情，则此主义之实行甚难，然欲谋国内之和平，维国际之地位，则此主义又不容惝置。今后所宜注意者：一、军队宜屯驻于要塞，不宜屯驻于都市及其附近之地。都市治安当由警察保持，非至警察之力不能保持不得已而宣告戒严时，不宜调军队入都市。二、师团、旅团以师长、旅长统之，直隶于陆军部，不别设将军镇守。使军官中之勋高望重富有学识及经验者，于国家有事时则出为统帅，无事则解除兵柄，安居邸第，研究战术，讨论国防，备当局之谘问，各国名将无不如是。故师长以上之统帅宜临时任命，不宜常设。三、军人不得干预政治，为世界通例。我国近来遇有政治问题，辄由中央通电各省军巡，征其意见，或由各省军巡自行通电发表。不知文武官吏各有职司，职司以内固有当然之权限。若于职司以外发表意见，以理论之，其价值与一平民何异？国家之政治问题，政府欲征求意见，惟有取决于国会；官吏欲发表意见，亦惟有以个人资格请愿于国会而已。若误视官吏个人之意见为代表地方之意见，一方面视官吏为地方的，一方面又视地方为个人的，政象之紊乱莫甚于此。现时事变未平，政治多不循常轨，将来国会成立，宪法发布以后，不但军人干政绝对不许，即其他官吏，亦不能越职言事。个人依法律有言论之自由，机关非人格，无意思可发表。四、宜养成统一资格。师长、旅长在某师某旅任职经若干时后，当更调之，令在他师他旅任职，以广其经验。必经历数师数旅，方可进级。务使一师一旅中，可以任统率者，不至限于少数之人。一师长一旅长可以被其统率之军队，不至限于某师某旅。五、革命以后现役兵陡增，军费过大，宜减少而精练之，惟裁撤遣散致令流亡失业，亦非国家之福，宜就军队中分别挑选，其通识文义勤慎奉公者，如年在三十以内未有妻室，可留充现役军人，另行编练；三十以上及已娶妻室者，改编警备队，任地方警备之事。我国现时警备之力，尚甚单薄，盗贼横行，编练警备亟不可缓。其余不合格者，如本有职业，则给资遣归；无职业者，或发往西北给地垦田，或充矿丁设法安插。六、近世列强多行征兵制，常备兵额辄数百万。我国幅员广大，不能不备相当之兵力。若专赖佣兵，縻饷甚巨，宜兼行征兵。征兵之法，宜从中上等社会入手。我国中上等社会文弱而无武力，佣雇之兵役，下等苦力居多。此等苦力本无程度之可言，又无身家之关系，一有事变，风纪之维持甚难，中上等社会徒受其蹂躏而无法防御。且武力为重要国权之一，落于此辈之手，则国家安有治安之望？故挽救中国，务在征兵。而征兵之程度必须甚高，制限必须甚严。须有中学相当之学绩及中人以上之资产者，方可入伍。入伍后不给薪饷，且须严守规律。或谓如此制限，应征者将绝无其人。然苟倡导得宜，国民亦自能奋起。试观上海万国商团中，中国高等商人之入伍者颇多。又上海学校组织童子军，于修业时间以外为军事演习，其宗旨在发达其体力，训练其道德，熟习其技能。绅富子弟，亦多入伍。如能谨慎将事，使此种风气渐布于全国，则国民卫国之精神可以表现，而政治上、社会上种种罪恶。且不敢发生，盖此等罪恶之发生，实由多数国民不具武力，任少数人之专权擅利而不敢诘难也。故欲使中国成为真正之共和国家，必使优秀之人民具有防御之实力，而军事之改良亦当以此为根本之计画焉。

关于乙项由中央政府与地方官厅分担之政务，在明定其职务之区画。故地方官制，究以如何为宜，不可不先行研究。现行制度为省道县三级，有谓宜废省存道者，然省区之设因袭数百年之久，实际上决不能废除。且我国交通机关尚不完全，欲由中央直辖各道，殊为难事。亦有谓宜废道存省者，然各县之距省较远而交通不便者，苟就近无高级之官厅任指挥监督之责，则隔膜必甚。就现情而论，仍以三级制为宜。惟道官厅与省官厅之职务，不必更为区别。道官厅之职务，即省官厅之职务，但于省官厅所指挥不便监督不周之处为之补助而已。道公署可视为省公署之派出所，道尹可视为巡按使之委托员，形式上为三级制，实际上为两级制。省公署设长官一，如巡按使；设次官一，如政务厅长；署内设签主事若干，分任财政、民政、司法各司。道公署设道尹，县公署设知事，署内设掾属，分科办事，略如现制。职务之区别，纵之为财政、民政、司法三系，横之为部省县之三级。兹就各系中述各级之区别焉。

财政中之最要者，在将国家财政与地方经费分晰清楚。国会所议决征收，充中央政府及地方官厅之政费者，为国家财政；地方议会所议决征收，充地方自治团体之公费者，为地方经费。现时国税与地方税尚无区别，虽将来国会及地方议会成立，自有区别之标准，但国民担负能力只有此数，不能不就现有之收入中，厘订而区分之。现有之收入中，关税、盐税及邮电、铁路等官业，由中央直接收入，自当专属于国家。地丁、钱粮、漕米可并之为地税。税契除费等，可厘订之为土地登记税。厘金、印花税及一切商货杂税，当废除之而别定营业税。牙帖、行帖、当帖等，可并合之而别定营业登记税。房捐可规定之为家屋税及家屋登记税。其他若手续费若罚款等，概由地方官厅收入，析其若干分为国家税，若干分为附加地方税，作自治经费。国税由县公署征收者，除依豫算所定支出县公署政费外，余皆纳于省公署。其由省公署征收或由县缴纳于省公署者，除依豫算所定支出省公署政费外，余皆纳于财政部。财政部除关税、盐税以外，非必不得已，不可于各省地方别设官厅，不经由省公署而直接收税。省公署非必不得已，不可于各县地方别设局所，不经由县公署而直接收税。以免机关繁冗系统紊乱之弊。

民政之大别为三：一为警察事务，一为监督自治事务，一为助长事务。警察事务更分之为巡警与警备。巡警只能于都会商埠及大城镇中设之，各地断难遍设。防备匪盗，不能不由地方团体自办团防，而官厅则设警备队以辅助之。警备队之制略如从前营汛，平时驻于汛地，某处有警，则由官厅调遣前往，其作用在巡警与团防之间。故现时警察事务分级之法，县城大者，于县城设巡警，任城内警察事务；全县设警备队，任全县警察事务。县城小者不设巡警，但设警备队可矣。县城巡警及全县警备，皆归县公署管辖。省城及道公署所在地设巡警，任城内警察事务，归省公署及道公署管辖。又设全省警备队，于各县警备之力不足时补助之，归省公署管辖，距省远者委道公署管辖。京畿巡警，归内务部直辖。至自治事务，城镇乡自治及县自治，由县知事监督之。省自治，由巡按使监督之。省城及道尹所在之城自治，由省公署及道公署监督之。京畿自治，由内务部监督之。助长事务，在京师者如大学校、农业试验场、商品陈列所之类，由中央主管；在各省者由省公署或就近之道公署、县公署管辖之。

司法独立，现时必须实行，县设初级审判厅，道设地方审判厅，省设高等审判厅，中央设大理院。其司法行政，即按级分配。

兹将上述地方官厅之组织及职务之区别，列表如下。

省公署——长官——次官

财政司
- 征收省公署直辖之国税及附加之省自治经费
- 督促各县征收之国税及附加之省自治经费
- 支出省公署直辖之政费
- 检查各道县支出之政费

民政司
- 管理全省警备事务
- 管理省城巡警事务
- 监督省自治团体及省城自治团体
- 管理省公署所举办助长事务

司法司
- 管理高等审判厅之司法行政
- 监察各道县之司法行政

```
                      ┌ 代省公署征收直辖之国税及附加之省自治经费
                 财政科┤ 督促各县征收国税及附加之省自治经费
                      │ 支出道公署之政费
                      └ 检查各县支出之政费
                      ┌ 管理驻在地之巡警事务
道公署—道尹      民政科┤ 受省公署委任管理警备事务
                      │ 监督驻在地之城自治团体
                      └ 管理本公署所举办之助长事务
                      ┌ 管理地方审判厅之司法行政
                 司法科┤ 监察各县之司法行政
                      └

                      ┌ 征收国税及附加之自治经费
                 财政科┤ 支出县公署之政费
                      │ 管理县城巡警事务
县公署—知事      民政科┤ 管理全县警备事务
                      │ 监督县自治及城镇乡自治
                      └ 管理县公署举办之助长事务
                 司法科—管理初级审判厅之司法行政
```

关于丙项地方团体办理之事务，官厅除依法监督外，不必更加干涉。各国地方自治制度，有以地方官厅兼任自治团体之执行机关者。但我国官吏，往往于国家机关、地方机关之界限不详细分析，以致职务纷繁，头绪错乱。且官吏系国家任命，地方议会监督为难，若因自治事务发生议论，恐惹起官民间之冲突。故不如将此二机关全然分开，在官厅可以减少职务，在地方可以养成自治能力，实为两得。自治团体按之我国习惯，分为三级。上级为省自治，次级为县自治，下级为城镇乡自治。至自治范围，积极方面不妨宽广，而消极方面须加制限，即将必须举办之事务列举于自治制中督促进行，以免自治团体取消极主义，有名无实也。试就现时乡自治所必须举办者言之。一乡内必须设国民学校。一乡内必须备救火器械。一乡内通行之水陆道路，必须修浚。一经官厅之委任，办理团防以佐官厅之警察事务。遇有盗匪及杀人放火斗殴伤毁等事，宜设法防范，拘留现行犯，报告官厅。一乡内宜备救急之医药，遇有瘟疫，须设法防范，并报告上级自治机关。一乡内户口，宜每年调查，报告官厅。一关于区内土地税、营业税、家屋税、登记税，经地方官厅之委任，负调查编制之责。城镇自治之必要事务，自可较乡自治增加条件，如设高等小学，清街道，浚沟渠，种牛痘，设义冢之类皆是。县自治必须举办事务，如设高等小学、教育会、书报社、商会、产物陈列所、孤儿院、防疫所、贫民习艺所之类皆是。省自治必须举办事务，如设中学校、初级师范学校、实业专门学校、省教育会、藏书楼、博物院、总商会、商品陈列所、农林试验场、模范工场、医院等。自治不发达之处，由官厅举办之助长事务以补充之。至自治经费，于自治区内地税、营业税、家屋税、登记税中附加若干分，可由官厅征收拨付，其余由自治议会之议定，经官厅之核准，得自行征收。自治机关之组织，城镇乡设议会，议员由住民选举，乡设乡董、乡佐各一人，城镇设总董事一人、董事数人，皆由议会选举。县设县议会，议员由城镇乡议会选举，设总董一人、董事数人，由县议会选举。省设省议会，议员由县议会选举，设总董一人，由省议会选举，董事数人，分任教育、农林、工商、卫生、慈善各事，由总董组织、经省议会之同意，略如国务院组织之法，以为国民运用宪政之嚆矢。地方官之监督自治团体最要者，勿使自治机关及其中之职员逾越权限欺压人民，其次勿使两自治机关互生冲突，又次则监察内部之腐败及侵蚀公款等事。至其职权内之行动，官厅固不能有所干涉也。

兹篇所述，总揭其要义如下。

一、将政务分为统治、官治、自治三项，使中央政府、地方官厅与地方团体之职务界限分明。

一、军事、外交、交通三者，直辖于中央，取集权主义，以固国家之统一。

一、财政、司法及民政中之警察事务归官治，教育、实业及其他公益事务归自治，使地方团体不得强制人民而专图人民之福利。

一、地方官制，形式上分省道县三级，职务上分省县二级，以道公署为省公署之出张所。

一、地方自治团体，分为城镇乡自治、县自治、省自治三级。城镇乡议员由住民选举，县议员由城镇乡议会选举，省议员由县议会选举，以免各级各行选举之烦费。执行机关，由议会选举，不由地方官厅兼任，以免议会之难于监督，及因自治事务惹起官民间之冲突。

一、现时军事集权，宜使军队驻屯于要塞。师长以上之统帅，宜临时任命，不宜常设。军人不得干预政治。文武官吏不得以官厅机关发表个人政见。宜减少佣兵，改编警备。改良征兵制，渐渐推广，使优秀之人民具有防御之武力。

一、国税除关税、盐税、邮电等官业收入由中央直辖外，其余各税如钱漕、厘金等，或裁或并，分为地税、土地登记税、营业税、营业登记税、家屋税、家屋登记税六项，由地方官厅征收。

一、警察事务，分为巡警与警备。巡警惟设于繁盛之都会商埠及大城镇中，其余概设警备。警备之制，略如旧时营汛，驻于汛地，有警则由官厅调遣。城镇乡自治团体，设团防以辅助之。

一、各级自治团体宜将必须举办之事务列举于自治制中，督促进行，以免有名无实。

论民主立宪之政治主义不适于现今之时势 *

（1916）

　　共和政治不适于吾国之国情，此帝制派之扬言，以为改革国体之口实者也。今记者敢仿效彼等之口吻，以谓："民主立宪之政治主义，不适于现今之时势。"申言之，则此等政治主义皆十八世纪、十九世纪中之产物，世局日新，已居于成功者退之地位，对于二十世纪中国家对立竞争之境遇，决不能借此主义以维持国家之生活。闻吾言者，将以是为厌弃共和违反国是之谬论乎？夫当此帝政熸消共和复活之时，苟非狂愚，当不至更倡谬论，愿闻者无疑吾言以毕吾说焉。

　　二十世纪与十八世纪、十九世纪之时势，果何以异乎？是可就欧洲历史以考证之。欧洲诸国在十七世纪中，惟努力于文艺界、宗教界之改革而已，论其政治，则少数之压制，无政治也。问其国家，则王侯之食邑，无国家也。此专制暴虐之结果，引起英、法国民之政治主义，本自由平等之意旨，标民主立宪之鹄的，以求政治之革新。美利坚独立，为此主义发展时代。法兰西革命，为此主义昌盛时代。风靡响应遍于全欧，旁及世界。然其时以那破仑蹂躏欧洲之结果，引起德意志国民之国家主义。于是日耳曼统一，意大利统一。在十九世纪中，此主义已有代兴之势。当时尚有国际间所提倡之平和主义，哲学家所想像之社会主义，以力挽其潮流。入二十世纪后，列强之间维持均势扩张军备，亟亟如恐不及。国家主义亦骎骎日盛，迄大战争爆发，于是所谓平和主义、社会主义悉蛰伏于国家主义之下，国家主义独以鲜明确实之证象，显见于欧洲诸战国之间。东至于日本，西至于美利坚，亦均投入于此主义之潮流中。其势力之雄厚与其所酿事变之重大，较之十八世纪、十九世纪

---

　　* 《东方杂志》第 13 卷第 9 号，1916 年 9 月，署名伧父。

之政治主义有过之无不及焉。论者谓此次欧战若英、法胜而德、奥败，则国家主义将从此减退。此论亦殊未确实。国家主义虽以德意志为发源地，此时已弥漫于世界各国，决不能因德意志之挫败而消灭，与十九世纪之政治主义不因法兰西之挫败而消灭同也。察往知来，则此轩然巨波，殆非一时之战争所能解决。而此主义必将腾跃于二十世纪之天地间以构成未来之历史，固吾人所不难豫想者也。

政治主义与国家主义，其差别何在乎？即政治主义者，以政府为中心，对于国家内部之环境适应之且改造之者也。国家主义者，以国家为中心，对于国家外部之环境适应之且改造之者也。政治主义，国家从属于民人，国家为保障人民权利而设，故尊重民权，常限制国家，使勿侵损人民之自由。国家主义，人民从属于国家，人民有保卫国家权利之责，故尊重国权，常牺牲个人，使埋没于国家权力之内。此二主义，在根本上实互不相容，故其见之于设施者，亦常相反对。如政治主义常欲减少兵备以轻人民之担负，以防武人之专制。而国家主义则务扩充军备，强制人民使充兵役。此为反对事实之最著者。在托尔斯泰一派之思想家，固力斥国家主义为偏狭，为危险，为人类实现其理想之最大障碍。而排斥政治主义者，至谓代议政治之下，无一爱国之人。盖以代议政治之精神在调和各阶级各党派间之利害，其政治家之全力常专注于国内之问题，无讲求世界经纶之余力，但知个人生活，不知国家生活，故与近世所谓爱国之真义相去甚远也。吾人今日于此二主义之优劣是非，亦无暇加以评论，惟冬裘夏葛既随时势而迁流，则其玄黄递嬗之由来与夫坚白异同之所在，固吾人所宜注意者矣。

政治主义何以不适于今日之时势乎？吾非谓吾人凡事皆当效法欧人，以彼之主义为主义，彼步亦步，彼趋亦趋也。第以事理论之，则国家主义既兴，政治主义势必不能与之相抗。故此长彼消，实出于自然淘汰之公理。往时政治家，于国民政治竞争剧烈时，辄引起对外关系以调剂之，利用国家主义以打胜政治主义，即此公理之见端。征诸近事，则法当一九〇五年摩洛哥事件紧急时，全国人心汹汹，而多年从事于政争之法政府全无对德之准备，国务会议决和战之策，满座默然，外交总长特尔喀式乃痛哭辞职，以遂德人之要求。英以爱尔兰问题久为两院之葛藤，前年四月自治法案第三次通过，下院势将实行，乌尔斯泰州民起兵反抗，政府欲加以镇压，而高级军官宣言辞职，全国镇动，德人乘机拥兵入比，自由党内阁乃不得不展缓其实行之期，匆匆与德开战。即此二事观之，可知国民苟斤斤于政治主义，则必生邻国之觊觎而招外交之屈辱。更征诸吾国近事，则五年之中三起革命，政治之改良几何，而满蒙西藏间权利之损失已不可问矣。此皆持政治主义之国民所宜及时自警者也。

政治主义既不适于现今之时势，然则必改君主复专制而后可乎？此又帝制派谬论之所由来，而吾人宜亟加辨正者。民主立宪为吾国民之政治主义，吾人谓其不适于时势，决非谓铲除此政治主义乃能适于时势也。例如吾人谓手不适于行，非谓截其手则适于行；足不适于握，非谓刖其足乃适于握。彼帝制派论者常用“以国家为前提”之一语间执政治主义者之口，一若国家主义之下，政治上一切专制腐败皆当置诸勿问，且必使其政治专制腐败而后可以为国家主义者。彼等之主义固非政治主义，亦非国家主义，不过欲造成欧洲十七世纪以前无政治无国家之状态而已。吾人意见，不但不反对政治主义，且极赞助政治主义，而希望此主义之急速完成，必此主义完成而后，吾国民乃可应时势之要求以与列强角逐于二十世纪之世界，故政治主义不适于时势云者，所以警告吾国民，使审察时势，力谋政治主义之进行，俾吾国得于短少之时间中，经过此政治主义之时代，以入国家主义之时代。勿复横加阻碍，致此不适时势之主义，长此徘徊往复，搅扰吾民之视听于存亡危急之秋，则国之幸也。

夫一国之进步，常有一定之程序。欧洲诸国既由政治主义以进于国家主义，吾国前途于此种程序，自亦不能凌越。若使吾国今日毁弃其政治主义，则国家主义必无从发生。盖国家主义建立于国民爱国心之上，而欲团结吾国民以发生真正之爱国心，不能不从政治改良入手也。时势既不我待，则此不能凌越之政治主义，惟有望其急速完成。虽内治问题本无圆满解决之日，然民主立宪大体上之完成，要非甚难之业。在欧洲历史，此时期之经过，亘百余年之久，而在我国，则时势上既不许有如斯之停顿，不可不急转直下以赴之。且就我国现状而言，则此主义之完成，亦自较欧洲诸国为易。盖关于国体政体所必须改革者，荦荦数大端，皆有先进国之前例可以采择，即有问题，更经若干人之研究，费若干时之讨论，亦不难解决，因者之易，固不如创者之难也。况当时欧洲诸国有领有封地之贵族，有素秉政权之僧侣，皆与政治主义势不相容，而我国无之，今日全国之内无论何种阶级，殆无有反对此政治主义者，即有少数个人不利于政治之改革而为此主义进行之障碍，吾国民为时势之所迫，对于此等障碍，惟有毅然决然以排除之耳。吾国家在二十世纪之生活，不当于政治主义中求之，而当以政治主义之能否完成卜之矣。

今日吾国民对于政治主义之进行，尚持瞻顾逡巡之态度者，其故不外二端，一则恐激烈之党人、浮浪之政客乘间以攫取政权也，二则恐腐败之官僚、骄纵之武人因事而激成反对也。现时政局中，前者与后者已成互相犄角之势，长此以往，恐政治主义永无完成之日。吾人对于党人、政客，则望其扩大目的，勿急急于获得政权，且勿沾沾于政治主义之中；对于官僚与武人，则望其省悟反对政治主义之非计，反对愈甚，则经过之时期愈长，恐此共同生活之国家将与政治主义而俱没；对于我国民，则望其以二十世纪国家主义之精神贯彻此政治主义，勿虑他人之利用而预起猜疑，勿惧他人之反抗而先自却步。今日欧洲诸国民排万难以实现其国家主义，若吾侪国民对于内部之政治问题，竟为党人、政客之所误，或为官僚、武人之所厄而不能自拔，则瞻望将来，安能实现其国家主义以当二十世纪之难局哉？

梁任公先生之谈话 *

（1916）

八月十六日，本志记者谒梁任公先生于沪上寓庐，为短时间之谈话，兹记述其问答之语于本志。盖介绍现代政治家之言论，本记者应尽之责任也。惜此次匆匆进谒，不克畅聆先生之绪论，殊为歉仄耳。

记者 此次进谒之意，欲一叩先生对于时局之意见，载入《东方杂志》，以介绍于读者。

先生 鄙人今日，适与本埠新闻记者谈话，颇有发表意见之处，大约一二日内之新闻中，当有记此谈话之事。

记者 谈话中之节目，有记录可见示乎？（先生即检一纸与记者阅之，其节目为一院制之主张，同意权之否认，解散权之规定，国会委员之商榷，审计院之选举，省制当用单行法规定等。此谈话已录入本志内外时报栏。）

记者 两院制于议事上有调节之效，惜现两院议员，资望性质，大略相同，无异于一院耳。

先生 两院制有调节之效，亦有牵制之弊。今两院组织，性质相类，恐无两院制之利益，徒有两院制之弊害耳。

记者 共和政体，于国会专制时，不可不有救济之法，则解散权之规定，实为宪法中之要事。

先生 政府与国会，同为宪法上直接之机关。国会对于政府有弹劾权，政府对于国会有解散权。两机关互相节制，互相调剂，此立宪之精神也。苟其一机关为他所屈，则政象必返于专制。非但行政部压倒立法部为专制，即立法部压倒行政部亦为专制。国会虽为民意之代表，然议

员任期，恒亘数年。任期之中，民意或有变迁，国会之所决或与多数民意相反悖，未可知也。政府所施行之政策，苟有可以自信，即失国会之多数，不妨诉诸民意，以求最后之公判。此非所以重政府之权力，正所以尊国民之公意耳。予于民国二年，曾著论文载《庸言》报，论同意权与解散权两事，大意谓同意权与弹劾权不相容，解散权与弹劾权相对待，自信此论文颇足以供国人之研究焉。

记者　同意权与弹劾权不相容，亦与解散权相抵触。天坛宪法案，同意权与解散权并存，事实上显露破绽，即国会解散时，国会委员，亦必随之解散。设于此时内阁有事实上之变动，将用何法求同意乎？故解散权规定，即同意权不得不废除。先生所见，当为定论，今更愿闻先生对于省制之意见。

先生　省之地位，既有历史上之根据，又有近年革命以来所生之关系，故现时之组织权限，颇为混杂，须从事实上逐渐整理，故其法制亦宜逐渐改进。若规定于宪法，则含有永久性质，不易变动，故以单行法规定为宜。

记者　先生于各道之存废，意见如何？

先生　鄙人曩年曾主张废省置道，从事理上论之，省之区域，实不免过大，以道为上级地方区域，较为合宜。然事实上省之存立，已有较久之历史，不能一时废去，故鄙人今日亦不惜弃其主张而从废道存省之说。

记者　省不可废，道仍可存否？

先生　省存则道必废，以道无特殊之职务也。

记者　省之区域大者，边境各县，距省城数千里，交通不便，设官吏贪赃枉法，或地方有盗匪等，省中官厅耳目不及，易受欺朦。若就近有高级官吏以补助省官厅，任指挥监督及调查报告之责，则行政自较为敏活。现时省官厅对于各县，偶有特别事件，即遣派委员前往，殊为繁费，何妨即以道公署为省公署之派出所，以道尹为省公署之委员，专为省官厅之补助机关，而不别行规定其职务？先生以此说为可行否？

先生　道尹由中央任命乎？由省公署委任乎？

记者　省公署于省长之下，设金事、主事等若干人，由中央任命。金事在省公署内则长各司，在省公署外则任各道，由省长委任，报告于中央可矣。

先生　是固省县两级制也，现时地方制，自当以省县两级为基础，至施行之时，图事实上之便利，分设补助机关，可随各省情形因地制宜，固不必斠若画一也。

记者　先生不赞成省长民选之说，然如德国州制，每州设一知事，由政府任命，处理国家行政；又设一州长，由地方公举，处理地方自治行政。似于我国情形颇合。推之各县，知事由任命，自治董事由公举，亦然，至自治机关受官治机关之监督，不受上级自治机关之支配，则自治机关自不至过于膨大。先生以为何如？

先生　省长由中央任命，亦当然有国家机关与地方自治机关之两种资格。今将此两机关完全分析，于理论固无不合。惟国家行政与自治事务，实际上究难分析清楚，则不免权限之争执。况现时各省，既有督军与省长，若再增一自治机关之首长，则一国三公，恐政象之纠纷愈甚矣。

记者　各省督军必须裁撤，陆军分驻要塞，省城及地方治安归警察及警备队维持，此于国家统一，有至大之关系，安可不切实举行乎？

先生　督军之须撤，我国人殆无不云然，但此为事实上之问题，就现时情形而论，固未能遽及于此也。

语至此，持片谒先生者已踵相接，记者乃兴辞而出，他日有暇，当再丐先生余论，以实本志焉。

静的文明与动的文明 *

（1916）

近年以来，吾国人之羡慕西洋文明无所不至，自军国大事以至日用细微，无不效法西洋，而于自国固有之文明，几不复置意。然自欧战发生以来，西洋诸国日以其科学所发明之利器戕杀其同类，悲惨剧烈之状态，不但为吾国历史之所无，亦且为世界从来所未有。吾人对于向所羡慕之西洋文明，已不胜其怀疑之意见，而吾国人之效法西洋文明者，亦不能于道德上或功业上表示其信用于吾人。则吾人今后不可不变其盲从之态度，而一审文明真价之所在。盖吾人意见，以为西洋文明与吾国固有之文明，乃性质之异，而非程度之差。而吾国固有之文明，正足以救西洋文明之弊，济西洋文明之穷者。西洋文明酽郁如酒，吾国文明淡泊如水；西洋文明腴美如肉，吾国文明粗粝如蔬。而中酒与肉之毒者，则当以水及蔬疗之也。

文明者，社会之生产物也。社会之发生文明，犹土地之发生草木，其草木之种类，常随土地之性质而别。西洋文明与吾国文明之差异，即由于西洋社会与吾国社会之差异。至两社会差异之由来，则由于社会成立之历史不同。就其重要者言之，约有二事：

一、西洋社会，由多数异民族混合而成。如希腊、腊丁、日尔曼、斯拉夫、犹太、马其顿、匈奴、波斯、土耳其诸民族，先后移居欧洲，叠起战斗，有两民族对抗纷争至数百年之久者，至于今日仍以民族的国家互相角逐，至有今日之大战。吾国民族，虽非纯一，满、蒙、回、藏及苗族，与汉族之言语风俗亦不相同，然发肤状貌大都相类，不至如欧洲民族间歧异之甚，故相习之久，亦复同化。南北五代及辽金之割据与

---

* 《东方杂志》第 13 卷第 10 号，1916 年 10 月，署名伧父。

元清两朝之创立，虽不无对抗纷争之迹，但综揽大局，仍为一姓一家兴亡之战，不能视为民族之争。

二、西洋社会，发达于地中海岸之河口及半岛间，交通便利，宜于商业，贸迁远服，操奇计赢，竞争自烈。吾国社会，发达于大陆内地之黄河沿岸，土地沃衍，宜于农业，人各自给，安于里井，竞争较少。

社会成立之历史不同，则其对于社会存在之观念亦全然殊异。西洋人之观念，以为社会之存在，乃互相竞争之结果，依对抗力而维持。若对抗力失调，则弱者败者即失其存在之资格。吾国人之观念，则以为社会之存在，乃各自相安之结果，凡社会中之各个人皆为自然存在者，非扰乱社会，决不失其存在之资格。盖吾国人以为一切人类，皆为天之所生，天即赋以相当之聪明才力以得相当之衣食，谚所谓“各人头上有青天”及“天无绝人之路”，皆表明人类各得自然存在之意义者也。两社会间之观念既有如此之差异，则影响于社会之文明者，差异自必更多，约举数端如下：

一、西洋社会，一切皆注重于人为。我国则反之，而一切皆注重于自然。西洋人以自然为恶，一切以人力营治之。我国人则以自然为善，一切皆以体天意，遵天命，循天理为主。故西洋人之文明为反自然的，而我国人之文明为顺自然的。（关于此义，日本杂志中曾有论著甚详，惜匆匆不及检出以资佐证。）

一、西洋人之生活为向外的，社会内之各个人皆向自己以外求生活，常对于他人为不绝的活动，而社会上一切文明皆由人与人之关系而发生。我国人之生活为向内的，社会内之各个人皆向自己求生活，常对于自己求其勤俭克己、安心守分，而社会上一切文明皆由此发生。

一、西洋社会内有种种之团体，若地方，若阶级，若国家，若民族，皆为一团体而成一种之人格，对于他团体为权利义务之主体，此种团体亦为竞争之结果，以共同竞争较之单独竞争易获胜利也。我国社会内无所谓团体。城镇乡者，地理上之名称；省道县者，行政上之区划。本无人格的观念存于其间。国家之名称，则为封建时代之遗物，系指公侯之封域而言。自国家以上，则谓之天下，无近世所谓国家之意义。王者无外，无复有相对之关系，其不认为人格可知。至民族观念，亦为我国所未有。所谓蛮夷戎狄者，皆天生之蒸民，且多为古代帝王之后裔，以其地处避远，俗殊文野，故加以区别。夏用夷礼则夷之，夷用夏礼则夏之，其区别本非固定，故与现时民族之区别不同。盖我国除自然的个人以外，别无假定的人格，故一切以个人为中心，而家族，而亲友，而乡党，而国家，而人类，而庶物，皆由近及远，由亲及疏，以为之差等，无相冲突。西洋社会中，既有个人主义，又有国家主义、阶级主义、民族主义，时相龃龉，而个人为中心与国家为中心之二主义，尤为现世之争点。

一、西洋社会既以竞争胜利为生存必要之条件，故视胜利为最重，而道德次之。且其道德之作用，在巩固团体内之各分子以对抗他团体，仍持为竞争之具。而所谓道德者，乃从人与人之关系间规定其行为之标准，故多注意于公德。而于个人之行为，则放任自由。凡图谋自己之利益，主张自己之权利，享用自己之财产，皆视为正当，而不能加以非难。资本家之跋扈于社会，盖由于此。我国社会则往往视胜利为道德之障害，故道德上不但不崇拜胜利，而且有蔑视胜利之倾向。道德之作用在于消灭竞争，而以与世无争与物无竞为道德之最高尚者。所谓道德，即在拘束身心，清心寡欲，戒谨于不睹不闻之地，为己而不为人，故于个人私德上兢兢注意。凡孜孜于图谋自己利益，汲汲于主张自己权利，及享用过于奢侈者，皆为道德所不许。

一、西洋社会无时不在战争之中，其间之和平时期乃为战争后之休养时期，或为第二次战争之豫备时期。战争为常态，和平其变态也。我国社会时时以避去战争为务，惟自然界中竞争淘汰之公理不能废止，故至地狭人稠生计逼促之日，为天演之所迫，避无可避，突然起社会间之扰乱，乃不得不以战争恢复和平。和平其常态，战争其变态也。西洋社会之和平，用以构造战争；我国社会之战争，用以购求和平。故自历史上观察之，西洋社会为此起彼仆之社会，我国社会为一治一乱之社会，盖由于此。

以上所述，不过就所见者杂举之，而皆为竞争存在与自然存在两观念差异之结果。综而言之，则西洋社会为动的社会，我国社会为静的社会。由动的社会，发生动的文明；由静的社会，发生静的文明。两种文明各现特殊之景趣与色彩，即动的文明具都市的景趣，带繁复的色彩；而静的文明具田野的景趣，带恬淡的色彩。吾人之羡慕西洋文明者，犹之农夫牧子偶历都市，见车马之喧阗，货物之充积，士女之都丽，服御之豪侈，目眩神迷，欲置身其中以为乐，而不知彼都人士方疾首蹙颏〔额〕，焦心苦虑于子矛我盾之中，作出死入生之计乎？彼西洋人于吾国文明，固未尝加以注意，然观丁格尔步行游记所言，亦时怀怅〔怅〕

触，彼于滇蜀万山之中与吾国最旧式之社会相接，乃谓欧美文明使人心中终日扰扰不能休息，而欲以中国人真质朴素之风引为针石，是亦都市之人览田野之风景而有所领略者也。

至就两文明发生之效果而论，则动的社会，其个人富于冒险进取之性质，常向各方面吸收生产，故其生活日益丰裕。静的社会，专注意于自己内部之节约，而不向外部发展，故其生活日益贫啬。盖身心忙碌者，以生活之丰裕酬之；而生活贫啬者，以身心之安闲偿之。以个人幸福论，丰裕与安闲孰优孰劣，殊未易定，惟二者不可得兼，而其中常具一平衡调剂之理。

又人生之耗费常与其活动为比例，活动多者耗费亦多，活动少者耗费亦少，故丰啬之殊仅由比较而出。其实则各人之生活悉与其境遇相应，倍入者倍出，寡得者寡失，丰啬初无二致，此亦平衡调剂之理也。

现时西洋人之富力，十余倍于吾人，易言之，即在吾国可以赡养十余人之富力，在西洋仅以之赡养一人。故西洋之富力，乃由限制其人口之增殖而成，今日英、美、法、德，其生殖之进步皆甚迟缓，且又互相杀戮以减少其人口，于是以其财产与人口相比较，乃与吾国相去甚远。若使吾国处西洋之境况，则不出百年即增十倍之人口，而人口与财产之比较，仍与吾国现时相等矣。社会学家言人口有数与量之别，以量言则彼石而我斗，以数言则彼什而我百，数量相准。吾国堪舆家有"丁多财薄，财旺丁衰"之言，亦犹此义，此又一平衡调剂之理也。

西洋之富由其力征经营而得，恃人为之力以与自然抗争，凡人类所受自然界之苦痛，悉欲战胜之或避免之。吾国社会受自然界之苦痛最甚，饥馑疫病之至，死亡枕藉，即在平日，大多数之人民亦无时不以其身与饥寒疾疠相战。西洋社会所受自然界之苦痛，较之吾侪固大为减少，然其所减少者，仍以人为的苦痛增益之。试一翻西洋历史，若宗教战争，若政治战争，及近年之民族战争，其死亡之多，较之饥馑疫疠之灾，亦复无异。彼等无饥饿疾病之患，乃以其身与炮火刀兵相抗，此等苦痛固非自然界所赋与，乃为人之所自造者；非天作之孽，而自作之孽也。吾国历史，虽亦时有战乱发生，然推其原因，大都为人口过繁，生事不给，又值水旱灾祲之荐至，遂酝酿而起兵灾，仍为自然关系，而非宗教、政治、民族等人为之关系也。近年来，三起革命固属政治战争，然较西洋之政治战争，牺牲特少。论者谓吾国民性质和平之结果，实则吾国民穷财尽，日与自然界之苦痛搏战不遑，政治问题可已则已，不欲更事吹求，亦所以减轻其苦痛之法耳。闻某县乡人言，其乡每遇丰年，赌博甚盛，典妻鬻子，破家者不知凡几；若值歉收，则博资无所出，诱引者弃而他去，则家室相安。故丰不如歉之乐。可知人类之性质，于自然之苦痛减少时，辄代之以人为之苦痛；若自然之苦痛剧烈，则人为之苦痛自少。此亦平衡调剂之理也。

总之，由吾人观察之结果，则社会之生理确与个人生理无异。凡喜运动之人，血气充足而易于偏胜，故每患充血症；喜沉静之人，血气平和而易于衰弱，故每患贫血症。患贫血症者，由于营养分之不给，细胞之代谢不旺盛，血液之成分不清洁，病菌乘间侵袭之，或成痨瘵，或发瘰疬。吾国社会之症状，即贫血之症状也。患充血症者，由于营养分之过多，蕴蓄于胃肠而发酵，吸收于血管而生毒，病菌乘间侵袭之，或起炎症，或生痈疽。西洋社会之症状，即充血之症状也。两文明之结果，其不能无流弊，盖相等也。

至于今日，两社会之交通日益繁盛，两文明互相接近，故抱合调和，为势所必至。以事实证之，则西洋社会以数世纪竞争活动之结果所获得之资本，流入吾国以开发富源；吾国社会以数千年刻苦安静之结果所滋生之人口，输入他国以兴起工事。此固于两社会交有利益者。吾国现时水陆交通之逐渐便利，皆赖西洋资本之助；而西美、南非及澳洲各埠之开辟与南洋群岛各国属地之兴盛，亦赖吾国人民之移殖，皆事实之彰著者。往时吾国人以保存富源收回利权之故拒绝外资，至今绝无成效；近时以叠次政争之故，财力益觉竭蹶，政治家对于外资且欢迎之不暇矣。又美国及英属堪拿大、非洲、澳洲，皆有禁止华工入口之事，数年前吾国人有流入法国巴黎售纸花以糊口者，巴黎市会啧有烦言，至由使馆资遣回国；而大战开始以来，各国乃屡有密招华工之事，法政府至提出议案于议院，试招华工五千人在兵工厂作工。可知通工易事以盈补不足，为社会间之定理，如水之必至于平，堤障之设可以暂止而不能永绝也。以上所言，为物质上之交换，至精神上之交换，最显著者如生存竞争之学说输入吾国以后，其流行速于置邮传命，十余年来社会事物之变迁，几无一不受此学说之影响。至西洋俄、法、德诸国，在数年以前亦盛研究东方之学。俄国文豪托尔斯泰氏之著作中，推崇中国文明尤至。将来之西洋社会，亦必有若干之变化，受影响于吾国者，其朕兆盖已见焉。吾侪今日当两文明接触之时，固不必排斥欧风，侈谈国粹，以与社会之潮流相逆，第其间所宜审慎者，则凡社会之中，不可不以静为基础，必有多数之静者，乃能发生少数之动者。即如吾国社会，由大体言之，固为静的社会，然政治界、商业界、文学界中非无少数之动者，此少数之人，即受多数农工细民之给养而产出者也。西洋社会，由大体言之，固为动的社会，然其间亦有一部分之人民为静的生活。且西洋社会常向世界各社会吸收生产，故西洋之动社会亦受世界多数静社会之给养而产出者也。譬如一都会，其活动固非四周村落之所及，然其活动之由来，实在于四周村落，故四周村落愈多，其都市亦愈兴盛。可知社会之中，动者实居少数，而静者实占多数。吾国将来，其将于少数中求生活乎？抑于多数中求生活乎？设言之，如吾人为长养子孙繁殖氏族之计，将使之为官僚、为商人、为学士，生活于少数阶级中之为宜乎？抑使之为农民、为职工，生活于多数阶级中之为得乎？将使之籴米而食，赁宅而居，作都市中生活之为愈乎？抑使之耕田而食，凿井而饮，习村落间生活之为善乎？此固不待再计决者。故吾愿吾人对于此静的社会与静的文明，勿复厌弃而一加咀嚼也。

予所想望于大总统者[*]

（1916）

当民国元二年间，责任内阁制犹存在时，予每怪袁氏之为总统，何以自寻烦恼如是。继而改总统制，改帝制，其寻烦恼也愈甚，卒以烦恼丧其生。后之总统，当不至更寻烦恼如袁氏矣。然袁氏之自寻烦恼，固为其虚荣自负之劣性所驱迫。后之总统，苟不具此劣性，自不至蹈其覆辙。而推论自寻烦恼之原因，亦有不根源于劣性而发生于良心者。良心维何？即为总统者，以为予既受国民之付托，负此重任，不可不于政务上稍尽心力是也。既于政务上稍尽心力，则思虑考察之结果，不能不发生意见。既发生意见，不能不发表而望其遂行。既发表而望其遂行，即入于自寻烦恼之途矣。平心而论，袁氏之自寻烦恼，亦非无百分之一二，发生于此良心者。惟无论为良心为劣性，苟自寻烦恼，其于行责任内阁制之共和国家中，不适于为总统则同。然则行责任内阁制之共和国家中，为总统者，固不可有劣性，亦不可有良心乎？欲总统无劣性可也，欲总统无良心不可也。予于是思为总统者，所以不负良心之法，而知为总统者，不可沾沾于政务，当尽其心力于道德及文化，试就古来专制君主论之。凡衡石簿书，察察为明，专尽心力于政务者，皆非令辟也。其留令名于历史者，大都恭俭仁慈，兴教劝学，有功于道德及文化者也。求之外国，若英皇之提倡戒酒会，日皇之设立济生会，德皇之提倡文艺，类是之事迹甚多，予不暇细忆，其注意于道德文化亦同也。共和国元首，虽无世袭君主之势力，足以提揭群流，化民成俗，而其眼光亦不可不注于久远。道德文化之事，流泽于国民者，常及数百年之久。若夫政务，不过一时之关系。负其责者，有内阁在，总统但选择适当之人物，

* 《东方杂志》第 13 卷第 10 号，1916 年 10 月，署名杜亚泉。

足以系国民多数之信用者，任为国务员可矣。现今吾国中，关于道德文化之事亟宜提倡者，就余之所见言之，如进德会（从前吴稚辉、汪兆民等所提倡之进德会章程，稍有偏激处，宜以不吸烟、不饮酒、不蓄妾、不冶游、不赌博为标准）、童子军（此事创于法国，德人效之，英人亦仿行之，大有益于青年之道德及体力），调查国内动植矿物，翻译百科全书，推广国音字母，分析汉药成分，接济贫民医药，筹办废民职业（如盲哑学堂之类）等，任举其一，皆有大功，即至一行之善（如救助一人），一艺之微（如书画诗歌音乐等），奖而进之，亦于国有益。此类事业，不必借政治上之助力，但以大总统之私人资格，为社会领袖，唤起群众之精神，要求各界之协助，扬仁风于宇内，留模范于后来。较之深处白宫，劳形案牍者，其见地之广狭，气宇之宏纤，不已有霄壤之殊乎？是为予所想望于大总统者。

《中西验方新编》叙言 *

（1916）

中西医学，大同小异，世之学者，往往先入为主，惊其异而不求其同，中医西医，遂界若鸿沟。习西医者诋諆中医，谓中医专重阴阳五行之说，凭臆想而不求实验；信中医者排斥西医，谓西医多用金石剧烈之药，精外科而不善内治。是皆一孔之见，偏执之论也。余往时习闻中医之理法于父兄，近复稍阅西医书册，觉医学中精到之处，中西学说，若合符节。有中医相传之理，语焉不详，而西医则竟委穷源，了如指掌者，以西医之说考之则益明；有西医发明之事，诩为新得，而中医则习用已久，视为故常者，以中医之法证之则益信。兹就其较为重要者言之。

中医之书，辄言血气。其所谓气者，往往不知其何所指。将谓呼吸之气耶？则吸气中之养气，由肺入血，周行百脉，与炭化合，成炭酸气体而呼出，是仍血也。血与气不可离而为二也。中医之所谓气，虽包肺气在内，然周于一身，通乎表里，灵妙而不可测，决不仅指此呼吸之气可知。然稍加思索，则知中医之所谓气，即西医之所谓神经。以此义读中医之书，则凡所谓气逆、气滞、气虚、气郁诸症状，肺气、肾气、肝气、胃气诸名称，理气、顺气、补气、散气诸方剂，皆可迎刃而解矣。盖神经奋兴则镇静之，神经沉衰则刺激之。一切机官之病状与其疗法，无不与神经作用有关系，此稍习西医者，无不知之。不过译西籍者谓之神经，意在指其实质，而我国古来则谓之气，意在示其作用而已。吾人平日于喜怒之表示，亦称曰喜气或怒气，其他神经作用，以气呼者甚多，故称人之精神状态，谓之神气。又吾国初译医书时，亦称神经曰脑

---

* 《东方杂志》第 13 卷第 11 号，1916 年 11 月，署名杜亚泉。

气筋，可知气之本义，含有精神作用之意，不仅指空气及其他气体而已也。推之而气动则生风，风之云者，指神经之变态而言。或神经过于兴奋，致痉挛或颠狂者，如肝风、惊风、疯癫（疯古作风）等是也；或神经过于沉滞，致痹麻或萎缩者，如中风、风湿是也；或因神经之刺激过敏性，致感痛觉者，如痛风、头风等是也。既知气即神经，则血气并称，殊有至理。盖普通常见之病，由于血液之循环，受局部之障碍而起者居多，肠胃病中之食伤下痢，呼吸器病之咳嗽痰喘，及其他一切炎症热症，皆由于此。然其障碍之所由生，则因其局部之血管，或收缩或扩张之故。动脉扩张则充血，动脉收缩或静脉扩张则贫血，静脉收缩则郁血，种种之病名不同，病状各异，而病理则不外乎此三项。惟血管之扩张及收缩，主于神经，兴奋则收缩，沉滞则扩张，神经之变调，影响于血液者甚捷。至神经所以变调，或受外物之激刺（如寒热及器械药物之类），或因内部之感动（如喜怒哀乐之类），而原因于血液成分之改变，或含有毒素者亦多。总之，神经之兴奋与沉滞影响于血液，而血液之清洁与污浊亦影响于神经。中医所谓气以行血、血以养气二语，实包括西医病理学之大半部。其所谓血阴而气阳者，阳为能动性，阴为所动性，阳动而阴静，阳生而阴长，证以今日生物学之理，实为颠扑不破之论。且中医之所谓气，就局部言，则指神经作用；就全体言，则指精神作用，如元气、精气等之气皆是。故气者，无形之精神；血者，有形之物质。宇宙万有，皆此精神与物质相合而成。故天地为阴阳交合之局，人身即万有中之一，亦精神与物质相附丽。中医谓人身为一小天地，实与今日哲学之理相符。

又中医论药，有入气、入血之分。西医之药剂分类法，虽有种种，如脏器分类法、临床分类法，皆非十分完全。研究药物作用者，分之为局处作用及吸收作用。局处作用者，不必吸收入血，任何局处，皆现其作用，如腐蚀药之类，常用于外科，而少内用。吸收作用者，于吸收入血之后，或于一定之脏器中现其作用，此种作用，不外使神经中枢或神经系中之某部，增进其机能或消退之而已，此即可谓之气分药。又或吸收之后，于神经之特殊机能毫无障碍，惟改变体液之成分，使组织中之新陈代谢机能增进或减退，如强壮药、变质药、清凉药及解热药中之一部，即可谓之血分药。故若将中药析其成分，验其作用，则其所谓血分、气分之区别，当不外是。

至人体解剖，中医固不如西医之精，然中医所言，亦间有价值。如中医以脾脏为消化机官，西医以为脾与消化无关，而不明其作用，或则以脾为最大之淋巴腺，近时始知脾脏缺损，则膵脏之液，变其成分而不能消化蛋白质。又西医向以肝脏为消化机官，近时知肝脏于分泌胆汁之外，尚有种种复杂之化学作用，血液中使糖分与养素化合之物质，实为肝脏所分泌，肝遂为重要之血管腺。可知中医谓肝藏血，未始无理。中医又谓肝主怒，胆主决，西医固无此说，然人当愤怒惊惧之后往往发黄疸，则肝脏之关系于精神状态，固有确证也。西医自发明内分泌以后，始知生活之脏器，功用复杂，不能仅就解剖尸体之所得，谓已尽窥其神秘，则中医之就体验而得者，亦未可遽弃矣。

又中医之药理，固不如西医之明晰，然数十年中经无数医家之实验，其效用亦复明确。试取西医之药物学细勘之，其所言性质，与中医相符者，殆居十之四五。他如麻黄发汗，半夏止呕，西医所无，而其效则甚著，如此之类，亦复不少。又如阿胶止血，为德医所发明，而我国早用以治经产劳损；铁质补血，为西人之新说，而我国久用以疗黄疸。古人研究之精深，殊令后人惊异。近时日本医生，就汉药中析其成分，加以精制，以为新药。我之国粹，乃为他人利用，殊可惜也。

然习西医以诋諆中医，固为无见；若信中医以排斥西医，亦同为无识。西洋科学，事事求诸实验，既无将信将疑之虑，且处处与人以共晓，无若隐若现使人莫名其妙者，故学西医实较中医为易。学医者先以现译之解剖生理学及药物学入手，实较便也。现吾国人对于西医西药，往往怀疑。其实西医之药，或为散剂，或为水剂，无非从生药中取得。其所用生药，亦树皮草根居多，大抵以酒精或水浸出，或经熬炼而成膏。吾人惯用生药，故见其制剂，以为疑怪。须知彼之制剂，大都糖浆、汽水、香料等以赋形调味者居多，主药有限，分量甚少，服之无效，容或有之。若夫为害，则非极庸劣之西医，决不至是。以西医之药，用量常有一定，苟不逾量，不久服，必无害于人也。

总之，无论中医西医，其研究各有浅深，道德各有高下。研究深而道德高者，不论中西皆为良医；若夫下驷，亦皆有之。中医之庸劣者，固所在多有，即西医亦何独不然？彼等在学堂或医院中稍习应用之技术，孜孜营利，既无研究之余暇，复乏道德之观念，待遇病人既不亲切，诊察病状亦不精细，而往往强人以行其不愿为之方法，诚于病者有害无益，是乃为西医者个人之咎，而非西医学术之咎也。夫学术者在于实事求是，本无国界可言，安有中西之别？融会而贯通之，实为现今学者之责任。陈君汉翘，曩学医于日本，素有志于是，近辑《中西验方新编》一书。所列各方，皆日本医家所信用，认为确有效力者。不但足以备病家之检阅，即学医者亦可以此通中西之邮。其裨益于世，岂浅鲜哉？

外交曝言[*]

（1917）

　　欧战发生以后，日本朝野上下，咸注其心力于所谓对支外交，新闻杂志，亦无不抒其意见，发为言论。返观吾国，对于外交问题，若无复措意者。岂以弱国无外交，我国家本无自动之行为，故我国民亦无讨论之余地耶？虽然，自国之外交政策无可言，他国之外交政策不妨言之；未来之外交形势不可知，现世之外交形势不妨知之。记者伏处市井，于外交事实，鲜有所闻见，无以贡献于国人，仅就他国新闻杂志之记载，道听涂说，聊以为国人曝背闲谈时之资料而已。

　　前事之不忘，后事之师也。我国外交，自甲午战役以后，始波澜突起。俄、德、法三国联合，劝告日本还我辽东，此为甲午以后十余年中外交纷扰之张本。其事以俄为主动，德利俄之注意远东，则欧洲方面，不至复为德敌，故怂恿之。法以与俄同盟，故附和之。俄之出此，或谓由于清廷与俄订有密约，许其延长西比利亚铁路于东三省境内，且许其于东三省内地及旅顺口、大连湾、胶州湾各口，得有军事上及实业上之特权故也。此密约虽经英报宣布，然无从证实。殆当时外交上有如是之商议，为俄国方面之希望，而清廷之外交当局，既不容许，又不拒绝，遂成为一宗悬案。其后东三省铁路由道胜银行借款，西比利亚铁路经过吉、黑以达海参崴之计画既成，而俄人意犹未足，欲乃愈炽，屡以还辽之酬报相要。李鸿章使俄，即对于俄人之要求，有所商议也。适曹州教案起，德教士二人被害，德舰队入胶州湾，派兵上陆，要求租借青岛及山东省内筑路开矿之特权。未几俄舰队入旅顺口，要求旅顺口、大连湾之租借，且延长西比利亚路线至旅顺口。清廷不能拒，皆许之。或谓

　　* 《东方杂志》第 14 卷第 1 号，1917 年 1 月，署名伧父。

旅、大、胶州之事，密约已发其端，此时乃强制执行。胶州湾之租借，由俄让与于德，以为协同干涉还辽之酬报，教士被害不过口实，舰队占据不过形式，以欺蒙世人而已。此论殆非确实。惟德之占胶州，必已与俄人协议，则殆无疑义。于是英、法亦乘机而起，英借威海卫，法借广州湾，且获得云南省之路矿特权。当是时也，欧洲对于我国，盛行势力范围之说。此种观念，本起于欧人侵略非洲之时，今乃施之于吾国，其视吾国，盖与无主之旷土相等。而此形势之所由成，则当日联俄派之外交家有以启之也。

反对势力范围之主义者，厥惟美国。国务卿赫叶氏，曾以保全领土、开放门户、机会均等之旨通牒于列强。列强表面，皆赞同之，然无如何之效力。迨拳匪事变起，八国联军入京，而外交之形势一变。俄国首先提议撤兵，唱保全领土之说，对于罪魁之惩办，赔款之要求，亦主张轻减，然一面乘东三省之骚乱，驱兵入据。英人与俄人，在我国本处于竞争地位，时以用兵南非，不暇东顾。俄人乘机联结清廷，伸展势力，实为英人之所忌。日本以还辽之故，尤切齿于俄。德人则主张严办罪魁，重索赔款，亦与俄人之主张不同。于是英、德协商，守开放门户、保全领土、机会均等之主义，且将此主义，劝告列强承认。赫叶氏之提议，至此稍有声色。然和议成后，俄据东三省如故。德则宣言满洲在德国商业范围以外，英、德协商，与满洲无关系，对于俄在东三省之举动，既表容许之意。俄乃以交还东三省政权为由，屡要清廷订立密约。因英、日两国之抗议，不克成立。李鸿章既没，清廷联俄之外交政策，失主持之人。英日同盟又成，以尊重中国及朝鲜之独立抑制侵略，拥护自国之权利为主旨，阴以牵制俄国。俄乃发布俄法宣言书，表示赞成保全领土、开放门户之主义，若他国妨害两国利益时，两国协力保护，以与英日同盟对抗，一面允于东三省定期撤兵。及期不果，而日俄乃宣战矣。战后议和之结果，声明俄国对于满洲，不得有与机会均等主义不相容之利益；日本在满洲，与列国执共同一般之态度；旅、大之租借权及南满铁道之特权，由俄国让与日本，而日俄开战时日本所设军用之安奉铁道，由清廷允许日本，继续经营。英日同盟，亦继续订立，复声明保全领土及机会均等主义。嗣后日法协约日俄协约相继成立，均以此主义为标准。英俄协约对于西藏，亦声明保全领土，维持现状。至是而赫叶氏之提议，遂为列强之公约。清廷末叶，外交上之所以渐臻平稳者，实由甲午以后，列强在东亚角逐竞争之结果，乃不得不标此机会均等之主义以缓其冲突之势也。

日俄战役，我国民颇表同情于日。东三省交还以后，亲善有加。无何而日置统监于韩，为保护之关系。次年迫韩皇让位于太子，渐成兼并之局。满洲方面，日又竭力经营，屡起交涉。我国对日，遂有戒心。乃以二辰丸事件，有抵制日货之举。两国外交，益益纠纷。我国拟筑新法铁路，由英商承造，因日本之反对而不果。日本欲改筑安奉铁路，我国以路线不能更变与日本交涉，而日本发最后通牒，取自由行动。其他间岛问题，抚顺煤矿问题，新奉吉长借款问题，鸭绿架桥问题等，均争执经年，始订约解决。其时欧美各国对于日本在满洲势力之发展，多滋疑虑。一九○九年美有满洲铁路中立之提议，英人赞成之，俄亦有允许之意，日本乃联络俄人以拒之，于是英、美借款于我，立锦瑷铁路之约，亦为日俄所反对。次年结日俄新协约，以共同防卫满洲之现状为主旨。订约后，日即并韩。俄亦派调查员至蒙古，世谓日俄另有密约，俄已许日并韩，及认日在满洲、东蒙古特权，日亦许俄在蒙古自由行动也。先是，英、法两国之银行代表联合承揽我国铁路借款，而英、德两国银行竞争颇烈，英政府乃许德加入。至是美国亦要求参加，为四国银行团，与载泽、盛宣怀等订币制借款及满洲实业借款一千万镑，以东三省之酒税、生产税、消费税及全国盐税为抵，即所谓后四国借款是也。日俄因是，又联合抗议，未几以川粤汉铁路借款，即前四国借款事，引起革命。借款问题，遂亦中止。革命以后，四国银行团乃劝日俄两国加入，为六国银行团。日俄两银行代表，声明六国借款不得使用于满洲及蒙古有妨害于其特权者。六国协议之结果，以非外交会议之银行代表会议，不能论及此事。惟记入两国代表之声明于记事录。后银行团提出借款条件于我国，颇为苛刻。美政府乃声明借款条件，启中国财政及政治上不当之干涉，决意退出，六国团遂成为五国团。以上各事，皆日俄战役以后，日本人于东三省仍持势力范围主义，以致外交上波澜叠起。而其时又以英、德军备竞争日烈，巴尔干及摩洛哥各方面屡起衅端，欧洲之和平有岌岌不保之势。故英俄诸国均联络日本，以免远东利益之危险，且亦以牵制日本独占之势力也。

民国成立，势力范围，隐然有复活之象，则铁路借款及满蒙藏事件，有以启之也。其时国库穷乏，亟亟借款，各国资本团与五国团竞争者屡起，争揽路权。五国团顾列强形势，宣言经济借款，在五国团范围以外，于是竞争益烈。袁氏又欲速达其承认民国之目的，不惜牺牲权利。

此时列强获得之路权，先后相继。英得浦信（浦口至信阳）铁路，沙市兴义铁路（湖北沙市至贵州兴义）。俄法以比国公司之名义，获得海兰（海州至兰州）及同成（大同至成都）二路。德获济顺（济南至直隶顺德）、高沂（高密至沂州）二路。日获四平街至洮南、洮南至长春、热河至洮南、开原至海龙、海龙至吉林五路。民国三年，法又获得钦渝铁路，英又获得宁湘铁路，此皆民国政府所许于各国，而含有势力范围之性质者也。蒙古之独立也，库伦活佛求援于俄，借俄款，购俄械，许俄造恰克图至库伦之铁路，设俄蒙银行，且聘俄将以练蒙军，使内蒙札萨克王乌泰起兵据洮南，使陶什陶提兵与乌泰合兵东下，为奉天巡防军所败。外蒙之西二盟，亦反对库伦独立。政府又令毅军豫备远征。库政府与俄订立密约，出兵抵抗，且西攻科尔多，陷之，至札萨克王府，为巡防军所破。乌泰请和，库伦震骇，俄乃提出要求五款，设哈库铁道，不驻兵及移民于外蒙等。政府不答，遣使至库，劝活佛取消独立。俄亦突然遣使至库，认库独立，结俄蒙协约，以助蒙古自治练兵，禁中国驻兵移民为主旨。我政府对俄抗议，不承认此约，一时国论，颇形激昂。而俄亦傲然不屈，其回答之要旨，以俄藏协约，无待中国承认为辞。政府要求取消协约，俄坚执不允，交涉迁延不决，而俄政府对库政府，已获得种种权利。置库伦统监，设军司令部，使库政府邀王公会议，游说内蒙，不从则决意征伐。当时传说，英俄另结密约，俄认西藏为英之势力范围，英认外蒙为俄之势力范围，第三国侵入时，两国共同反对之。政府知势无可挽，乃与俄交涉，订立协约，俄认中国在外蒙之宗主权。中国许外蒙自治，不驻兵，不设官，不移民，惟任命大员驻库伦办事，得置随员及卫兵，并定外蒙区域为旧时库伦办事大臣、乌里雅苏台将军、科布多参赞大臣所统辖之境为限。此以库伦独立，为俄国在外蒙伸张势力之原因也。活佛在库伦倡独立后，前逃往印度之达赖喇嘛党与在噶伦布、靖西等处聚兵万人，取后藏江孜，进攻拉萨。拉萨失守，驻兵被围，达赖喇嘛归藏。川藏重要之地所驻兵队，多被藏人攻击，里塘戒严。四川都督尹昌衡，率兵赴援。藏人已占里塘、巴塘，闻川军至，溃走。前藏之秩序大乱。英派兵三千，进江孜。我驻兵之被围于拉萨者，虽屡被藏兵攻击、仍严守待援，达赖乃遣使与驻兵议和，将军械纳库，归达赖及办事大臣封储。川军既达里塘，云南都督蔡锷亦率兵前进。而英兵已抵拉萨，英政府又决计干涉藏事，命印度总督续派兵五千至布达拉府。英使又以我派兵入藏提出抗议于政府，且谓若继续进兵，则英政府不但不承认民国，且将以实力援西藏独立。俄亦同时提出抗议。政府乃命撤滇军，川军亦停止进行，以电报与达赖商议，协定五条，撤还驻藏兵队，全藏承认中国之宗主权，政治悉如旧制。中英之间，无新订之条约。然英使对于我政府之通牒，谓一九〇六年中英条约称"他国无干涉西藏内政之权"云云，中国亦在他国之内，一九〇七年中英俄关于西藏条约内称"英俄两国承认中国在西藏之宗主权"，不及主权，则中国对西藏无主权之事，即此可证。又英国外务次官在英议院宣言，谓："英国政府，决不容许中国将西藏入于其统治权内。"则英国之意，亦可知矣。外蒙、西藏之形势如此。未几欧战发生，日占青岛，乘机提出要求条件，关于山东省者四，关于南满及东蒙者七，关于汉冶萍者二，关于沿岸岛屿不割让者一，关于解决悬案及其他事件者七。磋商累月，日本增兵要挟，且发最后通牒，我国民亦有抑制日货之举。交涉之结果，关于南满者，许日人得自由居住往来，从事工商及各种业务，得租借或购买土地；民刑诉讼，日人为被告时，归日领事审判，关于土地之民事诉讼，由两国官吏共同审判；关于东蒙者，许两国人在该地方合办农业及工业，及许日人以该地方之借款优先权；关于山东者，以辟胶州湾为商埠，设日本租界及各国公共租界，为归还胶州湾之豫约条件；关于岛屿不割让者，除由政府自行宣布外，并约定不许他国在福建沿岸造船储煤为海军根据地及军事上之设施，并不借他国之款为同样设备；其他要求，或照允，或改为日后协商。此又日人于南满确立势力范围，且欲进而及于东蒙、山东、福建诸地者也。盖民国开国以来，外交上之损失，较之清季丁酉、戊戌之间，殆有过之无不及矣。

蒙古事件、西藏事件及日本要求事件，既已约束，外交上本可渐臻平静，而帝制运动忽起。袁世凯氏之任总统也，欧人颇信袁氏之能力，以为统一中国者，惟袁氏一人是赖。但日人与袁氏之感情，素不融洽，对于袁氏个人之行为，诽议不遗余力。帝制议起，反对袁氏之恶感，亦不逊于吾国。当帝制积极进行时，遂与英、法、俄、意各国联合劝告。袁氏于此劝告，虽不能视若无睹，然仍欲设法以达其目的。日本一部之政客及资本家，颇有欲借此获得权利，以为帝制问题之交换者。故袁氏令周自齐使日，欲乘机商议此事。然以友谊的劝告交换利益，不免为世人所非难。中日人民，尤多反对此举者，周使之行遂中止。其时民党之反对袁氏者，多聚于日本。日本民间志士，颇与党人联络，资以助力。我国民拥护共和之举，日人深抱同情。民国复活以来，日人颇有鼓吹亲善之说者，然郑家屯事件及厦门设立日警事件，交涉尚未就绪，虽不至因此损及亲交，而日本之树立势力范围，有进而无退，则固可知也。

现时我国外交形势，在欧洲和议未定以前，自然以协约国一方面为最有关系。协约各国中，惟日本受战事影响最少，在东亚方面独占优势，颇欲乘此时机，为对支的根本解决。其所谓对支的根本解决者：第一，欲使我国承认日本之势力，一意倾向日本，如奥、土之于德。第二，欲使列强承认日本在我国之势力，宣布其东亚的孟禄主义，如美国之于美洲。然其解决之法，果如何乎？欲用武力迫我以解决第一问题，则我必力抗，列强亦必群起而议其后。欧洲和议一定，势必出而干涉东亚之事，或有甚于还辽之举者，俄土之已事可考也。日人有鉴于此，故一转其机轴，而欲以亲善主义解决第一问题。果第一问题解决者，则第二问题之解决亦较易矣。然先解决第一问题，而后解决第二问题，其势尚难。若能先将第二问题解决，则第一问题，可不烦言而解。日人所谓"支那问题、非支那问题，乃世界问题"者，盖即此意。故其外交政策，自然以第二问题为重，欲乘英俄诸国无暇东顾之时，利用日本之兵力，保护其在中国之权利。青岛之役，即其见端。苟事机可乘，彼以保护他国经济上之权利，使他国承认日本政治上之权力，以互相交换。日本外交政策，殆不外此。此英国目下之政策，以保全散在各处之殖民地及印度领域为主，其对中国之政策，则在保持长江沿岸之通商特权，而尤不欲与他国有所冲突。英日同盟及英俄协商，皆由此政策而出。法则自英、法协约成立以后，两国几近于同盟，故极东之行动，常与英国为同一之步调。俄在战争时期，东进政策暂时停止，将来巴尔干事件解决，必更经营中亚，以铁道政策为长驾远驭之武器，而同成、海兰之二线或为将来外交上之葛藤，未可知也。协约诸国以外，其与吾国关系较重者，则为美国。然经济关系以外，别无政治关系。近年民主党组织政府，确守孟禄主义，与列强之间力避政治上之冲突。美总统威尔逊氏，就任以来，常欲以正义与人道为外交政策之根本，观其退去六国财团之宣言，可以知矣。总之英、法、美三国，对于吾国之外交，以保持其经济的地位而止，与日本之外交政策不同，即一为经济的而一为政治的，一为保持的而一为进取的，今日在我国之外交形势，即为此二种政策激荡而成者也。

至我国现时之外交方术，第一，当保持政治之统一与地方之治安。设我国政党不揣时势，效土其耳〔土耳其〕青年党之行为，致演成巴尔干分裂之局势，则瓜分之祸，即在目前。外蒙、西藏，为最近之殷鉴。又或我国地方官公员吏，专顾利禄，而于缉捕匪徒，救济贫民诸政，不加措意，致盗贼横行，商业衰落，甚或危及他国侨民之产业，则各国必群起责言。日本且得以保护商业，镇压乱事为名，实行前述之交换政策。故欲求外交之平稳，当以内政之平稳为基础。第二，对于列强，当持通共的亲善主义，决不宜偏袒于一国，否则亲善之国，既以表示亲善而有所要求，其他各国则援利益均沾之例，同时并起。清季联俄之往辙，岂堪复蹈乎？第三，当尊重各国既得利。现时国力，欲收回既失之权利，殆不可能。其实有政之权治上关系而与国家存立有妨害者，则宜乘机与各国协商，使各国谅解我之诚意。其他则以保持现势为主，使各国安心而不至疑我有破坏其权利之意。将来各国竞争日烈，必成互相侵轧之局。我若听甲国之言以损乙国，假丙国之力以抑丁国，其结果于我必无益而有害。且使列强因此猜忌益甚，危及世界和平，尤非人类之幸。我国今后外交方针，不宜以纵横排〔捭〕阖为能，而当以信义正直为主，则诈者贪者，或转无所施其伎俩焉。第四，决不可以外交为政争之具。若政争而牵及外交，则石敬瑭、吴三桂之徒，必引外力以自重，内政永无整理之望，外交亦永无宁静之时，如此而国不亡，未之有也。此次运动帝政与拥护共和两方面，虽无显然之国际关系，而外国私人之参与者，已在所不免。如外国顾问之为袁氏奔走者，与他国志士之为民党尽力者，隐然有对峙之势。今后政客党人，当绝对的警戒。对于外交事件，务脱离党派之意见，不得牵引外力入于政争。黄炎〔炎黄〕子孙，果欲立国于世界欤？则此之一事，实不可不兢兢注意者也。

豫言与暗示*

（1917）

豫言有奇验者，曾忆英国历史中记一豫言，将未来五代君主之名，各取其第一字母，联成一语，入豫言中。如是事实，诚为不可议思〔思议〕，然其他豫言，亦有可思议者。民国元二年间，曾与数友人谈论国事，欲知将来之事变如何。一友人曰：是亦易知，袁政府必与民党决裂，袁氏必图改帝制，必不能保其令名而终。予等询其何由而知之。友人复言曰：凡国家未来之事变，不必深思远虑，探赜索微而后知之也，多数普通之人，殆无不能知之。惟其事迹未著之前，人或疑其未必然耳。然据从前之经验，则事变之来，常不出于多数普通之人所已知者之外。例如女主临朝，国家必有乱亡之忧。此西太后第一、二次垂帘时，吾辈已窃闻父老谈论，咸戚戚然以为忧者。既而戊戌政变，庚子事变，清室二百年之国运，果斲伤于女子之手。此一证也。戊戌政变以后，清室母子不和，已为世人所共晓。当时论者，咸谓西太后若死，则光绪帝亦必不保。吾辈初亦未敢遽信，至戊申而其言竟验。此二证也。袁世凯氏在小站练兵时代，论者已谓其怀挟野心，将不利于清室。及北洋总督时代，此说尤盛。迨后卸去兵权，既且退归洹上。吾人几疑前言之不复验矣。乃民国创立之初，袁氏竟崛起而当组织共和政府之任。虽清室以政权公诸国民，非前代篡废者之比。然此事竟成于袁氏之手，则又不能谓前言之不验。此三证也。以是推之，则凡多数普通之人之所知者，即可谓之前知，而其言即可谓之豫言。袁氏之必与民党决裂，必图复帝制，必不能保其令名以终，即现时多数普通之人所知而言之者也。吾人今日忆此友人之言。觉三四年来之事变，竟不出于当时多数普通之人所知而

* 《东方杂志》第 14 卷第 1 号，1917 年 1 月，署名伧父。

言之者之外。平居窃念，以为此殆国民潜在意识中之自觉乎？然国民之有潜在意思，仍为不可思议之事。近思此等豫言之终验，实与暗示之理相关。豫言者，既知后来之事实，而豫为之言，此出于思议之外者也。若暗示者，先有此言，人心遂受此言之暗示，后之事实，乃依其所言而行，此固思议中之事，非有若何怪诞深玄之理在于其间也。暗示学为心理学中之一部，研究其事，兴趣颇多，今亦不暇详述，但施催眠术者利用暗示之法，使被术者依其所言而行，固吾人所习闻者。此等法术，骤闻之似甚新奇，其实吾人平日于不知不觉之中，受一种之暗示而依之以行者甚多，凡仿效他人附和他人之类皆是。例如见人倦怠，则己亦倦怠；见人忧戚，则己亦忧戚。又如闻多人言共和之善，则虽不知共和为何物者，亦深信其善；闻多人言辫发之丑，则虽素以辫发为美观者，亦甚觉其丑。此皆普通之心理而已入暗示之范围矣。吾人平日录写文字，忽闻隔座之言，即将其言中之一二字误录于文字之内。曾闻一书生将应试，师引某先辈故事告之曰：彼之策问中第一问、第二问等“问”字，皆误作“门”字。其后书生入试场，竟蹈此误。此皆由意念中已受暗示之故也。曾有医生试验暗示之作用，先以一种普通之药液与人服之，既而忽自惊曰：予误矣，倾〔顷〕所用之药，乃吐药也。服药者闻此言，竟起呕吐。故医生之利用暗示者，虽一寻常之药，必言此药如何神妙，使病者增其信赖之心。巫祝之符咒，宗教之祈祷，皆有治疗疾病之效者，亦由于此。医学家、教育家研究暗示之法者，谓暗示须用正言式，勿用反言式。如斥学生怠惰愚蠢，则学生自信其怠惰愚蠢，而成有害之暗示。若告之曰：汝宜勉力，汝宜用心。或告之曰：汝颇勉力，汝颇用心。则皆为有益之暗示也。又如告病者曰：汝幸勿腹泻，幸勿发热。此语实为头痛发热之暗示，利用暗示者，当告之曰：汝肠胃甚平安，体温甚适度也。依近世教育家，谓体格过于拙劣，面貌过于严厉者，不宜为小学教员。医学家谓新闻中药品之告白当加取谛，只许其言药之效力，不可言及现时某种病如何蔓延，如何危险，使闻者受其暗示而竟病。又商家欲畅销其货物，则其商人宜时时将己之货物，如何优美如何适用之处印入于己之意念中，则不知不觉之间，能与顾客以一种暗示，使其深信此货之优美适用，反之若商人之意念中，自知其货有若何缺点，亦能与顾客以暗示。此皆暗示宜用正言式不宜用反言式之理。国家社会间发生之事变，受豫言之暗示者颇多。如吾国相法中，言面圆体胖者有福，人皆信之，则君相大吏选用官属，豪商巨贾延用夥友，必择其有福相者，于是黏液质之人多居富贵之地位，而相术益验，他如豫言某年将有兵灾，则草泽之徒皆乘机思动，兵灾即因以酿成。又豫言米价将大贵，则藏粟者必不出粜，贩贾必积以居奇，米价遂因以致贵。至家庭琐事，因拘泥流俗之厌忌而故意以应验之者尤多。凡此之类，与其认为豫言之奇验，毋宁认为暗示之奏效耳。吾国近数十年中之事变，以此种观念考察之，殊有趣味。西太后之垂帘听政也，以我国历史上已事证之，则女主祸国，几成定例。故当时朝士，受历史之暗示，咸非议之。西太后自身，亦受此历史之暗示，自知不容于清议，则不得不以阴柔狠毒之手段维持其地位，用贪婪庸恶之小人助长其威力，一旦失败，又不恤倒行逆施以求一逞，于是历史之豫言，更得一确实之证例矣。革命运动之成功也，以十八、九世纪之欧美历史，凡民党与君主贵族抗争者，皆著著制胜。有血气之青年，受此历史之暗示，欲取而演之于吾国，深信其必获最后之胜利，故屡蹶屡起，愈演愈剧。清室之君若臣，亦受此历史之暗示，深信革命之必不能免。平日既动色相戒，武昌起义以后，遂手足无措，甚至拥重兵之将帅受制于数十党人之手。一般国民，亦受此历史之暗示，深信民党之必能成事，故闻风响应，惟恐或后。此时之暗示效力，几与受催眠术者无异。于是欧美历史之成例，复于吾国得一确证矣。袁世凯氏之在清室也，受西太后之知遇，手握重兵，人以新莽魏晋赵宋之已事测之，而为不利清室之豫言。清室受此暗示，乃去其兵柄，削其职权。袁氏自身亦受此暗示，乃运阴谋以待时势。南京政府亦受此暗示，乃利用之以去清室之政权。三者相合，而不利清室之豫言乃验。其在民国也，以北洋军队之首领，为共和国家之元首。人以法兰西那破仑、墨西哥狄爱士之已事测之，而为怀挟野心之豫言。民党受其暗示，则疑之怒之而举愤兵。官僚受其暗示，则逢之长之而谋拥戴。袁氏自身亦受此暗示，一方面既欣慕那破仑、狄爱士之雄图，一方面又惧蹈那破仑、狄爱士之覆辙，遂演成欲取姑舍既进忽退之状态。三者相合，而怀挟野心之豫言亦验矣。吾人于此，固不必惊豫言应验之奇，而不能不信暗示效力之大。大凡人之年齿幼稚、精神未强健者，受暗示最易，国民亦然，其易受暗示之原因，亦由政治上之经验未富阅历未深故耳。吾国民今后，宜注意于暗示之作用。报纸上之新闻及议论，对于国民之暗示，为最有效力者。凡推行改策，提倡学艺，改进风化，皆赖报纸之鼓吹。报纸之记者，宜依暗示之学理，用正言式之暗示，而不用反言式之暗示，方于国家有益。近时吾国报纸，常描写政治家丑恶之心理，鄙陋之行为，或揭政党之阴谋，或溯伟人之劣迹，是等暗示，皆足以堕落社会之道德，激起国民之恶惑。其结果或成为豫言，贻国家祸患于数十百年之后。思之殊危险也。此等报纸，大都有政治党派之关系。党派互相诋诼，借报纸以发表之，殊不知发表之结果，受其害者非敌党，乃多数之国民耳。吾谓今后政治党派，宜彼此立一公约，凡党中言论，只许发表己党政策之光明正大能如何福国，如何利民，不许攻击他党之营私妄利将如何病国，如何害民，犹之商家之广告，只许说己店货物之优美，不许说别店货物之恶劣，此亦人类社会所以成立之一种公理也。不知吾国政治家以此言为然否？

中国人果惰乎？*

（1917）

　　本志前卷十一号载钱君论文，题为《惰性之国民》，意以"惰"字为吾国民之病根，而思有以挽救之也。近日余与友论吾国民特性，友方自海外留学归，亦谓以吾国民与他国比较，优点固多，而其最大之劣点，即在于惰。予漫应之曰：吾国民诚惰。虽然，勤固不如惰也。彼等之勤，乃勤于制军械以互相杀戮耳，勤于操奇计赢以攫夺他国民之财货耳，否则勤于酒馆、咖啡馆、剧场、影戏场耳。且吾国民亦幸而惰耳。果勤如法人者，则三次革命战争，必继续至一百余年。或勤如美人者，则南北战争，亦非十余年不能已。生命财产之损失，将不可计矣！友以予为强辩，予承之。然予意，国民之努力，要不可不审其正当与否。孟子曰：鸡鸣而起，孳孳为善者，舜之徒也；鸡鸣而起，孳孳为利者，跖之徒也。同一勤也，而有舜跖之分，为舜者宜勤，若为跖而勤，吾宁其惰耳。国家社会之所谓文明进化者，即其人民善用其力之谓，而所谓堕落衰退者，即人民误用其力之谓也。吾国社会构成之元素有二：一为孔孟之学，二为老庄之学。孔孟之学，躬行实践，示人以努力之道。老庄之学，清净无为，示人以不努力之道。努力之道，固不可不知；而不努力之道，尤不可不知。盖使人为正当之努力尚易，使人不为不正当之努力为最难耳。人类当野蛮时代，其获得衣食住也，需力甚多，故不正当之努力尚少。文明既启，衣食住之获得较易。古者上农食九人，以今日言之，上农殆可食十五人，则人类但用其十五〔分〕之一之努力已可得食。至衣服居住，较之得食为易，业此者其数甚少于农，即充其数与农相等，则人类但更用其十五分之一之努力已可得衣与住。况机械发明以

＊《东方杂志》第 14 卷第 1 号，1917 年 1 月，署名伧父。

后，利用自然力以代人工，人类生活所必须之努力，更大为减少。如是余剩之努力，更将用之于何处乎？夫人类当生存之时，欲其心力体力寂灭而勿用，实为最难之事。圣哲之士，经数十年之修练容或能之。若在常人，则直以此为莫大苦痛。故余剩之努力，未有能弃而不用者。而其用途，则不出于下述之二事。一为增高其生活程度，使生活所须之努力加多。例如蔬食者改为肉食，则所须之努力，增加十倍。（蔬食者十人之食料用以牧畜，仅足以充肉食者一人之食料也。）其他衣服居住之程度，亦可以此推之。二为激起竞争，以消费其努力。是二者固不能全然视为不正当之努力。即生活程度增高，足以减少人类之苦痛；互相竞争，足以增进人类之智能。然不正当之努力，亦缘之而起，即奢侈之生活与无益之竞争是也。烟酒为前者之代表，赌博为后者之代表，今日人类之行事，类于烟酒与赌博者何限？皆不正当之努力而已。吾人试驻足都市之街衢，见乘马而疾走者无数，御车而狂奔者无数，鞅掌终日亦不可为不勤，然果有人焉即而叩其奔走之理由，则无谓之征逐，无聊之应酬居多，其或自以为有正当之理由者，细按之，亦烟酒赌博之类非不可已者也。又试回忆吾人数十年中自身之所动作，或社会之所发生，大小事变，不下数十百起，考其前因，综其后果，则其事之无益而有害者若干，无益亦无害而等于滑稽属于消遣者若干，除此二者以外，所余之事已复无几，然则吾侪之营营逐逐，以哲眼观之，大都庸人自扰而已。或者谓世界进化，善进恶亦进，即正当之努力进，不正当之努力亦进，两方面俱进，即谓之勤，而所谓惰者，乃两方面俱不进之谓。然以予考之，则今日之农若工，其勤未能加于古之农若工也；欧美之农若工，其勤亦未能加于吾之农若工也。今之所诩为文明进化者，亦增高其生活程度与激起竞争，其大部分皆不正当之努力而已。文明乎，是胡足讴歌，直诅咒之可耳。希腊之文明何在乎，罗马之文明何在乎，吾五千余年之旧民族所以能维系而不坠者，实由孔孟之积极的精神与黄老之消极的思想互相调剂。黄老思想之有益于吾民族，犹汽机之有节汽球，所以制力之妄用也。若惩于吾民之惰而效欧美之勤，吾恐其结果使吾民误用其力，求文明者反堕落耳。吾鉴于近日吾国民奢侈生活之激增与政治竞争之劳攘，而不能不兢兢于是矣。

男女及家庭 *

（1917）

　　前清筹备宪政，调查户口，当时浙江山阴、会稽两县分区调查颇详。其各区总数，均男多女少。山乡贫瘠之区，相差尤甚，男一百人中，女仅七十二人。城市富庶之区，则男一百人中，有女八十八人。又全省各县户口，除旂人女多于男外，余皆男多于女，惟省会及大城镇则男一百人中有女九十余人。予当时得此事实，颇以为奇，因研究其理由，由以为由于下列各项之关系。一、调查时之隐匿。某家男子几何，邻里戚友，均能知之，调查较易，女子几何，则人不注意，调查亦难。二、则穷乡僻壤之间，容有犯溺女之罪恶者。三、则习俗重男轻女，养育男儿，常较女儿为注意；男儿之饮食，较优于女儿；疾病之医疗看护，亦较女儿为周至。四、则缠足之风尚炽，女子之生活力，阴被其斲伤。五、女子食物粗粝，营养不丰，则依生物学之公理，其生产之子，必男多于女。六、女子既少于男子，则女子出嫁必早，乃以生育过早之过，易致夭折。七、男子既多于女子，则男子之无资产者，娶妻必难，结婚必晚，因之社会之中，以弱女配壮男，老夫偶少妇者必多，依生物学公例，则男子之年龄长于女子者，所生之子，必男多于女。余又推想男多女少之结果，则男子中必有若干人无妻者。此种无妻之男子，既无女性之调和，又无家室之依恋，其性质必流于放浪与暴戾而为盗贼痞棍之起源。当时予曾将此意见投稿于日报中。近见日本《大日本杂志》载某博士论文，论西洋各国女多于男之原因，则与予说适成反证。论文中略谓："据一九一一年末英吉利人口之调查，男二一九八一八六七人，女二三三一五二七四人，女多于男者一百三十二万有奇。然就其每年婴儿之产出数考之，男女本略相等，何以得女多男少之结果乎？则以男孩多不育之故。就其每年婴孩之死亡数考之，男孩之死亡数，实多于女孩也。然则男孩何以不育乎？则以男孩当生长时期，疾病较多于女孩，哺育较难，为母者不注意，故死亡较多也。然则为母者何以不注意？则以欧美之女子多社交，耽游乐之故。英吉利全国，一年之中，竞马、扑球、演剧、音乐会、飞机、自动车等竞技会，招引观客出资，其数达五万万圆。每周之中，活动影戏之观客，平均为八百万人。此巨大之金额，皆英人之为游乐而用者。更精考之，则皆英之男子为女子之游乐而用者。伦敦某杂志以青年何以不愿结婚为问题募人投书，应募之人，一百分中八十五分，皆以不能供应女子之欲望为言。女子之数既超越男子，而男子又惮于结婚，则独身生活之女子必众，其结果则产出卖淫妇与私生儿。而其第二之生产物，乃为暴乱之女子。盖独身生活之女子，不得不求职业。女子之职业既少于男子，其劳金亦较男子为少。英吉利之女权论者，其主张之要点，即对于劳金之差异而起不平也。彼等以要求选举权之故，乃至各处放火，以剧药注入邮政柜，毁坏国立图画馆中之名画。日本之新闻杂志，乃以彼等为女权之先觉者，表赞同之意。在英吉利本国，嫌之如蛇蝎者，日本乃尊之为志士，使彼暴乱女闻之，当不胜狂喜，以为吾侪之知已，乃在日本也。”以上为日本某博士论文中之大意，余因此感想吾国女子，与西洋女子，地位不同，彼尊女子，乃产出过胜之女子；我重男子，乃产出多余之男子。《左氏传》曰：民之所欲，天必从之。其斯之谓乎？今者欧风流行于吾国，关系女子问题，亦必有多少之变更。以彼牝阴之俗，救吾亢阳之害，东西文明之抱合，固吾人所切望者。惟社会间男女之关系，经长时日之陶铸而后成，苟有所变更，其影响于社会者至大，不可不熟思而审处之。关于此问题之最重要事项有二：一为自由结婚，二为结婚后亲子异居。此二事在向慕欧风者言之，固以为至当于理，至合于情，为构成新家庭之基础，然在拘墟旧惯者言之，则以为乖于礼制，悖于伦常，为破坏旧家庭之蟊贼。吾人讨论社会问题，自当取研究态度，不宜有所胶固。仅持礼制伦常之说，以为维持旧家庭之理由，殊不足以折服向慕欧风者之心而间执其口。吾人以为新家庭之胜于旧家庭者，确有数端：一、家庭间无压制拘束之苦。二、策励青年之独立。三、减轻为父母者晚年之责任。四、减少早婚及无能力之男子滥育子女之害。然其随之而起之弊害亦复不少。一、未婚之女子，惑于虚荣，负身分不相当之希望，则或陷于堕落。欧洲女子，往往嫌乡里之鄙陋，求职业于都市。初则怀抱奢望，好事赘泽，继则习于嗜好，迫于贫困，因此而堕落者，不知凡几。二、青年男女，结婚后自为一家，无年事较长者为之监察，则不免陷于奢侈，习于游乐，竭男子之精力，以供女子之挥霍，而蹈《大日本杂志》中所述之弊。三、为父母者于子女婚嫁以后，将陷于茕独之苦。欧洲子女于未嫁婚以前，对于父母，爱情真挚，未尝无孝道，然婚嫁以后，则情形大变，与父母相见者，不过每周一次。寡居之老母，往往寄宿于旅舍，疾病则雇看护妇以伺之。其无遗产者则入居养老院，借慈善费或国费以维持。暮景萧条，殊为可悯。较之旧家庭中含饴弄孙之乐，盖不啻霄壤矣。以上三者，殆为必至之弊害，愿提倡新家庭主义者，豫筹补救之方焉。此外尚有一事，为提倡新家庭主义之障碍者，则我国生计日绌，青年之男子能离父而独立，有相当之财产与职业，可以构造新家庭者，盖寥寥无几，彼既无构造新家庭之能力，而与之言自由结婚亲子异居，是犹羽毛未长而欲使高飞，乳齿未生而欲离母哺，固为事实上之所不可能者。新家庭之弊害，尚有补救之方，惟事实上之不可能，则非俟教育既兴殖产既丰以后，无可希望，无已，则惟有于旧家庭之中，酌采新家庭之优点而用之。一、为戒早婚。现时为父母者，往往于其子年龄未壮学业未成之前为之娶妻，使其子未及中年负家累甚重，是实为父母者之罪。二、子女成年，始为择配。择配时须慎重考察，而使子女参与其意见。三、成婚以后，父母对于子妇，须与以宽大之自由，勿以旧时服劳奉养之礼仪绳之，事非有重大之关系者，不加干与，以重子妇之人格，全亲子之爱情。四、父母子妇之间，负互相辅养之义务。父母无资产而子有相当之收入，则称有无以养父母；父母有资产而子无可恃之职业，则量丰啬以给子妇。以上四端，在持旧家庭主义者，或犹以为未然，予则以为维持旧家庭之法，决不能外是矣。

选举与考试 *

（1917）

世间往往有浅显易明之法则，且其法则之应用极广。而当其未知此法则以前，亘数千年之久，竟无人能发明而利用之者，如现时之选举方法是也。各人投票一纸，书其所欲选之人，而以票数多者当选，此极浅近易明之法则。今则自选举大总统始，凡公私团体选举职员，几无不用之，而我国从前多数之政治家法制家，竟无一能发明此事，必待自西洋输入者，此实一至奇之事也。吾国从前虽行乡举里选之法，不过操政权者，采乡里之评论而征辟之，并无若何之法则以表示选举者之意思。设当时能发明投票选举之法，则必能知其便利而用之也无疑矣。果尔，则其影响于吾国政治也必甚大，自治之制必甚发达，决不仅如汉时之三老五更，现时之祠堂社庙会馆而止。且以予意揣之，苟吾国人能早知投票选举之法则，则共和政体，必早行于二千余年以前。盖我国之共和主义，在唐虞之际，已甚发达，历久不渝，得乎邱民而为天子，实为我国民数千〔年〕来共同之心理，惟不知投票之法，无以实现其主义。故历次革命之后，仍不能不立世袭之君主。有天定之皇帝，而不能有人造之皇帝者，实由于此。设知皇帝有可以人造之法，则谁肯承认天定之皇帝而拥戴之？夏商周及春秋战国时代，或行选王选公之制，秦政统一以后，刘项时代，必为民国纪元，举项羽为大总统，举刘邦为副总统。项羽而帝制自为焉，刘邦必起而灭之，刘邦而专制自任焉，韩、彭、萧、曹之徒必离而叛之，无可疑也。然则我国不行共和政体于二千余年以前，以不知投票之方法故也。

西洋人能发明选举方法，而我国人不能，必自西洋输入，乃利用之

---

* 《东方杂志》第 14 卷第 2 号，1917 年 2 月，署名伧父。

以实行其共和主义，此事在吾人思之，殊觉甚奇。然天下之事，竟无独而有偶，吾国人能发明考试方法，而西洋人不能，必自吾国输入，乃利用之以实行其政权普及主义，其事实乃至相类似。苟西洋人能早知此考试之法则者，则一切平民，皆可以朝为田舍郎暮登天子堂，中古时代之政治，不致为贵族武士所垄断，而十七世纪、十八世纪之革命流血可以不作。且以予意揣之，欧人果早发明考试之法则者，则亦必咿唔占毕，敝精神于简练揣摩之中，争功名于风檐寸晷之下。海外殖民事业，决不能发展。今日之英、法诸国，其贫弱当无异于吾。美洲犹为棕色土人之住所，印度犹为莫卧儿朝之封建国，未可知也。迟之又久，始于近数世纪中自我国输入，乃盛行之政治界中。登进官吏，雇用职员，无不以此。德、法诸国所以能完成其官僚政治者，实此法也。他如工商事业，延用伙友，招募工匠，亦无不参用考试之法。其用途日益繁盛，其规则亦日益严密。观彼之盛行考试，与吾之盛行选举，所谓东西文明之调和云者，殆此之谓欤！

今就予所闻见者，纪其一事。英国学校，每年举行地方考试。此考试由剑桥、牛津诸大学主之，英国中等以下各学校之学生及青年之自修学业者，概应此试。其考试分中等、高等二科。高等及格者，可以入大学本科；中等及格者，可以入大学豫科。然应试者其志愿初不在入学、仅以此为学绩之证据而已。其考试分十余科目。凡英本国及属地商埠繁盛之处，皆由大学豫派委员经理其事。应试者先期报名，指定科目，交纳试验费，拈定号数，定期在就地举行考试。由委员主考，延本地学务人员助之。试毕，委员封其试卷，寄至主行考试之大学。大学中有规定之团体，司评定之事。及格者先以电报发表其号数，继则汇刻题名录，载及格者之姓名、年龄、地址及所考之科目，分给各地。并寄证书于各地委员，由委员分给于与考者。每次考试，其题名录中之姓名常万余人，然不过应试者百分之四十至五十而已，足见应试者之多也。英人视此项考试甚重，学校中收录学生，公私团体雇用人员，苟有剑桥或牛津所给此项证书，即认为有相当学力之保证。上海公共租界，由剑桥大学举行此考试者有年（闻今年以后，东方各埠将由香港大学举行），常于冬假前在市政厅中行之，应试者约三百余人。除英国之青年男女外，他国人亦有与此试者。日本人应此考试，尤为热心。吾国人在英、法人所设立之学校肄业者，亦由教师介绍应试。盖此等学校及教师，常以其学生试应者之众，及格者之多，为其学校之名誉，教师之成绩焉。公共租界工部局所设之华人学校，尤奖励学生应此考试。华童公学之学生历年应试及格者，已三十余人。其招生告白中，常举此事以为荣幸。其考试之规则颇严密，日试二三科，每科设数问题，限二小时而毕。历一星期遍试诸科，而试事乃竣。试场内不能检阅书籍，但亦不搜查怀挟。主试之委员，在试场邻室，穴壁作小窦以窥之。有阅书者，记其号数，减其评点，故与试者皆不敢犯。其试卷有号数而不书姓名。交卷有一定之柜，某科纳某柜，男生纳某柜，女生纳某柜，各自投入。如或误投，则全功尽弃，不能更置矣。考试之时，学生精神之集注，教师期望之殷挚，场前豫备之勤奋（学校多于此时令与试者加夜课），临场照料之劳瘁（送考接考，皆为教师，且由教师送午膳入市政厅以飨学生），与夫考后问题答案之讨论（教师一见题纸，即知其学生之答案能否及格，如问题适在平日豫备之功课中，则色然以喜），种种状态，乃无一不与吾科举时代之考生与塾师酷似。此不独吾中国学生之与试者为然，欧人日本人之与试者，亦无不然焉。亦不独男子为然，女子之与试者，亦无不然焉。阅四月而及格者之号数，由伦敦传电至上海，各学校传观之，各西报发表之。如其及格人数，增于往年，多于他埠，则西报著为论文，重加赞美，以为本埠教育进步之证。学生及格者之人数，最多者为某校，次多者为某校，西报中皆特揭以表扬之。此时与试之学生，得者相贺，失者相慰，得者则毕业本校，豫备入上级学校，或出而就业，失者再奋然为下一次之豫备。予常留意其事，以为欧人未受科学〔举〕之毒，女子初无功名之念，今胡亦若此？可知人类之性行，固不甚远也。科举停罢以后，吾人于此等状态，忘之久矣，不图今目〔日〕复见汉官仪，非出人意料之事乎？

吾述此事，吾抱一种感想。吾人二十年来，厌弃考试，信仰选举，以为选举者，西洋之新法则，至公普之法则也，立宪国家之流行品也。考试者，吾国之旧法则也，至腐败之法则也，科举时代之老废物也。不谓吾国之老废物，乃成西洋之流行品，朽腐忽化为神奇，吾不能不为吾先民发明考试方法者庆其幸运。然吾又抱一种感想。吾人在科举时代，借考试以取富若贵，目的之卑陋，状态之龌龊，诚令人不可向迩。今废考试而行选举，所谓选举者固如何？民国二年之选举，吾人曾目击之。吾不暇详言，一言以蔽之曰：科举而已。科举而可以取富若贵也，科举可也；选举而可以取富若贵也，选举亦可也。手段不同，目的则犹是耳；名目不同，状态亦犹是耳。吾不意立宪国家之流行品，实即科举时代之老废物。吾侪昔者以厌弃科举之故，斥辱不遗余力，以为亡国由于斯，灭种由于斯，吾又不能不为吾先民发明考试方法者代抱不平焉。

吾今将下一公平之论断曰：选举与考试，实为至相类似之物。以为公普，则皆公普者也；以为腐败，则均腐败者也。善用之而使之公普，皆足以利国福民；不善用之而使之腐败，则病国殃民，亦无以异。今分别比较于下。

（甲）自其利国福民者言之

（1）选举与考试，皆国民行使参政权时，保障其公普之方法。参与立法，为国民参政权之一。国民不能全数列席于议会，则行选举，以信仰之多寡为标准。信仰多者被选，此公普之法也。国民得为国家官吏，亦为国民参政权之一。国民不能全数任命为官吏，则行考试，以学力之优绌为标准。学力优者得第，亦公普之法也。

（2）选举之效益，能鼓动国民政治的兴趣，能普及政治思想于国民。考试之效益，能提倡国民学术的倾向，能灌输学术上之知识于国民。

（乙）自其病国殃民者言之

（1）选举腐败，以党派运动博信仰之多寡，其甚者则当选与否，全凭金钱之能力，与信仰之多寡无关。其结果为商买，为公行贿赂，堕落国民之道德。考试腐败，以美术文字验学力之优绌，其甚者则考取与否，悉听命运之驱使，与学力之优绌无关。其结果为拈阄，为公行赌博，衰颓国民之志气。

（2）选举腐败，则选出者多营私图利之人，争夺政权，国家因之而纷扰。考试腐败，则考取者多阘茸无能之人，滥竽职位，国家因之而衰弱。

选举与考试，其类似之点，既如上所述，吾人今后，当一改其信仰选举厌弃考试之心理，而公平以审处之。选举而腐败焉，则嫉恶之当与曩日之科举无异，视为国家及民族之一种毒害物，必绝其腐败之根株，达其公普之目的而后已。至于登进官吏，当用考试。现时操用人权者，以官吏为与党间之馈赠品，位置私人，安插子弟，无所顾忌。猎官者又以中原之鹿任人得而逐之，麋集都门，数逾十万。政治界之空气，恶浊太甚，澄清吏治，惟有从实行文官试验法入手。惟试验之科目，评定之方法及试场规则等，宜参酌各国现行之制，勿依据旧日科举之成规改头换面，敷衍了事。如民国二、三年间之知事试验，则其腐败仍不亚于科举，非吾人所赞许者也。

个人与国家之界说 *

（1917）

　　吾国人素乏国家思想。自寰海交通，备受列强强烈之刺激，此思想乃稍稍发生。自民国成立，人民得参预政治之权利，此思想乃愈就发达。比年国内优秀，既呼号奔走，敝精神捐生命于国事之一途。其次则从事社会事业，直接间接以谋国家之福利。即普通人民，对于国家与个人之关系，亦渐觉悟。前年救国储金会，发起未及数月，竟能得多数之响应，集巨大之金额。即此以观，则吾国人爱国观念，已不似从前之淡泊矣。

　　然而默察国内现状，尚有未许乐观者。国人虽悟个人主义之不足以立国，渐知注重于国家，顾个人与国家间，仍不免有种种之冲突，非公私混杂，则意见纷歧。其假国家名义以营个人私利者无论已，即能以国家为职志，而或义始利终，未能贯彻其宗旨，跋前疐后，动为环象所推移。年来政界之泯棼，社会之俶扰，多缘于此。究厥原因，则国家与个人，未尝区分界域之故也。论者每谓国家为全体，个人为分子，分子当消纳于全体之中，个人当从属于国家之内，决无界域之可以区画，上云诸弊，乃由于个人主义未尽蠲除，吾人不知爱国则已，既以国家为前提，则宜牺牲个人以附属于国家，不能使国家与个人立于对待之境地也。不知个人虽为国家分子，其个人地位，依然存在，未尝消灭。既未消灭，而欲剥除其一切之权利，阻遏其应有之生计，使受支配于国家，势必不可。虽谓全体之安危即分子之安危，国家之利害即个人之利害，国家苟臻强盛，个人之福利，自在其中。然国家所谋者，乃多数个人之利害，若其少数，讵能一一顾及？且个人之地位，各有不同，国家之施

　　* 《东方杂志》第 14 卷第 3 号，1917 年 3 月，署名高劳。

措，有此认为利而彼认为害者，则此少数之个人及认为有害之各个人，其对于国事，不肯牺牲一己以利全体，亦固其所。是谓举国家即可包括个人，个人无复有自谋之余地，亦非通论。虽或激于爱国义愤，容有抛弃其个人主义之一时，然勉强而非自然，决难永久持续。吾人为抵抗外侮，力求自卫计，固不能不激励民气，俾知爱护其国家。然但以国家为标题，而不明个人与国家之分际，使之漫无界限，则野心家或利用之以眩惑群众，自利者复假托焉以求遂私图，而一般人民或将陷于迷途，非莫知适从，即听人驱策，纷纭之极，其反动必将以爱国为诟病，抱其消极态度，以自甘废弃者。是不特非个人之幸，亦岂国家之福？不宁惟是，个人所以能为国家效用者，赖有完全之人格，故得发展能力以裨益于国事也。若但注重国家，而置个人人格于不顾，或务缩小个人之范围，使无自淑其身之余地，则个人之地位，未克巩固，其能效用者几何？岂惟不能，或且以毫无修养毫无历练之人格，卤莽灭裂以从事焉，其流弊亦非浅鲜。由是而言，则欲使个人能尽力于国事，必使个人先尽力于自身。当其致力于自身之时，不必悬国家以为标的也，但使各个人均有充实自治之能力，即不难随其材职之高下，学识之深浅，直接间接以分任国事。而欲任事后个人国家间之不发生冲突，则国家所以责备于个人，与夫个人所以贡献于国家者，当各有其分量，而不容或过焉，是界限之说也。其说维何？略举如次：

第一，当先巩固个人之地位。所谓地位者，非指权位势力言，乃谓各个人所以自立之具，如道德、学问以及谋生之职业是也。吾人处国家范围之下，赖国家之保卫得以生存，则对于国家，自不能不与己身同一爱护。但必先有身而后有国，若己身不足以自立，虽日日昌言爱国，亦复何益？《大学》言治国必先修身，《论语》谓修己以安百姓，即属此义。譬之建筑，欲求建筑物之稳固，不可不求材料之坚实。个人者，建筑国家之材料也。故吾人思为国家造成有用之人才，当先就自己造成有用之人格。人格全而个人之地位固，个人之地位固则国家自能受裨于无形。盖个人与国家，利害虽相联属，然其致力之点，则有本末先后之不同而不可或混者也。

其二，个人对于国家，各有相当之责任。盖国家所需求于个人者，其事至伙。凡一材一艺，苟为组成国家所应有者，国家皆需要之。故个人无日不与国家有接触之机会，即个人无日不可自致其爱国之忱。虽为农为工为商，果能自励其事，自勤其职，其效果未尝不可影响于国家。

是则个人但就其力所能胜，分途进行，国事当无不理，且因之而个人各得其安心立命之方，既得随时随地效力于国而不至怀惭，仍得壹意专心，修其职业而无虞荒废。若夫大疑大计，固不可无担任之人，然非普通个人所当负荷，己饥己溺，非禹不能当此重任，且亦无容当此重任。语曰："天下兴亡，匹夫有责。"乃谓匹夫有匹夫之责，非谓匹夫当负天下之全责也。

其三，毋强个人以没入国家。近时热心国事者，往往流入此弊。其大别有二：一为强他人没入者，一为将自身没入者。彼其意，盖谓吾人既为国家分子，当此国事危急之秋，个人岂容自私其所有，非牺牲一切，必同陷于沦亡。于是一言救国，即侵夺他人之自由，蔑视他人之权利，亦所不顾。其有不愿，则以武力逼压之，或倡为牺牲少数保全多数于公理无背之说，以遂其强制之执行。是无论必遭反抗，不能遽如所期，且因此之故，而使各个人之地位阢陧不宁，各个人之生计凋零殆尽，则国家愈即于危殆。虽国家主义，欧陆固已盛行，德人尼采之超人论及般哈提之主战论，均唱道此旨。然欧美学者，对之颇多非难，则此主义之是否正当，尚属疑问。且彼国人民，受千百年历史之训练，数十载教育之提倡，国家思想，较为普及，故行此主义，尚能适合。吾国程度，相离太远，贸然行之，未有不生纷乱者。况国家者，乃多数个人集合而成，谋国家之福利，不外谋多数个人之福利，然欲为谋未来之福利，而先令失其现在之福利，此理亦嫌矛盾，日后之能否取偿不可知，而目前之痛苦，已非一般人民所愿受。且离多数个人而言国家，谁复为国家之代表者？质言之，不过牺牲多数个人，以徇主持国事之少数人之意旨而已。此强他人以没入国家之不得谓为正义也。若夫以自身没入，宜若可以无弊矣，然亦未尽适当。前已言之，个人虽为国家分子，个人之地位，依然存在。夫既存在，则不能无身家衣食之谋。以国家之故，而使其身家衣食之谋悉行蠲弃，既非情理之正，且担负艰巨，不可无抵抗困难之毅力，苟志愿有余而毅力不足，则稍遇挫折，即不免忧伤憔悴，无以自全。比来爱国青年，往往陷于蹈海自杀之行为，皆热诚太过，以己身没入国家之弊也。由前言之，则妨害个人自身之活动；由后言之，则摧残国家有用之人才。何如审力而行，勿逾分量之为愈乎！夫国家多难，固赖有一二豪杰牺牲一切以救危亡，然此可望诸出类之英才，而不可概之凡众。培根有言：国家至大之功德，至美之事业，多出于独身及无子之人。然有家室子女者，其对于将来之事业，常费至大之考虑，吾亦谓遗大投艰，非国尔忘身，不能成其伟绩；然能完全其个人地位者，对于国家之考虑，亦必较为稳健，正不必捐躯摩顶，然后为能尽其爱国之责任也。

其四，毋强国家以迁就个人。夫以个人为本位，借国家以行其私意，稍知爱国者，当不虞其有此。然或自信太坚，以己之主张为必足福民利国，凭其平日冥构之理想，夙昔服膺之学说，视为一一可以实行，于是坚忍无前，百折不屈，不达其目的不止，且持可以乐成难于图始之说，排众议而一意孤行，卒之所愿莫偿，而政治进行，转受无数之波折。微论所主持者之未必果是也，就令利害皦然，安危所系，然当举世未悟时机未至之时，逆潮流以求伸己志，亦足妨民而病国。况乎人之欲善，谁不如我，政策臧否，初无定评。我可坚持我之主张，人亦可执行彼之意志。我谓我之政策，可以推行而悉当，人亦得谓彼之政策，固已尽善而无遗，争执之余，国事将益纷纠而不可收拾。是宜守定个人与国家之分际，毋使溢出范围之外。遇有个人政见与国家现势格不相入之时，则当稍贬方针，以为妥协调和之地。果难假借，则无宁退出政治之外，以待时会之再来。古昔贤哲，常有大谟大猷谋及百世，乃为大势所格，卒不获展其抱负者，历史上不乏其例，固不独吾身始遭其厄也。其或徇党派之偏私，怀意见以倾轧，则更当悬为厉禁而无待申论矣。

妇女职业 *
（1917）

　　妇女职业之说，盛传于欧美，自大战争发生，男子咸执兵役，国内一切工作，多以妇女代之，且有从事于军械制造以供战用者。于是妇女职业问题，更为全世界所注视。吾国近数年来，亦竞提倡是说，以为妇女当求自立，不宜仰赖男子，作男子之附属品。苟能各有职业，则国中骤增无数生利之人，于国家前途，关系不浅。是说也，固亦言之成理，持之有故。然吾国之妇女，其果素无职业耶？提倡中国妇女职业，果当如欧美之现状，使入都会中之工商市场，与男子执同等之商业与工业耶？此亟当研究者也。

　　中国妇女，类能习劳耐苦。田家耕作，多赖妇女之补助。而执手工工业者，则尤所在皆是。北地情形，吾不详知，若南方各省，如纺棉，如拣茶，如缫丝，如绩麻，皆为妇女之专业。而织布、制履、制纸、制造锡箔，亦有一部分之工作，由妇女担任。凡从事以上诸工业者，每县恒千万人或十数万人。其或有徒手而嬉，无所事事者，必其地方乏出产物，无工可执。或其地方距离城市工场过远，艰于承揽。又或工场规模狭隘，所需之工有限，不敷分布之故也。以故此项妇女，除家事操作外，惟有从事于采薪织荐等粗陋之事，以稍补其生计。记者旅行所至，常常闻其乡人相与愁叹，谓吾侪不幸，生此荒僻之区，设能如某某等乡，妇女有业可就，则吾侪生计，亦何至若是之窘迫耶？由此观之，中国妇女，大抵皆有职业，其无职业者，殆为地域之关系，非甘于闲惰而不知操作也。惟是工业之盛衰，每随时势以转变。海通以还，转变尤甚。自洋布充斥，而纺织之业，多被摧残。制纸事业，亦因洋纸输入而

---

　　* 《东方杂志》第 14 卷第 3 号，1917 年 3 月，署名高劳。

减缩。茶业则以华茶销路被夺，渐形萎顿。于是从前妇女之大宗职业，日就衰微。故今日而欲研究此问题，则与其提倡新式之职业，无宁注意旧有之职业；与其为少数妇女启辟都市中执业之新途，无宁为多数妇女维持乡里间固有之生计。盖乡里之职业，遍于全国，人数众多，其盛其衰，于国民经济，关系至巨，非都市职业所能比拟。一也。且席旧有之基础，维持而保护之，较之新辟径途，收效自易。二也。乡里妇女之职业，所得劳银，悉以补助家计，滴滴归源，绝无外溢，都市职业，则不免有衣食赘泽之耗费。两两相比，自以旧时之职业，较为实在。三也。吾国人浮于事，男子就业，且忧人满。设令妇女皆执男子同等之职业，在妇女方面，固多一生利之途，然男子方面，必有若干被摈而失业者。与欧美状况不同，不能强相仿效。故不如就素为妇女所执之业，发展之之为便。四也。幼稚园等类之设备，尚未普及，使妇人咸就商市工场之职业，则对于子女养育，不免发生缺陷，不若仍守旧有之家庭工业为合宜。五也。有此数端，故记者以为目前之妇女职业问题，所应急为筹画者，当在此而不在彼，然则维持之道当奈何？曰：其未经衰落者，当设法以保存之；其业经衰落者，当竭力以挽救之；其无可挽救者，则当随时势之所趋，发明一二新事业，予妇女以执业之机会焉。要之，不外振兴内地使用手工之工业，使各地方原料，得因妇女之劳力以销行于世界之市场而已。是不特为妇女筹生活之途，且各地之天然品亦不至长此废弃，亦一举而两得者也。例如缫丝一业，目前固未见衰落，然舶来之丝织物，常出其新奇之式样以与我争胜，则我当改良其旧式以挽回利源。而妇女之缘此以谋生者，遂不虞淘汰。此保存之说也。又如纺织之业，虽渐衰落，然不可不谋挽救之方。完全旧式之粗布，固不能与机器纺织之洋布争竞，但未尝不可参用新式。仿机器构造之木制织机，日本使用极广，且有制造出售者。吾国亦有此项织机之发明，曩在南洋劝业会曾一见之，为湖北广济县某厂之出品。纺机织机咸备，使用尚觉便捷。又上海女工所织之本厂布，市上颇见销行。内地工食较廉，安见不可仿办？特乡里居民，见闻有限，无由知有此种方法，或力有未逮，是不能不望提倡妇女职业者，有以启导之补助之也。此挽救之说也。若其业经衰落，无可挽救，或其地素乏妇女职业者，则宜为之别开径途。无论若何地域，设非硗瘠已甚，其本区或邻近，必有一二天然产物，虽品质之美恶不齐，而其足以成物利用则一，苟有为之提倡，创造一种工业，由粗而精，由近而远，必能逐渐行销，并为之织织收买原料贩卖成品之各种机关，使不至受障碍而挫折，如竹制草织之各种器具，用途至广，其精美者且能流销外洋，麦草辫亦为世界需用之物。竹草麦秆，所在多有，特无倡导之者，遂限于一二方隅而不能普及耳。此不过举其数例。吾国地大物博，其可为手工原料之天然品，或为从前所未曾发见，或已发见而使用未广者，亦复何限？是在热心者考察之研究之，劝导而赞助之，使全国乡里妇女，皆有可执之业，裨益国富，殊匪浅鲜，较之汲汲于都会间之商市工场，使妇女执男子同等之职业，其轻重缓急，固不可同年而语也。

农村之娱乐 *

（1917）

人类日夕勤动，不可无娱乐之事以慰安其精神，舒展其体力，此无论都市与农村，皆当注意及之者也。比年都市娱乐，受物质文明之影响，踵事增华。而农村之间，则因生计之穷蹙，赋税之烦苛，且公有财产，或拨为办学及他项地方行政之用，故娱乐之事，不特不能维持旧日之情形，且或日就萧索。夫农村为国富之策源地，人才之供给所，使其人民憔悴郁结，体力精神日形萎败，则国家将隐受其害。况近今农民，咸慕都会之繁华，工业之安逸，有日趋都会之倾向。苟不急为补救，使住居田舍者稍得慰藉之途，则优良者将轻弃其乡里，别营城市之生涯，劣下者或愈即于畸邪，流为赌博之征逐，驯至田野荒芜，风俗堕坏，非细故也。惟旧时农村之娱乐，组织多未完善，以故劳民耗财伤风败俗之事，时有所闻，甚或酿成斗殴及争讼。则欲收其利而除其弊，不可不加意改良。兹就意见所及，述其一二如下。

旧时农村之娱乐，以演剧、赛神二者最为普通，借祈报之名，行娱乐之事。田事告竣，家人父子，相与鼓腹嬉游，谋数日之欢乐，意至美也。惟末流所届，浸失本意，争奢斗靡，举国若狂，农家终岁之所入，往往因此而耗费。且聚赌酗饮作奸犯科之行为，常因缘而发生。地方官绅睹此流弊，乃群议禁止。清季历行新政，以其涉于迷信，且欲抽提款项以办公益，故禁之尤严。不知此等风习，沿袭已久，不特势难禁阻，且亦无禁阻之必要，但当随其弊之所至以纠正之斯可矣。纠正之法：第一以无害于风俗为要旨。演剧则当取其足资观感，而淫邪儇薄之戏曲最宜切戒。农人见闻陋隘，感觉简单，受戏剧之潜化力为最易。豆棚茅

舍，邻里聚谈，父诫其子，兄勉其弟，多举戏曲上之言词事实以为资料，与文人学子之引证格言历史无异，故戏曲之良否，关系不浅。赛神则当求其有功德于民，曾为人民御灾捍患者，隆以祀飨，以伸报功崇德之思。若其地方历史无合于此选者，莫若奉一国民崇拜之人物。而淫祠秽祀与夫怪诞不经之神类，皆从废黜。若夫缘演剧、赛会而举行各种之嬉戏，则务以不至诱惑青年，堕落品性为标准，此亟当注意者也。

其二宜力持俭约。农村之财力有限，且俗多醇朴，若于演剧、赛神等事过事铺张，则一方面足以消耗其盖藏，一方面导之习于奢侈。且其举行之次数，亦当限制，每岁以一度或二度为止，而于农事蚕事告竣后行之。盖劳苦之余，得有慰乐，较之他时尤为酣适也。又旧时农村，每有创设神会者，数家联合，醵金祀神，祀毕相与会食。如关帝会、财神会、子母会等类，乃合神社及聚食会为一事，为农村联络情愫及时行乐所不可少之举。比年亦以筹办自治，多有提拨此项基金补助学费者。夫移饮食之赀，以作教育之用，固属正当，但此种娱乐，仍宜令其存在。吾国乡社，相沿已久，乡饮酒之制，载在《礼经》。仲尼谓百日之蜡，一日之泽。现时神社之聚食，虽与古制有殊，然不外乡饮酒及蜡祭之遗意。诵诗人"家家扶得醉人归"之句，熙攘之情，溢于言表。日本农学某博士近曾著论，谓农村之神社必当保存。至于聚食会，则欧美方盛行之，以谓既可借以联欢，复得于此会食之时间商议事情，交换意见，省仆仆往来之烦费。近时吾国都市，亦多有创设此会者。况乡人平居所食，多系淡泊，烹羊刨羔，非独力所能胜，借此会食，一饫肥甘，于其精神口腹均得慰藉，亦农村娱乐之良法也。他如竞渡之举，寓运动于游戏，至为有益，特日久弊生，往往过于奢华，或发生哄斗，转失运动之本意。又北方有所谓庙会者（南方亦有类是之集会，惟不如北方之盛行），就境内地域，划分数区，按月轮流举行，开会期二三日不等。如一月举行于甲区，则二月举行于乙区，周而复始，故每区一年中，约有二三回之开会。届时就该区中心地点之神庙内，罗列百货，以供乡民需求，而各种游戏亦同时陈列，农人既得就近购买其日用之所需，无远涉城市之苦，而又得稍资游乐，实为两利。惟踵行既久，不无流弊，凡局赌海盗之事，往往缘庙会而发现。故为农村娱乐计，以上各事固当予以保存，然又不可不严为取缔也。

虽然，世界日进于文明，则农村之娱乐，亦不能以旧有者为限，亟宜随时势之需要，寓教育于娱乐，使农民略有相当之智识，以应外界之潮流。然新式娱乐，多有不适于农村，或为农村财力所不克举办者，故不可不斟酌损益，因地制宜，以期程度之相合。如讲演会、陈列所及影戏幻灯等，皆可参酌行之。惟讲演之事，务以唤起乡民之兴趣为要旨，毋徒以肤廓之道义、诰诫之口吻，使之望而生厌。凡国内外颖异之新闻、人生应有之普通智识，以及农业工业上浅近易明之学理、普通之卫生，与夫疾疫之豫防及救治方法，均可入之于讲演之中。又如某村农作苦于某种害虫，则为之讲演某虫之生态及驱除之法；某村多患虐病，则为讲演虐蚊传染及避免之方；而小说神话之有裨风教者，亦得列入，以助听者之兴会。陈列所所陈，不外图画、模型、标本、实物之各种，但须切合农村之程级。图画之属，当简单明了，凡小学校所悬挂者，均适用之。而国内国外都市名胜之风景，以及飞机、飞船、轮舶、火车之类，为乡民所耳闻而未曾目见者，亦宜列入。若夫农事蚕事上改良之方法及用器，尤当制为图说，以资则效。模型价值较巨，势难多备，但亦当择其粗简价廉，易于了解者，陈列数事。标本以农作物之益虫害虫为主，使农人熟谙其形状，随时得以保护驱除。而动植矿之切于实用，或可增长知识者，亦附列焉。实物除足供农村之利用，如捕虫灯、喷雾器，以及其他新式易于仿行之农织各器，均选择陈列，且随时演用外，凡远地及附近地方与夫本区之优良农产物及农业制造物，皆罗列焉，以兼收展览品评之作用。影戏非农村经济所可举，然苟力所能及，则不妨于节日及庙会等日偶一演之。幻灯费用较廉，尚易购备，但影片则宜选择，毋趋重于学理之研究，俾妇人孺子皆得领会也。惟是等讲演会及陈列所，决非一村所能办举，宜用巡回之法，合数村之力以组织之，挨定期日，轮流举行，略如北省庙会之制，且得与他区交换陈列，使乡人不至习见生厌，此固自治团体中所当联合筹备者也。

上文所述，均为完全之农村说法，如非完全之农村，则随其居民之职业及程度，参改一二，亦自易易，故不赘论。

战后东西文明之调和 *

（1917）

托尔斯泰之言曰："方今之世，为改革时代，人类生活，当起一大变化。中国为东方诸国首领，有当实行之一大问题，盖中国、印度、波斯、土尔其、俄罗斯、日本等东洋国民之天职，不独获得欧洲文化之精彩，必当表示真正自由之模范于人类也。"此近世大哲人之所以诏吾国人者如斯，吾人思之重思之，则战后之人类生活，必大起变化，已无疑义。改革时代，实近在眉睫之前，吾代表东洋之中国人，果有若何之天职乎？对于世界，能有若何之表示乎？愿吾国人自审之。

此次大战，使西洋文明露显著之破绽，此非吾人偏见之言，凡研究现代文明者，殆无不有如是之感想。盖文明之价值，不能不就其影响于人类生活者评定之。西洋人对于东洋文明之批评，亦常以东洋文明发源地之中国日即于贫弱为东洋文明劣点之标准。此不特西洋人之眼光如是，即在吾国人，亦不免自疑其固有之文明，而生崇拜西洋文明之倾向。然自受大战之戟刺以后，使吾人憬然于西洋诸国，所以获得富强之原因，与夫因富强而生之结果，无一非人类间最悲惨最痛苦之生活。吾人至此，纵不敢谓吾国人之贫弱，可以脱离悲惨与痛苦，为吾固有文明之所赐与，然信赖西洋文明，欲借之以免除悲惨与痛苦之谬想，不能不为之消灭。平情而论，则东西洋之现代生活，皆不能认为圆满的生活，即东西洋之现代文明，皆不能许为模范的文明；而新文明之发生，亦因人心之觉悟，有迫不及待之势。但文明之发生，常由于因袭而不由于创作，故战后之新文明，自必就现代文明，取其所长，弃其所短，而以适于人类生活者为归。此固吾人所深信不疑者也。

---

* 《东方杂志》第 14 卷第 4 号，1917 年 4 月，署名伧父。

于人类生活有最重要之关系者，一曰经济，二曰道德。盖人类所需之衣食住及其他生活资料，苟有所缺乏，则生活不能维持。经济关系之重要，固无待言。然使经济充裕，而无道德以维系之，则身心无所拘束，秩序不能安宁，生活仍不免于危险。故既富加教，实为人类保持生活之大纲。文明之定义，本为生活之总称，即合社会之经济状态与道德状态而言之。经济、道德俱发达者为文明，经济、道德均低劣者为不文明。经济、道德，虽已发达，而现时有衰颓腐败之象，或有破坏危险之忧者，皆为文明之病变。文明有时而病，如小儿之有麻疹、百日咳，为人类所不能不经过者。今日东西洋文明，皆现一种病的状态，而缺点之补足，病处之治疗，乃人类协同之事业，不问人种与国民之同异，当有一致之觉悟者也。

西洋社会之经济，因机械之利用，事物之发明，而日益发达，此固科学之产物，为东洋社会所望尘勿及者也。然科学仅为发达经济之手段，苟目的已误，则手段愈高，危险亦愈甚。西洋社会之经济目的，与东洋社会截然不同。吾人之经济目的，在生活所需之资料充足而无缺乏而已。孟子曰："圣人之治天下，使犹粟菽如水火。"又曰："黎民不饥不寒"，"使民养生丧死无憾"。是皆说明吾人经济目的之所在。故淫巧有禁，逐末有征，凡足以耗费生活资料或减杀其生产者，皆加以裁制。虽坐是而科学不兴，发达经济之手段数千年无甚进步，诚不能谓其全无流弊，然目的固未尝误也。西洋社会之经济目的，则不在充足其生活所需之资料，而在满足其生活所具之欲望。以科学为前驱，无限之欲望随之而昂进，其结果则产出精巧之工艺品。此等工艺品，既非自己生活所必须，生产过剩，于生活且有大害，乃不得不销售之世界。而生活所须之资料，则又为工艺品所攘夺，生产不足，常仰给于他人。经济上既失其独立之地位，其影响于社会者，则生活之程度愈高，维持愈难，竞争愈烈。于是各个人、各阶级、各国家、各民族之间，各筑墙壁，定烦细之法律，设重大之军备，以拥护其经济的地位。故东洋社会之经济目的，为平置的，向平面扩张；西洋社会之经济目的，为直立的，向上方进取。东洋社会之经济目的，为周遍的，图全体之平均；西洋社会之经济目的，为特殊的，谋局部之发达。然社会经济事情，具流通之性质，与水无异，四散旁流，以平布周遍为其自然状态；壅之激之，使之过颡，使之在山，则必至溃决而后已。今日之大战，即为国家民族间经济的冲突而起也。吾东洋社会，仅仅抱一不饥不寒、养生丧死无憾之目的，惜无手段以达之。西洋社会之经济，苟不耗之于奢侈，掷之于军备，破坏之于战争，则虽粟菽水火，亦可庶几，而又为欲望之所误。故就经济状态而言，东洋社会，为全体的贫血症；西洋社会，则局处的充血症也。

至西洋社会之道德，其优胜于东洋社会者，在于具力行之精神，慈善团体之发达，协同事业之进步，固吾人之所羡慕者也。然重力行而蔑视理性，与吾人之讲理性而不能力行者，又适成反对之现象。吾人之道德，根本于理性，发于本心之明，以求本心之安，由内出而不由外入。西洋古代希腊罗马之哲学家，虽亦研究理性，所谓希腊思想者，略与吾人之道德观念相近，然不能普及于社会，当时民众之所信仰者，则多神教而已。自罗马末造，改宗基督教后，道德之本原，悉归于神意，以人类之智能为不足恃。关于宗教之事项，不适用普通论理上之法则，决定其正否，惟依神之启示与默佑，勇往直前，以行其神之使命，是为希伯来思想，与希腊思想，正相反对。其极端者至恶智巧、杜学艺，以桎梏理性之故，至起中世纪后半期之反动。文艺复兴，希腊思想大占势力于社会。中世纪以后，二大思想几经冲突融会，各有几分之变质，仍成对峙之形势。至十九世纪科学勃兴，物质主义大炽，更由达尔文之生存竞争说与叔本华（即罅本哈卫）之意志论，推而演之，为强权主义、奋斗主义、活动主义、精力主义，张而大之，为帝国主义、军国主义，其尤甚者，则有托拉邱克及般哈提之战争万能主义。不但宗教本位之希伯来思想被其破坏，即理性本位之希腊思想，亦蔑弃无遗矣！现代之道德观念，为权力本位、意志本位。道德不道德之判决，在力不在理。弱者劣者，为人类罪恶之魁，战争之责任，不归咎于强国之凭陵，而诿罪于弱国之存在。如此观念，几为吾人所不能理解。以吾人之见地推测之，则西洋之道德观念，因屡起反动，叠受摧残，基本已毁，乃各自发挥其能力，逞快其意志。正如航海之船，罗盘已失，而炉火正炽，汽压大张，鼓浪前行，惟恃机力以冲越障碍，自成航路，虽舵折桅摧而不顾。今日之战，日杀六千人，犹未已止，即此故也。吾人之道德观念，除与现时新输入之科学思想稍有凿枘外，在历史上未见如何之反动，不受何等之摧残，至于今日，犹能统摄人心。惜乎诵其言者，不能服其服而行其行，有理性而无意志以表现之。故就道德状态而言，在东洋社会，为精神薄弱，为麻痹状态；西洋社会，为精神错乱，为狂躁状态。

大战以后，西洋社会之经济，将有如何之变动乎？由吾人之臆测，则经济之变动，必趋向于社会主义。盖此次战争，虽由国家民族间之经济竞争而起，然欧洲社会，自科学勃兴以后，经济界中，已造成一种阶级，经济上势力，全操纵于少数阶级之手，国家民族间之经济竞争，实不过少数阶级间之经济竞争。多数民众，为少数阶级所驱策，投身于炮火兵刃之地，创巨痛深，则必有所警觉，事定以后，当有一种超国家超民族之运动。观于战前各国社会党之态度，及近日俄、德、奥诸国之事变（草此论时，德、奥事变仅有电传，尚未证实），已显露端倪。在少数阶级，既因战争而生莫大之创痍，亦必有所悔悟，与其投巨资以启战争，求国家民族之繁荣，而得财尽民穷之结果，何如移其资以施行社会政策，扩充社会事业，互相迎合，以驯致于社会主义之实行。西洋之社会主义，虽有种种差别，其和平中正者，实与吾人之经济目的无大异。孔子谓"不患寡而患不均"，社会主义所谓"各取所须"，亦即均之意义。吾东洋社会，无国家民族对抗之形势，故经济上尝注目于社会。孔孟之书，凡关于经济者，无不从社会全体着想。西人有谓王安石为发明社会主义者，实则社会主义，乃吾国所固有，传自先民，王安石特袭取其偏端而欲实行之耳。西洋经济界，若实行社会主义，则吾人怀抱数千年之目的，无手段以达之者，或将于此实现矣。

至西洋社会之道德方面，在战争以后，希伯来思想必更占势力，与希腊思想结合，以形成新时代之道德。盖希伯来思想，崇灵魂，敬上帝，务克己，持博爱主义；希腊思想，重现实，喜自然，尚智术，持爱国主义。其互相冲突之点，大率在是。今日之科学思想，由希腊思想发生，发达已极，遂酿战祸。证诸历史，罗马时代，希腊思想既盛，由率真而变为任性，遂流于放僻邪侈，希伯来思想代之而兴，以今之时势考之，此历史殆将重演矣。大凡人类于自然界获得胜利之时，则宗教思想必因之薄弱，若至趋于极端陷于穷境之时，则宗教思想必因之唤起。故今后当为希伯来思想复兴时代与历史上文艺复兴时代遥遥相对。但人类之思想，经一次之变动，必有一次之更新，当此科学昌明之时，岂能以神权时代之旧宗教强为维系？况近时文艺家对于希腊思想，倾向益著，其势力亦殊不可侮。则新时代之希伯来思想，必与希腊思想调和，而带现实的色彩，于敬天畏命之中，求穷理尽性之实，合神与人为一致，即含肉与灵为一致，殆非不可能之业也。吾国道德思想，虽与希腊为近，然理性之本出于天，理性之用致乎人。体天意以施诸人事，修人事以合乎天意，其戒谨恐惧之心与修身事帝之念，则又与希伯来思想，若合符节。故西洋之道德，于希伯来思想与希腊思想调和以后，与吾东洋社会之道德思想，必大有接近之观，此吾人所拭目而俟者也。

吾代表东洋社会之中国，当此世界潮流逆转之时，不可不有所自觉与自信。近年中以输入科学思想之结果，往往眩其利而忘其害，齐其末而舍其本，受物质上之激刺，欲日盛而望日奢。少数之上流社会，享用既十百倍于往日，乃不得不多所取求，厚自封殖。观于国会议员及文武官吏俸给之激增，可知吾国之经济上，已弃其平布周遍之目的，而为直立特殊之倾向。吾国经济力之丰厚，本不如西洋，勉强效尤，则破产而已。吾人平日，当维持其简朴之素风，无为西洋之物质文明所眩惑。西洋事物输入吾国者，必审其于生活上之价值如何。科学上之智识技能，当利用之以生产日常须要之物，使其产出多而价值廉，以应下层社会之用，而救其缺乏。若奇巧高贵之品，便安享乐之法，仅为上层社会发达肉欲计者，及奢侈品、装饰品、消耗品，以诱惑普通社会而害其生计者，必力屏之。经济之配布，当渐使平均，勿任贪黩之徒，利用科学以施其兼并侵略之技。至科学上之学说，如竞争论、意志论等，虽各有证据，各成系统，但皆理性中之一端，而非其全体，当视之与诸子百家相等，不可奉为信条。吾人当确信吾社会中固有之道德观念，为最纯粹最中正者。但吾人虽不可无如是之确信，却不可以此自封自囿。世界各国之贤哲所阐发之名理，所留遗之言论，精深透辟，足以使吾人固有之观念益明益确者，吾人皆当研究之。近日美国卫西琴博士在北京教育会联合会演说，谓中国须"将固有之经史，借西国最新之学理及最新之心理学，重新讲译"，盖深得我心者也。且吾人之所取资于西洋者，不但在输入其学说，以明确吾人固有之道德观念而已。读西洋道德史，不论何学派何宗教，皆有无数之伟人杰士，大冒险，大奋斗，以排除异论，贯澈主张，或脱弃功名富贵，数十年忍耐刻苦，以传宣义理，感化庸众。虽其宗派之间，盛衰兴替，更起迭乘，而献身之精神，亘上世、中世、近世而如出一辙。其中诚不无过于偏激者，然以彼之长，补我之短，对于此点，吾人固宜效法也。是故吾人之天职，在实现吾人之理想生活，即以科学的手段，实现吾人经济的目的；以力行的精神，实现吾人理性的道德。以主观言，为理想生活之实现；以客观言，即自由模范之表示也。

家庭之改革*

（1917）

　　伧父于本卷一号"谈屑"中，论男女与家庭，谓宜于旧家庭之中，酌采新家庭之优点：一为戒早婚。二为为子女择配时，须审重考察，使子女参与意见。三为成婚后，父母对于子妇，须与以宽大之自由。四为父母子妇之间，负互相辅养之责。伧父之论点，乃在家庭间男女之关系，故其所举，仅此四端。然吾国旧家庭之风习，其足以阻害家族之发达，妨碍个人之活动者，亦复不鲜。前此虽有感其不便者，以其为社会一般心理所公认，故弊害尚不显著。今者欧风东渐，社会之风习已受摇动，若家庭风习与社会不相应合，则凿枘之余，必生至大之俶扰，故不可不择其一二而稍事改革也。

　　予之改革论，非谓吾国家庭旧习，当根本改变也，亦非欲以欧美个人主义之小家庭，行之于吾国也。民族各有其历史与习惯，适于甲者未必宜于乙，况吾国家族制度，自有可以宝贵之精神，而欧米之小家庭，亦不免有种种之流弊乎！故吾人对于旧风习，当求减除其弊害，而不当妄事更张。对于新风习，但当酌采所长，而不宜为无意识之模仿。旧家庭之弊害，约有数事。一为慕同居共爨之虚名，而不究其事实之窒碍，此为吾国崇尚大家庭之遗习。名门望族，多沿用之，意谓共同尊属之祖若父犹在堂，则子孙不宜分产。而为之祖若父者，或虑其子孙无独立之能力，或不愿抛弃其庞大之家长权，故亦不乐及身而为其子孙析爨。夫大家族为形成国家之基础，古昔之罗马，亦尝行之，嗣因受基督之教义及其他种种之影响，乃次第嬗脱，而成为今日之小家庭。吾国既无欧西所被之各种影响，则家族制度，自不宜轻议破坏，但家族联结之精神，

＊《东方杂志》第14卷第4号，1917年4月，署名高劳。

在乎感情气谊之相通，而不在同居共爨之形式。若不求精神上之结合，而徒为形式之连系，则因缘而生之弊害，不可胜数。顾亭林氏《日知录》尝论及之，其言曰："张公艺九世同居，高宗问之，书'忍'字百余以进。其意美矣，而未尽善也。居家御众，当令纪纲法度，截然有章，乃可行之永久。若使妇姑勃谿，奴仆放纵，而为家长者，仅含默隐忍而已，此不可一朝居，况九世乎？"史氏搢臣亦曰："分析之事，不宜太早，亦不宜太迟。太早，恐少年不知物力艰难，浮荡轻费。太迟，则变幻多端，如子孙繁衍，眷属众多，则一切食用衣服，个个取盈，人人要足，全无体贴之心，或有取而私蓄不用，谁肯足用即不取？稍不遂意，即怀不满之心。"夫二氏当时，家族制度尚极巩固，然其对于同居共爨，已表示不满意之态度，则此事之利不胜弊，已无待言。且二氏所论，乃仅就家庭中消极之弊害言之耳，若其积极之弊害，则尚不止此。盖同居共爨，因有种种连带之关系，个人行动，每不自由，其财产为全家所共有，亦不能以个人意志，自由处理。于是子姓中之优秀者，虽欲奋斗进取，常为此连带之阻力妨碍进行。其或欲以财产之一部分，经营事业，亦为共有之关系所牵制，末由自主。若其庸懦者，则又以托居于大家庭之宇下，安坐而食，消失其独立自营之能力，养成依赖阘冗之国民。故其结果，直接足以阻遏家族之繁荣，间接足以妨害国力之发达。不仅内部意见之冲突、财用多寡之争扰而已也。窃以为此种风习，亟宜改除。子姓而贤，固当令其自立门户，俾得活动发展之余地。即或凡懦，亦当为之划定财产。予以小部分之自由，使有机会可以练习，而由祖若父监督指导之。如斯处置，纵不能保不肖者之进为驯良，而可以使优秀者之不受牵累，家族声望，有一部分之堕落，仍得一部分之继承，较之连带牵掣，致有用之人才，不克自展，其得失不可同日而语。此当改革者一也。其二为经济间之关系。我国古训，常谓父母在不有私财，又社会习惯，未析产之家庭，能生利者不特负养赡全家之义务。且其所得之财产，全家均有分享之权利。此为吾国伦理上最优美之道德，固不容有所非议。然事实上之弊害，亦所不免。盖生利者之养赡全家，使被养者皆系妇稚，固属正当，如已达成年，有能力可以习业，而犹懒不自奋，待人赡养，已非情理之所宜。若复令其分享生利者储积之资财，则家庭中苟有一人生利，其余子弟之怀安好逸者，即有所恃而不求职业。生利者所获愈丰，则其逸乐亦愈甚，是不啻奖励怠惰而惩罚优良。故此经济之关系，必宜变革。析爨固可免除此弊，但或无产可分，或有其他障碍而未能分析者，则能生利之人，虽不得不供给全家之食用，然当以能力未充不克就业者为限。若已有就业之能力，即宜自营生活。生利者之补助与否，当任其为情谊上之自由，而不当视为法律上所应有。父母亲族，不能以此责备之。其所有之资财，亦同此例。生利者自有分配与否之权，不得援旧时习惯，谓先代未曾析产，当然可享此项之利益。如是则一方面既以尊重生利者之权利，一方面足以激励怠逸者奋兴。若夫父母在之私财，亦但当以不隐匿为止，所有权及处理权，仍应属之于生利者，若必归诸父母，一切不得自专，则束缚干涉之余，转启隐匿欺诈之渐。此当改革者二也。其三为祖先之崇拜。吾非敢于此旧习，妄持异议，但吾国崇拜祖先之事，亦实过于繁重。岁时忌日，家荐祠飨，固不可废。然大家富族，往往踵事增华，靡所底止。既有公共之家庙，复营近祖之分祠，祭产则务极丰盈，祭品则力求美备，此固已嫌糜费。其尤甚者，则莫如建醮礼忏以及其他迷信之举，意为非此不足以尽追远之诚。且安葬必求风水，劳民伤财，莫此为甚。迨其既葬，苟有伤其荫木，及他人建筑或与其风水有碍者，则必起而争讼。虽废时失业倾家破产，亦所不顾。为子孙者，常有因祭产茔墓之纠葛，而停滞其职业之进行。其不肖之后嗣，又或因祭产丰盈，有余润可沾，遂终身蛰处家庭，而不求自立。此皆崇拜祖先过甚之流弊也。夫继志述事，子孙之对于祖先，自有契合之精神。虽精神不能无所丽以徒存，不能不假诸事物，如岁时祭祀之类，以为纪念。然但求足以表示崇拜而止，若过乎中道，则不特与死者无裨，且于家族之活动，窒碍良多。此当改革者三也。四为家庭之风范。吾国家风之最称优美者，莫如严肃与勤俭，但严肃之中，当有慈爱雍和之气，且情谊必当相通，无令隔绝。若拘束过当，使子弟之对于家庭，视同牢狱，寂无生趣，则必有横决之一日。近世青年，每有持破坏主义，极端反对家族制度者，未始非严肃过甚之反动也。若夫俭约，虽为持家之要素，顾亦宜称量贫富，以为丰啬之权衡。若家本素封，而日用衣食，务侪寒畯，则子弟必不甘耐受。且外人亦将起而诱惑之，高明之家，鬼瞰其室，富厚家族之子弟，诱之者必多，而淡泊枯寂之余，其被诱亦更易，一旦溃决，则挥霍无艺，在所不免。故家庭之中，宜造成整齐和乐之气风，酌定奢俭适中之生活。父母之对于子弟，当令其敬爱，而不当使之严惮；对于子弟之日用，当教之节俭，而不当过于吝啬。庶子弟以家庭为可爱之乐园。而不以为羁缚身心之厄境，苟非至愚极劣，断不忍轶出范围以冒不韪者。先哲唐氏翼修曰："若父教太严，督责太过，则其子反恐惧不前，知识颠倒。"英儒倍根曰："父母对于子女，吝给金钱，实为有害之举，不特使其子女陷于鄙陋，且使之交结恶友，他日财权在握，必流于过分之奢侈。"洵哉言乎！况世变日剧，自由独立说，弥漫于青年之脑海，而社会风俗，又日就纷华，更不能不稍变旧习，以蕲与外境相调合。此当改革者四也。此四者，于旧家庭之根本，无所动摇，而可以使旧家庭与新社会，不生巨大之冲突。虽云改革，实乃维持，当亦为保守家族制度者所乐闻也乎。

自由结婚*

（1917）

　　吾人在少年时代，尚未闻自由结婚之说，及至壮年，虽闻其说，而社会之拘束力尚强，不敢径行己意，故未得享自由结婚之幸福。然心窃向往之，以谓于理论上无可非难也。当时顽固守旧之徒，以礼教为根据地，痛斥自由结婚之非，吾人辄阘阘与之争辩，不遗余力。今日吾国事物，都经改革，青年之怀抱新思想者，多实行自由结婚，社会之拘束力，已不如曩时之甚。而吾人亦已渐过中年时代，思想变迁，转觉吾国往日之礼教，于理论上亦无可非难，且较自由结婚之理论，更为精当。则今日之吾，不得不与昔日之吾，为理论上之争辩。今以甲代表昔日之吾，以乙代表今日之吾，而述其争辩之说如下。

　　甲曰：夫妇者，终身互相结托，构成家庭，教养子女，其关系于个人之幸福，至为重大者也，关系既若是重大，则不可不于结婚以前，详慎选择，吾人交结朋友，雇用佣工，尚须察其性情，观其行为，几经选择，以定取舍，况夫妇乎？吾国礼俗，仅依父母之命，凭媒约之言，令素不相识之男女，结为夫妇，将一生幸福，付之于拈阄掷骰，其理果安在乎？乙曰：男女结婚，关系重大，须详慎选择，中西之所同也，惟选择之方法有不同耳。今使吾人欲得一物，则其选择此物，固有二法。其一，则委托他人之习用此物，较有经验，且信其能忠实于吾者，使其代为选择。其二，则由自己研究此物之良窳美恶，而自选择之。自由结婚，盖采用第二选择法，而吾国之礼教，则采用第一选择法者也。世之为父母者，其学问识见，或未必尽胜于子女，然就大体而论，其于作家室之道，较之子女，不能不许为曾有经验之人。且其对于子女，除一二

---

　　* 《东方杂志》第 14 卷第 5 号，1917 年 5 月，署名伧父。

之例外，如瞽瞍之于舜者以外，殆无不愿其子女，于结婚后得享幸福者。其忠实固可信也。青年男女，血气未定，听其自行选择，于将来之幸福上，不无危险。故西人之结婚，虽自由选择，而其大多数，亦必得父母之同意而后行，借以纠正此弊。然西人结婚，年龄较长，谋虑自较深远，危险亦因之而轻减。若我国今日，早婚之习未除，则危险更大，必待此习革除以后，第二选择法，或犹可行。至谓第一选择法之不合于理，则非吾人所能信服也。

甲曰：子言父母为子女选择配偶，较有经验而忠实，理论上或当如是，但事实上则往往不然。今之父母，为子女选择配偶时，于配偶者之学识品行体格性质，多惽不考察，仅以资产门第为重。既具金钱结婚势力结婚之心习，加以媒妁之欺朦，杂以星命之迷信，婚姻之义乖，而家室之道苦矣。故子所言之第一选择法，即非不合于理，亦为不宜于事，吾人当提倡第二选择法以救济之。乙曰：今之父母，不能为子女慎重选择其配偶，诚为父母之罪。吾人欲救济此弊害，但当以西洋结婚学中之新智识输入吾国，使为父母者，得以其经验与忠实，参考新智识而利用之可矣。若不求结婚之新智识，而但鼓吹自由结婚，则金钱结婚势力结婚之弊害，仍不能免。今日西洋之自由男女，眩惑于金钱与势力，致危险于结婚后之幸福者，固甚多也。

甲曰：人之爱好，各各不同，虽父母不能得之于子女。例如吾人饮食，何者适于吾口，惟吾人自知之，非他人所能揣测者也。男女恋爱之关系，神妙而复杂，决非第三者所能参与。父母为子女选择配偶，即有经验，亦且忠实，其如无恋爱之关系何？乙曰：人之爱好，发于天性，人性相近，大体上不难揣测而知，惟他人所知，决不如自己所知之精审，诚无可疑。然吾人行事，不能仅就其所爱好者以为标准。吾人饮食何者为宜，幼时不可不从父母之教训，长成以后，亦不可不依卫生学中之所指示。如纵口腹之欲，饫肥甘之味，或反足以致疾，故选择配偶，仅就恋爱关系言，自非第三者所能参与，犹饮食但求适口，自以由自己选择为最宜，至就幸福关系言，则不可依从有经验且忠实者之教训或指示，犹饮食求其养生，不宜仅以自己之爱好为标准也。

甲曰：子分幸福与恋爱为二事，予则以为二者不能分离。盖恋爱之结合，即人生最大之幸福也，且即分而为二，而家庭之幸福，亦必以恋爱为基础，不恋爱之家庭，安有幸福之可言乎？乙曰：恋爱有时为幸福之一部，有时亦障碍幸福，而为不幸福之一部。二者虽未全然分离，亦非全然合一，故吾人不能不认为二事。譬诸饮食，适口者大抵宜于养生，然不合于养生亦有之，则适口与养生，亦不能不认为二事也。子以恋爱之结合，为人生最大之幸福，是直与俚语所谓"牡丹花下死，做鬼也风流"之见解相同。青年男女，堕入孽障，终身不能自拔者，皆为此见解所误，非吾人所能赞同者。吾人之见解，则恋爱有幸福及不幸福之二部，而幸福之一部，固全在恋爱之中，未有不恋爱而得幸福者，如大小二圆恋爱为大圆，幸福为小圆，小圆容于大圆之中。选择配偶者，注重恋爱，不如注重幸福。盖注重恋爱可得幸福，而亦有不幸福者。若注重幸福，虽不能得圆满之恋爱，然亦能占几分之恋爱于其中，犹之饮食注重于适口者，或妨害养生，注重养生者，其饮食虽非最适于口，必非全不适口者也。

甲曰：结婚之由于恋爱，犹饮食之由于饥渴，乃自然之法则也，故西人以恋爱结婚为最高尚之结婚。子乃沾沾于幸福，以后起之私亵渎此恋爱之神圣，违反自然之法则，即吾国礼教之本意，亦岂如是乎？乙曰：子以恋爱为神圣，吾则以恋爱为兽性耳。但吾所谓兽性，并不含有斥辱之意，盖兽性亦神圣者，惟仅为神圣之一方面耳。西人研究性欲之理者，知禽兽及昆虫等动物，皆有恋爱关系，且其所显之状态，略与人类相同，即雄性对于雌性者示其威武，且媚悦之，雌性对于雄性者貌为却拒，且诱引之。吾人读西洋之恋爱小说，实为此兽性之扩大而已。吾之言此，非谓人类不当有兽性。在自然界中，人类之位置，本不过一种动物，自无可疑，但谓人类有兽性则可，谓人性即兽性则不可。吾国学者，一方面称人为倮虫之长，一方面称人为万物之灵。盖自形下一方面言，则人之肉体，本为动物；自形上一方面言，则人之理性，实超动物而为宇宙之中心。身心两面，皆神圣之属性。两仪本包涵于太极之中也。人类之结婚，以形下言，则"恋爱"二字，实尚未透澈。吾更质直言之，则生殖而已矣。恋爱由生殖欲之戟刺而发生，故结婚之最高尚的主义，非恋爱而为生殖。吾国关于结婚之礼教，于形下方面，纯取生殖主义，孟子曰不孝有三无后为大，即表明吾人结婚之主义，在于繁殖子孙，观世俗所用结婚之祝辞，亦不外多子多孙之意义。故西人之结婚，在于恋爱之结合；而吾人之结婚，在于生殖之繁衍。托尔斯泰曰："肉体的恋爱之谬见，其结果不知生子为正当，即以结婚之目的（生子）为无理由，妨害其恋爱之乐之持续，致已婚者或未婚者之间，多讲生殖防止之法。"观此言，可知生殖的结婚，实较恋爱的结婚为正当。又以形上言，在西人固以恋爱当之，其诗歌艺术，皆赞诵恋爱为最善最美。但吾人实不能认恋爱为形上的，托氏亦言："青年男女之恋爱，其根底依然为肉体上之牵引。"又曰："我等不可以恋爱为何等特别高尚者"，"恋爱为动物的，伤人间之品位者。"托氏语录中，类此者甚多。吾谓西洋诗歌小说中之赞颂恋爱，实与吾国诗人之赞颂饮酒，皆误以徇欲为率性者也。吾人之礼教，则以人类之结婚，乃对于神明，对于祖先，对于子孙，对于社会全体，负一种之责任，由此重大之责任心，举行严重之礼式。和乐之中，含有敬肃之念，而恋爱之私，且为此敬肃之念所抑制而调和。西人婚礼，立证设誓，使夫妇相互负贞洁之责任，此贞洁责任仍为恋爱之表示。吾人之责任，乃夫妇共同担负之生殖责任也。吾前所谓幸福，非享乐主义之幸福，亦在完全此责任而已。

甲曰：吾国礼教，男女有别，因此幽闭女子，绝其与社会交际，既非人道之常，且使女子才识，不得发展，亦有害于社会，此固不可不矫正者也。欲矫正此风习，则不可不开男女交际之途。男女交际之途既开，则恋爱关系，不能禁其不发生，而恋爱结婚，亦为势所必至。子若不赞成自由结婚，仍非幽闭女子不可。子固以幽闭女子，为正当且有益乎？乙曰：男女之别，凡文明社会无不有之，惟其程度有宽严之不同。西洋各国，亦不一律，德、法相邻，法即较严于德，但较之我国则俱宽耳。我国社会，就实际上言，女子亦非绝无交际者，以为幽闭，未免过甚其辞。往古流传，男女授受不亲、嫂叔不通问之类，事实上决不能实行，今日殆无有遵循之者。此殆古时矫枉过正之人，作此理想之语，非古代风习固如是也。近世社会风习，在中流以上，男女之别较严，除姻亲世好以外，男女交际之事甚少。若大多数之农工劳动社会，则男女共同操作，自由谈话，亦与西洋风习无异。然此大多数之社会中，并不发生自由结婚之风习，则子谓男女交际之途一开，恋爱结婚为势所必至，殊非确论也。吾谓吾国中流以上之社会，限制女子之社交，不免过严，诚宜稍宽其途，而于男女交际之道，不可不注意。关于此事，宜以大多数劳动社会之男女交际为模范，对于异性者之交际，与对于自己之父母自己之兄弟姊妹无异，全然为纯洁的交际，而欲维持此纯洁之交际，则不宜更提倡自由结婚。彼西洋诸国以自由结婚之故，使男女交际间，常含挑发的倾向。近世物质日益充裕，此挑发的倾向，亦日益旺盛，识者咸以为忧，几有文明没落之感。盖青年男女，以有用之精神，浪费于恋爱之探索追求，而装饰，而虚伪，而嫉妒，而堕落，当此之时，吾人虽欲挽救其万一，恐已不可得矣。夫男女交际之途既开，必欲维持其纯洁，绝无恋爱关系之发生，诚属至难之事。然使固有之礼教，不至破坏，以为维系，则虽不能无违越礼教之人，而社会全体，犹不至载胥及溺。今日大多数劳动社会间，不限制男女交际，亦不发生自由结婚，此等良好之风习，实礼教防维之效也。吾国有此礼教，吾人不可不保存之。西洋诸国，以无此礼教之故，今日虽有哲人志士大声疾呼，冀唤醒青年恋爱之迷梦，卒无大效果，吾人可不警乎？

文明结婚 *

（1917）

　　西洋人婚丧典礼，概较我国为单简。此种风习，能移植于我国，实足以纠正末世文胜之弊。近时婚礼，颇有仿效西洋礼式者，所谓文明结婚是也。其号为文明者，盖有以吾国婚礼为不文明之意。虽然，吾国婚礼，有古礼，有今礼。而所谓不文明者，特俗礼耳。俗礼之不文明，就吾侪之所见者言之。一、新妇之装饰物太多，头部加种种金银珠玉之饰物，受重压殊甚，行动极不自由。二、新妇于结婚后一二日内，耳目官骸，均不许自由动作，其全体与木偶无异。三、结婚之日，新夫新妇，对于多数之神祇祖先，姻亲尊长，叩头无算，屈膝无算，因烦数而失其诚敬之意，遂成无意义之劳作。三、种种迷信拘忌，为稍有思想者所不能行。四、闹房恶习日盛，轻薄子弟对于新妇，为种种无礼之玩笑，几与发狂无异。吾人所以赞成文明结婚者，以能破除此等风习之故，近来流行日盛，亦以俗礼之不能从故也。

　　但近时文明结婚，亦无一定礼式。往往人自为意，节目不同。且结婚前后，如纳采见舅姑等礼，大都阙略，然为事实上所不能无。是宜参酌古今礼制，定一通行之礼式，以为流俗之标准。兹将《仪礼》中之士昏礼，及前清《会典》中之官员士庶婚礼摘列于下，以备参考。

　　《仪礼》士昏礼：一、纳采用雁，使媒氏通言也。二、问名用雁，问女之姓氏也。三、纳吉用雁，定婚事也。四、纳征用束帛俪皮，成婚事也。五、请期用雁，告婚期也。六、亲迎，乘墨车，从车二，执烛前马，妇车有袷（车裳帏），至于门外，女立于房中，主人迎宾于门外，揖入，宾执雁从，奠雁，出，妇从婿御妇车，授绥，姆加景（景，明也，为行道御风尘，使衣鲜明也），乃驱，御者代（代婿御妇车），婿乘其车，先俟于门外。——以上为六礼，六礼备乃行婚礼。——七、同牢，陈三鼎于寝门外（婿室门外），三饭卒食。八、合卺，既食之又饮之也。九、说服于房（说，脱去之义）。十、入室说缨（女许嫁著缨，以五采为之。婿入室，亲为女脱缨）。——以上为昏礼，于取妻之日，日入后二刻五分行之。——十一、见舅姑，妇质明沐浴，以枣粟段脩进，舅姑醴妇，妇盥馈以成妇道，十二、舅姑飨妇，以一献之礼。十三、庙见，舅姑既没，则妇入三月，择日而祭。十四、请觏，若不亲迎，则妇入三月，婿执贽往见妇父母，醴婿以一献之礼。

前清《会典》官员士庶婚礼：先以媒妁通言二姓，遂诹吉行纳采礼。自公侯伯至九品以上官，各具簪珥约领衣服衾褥有差。主人吉服，命子弟为使。从者赍礼物如女氏，至门，女氏主人吉服迎入。从者陈礼纳于厅事，宾致命，主人祇受。告于庙，乃礼宾。宾退，主人送于门。使者还复命，是日设燕。燕具牲酒，自王公以下各有差。婚期前一日，女氏以衾具往陈婿家。至日，婿家具合卺燕于室，婿吉服以俟。乃设仪卫，以妇舆如女氏，女氏主人告于庙，笄而命之，醴女，以俟迎者，迎者至，姆奉女升舆，行至门，女侍导妇入室，婿妇交拜讫，行合卺礼，是日设燕，与纳采同。——庶民纳采，首饰数以四为限。——越三日，主人主妇率新妇见于庙，分不得立庙者，见祖祢于寝。——纳采及成婚礼，军民人等，绸绢不得过四，果盒不得过四，其金银财礼，官民概不许用。

就上列古礼今礼，考其异同，则结婚以前，古有六礼，今则删并而为纳采一礼。按古礼，问名本与纳采兼行，自可并合，纳吉为告卜兆之吉，属于古代之迷信，自可删除，惟纳征不宜与纳采并合。盖纳采为订婚之始，纳征则于婚期将近时行之，与请期并行。既告婚期，且以绸绢等送女家，备作嫁衣之用。俗礼亦分纳采、纳征为二期，犹有古意，至今礼禁用财礼，俗礼则多用之，虽其意等于价卖，为文明之玷，但现时下级社会，生计日艰，男子稍长，可助父作工得资，女子职业较少，得资极微，养育既难，备嫁更自不易，重男轻女，习俗难除，女少男多，偏畸已甚，故为奖励父母之育女、慎重男子之结婚计，于纳采、纳征时兼备财礼，不妨从俗。亲迎一礼，古代甚为重视，今礼无之。文明结婚，往往男子至女家迎女，同至礼堂，亦有亲迎之意，自以复古为宜。但婚期已近，男家事务必多，如女家距离较远，则多费时间与金钱，事实上不无窒碍。或行或否，宜从其便。古礼定不亲迎者行请觏之礼，可知古时亦非必行。此结婚以前之礼式，不可不斟酌规定者也。结婚之日，古有同牢、合卺、说服、说缨四礼，今为交拜、合卺二礼，盖同牢、合卺，既食复饮，自可并合。交拜之礼，古本并行于同牢、合卺之中，今则饮食无相拜之礼，故别定之。说服、说缨，房中之礼，不必规定。现时俗礼以交拜为最重，文明结婚之礼式，亦即交拜之礼式。惟跪拜之仪既废，则以鞠躬代之而已。俗礼于交拜时有祝寿、交帕等事，文明结婚亦有证婚人致训词及交换证书等事，其间用意亦颇相同。至合卺之礼，俗礼大都行之，文明结婚，则于此无特定之礼式。此结婚之礼式，不可不斟酌规定者也。结婚以后，古有见舅姑、飨妇、庙见、请觏之礼，今礼仅规定庙见，其他则略之，然为事实上所不能无。故俗礼尚备，惟古礼庙见请觏在三月以后，婚礼过于延长，殊多窒碍，今礼定于三日行庙见，最为相宜。请觏可于庙见后行之，俗礼常于结婚日行庙见、请觏，则过于局促，不免草率。此结婚以后之礼式，不可不斟酌规定者也。兹私拟结婚礼式如后。

一、结婚以前之诸礼。订婚之始，媒介人通言于二姓。乃行纳采礼，男家备婚帖，并金（或银）饰二（或四），果盒四，或兼备财礼，遣使赍至女家。女家备婚帖及果盒报之。婚期既定，复行纳征礼。男家书婚期于帖，备绸绢四，果盒四，或兼备财礼，遣使赍至女家。女家备允帖及果合报之。

二、结婚礼式。结婚之日，男家备彩舆至女家，婿礼服乘舆从。女家为女加笄，吉服加帔，立于堂上。主人迎婿入堂，行亲迎礼。一鞠躬，婿出。女随出，乘舆至礼堂。婿降舆，俟于门。女降舆，由女伴导入休憩室。吉时届，鸣琴歌诗，证婚人礼服立礼堂上，赞者旁立。男女入礼堂，向内并立。女左男右，婚介人及两家亲属分列两侧。男女向证婚人行三鞠躬礼，证婚人答礼。鸣琴歌诗，证婚人致训词，给证书，男女鞠躬受证书。鸣琴歌诗，男女对立，行三鞠躬礼。鸣琴歌诗，男女交换左右对立，行三鞠躬礼，向内并列，证婚人、介绍人各致颂词。新夫妇谢证婚人，行三鞠礼，证婚人答礼退。新夫〈妇〉向左右谢介绍人及两家亲属，行一鞠躬礼，各答礼。新夫妇相携出礼堂，入室，行合卺燕，介绍人及两家亲属随出。是日设燕，礼宾客。

三、结婚以后之诸礼。结婚之次日，夫引妇见舅姑，行三鞠躬礼，夫家亲属，依次相见，尊长行三鞠躬礼，余皆行一鞠躬礼，是日舅姑设燕飨妇。第三日，舅姑率新妇行庙见礼，与平时家祭同。三日后婿往谒妇父母，礼与妇见舅姑同。

以上所拟，不过于现行文明结婚礼式中，增加纳采、纳征及合卺、见舅姑、飨妇、庙见、请觏诸礼，以期完备而适用。其详细节目，自可随时损益，以求从宜。留意社会风俗者，其亦赞成此礼式而乐为之提倡乎？

说 俭*

（1917）

　　俭为克己主义中之美德，吾国经传及诸儒学说先哲格言，多称道之，析理无遗，陈义至尽，已无叙述之必要。然沿论既久，习焉不察，有视为老生常谈不屑注意者，更有谓际此竞争时代，吾人应努力于积极奋斗，此消极之道德，已失其维持风会之权，笃守之固可自淑其身家，而稍稍违反，亦未必呈巨大之弊害，盖此仅属于个人之经济问题，其及于政治之影响，国家之利害，固极微薄也。抑知不俭之为害，决非限于个人而止，迁流所及，常足以堕落社会之道德，剥丧国家之元气，且世界棣通，竞争激烈，其祸害亦因之而益甚。吾人默察国内近今现状，举凡动乱之频仍，朝局之杌陧，生计之凋敝，礼教之陵夷，与夫高等游民之繁多，政界贿案之叠出，虽原因复杂，不能据一端以论定，然诱惑于物质之奢华，不知崇俭守约，亦其要因之一，不得视为消极道德，谓其不适于今日时势而漫不加察也。

　　吾人今不复以旧习惯旧伦理之陈言，絮聒读者之耳，试就近世之学理讨论之。近之论者，每谓世界进化之大原，全赖人类生活欲望之向上。人惟不甘以现有之享用为止境，于是始而穴处，继而宫室，始而鲜食，继而烹饪，其他一切资生之事，亦无不由简单而变为复杂，由朴陋而即于奢华，递演递进，亦递进递演，遂形成今日灿烂庄严之世界。苟无此欲望，则人类社会，犹是犷榛〔獉〕之故态，决无进步之可言。由是言之，奢侈生活，虽不无几许之流弊，然欲望向上，于文明开化，有至大之助力。且文明之程度愈进，则奢侈之欲望亦随之而愈增，曩日所视为美备者，今日或嫌其不足，前此所惊为奇异者，后此或习为故常，

＊《东方杂志》第 14 卷第 6 号，1917 年 6 月，署名高劳。

故吾人饮食日用，决非永持旧态，常向奢侈方面次第进行。世界数千年来之历史，实无日不含有由俭入奢之趋势。虽近今十数年，吾国生活程度陡然增进，似越前代之常轨，然此乃受欧美物质文明之吸引，仍不外文明与欲望相互增进之公例，是固无可骇异，而亦无可诟病者也。虽然，欲望向上，果足为进化之大原乎？就事实考之，不过为其基因，而其最要之条件，则在乎勤俭。盖世界一切文化，无一非劳动与资本之结果，而劳动、资本，则由勤俭而来。野蛮人类之欲望向上，与文明人类，初无少异。顾野蛮无明日，日常生活但求餍足其欲望，一日所获，即以供一日之耗费，不为未来之预备。而文明人类，则有远虑，谋未来，知人生之不可一无积贮也。凡劳动所获，不敢即时耗散，必贮蓄其几许，以为将来之储备。对于一己之欲望，常存节制之心，不但求现时之享乐，且进而谋后日之享乐。于是积其劳力与资本，创造种种伟大之事功，以启发文明而嘉利后叶。凡近代一切文明之产出，皆吾先民勤勉节俭之所留遗者也。故勤俭实与文明有密切之关系，即谓勤俭生文明，亦非过论。向使吾先民无此懿德，而徒逞其欲望作用，则吾侪社会与野蛮社会、动物社会，相去几何？故论进化之大原，谓为由于欲望之向上，无宁谓为由于勤俭所积贮之较为中理也。

论者又谓奢与俭无定义，乃随外缘之境遇，社会之文化，比较而出之名词。玉杯象箸，当日目为泰侈，而今则视若寻常，今日平民所使用，有为千百载前王侯显贵所不能获得者。良由世界物产，品类日增，新事物之发明，与时俱进，则吾人生活，自然加高其程度，不能执前此之旧状，指为若者俭而若者奢。况乎外围环象，今昔不同，曩者闭关，不妨自为其风气，今则欧美社会，接触频繁，彼既竞炫其华，我亦安能独守其朴？不特此也，吾人服用之丰啬，与社会经济、人民智识常相比例。经济宽余，智识发达，则取精用宏，实乃当然之势。吾国今日经济状况，固已较前活动，人民既富于购买之能力，亟宜任其自然，若强以节约，则一方面金钱有壅滞之虞，一方面物产乏销售之路，市场凋落，亦非政治之幸。且一般青年，因欧风濡染，教育提倡，对于物质上之智识，均已增高。智识既高，则其所需求者，必蕲与其智识相适合，不甘复安于粗陋，此亦人类之天性，而不能强为遏止者也。是说也，就时势以立论，谓奢俭乃由比较而定，理固至确。然就吾人现在之享用以与吾人现在之境遇及文化较，其果相当而切合乎？吾非谓吾人今日当仍沿数十年数百年前之旧，因物产之增加，新事物之发明，而稍即于完美，吾亦不持异议。他如卫生事项，教育事项，凡所以厚民生浚民智者，以蕲合世界大势之故，略求美备，冀收良好之效果，虽较多费，吾亦表示同情。然细核吾人现在生活，其激进之度与吾人现在之地位，殊不相称。盖所谓境遇与文化者，进步无多，而生活状态，则倍蓗焉，且大半属于浪费，用于厚民生浚民智者，百仅一二而已，故即以比较而论，吾人今日之地位，亦决不应有如是之生活也。如以欧美社会接触，不能相形见绌为言，则曷观东邻之日本，彼与外人接近，较我为先，亦较我为数，乃犹不改其朴素之旧习。可知生活之丰俭，当以主观之地位为高下，不能随外界之风尚以转移。若谓因经济活动智识增高之故，则吾国今日，金融所以较形宽展者，乃外人投资及借贷外债之结果，非自然之富力。而人民对于各种学识，如理财，如工业制造，亦未尝增进，足以自辟利源，所增高者，特享用物质文明之智识而已，不能据为论证，谓吾人今日，已有可以享用奢华之资格也。

更有论者，谓奢侈与否，当以一人所费超越于普通人所费之均数若干，及有无善果为标准。酋长时代，一人所费，其超越于均数至多。今则普通生活渐高，超越之数渐少，以今较昔，奢侈之度，固已杀灭〔减〕矣。窃谓据善果之有无以定奢俭，诚为至论，若取超越之多寡以为断，似不如就财力之胜否以为衡。譬有富人于此，衣轻暖，食肥甘，比之寒素，则诚奢矣，顾其财力足以致之，则亦不呈何等之弊害。又譬有贫乏阶级中甲之一人，竭其劳力所获，丰以自奉，超越于其侪辈之所为，人固目为逾分矣。然使其侪辈相率效尤，不量财力之如何，亦均增高其生活，使甲所超越之数，因而杀减，讵得因此之故，而谓为非奢耶？今中国财力，则寒素而非富人也，而生活之现状，则多数贫乏之增高其程度而已，是岂合宜之生活乎？

由上所论观之，则吾人今日对于节俭主义，仍当持守，而不当怀疑。且有一二端，较前尤形重要者，盖前此虽或浪费，其所耗散，不出中国之范围，楚弓楚得，于全国经济，所损至微。今则海禁既开，外货充斥，奢侈品物，舶来尤占多数，金钱一去，永不复还，一也。昔者以农立国，社会事业，不需巨大之赀财，今则工商路矿，亟待振兴，苟以有用之赀金，消诸无益之虚费，毫无储积，以为兴业之备，则外资即乘隙而入，财权既去，国权亦亡，二也。此二者，为曩昔所未尝发见，故昔之唱导节俭者，未尝论及，然其关系则綦重，讵得谓竞争之世，无崇俭之必要耶？

吾国今日所最堪浩叹者，则社会多数，咸趋于身分不相应之生活也。夫奢靡风习，何代蔑有？史称何曾日食万钱，何劭一日之供，需钱二万，放纵淫佚，实逾越乎寻常。然而当日之社会，不生若何之变动者，盖以穷奢极侈，仅此少数之一二人，在个人言之为已泰，在全国物力，则所耗无多。若夫今日不然，普通社会之个人，绝无恒产之足恃，一经涉足都会，或厕身政界，则居处日用，靡不踵事增华，转辗流传，互相仿效，人数既夥，所取给者虽不至超出均数如酋长时代之甚，然合千万人而统计，则暴殄之天物，浪掷之金钱，何可限量。地产之所出，既以供无谓之取求，人力之所造，又复偏重于淫巧之物品，而纯正之产业、宝贵之人工，转不克完其正当之效用以增益国富。且一度领略奢华之后，决不能复安于淡泊，苟其失之，亦必诈取豪夺，行险侥幸，以求复得焉。凡因经济而酿成扰乱者，人谓为口腹之谋叛，实则赘泽之谋叛而已。昔日之盗贼，每受迫于饥寒；今日之盗贼，多被诱于安乐。英人摆伦有言曰："吾未闻因缺乏面包之故而自杀者，然因马车缺乏之故而陷于自杀，则屡闻之。"呜呼！奢侈之惑人，足使人迷其本性，掷其生命，其魔力亦大矣哉。

尤可慨者，则国内有智阶级，亦多陷溺其间，而不思自振也。夫使此习仅中于阘茸之官僚，则转移风会之力犹浅，又使此习仅属于豪商富族，其终结不过破产毁家而止，一家之兴亡，一人之枯菀，于世道无与也。自学者政客亦沾染此风，而流毒乃不堪究诘。彼其地位本极清高，徒以生活竞尚浮华，平时所入仅敷所出，一遇事变，为保存地位之故，遂不能径行良心上之主张。人见其进退失据，出处依违，谓为失其独立之人格，而不知彼之内情，乃为经济所牵掣，而经济所以受掣，则亦不俭而已。故俭者，非独用以养廉，且可用以养节者也。国会议员之俸给，岁额五千，议员自身岂不知其过厚，顾非此不足维持其高价之生活，遂亦受之而不辞。然岁入虽丰，而人望则缘之而转替，且其代表人民监督政府之权力，亦因此而受无形之障碍焉。他如学问家、言论家，乃负指导社会、主持清议之责者也，然苟使用不节，致劳他人之伙助，受政府之分甘，则其议论，即不免有多少之顾忌，不克直抒己见，于是清议之力，亦因而减损矣。凡此种种，其贻害皆及于国家，以个人不俭之故，致国家蒙其害，则居于有智阶级者所不可不自行警惕者也。培根者，英之名儒也，因奢侈而生计不足，乃至纳贿免官，堕其名誉。比的为英国大政治家，以用度浮靡，虽每年收入六千镑，仍负巨大之债额，至为盛名之累。英儒斯默伊尔斯曰："天才易于负债。天才与节俭，常不两立。"正惟如此，则天才不可不勉。吾望吾国人加意及此，尤愿吾国抱天才负时望之政客学者之加意及此也。

　　全欧大战，今三年矣，其起因虽由塞、奥之发难，而军国主义、民族主义、人道主义，复各揭橥于其间，然其内容，则不外生活上之争竞。彼等生活，既异常昂进，己国所出，不敷取求，乃不得不为国外之经营，以期满足其欲望。顾国外经营，列强之利害，常相冲突，而以英、德为尤甚，此次之战，英、德争夺商权之战也。今者久战力疲，物产告匮，咸提倡节俭，限制人民之日用，以为补救。使列强早从事于此，勉为简易之生活，亦何至有此残酷之战祸乎？吾国固无向外争存之能力，然苟沉湎于物质之纷华，不知裁抑，则物产有限，欲望无穷，相夺相争，终成惨剧，恐干戈之兴，或将起于萧墙之内也。

未来之世局*

（1917）

  大战争后之预言。

  民主政治之前途。

  政党必灭论。

  武人必灭论。

  开国六年，政变三起（指癸丑、丙辰及本年之事）。至于今日，政党倾轧，成宋世朋党之风；武人拥兵，类唐代藩镇之局。事态至此，虽吾人操觚作纸上空谈者，亦几无策以善其后矣。虽然，此事态果何由而成耶？或尸其责于政党之偏私，或归其咎于武人之跋扈，吾殊以为不然。吾则以今日之事态，为世界时势之潮流所推荡而成。政党、武人，悉为时势之产物。其扰乱纷争，亦迫于时势之不得不然，非政党、武人所能自主。但为时势之潮流推荡而来者，行将为时势之潮流席卷而去。正如当此盛夏，苍蝇之声，哄于户内；螳螂之臂，张于阶前。其营营也何为？其逐逐也何事？要皆受自然之驱使，而非物类所能自主者。时序将更，凉飙忽来，霜露下降，当此之时，彼决不能恃其多数，逞其强力，以与造化争衡。盖支配社会之世界潮流，实与支配万物之自然势力相同也。

  夫以今日之事态责政党者，非也。十八世纪以来发生之民主主义，既深入人心，则欲此主义之实行，不得不废去旧社会中之特权制度，由选举以建设政府，由多数以操纵政权。在理论上固以民意为基础者，然征诸事实，则普通之民众，于政治本不措意，常自居于政治圈之外，不欲有所干涉。故所谓民意者，实则为朦胧无意而已。如斯民意之下，所

---

* 《东方杂志》第14卷第7号，1917年7月，署名伧父。

谓选举者，不得不出于运动；所谓多数者，不得不出于诱致。于是极少数一部分之人民，即所谓政党者，利用此唯唯诺诺不解政治真相，亦不愿与闻政治之多数国民，以为自己攫取功名利禄之地，装点其政见，簧鼓其党论，组织机关以运动选举，运用策略以诱致多数，其性质与商业上之中买人、周旋人、代理业者无异。此种徒党，除奔走播弄外，无手段，除在国家机关上获得种种不当之利益外，无目的。权势之争夺，几为彼等当然之职务。凡此事实，乃近世共和国家及半共和国家（君主立宪）中所通有者，实民主主义必至之结果，非政党之责也。

抑以今日之事态咎武人者，亦非也。民主主义，以国家为民众所构成，当由民众之代表统御之。军队为防护国家之一种器械，仅能受指挥而不能表意见，此武人不得干预政治之理论也。然求之事实，以代表民众之国会统驭军队，惟于英国尝一见之，克令威尔尝率此军队以败英皇之兵，此外无一类例。而历史上之所数见者，则皆为武人压制民意，使不得伸张。现时军国主义之国家，民权概郁而不伸。其采用民主主义者，则国会与军队常互不相容。国会常贱视军队，务减削之，抑制之；军队亦常嫉视国会，每蹂躏破坏之以为报。其勉强调和之法，往往由国会推戴武人为元首，以代表民众之责，归之于统驭军队之人，此为南美诸邦所惯行。即美之华盛顿，法之拿破仑，亦不外斯例。但此种调和之法，卒非尽善，则以民主之精神与武人之性质，实相背而驰。一主平等，一尚专制。苟其偏于前者，则必因此而失其统驭军队之质格，致隶属之将卒骄纵而不可制；若其偏于后者，则武人专制必演成迭克推多之局，宪法之存在与废止，将惟武人是命。现时民主主义之国家，除英、美、瑞士等国，行临时募集义勇兵之制度，不设强大之常备军者以外，其他诸国，以武人不服从民意之故，辗转于乱动之旋涡中，而不能自拔者居多。故武人之不受统驭，亦为民主主义所必至之结果，非武人之咎也。

政党之偏私与武人之跋扈，既为民主主义必至之结果，然则民主政体果不可行，君主专制果不可废乎？德国军人派学者之著作，颇有持此说者，甚至谓民主主义，不过哲学者之一梦。但此亦因噎废食之言，不足信也。君主专制时代，政党之偏私与武人之跋扈，亦为数见之事。惟彼时之政党，不假托民意，而依附君权以行之。试翻二十一朝之历史，朝士之植党营私，何代蔑有？若权相，若权阉，即为其时政党之魁。至武人之不服君权，与其不服民权，初无少异。故开创之君御极以后，屠杀功臣，以削武人之势，必至国内之军队皆有名无实，其将帅，皆委蛇富贵无复武人性质，而后全国始现升平之象。迨内乱发生，或外患骤起，复饬将材，振军纪，武人之势力复盛，则君权屡弱，奸雄乘之，一朝遂以是沦亡，或分裂为诸小邦，或为外族所侵入。汉、唐、宋、明及清室，无一不徇此例者。是则以政党之偏私与武人之跋扈，推本于民主主义之不能实行，殊非确论。不过，君主专制政治，无发生政党之必要，故亦不明认政党之存在；民主政治，则认政党为必不可少之物。又君主专制政治，本以武力为基础，根本上与武人之存在不相抵触；民主政治以理论之势力为基础，而与武人之势力显不相容耳。

民主主义明认政党之存在，又显与武人之势力不相容，至生政党偏私与武人跋扈之结果。此可为现时民主主义不完全之证据，而有待于改良。盖民主主义之试验期间，尚不过百有余年，其有待于改良之处，固自不少也。君主专制之局，经试验数千年之久，其不可避免之弊害甚多，乃发生民主主义以改良之。然民主主义对于君主专制时之弊害，虽得有几分之改良，尚不能谓其全无弊害。十九世纪之后半期，乃发生国家主义，对于民主主义之弊害，稍有救敝补偏之效。政党之争斗，赖国家主义以消灭或和缓者甚多。此次欧战，各国皆改政党内阁为国防内阁，即其明证。且国家主义之下，民意自倾向武人，武人亦必赖民意为后盾，方足以发挥其武力。观于法人之崇拜霞飞将军，及英人之起用吉青纳及费兰巨两元帅，与德皇之容纳社会党，可知国家主义实有调和公武之效。据吾人之观察，则近世民主主义之国家，所以巩固其政体，灵敏其运用者，多赖国家主义以调剂于其间。而国家的民主主义，实近世最流行而适当之主义也。

国家的民主主义时期，政党之偏私与武人之跋扈，较之单纯的民主主义时代，表面上已大为敛迹，然实际上则势力大张。其时之政党，日以国际之危险与利害之冲突警告国民，耸动国民之视听，而以国势失坠，外交不振，及对外经济上之失策，为攻击敌党之具。武人则以军备之充实，军械之改进，要求国民之协助豫算之增加。朦胧无意之国民，对此政党与武人，方目之为爱国家，尊之为护国者，不复见其偏私跋扈之迹。实则彼等之偏私与跋扈，依然如昨，惟以国家主义为假面，激刺国民之敌忾心，挑拨国际间之嫉妒憎恶，以为维持势力、消耗金钱之计。其结果，一方面引起几次之战争，一方面又构成若干之盟约。此时全世界之政党、武人，以同一之心理，构造一纵横捭〔捭〕阖之世局。

大势如此，苟有一国不欲入此旋涡者，则且立摈于国际之外；有一人而不欲冒此危机者，亦且立摈于政局之外。此次欧战，其人民之痛苦与社会之损失，较之我国现状，且佰什倍。按其实际，亦即为政党與武人所造成。在彼等初意，非必欲陷国家于如此之危难，不过为维持权利与势力之计，至后乃势不得已耳。我国现时政党、武人扰乱吾国，较之欧洲，实为尚未及格。惟欧战终结以后，世界政党、武人必仍为急激之进行，而我国亦将步武其后尘矣。

欧战以后，世界之国家，经政党与武人之扰乱，渐有熔解之势。而数国家联合之大团体，将于此时出现。外国杂志中，时有种种揣测之言论。或谓将来世界，以德意志为中心，联合日耳曼民族为一团体；以俄罗斯为中心，联合斯拉夫民族为一团体；以法、意为中心，联合腊丁民族为一团体；英合其各属地为一团体；又以北美合众为中心，联合南美诸国为一团体；东亚诸国，或以日本为中心，或以中华为领袖，联合为一团体。或则谓欧洲大陆，终必联合。德、法两国，经数次战争，胜负不决，财匮民怒，遂合日耳曼、腊丁两民族，为一大共和。斯拉夫民族，亦加入于其中。英、美两国，因此亦联合为一国家，由太平洋伸展势力于东亚。东亚亦联为一国，而依违于前说之二大国家间。凡此揣测，虽未尽能适中，而将来之国家，必渐次联合而成为大团体，则为自然之趋势。盖交通发达，世界必成一统之局，故将由春秋之列国，变而为战国之七雄，天特假政党、武人之手以促其成耳。观于近时协商诸国之订立经济同盟，与劝诱我国之加入，及日本之鼓吹大亚西亚主义，是皆对于将来之局势而导其先机者也。

国家的民主主义之末期，世界中为少数之国家团体并立，此固由政党之偏私与武人之跋扈酝酿而成，而政党与武人却因此而自招亡灭。盖此时期内之国家团体，对抗竞争，较今日更大为剧烈。依科学及机械学之进步，新发明之武器，其势力远在意想以外。制造者与使用者，皆非专门不办，而战术为之一变。且不但军事上如是而已，经济上之竞争，规模尤大，范围尤广。同一团体中，互相协助。未尽之地力，悉开发之；羡余之人力，悉利用之。自农业、工艺、交通、运输诸事业，土木、机械、电气诸工程，几经研究改良，无一不须精密之知识与熟练之技能。于是社会中发生一有力之新阶级，即有科学的素养而任劳动之业务者。此等科学的劳动家，以社会上之需要，日增月盛，国家社会间一切机关、职业，悉落于劳动家之手。故其时民众，已非曩时朦胧无意之状态，除少数坐食之富人及若干无业之贫民外，皆为此有学识而任业务之人。此时以运动选举、诱致多数为能事之政党，无复可施之伎俩，不得不退而听若辈之命令。即平时戴鬼面以威吓人民之武人，其所持之快枪巨炮，彼等既不为之制造，亦不为之使用，则亦嗒然若丧，无复维持之策。其形式的军队，乃不得不彻〔撤〕除；其演剧的战斗，乃不得不停止。于是国家的民主主义，一变而为世界的社会主义。此时情状，固非吾人所能豫料。惟知此时无所谓军队，亦无所谓政治。人类生活所须之事物，供给之，分配之，排除其障害，增进其福利，皆为社会事务，而数千年来争权争利之政党与作威作福之武人，至此时已扫地以尽矣。

吾国数年以来，所以陷于扰乱纷争之局者，以偷安于列强均势之下。国家之危险状态，渐为人心所淡忘。所谓国家主义者，仅为政党与武人口头称述之词，心中尚无痛切之感觉。然欧战终结以后，若辈必得一极大之警告，受一极良之教训，使发生国家的民主主义，自无待言。此时之政党、武人，表面上自必改良，步武世界各国之后尘，前已述及。故目前事态，不过一时之暂局，决无永续之理，自不必过于悲观。然吾人终不能因怀想未来，而漠视眼前之痛苦，则不能不望政党与武人一悛其态度。所望于政党者，勿依据其运动与诱致所得之地位，自认为真正民意之代表，而恋恋于政党内阁之迷梦，以为万世不易之常经；所望于武人者，勿以为实力所在，何施不可，民主主义，由彼等之好意使其存在，而非一定不可变之公理；吾尤望吾朦胧无意之国民，注目于未来之大势，豫备为科学的劳动家，以作二十世纪之主人焉。

恽代英《结婚问题之研究》附志[*]

（1917）

　　此论文中鄙见尚有不服者数处：（一）作者谓"经验与智识迥不相涉"，"更事自更事，智识自智识"。以理论之，则人生舍经验外，将从何处得知识乎？结婚学中之智识，果从何来乎？智识不由经验而得，则将谓由于天启、出于遗传乎？鄙见以为智识本从经验而来，集多数人之经验，乃成社会上一种之智识。以此智识互相传播，于是世人有不必自己经验而可以得智识者，于是世人有以为经验与智识无涉者。经验既与智识分离，则有智识而无经验，与有经验而无智识，均非完全。故使子女研究结婚学，仅能得有智识，与顽固之父母仅有经验而无智识者，盖相等也。又现时所谓结婚学，尚未能成为完全之科学，其智识殊未能认为确实。欲以不确实之智识，蔑视经验，鄙见殊以为未可。不如使有经验之人，参考此种知识，较为稳妥。（二）作者谓结婚为男女自由之事，故当以男女自主之为正。此理由虽简单而不确实。衣食住居，亦吾人自身之事，何以须易牙调味，须缝师制锦，须建筑家作图案乎？（三）作者谓生殖出于性欲之结果，非有责任而后生殖，亦非无责任而不生殖。此论于一切鸟兽，固为适当，至于人类，智识较高，责任心显著，性欲且受其制限而为所左右。西人之限制生殖，即对于子女欲完全教养之责任，故不敢漫自增殖。吾国人之早婚及娶妾，亦因对于祖先及社会欲尽永续及扩大之责任，故致陷于过误。责任心之左右性欲，即此可为明证。（四）孟子谓不孝有三，无后为大。此言在中国社会上有著〔莫〕大之关系，作者所指因此而生不良之影响。鄙意亦承认之，但以为当就其流弊所至，痛加矫正。至欲将孟子之言根本推翻，则绝端反对。西人谓中国社会之历久存在，皆由"孝"字中来。盖吾人之社会，不至于流动无定者，实由祖先与子孙间有密切联系之观念，而孟子之言，实由此

　　* 《东方杂志》第 14 卷第 7 号，1917 年 7 月，署名伧父。

种精神流露而出者也。以上四端，质之作者，以为然否？

伧父附识

又吾人今日对于结婚问题，互相辩论，视为社会上一种重大之问题，其实此问题已可不必研究。鄙人近阅一书，豫言二十世纪之社会内，概守独身主义。鄙人颇信其言之将实现，惟鄙人此时颇不欲详述其说，待时会之自至可耳。结婚既不成问题，吾辈亦何苦饶舌乎？

伧父又志

今后时局之觉悟 *

（1917）

吾国国体改革，未满六年，而事变叠出。凡法兰西大革命后九十年间经过之事实及其恐怖，吾国几一一步其后尘。当武昌发难之始，吾侪亦知兵革已动，决难遽止。且改数千年君主之专制而为民主之共和，亦非短时日所能告成。当时曾悬法、美前事为借鉴，预料两国所遭之波折，所遇之困难，吾国殆将重演。今后数年中，吾侪惟有准备时间与痛苦，以博后日之福利。乃未几而清廷逊位，共和成立。彼法国经三年余始将不尔奔系之帝位废除者，吾国仅于四月间获得之，私心窃计，胡迅捷若是？意者两国革命，未有先例，一切措置，均无涂辙之可循，故不能不经种种之挫折。今吾国既有法、美以为殷鉴，则若者宜引为厉戒，若者当借作师资，舍短取长，不难避歧趋而即于正轨。清既逊政，破坏可为告终。虽来日大难，建设匪易，然循途而进，部分之冲突，即不能免，若论大局，或不至再有动摇。此为吾侪当日之见解。盖以身在局中，利害关联，希望和平之心过切，故料事之明，遂为此暂时之假象所蔽。至今思之，殊觉梦梦。尔时美人某氏，曾谓中国革命，若可谓为成功，则美国共和，将无价值。吾侪亦深知其言之的当，顾犹冀其未必幸中也。乃未及二年，而二次革命勃发，吾侪始憬然于祸犹未已。于是又准备时间与痛苦，以期获得有价值之共和。然未几而战事遽息。吾侪又疑吾国现象，何以与法、美殊异。或者吾民爱恋和平，非若拉丁、条顿人种之刚毅好斗。故一遇兵事，常求消弭调解之法，不使过于糜烂。此理若信，则今后变乱，或不至如两国之延长乎！讵意甫阅二年，而拿翁称帝之事，公然发现。惟两代拿破仑之帝位，历十载十余载，而我国则

---

* 《东方杂志》第 14 卷第 8 号，1917 年 8 月，署名高劳。

不及三月，即经销灭。于是吾侪又发生一种感想，以为二十世纪民智增高，交通便利，历史上之事迹，虽不免重演，然必缩短其时日，减少其痛苦，则可断言。今帝制既见而复灭，则法兰西之往事，吾国已十步其七八。自今以往，或可建立一巩固之共和国体乎？不图甫及一载，而复辟之举，又突如其来，虽昙花一现，即归消散，然而鲁意十八王政复兴之故事，竟不容忽略而过，必添演此剧，以补前此之未备。岂帝政之改为共和，必经如许之曲折，而不能稍有阙漏耶？

吾侪既受种种之刺戟，种种之教训，乃知前此之猜测，以为和平或可早见，均属谬误。惩已往而知未来，察人情而穷世变，觉吾国之祸患，尚未有艾，吾侪今后，惟仍有准备时间与痛苦，以为真正和平之代价而已。虽智识增高、交通便利之结果，时间与痛苦自有可以减缩之理由，但其减缩与否，仍视人民觉悟与否以为断。若人民不自觉悟，则不特不能使之减缩，转足使之延长。盖智识高，则阴阳谲诈倾陷排挤之手段，亦与之俱进；交通便，则动乱蔓延影响传播之速率，亦与之俱增。观诸欧州大战，因科学发明输运便捷之故，其激战之时日及其人民所遭之痛苦，较诸以前之战事，有过之无不及焉，可知吾侪所怀片面理想之不适用矣。若谓法国已往之事迹，吾国已一一履行，且一一消灭，今后当无问题，足以促起变乱，不知此特其外著之迹象耳。论事不宜仅据外象，而当深察内容，内容果已澄清，则外象不必一一实现。若犹未也，祸患将更端而起，无有已时。譬如人患伤寒，固须递转各经，然苟疗治有方，内邪减退，则传过一二经即可痊愈。否则，虽六经传遍，生命幸存，而劳复食复，仍可迭起以酿成危险。故援他人之往事，以评吾国之现情，谓革命后应有之变象，均已发见，此后当无意外扰乱者，亦非正确之论也。

吾侪谓今日中国，祸犹未艾者，果何据以为判断耶？亦判之于社会之现状而已。盖改革云者，不徒改革其国体，且当改革其人心。而人心之改革，须由渐渍，非如国体之易易。今试观吾国之人心，果何如者？吾侪觉吾国国体改革，虽已六年，而人心之积垢，则与六年前所异无几。当夫变乱方亟，人心非不皇皇，亦思铲除成见，捐弃私利，冀以挽回世运。然事平乱定，则惰性又复伸张。其视政界也，仍以为利禄之渊薮，而附若腥膻；其视国家也，仍认为官吏之机关，而漠如秦越；而一般社会虚荣之心，阶级之见，亦依然如故，不稍忏除。乃至政客伟人，名流硕彦，虽尝心醉平民政治，口倡立宪共和，然当志满意得之余，养尊处优之后，仍不免有官僚腐败之旧习流露于不知不觉之间，以如斯现状，而欲蕲宇内之乂安，胡可得者？吾侪谓真正和平，为期尚远，实鉴于此。然则吾侪其惟急求社会之改良乎？曰：此不可旦夕致也。时日未至，痛苦未深，则数千年沉淀之渣滓，丛积之垢弊，必难尽去。而欲去此不易去之垢滓，不可不借恐慌灾患以洗涤之。洗涤既久，然后矜可平，躁可释，私利可以捐弃，成见可以铲除，而和平方能实现焉。征诸历史，凡易姓改服之后，政象每稍即于清明，非更一元首，即能使四海安谧也。盖在此时期中，必有数载或数十载之兵戈杀戮以行其除旧布新之作用，而人心经此惩创，用能振其怠惰之气而启其觉悟之机。夫历代之革命，仅革一姓之帝系，政治之信条、社会之风教，多仍旧制。故拨乱反正，较易为功。今变帝制为共和，政府威力既不如昔日之尊严，典章法度，亦非人民所稔习，而其所获之参政权，又未必惯于使用，则其张皇假扰，而有待于长时日之底定，亦固其所。况乎政局纷纠之际，必有少数之人，因而攫得权利者。彼等既无灾祸之及身，则其对于世变，推波助澜，自所不免。虽全国杌陧，一身岂能独安？穷无究竟，终必与痛苦为缘。然非势易时移，必无悔祸之意。不特此也，时局安危，常为武力所左右。而为武人者，因有兵权以自卫，其感受痛苦，常较他人为轻，且意识简单，每不甘为法治所拘束。其不能不赖岁月之推移，俾文治武力，徐徐调合，又事势所必至者矣。

　　然则吾侪将悠悠忽忽，以待时间痛苦之经过乎？曰：此胡可者？夫时间痛苦，虽与人以涤除垢滓之机会，然苟不善为迎受，因循俯仰，任此机会之空过，则茫茫劫运，将与吾人以终古。故吾侪一方面当知时间痛苦之不可避免，勿戚戚于目前之扰乱，勿急急于来日之和平；一方面当忍性动心，讲求所以减缩劫运之方法。吾侪自问六年来所历之经验，自身之改革几何？前言政客伟人，名流硕彦，不免有旧习之流露。彼等置身冲要，百务丛集，其无省克检束之余暇，亦无足怪。若吾侪者，伏居草野，与政务绝少关联，宜可免于咎戾矣。乃一为反省，则内潜之心理，外见之行事，其与共和法治凿枘不入之处，尚复不少。即如阶级之见，虚荣之心，虽亦力自惩汰，顾谓芟夷净尽，则未之敢信。吾侪今后，惟有迎受此时间与痛苦，交相警勉，以求减少和平之阻力。而尤当注意者，则为自己之子弟及社会之青年。彼等皆来日之主人，其影响于未来之世局，较吾侪为甚。若仍施以旧时之教育，悬官吏为目的，引之于希荣干禄之途，是不啻对于后日之社会播散骚乱之种子。此又吾侪责任所在而不可忽视者也。

虽然，尚有为吾侪所不能致力，不得不望诸舞台上之人物者，则此痛苦之时日中，各方面无论若何争竞，国家根本，当协同爱护，而勿使稍有毁伤也。夫和平之局既不能早见，纷扰期内所伤必多。然苟无关本元，则秩序恢复之余，不难徐图补救。独至根本摧损，虽欲补救而无从。根本维何？一曰财政，一曰主权。盖吾国革命虽与法、美同其趋势，而外围情势，绝不相同。彼则财力尚充，无假他人之援手。且其与国，亦无觊觎权利之心。今则势等连鸡，协以谋我；而我又财源奇绌，动辄乞贷于他人，每经一度纷争，必增若干外债。关、盐两税，既缘债务而太阿倒持，若更因动乱而继续借资，必至议及地税。地税一去，国脉所存者几何？势必将监督财权，使吾永无经济自由之日。埃及王国所以永劫不复者，非其国民之不知自奋，亦财权之失阶之厉耳。光宣之交，国人竞唱保全主权之说，凡路矿之为外人经营或借资兴办者，无不主张收回。虽意气失之夸张，而宗旨则颇为正大，故外人常称此时代为中国热心主权之时代。革命之后，此主义忽焉销声，且每当事变突起双方对待之时，常不免借外人以自重。虽内容暗昧，莫得真情，而马迹蛛丝，不难略窥隐秘。若此者，无论为有条件之交换，抑仅为声气上之引援，然假外力以压迫同类，其失主权、损国体，则一也。是二者，一为饮鸩止渴，一为引虎入门。苟有一焉，国将不国。吾侪愿当事者之顾虑及此，毋以此国家根本为竞利权争意见之牺牲也。

国会之解散 *

（1917）

　　《约法》无解散国会之规定，而国会之被解散者二次，谁解散之耶？曰专制之袁氏也，曰拥兵之督军也。予以为不然，苟国会不自解散者，他人乌得而解散之？不观夫法兰西革命时之国民议会乎，一七八九年五月开会，集会之始，立誓宣言，非制定宪法后，决不解散。法皇鲁意十六世容贵族僧侣之要求，命议会停会。议员决心不动，法皇不得已，乃命贵族僧侣出度于议会。皇妃美利劝皇以兵力胁议会，议会大愤，要皇撤兵。皇拒之，于是法民击破巴士的之监狱。暴乱镇定后，王妃仍主张以兵力解散议会。法皇窃出巴黎以召援军，于是法民袭击斐撒勒之皇宫。贵族僧侣惧祸及己，乃在议场允弃封建时代之特权。开会一年，于行政、司法、宗教上，行种种大改革。法皇纠合贵族，乞援外国，奥、普两皇会于希尔尼，谋援法皇。议会乃知过激之足以召乱，与皇和解。法国第一次宪法，因是成立。国民议会之目的既达，乃于第三年自行解散。今吾国第一次国会其所遭之困难，较之法兰西之国民议会如何，果有法兰西国民议会之精神者，则当政府非法解散时，宜内而调和其党派，固结其团体，对外则告以职务之不能轻弃，宣示其必不解散之决心。吾知袁氏虽专横，督军虽跋扈，其暴戾未必能胜于鲁意也。即或不幸，而全体议员以身殉职，则其精神之所灌注于国民，留遗于后世者，其价值必远在宪法以上。岂但使袁氏不敢称帝，张勋不敢复辟，即他国之鄙夷吾文化，奴视吾民族者，亦将一改其观念矣。若夫一遇危难，则弃职而去，迨时会殊异，要求恢复，此曾子居武城之态度，惟处宾师之位者则然，曾谓代表国民，为民国之主人者，而宜若是乎？

---

* 《东方杂志》第 14 卷第 8 号，1917 年 8 月，署名伧父。

游场与公园 *

（1917）

上海华商，年来辟游场数处，征收游资，营业颇盛。予偶往游观，意有所感，以谓此等游场，本与公园无异，上海商市，无足以适吾人游乐之公园（苏州河公园地址殊狭），故有此变相之公园起而代之。然西人之设立公园，所以陶冶国民之性情，高尚国民之品格，而上海游场，则殊无此等作用。社会中持严酷之评论者，且以此为伤风败俗之地，不胜其咨嗟太息焉。其故何欤？岂社会不良，故虽类似之事，而亦呈反对之现象欤？予因此事，始知国民之美感，与社会之风化有关。托尔斯泰曾言，凡娱悦感官之事，属于人为之美者，皆有刺戟淫欲之性质。如美丽之房屋、器具、衣服、酒肴、音乐、香水等，皆是。其属于天然之美者，皆无刺戟淫欲之性质。如太阳之光明、天空之苍翠、山水之明媚、草木之幽秀、天然朴素之衣食居住、鸟之歌声、花之香气，皆是。西人公园，多注意于天然之美，使平时受人为之刺戟过甚者，得于此荡涤其胸襟，以返现其天性。上海游场，则全以人为之美充之。淫荡男女，受人为之刺戟已惯，苟一时无所刺戟，则苦于岑寂无聊。其麇聚于游场焉，如附膻逐臭专为寻求刺戟而来。刺戟愈甚，淫欲亦愈盛，互相感召，盖由于此。上海西人于闲暇之时，辄往内地，游览名胜。而吾国内地之人，言游乐者，必至上海，如水之对流。览世者可以知社会文明与堕落之趋向矣。有世道人心之责者，于国民之美感上，不可不加以鉴别，宜保存天然之美，不可以人为之美破坏之。近时浙人于西子湖边，开设商场，舞台餐馆，点缀于湖山之间，徒令人有西子蒙不洁之感，吾望浙人，勿以此国家的公园，改为上海之游场焉。

---

* 《东方杂志》第 14 卷第 8 号，1917 年 8 月，署名伧父。

交　友 *
（1917）

　　吾国人于交友之道，概以义气为重，以有无相通，患难与共，死生不贰，为友谊之极则。故凡朋友之利益，必为之顾全；朋友之危难，必为之解救。此虽腐败之官僚，残暴之盗贼，其对于朋友亦有具如是之精神者。然其流弊所极，往往徇私而害公，笃于对朋友之私义，而忘其对社会之公义焉。予谓顾全他人之利益，救济他人之危难，其普通之责任，对于人类社会，无不有之，不宜仅限于朋友。至特别责任，惟对于父母夫妇子女而负之，即法律上所谓互相辅养之义务。以之推及朋友，虽不能不认为美德，然使以此为交友之正轨，则范围过于广泛。个人之力，能负之责任几何，必有不能全者矣。夫人类之结合朋友，其本意自在互相辅助，然当重在精神上之互助，如道德之切磋，智识之交换，乃结合朋友之正当目的，若以实利上之互相辅助为交友之目的者，则所谓小人以同利为朋，非君子之交也。故吾人取友，必择其能独立自助，权利义务，界限分明，不肯混淆者，方能获益。各人身家之存活及各人行为所获之结果，绝对的由各人自负责任，不能责望助力于朋友。曾闻有一西人向其华友告贷，华友诘之曰：子何不贷之于同国之友人？西人戚然曰：吾国习惯，若向友告贷，虽仅一圆，亦必勿与；不但不与而已，必且谓其人已失与之为友之资格而与之绝交；不但此友与之绝交而已，他友闻之，亦且均与之绝交焉。在吾国人意见，必以为彼国友谊，何凉薄如是，但西人之所以养成独立自助之风者，其原因未始不由于此。吾国中等以上之人物，往往不务生产，不具技艺，专以广结交游为一生之事业。其身家生活之根据，惟在依附朋友之势力，托情面求栽培为之友者，亦认此为友谊上不可却之任务，不得不勉强敷衍，故社会上一事业之兴起，政治上一机关之设立，辄荐书满箧，食客盈门，几有不可驱除之势，推其原因，实由吾国习惯，对于朋友，当负实利上互助之责任，致酿成其依赖根性之故耳。吾故揭此交友之问题，愿研究伦理者，对此问题，求正当之解决焉。

真共和不能以武力求之论 *

（1917）

今试就吾国之政治家而问之曰：吾国今日之政治，可以为真共和矣乎？其在野者必曰：武人干政，嫉视国会，致遭非法之解散，真共和既从此亡矣！吾人今日，当拥护《约法》，恢复国会，破坏武人专制之假共和，将以求真共和也。其在朝者亦曰：党人争权，国会不良，致为众论所嫉恶，真共和盖未易言矣。吾人今日，当改良选举，重组国会，扫除党人专制之假共和，将以求真共和也。此朝野两派之言，皆以要求真共和为标帜，是其目的固无不同也。

欲求真共和，不可不去假共和。去之道奈何？在野者曰：国民真正之自由，必出相当之代价以购之，各国之革命史，可考而按也。辛亥起义，丙辰护国，吾人既流数次之血，以求政治上之自由。今后当继续其事业，贯澈其初志，除以武力抵抗专制政治外，无他道矣。在朝者曰：当美国南部七州分立时，大总统林肯演说，谓：予不愿与南部诸州开战，但维护合众国之结合，予必注全力以为之。吾人之志，犹林肯之志也。今党人若以政争之故，致国土有分裂之虞，则吾人决不以姑息政策贻误国家，除以武力保持国家统一外，无他道矣。此朝野两派之言，皆有用武力以驱除反对党之意，是其手段亦无不同也。

以真共和为目的，以武力为手段，则此目的果能以此手段达之否乎？质言之，即真共和果能以武力求之否乎？吾敢决言之曰：不能！世之论者，每谓法国之共和为七月革命、二月革命之结果，美国之共和为独立战争、南北战争之结果，似真共和必当以武力求之者。此实误读历史之过也。真共和之成立，不外二因：一为国内农工商业之发达，二为

* 《东方杂志》第 14 卷第 9 号，1917 年 9 月，署名伧父。

国民教育之普及。盖必国民之产业既丰，智德既备，能力充足，不至为少数有力者之所左右，共和之基础始不可动摇。世界共和诸国，其共和政体之确立者，或以前者为因，或以后者为因，二者必居其一，决非由于武力也。考之历史，则武力可以倒专制，而不可以得共和。专制既倒之后，虽已有共和之名，尚未有共和之实。此时党派纷杂，争斗相寻，所谓共和皆假共和，非真共和。必更经过若干时期，而后因实业之发达与教育之普及，真共和乃渐渐成立。世界各国，无不如是。其经过之时期较短者为美，时期较长者为法，时期甚长而迄未经过者，如南美诸共和国是矣。专制之后，必经过假共和，而后由假即真者，犹之专制政府与共和政府之间，必有一临时之假政府，此殆事理上一定之程序也。

今日朝野两派互不相容，甲以乙为假共和，乙以甲为假共和。其实所谓假共和者，不专属于甲，亦不专属于乙，乃由甲、乙两者纷乱糅杂而成。甲欲以武力去乙之假共和，乙欲以武力去甲之假共和，然武力决无可以得真共和之理。所去者，固为假共和；所得者，必仍为假共和。去假得假，以假易假，夫何择焉？今之在野者以武人专制为假共和，诚是矣，以武力去之，吾姑不问其能去与否，即使既去，而其所设之政府，果能抑制武人之势力乎？吾知拥兵以自重者，必仍有人也；雄据一方，隐然与政府抗衡者，必仍有人也；热衷之政治家要结军人，以巩固其权位，遂行其政策者，亦必仍有人也。其为假共和犹今日也。今之在朝者，以党人专制为假共和，亦当矣。以武力去之，吾姑不问其能去与否，即使既去，而其所组之国会，果能消灭党派之争竞乎？吾知政党之运动选举，以制多数，必仍如故也；多数党以横暴之意气凌驾少数党，少数党以诡谲之策略牵掣多数党，必仍如故也；国会议员，纷呶终日，一事无成，为民众所非议，为强暴所蹂躏，亦必仍如故也。其为假共和，亦犹今日也。吾非敢谓吾之国家将永久沉沦于假共和之中，而不能自求进步。第实业不发达，教育未普及以前，仅仅赖武力以获得者，其结果当不过如斯耳。国民如斯，国会安得不如斯？政府又安得不如斯？一丘之貉，其形必同；一器之莸，其臭相类。吾国今日，亦乌有所谓真共和者？其以真共和为标帜，非迷信之谈，即欺人之术，不过为用武力以驱除反对党之假面具而已。

吾国今日既无所谓真共和，则吾人将承认今日之假共和为最适宜之政体乎？吾人当姑息偷安于此假共和政体之下，而不必更有所要求乎？夫政体而非共和则已，既共和矣，自不可不为真共和，假共和又乌可久者？六年以来，吾国民受此假共和之苦痛，已不为少。若犹转辗沦胥而不能自拔，则此长时间之苦痛，将如何忍受乎？故要求真共和之目的，吾人当锲而勿舍，自无待言。惟所用之手段，决不能以武力操切求之。发达实业与普及教育，本非短时间中所能成就。若以武力横加障碍，则必欲速不达，求近而反远矣。其意虽欲短缩假共和之时期，以减少吾民之苦痛，其实则延长假共和之时期，以增加吾民之苦痛者。吾谓吾国今日，朝野之间，孰为要求真共和之人，可以至单简之方法择别之，即孜孜于研究实业，从事教育者，皆要求真共和之仁人志士；而以真共和为标帜，亟亟焉欲用武力以去假共和者，皆反对真共和之罪魁恶首也。

今日朝野两派，固有要求真共和之热心，则宜彼此相谅，降心以从。须知吾国今日，决无能遽得真共和之理。武人干政，党人争权，为假共和时期之所不能免。苟不至于运动帝制、主张复辟者，皆当互相让步，互相忍受。自己而能让能忍也，则他人亦必感之而相让相忍；即他人而不让不忍也，自己终当让之忍之。有一能让能忍者，真共和之精神即胚胎于此。孔子曰：能以礼让为国乎何有？基督曰：善忍而至于极，必获救矣。吾知吾国将来之真共和，必由忍与让而后成者也。今日诸君之所以不愿让不肯忍者，或由于热心政治之故。然诸君何不竟让之竟忍之，而移其热心于实业或教育？此等事业，决非有赖于政治上之势力而后能为之者，而其对于真共和前途之效益，实较政治上之势力为大，诸君亦何必断断焉为政治之竞争焉？

宣战与时局之关系 *

（1917）

　　自对德绝交以后，已有不能不进而宣战之势。当轴者积极进行，求外交政策之一贯，惟因国会解散，宣战令之发布，未得征民意机关之同意。然默察国民舆论之倾向，已多数赞成宣战，将来国会召集，自必一致追认无疑。惟当问题未解决以前，曾有一二怀疑派，以为宣战未必有理未必有利者。此种非难，答辩固自甚易，吾人所主张之理，为尊重国际公法保护国民财产生命；吾人所希望之利，为增高国际地位，参列平和会议。当轴者于此已一再宣言，无烦吾人申说，惟兹事体大，各方面之关系，决非一二端所能罄尽，则探索而研究之，亦吾人之责任也。

　　此次宣战，吾人不可局限于己国固有之思想以批评之，而当注目于世界未来之大势。未来之世界，将由国家组织进而为超国家的组织，其形势已显而易见。当此形势推移之际，世界诸国家必先互相结合成为对抗之两团体，如中国在秦汉统一以前，战国七雄有合纵连横，为南北东西之对峙；日尔曼诸小邦将统一以前，分为普、奥两党互相争战。今日世界形势实无以异此，当此时期，凡立国于世界者，决不能超然孤立于国际团体之外。盖国之有党，实与人之有党相同，世界行政党政治之国，概有二大政党对峙，其国内之个人，苟欲于政治上有所活动，则必加入政党，否则不但无被选举之望，即所投之选举票，亦必因少数而不生效力，是以无党之人选举权及被选举权虽有如无，实际上与剥夺公权无异。人之不能无党也如是，国之不能无党也亦然。吾国之对德、奥宣战，乃加入政党时应履行之手续而已。夫人之加入政党也，必择其宗旨相同而利害一致者。今世界两战团之中，德、奥、土、保之中央帝国

团，皆君主国家，与吾共和国家政体不类；联合军诸国中，如英、美、俄、法，皆民治主义之先进或后进，与吾国于精神上默相契合。且是等诸国，皆于东亚有土地财产之关系，利在维持现状；德则以在世界无良好殖民地，亟亟欲用武力以扩张领土，尤怀抱野心于东亚，利在破坏现状。就我国之利害关系言，自当主维持而不主破坏，而与联合军诸国为一致，故吾国不加入政党则已，苟加入政党，必在联合军诸国之一方面，可无待言。吾国今日以鉴于世界形势之故加入联合军诸国之国团中，与诸国共同之敌作战，实与个人有集会结社之自由无异，于理性上决不受何等之拘束。今日之战争世界，本不能从理性上立论，况德、奥之潜艇计画，求之于理性固有不能不反对者乎？

　　或曰：人之入党，对于党中有应尽之义务，有应享之权利，然大率享受权利者，惟党魁数人独为优厚，党员之权利，未必能与义务相衡也。今吾国加入联合军诸国之国团中，所享之权利，果能与义务相衡乎？且即舍权利而仅言义务，则吾国财匮兵弱，对于战局，果能尽何种之义务乎？联合军诸国，其希望吾国所尽之义务，果至于若何限度而为吾力所能任否乎？凡此诸问题，吾人以无外交上之经验，虽不能为详细之解答，然其可揣测而知者，则不外数端。一为经济同盟。此次战争联合军诸国，既投莫大之战费，而尤以英国所担负者为最巨，将来果从何处取偿，若欲取偿于敌国之赔款，则德、奥诸国挫败以后，国力决不能任此，其惟一取偿之途，则和平以后，以经济同盟之方法杜绝德国之商业。德国在开战以前，每年输出制造品于海外者，值七十五万万马克，若战后此商业为联合军诸国所得，则足以偿此次之战费而有余，经济同盟之本意，即在使战后之德、奥诸国不能销行工艺品及采购原料于世界。一年以来，英、法诸国已为种种之豫备，吾国为工艺品之销行地，又为原料品之出产地，果加入同盟，则其关系之大，不言可知。以今日之时局推之，吾国之加入同盟，殆为势所必至，加入以后，吾国商业为同盟之诸国所独占，无起而与之竞争者，于经济上必受多少之影响。然战后之英、法诸国，工商事业既盛于前，则对于同盟国之产物必竭力开发，同盟国之需要必尽力供给，吾国因同盟而获得之利益亦必不少。若不加入同盟，听德、奥诸国在吾国竞争商业，则彼等以无制海权之故，必在吾国设立工厂，就地经营事业，且以防护其事业之故，必设法掌握吾国之陆军，而以军官及军械输送于吾国，置吾国于其肘腋之下，如土、保诸国之现状而后可。此种计画，凡略知德国情势者，均已推测及之。今日之德国正亟亟欲求此地位于世界中而最注意于吾国者也。若使德在吾国果有得此地位之机会，则联合军诸国必因经济竞争之故引起政治竞争，而使吾国为世界之争点，成第二之巴尔干矣，其为患可胜言乎？二为输送劳工及军队。欧洲诸国，生殖率之减少甚著，法兰西尤甚，故开战以来，屡在吾国招工，且有劝诱日本出兵之事，其需要可知。吾国生齿日繁，生计日绌，失业之众游手之多得此为尾闾之泄，实为两利之事。宣战以后，招工之范围必较前扩充，或谓英、法所招之工，必为娴习技能而性质谨愿者，失业游手之徒，习于怠惰与放纵，往往不愿应招以从事工作，是使国内失去多数生产之良民，而留莠民以妨害生产，于计未必为得。然既有多数劳工赴欧工作，则国内劳力之需要自增，生活之困难自减，化莠为良，此时实为最好之机会。至输送军队，现时未有定议，日报中已有练兵五万赴欧之风说，果尔，则由五万以至五十万，亦为事实上所可能。我国现时军队虽未必能与欧洲诸国颉颃，然据欧洲军事家之言，谓我国人实有当兵之资格，苟施以适宜之训练，可与奥、匈之军队相等。今日英、美诸国新募之兵，皆训习数月即赴战场，我国人即无军事上之素养，训练半年或一年，未必不逮欧人，则在一二年以内遣派五十万之大兵赴欧，决非至难之事。或谓欧洲战争，非吾国革命战争之比，现时交战诸国，合计每日平均伤亡六千人，其惨剧可悲。吾国人皆贪生恶死，恋爱乡土，若派遣赴欧，恐已成之军队，未必愿往，另编军队，亦未必有人应募。此论殊不合我国民真相，我国乡僻之民好勇轻生者，实繁有徒，往往仅得数圆之酬报，数百圆之抚恤，而以性命相许者，如能厚其饷糈，赡其身家，死则恤其遗族，吾知乐从者必多。现时世界尚非偃武修文之日，乘此时机，一振国民武勇之精神，实习近世战争之方法，虽牺牲若干生命，而于民族前途必大有裨益。三为供给食粮。现时英、法、俄国，食粮均极昂贵，论者遂谓我国宣战以后，必以供给食粮为重要之义务，若不加以限制，则食粮之价必骤然升腾，将使民间有乏食之恐。但此事不免过虑，俄为农业之国，食粮本足自给，欧俄方面之食粮问题，乃因输运力不足及配置方法未善之故。英、法食粮虽仰给于境外，然其供给之途，以非洲、东印度、北美各属地及南美诸国为主，其食粮价格之昂贵，乃船舶输运之关系，非供给缺乏之关系，若远而求之于吾国，则距离愈远输运愈难。故谓宣战以后，吾国之食粮将为无限制之输出者，实不谙时势之言也。以上三端，就宣战之义务一方面加以揣测，则英、法诸国之希望于吾国者，自然以加入经济同盟为最切，输送劳工与军队次之，而在吾国，则加入经济同盟实为保持将来和平之法，输送劳工与军队亦于吾国有益，若供给食粮，决不足为宣战后之重要问题，固无容鳃鳃过虑者也。

至怀疑派之心理尚有不能不虑及者。一为和平恢复以后，德、奥或有借端报复之举，此时联合军诸国与吾国之关系形势，未必与今日相同，谁肯担负重大之牺牲，以保吾国之安全乎？二则和平会议时联合军诸国分配权利，必各自主张其所希望，此时诸国容有要求吾国牺牲某项权利，许与某国，以保持联合军诸国间之感情者，如英、法攻鞑靼海峡（达达纳尔海峡）时，劝诱罗、保两国助战，曾使希、塞割马其顿一部之地与保，使塞割地与罗（此事不果行）。外交事情，难保无此等变故，吾国既与德、奥为敌，势不能重违联合军诸国之意以失友邦之助力，则应付必更为难，然依吾人之揣测，则此等问题，亦殊不足虑。此次战争，联合军诸国殆非挫折德国之武力主义，达到完全胜利之目的不止，即使此目的不能遽达，而于五分胜负之下恢复和平，则和平以后联军诸国必依然集为一团，与中央帝国团对抗，决不至各自离解，与德、奥以复仇之机会，此时团体中之一国苟有受德、奥之损害者，诸国必共起救助之，在孤立之国容有受敌国之损害而他国以利益交换之故默示同意者，在同一团体中自不至发生此事，至友邦之间要求权利之事，亦不至轻易发生，即使发生，亦必经诸友邦之协议而后行，苟诸友邦均承认其要求，则必为时势上所不能避免者，较之单独之要求，必易于应付。盖应付一国使其收戢野心，不如应付诸国，使其主持公论之易于为力也。他如俄、德单独讲和及日、德联盟之说，大都为敌人散布之谣言，不足置信。在十年数十年之后，国际形势之改变，固非今日所豫料，若在近今之未来中，何至有此变幻离奇之事乎？

国内调查 *

（1917）

外人之侨寓吾国者，对于吾国之地理、物产、政治、实业以及社会之风俗、人情，无不留心考察，造成图表，著为论说，以报告其政府，饷遗其国人。吾友某君，曾见一外人测绘其传教地舆图一幅，道路河渠，山林村市朗若列眉，精确详明，远胜于省立舆图局所刊布者，云系积数载之精力所成，将寄回其本国政府，以供考览。吾友向其借摹副本，不许也。又吾邑中校，曾延某外人为教习，到校未一月，即央余为其介绍参观某项物产之制造厂。余辞之，后闻其辗转设法，卒至厂中考察一过。甚矣！外人之热心于侦人家国事也。日本在中国设立调查会，已十余年，由日人之侨寓各地者，分任考察，刊行杂志传布国中。不特吾国现时之行政，现有之商业，以及工矿各业之现状，随时记述，细大不捐，即法制之因仍，政治之沿革，与夫社会事业已往之历史，风俗习尚递嬗之经途，亦皆博考详搜，揭之简册。以故彼都人士，对于吾国之内容，洞若观火，国际上之交涉，既缘此而常占优势。下之如商业之投机，物品之制造，亦以知吾虚实，谙吾嗜好之故，莫不应付咸宜，于是吾国人亦有唱道国外调查，以蕲知己知彼，隐为抵制者。意谓吾国近年侨寓东邻者十数万人，南洋一带且数百万，而游历欧美之人数，亦次第增多，果能组织一调查机关，各就居留地之见闻，以暨探访所得，详晰报告，汇集成书，散布全国，虽不能于政治外交上发生效力，然足以增进吾人世界之智识，国家之观念。且于技术上之改良，输出品之仿造，影响亦复不浅。是说也，吾极赞成，惟尚有待商榷者，则吾以为调查之事，当先从国内着手，然后可以推及国外也。吾国幅员辽阔，交通梗阻，故虽同在一国范围之内，而声气阂隔，微独吴越关陇，漠北滇南，马牛其风，两不相及，即距离数百里之地，其民情物产，亦皆茫无所知，又微独珍奇之品，希见之物，未悉其来源，即日常衣食之所需，亦间有不明其产地者。而典章之损益，政教之迁流，更无论已。缘是他人均有其本国之年鉴，而我独无。即有类是之撰述，亦不免取材外借，失之疏漏，夫以素无统计智识及调查经验之国人，对于本国内情，尚多隔膜，骤令研求国外之事物，在考察者既无所据以为取舍之标准，而国人之阅其报告者，亦无可比较，以为观摩攻错之资。故必先从国内入手，以养成智识与经验，庶考察之际，易于提挈纲领，辨别缓急。且既悉内国之实况，则可择其与吾关系较切者，特别注意。例如实业一项，苟已查知吾国富有某种原料，则遇他国使用此料之工业，探考必求其详。又如行销外洋以及外洋输入之各种物品，苟已灼知销运盛衰之实数，即可专求其所以衰盛之原因。其无甚关系之事业，则不妨从略。庶调查一事，即得一事之实用，而精力不至虚耗焉。虽然，国内调查，亦非易易。地大物博，难得真相，一也。人才经济，两皆缺乏，二也。前清末叶，曾励行此项政策矣，当时除各省均设统计专局外，并令各机关分任其事，颁发表式，不下数百种，名目繁冗，条款纷歧，即极琐屑之事物，亦责令填列数目，而且克期课效，凡他国经百十年而始获有之成绩，吾国乃欲于短时日间蕲得之，于是任事者不得不虚构意造，以图塞责。故清季之统计，徒縻巨款，绝鲜良效，今欲矫除此弊，不可不改变方法。调查事项，不宜百端并举，应择其最关紧要者，先事考察，然后递及其余。调查方针，宜注重于实情，有疑宁阙，毋意造以淆观听。其机关之组织，可仿日人中国调查会之成例，设一总会于京师或上海，而于各地设立分会，但订简易之条例，不设繁重之表格，令各地之任调查者，就所闻见，随事报告，如有必需之事件，特别之事项，则由总会指令调查，且由总会定期刊布报告书，俾国人随时可以购阅，不必俟调查完竣，始行公布。如是则手续较为省便，调查员既易于尽职，且任其疏阙，则其所报告，亦较足征信。况又定期公布，则虚构之弊，自可少免。即有舛误，他人亦可据以纠正。十数年之后，国中紧要之事项，必能次第查明。虽非完全之统计书，而其实用，较之但尚形式，多列表格者，当必远胜，此余个人对于国内调查之私见也。又余曩者鉴于吾国地方情愫之暌隔，虽同在一邑之中，而彼此漠视，几如秦越。往往有此乡之物产，彼乡不明其制造之法；彼乡之农作，此乡不详其培养之方者。尝私拟一计画，以谓地方自治普及后，应由各县之自治机关，调查境内各乡之情形，征集各乡人民之报告，无论天然物产，人造工艺，以及教育卫生诸事，与夫特别之风土人情，苟有足资仿行或研究者，均一一搜罗，刊布报告，通行各乡，年出一期或数期不等，俾各乡得以互通声气，交换智识。继则由各县联合公设一省立之机关，就各乡之报告，择其足资他县仿行或研究者，选录刊布，通行一省。再次复由各省公设一全国之机关，就各省之报告，择其足资他省仿行或研究者，选录刊布，通行全国。其初不过使一县之中，沟通声气，交换智识，然层递而上，效用可及于全国，果能推行，亦足为国内调查之臂助也，因并述之。

防　盗 *

（1917）

　　吾国昔时治盗之策，至为疏略，凡遇盗案，有防营驻扎之地，则责成防营与捕役协缉之；其无防营者，惟捕役负完全之责而已。捕役之役食至微，官厅虽悬有临时之赏格，数亦有限，而侦探需费，缉捕需费，任事者不能枵腹以将事，则惟有因循延宕以塞责。故盗案之破获者，十仅二三而已。人民既苦盗劫，常有筑砦堡，练乡团，以谋自卫者。但非殷富之地方，不能举办，且仅为消极之防御，故盗患仍不能尽绝，改革而后，南方各省，捕役多已革除，缉盗之责，属之警备队及法警。顾警备队不能遍驻各地，法警则人数无几，且缉捕情形，或不及前此捕役之稔习。以是比年盗患，较往日为多，而破获之案则转少。论者每谓防盗之责，当属诸地方自治机关，而不当望诸官吏。苟地方自治，果能普及，一方面教养游民，以清其本，一方面守望相助，以治其标，庶盗风可以敛戢乎。余谓消弭盗患，属诸地方自治，固属正办，但所谓清本云者，事既迂远，非旦夕所能见功，而治标之法，若仍不外多设乡警，地自为谋。如前此之练乡团设砦堡之计画，则虽不能谓其毫无效果，然事倍功半，为效甚微。盖此项计画，仅限诸繁庶之村市而止。僻地偏隅，势难遍及，一也。盗之来也不常，而各乡常年设此警备，多糜财力，二也。盗无区域之限，而守者有区域之分，甲乡患盗，乙乡不负责任，虽有协缉之名，难收协缉之实，三也。间尝筹虑及之，以为此事虽归地方自办，但其势宜合而不宜分，莫如以一县境为界（地方有特别情形者则合二县为界），由境内自治各区合设警察一队，以任缉捕之责。从前县署捕役并正役及帮役，每县不过二三十名，苟勤奋从公，已足敷靖盗之用。故

---

　　* 《东方杂志》第 14 卷第 9 号，1917 年 9 月，署名高劳。

此项警察，亦以三十至五十名为限。各区警察，除城镇酌用若干以维秩序外，余均裁汰。较之各乡遍设警察，人数可省五分之一或三分之一，且无区域之界限，可以自由巡缉。而教练调遣，侦查报告，均有统一之机关，上述诸弊，胥可解免。但须有相辅而行，方能奏圆满之效果者，则奖励之法是也。此奖励之法，不独适用于专任缉捕之警察，即其他方面，亦适用之。盖各乡乡警，既已汰裁，盗患骤来，必至疏无防范，惟悬有奖励以为激劝，则乡民之壮健者，悉为临时捍患之人，或当场抗御，以挫凶锋，或潜尾盗踪，留待踩缉，效力与设警无异。不特此也，盗有巢窟，有窝家，其行劫也，有经行之途，其得赃也，有消售之路，决不能尽掩旁人耳目，特以事不干己，谁肯饶舌以启嫌。若预知有奖之可邀，则随地得收侦探之用。吾乡比年，屡有盗患，乡人皆知盗出某村，某村居民，亦常对人略泄其事，然叩以盗之姓名及居宅，则又不肯实告，盖以无利可希，或所得至薄，不足以偿其告密后之损失也。又吾乡人某，曾任江苏某邑令数年，邑固多盗，某下车半载，盗竟绝迹。上官嘉其能，调权首篆。交卸日，同僚饯之，某于席间夸言，吾既去，盗风将又炽，同僚以其过自矜伐，咸目笑之。乃越日而盗案果见，且离县署仅里许。同乡有诘其靖盗之策者，某曰：无他，吾能多悬贵格耳，重赏之下，必有勇夫。故盗劫其邑，无幸免者，邻邑尽有行劫之地，盗亦何苦冒险以扰吾境耶？盖某家素饶富，且以前曾任之某盐场暨现任之某邑，均著名优缺，故能多出赏金，无所于惜也。由此观之，奖励之法，必当与警备相辅而行。惟昔时之奖金，出诸官厅或事主。官厅无正款可以开销，事主既已被劫，亦不愿再出重赏。故所悬赏格，过于戈薄，不能收激劝之效。窃谓此项奖金之支给，当稍事变通，宜预储于事前，不宜筹集于事后；宜分摊于合境之殷富，不宜仅属之事主与官厅，其办法，每县设一筹给奖金之机关，由自治各区选举办事员管理其事，并选评议员若干人。其筹款也，略仿慈善事业认愿纳捐之例，以若干金为一愿，按家资之丰啬，自一愿以至数十愿，量力认捐，先集若干金以为基本，一遇盗案，则由评议员与官厅协商，酌量案情之轻重，议定赏格之多寡，俟支给后，即按愿续行捐集。倘一县之中，地方情形，或有不同，甲村地势险阻，常多盗患，乙村因屡为甲村分担经费，意有不慊，则不妨变更方法，以奖金析为百分，被劫之村认其多数，邻村次之，递远递减，当较公允。似此办理，在出资者所费无多，而集腋成裘，不难筹得巨款。且经数次破获，劫盗或引而之他，虽有奖金，亦无所用，较之常年设备，不独劳逸迥判，而经费之节减，为数当亦不赀也。此与保险之法相似，特彼用之于赔偿，而此用之于悬赏耳，或谓此举乃驱盗于邻邑，是以邻国为壑也。余谓苟各县均能仿行，盗复于何憩足？盗非生而为盗者，果能绝其觊觎之心，即以开其悔悟之路，虽非端本清源之策，但为目前保安计，固未尝不可收绥靖地方之效也。

谨告阅者诸君 *

（1917）

　　本志第七号载恽代英君投稿《结婚问题之研究》一篇，鄙人附志意见数语，有"近阅一书，豫言二十世之社会内概守独身主义"云云。承阅者诸君投函询问，一月以来，接到询问此事之函甚多。鄙人不敢负诸君质问之意，秘而不言，谨撮要略奉答。此书为英人爱区·其·惠尔逊氏所著，系一九〇二年英国皇立学院之稿，后公之世，名为《将来之发现》。日本文明协会所刊《十九世纪欧洲政治思想史》附译此书于后，称"第二十世纪论"，其所谓独身主义，非绝灭人道之谓。盖独身之反面为结婚，而"结婚"二字，其解释有广狭二义。广义之解，实则结婚为人伦之始，而狭义的解释，则不过为法律的手续，以别于相奸而已。氏之所谓独身主义，即不结婚之意，而其结婚，实为狭义的解释，决无减少人口之忧，且有增殖人口之意。近时美国福斯登大学名誉总长某博士所著《人类浪费之修复》一文，载于《青年进步》杂志。其中有"承认私生儿为公生儿"之言，又谓"婚姻者，不过以男女结合之事实，国家为之登录耳。若于定式婚姻有不可行时，国家不妨退一步，以登录私生儿"云云。惠尔逊式之意，即谓登录私生儿之制，必将实行也，而其理由，则以世界各国交通愈密，婚姻法律各各不同，至于无法可守，而结婚之制，乃至于废弛，所谓独身主义，大率无法律上承认之结婚，与欧洲社会党中之一派所主张者相同。惟此事因时会所迫，固属无可如何。若时会未至，而主张破坏婚姻制度，则大不可也。

伧父志

---

　　* 《东方杂志》第 14 卷第 10 号，1917 年 10 月，署名伧父。

义勇农 *

（1917）

义勇兵，吾闻之矣；义勇农，则未之闻也。今美国华盛顿州，决议于州内中学生中募集义勇农二千五百人。五月十二日发劝募通告于州内五百之中学校中。各校各以单片分致学生，凡愿应募者，书明男女年岁、身长、体重及所希望就业之地于单片中。此单片汇交中央事务所，于今秋之收获期内，派至指定之地，助农家收获。此种实用教育，既有益于农业，且使学生操练身体，当在蹴鞠秋千之上也。

---

* 《东方杂志》第 14 卷第 12 号，1917 年 12 月，署名伧父。

战争时代多产男子之实据 *

（1917）

英为女多男少之国，本志曾屡述之，惟其男女之生产率，则多少略等，其所以致女多男少之原因，则在幼稚时代男子之死亡较多之故。近时英国统计局发表，开战后第一年内产出男女之比例，为女子一千人，男子一千零四十人；第二年之比例为女子一千人，男子一千零四十七人。为英国五十年来未有之事。欧洲古代相传，谓战争之始，男子之生产多于女子，今更得确实之证例矣。

---

*《东方杂志》第 14 卷第 12 号，1917 年 12 月，署名伧父。

力之经济 *

（1917）

日本著名博士新渡户稻造氏，论"力之经济"，具有至理。大旨谓美国生产旺盛，食物甚不经济，旅店餐馆，所供一人之食，与欧洲供二三人者相等。曾有一法人谓美国之废食物，可以养全欧之人口而有余，足见其浪费矣。以日本之贫乏，决不宜如是浪费。食物之经济，殆无不注意。然人体之力，实本于食物。食物既成为我身之一部，而变为力，则用之尤宜节约，然吾人自省其生活状态，则力之不经济处甚多。朝醒尚未离床，忽起无益有害之念虑，劳其神经。及将作事，又若不愿，起不愉快之感情以减其力，或游心于他事，或吸烟，或谈话，为种种消遣之法，其力之用于本职者几何？夫神经作用，自有限度，此等耗费，或不能无，而其最无意义之消耗，其损失精力亦最甚者，为羡望、嫉妒、憎恶等心理作用。此等作用，能使人体受其刺激而成一种疾病。阅美国某大学教授所著《感情之生理作用》一书，可知喜怒哀乐，无一不影响于生理也。我日本民族之特性，常有用神经于甚无益之事之癖，常如妇女之性质，对于他人之衣饰容貌以及一切不论大小之事，喜一一加以非难。其费自己之时间与精力，苟细算之，恐在美国所费食物之上。且非难之人，既耗精力，而受非难之人，或因揭其阴私，或因伤其名誉，感情之激刺，损耗精力，又复不少，是真可谓两败俱伤。试就政治界一瞥，其损耗已不可量。夫政见不同，则以堂堂之正论，表明政策之利害得失，诉诸国民之理性。英、美之政治家，概用此笔法。而我日本之政治家，常攻击人身，猜疑人之心事，至于损害感情。须知西洋人诉于理性，不伤神经。而吾人诉于感情，则大伤神经也。理性之动作，力小而效大。感情之动作，力大而效小。割鸡焉用牛刀乎？以上为博士之言，愿我国之事务家谨识之，尤愿我国之政治家谨听之。

---

* 《东方杂志》第14卷第12号，1917年12月，署名伧父。

殖 民 *

（1917）

世人尝谓法国有殖民地而无殖民，德国有殖民而无殖民地，惟英则既有殖民地又有殖民，故殖民事业为世界冠，但我中国则何如？生齿日众，生计日艰，是未尝无可殖之民也；西北数万里之平原，人口稀少，是未尝无可植〔殖〕之地也。然则吾中国可谓有殖民有殖民地而无殖民事业者。现时满洲及东蒙，许日本人居住营业。而闽粤之人，侨居英、法、荷属各地者，虽受种种之限制，尚占一部之势力。南洋群岛事业之发达，未始非吾侨民为之。是则吾国有殖民地而容受他国之殖民，有殖民而经营他国之殖民地，亦世界殖民史中之例外者也。

---

* 《东方杂志》第 14 卷第 12 号，1917 年 12 月，署名伧父。

墓　地 *

（1917）

　　美国社会学者罗斯氏近著之书中，言"中国农地自百分之五至二十，为其祖先之墓地所占。若此习惯不改，则代代相续，中华全国，将变为坟墓"云云。此等意见，吾国人亦抱怀之。惟出之外人之口，尤为警切。改良之法，以设立公共墓地为最善。但此事必由地方自治团体筹划之，将来最下级自治团体，宜规定其必办之事务，一国民学校，二救火会，三修理桥梁道路，四防疫，五防盗贼，而经营公共墓地，亦当列入其中。至经营墓地之法，不可不参观欧人在上海（徐家汇路）所设之墓地。乔木森森，丰碑列列，风致之佳，较之我国植望柱，列翁仲者，有过之无不及。若在内地为之，费必不多，且因此以培养森林巨木，于经济上殊有益也。

---

* 《东方杂志》第 14 卷第 12 号，1917 年 12 月，署名伧父。

推测中国社会将来之变迁 *

（1918）

　　本论题之意思，在推测中国将来之变迁，但属于社会方面，而非属于国家方面者；亦即推测社会将来之变迁，但属于中国一部，而非属于世界全部者。

　　欲推测将来之变迁，不可不以现时之状态为根据，犹算学中必由已知之事项，以求未知之事项也。今吾人所据以推测之事项有二：

　　一、现时中国社会内之各个人，其活动力逐渐增大。

　　二、现时中国社会内之各个人，其生活费逐渐增多。

　　上述二事，不可不举例以证之。第一项之证例，则现时个人之活动力，在政界最为显著，若政客，若武人，若官僚，若民党，既于六七年之内，演出数次之大活剧，为吾人所共见。其次则为学界，多数青年，咸抱留学外国之志愿，赴欧赴美，视若户庭，与曩日之呫唔牖下者，志趣大异。农工商实业，虽未有若何之变动，然端倪已露，如数百万金之大公司，千余人以上之大工场，皆为从前所未有者。第二项之证例，尤不胜枚举，盖现时物质文明之进步，物价之腾贵，风俗之奢靡，固无论何人所不能否认者也。

　　吾人既具此例证，更进而考求其原因，则其总原因，为与西洋社会交通之故。盖两社会交通以后，强弱相形，于是社会上一切事业，皆不能不从事革新。此革新之事业，无论为建设，为破坏，皆足使个人之活动力得有发展之机会，是为活动力增大之主因。而教育之改良与交通之便利，则为其助因。同时西洋之物质文明，随革新之潮流而输入，生活所须之新事物，日出不穷，是为生活费增多之主因。而旧道德之堕落

---

　　* 《东方杂志》第 15 卷第 1 号，1918 年 1 月，署名伧父。

（如节俭），新学识之传布（如因考究卫生而饮食增其滋养、居处增其设备等），则又为其助因。且二事又有互相为因之理，即生活费增多，则活动力自不得不增大；活动力增大，生活费亦不得不增多。此犹汽机动力与燃料之关系，为物理学所证明者也。

吾人所据以推测将来之事项，其例证与原因，果观察不误，则吾人得就此事项而推论之曰：

现时中国社会内之各个人，其量逐渐增大。

所谓量者，即以人与人相比，而判别其大小。同一人也，其量有大小，犹之同一器也，此容担石，彼容升斗，其量固不同也。（曾有美人谓美国一人之能力，可抵中国十三人，即其量十三倍于中国人之意。）是故论人口之比较者，不但论其人之数，而当论其人之量，即人口之比较率，为人口之数与量相乘之积。量之增大与数之增多，其结果均使人口之比较率增高。盖活动力大者，以一人营数人之事；生活费多者，以一人耗数人之养。是人量增大时虽人数并不增多，而人口之比较率为之增高，其结果实与人数增多无异也。吾人更得就此事项而推论之曰：

现时中国社会，因人量之增大，使人口之比较率增高。

虽然，人口率之增高，不能不受生产率之限制。盖生产之要素，为土地、资本、劳力之三项。人口增加，劳力固随之增加，然使土地、资本并无增加，则劳力之递增为 1、4、9、16、25……级数时，生产之递增仅为 1、2、3、4、5……之级数。中国历来因人数增多，而土地、资本不能随之俱增之故，故人口率之增高，受生产率之限制，已甚迫切。吾人可因此得一相反之推论曰：

现时中国社会，因生产之限制，使人口之比较率不能增高。

吾人从上述相反之二种推论而研究之，则更得以下之推论，即：

现时中国社会，因人量增大，故人数不得不减少。

盖人量增大，既与人数增多之结果相同，则人数减少，自必与人量增大之结果相反。故人量增大时，若人口之比较率不能增高，则惟有减少人数以剂其平，此一定之理也。吾人既推论至此，可更进而推论将来中国社会将用何种方法以减少人数，就吾人之悬想言之，当不出下列之二项：

一、将来中国社会，必厉行奋斗主义，而其结果为战死。

二、将来中国社会，必厉行独身主义，而其结果为自杀。

第一项所谓奋斗主义，其普遍于各个人之间者，固无待言。进之则行于团体与团体之间，如地方，如党派，现时持此主义以奋斗者，萌芽已露，将来必更为剧烈。而阶级的奋斗（如工党，如托辣斯），异性的奋斗（如女权党），亦将继此而兴。更进则行于国家与国家或民族与民族之间，而所谓国家主义、民族主义者，亦均为此奋斗主义之代名词而已。至"战死"二字，当作广义解释，凡操劳、冒险、撄病、犯法及结仇府怨、含垢受辱、忧愤羞怒、丧心失神者，皆奋斗主义之牺牲也。其属于狭义的"战死"者，自必不免，但将来世界或能使狭义的"战死"较少，而以广义的"战死"代之，固未可知，而其为减少人数之方法则同也。

第二项之独身主义，非必指终身不娶者而言，即结婚之年龄延迟，而于一时期中守独身主义者亦属之。现时早婚之戒，已为吾国社会中所信，将来必渐渐实行。其理由固在保持自己及子孙之强健，但就予之揣测，则将来晚婚盛行，其以保持康健为理由者仅属于表面上之解说，而其实际则必由于经济之限制而然。现时青年之就业于社会者，其收入之数非不较多，然因羡慕物质文明之故，在往时足以赡养八口者，在现时仅足资其个人之享用。且现时女子生活低劣，今后必稍加改良，则男子之担负亦较重。加以世风奢侈，物价腾贵，娶妻育子，独立门户，事实上大为困难。故理论上之不许早婚，犹可以不从；事实上之不许早婚，恐无能解免焉。抑我国早婚之俗，本为血食的迷信与养老的希望所复杂酝酿而成，此后科学知识传布，鬼犹求食之说必不为社会所信，专制的大家庭渐变为独立的小家庭，服劳奉养之事，又不能责望于今后之子妇，则除肉欲的刺激与法律的制裁以外，谁肯舍其眼前之逸乐以负终生之劳瘁乎？至结婚以后之限制生殖，亦可包括于广义之独身主义中。此独身主义，在欧人称之为人种的自杀，盖图眼前之逸乐而不求永久的生存，在个人为自杀行为，独身主义者之所为，亦类乎是也。其与实际的自杀异者，则彼为有形之苦痛，与战死相同；此则为无形之悲惨，与战死稍异。故凡性质怯弱懦于奋斗者，其适用之减数方法，以此项较为和平。

上述两项减数方法，固非吾人之所创见，而为欧美现今社会所实行者。盖欧美社会自发明蒸汽机关及寻获殖民地以后，生产日增，人口之量遂日益增大，至于今日环球以内已无无主之土地，几无不发之蕴藏。生产既达于极点，而人口之量犹增进不已，不得不减少人口之数以调剂之。平时既盛行避妊之法，为和缓的减少；近更发生从古未有之战争，以新奇猛烈之军械互相屠戮，为急激的减少。凡此皆我中国将来社会之先例，步而趋之，惟恐或后者也。或谓欧美社会既早行增量减数之方法，中国社会复踵之而起，则前之所言，可为将来世界全部社会通有之现象，而非仅属于中国一部者。但予意社会人口，其数与量虽可互为增减，然亦有一定限度。欧洲人口经此次大战以后，数必大减，若更减少其数，则其社会将不能存立。故战事终结以后，各国必将以休养生息为务，一方面复兴宗教伦理等观念，惩忿窒欲，以缩小人口之量；一方面复奖励生殖，以增加人口之数。其变迁当与我国相反，此则吾人聆现时欧美社会之言论，而觉其机缄已露者。齐将变而至鲁，鲁反变而至齐，亦极人事纷纭之态矣。

减数方法之实行于我国也，其痛苦与悲惨诚非吾人理性之所安。以我国固有之文明观察之，则此等方法皆为背逆天道之事，即与自然规律相违反者。但自然规律本为矛盾之两方面对抗而成，吾国古来仅从大德曰生之一方面，体念上帝之仁慈，而于造物之残酷不仁一方面，则未尝加以考证。实则万物竞争之剧烈，淘汰之峻严，亦自然规律中之甚为显著者也。我国文明既从自然规律之仁慈一方面体念而来，故自古迄今，上而君相，下至匹夫匹妇，无不以繁殖种姓为莫大之任务。政治之善良，在户口繁盛；家族之光荣，在子孙众多。可知我国社会常向增多人数之一方面进行。唐虞三代之世，地力未尽，无生产不给之忧，量与数可同时增加，社会遂日形庞大。然至春秋战国之世，废井田，开阡陌，已渐有地狭人稠之虑，于是人数之增多自不得不减少人量以就之。其时圣哲，若孔孟，若老庄，皆以克己守分、清心寡欲教诫世人。求其归宿，无非范围个人之活动力，节约个人之生活费，以遂其生生不息之机。质言之，即减人口之量以增人口之数而已。吾国社会数千年来所以专从减量增数一方面进行者，诚不忍社会中受减数之惨痛，故宁减量以消弭之。然人量遂因此日小，知能愈低下，衣食愈瘠薄，社会遂成退化之象。论者谓吾国自春秋战国以后，文化日衰，是实人量减小之结果耳。然人量之减小，亦有一定之限度，既达限度，则其量不能再减，而于一时期中，不得不行减数之方法以调剂之，历史上兵祸之作，盖由于此。论者皆归之于人满为患，然人满之所以为患者，不在于人数之过多，实由于人量之过小。人量既小，则社会无丝毫活动之能力，生活状况又苦不可言，偶有盗贼之魁蛮夷之长攘臂发难，全体社会无力抵抗，祸势蔓延，酿成巨劫。汉唐宋明之倾覆，五胡辽金元清之侵入，皆人量减小达于定限之时也。夫在孤立之社会中，人量之减小尚不能过于定限，况处今日全球交通之世，与他社会对抗存立，他社会之人量既数倍于吾，则吾社会中人量之增大实为维持对抗形势之所必要。故活动力之增大，生活费之增多，为对抗他社会计，吾人亦不能反对。第地不涌金，天不雨粟，欲增量而不减数，殆不可能。而忍无量之痛苦，积多数之悲惨，以养成若干伟人，揆诸吾人之理性，又决不乐于赞成者。本论主旨，固仅于事实上推论时变，非于理性上表示主张，惟推论至极，则吾中国社会欲与欧美社会为对抗的存在，人量诚不宜过小，而仿欧美现时之方法，大减人数以增人量，则殊不相宜。试证诸动植物社会中，量大者数必少，量小者数必大，而是二者实均为生存要素。鲸象之生存，未必强于蜂蚁。彼森林植物，入土深而受光多者，其生活固强，然阴影植物受微少之日光，吸表层之水土，其生活力亦非常顽健，植物学家且认此二者有共生之关系。中国社会与欧美社会，文明之根柢既不相同，则生活之方法亦自然各异，与其违理性以仿效他社会之文明，不如循理性以行，随时势而加以调节之为愈也。

矛盾之调和[*]

（1918）

物理学之定义曰：二物不能同时并容于一地。形而下者有然，形而上者亦何独不然？准是而言，则政治上两主义之极端矛盾者，必不能调和而同时显厥功用也审矣。故凡两种主义，相并存在，甲种主义占优胜时，其相反之乙种主义，必受排斥而消灭；不然，则或蛰伏而待时，又不然，亦必立于对待之地位，出其势力，以争胜负，决无有以凿枘不相容之两主义，并道而行，一无冲突，且未尝牺牲其素抱之主义，而竟能与相反之主义，协同活动者。虽对抗力之存在，物理学亦承认之。立宪国之政治，常赖两大政党之对峙以收调节之效。顾对抗力之作用，乃两异性之互相裁制，而非两异性之协同进行。而政党之对峙，亦不过政见之不同，根本上初无大异，非极端矛盾之比也。虽然，吾人审察世事，凡凿枘不相容之两种主义，同时进行且协同活动者，其例证亦复不少，而最显著者则有两事焉。

其一为政治界之民众主义与经济界之专制主义。欧洲自十八世纪后半期以来，民权论勃兴，自由平等之说弥漫于社会，其结果遂酿成法兰西之大革命。美国独立，虽与法国情形不同，然亦为人民爱好自由不甘迫压之反动。自是而后，欧美政治界，少数专制之弊害次第扫除，多数政治之基础，于焉确定，然同时之经济界，则呈相反之现状。在政治界方幸以多数征服少数，取得人类之自由者，而经济界则转以少数支配多数，演成资本之专制。一方面向平等民权以进行，一方面向压制强权以突进，使无数之劳动阶级，均屈服于少数资本家企业者势力之下，任其苛削而莫敢如何。彼唱道自由之欧美人士，对于政治专制则破坏之，对

---

　　* 《东方杂志》第 15 卷第 2 号，1918 年 2 月，署名高劳。

于经济专制则容忍之，讵非一至矛盾之事耶？不特此也，美人以奴隶制度之背戾人道，不惜牺牲财产生命，开南北之恶战，然劳动阶级受资本阶级之迫压，与奴隶受主人之迫压，所差几何？以主持正义之美人，乃任其横行而视若无睹，且极专制之托辣斯制度，即发生于此自由先进之国中，亦可谓极背驰之致者矣。然十九世纪之欧美国家，实赖民治之勃兴，与夫产业之发展，交相为用，以日就于繁盛，而产业发展，则非经济专制不为功。盖经济专制，虽或侵蚀平民之生计，剥夺多数之自由，然以资本集中财力统一之故，国际之贸易不至相形而见绌，地产之蕴蓄得以开发而无遗，用能使国富增加，国力巩固，民主政治之精神，得以发挥光大者，未始非经济专制间接之影响也。向使经济与政治，出于同一之轨道，排除强力之专断，保持弱者之利权，则资本涣散，势力薄弱，其能造成今日庄严灿烂之文明耶？此一例也。

其二为国家主义与社会主义。此两主义之格不相容，久为世人所公认。前世纪以来，欧美社会学者，惩于资本家之专横，既创为均富主义，冀以铲除贫富之阶级，又因各国之竞筹军备，增加人民之负担，促起战争之惨祸也，复联合各国社会党，创为无国界主义，以打破国家之界域。一九一四年战事未起以前，欧洲国际社会党，初拟开大会于维也纳。嗣以战祸已亟，特开临时会于比京，宣言该会主义，必当保持和平，反对战事。吾人当日，以为欧洲国际社会党之势力，素为伟大，其非国家主义，又极坚卓，欧陆战祸，或将因以缓和，即以势成骑虎，难以消弭，或实力不逮，无从反抗，亦必保持其平日之宗旨，别树一帜，脱离关系于战争，决不以非国家主义，而投入于国家主义之中，可断言也。乃未几而德、俄、英、法均参与战事。德国社会党，首先赞成政府之军费案，其首领宣言，谓："社会党将为国而赴战，社会党固反对侵略的战争，然为防卫己国之独立自由，则必携枪而起。我为社会主义者，我又为德意志人，我之行为，与国际社会党之趣意，决不相背。"同时法国之社会党，亦倾向政府，赞助国际的战争。党中之非入阁派葛特氏、柴巴氏，乃联袂入阁。葛特氏且自述其入阁之理由，为奉其本党之使命，并谓："法国之劳动者，当对于谋叛之劳动者，为自己之防卫。"其极端主张非军备主义之爱尔惠氏，复以自己之志愿而从军焉。去年九月，万国社会党拟开大会于瑞典京城。法国社会党议派代表到会，而宣言不与德国社会党往来；英、法、俄、美诸国之社会党，则因不愿与德、奥社会党共同列席，且以是会为由德政府示意而设，拒不到会，拟别组一协约国社会党大会于伦敦以抵制之。瑞典大会遂不成立。夫社会主义与国家主义，本处极端矛盾之地，乃为国际战争所刺激，两矛盾忽然接近，竟至协同以进行。观诸德社会党之宣言及法国葛特氏之自述，一方面虽疾视敌国之同党为仇仇，一方面仍尊崇其本党之志趣，则固非出此入彼抛弃其本来主义以屈伏于他主义者之比，不谓之调和，不可得也。论者或疑该党为软化，或谓慑于政府之威力，非其本心，战事解决以后，仍当再显其头角，俄国数月来之事变，即其朕兆。其言信否姑不论，但过去三年中，双方无内讧之发生，得以专力于前敌，其受矛盾调和之赐，固已不少矣。此又一例也。

吾人观于上述例证，可由之而得数种之觉悟焉。

（一）天下事理，决非一种主义所能包涵尽净。苟事实上无至大之冲突及弊害，而适合当时社会之现状，则虽极凿枘之数种主义，亦可同时并存，且于不知不觉之间，收交互提携之效。前述欧美政治现象与经济现象，乃其显著者耳。若细察现世界各方情状，类于此例者尚多。如法兰西为民治昌盛之国，其政体宜取分权制矣，而乃励行中央集权；欧美各国，咸崇尚自治，顾其政府对于人民之居处衣食，常为琐屑之干涉，然而行之者不以为悖，受之者不以为厉，则以与其社会现状，无所冲突，亦无弊害，故得以协进而不相妨害焉。抑主义之至为坚越，又极狭隘，而不许有他主义之搀入者，莫宗教若矣。尊崇自己之教义，仇视他教之信徒，若冰炭之不相容，欧洲中世纪，尝因之而肇绝大之战祸。然自世界棣通而后，此坚越狭隘之教义，已渐有融合之趋势，各国学者，咸欲沟通此暌异之各教，而求一大同之真理焉。俄国托尔斯泰，基督教之泰斗也，尝自谓："中国孔老之书，诵之弗措；至于佛典，不独欧人著述，即汉文著作，亦尝读之。"中亚细亚有所谓波海会者，欲联合各宗教，研究相同之道，以归于惟一之真宰，会员四出传播会旨，近时欧、亚、美三洲，赞成此会者，已不乏人。吾国数年来，亦有基督教某教士所发起之中外各教联合会，延各教之名人，讲演其教之教旨，相互讨论。夫以千百年各筑藩篱之宗教，乃有接近之一日，此亦足见一种主义之不能包涵万理，而矛盾之决非不可和协者矣。

（二）凡两种主义，虽极端暌隔，但其中有一部分，或宗旨相似，利害相同者，则无论其大体上若何矛盾，尝缘此一部分之吸引，使之联袂而进行。国家主义与社会主义之翕合，即属此理。德儒尼采，世人咸目之为军国主义之人，与德洛希克、般哈提同属一系，不知尼采乃反抗普鲁士主义，且非难德洛希克之道德者，徒以其主张摈斥从来之道德，竭力攻击人道主义，以求意力之伸张，与军国主义有一部分之类似，遂得以沂合，而成为德意志帝国主义之中坚人物焉。

（三）主义云者，乃人为之规定，非天然之范围。人类因事理之纷纭杂出无可辨识也，乃就理性上所认为宗旨相同统系相属者，名之为某某主义。实则人事杂糅，道理交错，决非人为所定之疆域可以强为区分，其中交互关联，彼此印合之处，自复不少。犹之动植物学之门类科属，非一划若鸿沟，有条不紊，然造化生物之本意，初无此门类科属之界限，如科学家所规定者。故甲种之物，往往有一形态一机能与乙种之物绝相类似，而不能以规定之门类科属限制之。且不特动物与动物、植物与植物为然，即动植两者之间，亦尝发生此疑问，而令人莫定其为动为植焉。抑主义既为人为所规定，而人事又常随时代以迁移，故每有一种主义，经人事时代之递嬗，次第移转，驯至与初时居于相反之方面者。美之孟禄主义，现时虽仍为彼都人士所标榜，但其实质，较之数十年前，已有几许之改变。论者或谓其自美西战事而后，至今兹之加入欧陆战争，业由军国主义而转入于帝国主义、世界主义，与本来之主义，显相违反。此虽不免见事过敏，然已非复曩日之旧，则固人所共念也。进化论谓世界进化，尝赖矛盾之两力对抗进行，此实为矛盾协进最大之显例。盖所谓对抗者，仍不外吾人理性习惯上所定之名词，若从本原上推究之，则为对抗，为调和，恐无一定之意义也。

吾国闭关时代，社会上之事理，至为单简，惟学说不同，间有分立门户，各持异议者。此外之党派，则多为利害之冲突，而非理想之差池。故因思想歧异，各树一义以相标榜之事，殊不多见。自与西洋交通，复杂事理，次第输入，社会上、政治上乃有各种主义之发生。在西洋之有此名目，初非各筑墙壁，显相敌视也，实含有分道而驰，各程其功之意。第吾人不善效法，失其本旨，于是未收分途程功之效，先开同室内哄之端。苟既知矛盾之时或协和，世界事理，非一种主义所能包涵，且知两矛盾常有类似之处，而主义又或随人事时代而转变，则狭隘褊浅主奴丹素之见，不可不力为裁抑。吾人既活动于此事理纷糅之世界，自不能不择一主义以求进行，但选择主义，当求其为心之所安性之所近者，尤必先定主义而后活动，勿因希图活动而始求庇于主义，以蕲声气之应援。且既确定为某种主义矣，则宜诚实履行，毋朝三而暮四，亦毋假其名义以为利用之资，而对于相反之主义，不特不宜排斥，更当以宁静之态度，研究其异同。夫如是，则虽极矛盾之两种主义，遇有机会，未必终无携手之一日，即令永久不能和协，亦不至相倾相轧，酿成无意识之纷扰也。

政治上纷扰之原因 *

（1918）

辛亥革命以后，政治上之纷扰，连续不绝，吾人欲搜讨其原因，则答案甚多，综其大要，可归纳之为三类。其一，谓原因于个人之无道德。即谓现时之官僚、民党、政客、军人，皆纵欲败度，忍心害理，夺权利，争意气，故酿成如是之政局。其二，则谓原因于国民之无能力。即谓多数国民，无知识以发表政治上之意见，无实力以抵抗少数人之暴乱与压制，故官僚、民党、政客、军人各得占权利，逞意气，以扰害多数人共有之国家。其三，则谓原因于社会上、经济之缺乏。即谓中国生齿太繁，实业不振，生计日绌，游手滋多，下等者为兵为匪，高等者为官僚、民党、政客、军人，彼等皆借国家之豢养以生活，国家不能遍给之。故高等游民，挟兵与匪以互相争夺，纷扰因此而屡起。以上三说，各有所见，然谓纷扰之原因，尽在于是，则殊不能承认。果如其说，则吾国政治之平静，必待诸社会经济充裕，国民智勇发达，个人品性改良以后，河清不可俟，神州将终于陆沉矣！悲观过甚，未必尽当于事理。（共和政治之圆满发达，必待诸实业兴盛教育普及以后，记者亦屡言之，但息事宁人，以求大局之平静，则固目前可能之事也。）在记者之意，以为今日纷扰之原因甚微，纷扰之时期亦不久，岁月进行，则此暂时之纷扰将随之俱去，无庸过作悲观者也。

盖今日政治上之纷扰，起于一种心理作用，乃由精神状态不安之故。孩提之童，偶易床箦则睡眠不稳，中夜啼泣，或入新居，或见生人，则彷徨惊惧手足若无所措，此等不安状态一时固无法制止，然暂时纷扰以后，即复安之若素。此不独儿童心理如是，即在成人更一新职

---

* 《东方杂志》第 15 卷第 2 号，1918 年 2 月，署名伧父。

业，易一新境遇，亦必有数日之不安，平时蹈常习故更事不多精神薄弱之人，辄因此惹起头昏目眩停食失眠诸疾患，然苟稍稍忍耐，则数日以后，精神自然平复。总之，一切生物，皆具有适应环境之形质，当环境骤变时，以形质之不适应而起变状，然适应之机能固在，苟环境之改变不甚剧烈者，则其随新环境而起适应，固甚易易。即或经剧烈之改变，但使其生命不至骤绝，而得经过若干时期以为其适应之机会，则必能发生新形质以获得新生命。吾人之精神状态，固与生理状态相一致者也，语云人情安于所习，故非其所习者，必失其所安。然习与不习为时间上之关系，时间之效力，能变不习者为习，即能变不安者为安，培根谓"时间为最大之革新家"，即革新事业之成功，惟时间之效力为最巨云耳。

间尝考察社会间纷扰之发生，必先有一部分之人，其精神起异常状态，成一种之精神病。此精神病逐渐传染蔓延，纷扰遂因而日甚，历史家谓法兰西之革命，由多数精神病者群集而成。其实不仅法兰西如是，即我国历史上流寇教匪之类，亦由一部分人之精神异常而起。此种精神状态概由于受强烈之刺戟，如非常之苦难与无理之压迫皆是，惟今日之纷扰，其刺戟精神之事物，非为苦难与压迫之类，即或与之有关系，亦仅仅为助因，而非主因。主因维何？则为与一种新事物相接触之故。盖新事物之来也，以其为耳目所未经闻见之，故最易惹起惊异，而集注其精神于是，体察此新事物之性质，评论此新事物之价值，精神之疲劳因之益甚。若其新事物与自身有关系者，则必进而思考其应付方法之孰是孰非，想像其将来结果之为利为害，是非利害之间，精神既为之眩惑，致理性失其光明，遂为感情所冲激，而精神起异常之状态，往往和平者忽变为躁急，圆融者忽变为坚僻，精细者忽变为卤莽，坦白者忽变为深刻，浑厚者忽变为狡黠，清高者忽变为污浊，甚至一世之雄亦为狂热所驱，至于昏乱迷罔，为左右近习所愚弄，为后生小子所侮辱，亦可见新事物之刺激精神如何剧烈矣。吾人处旁观之地位，察当局之心理，觉此纷扰之时局中，实有多数之人，其精神起异变之状态，即平日精神强固，号称明达者，一当此纷扰之局，亦立即受此精神病之传染而不自觉，于是知操持之难，而大政治家之修养为不可忽也。

虽然，精神变态之因接触新事物而起者，必因此新事物之益益接触而复其原状，以接触既惯以后，则新事物之性质渐显现，价值渐明了，是非利害亦渐渐确定，于是集注弛而疲劳自解，眩惑去而理性自明也。

今日政治上之未来，固非吾人所能窥测，然就已往之事例考之，则其结果决不至如何重大，不久必将自已。盖今日之督军团、护法同盟、非常国会、《约法》上之参议院，种种五光十色，按其性状，实与十余年前之学堂风潮相类耳。当日之学堂，亦一种新事物，为社会精神所集注，与今日之共和无异。学堂中人物，有官，有绅，有笃守旧学之耆宿，有喜谈新学之时髦，有醉心科学之后生，有梦想英雄之年少，各有各之是非，各有各之利害，感情用事亦与今日之官僚、民党、政客、军人无异。其时教员反对官绅，学生攻讦教员，官绅猜忌学生，以及彼此互相朋比互相排斥之事，见于新闻杂志者，几于不胜纪录，纷扰之甚，亦正与今日之政治界相同。吾人回忆当时，觉学堂以内，实为精神病所弥漫，一入其中，无不染其病毒，不特青年子弟为然也，老成名宿，其意气乃愈盛，不特神经锐敏之人为然也，椎鲁质朴之人，其愚戆乃愈甚。今日政治界之精神病，亦未始不由当日学堂中之精神病蜕化而来，惟此精神病发源地之学堂，经十余年中之时间作用，其纷扰已归于平静。今日社会中对于学堂，已视为无足奇异而不复注意，教育界中，无论何人，其心目中之所谓学堂，亦大都相同，若教授科目，若管授方法，或有定章可据，或有先例可援，无所用其争议，且专门之学者，与教育上有经验之人，日益众多，陈腐之旧学，皮毛之新学，当然无立足之地位，亦不复妄有所冀希。其于新旧学问确有根柢者，则成绩已著，信用已得，自非他人所能诬陷，亦不复有所疑虑。是非利害既定，精神遂渐渐平静，所谓定而后能静，静而后能安也。今日之教育界，将由能安能静以达于能虑能得之时期，苟国家社会无意外之波折者，必能日有进境矣。吾以教育界之前事例今日之政治界而望其亦能如是焉。

大凡社会事情，概有一种自然之机能作用于其间，而非一手一足之烈所能补救，如政治革新之事业，必须经过若干时间而后成者，苟其时期已届，则水到渠成，决非难能而可贵，而当时期未届之前，欲为揠苗助长之举，则其纷扰，不但不能平静，必且因之而愈甚焉。盖身入其中以与多数精神病者相接触，试问自身之抵抗力几何，亦徒供此病毒之牺牲，益盛其蔓延之势而已。例如，今日鼠疫盛行，其防范之法惟有实行隔离，使未曾染疫之人勿出入于有疫之地，与已经染疫之人相接触，待天气温和，则鼠疫菌自然绝灭。故今日官僚、民党、政官〔客〕、军人中，诚有爱国之热心救时之大愿者，宜速与现时之政界隔离，或暂去祖国远适欧美。长文学者，研究其政治经济之原理，调查其立法行政之真相。娴武事者，演习其战术，考验其军器，观察其战地之实况。否则置身田间，布衣蔬食，以炼其身体，栽花莳竹以养其心性。政治界之霉菌可以听其自生自灭，正如污池中之积水，亦有自然清澄之法，决不能长此污浊致腥闻于天也。

死之哲学 *

（1918）

　　友人于瑾怀君定一，曾自电车坠下，晕绝，半日始苏。于君自言："当醒觉时，身卧榻上，开眼见电灯已明，知为夜中，周视室内，乃无一故物。噫！此为何地？予何为至此？甚自惊异。继闻门外有人，急呼入询之。其人告予曰，汝自电车坠下，由捕房送汝来此，汝未之知耶？此为医院，医生已为汝裹创。汝流血颇多，汝衣已易，汝未之觉耶？予乃恍然，忆及坠车事，且觉伤处隐隐作痛，因追忆坠车后觉身卧地上，欲起无力，除此一念以外，别无他念，此后意念全绝，无所痛苦，设从此竟死，则死亦大佳。"于君之言，出于实地经验，予信不误。欧洲哲学家，多言死之无痛苦，得于君言，益证实矣。予尝谓西洋一切哲学思想，求之吾国，殆无不具有端倪。惟关于死之研究，在西洋哲学家，著作颇富，而吾国无闻焉。子路问死，孔子以未知生焉知死告之。后世之人，对于死之问题，更无有措意者。西洋在罗马时代，斯笃克学派最盛，人材辈出，皆具严正之性格与高尚之精神，勇于自制，严于规律，热心道德，尊重义务，鼓吹爱国的观念，奖励献身的行为，罗马帝国所以四出征伐，无敌于天下者，皆斯笃克学派养成之国民性为之。是派中伟人，有军事家，有政治家，有哲学家，皆功施灿然，炳于史册。今日欧洲文化，虽较罗马时代进步，然以吾侪异国人之眼光观之，觉今日欧人之品性与行事，尚有十之七八为斯笃克学风之所遗留者。斯笃克学派之于西洋社会，犹儒家之于东洋社会，皆文化之源泉也。然斯笃克学派之得力处，实在于死之研究。盖彼以对于死之准备，为哲学中主要目的之一，故常费力于死之精究。是派学者，皆以死为自然之休息，对于死

---

* 《东方杂志》第 15 卷第 3 号，1918 年 3 月，署名伧父。

之恐怖，实由于病的想像而生。希腊柏拉图派哲学家克兰他氏所作"慰藉文学"，言："死者，使人得幸福而去苦痛，脱离奴隶于残忍主人之手，出罪人于囚狱之中，停疾患，离贫苦，是天之所与最后最大之恩惠也。"是等论旨，斯笃克派之著书多引用之。是派哲人关于死之思想，名言隽论甚多，不暇缕述，其所主张，皆不外以死为苦痛之终，而视身体之物化为灾害者，则皆斥为至愚极谬之论。故斯笃克学派盛行时，其人皆勇于奋斗，敢于冒险，毫无恐怖之念，惟其流弊，则自杀盛行，帝王将相硕学名流多有自杀者。哲学家对于自杀，虽间有非难，然大都认为正当者居多。尼罗帝之师傅色纳嘉，至以自杀为被压制者及衰病者之避难所，其著作中谓："人若生而有兴味时，生存可也。如失其兴味，则归于汝所自来之处，是亦汝之权利也。"云云。又当时有一名人患重病，招亲友商之，人皆劝其摄养，一斯笃克学者则谓："生命者，吾人与奴隶及兽类皆有之，不足为重，惟高尚之死为有价值。"因劝其自杀。病者深然其说，乃治后事，绝食三日，沐浴就死，犹以临死之愉快告人。近世欧人于患病或失意时，辄以手枪自杀，犹为此时之遗风。而后世法律严禁自杀，亦惩于此时之风气然也。基督教传入罗马以后，始以死为上帝所加于人之刑罚，由始祖亚当获罪于上帝，罚生斯世，死后沉沦于地狱，受永劫之苦痛，惟信奉基督教，实行礼拜，始得赦罪，入永生极乐之境。故基督教之目的，在使人以死为最可恐怖之事，非从宗教上之法式，无脱此恐怖之希望，与斯笃克派之思想根本不同。然宗教上之战斗杀戮，史不绝书，其视死如归，略无恐怖之念者，则以好勇轻生之风习。自希腊罗马以来，浸润既久，加之以极乐永生之信念深印脑底，与斯笃克派之学说已融而为一也。罗马以后之哲学家，其关于死之思想，仍与斯笃克派相去无几，就予所见，如英人倍根、德人叔本华之著作中，对于死之问题，皆有所论列。培根称："罗马教徒弗兰爱尔派曾言人苟思其指端被压或被刺其苦痛如何，则死后全身腐烂解体时之苦痛可知，然死之苦痛，实比一肢之疼痛为少。以器官之最重要者，非感觉之最锐敏者也。"又谓："热心奋斗而死者，不感疼痛，与血液激热时之负伤者同。故精神倾注于美善事业者，能脱离死之苦闷。"其他论旨，大致与罗马之色纳嘉，见解无甚差异。叔本华为近世哲学名家，主意志不灭之说，以意志为本体，以生命为现象，现象有生灭，本体无生灭。其学说非数言所能尽，而其关于死之见解，亦谓："死者，不过脑髓活动停止意志消灭之一刹那。有机体之破坏，实际在既死以后。故死与入眠，相去无几，较昏倒犹差。其时之感觉，无何等之不快。"又谓："虽非命之死，亦决无所苦。负重伤时通常皆不知觉，或事后始觉之，或因其表见于外面而觉之。"与斯笃克派学说，先后同揆。可知现时欧人，仍抱如此之观念。我中国社会，自古迄今，皆以死为最可恐怖之境。贤哲之士，概以好生恶死为人之常情。下等社会，更参以迷信，如地狱刀锯之惨，森罗殿讯鞫之严，益足以增其恐怖。虽政治家道德家，对于忠臣烈妇之自杀，亦常加以奖励，舍生取义杀身成仁之说，亦垂为格言。近世革命家，更输入欧洲思想，以"不自由毋宁死"一语鼓吹其流血革命之主义。然吾人之观念，终与欧人不同。吾人皆以死为受苦痛之事，故以自杀为义务，于不能避免时勉为之。欧人则以死为脱离苦痛之事，以自杀为权利，可以自由之意志处置之。死之观念不同如斯，则吾人之怖死，甚于欧人，亦无怪其然。吾国军队之怯弱，民气之委靡，官吏之贪黩，皆由怖死之一念而来。然国民之勤勉节俭，耐苦忍辱，较胜于欧人者，亦未始不由于此。盖对于死之观念既异，则对于生之观念，亦自然不同。吾人之所谓生，乃仅仅不至于死之谓，故虽为缺乏之生、烦恼之生、屈辱之生，吾人皆视为较愈于死。除生命以外，一切意志欲望，凡非生之所必须者，皆当裁抑之，镇压之，或屏绝之。故其生之观念，属于狭义，所谓消极的生活、平面的生活是也。欧人之所谓生，非仅保其生命而已，既有生命，则凡与生命相随伴之意志欲望等，务使其发达畅遂，若意志欲望被窒塞而仅余生命，毫无意味，不如死之为愈。故其生之观念，属于广义，所谓积极的生活、直立的生活是也。若以生命譬之为火，吾人之火，仅以不至于熄灭为限度，而在限度以内，务竭力节减燃料，虽光度甚弱，热力甚微，亦所勿恤，盖恐燃料尽则火不能保也。欧人之火，光必明，热必烈，愈明愈热则愈佳，而燃料在所不计，若燃料不足，则熄灭亦不以为意。不自由毋宁死，为欧人之熟语，固足以代表欧人之思想。在吾人亦有足以代表吾人思想之熟语，所谓"好死不如恶活"是也。彼苟不死，务须自由；吾苟得活，不嫌其恶。彼我思想不同如此，故吾国不欲模仿西洋文明则已，果欲模仿西洋文明，则非从思想上根本改革不可，即非输入死之哲学不可。吾人外衡世局，内审国情，知非有多数人之死，决不能快少数人之生，而此多数人之肯死与否，则当以死之哲学能否普及为断也。

迷乱之现代人心 *

（1918）

> 国是之丧失。
>
> 精神界之破产。
>
> 政治界之强有力主义。
>
> 教育界之实用主义。
>
> 迷途中之救济。

国是之丧失，为国家致亡之由。吾人读刘向《新序》所记孙叔敖对楚庄王之言，若不啻为今日发者。国是之本义，吾人就文字诠释之，即全国之人，皆以为是者之谓。盖论利害，则因地位阶级之不同，未易趋于一致；若论是非，则人同此心，心同此理，自可出于一途也。然至于今日，理不一理，即心不一心。试就国家之立法行政上或个人之立身处世上，任标举一种主义主张，则必有反对之主义主张可以与之相抗。甲持此说以收揽人心，乙即援彼说以破坏之，丙揭此义以引起时论，丁复申彼义以抵制之，遂成一可是可非、无是无非之世局。吾人在西洋学说尚未输入之时，读圣贤之书，审事物之理，出而论世，则君道若何，臣节若何，仁暴贤奸，了如指掌；退而修己，则所以处伦常者如何，所以励品学者如何，亦若有规矩之可循。虽论事者有经常权变之殊，讲学者有门户异同之辨，而关于名教纲常诸大端，则吾人所以为是者，国人亦皆以为是。虽有智者，不能以为非也；虽有强者，不敢以为非也。故其时有所谓清议，有所谓舆论，清议与舆论，皆基本于国是，不待议不待论而自然成立者也。论者谓国是之存在，实泥古时代束缚思想自由之结果，而为进步停滞之原因。然进化之规范，由分化与统整二者互相调剂

---

* 《东方杂志》第 15 卷第 4 号，1918 年 4 月，署名伧父。

而成。现代思想，因发展而失其统一，就分化言，可谓之进步；就统整言，则为退步无疑。我国先民于思想之统整一方面，最为精神所集注。周公之兼三王，孔子之集大成，孟子之拒邪说，皆致力于统整者。后世大儒亦大都绍述前闻，未闻独创异说。即或耽黄老之学，究释氏之典，亦皆吸收其精义，与儒术醇化。故我国之有国是，乃经无数先民之经营缔造而成，此实先民精神上之产物，为吾国文化之结晶体。吾国所以致同文同伦之盛而为东洋文明之中心者，盖由于此。夫先民精神上之产物留遗于吾人，吾人固当发挥而光大之，不宜仅以保守为能事。故西洋学说之输入，夙为吾人所欢迎。然西洋在中古以前，宗教上之战争与虐杀，史不绝书，其纷杂而不能统一，自古已然。文艺复兴以后，思想益复自由，持独到之见以风靡一世者，如卢骚、达尔文等，代有其人，而集众说之长，立群伦之鹄者，则绝少概见。吾人得其一时一家之学说，信以为是，弃其向所以为是者而从之，继更得其一家一时之学说，信以为是，复弃其适所以为是者而从之。卒之固有之是，既破弃无遗，而输入之是，则又恍焉惚焉而无所守。于是吾人之精神界中种种庞杂之思想，互相反拨，互相抵销，而无复有一物之存在。如斯现状。可谓之

精神界之破产。 譬有一人，其始以祖宗之产业，易他人之证券，既而所持证券忽失其价值，而祖宗之产业已不能回复矣。吾人精神界破产之情状，盖亦犹是。破产而后，吾人之精神的生活，既无所凭依，仅余此块然之躯体蠢然之生命以求物质的生活，故除竞争权利寻求奢侈以外，无复有生活的意义。大多数之人，其精神全埋没于物质的生活中，不遑他顾，本无主义主张之可言。其少数之有主义主张者，亦无非为竞争权利与寻求奢侈之手段方便上偶然假托。如现时占势力于国会者，则主张议会政治；有为高等官吏之希望或资格者，则主张官僚政治；投机获利拥有资产者，则主张资本制度；其或失败侘傺无聊者，则主张社会制度；纵肉欲者则以食色为卫生；急功利者则以奋斗为进步。甚至盗贼之事，禽兽之行，亦或援哲理以护其非，借学说以文其过，支离谬妄，不可究诘。然使宗一家之言，守之终身，虽不见信于人，犹可自以为是，乃时异势殊，则又出彼而入此。昨为民党，今作官僚；早护共和，夕拥帝制；倡男女平权之说者，忽徇多妻之俗，蓄置婢妾；负开通风气之责者，忽习巫瞽之术，眩惑世人。改节变论而不以为羞，下乔入谷而自以为智。昔俾斯麦对奥使曰："奥人欲问吾以开战之理由耶？然则我可于十二小时以内，寻得以答之。"彼等之意，固以谓一切主义主张，

皆可于十二小时以内寻得者也。夫彼等本为无主义主张之人，原不能以对于主义主张之不忠实无节操责备之。惟彼等不自认为无主义主张，而必假托于有主义主张者，无非借此以欺惑其他之无主义主张之人，使为其利用耳。然此等伎俩，遂为其他无主义主张之人所窥破，则亦仿而效之，假托于主义主张者日多。假托者既多，则虽假托亦复无效，若辈乃益无忌惮，并此假托之主义主张而亦去之，于是发生

政治界之强有力主义。强有力主义者，一切是非，置之不论，而以兵力与财力之强弱决之，即以强力压倒一切主义主张之谓。当是非淆乱之时，快刀斩乱麻，亦不失为痛快之举。此盖无法之法，无主义主张中之主义主张，时势所趋，不至于此不止。古之人有行之者，秦始皇是也。百家竞起，异说争鸣，战国时代之情状，殆与今无异。焚书坑儒之暴举，虽非今日所能重演，而如此极端之强有力主义，实令后世之人，有望尘勿及之叹。今日之欧洲，又与我之战国相似，乃有德意志主义出现。彼等谓国家之正义，惟强有力者得贯彻之。质言之，即无所谓正，无所谓义，惟以强力贯彻者，斯为正义。其毅然决然破坏比利时之条约，击沉中立国之船舰，亦吾国之强有力者所闻而却步者也。总之，秦始皇主义、德意志主义，与我国现时政治界中一部分之强有力主义，实先后同揆，东西对照，皆为是非淆乱时代之生产物。秦始皇主义，在我国已经实验，虽获成功，不旋踵而没，卒酿陈涉、吴广之乱，项羽、刘季之争，然中国统一之局，汉室四百年之治，亦未始非始皇开之。德意志主义，正在试验时代，成败尚不能预料。吾人就历史上推测，强力主义之效果，则当文治疲敝、是非淆乱之时，强力主义出而纠纷自解。然强弱之势，亦非一定。兴者为王，败者为贼，此起彼仆之间，其淆乱乃更甚，则又不得不更兴文治，以解武力之纠纷。故文治与武力相为倚伏。孟子曰："天下有道，小德役大德，小贤役大贤；天下无道，小役大，弱役强。"此二者之中间，尚有一时期，即有道之衰也，贤德无定位，则不得不论强大；无道之极也，强大无定位，则不得不更论贤德。周而复始，为一循环。惟此循环之周期，长短不一。其至短缩者，则方论贤德，即因贤德无定而论强大；方论强大，复因强大无定而论贤德。周期愈短，振动愈甚。故我国之强有力主义，果能压倒一切主义主张，以暂定一时之局，则吾人亦未始不欢迎之。特恐其转辗于极短缩之周期中，愈陷吾人于杌陧彷徨之境耳。吾人今日即愿将一切是非，听诸强力者之判断，而此种强力亦尚不可得，则惟有将是非置之度外，不判断而

回避之。多数之人，对于无论何种主义主张，皆若罔闻知，不表赞否，盖由于此。此种回避是非之态度，其代表之者，为现今

教育界之实用主义。古代教育皆注重于精神生活，故贤哲之士，其所以诏告吾人者，务在守其己之所信，行其心之所安，而置死生穷达于度外。今之教育，则埋没于物质生活之中，所谓实用主义者，即其教育之目的，在实际应用于生活之谓。夫学校之中，授人以知识技能，使其得应用此知识技能以自营生活，诚为教育中所应有之事。但吾人既获得生活，则决非于生活以外别无意义者。吾人生而为人，固不能不谋衣食以图饱暖，然饱食暖衣，不过借以维持生活。试问吾人具此生活而又维持之者固何为？若谓人之为人，仅在求得饱食暖衣而止，是无异谓生活之意义在生活也。故以实用为教育之主义，犹之以生活为生活之主义，亦为无主义之主义而已。近阅日本杂志，言有中国人胡某，在德国刊行二书，大致劝告欧人当弃其误谬之世界观而采用中国之世界观。德人对于此二书，表赞否之意见者颇多。胡氏书中有曰："欧人之学校，一则曰智识，再则曰智识，三则曰智识，而中国学校中所学者为君子之道。"吾等对于胡氏之言，不觉汗颜无地。吾人今日之所学者，岂复有君子之道？乃乞食之道而已。德人台里乌司氏于胡氏二书，颇表同情，其批评中有数语曰："中国三岁之儿童，学中国大思想家之思想，洞彻其精神。德人在学校中，于己国高等之文化，绝不得闻。德国之大思想家，如群鹤高翔于天际，地上之人，不得闻其羽搏之微音。"吾等对于此德人之言，益觉惊皇无措。盖吾国之鹤，已毙于物质的弹丸之下矣！吾述此言，吾固望今日之提倡教育上之实用主义者加以注意。惟吾人今日对于此实用主义，仍不能不尽力赞成。盖今日提倡此无主义之主义，以回避是非，使教育事业超然离立于各种主义主张之外，一方面得使教育界中不受风波之激荡以保持其安静之位置，一方面又得使现时之播弄是非者减缩其鼓动之范围也。设使以今日相反相抵之各种主义主张加入于学校教育之中，如清季学生之干涉政治，如俄国大学生之加入虚无党者，则今日之纷扰，必将益甚，且使青年学生与此等不忠实无节操之主义主张者相接触，濡染其恶习，其为害于教育何可胜言？教育家之责任，在指导社会。然人当深入迷途莫能自拔之时，则其指导之方法，莫如暂时安静，停止进行，然后审定方向，以求出此迷途。吾人今日在

迷途中之救济，决不能希望于自外输入之西洋文明，而当希望于己国固有之文明，此为吾人所深信不疑者。盖产生西洋文明之西洋人，方

自陷于混乱矛盾之中，而呸呸有待于救济。吾人乃希望借西洋文明以救济吾人，斯真问道于盲矣。西洋人之思想，为希腊思想与希伯来（犹太）思想之杂合而成。希腊思想本不统一，斯笃克派与伊壁鸠鲁派互相反对，其后为希伯来思想所压倒。文艺复兴以后，希伯来思想又被希腊思想破坏，而此等哲学思想，又被近世之科学思想所破坏。今日种种杂多之主义主张，皆为破坏以后之断片，不能得其贯串联络之法。乃各各持其断片，欲借以贯彻全体，因而生出无数之障碍。故西洋人于物质上虽获成功，得致富强之效，而其精神上之烦闷殊甚。正如富翁，衣锦食肉，持筹握算，而愁眉百结，家室不安，身心交病，齐景公曰："虽有粟，吾得而食诸？"此之谓也。夫精神文明之优劣，不能以富强与否为标准，犹之人之心地安乐与否，不能以贫富贵贱为衡。吾人往时羡慕西洋人之富强，乃谓彼之主义主张，取其一即足以救济吾人，于是拾其一二断片以击破己国固有之文明。此等主义主张之输入，直与猩红热、梅毒等之输入无异。惟此等病毒之发生，一由于自己元气之虚弱，一由于从前未曾经验此病毒，体内未有抗毒素之故。故仅仅效从前顽固党之所为，竭力防遏西洋学说之输入，不但势有所不能，抑亦无济于事焉。救济之道，在统整吾固有之文明，其本有系统者则明了之，其间有错出者则修整之。一面尽力输入西洋学说，使其融合于吾固有文明之中。西洋之断片的文明，如满地散钱，以吾固有文明为绳索，一以贯之。今日西洋之种种主义主张，骤闻之，似有与吾固有文明绝相凿枘者，然会而通之，则其主义主张，往往为吾固有文明之一局部扩大而精详之者也。吾固有文明之特长，即在于统整，且经数千年之久未受若何之摧毁，已示世人以文明统整之可以成功。今后果能融合西洋思想以统整世界之文明，则非特吾人之自身得赖以救济，全世界之救济亦在于是。今日之主义主张者，盖苦于固有文明之统整，不能肆其竞争权利寻求奢侈之伎俩，乃假托于西洋思想以扰乱之。此即孙叔敖之所谓群非，不利于国是之存在，而陷吾人于迷乱者。吾人若望救济于此等主义主张，是犹望魔鬼之接引以入天堂也。魔鬼乎！魔鬼乎！汝其速灭。

《工艺杂志》序 *

（1918）

鄙人向日读译籍之述西洋工艺者，辄心向往之，以谓工艺为一切事物之本。农之所产，赖工艺以增其值；商之所营，赖工艺以良其品；社会文化之兴，工艺实助成之，故印刷捷而书报得以广布，仪器精而科学得以发达（如显微镜之于霉菌学）；国家武力之强，工艺实左右之，故飞机出而陆军之战术变，潜艇作而海军之势力殊；更推广言之，则国家社会、政治之进行，道德之向上，皆与经济有密切之关系，而经济之充裕，必由于工艺之发达。十余年以来，有运动改革政治者，有主张提倡道德者；鄙人以为工艺苟兴，政治、道德诸问题，皆迎刃而解。非然者，虽周、孔复生，亦将无所措手。革命以后，国是之纷争日棘，人心之奸伪日张，改革政治无效，提倡道德亦无效，论者推求原因，总不离乎经济关系，则益信向日见解之不误。

及世界大争战勃发，鄙人就内外新闻杂志，考察此战争所由来，则又瞿然自失，而知振兴工艺之难，非仅难于工艺上之知识技能，与夫资本及组织方法而已。工艺之兴，有一至要之条件焉，销路是也。果有销路，利之所在，人必趋之，无论何种工艺，不患其不兴；无销路者，虽力谋其兴，不旋踵败矣。欲求销路，则于制品精良以外，尤以价值低廉为第一义，以非此不足竞争于市场也。故必集中其资本，宏大其设备，以增加其生产。生产愈增，技术愈精，成本愈减，价值亦愈廉，而其求销路亦因之愈急。销路一滞，生产过剩，不但工艺因此而失败，国家社会，亦将随之而覆没。而与之竞争销路者，或以关税政策防遏之，或以外交手段妨害之。于是为保卫其国家社会生命之故，不得不侵略他国，

* 《东方杂志》第 15 卷第 4 号，1918 年 4 月，署名伧父。

收为殖民地，或干涉他国之政治，设定势力范围，垄断其商权，以保持其工艺品之销路。因是而扩张军备，而提倡军国主义，而实行世界政策，其结果遂开世界未有之大战争。战争一起，前此之由工艺以获得之经济的利益，遂悉化为战地之硝烟，葬场之磷火。综其前因，思其后果，岂非人间之大愚而至恶者乎？工艺之流毒如是，则期望和平之人类，必当深恶而痛嫉之。

今日世界列强，皆倡自给自足之政策，殆亦有所觉悟而然。但彼之所谓自给自足者，乃积极的给己之所不给，足己之所不足，非消极的不给人之所不给，不足人之所不足也。欲给人足人，则其因工艺以侵略他国干涉他国之事，仍不能免，世界和平，终不能保。而其危害之存在，不能仅咎于给人足人者，受人给受人足者，其咎尤不能逭。苟世界之国家社会，皆能自给自足，则亦安有给人足人之可言？吾国家社会，既不能屏绝工艺品而勿用，若不求自给自足，赖欧美日本以给之足之，其属于经济之关系者姑勿论，东亚之和平，且因此而危险焉。故鄙人之意，以为给人足人之工艺，虽当嫉之恶之，而自给自足之工艺，则亟宜提倡。惟既以自给自足为主旨，则其提倡之道，当依下列条件：一、当以人类生活所必须者为限（如纺绩、制纸之类）。凡发达肉欲助长奢侈之工艺品，当屏绝之。二、凡可以手工制作者，勿以机械代之。以吾国劳力过剩，而资本缺乏，以机械代手工，是耗资本而废劳力也。三、吾国工艺制品，势不能与列强竞争，保护之道，在于提倡国货，勿以输入品之廉价而就之。世界各国，多行保护税制度。吾国海关税则，由国际协定，故为保护自国工艺起见，不能不认此为惟一方法。四、吾国讲求工艺者，勿视此为投机致富之捷径，当常存公德之心，抱义务之念，矢勤俭以轻其成本，薄利息以廉其价值，唤起国民之同情，以尽保护国货之责。凡此诸端，苟能实行，内之可以充裕国家社会之经济，外之可以保持世界各国之和平，当必为邦人君子之所乐闻者。

商务印书馆职工，既组织青年励志会，将于会中出月刊之《工艺杂志》，属鄙人为之序，乃杂举鄙人对于工艺上之意见，附之杂志，以就教于阅者诸君。

金权与兵权 *

（1918）

　　现时具无上之势力，足以操纵世界、鞭策社会者，其惟金权与兵权乎？拥亿万之资财，握金融之牛耳，财政上之盈虚消息，经济界之安固动摇，悉惟其意旨所左右，一与一拒，或挹或注，每足使民生国计，生绝大之影响者，金权之势力也。将百万之强兵，统如林之劲旅，龙蟠虎踞，扼水陆要津，无事则拥貔貅以自重，有事则执纛鞭以争雄，所谓一怒而诸侯惧，安居而天下息者，兵权之势力也。而二者又常互相为用。有金权，则虽强梁之兵队，踞弛之军人，时或可以金钱驯伏之，利用之；而兵权在握，则又可以吸收社会之精华，攫取经济之枢柄。凡国家之或安或危，人民之为休为戚，皆不外二者之作用。金权与兵权，其势力诚伟大矣哉！

　　虽然，此二权者，果足以安定国家、庇护人民耶？就狭义言，具此二权者，果足以巩固自身之尊荣，维持一己之利益耶？夫二权之为人类所崇尚，自昔已然。上古时代，虽未有金钱，或有金钱而无现世流通之活泼，然土地及物产，即为金钱之代表，凡有广大之土地，丰富之物产者，每占胜利之优势。罗马之混一欧宇，虽赖武功之卓越，但其据地中海要津，握物产交通之总纽，亦为强大之一因。而武力之为用，在未开时代，尤为显著。盖当时未有法律，文治亦极简陋，国际间之解决冲突，主治者之统驭人民，莫不以是为惟一之器械。降及近世，金融组织次第精密，军事编制日益修明，于是二权之领域乃愈扩大，谋人国者，不必获得其土地也，但凭经济之迫压，已足使受迫者自就于沦亡；勤武略者，不必兵刃之相接也，但拥强大之军队，虚声恫吓，而已求无不

---

　　* 《东方杂志》第 15 卷第 5 号，1918 年 5 月，署名高劳。

遂，欲无不偿焉。然同时法律、道德，渐臻完备，对于金权、兵权，常加以几许之限制。在东洋方面，道德防止之力为多，而西洋方面，则法律之效用较著。以故二权虽声势赫弈，犹不敢显然肆其智取豪夺、弱肉强食之所为，而人类自由，虽受二者之侵削，亦尚不至直接蒙其惨毒者，皆此制裁之力也。然自十九世纪物竞天择之说兴，而利己主义、重金主义、强权主义、军国主义，相继迭起，于是金权、兵权乃借此学说，席此时机，愈益猖獗，非复法律、道德所能遏制。一方面以金融制度之完全，工商事业之发达，国际汇兑既异常敏捷，货币交易又备极灵通。虽千里外之商权，可以操持于一室；亿万人之生计，不难总揽于一人。举凡政治社会诸问题，殆无不受金权之支配，甚至军事行动，亦或被其牵掣。如摩洛哥事件，法人欲收回在德之债权，德国经此打击，遂按兵而不敢开衅，即其一例。而他方面，则以枪械船舰之坚利，飞机、潜艇之发明，兵权之跋扈，亦有一日千里之势。曩时仅在于陆上者，近且伸张于空中；从前仅限于水面者，今乃推行于海底。于是野心国及野心家，莫不孜孜焉以获得此二权为目的。然此二权者，有几许之利便，亦有几许之弊害，正用之可以福民而利国，误用之亦可以致祸而招尤，是亦至可研究之问题也。

则试从国际上观之。夫国际无正义，固不能执伦理以定其是非，顾伦理可以不言，而利害则不可不计。国际上握得金、兵二权，其利害果何若乎？以利言，则长袖善舞，国外贸易，既可垄断而取盈；国内商民，又可缘商业膨胀，以移植于海外；且得利用债权，以干涉他人内政。而其庞大之兵力，则除防守攻战外，更可借为外交殖民之后盾，公私两法，均不得而束缚之，其裨益诚非鲜小。特其背面之弊病，亦有不胜殚述者。盖握有金权之国，其国民往往因富厚而流于骄惰，因饱暖而即于奢靡。夫立国以社会质朴、人民勤勉为基础，今以资财充牣，而使风俗窳败，品性堕落，殊非得计。就令国民仍自奋励，不至怠荒，然以富于金钱之故，每弃其农本主义而偏重工商，鄙夷劳力之生涯，竞营都会之殖业，势必农作减少，田陇荒芜，食品及工业生料不能不仰给于境外，劳动苦力亦不得不募用外人，平和无事之时，自不难斥金钱以交换，一旦国交决裂，来源断绝，鲜有不演成绝大恐慌者。且正货充积，其必至之现象，为物价昂贵，为利率低落，为经营商业者之增多，此数者，均足致社会于杌陧。普鲁士受法国偿金五十万万法郎之后，其国内转呈不安之状态，即为正货有余之故。不宁惟是，国富既裕，自不能不为国外之投资。国外投资，则其国民与他国民间，必生复杂之关系。夫以资金而投诸他人领土之中，而民间复有经济之连带，则设有军事发生及外交紧急时，其政治之计画，每有所顾忌，而不克自由行动者，此固握金权者所不能免之妨碍也。若夫兵权，其堕落人民品性，亦与金权无异。盖欲以兵力雄视世界，必练雄厚之军队，然驱多数人民于营阵伍列之中，一方面夺去青年受教育求职业之光阴，致民德衰颓，实业不振，一方面复予以掠夺屠戮之训练，养成其凶悍狠骛之性情，则他日必有承其弊者。论者竞言武装可以保持和平，但能警戒军实，即可预弭战祸，无待实行战斗，决不至造成残酷青年如上文之所虑。不知和平之福，惟和平可以召致之，苟兢兢焉搜讨军事，则日中必彗，操刀必割，骑虎之势，有不酿成战争不止者。况乎此既作俑，彼必效尤，竞长争高，谁肯相下？则惟有悉索敝赋以为持久之计，而民力摧残，国本枯竭，亦岂国家之福？是又醉心兵权者必至之结果也。

更从国内言之。近世之政论家，每谓一国之财政及军政，不可不统一于中央，是固然矣。顾统一之意义，乃在画一其制度，不在收揽其事权。例如财政，全国出纳之概略，固当汇集于中央；监督整理，亦不能不由中央负责。但其性质各有疆域，中央所可自由处理者，仅为法律规定之各项，此外则微特民间所有非所宜问，即地方行政所有，亦不能为法外之干涉也。若误以集权为统一，悉使隶辖于中央，则利之所在，即争之所在，必至内外相持，上下交征，强者揸留，弱者隐匿，而财政益形紊乱。此种现状，在政府权力薄弱及财政素乏统系之国家，最易发生。而是等国家，又每易为集权所歆动，则又事理之相因者也。矧财政上之私弊，恒较他事为多，而事权统于一隅，则私弊更易于藏匿。设当事者不得其人，因财权集中之故，吸挪全国菁华，以供不正当之使用，其遗害有不堪收拾者。倘更扩其占领范围，旁及国民经济，凡规模宏大之商业，辄假国有之名义而改为官营，或置诸官厅监督之下，则更足以灰国人企业之心，开官民嫌忌之隙。后此政府即有伟大之企图，须待民间之资助者，亦不能起人民之信仰，收众擎易举之效焉。至军政之必宜统一，固无待言，然当用之于御侮诘奸，而不当用之于树威植势，且其人数，亦以足敷防战之用而止。苟以为政府非有高压之强力不足以号令一切，乃壹意经武，使异己者莫敢违抗，得以令出惟行，虽亦能偿其大欲于一时，然兵之为物，可以靖乱，亦可以致乱，不戢自焚，自古有训。且当局者既借兵权以自重，则抚循驾驭，不得不宽，因之政令每失其均衡，法纪常为之堕坏，而彼为军人者，知为政府所依赖，亦难免有鸱张骄悍不受羁勒者。纵或威望感情足以维系，不至崩离，然人存政举，人亡政息，一旦维系之人或有变易，维系之具不餍所求，则嚣然起矣。故国家而借重兵权，虽能取效于暂时，往往遗殃于后叶。唐末藩镇之祸，其始未尝不统于一尊，而卒成尾大不掉之祸者，此其弊也。然则为一国治安计，两权之为利为害，亦彰彰可见矣。

复次，更论个人。从旧时之社会制度观之，个人财产，无有如今日之雄厚者，故其财力之所及，仅限于彼所接近之社会而止，于大局无与，无所谓金权也。自经济革命资本集中以来，欧美富豪之产业，动以亿兆计，且巨大之公司银行，常与国家财政相关联，而行政之需赖经济，亦较前密切，凡为公司银行及国家财政之主任者，在政治上均有非常之势力。于是个人之金权，乃为世人所注目，而欲于政局占重要地位者，遂莫不冀得此权以自雄。抑知财力所集之地，即为困难所在之地，亦为咎戾所归之地。平日之调剂挹注，与夫度支竭蹶时之补救弥缝，既已艰于应付，而各方之诛求责望，又必相迭而来，应之则力有穷期，拒之则身为怨府。当夫国是纷乱，政出多门之际，其受困为更甚。比年各地苟有骚动，司财政者之横遭苛勒，比比皆是。若处强有力者威权之下，挟雷霆万钧之势，执其瑕以胁迫，使为己用，则尤无术可以趋避。斯时为保持地位以免罪戾计，虽丛慝蒙垢败身裂名之事，亦不得不挺险而为之。匹夫无罪，怀璧其罪，觊觎金权者所当引为殷鉴者也。至欲握兵权以为个人之私利，则尤为事理所不许。盖三军之众，非一手一足所能统持，则不得不分其权于偏裨将佐，而此偏裨将佐所以服从命令，不侵不叛者，赖有名义以维系之。此名义，在昔为忠君，在今为捍国。若借以图一人之功名富贵，则功名富贵，尽人所歆羡者，有隙可乘，彼思取而代之矣。乙既代甲，丙必将起而代乙，不夺不餍，宁有已时？是殆以武力为私利者所必至之境也。况乎握兵权而恣睢肆行，必遭众忌，即无内部篡夺之发现，亦终有招致覆亡之一日。古来名将，每当大难削平之后，即有解除兵柄自求闲散者，盖深知此权之不可久据也。

综上所述，则金权、兵权，在国家与国际间，其利害既已互见，而个人之操此二权者，则利常不如其害焉，乃世人犹啧啧称羡之。嗟乎！浊世滔滔，竞营势利，前车已覆，来轸仍遒。吾惑焉，故作此篇以究其得失也。

中国之新生命 *

（1918）

　　今岁六月，梅雨兼旬，庭前积潦为患，所植瓜苗，当生长正盛之时，枝叶忽就枯萎，以主根腐败故也。然其时茎旁近土之处，支根怒苗，若逆知其主根之不足恃，故急急发生支根以代之者。主根之腐败愈甚，支根之发生亦愈速，未几主根全腐，支根遂代其主根，营吸收作用，全株之生活，赖以维持，枯萎者乃渐复其原状。此为生物之代偿机能，其所以适应外围，防御害患者，全赖此机能之存在。物固如此，国亦有然。

　　今日吾中国之生命，果能维持与否，诚非吾人所能豫言。其或为印度、朝鲜之续欤，则天之所废，孰能兴之？此盖无可奈何之境遇，吾人虽不能不用以自警，要不忍遽作是想者。吾之论文，固以中国之生存为前提。惟中国而果生存，则其新生命将从何处获得乎？此即吾人研究之问题也。

　　欲知中国之新生命在于何处，统括之不出两途：一、发生新势力，以排除旧势力；二、调整旧势力，以形成新势力。世界诸国，如法如美，以前者得新生命；如日如德，以后者得新生命也。夫新势力之发生甚难，必经数十百年之积贮酝酿而后成；旧势力之排除，更非易易，必经数十百次之战斗杀戮而后定。故求便利，计效益，自以调整旧势力，形成新势力为最宜，吾国自戊戌以迄今兹，皆向此方面进行。变法之倡议，立宪之要求，其目的固在于此，即辛亥之革命，亦尤非利用旧势力之甲部，以排除旧势力之乙部，冀达其调整之目的而已。夫使旧势力而果可以调整者，则便利诚无逾于此。无如几经试验，令吾人对于此方面

---

　　* 《东方杂志》第 15 卷第 7 号，1918 年 7 月，署名伧父。

之希望，益益断绝，中国而犹有新生命也，殆不能不易其途以求之矣。

今之论国事者，以为旧势力既无可调整，而又不易排除，则将有及汝偕亡之痛。予殊以为不然。盖今日旧势力排除之速，实有出于吾人意料之外者。旧势力之代表，一为武人，二为官僚。而武人乃互相屠戮，官僚乃互相倾陷，皆竭力自行排除，若深恐新势力之不易发生，特为廓清其地位，驱除其患难。就现状而论，所谓新势力者，曾不知其在于何方面，绝无端倪之可指。然观旧势力排除之迅速，可知新势力之发生，已不在远。盖二者之相因，若寒暑之倚伏，若昼夜之推迁，寒去则温，夜尽则旦，此固事理之无可疑者也。

不有罗马末造之腐败，则基督教不能遍布于欧洲；不有十四、五世纪之黑暗，则文艺与科学，不能有近世之隆盛。故旧势力至于无可调整，即为旧势力垂尽之时，亦即为新势力代兴之券。而当旧势力将尽未尽之际，新势力往往毫不显露，社会群众莫得而窥测之。故秦始皇疑亡秦必胡，而不知代之者乃为泗上一亭长。前清乾嘉以后，满人歌舞升平，亦决不料其势力将由湘阴之一儒臣（曾国藩）一学究（罗泽南）而潜移于汉人之手。故新旧递嬗之间，其由两方对抗竞争，一方渐绌，一方渐伸，而后取而代之者，历史上虽不无其例，而其多数则常由旧者之多行不义，至于自毙，新者乃得有自然之机会，起而承乏其间。法兰西共和之告成，固非革命党之力有以致此，乃两世拿破仑自取败亡以后，专制之力已尽，遂不得不实行共和政治耳。杜牧有言："灭六国者，六国也，非秦也；族秦者，秦也，非天下也。"吾亦仿其意而言曰：灭旧势力者，旧势力也，非新势力也。若吾国今日，即以旧势力灭旧势力之时也。

今日之彼此相争，且此复与此争，彼亦与彼争，纷扰不可究诘。综言之，则此也彼也，皆占旧势力之一部分，以排除旧势力之他部分。是非胜负，吾不得而知，吾之所得而知者，则自此以往，旧势力必自灭。吾人平日，固希望此势力之善自保存，以为中国福，如其不能为福而至于为祸，则吾人亦惟有求其速速自灭而已。其相争愈甚，其自灭亦愈速。其所以祸中国者，或即其所以福中国也。夫旧势力之在中国，根深蒂固。自同治中兴以后，递嬗至今，已六七十年之久，设非自灭，孰能灭之？果中国之新生命，不能不求之于旧势力以外者，则旧势力之自灭，正所以促进中国之生机。吾人不能不为未来之新中国，额手以称庆焉。

吾人今日，不必更患旧势力排除之难，且其虑旧势力排除之太速。

盖新势力之发生，积之不厚，则其基不固；蓄之不久，则其效不宏也。此新势力将从何处发生，在现时已有萌蘖与否，虽智巧者不得而知。其可得而知者，则此新势力决非与旧势力为对抗竞争之形式，而与戊戌时代之倡言变法者，宣统年间之要求立宪者，及辛亥以来之奔走革命者，取径必殊。盖从前之种种运动，其初亦欲造成一新势力，以与旧势力对抗，其结果则依附旧势力，而欲利用之，卒至旧势力愈炽，新势力毫无所成就者。其误点所在：一、不于社会生活上求势力之根据地，而但欲于政治上行使其势力；二、不于个人修养上求势力发生之根本，而但以权谋术数为扩张势力之具。是二者有一于此，则其势力必不能成。故新势力之发生，必不取径于此。此非吾人之好为预言，特以定理所在不能违反耳。世未有己不立而可以立人者，故于社会生活上无根据者，不能有势力；亦未有己不正而可以正人者，故于个人修养上无工候者，亦不能有势力。吾人之所谓定理，如斯而已。

然则吾国新势力之所在，吾人亦可以约略推测之，即其人决非生活于政治上欲分得旧势力之一部而占据之者，惟储备其知识能力，从事于社会事业，以谋自力的生活。且其人亦决不欲得有势力以排除他人，惟斤斤焉守其个人的地位，保其个人的名誉与信用，标准于旧道德，斟酌于新道德，以谋个人之自治。若此之人，自戊戌以来，几如凤毛麟角，不可一觏，而最近数年中，乃渐增其数。盖青年有为之士，惩于戊戌以来诸先进之种种失败，始有所觉悟，于是去其浮气，抑其躁心，乃从社会生活上与个人修养上着手。将来此等青年，益益遍布，表面上虽无若何势力可言，而当旧势力颓然倾倒之时，其势力自然显露，各方面之势力，自然以此势力为中心，而向之集合。孟子所谓若水就下，若兽走圹，此之谓矣。现今文明诸国，莫不以中等阶级为势力之中心，我国将来，亦不能出此例外，此则吾人之所深信者也。

今日中国之生命，正在危迫万分之际。武人、官僚，倚仗旧势力，以斩伐国家生命，惟恐其勿尽，致吾人不得不将新生命获得之愿望，希冀于新势力之发生，而又以旧势力之速速自灭为新势力将兴之兆。此种乐观思想，原近于滑稽。吾人非不知循此以往，将有外来之势力加于吾国之上，以绝吾国之生命，不能更有机会容待吾国发生新势力，以营代偿作用。但当此尚未属圹下窆之时，不容吾人不作生存之想，而处方求药，舍此剂以外，又别无根本治疗之法，则吾人之乐观思想，谓为滑稽，无宁视为正当。质之国人，以为然耶否耶？

劳动主义 *

（1918）

　　《诗》云："稼穑维宝，代食维好。"我国社会之重视劳动主义也，由来旧矣。《论语》记丈人对子路之言曰："四体不勤，五谷不分，孰为夫子？"丈人盖实行劳动主义者也。孟子时之许行，捆屦织席，种粟而后食，亦实行此主义，且尽力传布此主义者，故有徒数十人，陈相且见之而大悦，尽弃其学而学焉。秦汉以后，文学之士，鲜有提倡此主义者。近世俄国托尔斯泰氏，以宣传劳动主义闻于世界。托氏之信条谓："人不可不劳动以自支生活，无论何人，不能有利用他人之劳动而夺其生产之权利。资本主之于工人，地主之于佃户，君主、官吏之于人民，皆利用其劳动而夺其生产者，是为人类额汗上之寄生虫。今劳动之人无一得自由者，而公然抛弃其人间之义务，利用他人之劳动，夺他人生产以生活之特权，则自古至今犹不能废。拥护此伪特权而为之辩护者，则伪宗教（即无基督教之真神，离基督之教训，而为教会所行之伪宗教）、伪哲学（国家哲学）、伪科学之三者也。"吾国儒家，于劳动主义固不反对，惟以此为小人之事，儒者所学则为大人之事，观孔子对于樊迟学稼之言可以知之。至子路对于丈人，谓不仕为无义，以洁身为乱伦，其言甚多破绽，信如此言，则凡不作官者，皆为无义乱伦之人矣。后世文学之士专骛势利，其流传文字中，往往含有不作官者不得称之为人之意见，可嗤尤甚。若孟子对许行之言，发表儒家意见，甚为明切，深合孔子之旨，而与子路之言迥别。孟子曰："有大人之事，有小人之事。"又曰："劳心者治人，劳力者治于人。治于人者食人，治人者食于人。"孟子之言，即科学之分业说也。其告彭更之言，以通功易事为主，梓匠轮舆与为仁义者，皆以功而得食，分业之义尤明。盖科学上分业之义，说明人类社会为一有机体，与人之个体相同。人之个体，有各种器官，以行分业。社会之中，有官吏，有学者，有农工商，亦所以行分业也。而分业之中，以精神与物质为二大分野。官吏、政治家、学者、文艺家等，属于精神方面，其他则为属于物质方面者。依此分业之理，则劳心者得食于人之特权，自不能不承认。故丈人、许行等为劳动主义，而孔子、孟子可认为分业主义。惟托尔斯泰氏，则以此等分业为伪分业而反对之，其论甚详，不暇备述。惟述彼所主张人间生活之四分法，即将一日分为四分：一分为筋肉之活动，即手足肩背全体之活动；一分为手指之活动，即作手工；一分为智的及想像的活动；一分与他人交际。此为托氏所主张一日间之理想生活。苟人人依此法生活，则真分业生，伪分业自然消灭。此等主张，于托氏所著之《我忏悔》一书中见之。夫人者，合精神与物质而成，故两者不能偏用或偏废。若区划某某等使专为精神的劳动，使某某等专为物质的劳动，是犹使甲充其耳而专司视，使乙盲其目而专司听，则二者皆为废人。今日社会中下层苦力之民，十二时中，沾手涂足而茫无智识，一般高等游民，则机变万状而手足疲弱，消化沉滞，奄奄无生人气，二者均为残废之人，实为伪分业之所酿成。即如吾人从事于著作业者，日用脑力超过四分之一，积年累月，其遗恶影响于生理者自不待言。卫生家谓吾等宜从事运动，然欲使吾等从事于羌无意义之掷球蹴鞠，则吾等已非童年，殊不能生其兴味，若能从托氏之教，以每日之四分之一在田野间作工，握锄持镰，种竹艺蔬，而更以四分之一治其著作业，则其乐滋甚。至于社会间之劳工，则宜减少其劳动时间，使之读书报，听演讲，讨论政治，探索哲理。如是调剂，于个人之为益非浅，而社会间之各个人，亦自然渐跻于平等，无大人、小人之分别。阶级既除，特权自灭，较之过激之社会主义以破坏特权要求平等者，难易安危，迥不同矣。吾人今日尚以拘于习惯，未能实行托氏之所教，然回忆幼时所识丈人、许行之言行，不禁心焉慕之。

国家主义之考虑 *

（1918）

吾国比年国家主义之声，渐为一般人士所唱道，若官僚，若政客，若军人，既莫不揭此主义以为标榜，而各级社会，亦多有阐扬斯旨，相诏相勉者。夫以闭关自封浸衰积弱之后，一日藩篱尽撤，而又介在列强角逐弱肉强食之间，诚不能不提倡此主义，使国人咸自警觉，晓然于外围环境迫压之激烈，亟求所以自存自卫之方，且可引起国民对外观念，以减少内部之纷扰，是国家主义，实为救济目前之对症良药，不当有所非议。惟是一种主义之进行，虽极美善，常不免有几许弊害，因缘而生，且当一主义占优势时，又必有浮慕其名，利用其事，盲从谬托，引喻失义者。吾人既认定此主义为救时惟一良策，自不可不究其弊之所至，预为之防，而尤宜力戒浮嚣，审求实际，毋盲从谬托，滥用此义，以泛应一切，致国内庶政，转因之而生无数之傀扰，则固提倡国家主义者所亟宜考虑者也。

国家主义，以德意志最为发达，自一九一七年帝国成立后，其君若相以及政治家、教育家，无不汲汲焉以此义训导国人，而克拉希克、般哈提二氏所标举，尤极情尽致。其对内也，谓国家有无上之权威，可以包涵万有，不特人民生命财产，当为国家牺牲，即宗教信条，道德标准，亦不能不屈服于国家权力之下。而其对外，则以并吞弱小为强者之权利，以残杀良懦为天赋之本能，以和平为万恶之原，以公法为无用之物，而一切正义人道，均可置之不顾。如斯酷烈之国家主义，实非人类理性之所安，吾人今日所提倡者，固非德意志主义。顾现在世界通行之国家主义，虽不至如德意志之趋于极轨，然其主旨，要不外激励人心，

团结势力，以求向外之发展。故常含有排斥他人伸张自己之意味，由是而军国主义、阴谋主义与夫尔虞我诈此倾彼陷之种种政策，均在所不禁。然此等主义及政策，在国际上可以取得胜利者，在社会上或不免流为弊害也。

国家主义所及于社会之弊害，可就其显著者略言之。盖励行国家主义，则必推崇武功，蕲其国民有尚武之精神与作战之勇略，而欲国民具此精神与勇略，自不得不以杀敌致果同仇偕作之教训，鼓舞而奋励之。故凡我善为战，我善为阵，与夫能约与国，战必克，在人道上所视为不正非义者，皆国家主义所奖劝而诱掖者也。缘是其社会教育、学校教育、家庭教育，均不得不变其纯粹之德育方针，而易以培养军国民之色彩。昔德人因欲实行帝国主义，常〔尝〕于一八九零年召集全国著名教育家，提议改革教育事件。德皇演说，谓当引导青年，使与国家地位现情相契合，且当提倡军国的教育，虽精神方面有所牺牲，亦不暇惜。夫德意志之已事，皆主张国家主义所莫能外之涂轨也，然而国民受此教育而后，必变其曩日温良和顺之品性，而带有残忍鸷悍之气风。凡人类公性，既具有某种机能者，必随时随事，自然流露，决难限定其使用于一方面，故持国家主义以训练人民，养成惨酷无情之习惯，而欲其仅仅使用于国际之间，实无是理，则不知不觉，移其所以对外者，施诸国内，必所难免，而干戈之兴，遂不在颛臾而在萧墙之内矣，即不公然诉诸兵力，然民间有此好勇斗狠之风，其足以扰社会之安宁，亦非细故。昔斯巴达欲其民之勇于战事也，尝设种种之教育方法，有能为巧妙之盗窃者，国家且奖励之。夫盗贼之行，人所不齿，而国家主义乃视为美德，则国家主义与社会道德之不克相容，可以见矣。抑国家主义更不能不崇尚权谋，故权谋主义，常与国家主义相连系。凡国与国之交际，苟有利可获，有隙可乘，则虽诡谲险诈，皆坦然行之而不以为病。近世列强，其于国际占得优胜者，半由武功之卓越，半亦外交上使弄权谋之结果也。夫国家既有赖于权谋主义，则用人行政，必然趋重于此途，而国民见国家政策缘此得获成功，亦必迎合揣摩，求与此义相应合，上行下效，草偃风从，由是好功利喜夸诈，当为国民第二之天性，不问国内国外，苟有居敌体之地位，持对抗之态度者，无不以外交之手段应付之。机械变幻相率成风，挑拨煽惑，无所不至，而忠信诚悫之懿德，遂日渐渐灭，则国家势力虽得借以增进，而人心风俗，或将因而堕落也。不宁惟是，国家主义，又不能不打破宗教及伦理，盖宗教虽未尝绝对非战，顾其教旨，多主人类互爱，而无国家畛域寓乎其间。吾国固无特别之宗教，然往昔贤哲，伦理上所遗之训条，亦无不以博爱为归宿，不容人类互相摧残，而此互爱博爱之说，则为国家主义所不能容忍。彼基督教国之昌言帝国主义者，虽尝巧为辩护，谓基督曾言吾为赍剑而来，故战斗之宗教，无有如基督者。然根本上之凿枘，终非巧言所能掩饰也。夫宗教伦理为民族组成之要素，其支配社会维持治安之潜力至为伟大，若被破坏，则善恶无所遵循，是非莫由辨别，人民必将彷徨歧路，靡所适从，精神界之侹扰，有不堪设想者矣。此外则阻遏文化，扰乱经济，亦为必至之势。盖既推崇武功，则必轻蔑文治，以文学哲理为无关强盛而置为缓图，甚或持文弱亡国之论，谓右文尊古，转足陷斯民于颓废。如某意大利人所创之未来主义，自言吾侪惟当赞许战争及军国主义，毋耗有用之精力以崇拜无用之古人；德国主战者亦谓德军对于敌国之古迹及文艺，当毁灭之，勿庸顾惜，盖德军中之愚骏其价值亦较贵于此等古物也。凡此皆足为国家主义轻视文治之例证。抑知一国之存立，不徒赖有实质之武力，尤赖有形上之文明，苟举历史上留遗之文教暨先哲累代所阐明之思想学识，视如敝屣，悉加屏弃，则国家基础将受无形之动摇。若夫经济方面所被之影响，虽不至如上述各项之甚，然国家主义之国外商业，每含掠夺之意，无所谓商业道德与寻常贸易。在商品商略上争竞者不同，凡有可以遏灭对手方之销路，毁坏对手方之名誉者，欺诈排挤无所不用其极，而于所得利益之当不当，非所计也。又其贩运之物品，于销买者有无危害，于人道上有无违背，亦不暇顾。甚且有假商业为前驱，以占领他人之土地者。此种方策及手段，若浸润于商人之脑中，沿用于国内商业，则经济界将无宁日矣。

顾或谓国家主义之使用武力与权谋，乃以国家为界限，对于限外为侵略，而国内则仍尚和平；对于限外为竞争，而国内则仍主协力。吾人苟认明界限，而不误其施用，自不至发生弊害。斯说也，理论上固无可訾议，然事实上果能画若鸿沟，不至紊躐否耶？人类公性，具有某种机能者，决难限定其使用之区域，前既言之矣，且界内界外，本无定点，常随主体而转移。质言之，不过利害相同与利害相反之区别而已。以国家为主体，则视利害相反之他国为界外。然利害相反，初不限于国家之间，凡地方与地方，团体与团体，降而至于个人与个人，均不能无利害冲突之发现。而芸芸众生，其接触国事之机会恒少，接触地方团体个人之机会恒多，又安能以国家主义者所定之界限，强其笃守耶？欧美列强，财富兵雄，具有行使国家主义之实力，又常有与他国交接之机缘，故其国家主义有可宣泄之地，不至郁为内哄，即或有此现象，则引而使之向外，以减杀纷扰，亦自易易。若夫国力微薄，一切交涉，常处下风，无凌驾他人之余力，而亦提倡此种主义，则危险殊甚。盖磨厉以须对外无可用武之地，则必对内小试其锋，亦理有固然而事有必至者矣。比来政党对抗，其纵横捭阖，大类国际之外交，而商业竞争之策略，又往往窃用国外贸易之余绪，皆对外无用武之地，乃施用于国内之明证也。

然则国家主义，其不当提倡乎？是又不然。微论吾国国势凌夷，非此无以振作人心，抵御外侮，且世界一日未臻大同之境，则此主义一日不能消除。欧宇群雄，方因此而开莫大之战衅。美为民主之国，犹且改移故步，投入此主义之中。大势所趋，我又岂能独异者？惟当外察时局，内审国情，使适合于国家之现状，以求得举可举之成绩而已。现时欧美各国，虽各争雄竞长，咸揭国家为前提，然核其主义之内容，则德所唱道与英殊科，美所揭橥与法异趣。盖德欲扩强权利，故存奋斗进取之心，而英则含有持盈保泰之意；美缘土地广沃，其目的在于防杜觊觎，法因仇敌凭陵，其宗旨在于巩固疆圉。此非吾人妄为判别，苟略知各国现状及其近今行动者，当知其不谬也。然则吾国亦安可不自度情势，定一进行之程序，而乃盲从谬托，人云亦云耶？吾国现时，既无增拓土地之必要，且无称雄宇内之野心，而兵力、财力又不能与人相拮抗，则吾国所宜提倡者，乃保守的国家主义，而非侵略的国家主义也。夫国家主义，本有外延、内蕴之二途，各随时地，自为抉择。彼之专务侵略者，大抵在内已无可施展，而其力又足以外张者也，德意志是已；若夫境内尚有自给之余地，为防外力侵入，乃揭此义以动其国人，俾各努力于自卫，则美国所持之态度也。美国前此虽亦殖民于海外，近复参战于欧州，似已取侵略之步骤，然其用意则在排除交通贸易之障碍，而非有长驾远驭之决心。夫美之国力，胜吾万万，犹以保守为职志，不敢侈言功利以求上人，则我国当知所取法矣。国人不察，惑于虚名，以为一言国家主义，必在向外发展，非于国际露头角，不足以当此名义，不知吾苟自固国基，精力内蕴，自不患无胜人之处，国家主义，无有稳健于此者。盖以利害言，仅求自固者，可以不惹他方之恶感，不启邻国之嫌疑；以次第言，亦必先自固而后可以进取也。此吾国所宜认定之方针也。

方针既定，然后可言进行之方策矣。夫国家主义，果何所借以为基础耶？则必其国民有相维相系之精神，其国内有自给自足之产物，此为国家主义最紧要之条件，亦即执行国家主义最切实之径途也。吾国人合群协力之本能初不逊于他族，特以建国亚陆，无强邻介乎其旁，故此本能发挥之地，仅以家族或社会及地方为限，今但以国家观念输入国人德志之中，使扩其维系之范围，为事至易。惟有不能不审慎者，则此国家观念当贮之以沉静之头脑，不当中之以虚骄之感情；当用之以勤事赴功，不当借之以矜心作气。须知吾人日常行事，小之如薄技微长，内之若家庭屋漏，无时无地，不可为国家效忠，但能奋勉职业，淬厉身心，营一事呈一事之功，治一艺收一艺之效，其间接裨补于国家，实非浅鲜。若夫物产方面，其有待于开发者至多，而其关系于国家利权亦至巨。吾人但同心合力，开辟利源，撙节虚牝之金钱储为兴业资本，使国外资金无由搀入，养成企业之人物勿事事假手于外人，以实行其自给自足之策，较之专从政治外交上求胜利者，其得失正不可同年而语。至若国内教育，则尤宜慎重，虽不能不以爱国之旨诏勉青年，然当勖以积学储能，为他日国家效用，而稍涉狭隘酷烈之理论，均不宜加入。盖青年时代，感情意气易走极端，若予以冲动感情助长意气之教育，不独妨其正当之修养，且恐如上文所虑，于社会道德有所妨害也。近时日本教育颇倾向于国家主义。故其国人每有歆慕德意志之帝国政策而欲步其后尘者，而大亚细亚主义、大日本主义与夫排斥白人之议论，遂时见于报章杂志之中。彼都之稳健者，常引以为病，谓此等矜张之意气，无责任之大言，非特无裨事实，且引起他方之嫉视，使国家一举一动，时受列强之猜忌，致碍国事之进行，殊属遗憾。殷鉴不远，吾教育界不可不注意也。自物竞天择之学说输入吾国以来，吾社已受莫大之变动，近虽稍见宁息，而余波未平，若再以广泛之国家主义助其澜而张其焰，将如病热之人而复予以奋兴之剂，其祸患恐不知所届，愿吾人之稍加审择也。

国文典式例*
（1918）

近人编纂国文典者，多拘牵于外国文典，有削足适屦之害。予思有以矫正之，因就所见作为式例，以备研究，若精密而理董之，以成完全之文典，则尚有志而未逮焉。著者志。

第一节　词及联词

文积句而成，句积词而成。词有种种，其记述事物之名称者为名词，属于有形事物者，如草木、鸟兽、金石、水火之类是也；其属于无形事物者，如道德、政法、情理、势力之类是也。其记述事物之现象者为现象词，分为动词及状词。动词记述动的现象，如坐立、飞鸣之类是也。状词记述静的现象，如轻重、长短之类是也。名词、动词、状词以外，尚有他种之词，当于下节别述之。

词之至单简者为一字所构成，谓之单词，其两字以上所成，而词中各字不能分析，如人名、地名之类者，亦谓之单词。单词相联，则成联词，如"飞鸟"、"落花"为动词与名词相联而成之名词也。亦有用联词为单词者，如"山东"、"河南"、"黄河"、"长江"，皆以联词为单词者也。现时科学上之名称术语，皆利用联词以为单词，故能应用不尽。至以单词或联词相接成句，其两词仍分离，而无结合为他词之性质者，则不得为联词，如"鸟"与"飞"相接成为"鸟飞"，此乃句而非词，亦另详于下节。

兹就名词、动词、状词研究其由单词构成联词之法则，作为式例。

---

* 《东方杂志》第 15 卷第 8 号，1918 年 8 月，署名伧父。

式例者，仿算学中之式，用之于文典，而举例以明其式之应用者也。式中所用符号，"名"为名词，"现"为现象词，即动词、状词不分别之词也，"动"为动词，"状"为状词。

　　两单词构成联词，有一定之法则。一为两词并列者，谓之双联词。二为两词不并列，而下词较重者。三为上词较重者。式中于双联词之两词间，以：联之；偏重下词者，以‥联之；偏重上词者，以╷联之。＝为等号，（　）为括号，其他符号，于应用时说明之。

式（1）名：名＝名　　　例　花鸟　　山水

式（2）名‥名＝名　　　例　桃花　马蹄　吾妻　兄子　南山
　　　　　　　　　　　　　　古书　石砚　墨盒　蜂目　猿臂

式（3）动‥名＝名　　　例　飞鸟　落花　骑兵　教士　卧榻
　　　　　　　　　　　　　　游船

式（4）状‥名＝名　　　例　红桃　绿柳　圣经　贤传

式（5）名╷名＝名　　　例　楼头　塔顶　山北　林下　月轮
　　　　　　　　　　　　　　风片　兵队　吾侪　马儿　燕子

式（6）动：动＝动　　　例　飞鸣　往来

式（7）动‥动＝动　　　例　坐读　行歌　往拜　来食　飞行
　　　　　　　　　　　　　　踞坐　仰观　俯拾　进行　退走
　　　　　　　　　　　　　　立谈　坐食

式（8）状‥动＝动　　　例　闲坐　长谈　锐进　速出

式（9）名‥动＝动　　　例　东升　秋收　山行　夜坐　泥塑
　　　　　　　　　　　　　　木雕　肉食　力争　口讲　手画
　　　　　　　　　　　　　　鼠窃　牛饮

式（10）动╷动＝动　　　例　飞起　说出　归来　走去

式（11）动╷状＝动　　　例　坐定　睡熟

式（12）状：状＝状　　　例　远大　高卑　猗猗　灼灼

式（13）状‥状＝状　　　例　紫红　苦咸　淡红　清贫

式（14）动‥状＝状　　　例　饮醉　食饱　打伤　战胜　飞快
　　　　　　　　　　　　　　刺痛

式（15）名┴状＝状　　例　夜明　秋香　晚安　春倦　酒醉

饭饱　情重　气盛　珠圆　冰冷

式（16）状┬动＝状　　例　凹入　高起　老去　闲来

式（17）状┬状＝状　　例　醉酣　红透

式（18）动：状＝现　　例　笑乐　游惰

式（19）状：动＝现　　例　黄落　欢笑

上列式例，须说明者列下。

凡式中偏重下词者，于浑言词，可但举下词，而略去上词，如"桃花"可浑言曰"花"，不能谓之为"桃"也。偏重上词者虽不能略去下词，但决不能略去上词。二者之辨即在此。

我国名词多依（2）式构成，如"桃花"者，"桃"为树之类别，"花"为树之部属，以类别与部属相联而成也；"吾妻"、"兄子"，亦上词为类别，下词为部属。其上词不用类别名，而以所在之地位、时节或其品质、用途代之，如"南山"、"古书"、"石砚"、"墨盒"之类；又或以其动作状态代之，如"飞鸟"、"红桃"之类，文典上称之为限词；"蜂目"、"猿臂"之上词，亦非其类别，乃以"蜂"、"猿"拟其状态，亦限词也。

上词为类别之名者，与上词为限词者，似可别为二类。但其界限不甚明确，且用时亦无甚差别也。

（7）式之例中，如"飞行"、"踞坐"、"进行"、"退走"、"坐食""立谈"等，上词亦为限词。（8）、（9）两式之上词，皆限词也。

（13）式例中"淡红"、"清贫"及（14）、（15）式之上词，亦为限词。

（13）式例中之"紫红"为带紫之红色，"苦咸"为带苦之咸味，不可认为双联词。

（11）式例中之"睡熟"与（14）式例中之"饮醉"，似极相似，而实不同。前者以"睡"为主，以"熟"状其睡；后者以"醉"为主，"饮"为"醉"之限词。故"客睡熟"不能言"客熟"，"客饮醉"可言"客醉"也。

（13）式、（14）式在单词相联时，颇少其例，但联词相联者，及两词间介以"而"字者，例颇不少，如"敬事而信"、"富而好礼"、"恭俭下士"之类。

　　式中无"动｀名"、"状｀名"者，以其与他动词有关系，于下论他动词时述之。无"名｀动"、"名｀状"者，以其下词为说明词，于下论句时详之。"名｀名"、"动｀动"、"动｀状"、"状｀状"、"状｀动"诸式中之下词为说明词者，亦详于以下各节。

　　上列各式，更可取其二式或数式合而用之，以成复杂之联词。其法，以某词之构成式，代任一式中之某词，与代数学中以某元数之等式代某数之法相同。兹设题以明之，并举其式列如下。

　　题　以（1）式代入（2）式上词，试求其式例。

　　式　（名：名）｀名＝名　例　桃李花　日月光

　　用上代入方法，有宜注意之处如下。

　　一、凡以任一式代入双联词中之一词，则余一词亦当以同式代入之，否则失其双联词之性质。但以任一式代其一词，而与余一词以"与"、"及"等相联，则亦可用，如"性与天道"、"主人及客"是也。又以双联词代入双联词中之任一词，其结果与三词并列者无异，如"诗书画"、"大中小"是也。

　　二、凡上词重而下词轻者，不能以下词重者代其下词，否则失其轻重之性，故甲｀（甲｀甲）之式不能用，但下节所述，于下词为说明词时，不在此例。

　　三、（动｀名）式内，以他式代入下词，则上词往往因异其性地位而变成他动词，如"落梅花"有"落的梅花"及"落了梅花"之两种解法。前者之"落"用为限词，后者之"落"用为他动词也。

　　除上三者以外，其余用代入法时，大概可通随列式，例数种如下。

　　名｀（名：名）＝名　　　　　例　古书画　布衣裳

　　（名｀名）｀名＝名　　　　　例　桃花瓣　羊毛绒

　　名｀（名｀名）＝名　　　　　例　铜黑盒　瓦茶壶

　　（名：名）｀名＝名　　　　　例　池塘北　庭院前

　　名｀（名：名）＝名　　　　　例　楼上下　院东西

　　（名｀名）｀名＝名　　　　　例　南山南　北江北

　　（名｀名）｀名＝名　　　　　例　楼上楼　山外山

（名⌐名）⌐名＝名　　　例　墙头上　山脚下

（动⌐名）⌐名＝名　　　例　啼鸟树　落花风

（状⌐名）⌐名＝名　　　例　黄梅雨　白云天

状⌐（名⌐名）＝名　　　例　白桃花　绿眼镜

状⌐（名：名）＝名　　　例　闲日月　旧山河

（状⌐动）⌐名＝名　　　例　高飞鸟　乱落花

（名⌐动）⌐名＝名　　　例　东去水　夜行船

动⌐（动：动）＝动　　　例　去考察　来问询

动⌐（动⌐动）＝动　　　例　进来食　出往拜

（状⌐动）⌐动＝动　　　例　闲谈坐　长歌行

动⌐（状⌐动）＝动　　　例　来闲坐　去长谈

（状⌐名）⌐动＝动　　　例　长夜坐　乱山行

名⌐（状⌐动）＝动　　　例　日长坐　夜闲谈

状⌐（动⌐动）＝动　　　例　速退走　缓进行

名⌐（动⌐动）＝动　　　例　朝出去　晚归来

（动⌐动）⌐动＝动　　　例　说出来　归去来

名⌐（动⌐动）＝动　　　例　事知悉　理说明

（动⌐名）⌐动＝动　　　例　笑时笑　来处来

动⌐（状：状）＝动　　　例　飞习习　落纷纷

（状：状）⌐状＝状　　　例　参差绿　寂寞红

状⌐（状⌐状）＝状　　　例　紫微红　辛大燥

动⌐（状⌐状）＝状　　　例　饮小醉　战大胜

（名⌐名）⌐状＝状　　　例　花里醉　夜中明

状⌐（状⌐状）＝状　　　例　突高起　微凹入

（状：状）⌣状＝状 　　　　　例　猗猗绿　灼灼红

状⌣（状：状）＝状 　　　　　例　忙碌碌　醉醺醺

右随举数例，已觉甚繁，若更以各式叠成四五字之联词，则更不胜枚举，略举数例，以示一斑。

（名：名）⌣（名：名）＝名 　　　　例　梧桐庭院　鹦鹉楼台

（名：名）：（名：名）＝名 　　　　例　天地人物　虞夏商周

（名⌒名）⌣（状⌣名）＝名 　　　　例　江上清风　山间明月

（状⌣名）⌒（名：名）＝名 　　　　例　大江南北　长城内外

（状⌣名）⌣（状⌣动）＝动 　　　　例　小斋闲坐　深夜长谈

（名：名）⌣（动：动）＝动 　　　　例　南北奔驰　昼夜操作

（动⌒动）⌣（状⌣动）＝动 　　　　例　进来闲坐　出去散步

（名⌣动）：（名⌣动）＝动 　　　　例　春来秋去　早出晚归

（名⌣状）：（名⌣状）＝状 　　　　例　水深火热　玉洁冰清

（状⌣动）⌣（状⌣状）＝状 　　　　例　小饮大醉　大战小胜

（名⌣名）⌣（状⌣状）＝状 　　　　例　春宵微倦　夏日长闲

（状：状）⌣（名⌒名）＝名 　　　　例　青青园中槐

（名⌒名）⌣〔名⌣名⌣〔状⌣（名⌒名）〕〕＝名

　　　　　　　　例　袖中吴郡新诗本

〔（名⌒名）⌣（名：名）〕：〔（名⌒名）⌣〕＝名

　　　　　　　　例　风前杨柳雨中箫

〔（状⌣名）：（状⌣名）〕⌣〔（状：状）⌣动〕＝动

　　　　　　　　例　低眉信手继续弹

　　　　　　　　　　　　　　（未完）

对于未来世界之准备如何？*

（1918）

　　人生斯世，劳心劳力，其目的不出二途：一为支持现在生活，二为准备未来生活。只知现在生活而不准备未来生活者，惟浪子与乞丐而已。其余之人，则皆亟亟准备未来生活，常较诸现在生活，尤为置重。近时青年男女，出洋游学，以求外国学校之高等学位，试问彼等胡为者？工商事业家，奔走都会，筹设公司，创立工厂，欲作一新式之资本家，试问彼等胡为者？官僚、武人及其他之高等游民，皆贪婪而不知饱，争夺而不知止，不恤绝全国之命脉，以作犹太富人，试问彼等又胡为者？吾得质而言之曰：彼等之目的，皆准备未来生活也。

　　夫彼等既以准备未来生活为目的，则吾将进而质问彼等，未来之世界固如何？吾知彼等观念中，必以为未来世界，不过继续现世界之形势，且益益进步而已。呜呼！现世界之形势，固尚可继续，且加以进步耶？吾敢大胆直言以断定之曰：彼等之观念实误，故彼等之准备亦误。

　　现世界之形势，自其显著于表面者言之，纵有国家战争，横有阶级战争（如俄国之劳农会与有产阶级），杀人如麻，挥金如土，长此以往，去世界末日殆已不远。虽此种战争无论如何持久，终有恢复和平之日，衡论世事者，不能以一时偶发之战争为标准。然今日之战争，实非一时偶发者，其潜伏于内面者，有深远之原因。所谓国家战争、阶级战争，其原因皆起于同一之经济关系，此固世人之所公认者。故经济关系不改良，则虽战争之现象即刻终止，而战争之原因依然存在。第二次之大爆发，其期日殆不能甚远。某君曾谓："现世界经济制度，如建倒立之塔，初建数层，其势已危，乃以绳架防护维系之（绳架譬之政治、法律及武

＊《东方杂志》第 15 卷第 10 号，1918 年 10 月 10 日，署名伧父。

力等），而更建数层于上，其势益危，则益益施以防维，如此层层而上，防维愈固，建筑愈高，危险亦愈甚，而其终必有倒之一日。"此为现世界形势最浅明之譬喻，而此形势之不能继续且加以进步，亦可以恍然矣。

社会主义者，以现世界之经济制度根本错误，致生产分配不均，贫富悬隔太甚，过激者因而欲废弃地主、资本家之特权，将一切生产匀配于劳动者之手。此等均富之说、共产之论，骇人听闻，予辈殊不欲效其口吻，第其所揭示现世界经济制度之破绽，实已确不可盖掩。自科学与机械进步以来，人类能以仅少之劳力成多额之生产，当十九世纪之初，已有人统计，"五十年前须六十万人劳力而得之生产，在其时仅以二千五百人得而成之"。今距其时更逾百年，此比例当又增若干倍，即使仍以其时之比例为准，则一人之劳力已得成五十年前二百五十倍之生产焉。使世界生产之增加可以无有限制，则人人得出其劳力以享用二百五十倍于从前之生产，其为人类幸福，诚无涯际。无如土地与资本不能随劳力而俱增，劳力增大时，土地与资本之需要自亟。于是六十万人中仅有一二地主、资本家得吸收此五十年前六十万人劳力所成之生产，其余则少数之二千五百人受地主、资本家之佣雇者，得使用其劳力以分取其生产之一部，随其劳力之巧拙以为分取之多寡，较之五十年前之所得，或增数十倍焉，或增十数倍焉，或增数倍焉，或无所增焉。其多数之五十九万七千五百人，或无土地、资本以使用其劳力，则不能从事于生产，或仅有少额之土地、资本，而为大地主、大资本家之所迫压，所得生产乃不足以酬其劳力。故在科学家、机械家，方以二千五百人能成六十万人之生产诩为莫大之功绩者，自社会主义者言之，则五十九万七千五百人之事业为二千五百人所猎夺（西人每谓科学、机械进步，则工商业兴盛，失业者自寡，此就一地方或一国家内言之，他地方他国家内之事业，为其所猎夺，则彼固未计也），二千五百人之生产又为一二地主、资本家所占领，认为莫大之罪恶也（欧美社会党不反对科学与机械，惟求匀配其生产而已，我国儒家则对于科学与机械，斥为奇伎淫巧而禁止之，黄老派尤甚）。夫少数之人既能成多额之生产，则其所生产者一部分，系供少数人奢侈浪费之用，又一部分则为市场之投机品，乃为少数人之利益而生产，非为多数人之需要而生产者。故多数人之衣食虽缺乏，而奢侈品及投机品则生产无度，充斥市场，积而不通，资本将不能周转，于是寻求新贩路，开拓殖民地，建设大帝国，遂以生产过剩为国家战争之原因。多数之人既不能用其劳力于生产，或生产不足偿其劳力，因而生活困难，老弱者以疾病苦痛陷于死亡，其不甘于即死者则为盗贼、无赖，劫夺他人之生产，较有知识学力者则流而为过激派，为无政府党，蓄意破坏社会现状，以求苏其贫困，此以劳力过剩为阶级战争之原因。（因劳力过剩发生阶级战争，此就全世界言，非就欧美一局部言也。欧美事业兴盛，人口增殖不繁，劳力过剩不如吾国之甚，故劳动者能与地主、资本家维持对抗之形势，阶级战争乃显著。吾国科学、机械虽不发达，而旧有事业太半为工业国所夺，故劳力过剩甚于欧美，表面上不显阶级战争，实则阶级战争甚烈，土匪流寇，皆失业之民所啸聚以破坏社会现状者。欧美之阶级战争为二千五百之劳力者与一二地主、资本家之争，吾国之阶级战争乃五十九万七千五百之失业者强夺少数有业者之生产也。）总之，现世纪中一切内乱外患及其他破坏秩序伤害道德蔑绝人道之事莫不由于经济制度不良而起，社会主义者之著作中言之其详无庸赘述。

上述社会主义者所揭示现世界经济制度之破绽，世人殆不能不承认之，然世人之意见，往往以为生存竞争优胜劣败为自然界进化之原则，人类社会中决无真实之平等，亦决无永久之和平，国家战争与阶级战争终为事实上所不能避免。故现世界经济制度之破绽，实无可弥缝，且亦无须弥缝者。此等意见，吾人未尝不赞成之，果使经济上之自由竞争可以极端贯澈其主义，则吾人亦何必以煦煦之仁为良心上之激刺？无如自由竞争达于一定限度以后，必与一极大之障碍物相遇，此障碍物为何？在吾国无固有之名词，就外国名词译其意义，则曰生存权（Right to exietence，英）。生存权者，即人类各有应得生存于世上之权利也。此权利思想在十九世纪初年之政治哲学中，论之者最多，其时法拿破仑与英争战，人民困穷，遂发生此思想，著名之学说谓："人之所有权利中，有因有政府而后起者，是为人为权利，如财产之不可侵权是也。虽无政府而既已为人，则当然有其权利，是为自然权。自然权中最首要者，即人可取自然界之动植物以养其生命之权利。此权利受人为权之抑制而至于除死无法时则得实行其自然权中一种生存权以继续其生存。"吾国人于此项权利，习惯上确实承认，如水旱偏灾之救济，贫困无告者之周恤，流亡失业者之收养，政府官吏及地方绅富皆有应尽之义务。此种义务，其相对之权利为何？即所谓生存权者是也。曾忆曩年某地水灾，饥民聚众抢米，地方官吏无法处置，以其地方习惯，饥民若仅仅抢米而不抢及他物，则不能以强盗罪之，此即含有生存权重于财产权之意义。盖生存权为人所有之先天的权利，非后起的法律上所规定之财产权得而夺之也。英美派之法律虽有财产权重于生存权之倾向，然习惯上亦承认此权利之存在，如伦敦面包铺，每晨必备若干面包，以应贫民之食而不能付值者；上海英租界中业包饭者，担残余之食物，行经马路，贫民攫食，习惯上不加抗拒。凡此琐事，皆足以证明生存权在世界之社会习惯中实具有若干之势力，而与现世界自由竞争之原则相抵触。自由竞争既达极限以后，多数之人将不能保其生存，则此生存权必于社会中忽现伟大之势力。近时欧洲交战各国，皆厉行食料限制之政策，各人食物皆有一定之制限，虽贵族富豪，其食料不能不与齐民相等，间有限制及于衣被靴鞋及日用品者（德国服装限止令，除军服外不许用毛布，不准著皮靴，履皆木制，衣皆纸制。据美人自德逃归者之记述，柏林市中，无人不著白色纸衣，全市服装，概归一致）。此种政策，即限制个人不得凭借其经济上之势力以绝他人之衣食，即为承认生存权之显著事实。据外报之所揣测，则此种限制之政策，战后必将继续施行，最近日本米价暴腾，大阪、西京、神户、广岛各处暴徒蜂起，政府派兵弹压，一面劝诱出粜，禁止屯积，筹拨巨款以平米价，日本人中亦颇有主张仿欧美现行制度，减食禁酒，布衣服限制令，制定奢侈税者。吾人静观世态，已觉有多数文明国家受此生存权之支配，虽我国政治家方以拥兵耀武为职志，对于地方之天灾人祸曾不足以稍动其心，似我国之民独不能主张生存权以自保其生存。然自又一方面观之，则我国胡为豢养如许之军队？胡为吸全国之膏血以奉之？亦以无产失业者之多，不得不以此为安抚流亡之计，则亦隐然受生存权之支配焉。总之，自由竞争者，纵容少数人猎夺多数人之生产，以绝多数人之生计，而生存权者不许少数人占有多数人之衣食，以害多数人之生存。此两种法则若矛盾之相反，当自由竞争过于烈剧时，则生存权必崛起而与之相抗，使不得极端贯澈其主义焉。

均富共产之社会主义，非吾人所乐于唱导，而生存权之行使于社会，则为显著之事实，非吾人所能否认者，且将来社会益益为此权力所支配，亦为吾人所深信。（各国之战后经营，必以自给自足为主。生产方面，必不许自由竞争，随少数之意见，以产出多额之奢侈品与投机品，必先统计国内须食料品若干，须衣被靴鞋及日用品若干，以为生产之标准，其政策主旨，必在限制少数人之浪费，以供给多数人之需要，故食料限制日用品限制，战后必仍继续施行。）果使生存权之势力支配于社会，则其结果必至不均富而均富，不共产而共产，富者贵者不得不与贫者贱者同食其个人分内应得之食物，同用其个人分内应得之用品，此时之人类，将如今日之学生，著同式之制服，居于同一之宿舍，列于同一之食桌（英人威尔逊氏著《将来之发现》谓此种景象百年内必可达到，此殆专指欧美社会言，全世界人类到此地步，或尚须时日），则富者贵者或且自悟其富贵之无用，有时反足为累，转而要求均富，要求共产，未可知也。论世者每谓十八世纪为卢骚世界，十九世纪为达尔文世界，二十世纪为托尔斯泰世界，斯言即不堪尽信，不能谓其全无影响矣。

在吾人观念中之未来世界，就其近者而言（未来有远的未来、近的未来之种种差别），固不认均富共产之可以实行。惟十八、九世纪沿习而来之自由竞争主义，必因受生存权之反抗、大减其势力，社会事物必益益为生存权之势力所支配。虽自由竞争之残余势力，犹必依其惰性，与生存权之势力混杂争斗于其间，而此长彼消，则无待于筮卜。故未来世界，决非为现世界之继续期，而为其回转期；非为现世界之进步，而为其反动。准备未来生活者，对于此点不可不加以注意，若误认此世界为永久的弱肉强食之世界，为绝对的金钱万能之世界，汩其良心，耗其精力，埋没其身命于自由竞争之旋涡中而不知自拔，吾恐时机一变，悔悟已迟，正如围棋急劫时，忽猢子上局，全局散乱，不得不推枰而起，斯时虽恍然大悟，知两奁黑白本无输赢，而前此之苦思劳神，亦太觉冤枉矣。吾人借箸代筹，以为欲生活于未来世界者，不可不为下列之准备。

一、勿吸烟饮酒。以有用之土地培栽烟草，以养人之米谷酿造酒类，此为以食料品变为嗜好品之显著者。吾国近年严禁鸦片，凡嗜鸦片者，生活上受种种苦累，为吾人所目击。又英、美诸国现时禁酒甚严，吾国将来亦必随世界大势，厉行烟酒禁令，有此嗜好者，其不适于未来世界之生活，将与今日之吸鸦片者相同。

二、养成粗食之习惯。今之讲卫生学者，往往主张肉食，或谓宜选择其易于消化而富于滋养者食之，此种学说误人不浅（鄙人曩亦附和此说，今当自承其误）。盖常食精美之物者，肠胃必日益柔弱，效益渐少，仅与他人之食粗粝者相等，若偶食粗粝，则肠胃受害矣。现时肠胃病专家对于肠胃病，渐知根本治疗之法，须以粗粝食物锻炼其肠胃，如锻炼筋肉者须持重物运动，使其筋肉发达。肠胃亦为筋肉组织，与手足部之筋肉无异也。东西洋卫生家有唱导蔬食主义者，吾国人赞成此主义者亦渐多，鄙人对于经济的蔬食极表赞成（见本志十四卷二号），以同一土地培栽米谷，可以养十人者，若培栽牧草，饲养畜类而食其肉，则仅可养一人也。然使名为蔬食，仍搜罗珍异之品，务极精美，则其暴殄天物且甚于肉食。为锻炼肠胃减省食料起见，不但当赞成蔬食，而以练习粗食为要。欧洲各国皆食战时面包，我国虽食料尚裕，然食米不宜过于精白（价贵而养分少），有时亦宜以杂粮充食（日本有人主张仿美国无麦日无肉日之法，于每星期中定一无米日；又有提倡每日一食，而于日本米中杂以一半之朝鲜米），须知我国穷僻之处，米麦不足，常年中食甘薯御粟等杂粮以生活者，其人固不少也。英国公园处处榜示"最富于爱国心者，宜食最少之食物"一语，吾国学校及其他公共之食堂中，亦宜悬此等箴言以警人之饕餮焉。

三、勿御华贵之衣服。世人之御华贵衣服者，不过用以表示自己之富贵，受流俗之艳羡而已。此等恶俗在未来世界中，自然消灭，如数十年前以吸鸦片者为上等人，故互相仿效，流毒遍于全国，今则未戒鸦片者，人皆视为废民，法律上且加以惩罚焉。又如吾国达官富绅，多蓄姬妾，人亦以富贵而艳羡之，今则稍知文明世界之风习者，皆斥此等人为淫乱无耻，当科以重婚之罪，盖以天之生人，男性女性数略相等，以一人而占数人之妻，使他人鳏居而绝嗣，为违背人道也。推而论之，则天之生物，只有此数，人口日繁，平均分配犹虞不给，若以一人占数人之衣食，使他人忍饥而受冻，则其违背人道实甚于蓄妾，故未来世界中，必以此等人为贪欲无义，而惩之以法律。准备未来世界之生活者，以铲除此等恶根性为最要。学校校员学生及官公机关之职员，宜定朴素之制服，国中有志者，宜组织布衣会，以为全国倡，绸缎罗绫等织物，务宜裁减。日本之乏米，大半由于蚕业兴盛，输出丝织物于外国，稻田多改为桑园之故，此等经济上之错误，实为吾国人所宜借鉴者也。

四、勿广庐墓。吾国旧式建筑占地太广，试游祠庙寺院衙署，往往大门以内一片广场，鞠为茂草，中间甬道长至里许，此皆废田而置于无用者。富贵之家广厦千间，更有花园别墅之类，大都岁月一至，废而不用，劳民伤财，既为可惜，而毁坏耕地，减少食物，更为社会之害。英国在一八三〇年以前，小麦本可自给，其后取偏重工商业之政策，变耕地为公园别墅牧场，其国之可耕地本占全面积之半，然战前之耕地，仅为可耕地之半，而谷物耕地又仅为耕地之半，即全面积之八分之一。去年议院中议增加耕地，以农民不敷，尚未能达其目的。最近美国创战时田之计画，欲使美国之可耕地悉为耕地，尽力利用，庭园花园悉种谷类或蔬菜，凡学校新闻纸讲演会等，皆竭力传播此方法以劝导国民。彼英、美，富饶之国，犹热心重农务本如此，吾人可不借鉴乎？又吾国坟墓占耕地最多，现时已达五分之一，若长此不改，则全国将成为坟墓之国，此尤宜急速改革者。营公共墓地，倡族葬聚葬之法，以保全耕地，实目今切要之举也。

五、生活宜求简易与自然。西洋人因物质文明之进步，生活日趋于繁复，且因群聚于都会之故，生活上乏自然之趣味，万事以人工代之。然此种生活使人精神因之龌龊，体质因之劣弱，故文学家、医学家多提倡简易生活，自然生活，以警告社会，挽救流弊。吾国人不审西洋生活之真价如何，竭力模仿其繁复生活，香妆品也，赘泽品也，客座之陈设物也，小儿之玩具也，形形色色，不堪缕计。吾人既无西洋人整理之精神，其初乘一时之兴，破中人之产以购之，久则任其散乱，听其污旧，弃之如遗，徒足以碍手足綦视听而已。即使什袭以珍之，谨慎以保之，时时检察之，修整之，而其精神已受役于物，非人用物，乃物用人耳。托尔斯泰氏谓："非必须之物，不可购入。"非仅以节财，实所以节啬精神也。又吾国人之模仿西洋生活者，往以都市间之人工生活为生活所不可缺。游欧美之都市者，几疑中国非人类之所居；旅津沪之商埠者，几疑内地皆病夫之所聚。如此之人，由于不知自然生活之趣味，乃误以人工生活为极则，犹之不知新鲜果蔬之风味而误以罐藏盐藏者为珍品也。自然生活之最要者，为艳丽之日光，新鲜之空气，清洁之泉水，与地理上生物上之美感，都市商埠于此数者，均多缺陷，终非人工之所能补充也。未来世界必矫正现时繁复而不自然之生活，使之即于简单而近于自然。吾国之模仿西洋生活者，勿误其模范焉。

五〔六〕、勿依赖资本及资格以生活。今日吾国中等以上之社会，其生活之根据不外乎资本及资格之二者。凡依赖田租利息以生活者，皆生活于资本者也。其以祖父之门荫戚友之提携得任官公员吏，伴食曹署，月费俸钱，或奔走权要凭借党与，据要津而窃厚禄者，皆生活于资格者也。学生毕业以后不以其所学致用于社会，仅借其毕业文凭或学位得一啖饭地者，亦生活于资格者也。共和国家，本无所谓资格，今则官阀兵阀，尚大逞其威力于吾国。然此种特权，不久必将销灭，较之资本家之特权，命运更为短缩。试观日本现状，十余年前，凡退职之局长、知事，欲为会社（公司）中职员者，会社极欢迎之，既而局长、知事数见不鲜，其欢迎者为次长阶级，更进而为大臣阶级，今则退职之大臣有求为会社职员而不可得者。可知官阀兵阀，其势力终不如金阀之伟大。欧美之第一流人物，大都投身于工商业，而不愿投身于政治界，其国之官吏与军队，实皆资本家之所雇用，受其役使者也。我国现时虽如何著名之政治家，或手握重兵之军事家，以借债之关系，不能不屈伏于外国投资者之手，而受中买的财政家之播弄，债源一绝，则彼等皆为涸辙之鲋，即是以观，可知其势力之决不长久矣。与其慕虚荣，不如营实业，资本家之特权，尚不至遽行消灭。均富共产之事，吾人固不认近世中可以实行，惟现在已属于过渡时期，一方面自由竞争之势力尚炽，吾国资本家无集中之组织，自然受外国资本之迫压；一方面又为生存权所支配，庞大之官僚、军队，无数之土匪、流贼，直接间接取给于资本家；加以贫苦亲邻之觊觎，不肖子弟之破耗，其生活之艰难，亦有非局外所能道者。人生斯世，本当依赖自己之汗血以生活，若依赖身外之物而欲安坐，无为受世人之供养，在从前为于理不安，在今后为于势不可矣。

前所叙列，综言之，不外乎"勤俭"二字本。为吾国之老生常谈，惟自欧化输入以来，此等常谈几已无人置喙，以谓与新世界之文明不相容也。不知吾国数千年来之固有文明，决不能为百余年来新产之西洋文明所破坏，欧洲诸国在现时既实行社会政策。战争以后，其政府之经营与民众之思想，必益益倾向于社会主义。而所谓社会政策、社会主义者，实夙为吾国之所唱导，近世西洋学者对于东洋文明之智识渐渐深造，故社会主义之文学家如托尔斯泰氏之著作中屡屡引用孔孟之语，且极致钦崇之意。克鲁巴金氏之著作，倡颁白者不负戴于道路黎民不饥不寒等之经济论，其思想亦殆由孟子之社会主义中会得（克鲁巴金氏以下数语，系从日本《新公论》采录，其原著未详）。吾国五千年以前之旧文明将流入西洋，发生二十世纪之新文明。愿吾国人勿拾取西洋十八、九世纪中已被破坏之文明断片，揢击吾人之固有文明而蔑视老生常谈，以谓不宜置喙焉。

<h1 style="text-align:right">教育之指导 *</h1>

<h2 style="text-align:right">（1918）</h2>

　　国人注意教育者，惩于二十年来教育之不切实用，良由教育与职业之不相沟通，于是有提倡职业指导者，谓宜设立各种机关，授学生以选择职业之知能，练习职业之方法，接近职业之机会。去年教育家组织中华职业教育社，其所订应行事业，如劝导，如指示，如通讯问答，如职业介绍部，亦均含有指导之意义。今后青年，或能由此而得效用于社会之径途，不至如曩日之茫无适从乎？

　　然吾人默察青年之现状，其有待于指导者，不仅由学校而入于职业之途，即由家庭而入于学校，亦往往昧于趋向而彷徨歧路，故职业指导之外，不可不兼谋教育之指导也。吾人身处都市，所接近者，多系已受教育之人，见其营谋职业之困难，与夫学历职业之格不相入，汲汲焉思所以救济之，此诚纾展生计消弭祸乱之要策。顾此就职困难之青年，已受相当之教育，具有就职之机能，其所感困难，乃在第二级，而内地风气闭塞之区，则并其求受教育之第一级，亦常有陷于迷误而感受种种困难者。试略言之。

　　吾国科举时代，培植子弟之方法，至为简单，除率循普通涂辙外，无所用其抉择。今则小学毕业后，非审度家庭之地位财力及子弟之才质志趣以定进行，则习非所用，一无实裨。而穷乡僻壤之为父兄者，对于今日学校之种系如何，效用何在，多不明了，以故彼等子弟所就之学，每与其身家才力不相应合，而不能收适当之效果。一也。

　　科举虽废，观念仍存，其视学校也，不以为一切事业必经之径路，而以为希求仕宦进身之阶梯，怀此谬见，故入校肄业，多为士籍及有希

<hr>

　　* 《东方杂志》第 15 卷第 10 号，1918 年 10 月，署名高劳。

望仕进资格之人，此外每存观望。因之国民教育不能普及，而农工两界，无由获得普通常识以增高其程度。二也。

幸而知学校之种系，教育之效用矣，而苦无选择之智识，又无可以顾问之人，擿埴索涂，常蹈危地。三也。

况乎以学为市，此风盛行，甚或迎合学子心理，定一单简科目，缩短毕业年限，以广招徕。此种欺诈行为，沪地已屡有所见，内地青年安知此中黑幕，其能不受眩惑而陷于坎阱者几何？四也。

缘是种种，故教育指导，亦为今日不容缓之事业。而实行此事业之机关，则以各地之教育会最为适当。凡僻陋之地域，人民不知教育之真义者，教育会宜与以详明之解释，使知教育与谋生有密切之关系，以祛其漠视学校之固习。而学校之种系，教育之效用，亦宜随时指示，俾为父兄及子弟者，均晓然于入学之门径，不至误入歧途。若夫通都大埠以及附近城市中学以上之各种学校，凡为高小毕业所可升入者，其名称，其地址，其科目，其学费，与夫入学之资格、毕业之年限、管理之宽严、学生之多寡，某校注重何项科学、某校毕业后之出路如何、某项出路现时之情形何若，或已人浮于事，或尚供不敷求，均当详悉调查，随时揭布，庶学生可于入学之先，预为他日就业之地自行选择。至如内容腐败或有迹近欺诈之学校，虽不便显为指出，亦不可不侦察翔确，以备学生及其家族之顾问。此事虽以教育会为主体，然各种教育机关及教育家，亦宜各尽辅助之责，苟有闻见，当通告教育会，以补其耳目所不逮。如是则既有职业指导，以导引于学成之后，复有教育指导，以导引于就学之先，庶国内青年，悉能致其精力于有用之地，而不至中途踯躅无所适从也乎。

侨居都市者对于乡里之责任 *

（1918）

吾人寓居都市，乃为职业所羁绊，暂时托迹，非长此住居者也。其根本基业，永久生计，仍在故乡。故吾人对于故乡，不可不负相当之责任。吾人虽与故乡暌隔，里闾事务，常有鞭长莫及之叹，但吾人现住之地域，其可以间接效力于乡里者良多。盖都市者，一切文化之中心点也。都市与内地，犹根干与枝叶，枝叶养液，由根干输布之；内地文明，则由都市传播之。吾人既托迹于此文化之中心点，当然有此传播之义务。无论形上之精神，形下之物质，均宜随时灌输于故乡，俾故乡事业得以发展。此虽各个人可以自尽其责，然以组织团体，合力经营，为效尤大。西洋人之传教中国，游历内地者，无不为其国家兼任调查报告之事。日人则设立东亚同文会，其国人之在中国各地者，均为会员，各以闻见报，由该会公布于其国。凡吾国各地之风习地宜，以及物产之年额种类，与夫工商盛衰之状况，详悉备载，有为吾人所未悉者。彼等以异国之身，言语不通，情愫阂隔，犹能得明晰若此之报告。吾人寄居都市，既无是等之困难，且所在地皆设有公众集合之机关，如会馆、公所、公会之类，则就现有之机关中，附办前述之事业，固亦易易。现代新闻报馆，每于世界冲要之地设置访员。大公司、大商家，亦必于货物产销地驻有探报市情卖买货物之庄客。吾人之义务，即不外为故乡作庄客与访员，将世界文化之进程，以及工商之新智识新法则输之于故乡，而以故乡之物产介绍于都市。故乡如有特别之制品或原料，则尤当注意调查是项品料销售之情形暨夫制造改良之方法。故乡如患人满，生计凋索，则吾人处此商货云屯工业林立之都会，当为乡人辟谋生之路，开执

---

* 《东方杂志》第 15 卷第 11 号，1918 年 11 月，署名高劳。

职之途。虽一事一物之微，亦未尝不可为故乡谋福利。即如铜铁圬木各工之器械，商埠使用者，多参仿西式，较为精良，而内地所使用，则仍沿旧式，至为窳陋，苟置买数具，以教导内地工人，即不难规摹仿造，亦属轻而易举之事，而内地工业，已受惠不浅矣。又内地青年，常苦于求学之不得门径，其欲出外游学者，则又苦于介绍指导之无人，吾人亦宜为之任顾问指导介绍招待之责。此外复当为乡人担任特别之调查，并得受学界商人之委托，为之选买图书仪器，购求货色样品，以促教育、商业之发达。若更于内地设一机关，与都市之机关互相联络，则尤为便利。吾都市之寄居者，不乏热心公益、笃于乡谊之人，盍各起而图之乎？

言论势力失坠之原因 *

（1918）

自国体改建以来，言论自由，载在《约法》，报馆林立，厥数倍蓰，言论势力宜可增进矣。然而，国人信仰畏惮之程度，较诸畴昔转不逮焉。曩时言论，纵受政府钤制，且缺乏揭布之机关，顾达官贵人，犹惴惴焉惧清议之持其后。社会、个人之行动，亦不敢显与舆论相抗违。其切中时弊者，常能博多数之赞许，辗转传诵，不胫而走，劝善惩恶，历久不替。而今日则何如者？微论政治张弛、国是得失，非言论所可转移也，即社会上之薄物细故，亦难举督责纠绳之实效。虽哓音瘏口，笔秃腕枯，曾不能使争夺权利扰害秩序者知所敛戢。言论势力薄弱至此，其故何耶？论者或谓武力时代，当然无言论立足之地。似也，顾何以寻常事故，绝无武力之存在，而亦言谆听藐，则全诿诸武力之劫制不可矣！或又谓比年言论，常受动于权势及金钱，虽俨然为舆论之代表，司国民之喉舌者，每每因二者关系，而贬损其节操，言论价值之低落，良由于此。夫此类情事，虽不能保其必无，然特至少之数，不能以概括全体，何以其他方面，明明无二者关系，而亦不能得人民之崇信乎？间尝推究其故，则所以陷于如此厄境者，多在言论自身；而社会之沦于腐浊，积非成是，不复以言论之左右为轻重，则亦致厄之一大因也。试略论之。

夫言论之所以能餍服人心者，非言论之果具此权力也。凡一民族，必有共喻之信条焉。何者为是，何者为非，何者为善，何者为恶，经千百年之沿守，遂深渍于群众意识之中。言论家本此信条为立论基础，其褒贬之善恶即群众共喻之善恶，所辨别之是非即群众共喻之是非，用能以心相印，无有扞格。犹之法庭裁判，先有公布之法律为人民所承认，

---

* 《东方杂志》第 15 卷第 12 号，1918 年 12 月，署名高劳。

故其判决为有效。又如物理、算术，先有公例公式为治此学者所公同遵守，然后格一理，演一题，即可举某例某式，以求他人之谅解焉。群众共喻之信条，乃言论界之法律及公例公式也。然自西洋文化输入以来，此法律与公例公式，渐为外来思想所变动，立言者既不能仅据旧有者为标准，听言者亦不甘仅以旧有者为满足，于是言论基础遂受动摇。言论界虽亦求合时势，稍变其论据之方针，但仓皇迎受，无所折衷，故所陈说，非失之支离，即流于偏激，而不能有融会贯彻之精义以收群众之视听。此虽受时势之影响然，不能谓非言论自身之缺点也。

抑近时言论，更有一重故障焉，党派之臭味是也。夫人类思想，各有不同，见知见仁，固不能一无偏倚。然使此偏倚而由于个人性质、学历之殊异，不过说理之囿于片面已耳。若有党派臭味寓乎其间，则叙事敷辞，常不免有抑彼扬此、畸轻畸重之论调。此抑扬轻重，不独增敌党之恶感，招对方之反抗已也，即旁观中立者，亦知其言中有物，不尽由衷，因而对于其所主张，自不能不存怀疑之念。故言论家苟因党派关系而一贬其立言之品格，则后此发抒意见，无论若何中正，终不免惹人疑惑而减少信赖之度，则又必然之势也。

言论不能不有所依据及引证。或取古人之论述，足资现事之指导者，引伸而推阐之，以为建言之主干；或因自己之意思，难得众人了解，则借重古人所已言者，作为己意之旁征。此言论之惯例也。吾国古代文辞，多引《诗》、《书》、《易》、《传》，汉晋而降，则兼及周秦诸子，厥后崇尚儒学，更好引儒家者言。然自海通以还，一切事态，非复国内旧时理想所能赅括，故言论家不能不取材外籍，撷采欧美名言哲理，以资借鉴。顾征文考献，虽可远取于他山，而选义搜时，要贵切中乎情实，必其所据引之学说，浅显明了，为众人所易晓，而又与事情切合，乃能相悦以解，而坚其信任之心。若不问四围事态如何，现情何若，但高谈学理，繁征博引，欲以其所独喻者求人共喻，虽析理至精，陈义至卓，奈非普通所能领悟。何甚或偏持一种学说，欲以包容万有，如治法律者谓法律可解一切纷纭，治经济者谓经济实为百政枢纽，动辄标举其所寝馈者娓娓陈述，连篇累牍，皆沉晦深邃之谈，徒取阅者厌倦，而不能得应求之效。近时言论每每蹈袭此弊，是亦自陷厄运之一端也。

社会当沉寂偷惰之际，不可不有以刺激而觉醒之。言论之耸听者，振发聩聋之利器也。顾危词警论，可以暂试而不可常用，犹之患痹麻者，固当兴奋其神经，然屡屡兴奋，则病与药成为习惯，不特功效减退，且有因而痿麻愈甚者焉。近今言论家，惩于国民之奄忽无生气，故其立论惯取刺激之口吻。亡国灭种，视为常谈；奴隶牛马，时发警告。甚或一平常之事，而亦推类至尽，谓其结果必将如何如何。此种论调，在言者本心，不过欲人闻而警惧，亟求所以挽救之方，且就事理而论，亦为势所必至，而非故作张皇。然群众心理，每从事后以验得失，苟其后事实不尽如其所言，则将疑言论家之好为虚诞，他日即欲有所鼓励，而亦鲜有应之者矣。

吾国政治之腐败、民气之衰颓、实业之凋落，比之欧美，诚觉相形见绌。言论家因欲促国人之自觉，故常历举他人之长较我之短，使国人瞿然警悟，急起直追，此固发于爱国热诚，非有嫉国之客气搀杂其间也。然而，回护旧习，人类之公性；恶闻讪詈，群众之恒情。虽明知国是窳败，无可讳饰，但尽情披露，极意诋諆，亦非所愿。而言论家则往往不暇审择，每有陈述，辄不免称崇他人，贬抑自己，以国民知识为愚蒙，以人民程度为低下。其极端偏畸者，则谓中国事事物物均不如人，几欲尽弃其固有之文化，效法欧美。而极端激烈者，则又发为愤嫉之词，好作牢愁之语，对于国民及国政，动则肆其指摘与诟病。虽怵于外围之压迫，痛于时局之凌夷，忧心忡忡不能自已，然而国人闻之，有不能表示满意者矣。

言论界对于社会及个人，负有指导监督之责。凡社会、个人之举动，言论家常居于批评之地位。顾批评之分量，以适当而止，且宜与以转圜之地，勿为疾恶过甚之辞；示以补救之方，毋作入芝从胃之语。夫而后矜平躁释，得收从改悦绎之功。而言论家则每每役于感情，中于意气，以刻核琐屑为明察，以吹毛求疵为精严，虽皆据理而谈，不能谓之失实，然执严格以绳末俗，其能免于责备者几何？既不能免，则将习而安之，褎如充耳，置若罔闻矣。夫言论之威严，在被责者之引为深咎，若皆任受而漠不为意，其威严尚何在乎！前清某要人，谓吾辈相戒不阅报纸。夫既不阅，则言论势力所存者微矣。

且夫言论之见重于社会，不仅其言论之能动听也，必其行谊足以助成其言论之信用，然后发一言而群情倾服，建一议而社会歆从。以身教者从，以言教者讼，虽非专为言论家而设，然言论家欲举牖世觉民之实，亦不可不遵守斯训也。言论家之行谊，固不必绝世拔俗，高出群伦，亦非谓其所言者，必当一一躬践，顾其行动，则不可与其言论显相矛盾。所谓言顾行，行顾言，则又言论家所宜自省者。若惩于一时之感触，即持一义以诏人，谓吾人今后当致力于某事；或标一义以自白，谓吾身今后当从事于某途。乃不旋踵即言行违反，虽路回峰转，别有因缘，然闻者执其前日所言以课其后日所行，又不能不减损声望者矣。

言论主张，固不能一成不变。国奢示俭，国俭示礼，每随时势以迁移，然必有脉络之可寻，有径途之可索，纡徐递转，俾受动者潜移默化于不知。是故今日所言，不能与前者为极端之牴牾，后此所述，不宜与现在为绝对之僻驰。果能守此方针，无论其主张若何，终必有一部分人心之倾向。而不然者，朝三暮四，随境而迁，南辕北辕，从心所欲，虽昨非今是，不妨从其是而舍其非，然今日所见为是者，安知后日不又认为非乎？不信弗从，盖有由矣。

虽然，使社会而犹存公理，则彰瘅尚有微权；使直道而犹在斯民，则毁誉要难尽泯。而今日之时局，岂尚有维持公理、行使直道之余地耶？滔滔皆是，几无泾渭之能分；靡靡成风，谁复薰莸之足辨？执一人而名之曰罪曰恶，则为罪为恶者，实繁有徒；指一事而斥之曰曲曰邪，则为曲为邪者，更仆难尽。在我既格于多数而不胜指摘，在彼亦恃其多数而罔恤人言。盖社会已积重难返，漠然淡然，不复因有言论之裁制而稍稍顾虑矣。夫使势力之失坠由于言论自身，言论界固不难自为惩毖，若缘于社会之腐败，则非自身所能挽救也。虽然，积阴沍寒，终有一阳来复之会，目前泯棼之现状，决非可以久存者。言论界但能自勤天职，就本身之缺陷而纠正之，则社会澄清而后，必有回复势力之时，幸勿以外界偶然之现象而放弃其责任，亦勿以外界偶然之现象而颓丧其意志也。

答《新青年》杂志记者之质问 *

（1918）

　　《新青年》杂志近刊《质问〈东方杂志〉记者》一文，条列问题，要求解答，且谓勿以笼统不合逻辑之议论见教。记者于逻辑之学，未尝研究，兹勉作解答，于逻辑或未有合焉。

　　（1）《新青年》记者问："《东方》征引德人台里乌司氏评论中国人辜鸿铭氏之著作（系从日本杂志《东亚之光》译录，原著中误辜氏为胡氏），《东方》记者是否与辜为同志？"夫征引辜氏著作为一事，与辜同志为又一事，二者之内包外延，自不相同，《新青年》记者可以逻辑之理审察之。

　　（2）《新青年》记者谓："孔子之伦理如何，德国之政体如何，辜鸿铭、康有为、张勋固已明白言之，《东方》记者亦赞同否？"按：此问题将孔子之伦理，与德国之政体，与辜鸿铭、康有为、张勋三人所言之孔子伦理，与其所言之德国政体，互相连缀，混八项为一项，而问记者之是否赞同，一若此八项中苟赞同其一项者，则其余各项，亦均在赞同之列。其设问之意，无非欲将孔子伦理与德国政体并为一谈，又将辜鸿铭所言之孔子伦理与其所言之德国政体并为一谈，且将辜鸿铭之所言与张勋之所言并为一谈，因而使孔子伦理与张勋所言作一联带关系，以为逻辑上"凡尊崇孔子伦理者，即赞同张勋所言者也"之前提。但记者对于《新青年》记者所设问题，以为过于笼统，不能完全作答。其可答者，则记者固尊崇孔子伦理，且对于辜氏所言，凡业经征引而称许之者，皆表赞同之意者也。

　　（3）《东方杂志》《功利主义与学术》之文中，略谓："欧美民权自

　　* 《东方杂志》第15卷第12号，1918年12月，署名伧父。

由、立宪共和之说，非功利主义所能赅括，吾国人之为此，则属于功利主义。"《新青年》记者乃谓记者："是否反对民权自由，是否反对立宪共和？"夫批评功利主义之民权自由，非反对民权自由；批评功利主义之立宪共和，非反对立宪共和。犹之批评应试做官之读书，非反对读书；批评金钱运动之选举，非反对选举。《新青年》记者亦可以逻辑之理审察之。

（4）任何名词，皆随其所定之界说而异其意义。《新青年》记者将功利主义为广义解释，包括善行于功利主义之中，则《新青年》记者所崇拜之功利主义，与《东方》所排斥之功利主义，内包外延，自不相同，不能笼统混合。至《新青年》记者谓："功之反为罪，利之反为害，《东方》记者倘反对功利主义，岂赞成罪害主义者？"以此种逻辑方法推论事理，则可云："凡反对图利之人，即赞成谋害者；凡反对贪功之人，即赞成犯罪者。"此推论果合乎否乎？

（5）《功利主义与学术》文中，谓："文化重心，在高深之学，普及教育，不过演绎此高深之学之一部分，为中下等人说法，如无高深之学，则普及教育，将以何物为重心？"并无反对教育普及之言。《新青年》记者乃责以反对教育普及，不知用何种逻辑以断定之？又文中谓："教育普及而廉价出版物日众，不特无益学术，反足以害之。"下引美人勃拉斯所言之书报及吾国坊肆中诲盗诲淫之书以实之，则所谓廉价出版物之有害学术者，自指勃氏所言之书报及坊肆中诲盗诲淫之书而言。《新青年》记者断章取义，责《东方》以"反对普及教育，反对通俗书籍文字，以廉价出版物为有害学术"。试另设较为简明之一例曰："民国成立而定期出版物日多，言论荒谬，如某日报之鼓吹某事，某杂志之主张某说。"云云。则此例中所指为言论荒谬者，自然指某日报某杂志而言。若以此例所言，为"反对民国，反对出版物，以定期出版物为荒谬"，果当乎否乎？

（6）《新青年》记者对于《东方杂志》《迷乱之现代人心》文中，为种种之质问。谓："中国学术文化，以儒家统一以后之汉魏唐宋为盛乎？抑以儒家统一以前之晚周为盛乎？欧洲文艺复兴以后之文明，比之中土，比之欧洲中世，优劣如何？"《东方》原文曾言："进化之规范，由分化与统整互相调剂而成。"有分化而无统整，自不能谓之进步。中国晚周时代及欧洲文艺复兴以后之文明，分化虽盛，而失其统整，遂现混乱矛盾之象。以晚周与汉魏唐宋，以欧洲与中土，比较其文明，以记者之见解言之，殊不能谓其彼善于此。但此种问题，各人各具见解，不易论定。《新青年》记者苟有所见，尽可自抒伟论，无烦下问。至文明之统整、思想之统一云云，决非如欧洲黑暗时代之禁遏学术阻碍文化之谓，亦非附和雷同之谓，亦非儒术即学术之谓，亦非不翻译欧洲书不输入欧洲文化之谓，凡此皆《新青年》记者自己推想之误。《东方》原文，明言"吾人不宜仅以保守为能事"，又言"西洋学说之输入，夙为吾人所欢迎"，又言"尽力输入西洋学说，使其融合于吾固有文明之中"，又言"西洋之种种主义主张，骤闻之，似有与吾固有文明绝相凿枘者，然会而通之，则其主义主张，往往为吾固有文明之一局部扩大而精详之者"。此等论旨，原文中再三申说，《新青年》记者如将原文全阅一过，想亦不至有"人间思想界与留声机器，有何区别"及"商务印书馆何以译欧洲书"之疑问。至原文所谓"君道臣节及名教纲常诸大端"，记者确认为我国固有文明之基础。《新青年》记者谓共和政体之下，君道臣节名教纲常作何解，谓之叛逆，谓之谋叛共和民国，谓之谋叛国宪之罪犯。记者以为共和政体，决非与固有文明不相容者。民视民听，民贵君轻，伊古以来之政治原理，本以民主主义为基础，政体虽改，而政治原理不变。故以君道臣节名教纲常为基础之固有文明，与现时之国体，融合而会通之，乃为统整文明之所有事。若谓共和政体之下，不许人言固有文明中有君道臣节名教纲常诸大端，则非用焚书坑儒之法，将吾国固有之历史、文学、政治诸书，及曾读其书之人，一律焚之坑之不可。盖固有文明中有君道臣节名教纲常诸大端，乃已往之事实非《新青年》记者所得而取消。已往之事实既不能取消，则不能禁人之记忆之称述之。苟不用焚坑之法，虽加以谋叛之罪名，亦不能使之钳口而结舌。前清专制官吏，动辄以大逆不道谋为不轨之罪名压迫言论，初未有效。《新青年》记者，可以不必步其后尘矣。

（7）《新青年》记者谓："《东方》记者之意，颇以中国此时无强有力者以强力压倒一切主义主张为憾。"又谓："《东方》记者，既以为非己国固有文明，不足以救济中国，何以《〈工艺杂志〉序》文中，复有虽周、孔复生，无所措手之言？"按《东方》原文，明言强有力主义之不能压倒一切，反足酿乱，又《〈工艺杂志〉序》中所云周、孔复生无所措手，乃反面文字，非正面文字。《新青年》记者如将原文及《〈工艺杂志〉序》文全阅一过，当不至作此疑问。

（8）《中西文明之评判》系译日本杂志，文中有"此次战争，欧洲文明之权威，大生疑念"云云。《新青年》记者乃以"此言非梦呓乎"为问。夫《新青年》记者，对于上列云云，加以事理上或文义上之诘责，固无不可，若仅以是否梦呓为嘲骂之方法，是村妪反唇相讥之口吻，非言论家之态度也。

（9）德人台里乌司氏谓"欧洲文化，不合于伦理之用"，而称许辜鸿铭之主张为正当。《新青年》记者谓："台里乌司氏料必为崇拜君权之怪物。"又谓："《东方》记者处共和政体之下，不宜译录辜言而称许之。"按《东方》译录辜言，并无抵触国体之语。《新青年》记者以辜氏所著《春秋大义》中有尊王之语，乃并其与现时国体不相抵触之语，亦谓不宜译录。又以台里乌司氏称许辜氏所主张之伦理，乃断定台里乌司氏为崇拜君权之人，遂并台里乌司氏所述辜氏之言，亦谓不宜译录。如此罗织，虽专制官僚，亦无此严酷矣。

（10）辜氏著作中，曾谓："中国人不洁之癖，为中国人重精神而不注意于物质之一佐证。"《新青年》记者乃问："精神为何等不洁之物？"夫辜氏之言，就文义推之，固谓中国人之不洁，由于不注意物质也；其不注意物质，由于注重精神也，义甚明了。若以此二段为前提而下断案，仅能谓中国人之不洁由于注重精神，决不能下"精神为不洁之物"之断案。《新青年》记者明于逻辑，胡为有如是之疑问？

此外问题尚多，记者不暇一一作答，惟《新青年》记者谅之。

大战终结后国人之觉悟如何？*

（1919）

　　战期亘四年三个月之久，交战国至二十八国之多，动员至四千三百万人之众，杀伤千二百万人，耗财三千万万圆，如此空前且希望其绝后之大战争，今日已告终结。其结果则德意志帝政崩坏，奥匈联合国解体，俄罗斯帝国分裂，欧洲遂增出多数之新共和国。二十世纪前期之大震动，乃如此伟烈，虽百世以下读此时期之历史，犹将惊心骇目，况吾侪并世之人乎！而今而后，新时代之真相，将揭示于吾人之眼前，若国际同盟、外交公开、民族自决、军备减缩、公海自由、弱小国拥护诸问题，既列举于美总统在国会宣布之十四条教书中，将为此次讲和条件之基础。吾人对此时局，自不能不有一种之觉悟，即世界人类经此大决斗与大牺牲以后，于物质、精神两方面，必有一种之大改革。凡立国于地球之上者，决不能不受此大改革之影响。此种觉悟，吾国人之稍稍留意世事者，殆无不同之。即如吾国之南北战争，本以参战为诱因，近以受此影响，退兵罢战，可知吾国人于时局上已有若干之觉悟。但觉悟之程度如何，与吾国将来对于世界之大改革能否适应，至有关系。故吾人亟欲以大战争影响之所及告我国人，以促国人之觉悟焉。

　　此次凡尔塞宫讲和会议，其主人翁果谁氏乎？美总统威尔逊氏，或国务卿蓝辛乎？英首相路德乔治乎？法总理克莱门沙乎？此固表面上有数人物，为世人所知名者也。然从其里面观察之，则讲和之主动者，实为各国之下层人民，其数甚众，其名亦无可指。去年万国社会党开和平会议，交战各国之社会党皆提出和平条件以代表下层人民之意思，其条件大同小异。美总统威尔逊氏之十四条教书，大都采取万国社会党协定

　　* 《东方杂志》第 16 卷第 1 号，1919 年 1 月，署名伧父。

之条件而成。当时各国社会党所提条件，皆以设立国际的最高机关为最置重之一事。（英国社会党声明以设立对于各国有命令权之主权为最重。美国社会党条件中有全欧为合众国及创设主宰国际关系之机关二条。德国社会党条件，声明万国平和会议之必要，且云社会之下层人民，宜尽其全力监督自己之政府维持和平，向各国政府使确定其有无加入万国和平会之决意，如拒绝或设遁辞不声明加入之政府，不得信任之，当力与之争。此运动之企图及扩张，当为万国社会党之第一目的。下层人民之团体不加入此运动者，不认之为社会党。）故此次会议，不能仅视为交战国两方之讲和会议，实为世界各国之和平会议，即含有国际的最高议事机关之意，而此议事机关之背面，实有一种原动力存在，不可忽视者也。

交战国之讲和会议，实际上为世界各国之和平会议，固已，然此犹皮相之论也。更切实言之，则此国际战争之讲和会议，实已变为阶级战争之讲和会议。盖自俄国革命以后，过激派社会党掌握政权，虽西伯里亚地方非过激派已回复势力，而欧俄则尚为过激派及劳兵会之势力中心。德国革命出于社会党诸派之联合势力，德皇退位以后，温和派社会党即多数社会党握政权，以爱倍尔为政府首领，然急进派社会党即少数社会党之人物，革命后大赦出狱，到处欢迎，多数派将变为少数派，将来德国政权，或落于急进派之手，亦未可知。奥匈破坏以后，各建立独立自治之新政体，若民族之独立完成，亦不免与过激派同化。百年以前神圣同盟之俄、德、奥三国，今忽为过激的改革党之根据地。协约国对于俄国，既援助捷克军以当过激派，对于德、奥，亦虑其革命以后趋于极端。此外比利时、荷兰、西班牙诸国，社会民主主义之勃兴，亦有牵入旋涡之势。故以打破军国主义，拥护民主主义为鹄的之战争，因改革气运之进行过于剧烈，反不能不和缓之、限制之，以维持秩序。且各国社会党所主张，各国政府所是认之民族自决一事，其适用之范围若过于广泛，在英、法、意、日诸国政府亦不能容。况如过激派之主张，凡从前之独立国为帝国主义之牺牲者，皆欲努力救援其国民，以恢复其独立。此种主张，尤非前列诸国之所能是认。又如军备缩小一事，虽为世人之所共同赞许，而其限度果至于如何？若如社会党之所主张，欲完全废撤军备，其难于实行，亦自与前者相等。然则此次会议，不过将社会党对于现在社会改革至若何程度，现在社会对于社会党之要求容许至若何程度，为一种之协定。谓为阶级战争之讲和会议，讵不可乎？

国际战争之讲和会议，实际上为阶级战争之讲和会议，固已，然以为讲和会议则必一方面战胜，一方面战败，或两方面均无胜败，而后弃战而言和，今则两方面皆为战胜者。以国际战争言，英、美、法、意战胜，俄、德、奥战败；然以阶级战争言，则俄、德、奥社会党实战胜其国之帝王、官僚、军阀而新造其国家，战败者乃俄、德、奥三国之前皇及其党与而已。故今日喧腾众口之"自由战胜、公理战胜"云云，实为最公平之观念。由此观念推之，则英、美、法、意等二十三国固战胜，俄、德、奥、匈、保加利亚等亦战胜，虽谓之全世界战胜可也。全世界皆战胜，战败者特过去之旧世界耳。今之人或因于旧世界之思想，以为德军在西欧方面迭次退走，要求讲和，交出军械战舰，以后已无战斗之能力，不得不谓之战败。不知在社会党欲贯彻其和平之主张，以求理想上之胜利，为胜而败，为和而走，军械战舰，彼等不但视为无用之长物，且视为不祥之凶器，去之惟恐其不尽，出之惟恐其不速，此正社会党胜利之成绩，谓之战败，适相反矣。又或因于旧世界之思想，以为理想上之胜利，终不免于事实上之屈辱，则当俄、德停战时，德皇固以事实上之胜利迫压俄国，使承认屈辱之条件者，当时笃伦斯基曾言："吾人虽败于战争，当以理想征服世界。"迨德国革命骤发，德皇爽然自失曰："俄罗斯之大兵未经宣战，已越吾国境矣。"盖叹俄国过激派之社会主义已流入于德国也。社会主义无国界之可言。英、美自参战以来，其政治上已显然现社会主义之色彩，英国行将举行总选举，社会党议员必倍增于前。英、美二国之情势如斯，则今后各国政府若犹有恃其军械战舰以迫压他国，扰乱和平者，其政府必至于颠覆。俄、德、奥皇家之殷鉴，固不远也。是以此次之胜利，为全世界确实的胜利，吾人于此不禁有日月重新之感想焉。

当欧战发生时，世人已有欧洲现代文明没落之想像。欧洲劳动界之论调以为："现战争所消费者，不仅社会之安宁、人类之生命、世界之蓄财而已，为现代文明根蒂之社会组织亦将归于死灭，哺食于此组织中之政治组织亦当然死灭。"夫旧文明死灭云者，即新文明产生之意义。今大战终结，实为旧文明死灭，新文明产生之时期。旧文明者，即以权利竞争为基础之现代文明；而新文明者，即以正义公道为基础之方来文明也。但此在欧洲言之则然，若就我国言之，则当易为新文明死灭，旧文明复活之转语。盖我国今日，固以权利竞争为新文明，而以正义人道为旧文明也。我国近二十年来之纷扰，实以权利竞争为之厉阶，皆食此所谓新文明者之赐，与欧洲国际间纷扰之祸根，实为同物。欧洲所竞争者，为国家权利，故发生国际战争；吾国人所竞争者，为个人权利，故发生国内战争。范围之大小虽殊，因果之关系则一。且此种竞争，初非为事实所迫而然，乃出于一种游戏之心理。某社会主义者曾评论欧洲战争之心理为"膨胀的游戏欲"。我国之国内战争，实亦由此。政党借国会为游戏，各出其阴谋、权诈、运动、收买之手段，以比较技术之高下；武人借和战为游戏，各施其操纵、向背、诱引、劫制之手段，以比较博进之多寡。演之既久，乃驱于狂热之态度不能自已。故我国之国内战争，实欧洲国际战争之缩影也。我国贫苦之人民，无欧洲下层社会之团结能力与其组合方法，不能禁阻此武人、政客，使终止其竞争之游戏，然固有文明之固结于吾人心底者，固与欧洲多数民众之和平思想忻合无间。盖民本主义与大一统主义，乃吾国民传统思想之最著者，故对于欧洲之平民政治与其世界和平运动，不少共鸣之感。我国之政客、武人，苟不欲与国民心理背驰，向世界大势逆进者，则当知今日已为游戏终局之期。曩日所视同生命之权利竞争，今日不可不使之死灭，方来之国内和平会议，宜与世界和平会议，以同一公正之目的，成同一高贵之事业。威尔逊之所谓美国精神，今已照耀于世界，吾中国当亦有所谓中国精神，夫岂不能表见于国境以内乎？吾国之政客、武人，果有此觉悟者，则此次国内和平会议，不必为枝节之调停，不必为含糊之妥协。若法律问题，即新旧国会存废问题，事实问题，即南北政权分配问题，均可以不烦言而自解。盖今日之新旧国会，不过为双方政客阴谋权诈之演习场，无一可代表民众之意思者；南北政权，悉为武人所占据，皆以诱引劫制而得之，无一可为民众所承认者。苟各出其良心，将以诚意以求和平，则为政客者，亟宜解散其党与，退归田里，听国民以自由之意志另行选举其代表之人物；为武人者，亟宜裁汰其所拥骄悍之军队，安静守职，不干与国家政治及地方事务。此皆人人心中之所共喻，口中之所欲言者。循民意而行之，则与新世界共其光荣；返民意而行之，则与旧世界同归消灭。何去何从，宜猛省焉！

吾国人欲适应世界之新文明，固以抛弃权利竞争，保国内之和平为先务之急；其次则宜励行社会政策，以苏下层人民之苦痛。徐东海之就职宣言书有"适用民生主义，悉力扩张实业"之语，且解释民生主义，以"使人人有以资生"为说。既与扩张实业对举，则其民生主义，非丰民财厚民生之意，实社会主义之异称。政治上适用社会主义，即所谓社会政策也。此种政策，欧美诸国在战前已力行之，于战时则尤注全力于此。日本近时因米骚动之故，又鉴于俄、德诸国革命之故，亦注意于社会政策。我国古来虽无社会政策之名词，然所谓"仁政"云者，实包涵社会政策于其中。孟子所言文王治岐之仁政，在欧美人之眼光中，即视为社会政策之别开蹊径者。欧美所谓社会政策，若劳动者保险制度、工场保护法律，以及食料品由政府管理，限制日用品之最高价等，其方法未必能直接适用于吾国，然其意义则不外乎于物质及精神上救助贫者弱者，兼限制富者强者，使不能以其资力侵害贫者弱者之生活，此固至公至平之政策，凡属贤明之政府，皆当奉为矩矱者也。大战争终结以后，各国必大扩张其工商事业，以恢复战时之损失，东亚大陆将起剧烈之经济战争。欧洲之社会党，虽亦有一二派反对经济上之侵略者，然大多数则不过要求资本之公有，利益之平均分配，使劳动界生活之向上而已。其主张之世界和平，仅及于军事范围，与我国儒家之大同理想究不相同。将来之经济战争，杀伤之多，或比西欧之战场为甚。一事业之失败，受其累者辄千万人，饥寒疾病之交加，妇孺老弱当其冲，父母冻馁、妻子啼号、骨肉流离之惨痛，固不如战死沙场之为愈也。各国今后之经济战争，不外乎收求原料品及广售其工业品之二事。原料之需要急，则衣食之价必贵；工业品之供给多，则奢侈之风必长。国中少数之有产业能供给原料品者，及贩运工业品以图中买之利益者，虽得分取其一部分之胜利，而多数之无产业以产生原料品者，及固有工业新起工业之立于战线上者，必全遭失败。此少数胜利者与多数失败者之间，贫富悬绝，一方摹拟欧美之富豪，一方则为乞丐、囚徒、流氓、土匪之类。调剂于此两方面之社会政策，对于胜利者重其担负，以警其奢侈；对于失败者与以救济，以保其生存。自为当然之举。而根本上之调剂，则宜防止原料品之过度输出，如米谷棉花之类，为国民衣食所必须者，若输出过多，致国内储蓄空乏，则必骤起恐慌，发生骚乱。其次则日用必须之工业品，宜奖励之，补助之，使劳动者可以得业。奢侈之工业品，如烟酒及装饰物等，宜加以抑制。而与此政策有关系之海关税及交通机关，决不可听其操纵于外人之手。此皆政府所宜尽之责任也。然戒奢侈，恤贫难，仅仅出于政府之政策，不由国民以仁心与义气实力行之，则收效有限。故社会主义行之于国家之政治上，不如行之于国民之精神上为善。精神上之社会主义，即欧美人所称为基督教社会主义者也。

大战终结后社会主义之勃兴，其影响必及于吾国，此固吾人所窃窃欣喜者，而窃窃忧虑者亦莫甚于是。欣喜者，喜吾国之政客、武人，或鉴于世界之大势，有所觉悟，终止其权利竞争，而注意于社会政策也。至所忧虑者，非如日本之官僚派，目社会主义为危险思想，惧其侵袭以妨害其官僚政治，第以吾国急进之徒，于欧美人之思想行为，有所感触，辄不顾国情之如何，欲强移植之于吾国。即如民主主义与竞争思想，输入吾国以后，纷扰既若干年，迄今国体虽定，而真共和仍未实现。政客、武人攘夺权利，兵匪充斥，国民之颠连困苦已不可尽言。设于此时复以社会主义激起下层人民之感情，鼓吹其暴动，则大乱之发，将与汉之赤眉、唐之黄巢、明之献闯、清之发捻无异。我国下层人民，与欧美情势不同。欧美之下层人民，大多数为劳动者，且有完备之劳动组合，皆以有学识道德之人为之领袖，对于社会改革之思想，已深虑熟考，具有定见，党中行动，有一定之步骤，其实行改革之手段，惟在于政治上、经济上渐占势力，非恣意于破坏者。我国下层人民，劳动于农业工业者不过小半数，大半数为现无职业，欲劳动而不可得，或不肯劳动者。农工业所组合之团体，虽可为我国社会之中坚，而范围甚隘，并不抱有若何改革之思想。无职业者所结团体，未离秘密性质，实为我国社会中不安定之分子。其耳目所濡染，意念所积蓄者，不过小说中劫富济贫、轻财仗义之类，虽其根柢上与欧美之社会主义，非无近似之处，而学问、道德、思想、行动，与欧美社会党之程度，相差尚远，平时愤懑不平，对于现社会抱一种恶感，一有所发泄，则杀戮焚烧，奸淫掳掠，无非野蛮性之发作，物质欲之冲动而已。故我国急进之徒，若欲乘世界之潮流，率此下层人民中之无职业者，贸贸然企图改革社会之事业，则必使吾全国之社会，陷于覆亡之境遇，此实我全体国民所宜兢兢注意者。现时欧美社会党，方欲联结各国之下层人民以推广其主义，如洪水之四溢，如飞火之延烧。各国浪人或抱怀过激主义者，方以引起他国之骚乱，促其覆没为快。我国之有志者，当此时会，一方面当劝勉国人实行政治上、精神上之社会主义，以纾未来之祸；一方面当留意于世界改革之大势，明其真相，悉其主旨，详其利害，以为适应之预备。切勿盲从轻信，摘未熟之果，揠未长之苗，以贻害于无穷焉。

欧战后中国所得之利益*

（1919）

　　欧战告终，德、奥退屈，协商各国，莫不随其地位所在，获有相当之利益。英、美、法、意、比无论已。俄国虽以战事发生动乱，然因此而得推倒无上之君权。日本则缘战时贸易，获得巨额之赢利。他如巴尔干诸邦，以及接近德、奥各国，或则收回已失之土地，或则脱去外压之强权。此外若波兰，若芬兰，若捷克，若俄境内之乌克兰、爱沙尼亚诸民族，且得乘时恢复已覆之国家。我中华民国当此千载一时之际会，将获有若何之利益乎？说者谓凡尔赛之讲和会议，其条件虽不可预知，然观诸威尔逊总统及英相乔治所宣言，则此次会议，必以公理正谊为基础，凡用武力强权造成国际间不公平之待遇，均当予以修正。吾国历年因国势屡弱，条约上所受屈辱，不可胜数，如关税问题、领事裁判问题，其尤著者，现时政府及人民，已准备议案，拟提出于讲和会议，请求修改。如能得议会之允许，即为吾国所获之利益，是固然矣。然尚有不劳建议不须请求更不待他人之允许，无形中已为吾国所获得者，不可谓非国人之大幸也。其事维何？论之如次。

　　一曰军武势力之削灭。欧洲自十九世后半纪以来，军国主义异常发达，各揭武装和平之美名，讲求军备，强国作俑，弱国效尤，几有风靡全球之势。我国初犹未受若何影响也，迨甲午战败以还，胶州、旅顺相继被夺，始憬然于武备之不可缺，于是招练新兵，搜讨军实，亟亟焉惟恐或后。然国家而多养军队，弊害不可胜言，在政治修明之国，不过加重人民之负担而已，而威权不统一法令不整齐者，则且以武力膨胀蹂躏民权，左右政府，增人民之痛苦，妨政治之进行，甚或滥借外债以供军

* 《东方杂志》第 16 卷第 2 号，1919 年 2 月，署名高劳。

饷，而内政、财政均被紊乱矣。吾国不幸，事事皆蹈此辙，三五年来，吾民饱尝此苦。故一言武备，莫不疾首痛心，明知此项军队决不能与列强炮火相见，虽有若无，顾不敢昌言裁撤者，因世界方趋重此途，吾国不能独异也。而彼利用武力者，亦借此为辞，间执反对者之口，增兵索饷，悍然行之而不以为怪，今何幸黩武主义忽焉销声，裁减军备之言环宇响应，虽裁减至如何程度尚难逆料，但今后不容武力之跋扈，则可断言。风声所播，吾国自不得不改弦易辙，即非武人所甘愿，亦难公然抗违。观诸近日南北之讲和与夫全国之言论，已可概见，则此后吾民当可保留残喘渐愈疮痍，而政府亦获免除强力之制肘，得以从容修补内政，且可移其军费一部分整顿实业，开浚利源，此虽吾国自发自收，与外围无涉，然非世界大势相逼压，曷克有此？是不得谓非欧战终结所赉与矣。

二曰海外移民之发展。人力者，经济之源泉也。今次大战，欧洲各国因伤亡过巨，人口骤衰，战后而欲回复工商两业之活动，必需多数人力。美国人口损失虽不甚巨，然其人力供给地实在欧洲。一九一四年战衅未开以前，世界人民之移住美国者，每年约在一百万左右，就中欧人占其大多数。而欧人之中，则以英、俄、德、奥、意五国为最多。今此五国既蒙战争之影响，人口锐减，以国内之人供国内之用，犹虞不给，安有余剩移住美洲？不特人民不愿离母国以适异邦，即其政府，亦将限制移民，以蕲本国人口之增殖。其他欧陆中立诸国，纵不受战争之损害，然法国需要劳动较美为急，势必就近移居法境，其远赴美国之数当然减少。故战后欧美两洲最感困难者，为人力之缺乏，而欲弥此缺陷，不得不借助于东洋移民。近时美国人士对于此事已惹起多数之注意，且有提出议案，请求政府解除东洋人移居之禁令者。夫东洋移民，固包括中国人、日本人而言，然两国人口多寡悬殊，以此比例，则移殖时中国必占多数。且闻美国识者及资本家多怀中国移民较日本移民为优良之意见，加利福尼亚州之斯塔克顿商业会议所会议此事时，亦主张中国人可许入境，不用时易于遣回，而以日本人遣回困难，否认日本劳动之输人〔入〕，是则中国之劳动更为美国所欢迎。美国既主张东洋移民，欧洲当亦相继而起，法国两年来曾招华工十数万充战事运输制造之役，成绩至为良好。从前欧人咸疑华工能力低下，品性不良，兹以欧战之故，经法人试验，前疑顿释，今后继续募雇或更扩于法国以外之诸邦，亦意中事。吾国实业未兴，人口过庶，借此作尾闾之泄，既得薪资以增国富，复得疏通壅滞以弭祸源，其裨益殊非浅鲜。十余年来中国对外贸易，每年输入超过输出一万二千余万两（此为清光绪二十六年至宣统二年十年间之平均数），溯自通商开始以至今日，其输出之金钱何可计数？然犹不至精枯力竭者，多赖南洋华工收入之调剂，故此后若能增多工人之数，推广至于欧美，不必年年输出巨额也，但能常川保有六七十万人左右，以每人每年寄回本国二三百元计之，益以旧有南洋华工之收入，即足以弥补通商之耗损矣。或谓增益国富，以商品输出为正宗，且通商之利较佣工之利为厚，吾国物产丰富，不以己国人力开辟己国物产，而乃供给他人，殊非得计。此言固极正确，然以今日实业之幼稚，安能收容如许之工人？囿诸国内徒令分利，转不如暂时移殖之为愈，且苟管理得法，则数年之后，可得多数富经验受训练之人才，尔时召回以应内国之用，必收事半功倍之效，不宁惟是，人力发展，实为商业发展之前驱，南洋华侨是其先例。彼等初时多以佣工而往，嗣以工资所赢经营商业，遂得占今日之地位，则安知现时之欧美移民，不成为他日欧美贸易之椎轮乎？吾华工人前此受西洋排斥，虽有种种理由，然其主因，则以彼都劳动尚堪自给，而华人工价低廉，致遭嫉忌，今彼既感人力之缺乏，阻力自除，此亦因欧战而发生之机会也。

三曰道德基础之稳定。吾国人素爱和平，视战争为人类之祸害，故经传所载，如佳兵不祥、兵凶战危、胜残去杀、止戈为武种种教训，均含有非战之意，而社会道德，则以博爱仁恕为归宿，凡急功近名之事，均所不尚。然自与西洋接近，军国主义以及物竞争存诸学说相继输入后，此道德基础颇受动摇，大势所趋，几令吾人疑和平博爱仁恕诸美德为过去时代之产物，不适用于今世。何意大战勃发疾风狂雨之后，世界潮流忽焉转向，前日举世崇拜之酷烈主义，倏遭吐弃，而正义人道曩时所视为不适用者，乃受世界之欢迎，此吾人所引为深庆者也。尤有幸者，国民性之为物，毁之易而成之难，既毁矣，而欲复其旧视，更非易易，且当毁坏之时，社会秩序骤受变更，必发生无数之纷乱，经历无数之痛苦，吾人蒿目世变，每以来日大难深为寒心，亦知人类安宁，端赖协助，酷烈主义即占一时之胜利，决不可以长治久安，世界和平终当实现。然使此次大战迟至数十年之后，则此道德基础业已摧残殆尽，欲图恢复，为事綦难，何幸天心仁慈，及吾未尽破坏之先，使此潮流忽焉转向，不特可无事后恢复之困难，且得免除毁坏时之纷乱及痛苦焉，而今而后吾国道德转因大战之经过增加一重之保障，纵无可以数计之利益，然无形中之嘉惠于吾国者，殊无涯涘也。

虽然，吾人勿因此而沾沾自喜也。前项利益虽不劳请求不烦提议不待他人之允许，已为吾国所获有，然苟无术以善其后，则利可转为害，益亦将化为损焉。如武力消灭，固足靖一时之纷扰，顾非谓从此便可安享太平，即就解散军队而论，前途危难，亦难轻视。现时欧美列强对于此事，方在焦虑，彼等兵士平时皆有艺能，皆有职业，犹恐退伍之后一时无如许位置可以安插，致令向隅流离失所，我国军队本属游民，且自入伍之后，坐糜饷糈，日与凶悍残杀之事相接触，其性情必更流于暴戾，耽于安逸于此而欲于解散之后安分守业，不生衅端，固非空言偃武修文销锋铸镰酌给恩饷饬令归农所可毕事也，必切实筹画，多辟径途，有技能者畀以执业之机缘，无技能者予以速成之练习，务使兵士于解除武装之后去此适彼，不至彷徨中道无所适从，亦不至贪逸恶劳，巧为趋避，且宜严订奖劝惩儆诸法，以策勤能而防怠惰。初时或仍用军制部勒之，徐徐递变，迨后及适用工人管理法，数年之后披坚〈执〉锐之武人，可变为勤事赴功之劳动家矣。不然者，轻率从事，不顾后患，则虽裁去有系统有管领之兵士，而增多无系统无管领之匪徒，化聚为散，犹之割去离痈疽，而百孔千疮漫延全体为祸，仍不堪设想也。人力输出，其事正复相同，苟不量为取缔，任令自由移住，致莠民搀入其中，则败德污行，受人诟病，转贻排斥华工者以口实，前事不远，可为殷鉴。抑从前华工出洋，多由外人直接招募，或委托华人为之承雇，又有不经募雇自行前往者，其工赀则皆在雇用之地发给，外人不谙中国内情，承揽者多惟利是视，故所募集，每不适用，其自行前往之人，又常有无业可就，欲归不能，沦落他邦，流为乞丐，致劳驻外公使给资遣回者。工赀由雇用地发给，在驯谨者固能储积待汇，然操守偶疏，即不免赌博浪费，随手消耗。窃谓此事宜由政府设立机关经纪其事，征募标准，以略解文字兼有工艺知识者为上，诚悫勤俭能耐劳苦者次之，且须造具名册，咨照所往地域之驻外华官，以备检查而便保护。本届法人所募华工，其工赀皆在中国给付，由工人家属具领，似可仿用其例，改由政府主持，或于作工地组织专为工人经理汇款及储蓄之机关，零星小款均可存汇，俾免耗散，而尤宜严为监督，凡前时赌博酗酒诸积习，均当禁革。去年驻美华领事某君提议中国移民以二年为期，期满另易，此殆因美人虑华工久踞彼邦，故倡此议以解其惑，然更换之法，与吾国亦有便利。盖若干年另易新工，旧者可以学得之工艺归国仿行，常川更换，则数届之后，中国可得多数有用之人才也。若夫道德基础，虽经此次战事已形稳定，然吾人勿误以晏安泄沓为和平，尤勿以世界已趋于和平而愈益晏安，愈益泄沓，须知和平之解释，乃戒除武力竞争，而学术知慧之互竞，则在所难免，盖人类生活决不能故步自封不求进境也。吾国人过爱和平，往往误解此义，因戒除武力争竞，遂并其他之争竞而亦戒除之，于是以恬淡寡欲安静无为为处世之要旨，迁流所极，遂至委靡不振奄奄无生气，十余年来叠经外围之刺戟，备受强国之凭陵，方瞿然醒觉，稍改此度。今虽侵略主义渐次消灭，然吾人仍当力惩旧习，以与新世界相周旋，若因无武力之侵迫，遂尔俯仰因循，优游岁月，恐今后和平世界中仍无吾人立足之地也。

中国政治革命不成就及
社会革命不发生之原因 *

（1919）

贵族政治（或君主政治）变为平民政治（或民主政治），专制政治变为共和政治（或立宪政治），谓之政治革命。经济制度之社会变为劳动制度之社会，私有财产之社会变为公有财产之社会，谓之社会革命。凡此革命之发生与成就，皆有所以使之发生、使之成就之故，非可以模拟而企图之也。若以模拟之故企图革命，则其革命或不能发生，或发生而不能成就。吾人苟于欧洲之政治革命、社会革命，考其所以发生、所以成就之故，则我国政治革命之所以不成就，及社会革命之所以不发生，其原因可以了然矣。

凡一事实之发生与成就，必以智识与势力为基础。例如吾人食一苹果，必先有苹果可食之思想，而后举手以摘之。夫知苹果之可食，智识也；能举手以摘苹果，势力也。二者合而其事乃实现。若仅知苹果可食，而不能举手以摘之，是有智识而无势力；或能举手以摘苹果，而不知苹果之可食，是有势力而无智识。二者不相合，虽三尺之童，知其事之不能实现矣。欧洲之政治革命、社会革命，其所以使之发生、使之成就者，即智识与势力之结合体也。然则其智识与势力如何结合，固吾人所当考求者也。

原始社会之人类，各自劳动以谋生活，其武力之优秀者，渐渐占势力于社会，成贵族阶级；而智力之优秀者，又凭借其智识，以自奋于社会之间，成智识阶级。贵族阶级欲以其势力支配社会，不能不有智识以为之辅；智识阶级欲以其智识支配社会，不能不有势力以为之用。于是为贵族者，亲师重道，以吸收智识，是谓贵族阶级之智识化；有智识

---

* 《东方杂志》第 16 卷第 4 号，1919 年 4 月，署名伧父。

者，亦取得权位，具有势力，是谓智识阶级之贵族化。二者相结合而第一期之文化始成就。当其盛也，明良相继，文化蒸蒸日上。我国五帝三王之治，汉唐宋明之开国或中兴，罔不由此。希腊罗马之全盛时期亦然。此期之文化，为武力的势力与智识结合而产生，为贵族阶级的文化，常带有贵族的色彩，以贵贵尊贤、尚礼仪、重门阀为其标征。

第一期文化始成就时，社会为治者及被治者之二阶级所组织。贵族阶级与智识阶级结合为治者阶级，劳动阶级为被治阶级。未几而劳动阶级之勤勉且善于贮蓄者，渐渐积有财产，翘出于劳动阶级之上，渐至舍其劳动，专事营殖财产以生活于社会，是为财产阶级。又智识之流布渐广，多数之智识阶级不得不降而处于被治者之地位，既无财产，又不劳动，穷屈在下，杌陧不安，是为支持第一期文化之难题。在欧洲社会，此一部分之智识阶级以其时政治上之地位转变无定，乃改换方向，弃其政治生活之希望，专事研究文艺。政治家亦以此为收拾人心之计，创设大学校、学士院以奖励之，科学遂因此发展，发明家辈出，能以所研究之结果应用于社会，以殖产兴业，是为智识阶级之财产化。财产阶级，以营殖财产所须于科学智识者甚多，故求学者日众，是为财产阶级之智识化。二者相结合而主张人权，表扬民治，发生第二期文化，依其财产的势力，在政治上与武力的势力抗争。于是旧时治者阶级所占有之政治权，渐渐失堕而落于彼等之手，或仅仅以协调之方法让其政权之一部分，以保其残余之势力，是即所谓政治革命。经此革命以后，第二期之文化乃成就。欧洲近世史之文化，即第二期之文化也。此期文化，为财产的势力与智识结合而产生，为财产阶级的文化，带有财产的色彩，以自由平等、尊权利、重科学为其标征。

第二期文化成就以后，社会为支配者与被支配者之二阶级所组织。财产阶级与智识阶级结合为支配阶级，劳动阶级为被支配阶级。然因经济竞争之剧烈，物质文明之发达，财产势力集中于少数人之手，多数有财产有智识之中等阶级，或失其财产，或虽有仅少之财产，不足以维持其生活，乃不得不投身于劳动界，是为智识阶级之劳动化。劳动阶级中，亦因教育普及，得有几许之智识，促醒其自觉，是为劳动阶级之智识化。二者相结合，乃鼓吹人道，主张公产，依其劳动的势力，在生产上及政治上与财产的势力抗争。英、美诸国，方以协调之方法，使财产的势力与劳动的势力互相维持。而就世界大势观之，则社会革命之进行，已足惊心骇目。现时第三期之文化能否成就，尚未敢豫言，而二十世纪之社会，必大受此文化之影响，固无可疑也。此期文化，为劳动的势力与智识结合而产生，为劳动阶级的文化，带有劳动的色彩，以泯除贵贱贫富之阶级、实行自由平等、尊重劳动、爱好和平为其标征。

就社会进化之大势言之，由第一期文化发展为第二期文化，更发展为第三期文化，是为普通之顺序。但因各国社会情状之不同，进化之方式亦不一。例如俄国，以财产阶级不发达之故，智识阶级自贵族阶级出，直接与劳动阶级结合，遂越过政治革命之途径，即发生社会革命。又如德国，政治革命尚未成就，贵族阶级与财产阶级以劳动阶级勃兴之故，遂互相结合，与劳动阶级对抗。此次大战，德国立于主动者之地位，即因贵族阶级与财产阶级鉴于自己势力之渐次减弱，故欲与外国开衅，借以扩张其势力，而其结果卒由劳动阶级之排斥军国主义，发生社会革命。至于日本，虽国会成立、宪法发布已三十年之久，然君主握大权，贵族军阀操纵政治，势力未尝稍替。明治维新之伟业，即为贵族阶级与知识阶级结合而成，表面上为第二期文化之速成，实际上为第一期文化之复振。更观我国，则辛亥革命以后，吾人方窃窃私幸，以为第二期文化从此成就矣。乃八年以来祸乱相寻，吾人平心静气以观察之，方知吾国此时非第二期文化之进行，而为第一期文化之堕落。吾人既述欧洲社会进化之迹，吾人将借镜返观，以论列其原因矣。

吾既言多数之智识阶级，穷屈在下，杌陧不安，为支持第一期文化之难题，吾国殆可谓善于解决此难题者。其最暴戾之法，即秦始皇之焚书坑儒是也。其稍和缓之法，则用廷对、射策、选举（旧义）、制科及其他类似之方法以诱引之，使其不断绝政治生活之希望。智识阶级既为所诱引，人数愈多，智识之程度愈低降，除美术的文字以外，无他技能可以生活。少有财产者，安坐徒食，无营殖之能力。无财产者，除少数为精神的劳动外，殆无有能为筋肉的劳动者。故与财产阶级、劳动阶级均格格不相入，此为过剩的智识阶级。又劳动阶级中，亦因生齿过繁，天产不辟，产出过剩的劳动阶级，即现无劳动之地位，或为不正则之劳动者。例如我国之兵，即此过剩的劳动者之一种，他如地棍、流氓、盗贼、乞丐之类亦属之。此等过剩的劳动阶级，即游民阶级，其势力在我国亦甚伟大，有时与过剩的智识阶级之一部分结合，与贵族阶级之势力抗争。秦始以后二十余朝之革命，大都由此发生。惟革命以后，彼等辄贵族化，复建设贵族政治，于社会组织无所更变。故此等革命，非政治革命，亦非社会革命，只可谓之帝王革命而已。此阶级之势力与智识结合，亦产生一种文化，可谓游民阶级的文化，带有游民的色彩，即尚游侠、喜豪放、〔不〕受拘束、不治生计、嫉恶官吏、仇视富豪为其特征。此文化自战国以来至于今日，逐渐发达。以时期言，可为吾国第二期文化。然此非社会正常之发展，不过为第一期文化之病变，故可称为病的第一期文化。

我国社会中，贵族文化与游民文化，常为矛盾的存在，更迭盛衰。即贵族文化过盛时，社会沉滞腐败，则游民文化起而代之；游民文化过盛时，社会骚扰紊乱，则贵族文化起而代之。此历史上循环之迹也。辛亥革命，虽由欧洲第二期文化传播于吾国而起，然欧洲之政治革命，既由财产阶级发生，而吾国之财产阶级，大都不解立宪共和为何物，初未尝与闻其事，提倡之者为过剩的智识阶级中之一部分，加入者为过剩的劳动阶级中之兵，事实上与从前之帝王革命无稍异。其模拟欧洲之政治革命者，不过中华民国之名称，及若存若亡之数章《约法》而已。革命以后，名义上不能建设贵族政治，实际上握政权之官僚或武人，大率为游民首领之贵族化者。政治革命之不成就，决非吾人所能讳言。或谓吾国政治革命不成就，将来或如俄、德已事，超越政治革命，发生社会革命。然欧洲之社会革命，其基础于哲学上之思想，既深且远，其关于生产上、政治上之运动方法，又甚周备，即吾国之智识阶级中，亦罕能言之，劳动阶级中，更无从得此智识，其不能发生自无疑义。即使在较近之未来中，或有企图此种革命者，亦必出于非劳动出身者之所模拟。政治革命，可以模拟，社会革命，安有不可以模拟者？惟自欺欺人，有害无益，亦必与今日之模拟政治革命相等，于文化上必毫无价值。吾国今日，尚辗转于贵族、游民二阶级之势力中而不能自拔。第一期文化之病的现象，尚无治疗之方法，文化之进行，后于欧洲诸国者既一二百年，断无一蹴即至之理。若今后之智识阶级，犹不肯断绝其政治生活之希望，不置身于产业阶级、劳动阶级中以与之结合，而惟与贵族化之游民为伍，则贵族势力与游民势力，将日益膨胀而不可制，何政治革命、社会革命之可言？文化之堕落，智识阶级不能不尸其咎矣。

抑智识阶级所以不能与产业阶级、劳动阶级结合者，不尽因智识阶级不肯断绝其政治生活之希望，不欲与之结合也。近时智识阶级中之一部分，其倾向亦已渐变。如退职之官僚、革命之伟人，因厌倦政治，投身于实业界者，固未尝无人。贫寒之士，欲得一劳动职业以糊口者，亦所在多有。而形势终觉扞格者，则以感情不融洽、性质不适宜之故也。

吾国之财产阶级、劳动阶级，历史上受贵族之剥削，为游民所蹂躏也久矣，故其对于贵族与游民，畏之若虎狼，恶之如蛇蝎，已成习惯的心理。而智识阶级者，达则与贵族同化，穷则与游民为伍，故彼等之嫉恶之与贵族、游民相等，且以嫉恶智识阶级之故，遂有并智识而嫉恶之者。（记者曾见一商人在群众中声言，谓天下最坏者为读书人；又闻一农人言，吾乡中决不愿设学堂，以往事证之，吾乡中苟有一识字之人，则乡民无不受其累者。其嫉恶如此。）阶级感情之违反，已非一时所能消融。更就性质言之，则差异益甚。吾国之智识阶级，向来生活于贵族文化及游民文化中，故其性质上显分二种：一种为贵族性质，夸大骄慢，凡事皆出以武断，喜压制，好自矜贵，视当世之人皆贱，若不屑与之齿者；一种为游民性质，轻佻浮躁，凡事皆倾于过激，喜破坏，常怀愤恨，视当世之人皆恶，几无一不可杀者。往往同一人也，拂逆则显游民性质，顺利则显贵族性质，或表面上属游民性质，根柢上属贵族性质。以此性质治财产，必至于失败；以此性质任劳动，必不能忍耐。故若不改良此性质，则虽欲置身于财产阶级或劳动阶级中，亦决不能容。现时学校教育，苟求其适应于社会，则对于青年学生当以尽力淘汰此二种恶劣之性质为要。若使带贵族性质之老师宿儒，带游民性质之少年新进，任教育之事，聚讼一堂，互张其劣性，以传播于社会，则社会对于智识阶级之感情愈恶，其受嫉恶也将愈甚矣。

中国兴业之先决问题 *

（1919）

　　欧战终结，世局更新，今后各国，咸将解甲释戈，努力于实业之发展。中国不欲厕身于此舞台则已，如欲颉颃其间，将持何方针，操何政策，以应此新经济之潮流乎？夫发展实业，虽不外奖劝工商增进农产诸大端，然各国各有特殊之情势，各有特殊之历史，因而不能不有特殊之方策。不独海洋国与大陆国、战胜国与战败国，显有区别也，即地位相同，而以原料多寡艺术精粗之故，其步调亦不能无几许之差异，且或有因过去事情、现在状况以及将来趋势，而施以特种之纠正，以寓杜渐防微补偏救弊之意者。例如英、美地位，固大略相同，然英之富源，多在属地；美之物产，取诸国中。又如法、意，虽同处欧陆，而物产之种类，与夫战事损失之轻重，亦不一致。且战后劳动界势力陡增，各国对于劳动方面，不能不有所顾虑，而劳动势力尤盛之国，其顾虑必更周至。是则仅就欧美而论，已有不能从同者矣。吾国地位，与欧美悬殊，而实业界过去之事情、现在之状况，亦复歧异，则其所以谋将来之发展，与夫杜渐防微补偏救弊之计画，当有其特殊者在，而不可不审度情势，以求其适当也。

　　今之谈兴业者，多谓中国地广民众，物产繁富，苟仿欧美成法，次第开拓，并多储实业人才，以备任使，则富国阜民，为事至易。然中国趋步欧美二十年矣，组公司，设工场，筑铁路，开矿产，欧美已事，无不一一效颦，而实业颓废如故也。人才纵未昌盛，然国内实业学校，不下千余，游学海外专门学校卒业以归者，亦复不鲜，而顾不获收人才之效，人才亦怀抱技能而无缘以自见，其故何耶？夫亦未审特殊之情势，

* 《东方杂志》第 16 卷第 5 号，1919 年 5 月，署名高劳。

施以适当之方策而已。吾国特殊情势，不止一端，而现时实业之不振，则首在创始之困难。盖经营商业，非可以仓卒为也。凡某业之物品，产额几何，销路何若，购买及售卖之价格常在何度，其为旧式商业则同业有无竞争，其为新式商业则国人是否需要，设非有真知灼见，而贸然从事，未有不遭挫折者。而吾国商业统计，微特详赡者不可得，即具体者亦无之。国内如是，国外更不待言矣。欧美国家于其国内商业事项，均有详确之记载，精密之比较，以供企业家之搜讨。其人民之侨居中国者，对于中国物品出产之多寡，风俗嗜好之变迁，亦极留意。以是之故，彼等知吾商情，较吾自知尤详。其在吾国扩张事业，亦较吾自扩张为易。夫吾国人非无经营商业之才力也，母财虽绌，然用以发扬国产，尚无不足，徒以无表册可资考鉴，遂致摘埴索涂，常蹈迷误，转不如外商之见事明了焉。今欲挽救此弊，宜先编辑统计。盖统计之有裨于商业，犹舆图之有裨于旅行，不徒可作临时指导，且足供平日之浏览，以诱起其企业之兴趣也。近日政府拟于驻外使馆添设商务专员，调查海外商业，然国内调查，尤亟不容缓。此特殊方策之一也。

经营商业，首重信用，而大规模之新事业，其资本为多数人集合而成，关系全国耳目，尤不宜忽视。设以信用堕落，而营业失败，非特陷自身于破产，且足为后来集资之障碍。二十年来，中国新创之公司，其能维持令誉，始终不渝者固多，而轻率将事，急遽图功，组织不完，信用不著，或则假团体之财力营个人之私利，张皇虚憍，义始贪终者，亦复不乏。此类情事，其足以阻害事业之发达，实匪浅鲜。吾人试回忆股份公司初创时代，国人投资之兴会为何如？今则惩前毖后，咸怀疑惧，观望不前矣，此皆受不正当无信用之影响也。循是以往，国内赀财，必皆深闭固拒，不获资为开拓利源之用，甚或为丛驱雀，移而存诸外国银行，或投诸外商组织事业之中，则所谓地大物博者，亦徒供外人之朘削而已。故植立信用，实为今日兴业之先务。凡组织大公司者，均当实事求是，循正轨以进行。营业内容，不宜秘密，对于一般股东，尤宜容纳其意见，尊重其权利，庶社会晓然于股分事业之利多弊少，而乐于输赀也。此其二也。

实业胜利，应从实业自身博得之；设有困难，亦应由自身战胜之。不宜借助他力，以失其独立之本能也。而中国近时之大事业，往往有官僚势力混杂其中。其缔造也，既仗权势而制胜机先；其营业也，复借声气以占取优势；即或失利，亦因有奥援之扶助，弥缝掩盖，事较易而术较工。比年国内可操胜算之特种营业，其攫得之者，大抵含有官僚臭味。若此者，可名之曰官僚实业。官僚实业愈益得势，则普通实业将受其迫压，而愈益凋残。夫使此种实业，果能增进国富，争回利权，于国际贸易上出一头地，则犹得可偿失也。无如彼之所以占胜者，全属依赖之行为，一旦遭逢外敌，非官僚势力所能庇荫时，即不免于挠败。国内竞争则有余，国外竞争则不足，其结果，亦惟摧残同类，使国内实业于外人侵蚀之后，复增一重之蹂躏而已。不宁维是，官僚实业，既事事占得优胜，于是以商业起家，本无官僚臭味者，亦不得不接近官僚，以保持其地位。近来商家，好与政界相往还，半亦由此。此种趋势，足使实业界空气日就腐败，不加铲除而欲实业之兴盛，不可得也。夫人民营业，固不能不赖政府之保护奖励，然此为公有之权利，当全国普及，而不可偏重。又西人国外经商，常借政府威力为后盾，顾彼仅施于国际，而未尝滥行于国中，此非可误用者也。此其三也。

商业精神，首在经济，量入为出，操奇计赢，其所以能博巨额之盈利者，皆铢积寸累而来者也。西洋巨大商店，虽建筑若何崇闳，魄力若何雄壮，雇员雇工，不可数计，每日支用，累万盈千，然其内容，仍谨守此经济主义。凡费若干之人力，必有若干之成功；耗若干之金钱，必有若干之收入；且其成功与收入，必足以偿其所失而有余，未尝付之虚牝也。吾国旧时商业，亦皆崇尚实际，不事铺张。顾自濡染欧风以来，慑于外商规模之宏大，竭力摹仿，且以为求大利者不惜小贽，成大事者当冒万险，于是一公司成立，不问其赀本是否充盈，利益能否操券，一切布置，务求美备，因之营业未经开始，而基金已耗去大半矣。其甚者，且欲借此虚声，耸动庸俗，以吸收存款，诱引资金。无论此欺饰行为，矜张意气，终必败露也，即幸得继续维持，而开始之耗绌，亦有足贻后日无穷之累，以减衰其发展之力者。吾国财力不逮西洋，商业上之经验，亦无西洋人之熟练，更宜以经济为首务，人力、财力，均当节俭用之。虽新式事业与旧时不同，然不过贸易之方法、运用之手段稍有殊异而已，根本要旨，初无二致也。此其四也。

近年国内商业，渐具资本集中之倾向，此为时势所压迫，固难独异。然欧美各国，已因此而惹起社会之不宁。小资本家及劳动者，不胜此势力之逼压，咸思反抗，而社会主义乃乘时发生。大战以还，形势尤发，彼都人士，方焦思苦虑，以调和此冲突。吾人宜引以为鉴，先事预防。吾国素无资本专制之事，且经济界尚有发挥之余地，本可不必效法西洋，惟风气所趋，企业家颇有欲利用庞大赏金以压倒一切者。夫以商人知识之幼稚、资本之薄弱、劳动者之愚昧，一旦施行资本专制，自不难睥睨一时。然国内小赀本家及劳力者之数，较欧美为多，若令其失业而陷于穷境，则其反动之烈，亦必较欧美为甚。当此激烈的社会主义波动全球之际，尤不可不加以警戒。虽现今事业，决非因陋就简，如前此之小计画所能集事，而欲于国外有所活动，尤非大举不为功，然不宜有垄断高压之举动。苟可发生经济之纷扰，引起劳动之不平者，均当随时避免之。盖与其冲突既生而始求调和，不如先事注意之为得也。此其五也。

以上五者，皆属于工商问题。若夫农业，泛言之，固莫亟于改用新法，然按诸中国之现象，亦有特殊之点在焉。盖用学理以增多出产，借机械而节省人工，惟土地有限劳力缺乏之国乃为适合。中国荒地尚多，劳力过剩，目前要务，宜先调剂人地，使土地无旷废之患，人力有致用之途，然后徐图革新，方收美满之效果。不然者，无论民智未开，资力不足，无使用二者之能力也，即能使用，而东南人稠之地，益将无工可作，亦易发生动乱。历年办理垦荒，每详于领地手续，绝未为赴垦之农夫图谋便利，且领地之数，多以百亩为率，徒便于赀本家及大农家，而胼手胝足者流，不获沾其实惠。故虽招垦多年，迄无成绩。是宜改变方法，奖励小农，而农民之领垦赴垦及在垦地工作者，应予以种种之补助。日政府尝减收舟车赁费，且贷与资金，以优待移殖蒙满之日人，故其农业，日见开发，此当仿行者也。至如作物品种，虽关于嗜好赘泽上者，获利较丰，然衣食为生命之源，尤宜置重。欧战之后，英人感于食料之不足，尽辟其国内荒地，开作麦田，园隅圃隙，悉栽薯蓣。欧陆诸国，亦主张多种食量〔粮〕。日本前因丝茶出口旺盛，次第减少米作，多植茶桑，自经去岁米贵风潮，亦觉悟其失计。吾人不当蹈此覆辙。今后农作，仍宜以日用衣食所必需者为本位，其他品种则以余力兼及之。吾国谷米，把彼注兹，虽足自给，然以一部分输出之故，南方食米，时或仰给于暹罗，而麦粉一项，亦多自美输入。设遇凶歉，将生恐慌。彼西洋及日本，金融交通均极活泼，故虽饥馑，不难以巨赀购运而归。我国财力既绌，且乏国外航运之机关，纵欲乞籴，亦必仰人鼻息，多所阻难，是亦不可不预为之地也。

新旧思想之折衷 *

（1919）

　　数月以前，有人批评本志，中有数语云："你说他旧么，他却像新；你说他新么，他却实在不配。"吾人援引此言，特以表明"新"、"旧"二字，在现时之意义，颇为复杂。若仅以单简之观念为现时思想界派别之标志，则诚有似旧非旧，似新非新，浑混而不易明者。盖"新"、"旧"二字，本从时间之观念发生，其间自含有时代关系，时代不同，意义亦异。即如戊戌时代之新旧，与欧战以后现时代之新旧，意义自然不同。现时代之新思想，若以戊戌时代之见解评判之，则虽不能谓之为旧，亦实不能谓之为新。今吾人欲为新旧思想之折衷，不可不将戊戌时代之所谓新旧，与欧战以后现时代之所谓新旧，表明其差异于下。

　　在戊戌时代，吾国人之思想界，显然有二种派别，当时以"新"、"旧"二字为其标志，其意义本极单纯，即以主张仿效西洋文明者为新，而以主张固守中国习惯者为旧。吾人在当时，固为竭力鼓吹新思想，排斥旧思想者。然二十余年以来，时势变迁，人类社会上别有一种新动机发生，西洋之现代文明，乃不适于新时势，而将失其效用。虽当世之人，亦有不承认此新时势而诧为梦呓者，但多数之人对于此新时势固咸有所觉悟。各国之军事家、外交家及其他资本主义者，深恐现代文明被其破坏，故竭力防遏之，消弭之，以维持现代文明；而一部分之哲学家、政治家及其他劳动主义者，则深知现代文明在现时已无维持之法，惟有创造未来文明以求救济。故现时在人类社会上，其思想又显有二种之派别。吾人若因时代之关系，而以"新"、"旧"二字为之标志，则不能不以主张创造未来文明者为新，而以主张维持现代文明者为旧。人类

---

　　* 《东方杂志》第 16 卷第 9 号，1919 年 9 月，署名伧父。

之思想上，既有如是之派别，则吾国人之思想，自然亦随之而变迁。一部分之思想家，既觉悟西洋现代文明之缺点，知完全仿效之可危，且以世界各国关系日深，新时势之来，中国与西洋各国必处于同一之境遇，故未来文明之创造，不能视为西洋人独有之要求，即不能诿为西洋人独具之责任。中国人既为人类之一部分，则对于世界之未来文明，亦宜有所努力，有所贡献。中国固有文明虽非可直接应用于未来世界，然其根本上与西洋现代文明，差异殊多，关于人类生活上之经验与理想，颇有足以证明西洋现代文明之错误，为世界未来文明之指导者，苟以科学的法则整理而刷新之，其为未来文明中重要之一成分，自无疑义。此非吾国热心国粹者自己夸负之言，即西洋学者亦屡言之。而吾国一部分之醉心欧化者，对于西洋现代文明，无论为维持的、为破坏的，皆主张完全仿效，虽陷于冲突矛盾而不顾，惟对于中国固有文明，则以为绝无存在之价值，苟尚有纤芥之微留于国人之脑底者，则仿效西洋文明决不能完全。此种思想，固由戊戌时代之新思想推演而来。然以时代关系言之，则不能不以主张刷新中国固有文明，贡献于世界者为新，而以主张革除中国固有文明，同化于西洋者为旧。故现时代之所谓新旧，与戊戌时代之所谓新旧，表面上几有倒转之观。然详察之，则现时代之新思想，对于固有文明，乃主张科学的刷新，并不主张顽固的保守；对于西洋文明，亦主张相当的吸收，惟不主张完全的仿效而已。若以戊戌时代之思想衡之，固在不新不旧之间也。

现时代之新思想，可为戊戌时代新旧思想之折衷，而吾人今日之所论者，则又为现时代新旧思想之折衷。盖现在之世界，虽为新时势发展之时期，而旧时势之余威，尚俨然存在。正如拿破仑战役以后，民权思想勃兴，政治革命之风潮，已弥漫全欧，而各国专制政府所组织之神圣同盟，一时犹维持其势力。当欧战后，吾人希望太平，以谓此后世界当无复战祸。今和约立矣，国际同盟成矣，论者乃谓"此种和约，不能维持至五年之久"（英国《观察报》论文）。且有谓"此次和约之结果，吾人可即将约文束之高阁，而亟从事于第二次之战争"（英国《每日新闻》论文）。是耶非耶，吾人不暇推论，第就关系于吾东亚大陆者证之，觉战争时人道正义之呼声，已悉为外交上"我欲"之呼声所掩矣。吾国人处此时势，若完全适用现时代之新思想，则实行无抵抗主义，适为新时势之牺牲。故一方对于新时势不可不有所努力者，一方对于旧时势仍不可不有所戒备。此折衷论之所由起，亦吾人之所不得已者也。

新旧思想之差异，就表著者言之，不过程度分量之问题，非极端反对者。其于西洋文明，一方主张完全仿效者，一方亦主张为相当的吸收；其于固有文明，一方主张完全革除者，一方亦不主张顽固的保守。则折衷之结果，似不过于程度分量之间，为几分之加减而已。然吾人苟从根本上审察新旧思想之差异，则彼此实各处于极端，有如南北磁之异性，正负数之异号者，其差异之出发点，实根源于自然界，以自然界中，本有矛盾对抗之定律存在也。今吾人不暇远为搜讨，仅从人类生活上说明二者之差异，差异既明，则折衷之道可得而言矣。

夫人之生活于斯世也，必有因生活而具有之能力，即心力体力，施用之以成就生产者，是之谓生活能。又必有因生活而需要之费用，即消费生产以给养身心者，是之谓生活费。人类生活之进步，当然要求生活能之增大与生活费之增多，且二者又当然互相联合，依经济的法则，要求以最少之生活能得最多之生活费。以中国人之生活与西洋人之生活比较，则中国人生活能之拙劣，生活费之微少，与二者之间种种不经济之处，均明晰显见。西洋现代文明，既应用科学与机械，以发展生活能，扩张生活费，而其政治、法律、风俗习惯等，又以适于人类生活之自由发达为主。中国固有文明，概有抑制生活能（如禁伎巧、尚宁静），限制生活费（如崇节俭）之倾向，且使之损耗于不经济之处者颇多（如婚丧仪礼之繁重、家族制度之系累等）。故革除中国固有文明，仿效西洋现代文明之思想，在要求人类之生活，顺自然的进步而已。然顺自然的进步，固可为真实之进步乎？生活能大，则利源日辟；生活费多，则需要日增。二者皆有使自然界增加生产之效。此种进步，吾人不能不承认其真实。然从自然界增加生产，限于酬报递减之定律，故真实之进步有限制，而虚伪之进步乃无限制。所谓虚伪之进步者，即甲之生活〈能〉大，则乙之生活能受其妨害；甲之生活费多，则乙之生活费被其侵夺是也。夫如是，则一部分人类之生活，已大危险，况以妨害侵夺时互起竞争之故，又一部人类之生活，亦受相当之损耗；乙之生活既危，甲之生活亦未裕，人类生活之不经济，实莫此为甚矣。且竞争之结果，所增之生活能与生活费，乃全与生活反对，即其所能所费者全以损害生活、侵夺生活为目的。如近世军备竞争、军械竞争、资金战、粮食战等，所能愈大，所费愈多，其妨害生活、侵夺生活亦愈烈。故求人类生活真实之进步者，对于此等虚伪之进步，不可不加以制止。西洋人于欧战开始以后，渐采用制止之手段，如食粮限制、日用品限制之类。对于生活费之限制，既已实行，而资本归公、生产机关归公之理想，亦即对于利用资本与机械以增大其生活能者加以抑制之意，与吾国固有文明之倾向渐同。盖人类生活，欲望无穷，若任其自然，则必至于相争相夺，成弱肉强食之世界，以自然界真相之一方面，本来如是也。德国之尼采主义，即从自然哲学推演而来，其结果则酿成世界之战争与德国之挫辱。求自然之恩惠，适得自然之惩罚而已。进化之民族，未有不以节约制限为其文化之中心，希腊罗马之斯笃克学派，希伯来之基督教义皆然。吾国固有文明之所以维持不敝者，其精神即在于此。故现时代之新思想，在制止虚伪的进步，以矫正旧思想之错误，固不仅程度分量之加减已也。

但吾人依新思想以蕲求未来文明，若趋走极端，则必倾于共产的社会主义。盖欲使生活能增大而不妨害他人之生活能，非生产共营不可。（例如浙东沿海十余县皆产棉，有旧式榨油厂数十家，专榨棉油。近设一新式榨油厂，能从棉子剥净余棉，又从棉油棉饼中提出副产物数种，得利较丰，乃以高价收买棉子，廉价售出棉油。旧式榨厂，因此停业，职工数千人，遂失生计。获利者仅新厂少数股东。若生产共营，则旧厂新厂，均为社会上所有之营业，新厂兴，旧厂废，犹之以新机器换旧机器，劳力少而生产多，人类可减少其劳动时间而不减少其生活费。）否则操科学以杀人，利于刀兵；率机器以食人，甚于猛兽。诚不如抑制之为愈也。欲使生活费增多而不侵夺他人之生活费，非分配均等不可；否则绝贫者之饘粥，以供富者之膏粱；剥贫者之蓝缕，以制富者之文绣。诚不如限制之为善也。然乌托邦之理想既不能实现，欲灭科学，毁机器，绝膏粱文绣，以返于太古醇朴之世，又与人类之进步背驰，将纯任自然，听其相争相夺、弱肉强食以终古乎？于是调和于理想与事实之间，而折衷论以起。最普通之折衷论，即现时世界各国政府所最注意之社会政策。对于生活能大生活费多者，减削之，课以所得税及奢侈品税，所得税有至四分之三者，奢侈品税有至十余倍者；对于生活能小生活费少者，补助之，如教育之普及，慈善事业之劝导皆是。虽不均富，虽不共产，而哀多益寡以剂其平，似其结果当无大异。吾人以为此种政策，犹之战场之上，将帅发令，行总攻击，枪炮对列，施放不绝，既生出大多数之死者伤者，乃更遣红十字队，投以药饵，裹以绷带，以救死护伤。即使死者复生，伤者皆愈，谓其结果与不战相等，夫谁信之？但军备未撤，战争未止，有此殷勤勇敢之红十字会，行慈善于硝烟弹雨之中，慰情聊胜于无。吾人今日，所以为折衷论研究者，亦此意耳。

吾人今日之折衷论，乃欲就吾国情势，于此新旧过渡时代，谋应付之方策也。吾国人之生活能，不可不使之增大，否则他国人之操科学以杀吾，率机器以食吾者，吾人将无法抵抗之。故若以极端的新思想反对国人之殖产兴业，吾人决不赞成。但吾人之意见，则以为节约生活费，实较增大生活能为尤要。吾国人苟能忍守其向来低廉之生活费，则科学与机器，亦将无如之何。日本现时，中等阶级以上，悉仿效西洋文明，而农民则兀然不动。日本社会学者，乃有西洋文明如怒潮、东洋农民如石壁之叹。盖蔬食布衣而外，本非生事所必须，彼农民以自己产出之粟米麻丝供给自己之衣食，故外国人欲以工艺品吸收吾国之资财，惟赖此石壁以当之。记者近时居乡数月，见农民生计甚为稳固，惟世家多中落，商伙多失业，识书数，通文义，能谈论时事，而家无儋石者，乃实繁有徒。转觉生活能较大者，生活难亦愈甚，故以为增大生活能，不如节约生活费之为尤要也。且吾国今日殖产兴产之后盾，亦赖有多数生活费低廉之劳动者以供给材料，担任工作，庶足与外国制品相抵抗。若不节约生活费，则将无殖产兴业之可言，虽增大其生活能，复何所用之？现时吾国青年子弟之求学或实习工商业者，其生活费与生活能，往往同时并进，学问知识稍稍呈露头角，则服用之品已悉尚时髦，甚则生活能之增进，仅以寸计，生活费之增进，乃以尺计，殊可慨焉！吾人以为增进生活能，必以节约生活费为其根柢，此吾人折衷论之一端也。

至吾国人之生活能，不可不增大，前已言之。增大之法，在于求学识、习艺能，舍此固无他道焉。中流社会不能任劳动事业，居恒坐食，侘傺无聊。若乘此闲暇之时，披阅书史，学习书画；或莳花植木，捕虫养鸟，为动植生物之研究；或登山涉水，采石搜岩，为地理矿物之考察；他如工艺品之可仿造者千百条，何妨择其一二，为精密之试验；农商业之应调查者若干事，亦可就其乡土，为详明之统计。苟一材一技之足称，即足以益人而利己，乃彼等往往不屑为此。其生活之进步，常不求诸己而求诸人，务广交游，通声气，于征逐娱乐之中，施运动营谋之术，一人得意，千百人随之。此风乃弥漫全国，上自政府官吏，下至乡里士绅，几无一人不出于此。记者窃谓，外国社会上之势力，以劳动家为最大；吾国社会上之势力，当以彼等社交家为最大。现时彼等尚无明白之结合，设稍事组织，联成一党，必足以操纵全国之选举，左右全国之政治而有余，以中流以上十之八九均已网罗其中也。彼等中之优秀者，亦似有几何之学识艺能，然皆由社交上感染而来，非出于自己之研究，故按其实际，则笼统模糊，一切皆似是而非。盖其人之生活能，实际上并无增加，不过如贫血之人，借互相拥挤以稍增温热而已。我国自戊戌至今，仿效西洋文明二十余年，悉成似是而非之象，实由国人之生活能并未增进，缺乏学识艺能之故耳。吾人主张从实际上增大生活能，此又吾人折衷论之一端也。

上列二端，示折衷论之概要，吾人已不暇更端详述。揭其总义，则吾人主张以现代文明为表，以未来文明为里，表面上为奋斗的个人主义，精神上为和平的社会主义。不奋斗不足以生存于现世，吾人决不愿以黄老派之玄谈，柏拉图之理想，自误误人。至共产均富之社会，虽不能实现于今日之世界，但不妨建设之于吾人之心里。吾人就其平日之所向往者，举其数端，依吾人之良心而实行之，此固吾人所可自由自主者。如吾人每日之衣食，可视为社会之公物，吾人宜为之搏节，且宜以劳动补偿之；又如吾人之财产，亦可视为社会之公物，吾既取吾之所需，有余则宜善为保存，且以补给他人之不足。以俭惜物，以勤治生，严于守己而勿吝于给人，是为中国之古君子，是为世界之新人物。

智识阶级之团结 *

（1919）

近时巴黎通信社以全欧智识界之宣言介绍于国人，大旨谓"此次联合，务求较前稳固，不再为强权所动摇"，又谓"此次大战乱，实吾智识界中愿意降伏于强力之所致，思想家与技艺家，全以脑力助政客、军人，演此全欧之惨剧，遂使科学之效力，尽归于杀人。历史文学及论理学之力量，亦不过纪旧有之仇怨，鼓吹人类以相残"云云。盖经创巨痛深以后，始为此坚决之表示，以忏悔过去之罪恶也。欧洲劳动阶级之团结，用同盟罢业之手段，抵抗专制政治，促社会之改革，效力甚著，吾人已熟闻之。今更有此智识阶级之团结，殊为可注意之事。

今日吾国民对于吾国现时之政治，殆无一人能满意者。但欲促其改革，又苦无有效之方法。辛亥革命，丙辰靖国，用积极手段，虽达几分目的，然其结果徒增长武人之势力，扩张党派之私利，亦无实效可言。一部分之思想家，乃希望劳动阶级之团结，以消极的手段，促政治之改革。然以劳动阶级之人数众多，思想窒塞，团结既难，欲其为有节制有理想之行动，更不易易。果吾国民之心性中，有团结之能力者，则不如从智识阶级之团结入手，人数既少，情感易通，既有几分之智识，则思想之传达亦易。果此阶级能实行团结者，吾以为改良吾国之政治，直易如反掌，较欧美劳动阶级之势力，有过之无不及也。

劳动阶级之同盟罢业，吾人或以为骇闻。若夫智识阶级之同盟罢业，则孔子、孟子实倡导之。孔、孟一生之心事，实诏示吾人，以同盟罢业为抵抗专制政府纠正恶政治之维〔唯〕一手段。孔子言"天下无道则隐"，又"齐人归女乐，季桓子受之，孔子行"，"卫灵公问陈于孔子，

---

* 《东方杂志》第 16 卷第 10 号，1919 年 10 月，署名伧父。

明日遂行"，"晋赵简子杀窦鸣犊舜华，孔子临河而返"。孟子言"君有过则谏，反覆之而不听，则去"，又言"无罪而杀士，则大夫可以去；无罪而戮民，则士可以徙"。苟读孔、孟之书者，人人能实行其训示，则对于恶政府，成为当然的同盟罢业。当戊戌政变时，记者已知国难将作，绝意仕进。苟当世士大夫，咸抱无道则隐之志，则西太后将不敢临朝，端郡王将不敢专政，庚子之祸可以不作，而焦头烂额之袁昶、许景澄等，可以高卧林泉而不死。洪宪时代，官僚、武人中之较有智识者，相率引退。设人人如是，则安有筹安会之鼓吹？安有请愿团之推戴？将不待靖国军之起而帝制已不能不取消矣。惜乎二千年以来之士大夫，皆奴颜婢膝于专制政府之下，置孔、孟之教训于不顾，遂使暴君污吏累世不绝，仅有一二骨鲠之言官与高洁之隐士，点缀于历史之间，而孔、孟之消极的抵抗策，终未尝实见。韩昌黎上宰相书，乃谓天下一君、四海一国之时，此消极方法已不复可用。此则热中之言，未窥见孔、孟之心事者也。

自民国成立以来，连年纷扰，损失之生命，消耗之财产，不能数计，论者咸归咎于军人、武夫。实则挑发之者谁乎？教唆之者谁乎？谁为之画策？谁为之标榜？此八九年中，吾国内一切罪恶，皆当由智识阶级负其责任。国民党也，进步党也，旧国会也，新国会也，以彼此互相排斥之故，陷吾国家于不可收拾之形势。往者已矣，来者可追。从前之智识阶级不团结，宜就现在设法；现在之智识阶级不团结，可向将来著手。将来之智识阶级，大部分产出于现在之学校。今日之学生联合会，或即其团结之基础，未可知也。彼等以未成熟之智识阶级，为一部分之团结，利用同盟罢业之手段，已见几何之效力。但记者之意，以为团结于在学校之时，尤宜团结于出学校以后。在学校时，宜以准备为范围；出学校后，乃以实行为鹄的。惜乎！吾国从前之学生，在学校中尚有几分之团结力，能以严词正义抵抗强权；一出学校，世故撄之，离群索居之后，个人薄弱之精神，乃为金钱与武力之所屈，鼓吹帝制，效忠军阀，其甚者则卖国亲敌亦出于其中。此虽个人之罪恶，亦以同阶级中无团结能力，不互相辅助而互相排斥，致阶级中之一部分，铤而走险，逸出于范围之外。吾为从前之学生悲，吾为现在之学生警。苟现在之学生，仅能团结于在学校之时，而不能团结于出学校之后，则其团结直全然无用，以人不能终其身为学生。在山泉清，出山泉浊，一时期之奋兴，适足以证其精神之柔脆而已。

何谓新思想？*

（1919）

今日吾国言论界，有揭橥新思想之名义而鼓吹之者。其所谓新思想，究为如何之思想乎？究以何故而谓之为新乎？此种疑问，不但存在于他人之心里，即揭橥新思想而鼓吹之者，亦自觉此疑问之存在，尝提出"什么叫做新思想"一语而解答之。夫既已揭橥而鼓吹之矣，而其所揭橥而鼓吹者究为何物，尚为一问题而有待于解答，则无宁待其解答确定以后，而揭橥之，而鼓吹之，未为晚也。然则吾人今日，亦惟有对于何谓新思想之问题，求其确当之解答而已。

新思想究为何种之思想乎？有解答之者曰："新思想是一个态度。"又曰："抱这个态度的人，视吾国向来的生活是不满足的，向来的思想是不能得知识上充分的愉快的，所以他们要时时改造思想，希望得满足的生活，充分愉快的知识活动。"（梦麟君《新旧与调和》论文）此解答吾固承认其确当。盖今日之揭橥新思想者，大率主张推倒一切旧习惯，而附之以改造思想、改造生活之门面语，其对于新思想之解答，诚不过如是也。然依此解答，则"思想"二字，实不能成立。态度非思想，思想非态度，谓思想是态度，犹之谓鹿是马耳。态度呈露于外，思想活动于内。态度为心的表示，且常属于情的表示，思想为心的作用，且专属于智的作用。二者乌能混而同之？至于以向来之生活与智识为不满足不愉快，是为一种感情，感情非思想也。因此而主张推倒旧习惯，要改造生活，要改造思想，是为一种意志，意志亦非思想也。感情与意志，固有因思想而起者，但思想之范围内，决不附有些须之感情与意志。故若以新思想为问题，则前述之解答，可谓全然谬误。而吾固承认其确当

* 《东方杂志》第 16 卷第 11 号，1919 年 11 月，署名伧父。

者，则以彼等所揭橥之新思想，实非思想而为态度。彼等对于向来之生活与智识既抱有不满足不愉快之感情，因而发生推倒一切旧习惯之意志，惟其意志尚未表示于行为，仅由其所怀抱之感情表示为一种之态度，故谓之为思想，实不若谓之为态度之确当也。

然则此种态度，究以何故而谓之为新乎？对于向来之生活与智识以为不满足不愉快者，人之恒情也。官僚、武人，恶民气之嚣张，愤学生之跋扈；老师宿儒，咨嗟太息于现时之抛弃国学，伤失学粹者。何莫非此不满足不愉快之感情所表示之态度乎？时无古今，地无中外，苟有人焉以现在之生活与智识为满足为愉快者，非大哲人则大愚人而已。宗教家以宗教求满足与愉快，科学家以科学求满足与愉快，其能舍其求满足与愉快之目的，而以宗教与科学为目的者，如是之真宗教家、真科学家，吾固未之或见。遍古今中外之人，咸抱如是之态度，则无所谓旧，亦何所谓新。有解答之者曰："以其适合于现代，而为现代人所应用所享受，遂名之为新。此犹时髦之物，谓之新式；时髦之人，谓之新派。"（杨贤江君《学生与新思潮》论文）此解答吾亦承认其确当。盖不满足不愉快之态度，虽为古今人类之所共同，然以今日战乱之频仍，物资之缺乏，生活费之高贵，以及产业上之垄断，政治上之迫压，遂使人类所抱怀不满足不愉快之感情益益深切，其态度乃益益显著。故此种态度，不能不原其因于时代之关系，且除因时代关系而自然流露者以外，更有因其同时代之人，咸抱如是之态度，遂互相模仿诱引，而其态度乃益为已甚者。（例如哭为哀情之自然流露，然因多数人皆哭，而其哭乃益甚，此则因模仿诱引而然者。）故今日之所谓新，实兼含有时代的及时式的两种意义。惟时之与新，乃部分之相同，决非全体之合一，世固有新而不时者，亦有时而非新者。前述之态度，谓之时则可，谓之新则不可，故谓之为新态度，实不如谓之为时的态度之确当也。

吾今敢对于彼等所揭橥之新思想，作一确实之解答曰：此非新也，此非思想也，乃时的态度而已。吾之作此解答，非含有反对新思想之意。新思想之赞成与反对，当视其内容如何而后定，吾人决不以其名义为新思想而赞成之，亦决不以其名义为新思想而反对之。惟以张冠李戴之名称，下卖狗插羊之定义，则吾人所不能不纠正者耳。

今日所揭橥之新思想，吾既以谓非新非思想矣。然则必如何而后可谓之思想？必如何而后可谓之新思想乎？曰思想者，最高尚之智识作用，即理性作用，包含断定推理诸作用而言，外而种种事物，内而种种观念，依吾人之理性，附之以关系，是之谓思想。新思想者，依吾人之理性，于事物或观念间，附以从前未有之关系。此关系成立以后，则对于从前所附之关系，即旧思想而言，谓之新思想；例如皇权本于神授，此旧思想也；人权由于天赋，社会成于契约，主权属于人民，此民主思想也，对于君权神授之思想而言，则谓之新思想；主权在于人民，少数之阶级，不宜压制多数之阶级，此民主的经济思想，对于民主的政治思想而言，又谓之新思想。又如以生物为上帝所创造，由父母传之子孙，永远不变，此旧思想也；谓生物本出于同源，渐次变异，因生存竞争而进化，此生物进化之思想，对于生物不变之思想而言，则谓之新思想；竞争虽为进化之要素，然竞争之外，尚有互助之法则，亦为进化之要素，互助之精神愈盛，则进化之程度愈高，此互助进化之思想，对于竞争进化之思想而言，又谓之新思想。至近时风靡世界之社会主义，其思想虽发源于希腊，即马克斯之《资本论》，亦刊行于五十余年以前，然对于社会上因袭未变之个人的经济思想而言，亦谓之新思想。人类之新思想有种种，本各有其具体的专名，虽今日种种新思想，大有辐辏而集中于社会主义之趋势，故仅言新思想以为抽象的通名，亦无不可，而新思想之定义，则终不能变也。

吾国言论界中提倡民主的经济思想、互助的进化思想、公产的社会主义或国家的社会主义，以及其他种种新思想者，固不乏人。而揭橥新思想者，其所谓新思想，并不属于前述种种，其惟一之主张，为推倒一切旧习惯，此种主张，适与新思想之定义相凿枘。新思想依据于理性，而彼则依据于感性。新思想于事物或观念间，附以从前未有之关系；而彼则于事物或观念间，破其从前所有之关系。吾以为彼之主张，决不能达其目的。盖旧习惯之破坏，乃新思想成立后自然之结果。新屋既筑，旧屋自废；新衣既制，旧衣自弃。今不务筑新屋制新衣，而惟卷人之茅茨而焚之，剥人之蓝缕而裂之，曰：是即予之所谓新屋也，是即予之所谓新衣也，则人安有不起与之反抗者？不但其茅茨决不肯为其所焚，其蓝缕决不肯为其所裂，必且并新屋新衣而深恶之而深恨之，而其茅茨且永不能除，蓝缕且永不得脱矣。故以非新非思想而揭橥为新思想者，实际上乃阻遏新思想之最有力者也。吾以为今日之主张推倒一切旧习惯者，实因其心意中并未发生新思想之故。英国当十九世纪初期，劳动者以生活困难之要求，闯入工场，摧毁机器，仅有感性的冲动，而无理性的作用者，即因其时社会主义之新思想，尚未发生于彼等心意中之故耳。

论通俗文 *

（1919）

　　近时流行之通俗文，人或称之为新文学，但"文学"二字包孕甚广，仅变更文体，只可谓之新文体不能谓之新文学。况通俗文本为我国固有文体之一种，其散见于史传经疏语录曲本及演为小说者，姑不论，即近二十年中以通俗文刊行报章杂志，翻译外国书籍者亦复不少，初非创始于今日，则号为新文体犹且不可，况号为新文学，殊不适切于事实。若但标举名义以耸动庸众之耳目，而不顾事实之当否，此政党之手段，非学者之态度也。吾人欲增进社会文化，则事事宜循名责实，凡不适切于事实之名称，必于文化上发生障碍，吾人不可不矫正之。故吾望今日之提倡此种文体者，舍其文学革新之旗帜，从事实上求效益于社会可也。

　　通俗文，人多称之为白话文，而予则称之为通俗文，不称为白话文者，盖予意以谓今后宜区白话文与通俗文为二。白话文以白话为标准，乃白话而记之以文字者。通俗文以普通文为标准，乃普通文而演之以语言者。以白话为标准者，其能事在确合语调，记某程度人之白话，则用某程度之语调。若老人，若青年，若妇孺，若官吏，若乡民，若市侩，若盗贼，其语调可一一随其人之程度而异。此种文体可以为显示真相之记事文，可以为添加兴趣之美术文，用之于小说为宜。以普通文为标准者，所用名、动、状词及古典成语之类，概与普通文相同，惟改变其语助词，使合于语调，其不能变改者仍沿用之。此种文体可以作新闻，可以为讲义演之于口，则可谓之为高等之白话。详言之，即通俗文者，不以一般人之白话为标准，而以新闻记者在报纸上演讲时事之白话与学校

　　* 《东方杂志》第 16 卷第 12 号，1919 年 12 月，署名伧父。

教师在讲坛上讲授科学之白话为标准。此等白话，非一般的白话，除少数之记者、教师以外，现时殆无人应用此白话者，故与其谓标准于白话，毋宁谓其标准于普通文。其中除一部分之语助词外，余实与普通文无异也。予对于通俗文与白话文之区别，其见解如此。

现时流行之文体，即予之所谓通俗文而非白话文也。惟二者向未加以区别，故世人不免误解，以为现时流行之文体，乃以白话为标准者，凡名、动、状词，古典成语，苟非一般的白话中所有者，皆宜摈弃不用，至一般的白话中所有者，则无论其为不规则之略语隐语，不雅驯之谐语詈语，可以随意应用。此误解之结果，必至低抑文字以就语言，不能提高语言以就文字，即使文言合一，而以低度之言成低度之文，安能负增进文化之责任乎？夫高度之学术思想，决非低度之语言所能传达，譬如吾人今日欲摈弃新译新定之词语而不用，而以往时学究先生之谈话传达现代之学术思想，则其扞格不入，可无待言。故吾人为增进文化计，变改普通文之语助词以合于语调则可，低抑普通文之程度以合于白话则不可，此予所以欲别通俗文与白话文为二，而表明现时流行之文体乃通俗文而非白话文，乃以普通文为标准而非以白话为标准者也。

或曰："如上所言，则通俗文与普通文仅为一部分语助词之改变，则其改变之也何益？不改变也何害？不能读普通文作普通文者，决不因一部分语助词之合于语调，遂能读能作。能读通俗文作通俗文者，决不因一部分语助词之不合于语调，遂不能读不能作。如是，则变普通文为通俗文，其于文化上之效益何在？"则答之曰：今日之提倡通俗文者，谓"变普通文为通俗文，则易读易作，因之学术思想易于传布"。此恐非事实。就事实言，决不因一部分语助词之改变即能收如许之效果，惟通俗文于社会文化上确有效益，则予固信之。吾人希望文言合一，固在提高语言以就文字，然语言能提高至若何程度，以今日报纸上之时事演说，讲坛上之科学讲语证之，则凡名、动、状词，古典成语之类，概可与普通文无异，惟"之"、"乎""者"、"也"等一部分语助词，决不能入于语调。可知吾国文言，本有接触点存在，其中为文字与言语之鸿沟者，即因此一部分语助词之差异，若不抉去此鸿沟，则语言之程度即使尽力提高，而文言终不能合一。故吾人一方面既希望提高语言以就文字，一方面不得不变改文字上一部分之语助词，使文言合一之可能。且通俗文既以普通文为标准，则普通文亦当然以通俗文为标准，二者互为标准，一方面可以限制通俗文使不流于鄙俚，一方面又可以限制普通文使不倾于古奥，两相附丽，为文言两方趋向之鹄的，文言合一之基础即在于此。

抑今日之提倡通俗文者，往往抱有一种褊狭之见，以为吾国今后文学上当专用此种文体，而其余之文体，当一切革除而摈弃之。此种意见实与增进文化之目的不合。社会文化，愈进步则愈趋于复杂，况以吾国文学范围之广泛，决不宜专行一种文体以狭其范围，无论何种文体，皆有其特具之兴趣，决不能以他种文体表示之。《史》、《汉》文字之兴趣，非六朝骈体所能表。六朝骈体之兴趣，非唐宋古文所能表。即同一白话文，《水浒传》之兴趣，不能以《石头记》之白话表之。《石头记》之兴趣，亦不能以《水浒传》之白话表之。故吾谓杂多之文体在文学之范围中，当兼收并蓄，惟应用之文体，则当然以普通文及通俗文二种为适宜。现时二者并行，须演讲宣读者，宜用通俗文；须研究考证者，宜用普通文。将来通俗文习用以后，语助词之解释确定，规则严密，则当专以通俗文为应用文。此种应用文，乃科学的文，非文学的文。科学的文，重在文中所记述之事理，苟明其事理，则文字可以弃去，虽忘其文字亦可。文学的文，重在文字之排列与锻炼，而不在文中所记述之事理。此种文学的文，亦可以通俗文为之，然现时尚不发达，即使将来有发达之希望，亦不能以有此一种文学的文，即可以废去种种文学的文。故谓应用文不可倾于高古则可，若谓高古的文学文概可废弃，则中国现时通俗的文学文尚未成立，将只有科学的文，无文学的文，所谓革新文学者，或转有灭除文学之虑矣。至现时以通俗文所著之文学文，即所称为新体诗者，既系长短句，且不押韵，全然与诗体不同，其与通俗文略异者，仅因其有文学文之性质。有文学文之性质者，岂必名之曰诗？既非诗体，何妨另立一名，何必袭诗之名而用之乎？

对《何谓新思想?》一文的附志 *

（1920）

梦麟君此文，对于"新思想是一个态度"一语加以解释，谓"新思想是抱那个态度的人的思想，那个态度，是向进化方面走的态度"。鄙人承认前此批评，是误会的。但"新思想是一个态度"的一语，究有语病，想梦麟君亦当承认也。至梦麟君谓"抱新态度的人，何尝一味主张推倒一切旧习惯"，但鄙人曾见《新教育》第一卷五期《改变人生的态度》中所说的三个方法，第一个就是推翻旧习惯旧思想，鄙人谓"揭橥新思想者，大率主张推倒一切旧习惯"，实有所感触而发，并非武断。鄙人甚望梦麟君对于旧习惯加以批评，若批评之后，确是应该推翻，然后大家推翻他。不要不加批评，先说推翻，譬如犯了罪不经审判，即便处死，未免冤枉。现时学时髦的人，对于旧习惯，不论是非善恶，都主张推翻，说这个就是新思想，所以"张冠李戴"、"卖狗插羊"等徽章，是鄙人赠送一般假冒新思想的人。又梦麟君谓鄙人"把感情和意志都划出思想范围以外"，诚然，诚然，在心理作用中，因感情意志发生思想，或因思想发生感情意志，固有密切关系，然谓感情与意志为思想之因或果，固属不误。若为"思想"二字下界说，则不能不将感情与意志划出范围以外。此种界说，固非鄙人所创作，毋待详论。又梦麟君此文之意，以感情与意志为思想之原动力，先改变感情与意志，然后能发生新思想，是将人类之理性，为情欲的奴隶。先定了我喜欢些么，我要些么，然后想出道理来说明所以喜欢及要的缘故，此是西洋现代文明之根柢，亦即西洋现代文明之病根。我喜欢他人的土地，要用武力来侵略他，就用国家主义、民族主义、竞争主义来说明；我喜欢他人的产业，

---

* 《东方杂志》第 17 卷第 2 号，1920 年 2 月，署名伧父。

要用资本来侵略他，就用亲善、和平、协助种种道理来说明。其结果，一切哲学科学，都变成武人及资本家的工具。此种活思想，乃听人随其情欲而活用的思想，其价值何在？鄙人不能不更用宋儒的性理说来批评他，即所谓："人心之灵，莫不有知。天下之物，莫不有理。但为情欲所蔽，则有时而昏。"西洋现代文明的病根，即在于此。鄙人之意，以谓人当以理性率领情欲，不可以情欲率领理性。譬如我见一好图画，我爱他，我要学他，此是情欲的冲动，我当即用理性来判断此图画究竟好不好，当爱不当爱，当学不当学，然后决定我的态度。若理性并没有决定态度的权力，不过于态度已定之后，用性理〔理性〕来考察如何爱他如何学他的方法，照此说来，鄙人亦无可批评。不过鄙人要请问诸位批评旧习惯的人，究竟是何意思？譬如有人见了盘古时代的图画爱他，要学他，你们却批评盘古时代的图画如何不好，不当爱，不当学，但他们的态度是已定的，理性的权力不能改变他的；你们批评他，要他们用理性来改变态度，是心理上所没有的。请问求新思想的劈头一斧，如何下法？

伧父附志

中国医学的研究方法[*]

（1920）

　　向来学西洋医学的，往往批评中国医学，说他："没有实验的根据，就是有些理论，不过阴阳五行六气三候之类，笼统含糊，不合科学的法则。到了今日，实在无存立的地位了。"余云岫先生的大著，说："要斩钉截铁，把这点以伪乱真，空言欺人的勾当，一起看破。"（见本志二卷四号）余先生著的《灵素商兑》一书，就是极力排斥这种理论的。鄙人相信余先生的医学，并且相信余先生对于中国医学是极有研究的。但是他批评中国医学的理论，说他欺伪，要一起推翻他，这一点鄙人却不以为然。

　　庸俗的医生，把中国医学的理论弃去精华，取了糟粕，满口阴阳五行，一切都用他来附会，真是可恶。鄙人曾闻一医生对人说："你是肾亏，可吃海参，海参色黑补肾，极有功效。"鄙人对那医生说："海参生活的时候，青紫各色都有，蒸熟晒干了，才变黑的。若是色黑补肾，何不饮墨汁，或者用石榴皮加皂矾呢？"这种附会之词，原不禁得一驳，我们实在也不值得驳他。不过这种欺伪，是庸俗医生的欺伪，不是中国医学的欺伪。若是高明的医生，所谈阴阳五行六气三候之类，决不能说他全无道理。不过他们没有学过西洋科学，不能用科学的名词和术语来解释他。若是有科学知识的人，肯把中国医学的理论细心研究，必定有许多地方与西洋医学相合，恐怕还有许多地方比西洋医学高些呢！

　　西洋医学的进步，不外乎下列的几种根据：一是尸体的解剖，二是显微镜的检查，三是生活动物体的试验。但生理的微妙，病理的繁变，不是单用这几样本领，可以尽其能事。大约器质的疾患，就是因脏腑或

　　* 《学艺》第 2 卷第 8 号，1920 年 11 月，署名杜亚泉。

组织变异而起的疾患，可以从解剖或检查显出证据。若是官能的疾患，就是因生理作用变异而起的病患，决不是解剖检查所能明白，就是用生活的动物体来试验，也不过可以帮助一点。因为人类和动物，生理的习性是不同的。不但动物，就是这个人和那个人，生理的习性，也是不同。总之，人类微妙的生理，只有人类微妙的心灵，可以觉着他。医学的初步，虽然靠着机械的试验，医学的大本营，不能不驻扎在吾人心灵的体会上。所以中国古时"医者意也"的一句话，鄙人以为是至理名言。鄙人的意思，中国的医学，是专从心灵的体会上着手，已经积有数千年的经验。若我们能用着合宜的方法，把古人心灵上所觉着微妙的生理发挥出来，于医学上必定有一种价值。鄙人不是为欺伪的医生来做辩护，不过希望有科学知识的人，不要把机械的试验看得太重，把心灵的体会看得太轻。世界上的科学，除了物质方面以外，凡是精神科学、社会科学，都不是全靠着机械的试验才能成立呢。

　　中国医学理论的出发点，就是"血气"两字。血是血液，气是怎么讲呢，这不是空气的气，古来用"气"字的意义，大都说气是无形迹的，又是能运行的。在自然界中用这"气"字，像"气化"、"气运"之类，大概可用"自然作用"四个字来解释他；在人体生理上，就可用"神经作用"四个字来解释他。像"肝气"、"胃气"、"顺气"、"益气"、"气郁"、"气滞"、"气虚"、"气逆"等种种气字，都是这个意思。就是我们平常说的"神气"、"气色"、"和气"、"怒气"等，也是指示神经作用的表象。所以"血气"两字，一虚一实。血是指血液的实质，气是指神经的作用。人类的生活，一是靠血液营养，一是靠神经作用，这两件是周布全身的。而且神经作用，全靠血液的营养；血液循环，也全靠神经的作用。所以古人说"气以行血，血以摄气"，这两句话，把循环系统和神经系统的关系说得很明确。西洋生理学把人体的机官，分为九系统，但不论何种系统，终不能离了血液的营养和神经的作用。所以人体上除了表皮以外，不论何种机官，都有血液和神经联络分布。血是所动的；气是能动的；血是表人体上物的方面，气是表人体上灵的方面。所以说"血阴气阳"。自然界中，天为阳，地为阴。地是表自然界中物的方面，天是表自然界中灵的方面。"阴阳"两字，无非是哲学上所动的及能动的两种标志。天地有阴阳，人身亦有阴阳，所以说"人身是一小天地"。吾人身体，本属自然的一部分，西洋哲学上，何尝没有这样的见解呢？

中国医学上，对于"疾病"二字的解释，总是说阴阳不和，或是血气不和，若用西洋病理学上的术语来解释，就是"循环障碍"（Circulatory Disturbances）的意思。鄙人于西洋的病理学，虽然没有会通，但敢大胆说一句话，一切疾病都是循环障碍的现象。若要把这句话讲做明白，非是另外换个题目不可。现在只能把"循环障碍"的四个字，照西洋病理学上所说的略略一讲。大凡血液在血管中流行，多寡迟速，都与血管的扩张和收缩相关。血管的扩张和收缩，又与神经的弛缓和紧张相关。所以血液的流行，全靠神经的调节。若是调节失宜，身体的局部上，因为血液增多或是减少，就起了"充血"、"郁血"和"贫血"的三种现象。局部的动脉管扩大，血液增多，这叫做"充血"。局部的静脉管扩大，血液郁积，这叫做"郁血"。局部的动脉管收束，血液减少，这叫做"贫血"。这三件就是病理学上循环障碍的子目。除了"生理的充血"以外，余者都是疾病。中国医学上"气血不和"的子目，却有六种，就是风、火、寒、热、燥、湿的六淫。现在照鄙人的见解，分别释明这六淫的意义。

神经奋兴，动脉血流行速疾时，叫做热，或叫做内热。全体微血管起充血现象时，叫做发热，或叫做表热。局部充血叫做火，像"胃火"、"肝火"，都是局部充血的意思；"君火"、"相火"，就是生理的局部充血。

神经沉滞，动脉血流行缓慢时，叫做寒。全体微血管起贫血的现象时，叫做寒战。局部贫血，也叫做寒，像"胃寒"、"脾寒"、"子宫寒"，都是局部贫血的意思。

神经沉滞，静脉血流行缓慢时，叫做湿。全体起郁血现象，或局部郁血时，都叫做湿，像"皮湿"、"脾湿"等，都是局部郁血的意思。

燥是热的继续发生的现象。因为内热或表热，以致血液中的浆液分泌过度，水分蒸发太多，血液渐渐减少时，就叫做燥，所以燥是充血中兼有贫血的意义。

风是气的变态，神经奋兴过度，起强度的充血，致发生痉挛现象时，或神经沉滞过甚，起强度的郁血，致发生痹麻现象时，都叫做风。但神经作用，往往奋兴过甚，就变沉滞，沉滞过甚，又起奋兴，所以痉挛和痹麻，常相间而作，像"肠风"、"惊风"、"中风"等，都是兼有痉挛和痹麻的现象，就是充血中兼有郁血的意义。

疾病的现象，虽然可分为上列的六种，但生理作用甚为微妙。此部的充血或郁血，可以引起他部的贫血；此时的郁血或贫血，也可以引起他时的充血。所以中国医家讲解病理，常有"湿夹热"、"寒包火"、"热生风"、"湿化热"等种种术语，依鄙人的见解，或者也有点研究的价值呢。

风、火、寒、热、燥、湿的六淫，不但是人体上阴阳不和的子目，就是自然界内，阴阳的乘除起伏，也用这六个子目来说明他，叫做六气。又将火与热并合，叫做五运。五运中，寒与热是温度高低的差别，燥与湿是水分多少的差别，风是寒热燥湿骤变的现象。中国医学把人体生理的现象和自然界的现象贯通一气，这是最可注意的一点。他又把人类的病因，归本于感受六气，虽没西洋病因论中所讲的完密，但疾病的外因，除了毒物作用、电气作用、X光作用、器械作用等特别病因外，不过温度作用、气压作用、病源菌及寄生动物的作用为普通病因。中国医学，以寒、热、燥、湿表"高温作用"、"低温作用"、"高气压作用"、"低气压作用"的四种病因，更用"风"字表温度气压剧变时的病因。至于病源菌及寄生动物，中国医学上殆不认为病因，因病源菌及寄生动物的发生和死灭，概与自然界的温度和气压有关系，仍可包括在感受六气的总原因中。况且病源菌和寄生动物侵袭人体，人体所以不能排除他或杀灭他的缘故，就是因为人体上的气血不和。譬如肺痨菌在室中飞扬，人人都不免接触，并不是人人传染。若是肺部先起了充血或贫血、郁血的现象，肺痨菌就得势力了。疗养得宜，肺痨菌就渐渐死灭。又如疟疾的寄生虫，也是乘着人体精神倦怠血液流行缓慢时才发生势力。所以中国医家，说疟疾的病因是寒湿。若是除了寒湿，就不用金鸡那来毒杀这寄生虫，疟疾也会好的。譬如发疟的时候，遇着高兴的事情，神经活泼起来，疟疾就可以截止。鄙人幼时发疟，家人常领到街市游玩，疟就好了，叫做避疟。少年时得了一个快友来谈，也可以截疟。这都是鄙人亲历的。服金鸡那固然可以截疟，但寒湿不除，必然另发他病，鄙人也是经验过的。所以鄙人的意见，霉菌和寄生动物，譬如草寇，草寇是应该剿灭的，但政治不修，剿灭草寇无益，譬如历史家说"唐室覆没的原因是黄巢，明室覆灭的原因是献闯"。这识见岂不浅薄呢？所以卫生的根本，在于血气和平。现在有新知识的人，不注意于自己修养，务竞争而好胜利，一切都是血气用事，专门考究表面的卫生，到处霉菌霉菌，弄得中国地面上，没有一处可以放着他身子。这种新智识，鄙人最不佩服。

至于中国的药理，自然没有西洋药理学的确实，但十分中也有三四分是中西相同的。中国医书所讲药的效用，和西洋药物学上所讲，暗合的竟是不少。可见古人的经验，总有几分靠得住。若是我们能把中国方书中所用的术语解释明白，必定有许多意义可以寻绎出来。现在姑照鄙人的见解说个大意。大约药性能活泼神经，使局部血行畅利的，就叫做温。沉静神经，使局部血行和缓的，就叫做凉。刺戟神经，使局部微血管扩大，血液增多，就叫做热。刺戟神经，使局部微血管收缩，分泌增多，就叫做寒。刺戟肺部或末梢神经，使微血管起充血现象，就叫做升或表。刺戟肠神经，使蠕动急速，黏膜起充血现象，叫做降或攻。刺戟心脏，使血液循环加速，或刺戟肾脏，使微血管扩大，泌尿增多，叫做利或渗。刺戟皮肤或黏膜，使微血管收束，制止分泌，叫做涩或敛。壮健神经，滋养血液，叫做补养。调节神经，清洁血液，叫做清理。这种解释，是否明白的确，鄙人也不敢自信，不过用这样的方法来研究，或者能达到明白确实的地位，鄙人的解释，不过打个样子罢了。

中国诊脉的方法，要从左右寸关尺的六个部位诊断一切病症，从科学上推论，自然无此道理。但脉的搏动是血液循环的一部分，循环障碍时，脉搏自然受着影响，这微小的影响，积了经验，也可以得伟大的效果。大凡精神所集注和心灵所觉察的，决不是科学的法则可以说明。譬如人的喜怒怨恨，本人就是竭力掩饰，别人往往一见就觉着。这种觉察，就不是科学所能说明。鄙人曾在乡间试验一狗，这狗是进来偷食的。他进来的时候，你若不觉着，或者觉着了没有恨他的意思，他就大胆进来了。若你觉着他，并且有恨他的意思，他看了你的面色，他就抛〔跑〕了。我知道他会看人的面色，等他进来的时候，故意装做不觉着的样子，他进来之后，狐疑了片刻，终究觉着不妥，就抛〔跑〕出去。这狗心灵，尚且有这样微妙的觉察，况且人类呢？大约诊脉察病的道理，也是和见面知心的道理相同，都不是科学的法则可以说明的。鄙人有个亲戚考究脉理，又有个朋友，不相信他的脉理，用生理学的道理来驳他，争论不下。这朋友说："你且诊我的脉，说我有些没病。"这亲戚诊了片刻，说道："你没有病，不过现患尿急。"这朋友默然，后对鄙人说："尿急是很确的，不知他怎样能诊断出来？"这种故事，中国医书上很多，说得天花乱坠，虽然也不可全信。不过鄙人的意思，希望明白科学的，不要作"科学万能"的迷想。世界事物，在现世科学的范围以内者，不过一部分。科学家的责任，在把科学的范围扩大起来。若说

"世界事事物物都不能出了科学的范围"，这句话就是不明白科学的人所讲。现在学西医的或是学中医的，应该把中国的医学，可以用科学说明的，就用科学的方法来说明，归纳到科学的范围以内；不能用科学说明的，从"君子盖阙"之义，留着将来研究。不但中国的医学应该这样办法，就是别的学问也应该这样办法。若是用现世的科学来推翻中国的学问，譬如用德皇的军队来杀中国的苦力，自然到处胜利，不过从鄙人的眼光看来，恐防胜利是假的，失败倒是真的呢！

不寐书怀 *

（1922）

万念奔波脑海中，半窗月白一灯红。
思家母子眠方熟，怀友升沉境不同。
岁歉盗多愁劫重，道更文丧叹儒穷。
晓来强合朦胧眼，睡起犹须苦作工。

---

* 《学艺》第 4 卷第 6 号，1922 年 12 月，署名杜亚泉。

归乡卧病 *

（1923）

小楼高矗四山丛，昼卧高楼病更慵。
鼻管远香开午饭，耳根微振起邻舂。
梦中情绪理还乱，渴里茶汤淡胜浓。
来日无多应自觉，漫抛乡里恋高佣。

＊《学艺》第 4 卷第 9 号，1923 年 3 月，署名杜亚泉。

《新中华学院简章》序言 *

（1924）

现时中等教育，以外国语为重要必修科目，占教学时间四分之一至三分之一，此实吾国特殊之教育制度，亦最不经济之教育制度也。西洋各国文字语言，与吾国差异太甚，故学校课程，教学外国语之时间，虽不过三分之一或四分之一，而学生之精力，消费于外国语者，常过半焉。然其结果，则毕业以后，阅普通书报，尚不甚了了，入不足以修学，出不足以应世，吾不知现时中等教育，使学生耗如许精力，习此一知半解之外国语，于学生之身心生活上，果有若何之效益者？

向使此学生于毕业后，更进而入大学受专门教育，或在通商口岸执业，则其所习之外国语，尚可继续进步。然全国之中学生，升学者势不过十之一二，又决不能令其悉营都市生活。大多数之学生，其所习外国语，势必以无所应用而终即于废弃。语云："三日不弹，手生荆棘。"况此未成熟之外国语，其堪十暴而一寒乎？吾不知现时中等教育，使学生耗如许精力，习此终即废弃之外国语，于学生身心生活上，果有若何之效益者？

况学制改革以后，千百之高小皆将改编初中，地方教育经费又率蹗蹐。师资既难，滥竽不免，则橘变为枳，素尘为缁，推其流极，将于洋泾滨〔浜〕国语以外，演成无数之特种语言。吾不知现时中等教育，使学生耗如许精力，习此洋泾滨〔浜〕式之特种外国语，于学生之身心生活上，究有若何之效益者？

鄙人私见，以为吾国中学制度，宜以外国语为随意科目，使学生之希望入大学受专门教育者习之。大学专门学校，一切学术，皆宜用国语

* 《教育杂志》第16卷第8号，1924年8月，署名杜亚泉。

为研究工具，并就所研究之专科中，治外国之学名术语，以与世界各国交换知识。至于豫备留学，及为国际商业国民外交上培养人才，则宜于都市中设特殊的中等教育，除国文以外，一切科学，皆以外国语为研究工具，初中之教学方法，宜附以国语之讲解及说明。曾以此意见质之谢君福生，君深然之。今君与其同志将创立新中华学院于上海之商埠，其旨趣颇与鄙人所谓特殊的中等教育相同。但鄙人私愿，尚望得多数同志于各地方创立中学校，不设外国语科目，使学生精力得专注于科学，以提高中学程度；尤望得多数同志创设大学专门学校，用国语研究一切学术，以期学术上之自立。今于新中华学院发布校章之始，附陈鄙见，并说明新中华学院创立之旨趣，则其学校之性质与教学之方法，亦可以是知其概略矣。

民国十三年七月　杜亚泉谨序

对于李石岑先生演讲《旧伦理观与新伦理观》的疑义和感想 *

（1927）

一、绪　言

我从《一般》里见到李石岑先生的两篇论文，一篇就是《旧伦理观与新伦理观》，刊在本年的新年号上；还有一篇是什么题目，刊在那一号里，一时记不清楚，恕我懒惰不找，大约论旨也和《旧伦理观与新伦理观》相仿的，都是鼓吹现代主意主义的哲学，驳斥从前主知主义的哲学。我见了这两篇论文，很引起注意，现在就把我对于《旧伦理观与新伦理观》一篇中偶然见到的疑义和感想，写了出来。

但是我还得预先声明几句话。李先生和我同事了好几年，因为职务的羁绊，没有暇时向李先生请教。李先生所著论文集和演讲集，我也没有读过。因为神经衰弱，除了职业关系以外，平时只能读些涵养性情的诗词，不能再读刺戟理性的科学或哲学书，所以我看过李先生的著作，就只有这两篇，真所谓"窥豹一斑"。但我从这两篇上观察，就使我对于李先生很表示钦佩的意思。我忠实地声明：就我这孤陋寡闻的地位看来，现代研究精神科学像这样通彻的，大约并世无两了。从前也有几位朋友，提倡新思想新文化的，究竟什么叫新思想，什么叫新文化，说来说去，总不能具体的说出，真是使我们"如坠五里雾中"。幼时见墙角上有人题着："我有一首诗，天下无人知，有人来问我，连我不得知。"那时候提倡新思想新文化的，大约也是如此，像李先生的能把新伦理和旧伦理差别的地方，详细指示，使我们看着何等爽快呢？

---

* 《一般》第 2 卷第 2 号，1927 年 2 月，署名杜亚泉。

　　我们家乡（绍兴）里有几句通行的话："天下文风许浙江，浙江许绍兴，绍兴许陶堰（地名，陶氏聚族居此，明清科第极盛），陶堰许家兄，家兄的文章，还要我批改。"这是形容吹牛的方法，我既然很钦佩李先生，却对于李先生的论文提出疑义，这不是和陶堰人吹牛的法子一样吗？但是李先生这篇论文，不过把新伦理观指示我们，这新伦理观并不是李先生创作的，我的疑义，不过是对于新伦理观有怀疑的地方，因而加以批评，并不是批评李先生的论文，不过借着李先生的论文来批评新伦理罢了。我不是在李先生的论文中，找些文字上的破绽，但在新伦理观中，找些文字上的破绽是有的。现代的新伦理像李先生所指示的，大概真确，所以我的疑义和感想，都是对于现代的新伦理而发，不是对于李先生的论文而发，这是我所要豫先声明的。

二、理智和欲望

　　李先生的论文中说"理智产生于欲望"，"欲望是因，理智是果"，这几句我不知道有什么根据，若在心理学上考察，只可以说"欲望是由理智产生的"，不能说"欲望产生理智"。照平常的思想，"人类因为有了穿衣服的欲望，才由理知〔智〕做出衣服来；因为有了住房子的欲望，才由理智造出房子来"。但这种思想，是完全倒果为因的。我们人类，必须先有理智，做了衣服，造了房子，然后会有穿衣服住房子的欲望；即使没有事实上的衣服和房子，至少须有想像上的衣服和房子，才会有穿衣服住房子的欲望，那想像上的衣服和房子，也就是由理智产出的。小孩没有吃过奶以前，只有吃奶的本能，不会有吃奶的欲望，他没有吃苹果或者见人吃苹果以前，决不会嚷吃苹果的。老虎若没有吃过人的经验或者人是可吃的推想，也只有吃人的本能，决不会有吃人的欲望。这都容易证明欲望是由理智产生的。基督教的信徒有死后升入天堂的欲望，修炼的道士有长生不老的欲望，这种欲望，都是由想像而来，也是从理智产出。但他们虽然有了这样的欲望，终不能发生升入天堂和长生不老的事实。如果欲望能产生理智，为什么他们抱了这欲望已经二三千年，终究不能产出理智，实现他们的欲望呢？依此说来，理智是因，欲望是果，也容易明白。乡下不识字的人，为什么没有"废除不平等条约"、"撤除领事裁判权"的欲望呢？就因为没有这理智的缘故。大凡理智较高的人，欲望必然较多，因为有了理智，自然能产生欲望的。

但是欲望较盛的人，理智未必很高，因为只有欲望，不能产生理智的。

论文中又说"理智不能抑制欲望"，"过去的道德与宗教，就完全中了禁欲主义的毒"，"从前理智支配欲望，现在却变为欲望支配理智了"，"从前理智抑制欲望，现在却变为理智辅导欲望了"，"从前是禁欲主义，现在却是导欲主义"，"禁欲的思想是旧伦理的结晶，导欲的思想是新伦理的结晶"。李先生指示我们新伦理和旧伦理的差别，这就是一个要点。导欲和禁欲，字面上固属反对，普通人的意思，导欲当然是欢迎的，禁欲当然是嫌恶的，其实这不过是同一事件的两面看法罢了。二五还是一十，实在是没有差别的。成人的行为，由单一的欲望出发的很少，通常所谓有意的行为，总是同时有二个以上的欲望，经心意的选择后，才决定实行的。这个选择，就是理智对于欲望所负辅导的责任。选择的结果：一个被选的欲望，赖理智的辅导而得满足；其余若干个落选的欲望，就不能不受理智的抑制了。当许多欲望互相抗争的时候，理智若没有禁欲的能力，同时也就没有导欲的能力，这是显而易见的。绝对的禁欲，除了"无常一到，没有法子"以外，其余无论什么宗教家道德家，都不相干。绝对的导欲，除了孙行者的分身术以外，其余无论那一位新伦理家，都没有这个本领。儒家本来没有禁欲主义，程、朱、陆、王所谓"存天理去人欲"，就是辅导那较为自然、较为正当的欲望来抑制那不自然、不正当的欲望。宗教家的禁欲主义，诚然是"非人的生活"，但这个评价，是我们理智上的评价。他们的禁欲，为的是想进天堂，想成佛菩萨，想长生不老，他为要满足这种的欲望，所以来营非人的生活。若新伦理家用著理智上的评价来批评他们的欲望，岂不是仍然要用著理智来支配欲望吗？岂不是自己打了自己的嘴巴吗？譬如自然界中有无数生物，都是向生的方向进行，因为生活资料有限，其结果，千万个生物中获得生存的只有一个。没有这千万个的死，就没有这一个的生，欲望的被禁和被导，也是这个样子。我们就生物界的现象说"天道好生"，果然不错；就是说"天道好杀"，也是不错的。但是现在有人来提倡新天道，说"旧天道是好杀的，新天道是好生的"。这样的新天道观，可以使我们相信吗？

三、因袭和创造

现在许多人都嫌恶因袭，喜欢创造。李先生的论文中说："从前的道德说是从理智出发，所以看重形式的原理，因袭的观念，服从的品性；现在的道德说从欲望出发，所以看重特殊的事实，创造的意志，革命的勇气。"又说："过去的道德和宗教，总是因袭的，功利的。"照现时群众的心理，凡是因袭的都是坏，创造的都是好。半年前我看见《东方杂志》中有一段时评，大骂因袭，他说："因袭是理智的罪人。"李先生却说："从理智出发的看重因袭。"大约因袭是最不好的东西，赞成理智的，就说因袭得罪理智；嫌恶理智的，就说理智看重因袭。现在正是"因袭"二字"蹙眉头"的时代，好的地方总是没有他的，坏的地方总是有他的。但是"创造"二字，却正在"出锋头"的时候，只要有他到场就好。所以我要把因袭和创造的关系，表明一番。原来因袭和创造，也是同一事件的两方面，与导欲和禁欲的关系相同。

照普通的说法，理智是创造的，不是因袭的，所以赞成《东方》说的当然是多数，赞成李先生说的当然是少数。其实若没有因袭，就没有创造；没有创造，也就没有因袭。旧的固然由因袭而来，但是从前没有人创造，却从何因袭呢？新的自然要创造，但是不为著以后可以因袭，试问这创造有什么意义呢？纯粹的创造，是不可能的。创作的小说，不是语体，便是文体，总得因袭一体。就是在语体、文体以外，另创一体，至少不能不因袭向来通用的文字。若是连文字也完全创造起来，那么这篇创作，只好请作者自己欣赏了。完全的因袭，也是不可能的。我们临帖学书，用油纸影写，间架姿势，无论怎么样注意，和原帖总差得多，可见因袭也不容易。理智的发达，全在记忆和想像，因袭从记忆来的，创造从想像来的。想像的材料，全出于记忆。说因袭得罪理智，和说木料得罪木匠相同。现在我更从生物的进化上来考察因袭和创造的关系，尤其容易明白。

生物的形质，有遗传和变异两方面。遗传是因袭的，变异是创造的。生物的进化，自然由变异而来，只有遗传，没有变异，那么下等生物永远是下等生物，自然没有进化的可能。但若只有变异，没有遗传，生物还能够进化吗？生物的形质，若没有遗传，那么人忽然生狗，狗忽然生蚂蚁，蚂蚁忽然生变形虫，一切生物，完全没有定形，和空中浮游的白云相同，那里还有进化的可能呢？我们的祖先，从原人时代一直到现在，不绝的创造，我们才得做一个现代的文明人。但是我们若把祖先创造的，一切不许因袭，那么我们只好回复到原人时代，而且还要回复到变形虫时代才行。我现在要提倡一种新生物学，说："旧生物是遗传的，新生物是变异的。"这样的新生物观，可以使诸位相信吗？

四、感　言

以上所说，无非表明"二五就是一十"，同一事物的两方面，本来没有差别的，但是他们为何要张皇其词，唱导这样的学说呢？难道他们唱导新伦理的学者，不知道这样的关系，却要待那一知半解的杜亚泉来批评么？这个问题，我只可以用我的感想来解释他。

孔夫子说："古之学者为己，今之学者为人。"这两句话是颠倒的，应该翻过来说"古之学者为人，今之学者为己"了。古代的人，无论著书立说，或者制物成器，想本身得到利益是很少的，因为那时候人类精神上或者物质上的交通，都没有现在的便利。到了他的成绩品传播略广，他的自身已经不在，没有利益可得，所以他们的学问，大概是从"有益于人"着想的。到了现在，却不是这样了。他们的学问，都是为著自己赚钱。若是你说"二五就是一十"，那你的话不能哄动人，就不会赚钱的。你应该偏说"二五不是一十"，那么人家听了新奇，就哄传一时了。你若用这样的方法在大学校做讲师，或者在群众前演说，就可引起人的注意，招集听众，就是名利双收了。若用这方法来刊行杂志，虽然没有像宣传"新淫义"的可以得到多数的欢迎，但也可以吸收若干的顾主。你不论怎么说法，只要新奇，其余都不必顾及。好在群众大概是不来反驳的，说不定有个呆头呆脑的来试试，好在"舌头没有骨"，总有解辩的方法。譬如一个人有腹背两方面，这两方面原是不能分离的，但是你若倡立新说，说："人有两种：一种人，头上有发，和眉目口鼻，衣上有襟纽，足有趾；一种人，头上只有发，没有眉目口鼻，衣没有襟纽，足无趾。"若有人来反驳，你可以叫这人立在马路上，就可以显出确实的证据。凡是来的人都是前一种，去的人都是后一种，很容易区别。这个人就是不相信，但表面上总可以应付过去，好像律师辩护罪犯，只要在条文的一两个字面上能够解避过去，那就可以不算犯罪了。

但是哄动世人，单是用新奇的学说，还不很济事，最好不要学说，只要立一个标语，就是什么"新思想"呀！"新文化"呀！"新道德"呀！"新宗教"呀！"新伦理"呀！这标语里面的内容，可以不要管他。好在人们听了标语，大概是不问内容的。从前有几个学术机关里的人，提倡新思想新文化，就是只有标语，没有内容的。我在"绪言"中已经说过，即使有人来考究内容，只须把大家欢迎的或者出锋头的几个名词，统统装在新的方面，还把大家厌恶的或者蹙眉头的几个名词，装在旧的方面。譬如新的是导欲的，是创造的；旧的是禁欲的，是因袭的。不论什么标语，大概都可以装得上去，就是装不上，也只管装着，不要紧的。你不要顾着你的话有无理性，你只要在大众面前喊得响，听见的人多，你的话就占了优势，就有暗示的力量，就有催眠的性质。李先生论文不是说吗："现在的科学，著重在信仰，发于冒险的勇气和热烈的感情。"你只要信仰你的新说，有勇气和热情来唱导你的新说，那末你的新说，就是科学，就是现在的科学。

现在的学者，用这样的方法来哄动世人，得着利益。至于世人呢，受了他的哄骗，好像喝醉了酒的一样。凡是醉了酒的，总是要劝人喝酒，而且要硬拉人喝酒的。你若是不喝，说不定他就是一拳头打下来。所以喝醉的人，一定是越哄越多的。这一群酒醉的人，将来不晓得怎样的醒过来，我虽然不能豫想，但据我已往的经验，也可以知道大概。我还记得在前清光宣时代，欧战将要发生的当儿，军国民主义，盛极一时，教育团体议决全国学校实施军国民教育。这军国民主义，原是欧洲几位野心的军事家和外交家唱导出来，串了几位哲学家或伦理学家，拉拢点学说，以哄动世人的。越哄越热闹，连我们这东方病夫，也居然眼热起来，想实施军国民教育了。这军国民主义的结果如何，诸位大概都知道的：就是断送了欧洲一千万壮丁的性命。这一千万性命断送以后，那军国民主义，已经变了李先生所说的"属于旧伦理观"，随着这一千万壮丁，埋葬在欧洲的战场中了。军国民主义的酒兴已过了，醒了！醒了！真的醒了吗？但是酒总还是要喝的，白兰地喝厌了，换了惠司克罢。

俗语说"将酒劝人无恶意"，那时的学者，把军国民主义来哄人，也是和我们编新教科书一样，什么"新编"、"新撰"、"新式"、"新制"、"新时代"、"新国民"等等，无非为赚点薪俸起见，没有什么害人的意思。后来这主义的结果，闯了这样的大祸，断送了这许多性命，也不是他们意料所及。死的人虽不免有些冤枉，但是俗语说"骗杀人不偿命"，死的人自己情愿受他们的骗，不能埋怨骗的人。现在所提倡的新主义，结果我不能豫言。但我很希望现在的人，把从前受了主义的欺骗而断送一千万性命的事实，常常记着。论到断送性命，原不是什么大事，只要主义永远存在，那末殉主义的就永远光荣。无如现在的主义寿命很短，军国民主义，前后不过四十年，就寿终正寝了，比之从前家族主义、贵族伦理，寿命短得多。恐怕从此以后，主义越新，寿命越短了。既然以性命殉了主义，那主义仍然没有存在的价值，岂不可怜呢？我请诸位还是仔细想想！我们的人，是自然而生，不是为着什么主义而生的。做人就是做人，不是有了主义才做人的；吃饭尽着吃饭，不必要有什么吃饭主义；睡觉就是睡觉，不必要说什么睡觉主义。就是退一步说，做人总要有主义，那么各人也有各人的主义，一个人当然要立定自家的主义，不要为了那个"新"字的标志，就把人家的主义来当作自家的主义。诸位若是一定要相信这个有"新"字做标志的主义，那末我也有一个新主义，是以前从没有人说过的，而且我还要题他一个更好的标语，叫做"新新主义"。这新新主义，究竟是怎样的主义呢？请诸位郑重的听着罢！喏！新新主义，就是没有主义的主义。

关于情与理的辩论 *

（1927）

　　《一般》的十月号内，载朱孟实先生给一个中学生的一封信，是"谈情与理"的，他说："今年李石岑先生和杜亚泉先生……在《一般》上起过一番辩论，一言以蔽之，他们的争点是我们的生活应该受理智支配呢？还是应该受情意支配呢？"朱先生的主张，是情感的生活胜于理智的生活，但是朱先生所谈的，我还觉着有些不是，所以我再照我的意见辩论一番。

　　（一）朱先生说我"不知李先生的学说得自尼采"。这个不知，虽出于朱先生推想，但是我可以承认的。不过我的知道与否，和我们的争点实在没有关系。朱先生或者以我若知道李先生的学说得自尼采，一定不去抨击了。其实我不是抨击谁，不过看见《一般》的论说中，有和我见解不同的地方，我就把自己见解写出来，至于那论说中学理是那个人创造的，或是因袭那个人的，这和我的见解完全没有关系。

　　（二）朱先生说我"又不知自己所根据的心理学是久已陈死的"。这个不知，我更当然承认的。但我就是知道了，也没有什没〔么〕关系。朱先生以为我若知道这学说已经陈死，一定不再去根据了。其实我只知道这学说的是不是，不知道他陈不陈死不死。无论人家说他怎没〔么〕陈怎没〔么〕死，只要我认为是，那学说至少就在我心中不陈不死。若我只因为人家说他陈死，我就不敢根据，那末我们自然只好专讲些新伦理新主义了。或者朱先生所谓陈死，就是已经有人证明其错误，就是不是，那末朱先生最好将错误指出，我就感激得很。

　　（三）朱先生说："尊理知抑感情的人，在思想上是开倒车……要开倒车的人，应该先证明现代哲学和心理学是错误的。不然，我们决难悦服。"朱先生所谓现代哲学，当然指与"主理主义"对待的"主意主义"；所谓现代心理学，当然指与"理智中心说"对待的"意志中心说"。这学说都不错的。这类学者，大概都有批评从前学者过于尊重理智的话。因为从前的哲学，全求诸理智；从前的心理学，以理智为一切行动的根原。这确是错的。但是近来附和现代哲学和现代心理学的，却变本加厉，蔑弃理智以徇情欲，这却是大错而特错了。宇宙意志、生命意志，都是盲目。理智原是后起，由生命的意志产生，但理智产生以后，他就负了支配生活和指导行为的责任。譬如最低级的生物，没有眼睛，行动不便，生命常受危险，因此由生命的意志，生了眼睛。有了眼睛以后，我们的行动，不免要受眼睛的支配和指导了。自然有许多的行动，如反射运动、自主运动等，不靠眼睛的，也有时用了眼睛，还是看错，或者没有看见，因而行动错误，危害生命，而且有时眼睛看到危险，不敢前进，行动反受阻碍，若是没了眼睛，倒可勇往直前，冲过危险。但是因为这些缘故，就说眼睛支配行动的能力是极微末极薄弱的，我们不要眼睛，我们的行动不要受眼睛的支配，你喜欢往那里去就去，水里也可以，火里也可以，等到你觉著气闷了或者烫了，你再回转换个方向。下等没有眼的动物，行动原是如此的。附和现代哲学心理学的人，都是这样不要眼睛的说法。我以为尊理智抑感情的倒车，至多开到十八世纪，尊感情抑理智的倒车，却要开到原生动物的时代了。

（四）朱先生所述墨独孤派学说，如"快感与痛感，是行为的结果，不是行为的动机。动作顺利，于是生快感；动作受阻碍，于是生痛感。在动作未发生之前，吾人心中，实未曾运用理智，预期快感如何寻求，痛感如何避免，行为的原动力，是本能与情绪，不是理智"，这个学说，我承认他是的，但这是说明原始的行为，不是人类一切的行为，都可以用这个学说来说明的。譬如婴孩初次吮乳，完全是本能的冲动，心中确未曾运用理智，预期由吮乳而得到乳味的快感。但是经过若干时期以后，孩子已得到由吮乳而得快感的经验，那时投入母怀，索乳吮吸，这种行为，其动机中实有豫期的快感存在。除了低级动物和初生儿以外，其行为的动机中，都有这种豫期的成分。理智愈发达，动机中的成分愈复杂，经过选择而后，发为行为，所谓意志的行为。又朱先生说："生命无先见……母鸡孵蛋，没有产出小鸡的先见。"这学说我也承认他是的。但这是生命的原始状态，生命进行的潮流中，不是都这样状态的。

据心理学家实验，母鸡孵蛋数次以后，孵卵时就有产出小鸡的先见了。至于人类，先见更明。妇人腹大了，就知道要生产儿女；月经终止后经过二百八十日，就知道胎儿要出来了。我们一生行为的结果，可以先见可以豫期的，原不过一小部分，大部分还是不能先见不能豫期，所以有许多人还迷信命运气数以及神佛等。我希望我们人类理智日益发达，把不能先见不能豫期的部分逐渐缩少，可以先见可以豫期的部分逐渐扩大，这就是我们生命潮流中努力的倾向。若是因为现在理智支配生活的能力薄弱，而要窒聪塞明，任情纵欲，其结果不是发生听天由命不求进步的保守主义，就是发生专事破坏不顾一切的工团主义（就是朱先生所谓行会主义）了。

（五）朱先生说："如果纯任理智，则美术、宗教与爱，对于人生均无意义。"但是理智和情感，都是人生所不能没有的。我们主张以理智指导情意，正是有了情意，所以要指导。世界决无只有理智没有情意的人生。朱先生所假定纯任理智的人生，犹如假定地球上只有太阳没有雨水，那末自然没有意义了。况且意义的有没有，是理智的评价。人类惟有理智，才知道美术、宗教和爱对于人生的意义。所以艺术、宗教的发达，爱的普遍，仍然是理智的功劳。

（六）朱先生说："世间有许多事须得有几分傻气的才能去做，纯任理智的人，天天都打计算，有许多不利于己的事，决不肯去做的。历史上许多侠烈的事迹，都是情感的而不是理智的。"这个我却以为不是。"天天打算，不肯做不利于己的事"，这是低下的理智，把这样的看做理智，无怪乎要抨击理智了。其实低下的情操，也是如此的，凭着苦快的情感来做事，那不利于己的事，也当然不肯去做。侠烈的事迹，出发于高尚的情感，而这高尚的情操，却是要有高尚的理智才能发生。肯做不利于己的事情，却是从打算而来，不是冒冒失失肯去做的。那位投河的国学家，当然经过深长的思考才去投河的。没有理智，只凭着情感，冒冒失失去死的，只有扑火的灯蛾。其他贪夫殉财，夸者死权，都是理智浅薄，依著低劣的情感去做，卒至丧失生命，朱先生以为他是侠烈吗？

（七）朱先生说："问心的道德，胜于问理的道德。"我以谓把心和理对举，是把理放在心的外面，完全踏着"仁内义外"的弊。理性原是人类精神中的一个要素，决不能把理提出在心外的。我想说问心问理，不如仍说主情主理为妥。主理的道德，诚然有勉强的（就是朱先生说的

"束缚和迫于外力")或者矫伪的。我也主张主情的道德。但主情的道德，就是从情发出的道德，情内不是完全只有道德，那不道德的情是很多的。我们就要用理智来指导他，把道德的情长养起来，不道德的情抑制下去，所谓修养工夫，就是在此。理智也不是完全道德的，但道德不道德，总靠理智来择别。情是盲目的，没有择别道德的本领，除去了理智，还有什么道德可言。所以主情的道德，不可误会为主情就是道德。不然，我要杀人便杀人，我要强奸就强奸，任情纵欲，都可以算是道德了。我们人类应该开发理智，凭借高尚的理智来指导情感，随处修养，到了工夫纯熟，才可以"从心所欲不逾矩"。从心所欲是主情，不逾矩是主理，到此时情理一致，便没有主情主理的差别了。

（八）朱先生说："真孝并不是一种报酬。"这句话很精到的，但说"孝不是一种义务"，这句话却错了。朱先生又说："问理的孝可非，问心的孝不可非。"朱先生以报酬为问理的孝，无怪以为可非了。我以为主情的孝是爱，主理的孝是义务。情理一致，是为真孝；问情不问理，是兽畜之爱；问理不问情，是虚伪之行。何谓主理的孝是义务呢？义务不是还债的意思，譬如我们对于未成年的子女，有教养的义务，这义务决不因为对子女负债而生的。又如我们有保存自己生命的义务，我们天天劳心劳力以尽这义务，但这义务也决不因为对自己负债而生的。我们教养子女的义务，和保存自己生命的义务是一样的。因为我们人类是社会生活的，社会有保存自己生命的义务，若对于未成年的人，不施教养，社会的生命即不能保存，所以教养未成年的人，是社会保存自己生命的义务。我们为社会的一分子，应该替社会负一分子的义务，因此我们有教育未成年子女的义务。若在儿童公育的度制〔制度〕下，这个义务就由社会全体担负了。至于父母，就是社会上担负过教育子女义务的人，也就是维持社会生命的人，这种人在衰老的时候，社会也应该辅养他。因为社会是互助的，他壮健时辅助社会，他衰老时社会也辅助他。在社会主义的制度下，养老的义务，也应由全体社会担负的，所以辅养父母的义务和教养子女的义务，也是一样的，都是伦理上的义务，就是由社会生活而发生的义务。这种义务，是由理智产生的。虽然理智没有达发〔发达〕的动物，也依着本能，爱养子女，子女也爱他的父母，但都是情感的冲动，他们不知道义务，所以情感变迁时，父母把子女吃掉，子女把父母吃掉，也都可以，没有丝毫的制裁。人类由理智上知道这辅养父母和教育子女是一种义务，无论你情感上有没有真实的爱，但你既要在社会上做一个人，这个义务是不容你违反的。没有真实的爱，只因为伦理上的义务去辅养父母，教养子女，原为不能称为真的孝和慈，但也不可非的，总比抛弃子女背离父母的好些。若说爱就是孝，爱就是慈，没有什没〔么〕义务存在，那末孝不孝，慈不慈，可以随你的情感而定，那末必定要人类的生活需要社会与否，也可以随你的情感而定，这个学说，方才可以通过。我们只有希望个人生活和社会生活一致，若要主张个人的自由，脱离社会的义务，则不但孝可非，慈也可非，劳心劳力的保存生命也可非，而最好为自杀，为人类绝灭。

《人生哲学》编辑大意*

（1929）

　　人生哲学，是现时高级中学校必修的课程，可是什么叫做人生哲学？在我国现时的教育界中，似乎还算是一个问题。有的说："是研究人生观，就是解决人生问题的。"有的说："是研究吾人应当如何生活，就是应当如何行为的。"原来精神科学的论理，四通八达，我们要把人生哲学作这样的解释，也不是一定说不过去。不过论到人生哲学的本义，原是从 lebensphilosophie（德文）转译而来，或译为生命哲学（philosophy of life）（英文），乃是以生命为万有中心，尤其以人类的生命为万有中心而创设的哲学。古代一元论哲学中，以精神为万有本体的，称为唯心论的哲学；以物质为万有本体的，称为唯物论的哲学。依此例推，则以生命为万有中心的哲学，亦可称为唯生论的哲学。

　　自从这唯生论的哲学即人生哲学创设以后，生物学、心理学、社会学、伦理学、政治学的理论，皆形成一贯，分之为各科之学，合之即为一贯之道。且此等各科学中一切学派学说，皆可根据唯生论以勘定其价值。鄙人以为这新哲学成立后，现代纷杂的思想界，将有统整的希望。十八、十九两世纪为西洋思想界分化的时期，至二十世纪，将入统整的时期。思想的统整为社会安定的先驱。西洋各国许多的社会问题，或从此可以和平解决。至于我国，在最近的三四十年间受西洋思想的刺戟，社会间发生种种变动，至呈杌陧不安的现象。西洋思想既入统整时期，则其对于我国思想界的影响，亦必伟大。况且我国固有的儒家哲学，本以人生为中心的，孟子所谓"生道"二字，就是"人生哲学"的古义。儒家哲学统一吾国思想垂二千余年，在过去时期中，已著相当成绩。现

---

　　* 杜亚泉编：《人生哲学》，上海，商务印书馆，1929 年。

时孙中山先生所提倡、国民党所信仰的三民主义，其哲学的基础，也就是人生哲学。戴传贤著《孙文学说之哲学的基础》中，称为民生哲学。大抵从自然科学的立场上说，为生命哲学；从社会科学的立场上说，为人生哲学；若专从政治的立场上说，即为民生哲学。其实是没有差别的。用民生哲学来统一现代国民的思想，在最近时期中，已收特殊的效果；在将来的时期中，其效果将益益伟大，一切国际问题国内的政治问题，都可以随着民生问题，同时解决了。

我们为吸收西洋现代的新潮，整理我国固有的国粹，以统一国民的思想起见，在高级中学校中，设立人生哲学的科目，诚为必要。鄙人在二三年前，曾一度任中等学校教职，与学生同居宿舍。工作余暇，常在宿舍中与青年学生为长时间的谈话，觉此等青年的思想，除为其日常习处的父兄师友所薰染外，大都从报张杂志上吸收。而现时报张杂志上所揭载，概为断片的常识，没有明确的系统和坚实的根据。所以青年学生，于社会上事物，往往不能为严切密致的批判；于自己的立身处世上，也就往往为时俗的见解所左右，不能自由的建设一理想，以为进取的目的。有时在西籍中节取片词只语，不问其时代与地方的关系，亦不考求其赞成与反对各方面的批判，辄盲从轻信，为其奴隶，甚至政治党派上或国际策略上所宣传的标语口号，亦容易受其暗示而被其利用。西哲利溥斯（Lippsius，1547－1606）的名言，谓"一切教育及政治的目的，在排除盲性，作成明目的人间"。鄙人因此曾就近人编译书籍中，选其足以开发青年思想者数种，劝学生阅读；又就生物学、心理学、社会学、哲学、伦理学等科学中，搜辑其新颖警切的理论，每周为学生讲述一次；尤于各科学的名词界说，为学生逐一检查词典，严密注意。惜逾年以后，学校以款绌停止。鄙人乃取搜辑的材料，加以扩充与整理，编为此书，名《人生哲学》。哲学本以统一各科学的知识为职志；现代哲学尤以生物学、心理学、社会学为基础；而应用方面，尤注重于伦理学。是书即撷取上述各科学的精义，而以人生的发展为中心，把此等科学联成一片，使青年学生于万有科学中，得约略窥见其根柢，此固鄙人编辑本书的旨趣。惜学植浅薄，结果的不满意处很多，唯阅者与以亮恕，加以纠正，是为深幸。

是书凡分四章，首末加绪言、结论各一篇。绪言为人生哲学的概论；第一章以生物学为主课；第二章以心理学为主课，以论理学方式为辅课；第三章以社会学为主课，以社会问题及三民主义为辅课；第四章则为人生哲学的本论，其主课则在应用部分的伦理学；结论为人生观的叙述与批评。全书编辑体裁，不逾越教科书的规范。除选择材料，联络贯串，为适宜的排列以外，不加入编辑者个人的见解（偶有一二，列于附注，不入正文）与议论。所编辑材料，必经理会明晰，详悉叙述，不敢稍涉含糊，以滋学者疑窦。至高级中学校课程中，原有生物学、心理学、论理学诸科目，学生已选修此等科目者，或与此书有重复之处，可以删节，但以此书作为复习，或非无益。

学校教师或学生，欲就此书所选材料，加以参考或印证，则可翻阅下列各书：

哲学词典	樊炳清编	商务印书馆发行
新文化辞书	唐敬杲编	同上
生物学精义	日本冈村周谛著，汤尔和译	同上
西洋哲学史	H. E Cushnan 著，瞿世英译	同上
又	黄忏华编	同上
近代思想	日本新潮社著，过耀根译	同上
心理学纲要	日本十时弥编	
伦理学要领	日本中岛德茂编	
心理学大集成	日本三浦藤作编	
伦理学大集成	同上	
社会学概论	日本高田保马编，杜焯孙译	
	（发刊中）	商务印书馆发行
社会进化论	日本小山东助编，杜焯孙译	
	（发刊中）	商务印书馆发行
人生哲学	李石岑著	同上

民国十八年一月　编者记

贡献给今日的青年 *

（1932）

内观政象，不由的想到"鱼烂"二字，外来的压迫，又给你当背心热辣辣的一鞭。这时候，谁都觉着已与一个非常的时代对面，就此闭起眼睛躺下来是断无此理的，总得认定一条自己应走的路径。尤其是青年人，血液里充满着生命力，对于这样的期求更为热切且坚强。朋友间的商量，师长前的询问，据我们所知道，近来差不多集中在这一点上。因此我们想：征求诸家的意见，供给大家作为参考，该是有益的事。于是提出如下的问题，敬请诸家赐答：

"假如先生面前站着一个中学生，处此内忧外患交迫的非常时代，将对他讲怎样的话作努力的方针？"

深幸诸家肯成全我们的微愿，各书所见惠寄，便是批露在这里的若干篇。在这个杂志上，这是一次最盛大的谈话会，我们对于执笔的诸家铭感无极！

参考资料不嫌其多，何去何从，读者自能根据客观的条件来决定，那是不消说的。

附告者：各篇以收到先后为次。

编者

我们要商量怎样应付时局，当然要先把时局的真相看得清楚。这时局的真相自然各有各的看法，现在把我所看到的真相先和诸位谈谈。

现在的世界是社会主义和帝国主义对峙的时代，龙争虎斗，不知演到怎样的结局！社会主义中，俄国是过激的社会主义，我国的民生主义是稳健的社会主义，这是在中山先生的著作中已经说得很明白的。帝国

---

* 《中学生》第 21 号，1932 年 1 月 1 日，署名杜亚泉。

主义也有两派：一是经济的帝国主义，一是武力的帝国主义。英、美、法等工商业的先进国都是经济的帝国主义，不消再说。工商业的新进国要想行经济的帝国主义，因为世界的市场和殖民地都被先进国占住，不得不用武力来打开这局面，所以他们总是抱武力的帝国主义的，德国就是一个例子。至于工商业比较落后的国家，因为要免除帝国主义的侵略，自然倾向社会主义。这都是环境上的关系。大家都为着生活问题来适应环境，总逃不出生物学上生存竞争的定理。

论到日本，本来抱武力的帝国主义的。虽近来他也仿效欧美，努力振兴工商事业，有一点经济的帝国主义色彩，但总是武力主义占大部分。他所以抱这种主义，当然因为邻接的中国地大物博，可以被他侵略的缘故。自从德国的武力主义失败以后，日本也感着这主义的危险，国内的工商业家和新派的政治家都主张经济的帝国主义，但是军阀和旧派的政治家仍然持武力的帝国主义。这两派的主张，当然为着自己党派上的利害关系，但也各有相持的理由。新派因为军阀年年绞了国民的汗血，扩张军备，内蹙国民的生计，外招世界的恶感，真不值得。这理由是很充足的。但是旧派知道日本的工商业还很幼稚，工商品的出路，全仗中国的市场。五年十年以后，中国政府的组织渐渐完密，国民的工商业略略进步，日本的工商品当然有被打倒的可能性，这市场是完全靠不住的。所以他们总要用武力来侵略中国，割取满蒙，以图发展。这是田中计划上已说得很明白。从济南撤兵以后，田中内阁费了四千万的国帑，毫无所获，徒招列强的非难。武人内阁倒了，民党内阁上台，两方积怨渐深。因为军缩会议事件，滨口内阁不顾参谋本部的反对，不循向来的惯例，突然由内阁训令币原代表签字，两派遂显然决裂。在新派方面，签字于军缩会议原不免有借世界大势来钳制军阀的意思。但是军阀方面以为民党内阁借外国势力来压制他们，愤不可遏。一直闹到滨口被刺以后，民党也气势激昂，军阀只得暂时忍耐。这一回军阀方面也是单独行动，侵略满蒙，强迫民党对外一致，原是对民党内阁的一种报复手段。这是两夫妻吵嘴，向爹娘出气。我们若是用客观的态度来评论他，实在也是一场好笑的把戏。

至于国联，就是英、法方面和美国方面对于日本的武力，当然是厌恶的。但日本的武力比德国还差得多，够不上他们嫉忌和仇恨的程度。只要日本不用武力来占据中国领土，破坏他们经济上机会均等的形势，他们不但不愿意摧毁日本的武力，而且还有利用日本武力的必要。因为他们经济的帝国主义，当面的仇敌当然是社会主义，尤其是过激的社会主义。万一苏俄的过激主义发展到中国来，他们的经济的帝国主义必受重大的打击。他们虽然有膨大的海军，但除了封锁海口以外，对于腹地，没有多大的势力。他们若不和日本合作，那是无法可施的。他们要利用日本的武力，在东亚方面，和苏俄对抗，这是抄英日同盟和日俄战争的老文章。他们要抄这一篇老文章，所以他们要和日本携手，要日本和他们同走那经济侵略的一条路，限制日本走武力侵略的一条路。日本的工商事业和经济势力，还不能和他们处于对抗的地位，所以日本若和他们同走一条路，他们还受不到十分的妨害，而对于当面的仇敌，可以得到忠实的帮助。日本军阀和民党的把戏，他们都知道的。他们向来联络民党，称日本币原外相为东亚第一个和平主义者。那一天以十三票对一票表决限期撤兵的议案，以及召回大使、经济绝交的风说，并不是替中国打抱不平，无非扶植日本民党威吓军阀的意思。日本军阀表面上虽还强硬，实际上却已软和。日本代表屡屡向国联声明撤兵，却又声称不受国联干涉，这种态度，明人不必细说。欧美人是实利主义的，只要事实上做到，面子上是不成问题。虽然日本没有接受限期撤兵的约束，却把五项的基本条件撤销，军阀的气已馁。遣派调查团的商议，以和缓的态度给军阀留点面子，俗语说："酱缸虽倒，架子勿倒。"使民党的外交家可以表示外交上斡旋的能力，以修好于军阀。这都是欧美外交家巧妙的策略。至于日本占了面子，中国却面子上和实际上都吃了大亏，当然不服。但国联原来不是为帮助中国而设，乃是经济侵略的国家为求经济侵略的安全而设。中国的吃亏，他们自然不管的。

据鄙人看来，现在东北事件虽然闹到天花乱坠，但是结果恐怕还是和济南一样，中国果吃了大亏，日本也没有多少便宜。日本军阀虽然处心积虑，想侵占中国的领土，但在目前国际状况之下，除了得到英、美两国的谅解以外，若要脱离英、美的羁绊，自由行动，恐怕日本的军阀还没有这样的胆量。鄙人虽然没有军事上知识，但知道海军和陆军不同：陆军有时还可以出奇制胜，以寡击众，海军是全讲实力的。倘若以三对一的优势海军来封锁海岸，胜利是可以操券的。若这一回日本军阀一定要走那一条和英、美反对的路，遭到外交封锁、经济封锁的地位，那时候，英、美的舰队到太平洋西岸和黄海来保护商民，日本的舰队就不能活动，万一宣战，日本舰队只有潜伏在军港里面的一法，一面用水雷和各种防御物来堵塞朝鲜海峡、对马海峡、轻津海峡等，以保护通朝鲜釜山的航路。陆军方面，大约可以出三四十万兵到东三省。虽然他有三十年贮蓄的军械，士官的教练也比中国强一点，但中国现时只要有他方面供给相当的军火，在濠堑上和日本军队相持，我以为我中国经过十几年混战中实地演习的军队，决不会有重大的挫失。这样的局势，只要经过一两年，必然和德意志一样。日本人也知道这样的形势，所以我见前半月的日本某报上还说，若果列强对日本行经济封锁，日本因食粮不足，为维持生活起见，只好和苏俄联络。这个也是必然的办法。苏俄和日本，虽然主义完全不同，但要破坏中国现状，却是同一目的。苏俄果然和日本联合来扰乱中国，那时又要牵动欧洲全局，引起世界的大战了。以日、俄两国抗全世界之兵，其胜负不难逆料。结果，苏俄不过回复到欧战以后的地位。日本地势不及苏俄，吃亏必甚。某报所说，也不过是"狗急跳墙"的话罢了。所以我相信在这十年五年中，日本的武力，在中国领土内闹几场把戏是可以的，要想实际上占据领土，还不是这个时候。为日本计，还是跟在英、美的后面到中国来沾光些油水罢。

这一回，日本军阀在东三省闹一场把戏，使我国民现出紧张的状况，这种强烈性的刺戟剂，对于麻痹的症状确有效益。其实武力侵略远不及经济侵略的可怕。武力侵略，虽暴而且骤，但实际上决不如经济侵略的深稳而长久。日本如果以武力侵略中国，其结果必蹈辽、金、元、清的覆辙。这句话十几年前美国杂志上曾经说过，他说：日本的壮丁不过五百万，如果中国被日本征服，这五百万壮丁只可分配于军警、官吏及高等的工商事业上，下层劳动者的地位，必反被中国人占领。社会上一旦发生变动，在上中层地位的必先覆没，下层的劳动者乃站在主人翁地位，这就是辽、金、元、清倾覆的原因。日本新派认武力侵略主义的危险，这也是一种理由。所以中国前途的障碍，不是日本的武力，还在列强的经济侵略主义。

这一回日本的把戏，因武力侵略主义和经济侵略主义冲突而起。但这种种冲突，决不是永久的现象。武力不能不为经济所屈服，别的不必说，只是这一回排货的结果，日本商业上的损免，大约要到二万万左右。武力上无论如何胜利，这损失决不能取偿。现代的国家要积贮武力，必须凭借于经济。而经济侵略的实施，平时必须有武力为后盾，有事时更须用武力为先锋。武力与经济狼狈相依，实无决裂的可能。我觉著这一回的把戏是偶然的变态而非常态。至将来的事变，虽不可豫测，恐防将来俄国的经济计划完成以后，必然把过激的社会主义伸张到中国来。这时候经济的帝国主义必用其武力以决斗于中国境内。所以中国前途的危险，不在武力侵略主义与经济侵略主义决裂的时代，而在经济的帝国主义与过激的社会主义冲突的时代。

在这样时局底下，要商量应付的方法，论到根本解决，当然要依着民生主义，把中国的社会稳稳当当切切实实的改造一番。若是我们依着民生主义的方向，详详细细勘定一条可以通行的路线，大家齐心协力，朝一条路线上去，不过十年五年，就可以走出现在的难关。不过现在的国民大家还没有勘定一条可以通行的路线，就是勘定了一条可以通行的路线，大家未必肯一齐向那一条路线走。而且在经济的帝国主义监视之下，也决不肯爽爽快快放你向着一条可以通行的路线上去走。有这许多关系，所以根本解决的方法，眼前可以无须提及。"急则治其标"，我们应付眼前第一期的计画，先要把国家摆稳，就是把国家的动摇状态减轻一点，那末最低的限度，有几项必要的条件，列下：

一、要有一个强而不暴的统一政府。

二、对于领土，要有相当的防卫力。

三、整理杂色军队，肃清土匪，须要在政治上和工商业上开发事业，救济中下层失业的人民，以减少杂色军队和土匪的来源。

我们为要完成上列的第一期计画起见，我们应该依照下列条件，以应付时局。

一、勉力拥护现政府。对于现政府的政治有不满意处，轻小的务须容忍，关系重大的应以亲切诚恳的态度陈述意见，切不可以武力或阴谋反抗政府，或凭借群众的势力与政府为难。平时言论，不可肆行无责任的攻击。

二、修养品性，预备充分的知识技能，服务社会。不可游手徒食，以消耗社会的生产。

三、节约生活费，守朴素的习惯，专用国货。除为研究学术（书籍仪器）、开发事业（机械）及卫生（药物）的必要事项以外，不可好奇炫异，使用外国的工艺品、奢侈品，以助长外国的经济侵略。

四、服务社会，不论报酬的有无多寡，均须忠勤尽职。对于社会，只须取得自己和家属的必要用费（没有有酬报的职业时，自己研究学术，调查事物，指导农民，仍然是服务社会；衣食行住各项，虽由自己支出费用，仍然是取给于社会。此处不可用私产制度的眼光来解释），不可对社会要求过量的酬报（现在官吏俸给太大，与其欠薪扣薪，不如实行减薪），如收入有余，除提存必要的准备费外，应努力为国家社会开发事业防卫领土之用。

五、激发大众的爱国心，但须以身作则，各自尽力实行。自己尽力爱自己的国，不必勉强他人。国民的爱国心要自发自动的方有价值。对于破坏国民道德的，应用积极的方法来劝勉他，不要用消极的方法来侵害他。

以上几条，系鄙人所拟一般国民应付时局的方法，略备采择。学生诸君如不嫌陈腐，当然也可采用。至专就学生诸君的立场上说，还得再贡献几条，不过尤其陈腐，请诸君原谅。

一、勉力维持社会各方面的安定。对于学校当局及教职员有不满意处，应以亲切诚恳的态度陈述意见，不可以群众的势力攻斥当局及教职员，或要求他施行他所不愿行不敢行不能行的事情。

二、努力求学，注重自修，以实有心得为主。不可单求分数及格，按期毕业。现时教育，还没有十分上轨道。什么分科，什么专门，大部分是装饰门面，有名无实。有志求学的，不能完全信赖学校的规程和教师的指导，也不要盲从时代的倾向，一切须由自己估定价值，自己努力。如果有真实学问，不论毕业与否，终能在社会上显著相当的效益。没有学问，靠着一纸文凭，在社会上混饭吃，这就是禄蠹。况且有了文凭没得饭碗的人还多著呢！

三、知难行易，万事要先知后行。学生时代，尤以求知为要。博考深思，获得缜密的知识，为将来服务社会的预备。不可轻率发挥意志，趁著社会潮流，为无益事实的盲动。学问是祛除人类的盲性的。不可利用人类的盲性，也不可为人类的盲性所利用。

读孙先生家骥哭其德配
陶夫人声绎文书后 *

（1933）

民国二十一年，亚泉以避难自上海归乡，始识孙先生。先生甫丧其德配陶夫人，为文以哭之。亚泉读其文，琐琐述夫人生平事姑省夫育子诸事，其词甚质，而其情若甚深者。亚泉昔治分析派心理学，知吾人情绪，如爱恶等由对象的刺戟而发生者，为客观的情绪，亦专称情绪。如哀乐等虽有对象，而比较的有主观性质者，为主观的情绪，亦称情趣。情绪初起强烈，渐次微弱。情趣反是，初起微弱，渐次增强，且持久不变。情绪有于渐次微弱后遂持久不变者，称为情绪的情趣化。而情趣由情绪转变者亦多。爱恶为情绪，然其后能化为情趣；哀乐为情趣，然亦常由情绪转变。此为两者差别及变迁之大致。西洋言夫妇之爱，以情绪为主。以情绪赅情趣，而情趣不问焉。我国言闺房之乐，以情趣为主。以情趣赅情绪，而情绪不重焉。有爱斯有恶，反目脱辐之事，乃屡发生于文明之配偶间，夫妇之道苦矣。有乐斯有哀，而柳下之诔，潘岳之词，乃流传于千古。孔子曰"好之者不如乐之者"，其义可深长思也。亚泉当谓新式夫妇，如电气之两极，必间以纤细曲折之电线，受种种电阻，乃能发生光热；若两极间径行接触，则光热消失矣。旧式夫妇，如磁铁之两极，异性相吸，不显磁力，而其磁性愈养愈强，一旦脱离，则发生极强之磁力。孙先生之文，盖具有极强之磁力者。虽其文仅缕缕谈家事，而微弱的情趣，实胜于热烈之情绪焉。今距陶夫人之丧既逾年。孙先生既续娶，而犹时时系念陶夫人之生平，欲亚泉为文以表之。亚泉以为乐而不淫，哀而不伤，失妇之道，如是而已。若孙先生与陶夫人，可谓能尽夫妇之道者。今之怀抱新家庭理想者，请一读孙先生之文。

---

* 《越华》第 3 期，1933 年，署名杜亚泉。

杜亚泉年谱简编

1873 年（清同治十二年） 一岁

生于浙江绍兴府山阴县伧塘乡，原名炜孙，字秋帆。父亲杜锡三。杜亚泉幼习举业，恒自奋勉。

1889 年（清光绪十五年） 十七岁

入山阴县泮。中秀才。

1890 年（清光绪十六年） 十八岁

因"乡居见闻寡陋"，进城拜何桐侯为师，致力于清初大家之文，上追天崇隆万。进城后，时常住在族叔杜山佳大家庭中，同杜、何两家子弟切磋琢磨。两家多藏书，供其使用。

1891 年（清光绪十七年） 十九岁

娶妻薛氏。

应乡试落榜。

回乡后，"觉帖括非学效"，转而从族叔杜山佳治训诂，攻读许氏《说文》及许氏学诸家书。当暑夜，就庭中围帐，挑灯以读，风雪冬日，掩北向书窗，仅留一线光以读，忘餐忘寝，有目为痴者。

1894 年（清光绪二十年） 二十二岁

春，至杭州，肄业于浙江省城崇文书院。

秋，第二次乡试未及第。回乡。

1895 年（清光绪二十一年） 二十三岁

春，岁试，考取全郡（绍兴）经解第一名。

秋，中日战耗传至家乡，"心知我国兵制之不足恃，而外患之将日益亟也"，"见热心科名之士，辄忧喜狂邅，置国事若罔闻知，于是叹考据词章之泪人心性，而科举之误人身世也"。因觉经学无裨实用，决心讲求实学以救世济民。又当时杜山佳已在攻古法算学，遂参加学习，改习历算，先中国数学，后西方数学，研读李善兰、华蘅芳算学著述，"时以习代数所得，与叔山佳之习天元者相印证"。

又治化学。购置江南制造局翻译馆傅兰雅、徐寿所译《化学鉴原》等书，穷研冥索，"寄其心思于卷帙之中"。

1896 年（清光绪二十二年）　二十四岁

继续研读数学，直至第二年，数学造诣渐精邃。

1897 年（清光绪二十三年）　二十五岁

春，绍兴设中西学堂。任中西学堂算学教习。

1898 年（清光绪二十四年）　二十六岁

三月，参加学使主持的算学考试，列全郡（绍兴）第一名。

续治化学，"暇则读分原辨质之书，知分类定性之理。乃专备考质之器材以治之，复得学堂所备之小学理化器材而试验之。于是前所读之书始有条理而得纲领也。旋复以小学化学课诸弟，同志渐多，颇得研究之乐"。

因不满足于只读理化译书，开始学日语。"惟以仅借数种译籍为脚本，如沟之无源，如邱之无脉。时塾中同志延日人课东文，予从游焉。条理其文典，稍有一得"。

学日语后，能直接读数理东籍，略窥化学之藩篱。"购日文之化学书读之，渐得熟其学名与规则，而世界普通之化学乃略窥其范〔藩〕篱"。他由"数学入手，而自修物理、化学及矿、植、动物诸科学"。虽无师指点，却能"自觅门径"。不久，"得理化学之要领"。从而得以窥见世界新思潮。

冬，蔡元培任中西学堂总理，杜氏任数理教习。教习中授哲学、文学、史学的有马用锡、薛炳、马绹章等，授数学及理科的有杜亚泉、寿孝天等，主持训育的有胡钟生，在当时的绍兴，极一时之选。教习中颇分新旧，守旧与革新两派常常争执不合，杜亚泉与蔡元培往往偏于革新方面。日久，与旧派学员产生较多龃龉。中西学堂校董徐树兰不满新派教师言行，寻机压制。

是年，绝意仕进。

1899 年（清光绪二十五年）　二十七岁

春，计划与蔡元培等"兴一蒙学会，集同志数人，分编课程书。先于府城开一学堂，会中人为教习，并立师范生数人，教学生二十余人，即以所编之书授之，借以知其善否，随时改定，俟部类略备，风气渐开，乃推之乡镇"。对杜亚泉此一建议，徐树兰听后"愿任刻书之资"。当时设计的课程有：初学惟识字、故事、公理三门，附以体操之易者。第二界分读经、阅史、舆图、数学、格致，皆由浅入深，大约以三年为限。当时拟编初学书，计划由蔡元培任识字书、马用锡任故事书、杜亚泉任公理书的编撰。

春，与蔡元培编和韵记号，"以无字之音，非记号不能读也"。

1900 年（清光绪二十六年）　二十八岁

秋，中西学堂停办，赴上海，寓上海大马路鸿仁里，所居曰亚泉学馆。

创亚泉学馆，开始致力于提倡科学，培养科技人才，被称为"后来私立大学的滥觞"。

冬，出版《亚泉杂志》半月刊。杂志由商务印书馆代印。内容多为数理化论文及知识性文章。首期序文中明确其宗旨是"揭载格致算化农商工艺诸科学"，推广数学、物理、化学。提出科学技术"固握政治之枢纽"。曾受当时两广总督陶模赏识，"饬属购阅"。

始用"亚泉"别号，他对蔡元培解释其意为："亚泉者，'氩线'之省写，氩为空气中最冷淡之元素，线则在几何学上为无面无体之形式。我以此自名，表示我为冷淡而不体面之人而已。"

冬，编《化学原质新表》，现在所使用的部分化学元素名称，即在此表中确定。

1901 年（清光绪二十七年）　二十九岁

春，应叶瀚（浩吾）所邀，有往经正书院授算、化学的打算。

夏秋，"欲印《普通学报》，分八门，乞同志分任撰译，每期四页或二页，属元培任经学门。经学者，包伦理、论理、心理、哲学，大约偏于理论者"。《亚泉杂志》出版第十期后，于同年秋改为《普通学报》，注重科学，兼载时事及政治。后因协助办刊的胞弟不善经营，挥霍资金，使《普通学报》经济陷入困境，出五期后停办。

夏秋，预定明年春往湖州南浔公学任算学格致理化教习。

八月，得父资助，亚泉学馆改为普通学书室，编译发行科学书籍及语文史地等教科书，并且招收学生传授科学知识。

九月，与张元济、温宗尧、蔡元培议创旬报，拟名为"开先"，因温宗尧所拟英文刊名，"有前队、冲锋之意"。后创办时确定名为《外交报》，与蔡元培合认一股。

编《普通新历史》，"颇受读者欢迎"。

此年，与商务印书馆创办人之一鲍咸昌相识。

1902 年（清光绪二十八年） 三十岁

春，张元济创刊的《外交报》由普通学书室发行。

春，普通学书室又发行月刊《中外算报》，为 20 世纪初我国第一份数学专业期刊。

春，为浔溪公学事赴南浔。稍后回上海与蔡元培商量浔溪公学事。

应商务印书馆之请，编写《文学初阶》一套六册，七月初版，供当时学堂教授之需，完全有别于"《三》、《百》、《千》"传统教材。

夏，出任浔溪公学校长。浙江南浔庞氏浔溪公学发生学潮，应庞清臣邀赴任校长，锐意改进，劝庞出资置图书馆、仪器馆，并备置印刷机具。所请教员也均一时知名学者。杜认为这是实现他教育理想的好机会，不遗余力，致其妻薛夫人病故也迟至月余始回乡料理。

九月，薛夫人故。

冬，辞浔溪公学校长职。这一年冬学潮复起，乃辞职，学校也因而停办。

冬，归绍兴，与杜山佳、蔡元培拟在越郡设公学。

1903 年（清光绪二十九年） 三十一岁

二月，与蔡元培、徐友兰等发起组织"绍兴教育会"，担任庶务。

春，在绍兴，与文化教育界人士王子余、寿孝天、宗能述等创办越郡公学于能仁寺，任理化博物教员，曾因试验化学，玻瓶炸碎，伤面部，医愈后，上唇留裂痕。该校不久后因款绌而停办。

冬，续娶王夫人。

1904 年（清光绪三十年） 三十二岁

秋，应张元济之邀赴上海，由蔡元培推荐，被聘为商务印书馆编译所理化数学部主任，重新致力于科学研究编译工作，时正值普通学书室营业疲顿，乃将书室一并并入商务印书馆，自此在商务印书馆服务二十八年之久。商务印书馆最初出版之理化、博物、算学等方面教科书，大都出于其手。理化数学部编辑员多是杜亚泉同乡，故被称为"绍兴帮"。

去年夏，清廷颁布学堂章程，商务印书馆首先按照学制创编最新小学用教科书，分修身、国文、算术、历史、地理、格致，每种每学期一册，杜亚泉与张元济、高梦旦、蒋维乔、庄百俞主编，陆续出版。

1905 年（清光绪三十一年）　三十三岁

在蔡元培所办的爱国女学讲授理科课程，与寿孝天、王子余等人为不支薪俸教员。

三月（4 月 9 日），与蔡元培、钟观光、蒋维乔等共商中国教育会特设通学所之事。四月间，通学所开办，早晚上课，使在职人员能来补习，获取知识。学科有拉丁文、德文、法文、英文、日文、初级理化、高级理化、博物、代数、几何、名学等，来学者一百数十人。

春夏间，秋瑾自日本归国，杜亚泉以绍兴同乡名义组织宴请之。

春夏间，《文学初阶》全部出齐。

在商务印书馆师范讲习所任教。该馆附设"速成小学师范讲习所"，七月二十日（8 月 20 日）正式开学。其宗旨："以简易方法讲习各学科，以养成小学教员之用。"杜亚泉、蔡元培、张菊生、蒋维乔、徐念慈、高梦旦、严练如、长尾桢太郎等均受聘担任教职。

是年，于商务印书馆出版的《东方杂志》发表《物质进化论》、《伦理标准说》。

1906 年（清光绪三十二年）　三十四岁

六月，偕杜海生赴日本考察教育，购日文书籍数十种归。

1907 年（清光绪三十三年）　三十五岁

八月，张元济等创立浙江旅沪学会，杜亚泉被选为评议员。

1908 年（清光绪三十四年）　三十六岁

夏，江、浙两省反对清政府向英商出卖苏沪及沪杭两铁路修筑权的风潮高涨，各地"拒款会"纷纷成立，倡议集款自办。杜氏对于路事，尽心力而为之。欲为绍兴实现认股五百万之扬言，与编译所中绍籍二友通力合作，二友告假两月，回绍劝股，杜亚泉则以同时间之薪入充其周历八县之资斧。

组织旅沪绍兴同人恳亲会，每月聚会一次，有山阴县孙伯圻，余姚县冯仰山，上虞县许善斋等人，直到 1911 年绍兴七县旅沪同乡会成立结束。

年底（1909 年初），与孟森合著之《各省谘议局章程笺释（附议员选举章程笺释）》出版。

是年，开始编撰《辞源》。

1909 年（清宣统元年）　三十七岁

闰二月，浙江旅沪学会开会，杜演说"现值预备立宪时代当先研究宪政"。

三月，上海寓所失火，稿件仪器遭焚毁。

春，《东方杂志》原主编孟森当选为江苏谘议局议员，无暇撰述，辞去主编。杜亚泉参与杂志编辑。

夏，以股东身份参加浙路股东会。

1910 年（清宣统二年）　三十八岁

任浙江省庚子赔款留美学生主考，负责数理出题。

倡议《东方杂志》改革，扩充篇幅，改三十二开为十六开，模仿当时日本最畅销的《太阳》杂志形式，除最后一部分仍留旧有的时论摘要和中外大事记外，刊载自撰或征集的论文和东西报刊的译文，卷首用钢版复制采自外国刊物上的图画，全部用纸也都改为道林纸。

1911 年（清宣统三年）　三十九岁

春，正式被聘兼任《东方杂志》主编。任内对杂志进行重大改革，扩大篇幅，活跃版面，增加内容，增设"科学杂俎"等栏目传播科学知识，设"谈屑"等栏目议论时弊，从而面目一新，成为当时国内销量最大、最有影响的杂志。在任主编九年间，于世界大势、国家政象、社会演变、学术思潮，靡不搜集编载，研究讨论，贡献于国人。杜曾用"伧父"或"高劳"笔名撰写论文、杂感或译著三百余篇。章锡琛评价："及君主编，始广大篇幅，多载政治、经济、哲学、科学论著，一新面目，销行激增。《东方杂志》之有今日，君之力也。"胡愈之亦坦言："《东方杂志》是在先生的怀抱中抚育长大的。"

十月，辛亥革命爆发，即撰《革命战争记》和《革命战争》，给予迅速报道和赞扬。

十月，绍兴七县旅沪同乡会成立，被选为议长，副议长为邵力子。同乡会成立之初，发起人意见互歧，杜亚泉运用法学，拟订章程，设议事会以决意志，设置董事会以任执行，会员为主体，选举有定期，产自选举者，皆义务职，月支薪给者，为办事员。章程通过，意见悉融，并被长期沿用。

绍兴七县旅沪同乡会设小学三所，并设绍兴旅沪同乡公学，杜被推为校董，拟定学校各项校章。

是年，参与编写商务印书馆简易课本小学补习科教科书。

1912 年（民国元年）　四十岁

请杜山初、许善斋二人分担《东方杂志》编辑事，杜自己抽出时间编理科教科书。

5月，参加国民捐会，被推选为主席。

7月，受蔡元培之邀，偕同吴稚晖赴北京参加教育部召开的国音统一会，被聘为该会会员，在早年所学的声韵知识基础上，注重于注音字母和新式标点的创立，对注音字母的创制贡献颇多。逗号"，"即为其所创，并以《二十四史》为对象试验新式标点，历时两年多。

撰文《革命成功记》、《中华民国之前途》、《论共和折衷制》等，介绍辛亥革命，并提出治国建议。

是年，参与编写商务印书馆"共和国新教科书"。

1913 年（民国二年） 四十一岁

春，在北京参加读音统一会。

针对辛亥革命后社会的动荡混乱，1912 年 10 月以后，写了大量政论文章，大声疾呼社会改革。他主张渐变，反对激进，认为改造社会应先提高国民之素质和觉悟。在《东方杂志》发表的文章有《共和政体与国民心理》、《论人民重视官吏之害》、《吾人将以何法治疗社会之疾病乎?》、《论中国之社会心理》、《论社会变动之趋势与吾人处世之方针》、《现代文明之弱点》、《精神救国论》、《国民今后之道德》等。

冬，为与中华书局发行、梁启超等主笔的《中华杂志》竞争，杜亚泉与张元济邀请有革命党背景的蔡元培、汪精卫等人投稿。

是年，参与编写商务印书馆初等小学单级教科书。

1914 年（民国三年） 四十二岁

8月，第一次世界大战爆发，杜及时作了大量连续报道，并发表《大战争与中国》、《大战争之所感》、《战争杂话》等文章。

11月，江苏省教育会理科教授研究会成立，当选编审员。

1915 年（民国四年） 四十三岁

鉴于世界大战及国家危难之形势，杜在《东方杂志》撰写大量文章以图唤起国人之爱国心和自觉性。又认为现代战争多由意识形态引起，提倡国与国之间之沟通、调和，主张社会协力。发表文章有《社会协力主义》、《论思想战》、《波海会》、《国家自卫论》、《国民对外方法之考案》、《吾人今后之自觉》等。

1916 年（民国五年） 四十四岁

5月，拟编理化、博物、器械说明书，并另行制图。

8月，商务印书馆拟用白话编《初等国文》。杜亚泉"以为难。谓内地读官话与文言无异，且官话亦不准，将来文理必不好，而官话又不适用"。

针对袁世凯复辟帝制，杜连续发表长篇报道《帝制运动始末记》，并撰《天意与民意》等文章。

大战爆发以后，东西方文明优劣之论争逐渐高涨。杜从大战中觉察到资本主义社会之弊病，主张对西方文明不能持盲从态度，并反对对传统文化作绝对否定。撰文有《静的文明与动的文明》、《再论新旧思想之冲突》等。

1917 年（民国六年） 四十五岁

春，因越南及新加坡两处禁止商务印书馆《东方杂志》，牵及他书，并扣查各货。张元济与杜亚泉等商议除去外国大事记及欧战综记外"以不登战事为是"，"译件愈少愈妙，战图亦不登"。杜亚泉同意，且主张"欧洲战事似不能载，只好偏重英、法一面"。

春，为商务印书馆博物品制造选定目录。

夏，向张元济建议将编译所理化数学部委托其他人，自己专力主编《东方杂志》。

8月，因《东方杂志》该年第 8 号插画问题，与高梦旦分歧，写信拟辞去杂志主任职务。

9月，选《东方杂志文编》一册。张元济与高梦旦认为体例不合，只可废去，请其另编分类，定名为《东方杂志时论类编》。

夏秋，着手编《欧洲大战》前编。与张元济商量后，张认为"和局不久即定，既定再出后编，前编必不合用，必须修改。且此等销路无多，不如从缓"。

同时，张元济请其续编理化数等辞典。杜亚泉认为矿物学须编，俟植、动两种销路如何再动手。

继续撰文呼唤真共和，文章有《个人与国家之界说》、《国会之解散》、《真共和不能以武力求之论》等。

继续参与东西文化之论争，撰有《战后东西文明之调和》等。发表《未来之世局》一文，预言今后世界将出现国家的联合，社会发生新的阶级——有科学素养的劳动者，国家的民主主义将变为世界的社会主义，政党、武人将消灭。

俄国十月革命后，写《革命后之俄国近情》，认为列宁领导的十月革命，是过激行动。

1918 年（民国七年） 四十六岁

春，主编的《植物学大辞典》出版。自 1907 年开始编辑，历时 12 年，全书 300 余万字，为商务印书馆编印专科辞典之始。嗣后续出人名、医学、动物学、地质矿物学、哲学、地名等辞典，皆以此书为其先河。蔡元培为辞典作序称："吾国近出科学辞典，详博无逾于此者。"

3 月，绍兴旅沪同乡公学正式开校，杜亚泉为校董，其在开校日演说："本校今日成立虽学生不过五十一人，然旅沪同乡数逾十万，同乡会为同乡子弟将来竞胜商场计议，设学校。经三四年之踌躇而毅然决办，实抱有十倍此数百倍此数之目的。欲达此目的，一方全仗校长、教员，以热心从事；一方尤有赖于学生者二端，一注意行检、一勤求学问。如是则本校之名誉增隆，自然日臻发达，可不负同乡会之初意。"

6 月，拟办《理科杂志》，未果。

9 月，陈独秀在《新青年》发表《质问〈东方杂志〉记者》。12 月，杜氏在《东方杂志》发表《答〈新青年〉杂志记者之质问》一文作答。

10 月，参加绍兴七县旅沪同乡会大会，当选议员，并演说同乡子弟当注意职业教育。

年底，《东方杂志》销量减退，为与其他杂志竞争，张元济等拟将杂志减价、改革。

是年，东西方文化论争益趋激烈。杜发表《推测中国社会将来之变迁》、《矛盾之调和》、《政治上纷扰之原因》、《迷乱之现代人心》、《中国之新生命》、《国家主义之考虑》、《对于未来世界之准备如何?》、《言论势力失坠之原因》等文章。

1919 年（民国八年） 四十七岁

第一次世界大战结束后，杜发表《大战终结后国人之觉悟如何?》一文，呼吁国人"抛弃权利竞争，保国内之和平"，"励行社会政策，以苏下层人民之苦痛"。

2 月，陈独秀在《新青年》又发表《再质问〈东方杂志〉记者》。对此，杜未直接反驳，但于同年 9 月在《东方杂志》发表《新旧思想之折衷》一文，继续阐明自己的观点："对于固有文明，乃主张科学的刷新，并不主张顽固的保守；对于西洋文明亦，主张相当的吸收，惟不主张完全的仿效而已。"

5 月，张元济与高梦旦等商定，拟请陶保霖接管《东方杂志》。10 月，商务印书馆商定陶保霖担任《东方杂志》主编，杜亚泉专管理化数学部事。

11 月，杜在《东方杂志》又发表《何谓新思想?》一文，与蒋梦麟进行了关于新旧思想问题的论辩。

父殁。

1920 年（民国九年）　四十八岁

正式离任《东方杂志》主编职。由于《东方杂志》受到《新青年》等的猛烈批评，商务印书馆当局顾虑违反当时彻底反传统的社会思潮会影响该馆声誉及营业，竭力劝杜氏不要再反驳，并要他改变观点，杜亚泉只得辞去《东方杂志》主编兼职，专事于理科编辑工作。他在社会上颇有影响力的政论活动，至此基本上停止。

继母殁。两年中连遭大故，沪、绍奔驰，精力稍替。

是年，参与编写商务印书馆初级小学新法教科书、教员用书。

1922 年（民国十一年）　五十岁

参与编写新学制教科书。

1923 年（民国十二年）　五十一岁

主编《动物学大辞典》出版。自 1917 年开始编辑，历时 6 年，全书 250 余万字。1927 年四版。

1924 年（民国十三年）　五十二岁

元月，参加理科教材讨论会。该会由中华博物学会及江苏省教育会附设的理科研究会召开。

在上海创办新中华学院。杜亚泉自任校长，与学生同居宿舍。学院旨在培养从事科学、实业人才，杜自任教授训导之责，提倡敦朴学风，鼓励学生毕业后赴农村，从事教育及农村合作事业。有《〈新中华学院简章〉序言》一文阐明其理念。

新中华学院勉力支持两年半，斥资八千余元，无力继续，不得已乃停办。杜氏为办校除脱售商务印书馆股票外，又负债二三千元。

1927 年（民国十六年）　五十五岁

先后于 2 月和 11 月在《一般》杂志上发表《对于李石岑先生演讲〈旧伦理观与新伦理观〉的疑义和感想》及《关于情与理的辩论》二文，对李石岑和朱孟实尊情抑理和割裂新旧伦理的观点进行质诘。

1929 年（民国十八年）　五十七岁

为周建人主编之《自然界》杂志撰稿。

《人生哲学》出版。据蔡元培记叙，该书系"将其在学校中讲授之人生哲学内容，充实资料，汇编整理，历时六七年而成"，"全书以科学方法探求哲理，对于各种学说，往往执两端而取其中，如唯物主义与唯心主义，个人与社会，欧化与国粹，国粹中之汉学与宋学，动机论与功利论，乐天观与厌世观，种种相对之主张，无不以折衷之法，兼取其长而调和之"。

1931 年（民国二十年）　五十九岁

10 月，绍兴七县旅沪同乡会召开会员大会，通过新章，改用委员制。杜亚泉当选监委。

1932 年（民国二十一年）　六十岁

"一·二八"日寇侵犯吴淞，杜寓所与商务印书馆俱被炮火焚毁，商务印书馆被迫停业并解雇职工，杜率全家避难回乡，变卖家产，举债为生。

5 月，发声明，不满商务印书馆取消其退职金。

召集其侄杜其垚、杜其堡及几位商务印书馆退职同人，自费在乡间创办千秋编译社，继续从事科学编著工作，完成 70 万字的《小学自然科词书》的编撰。此书于杜逝世后由商务印书馆出版。

又，"每周一次晋城，到稽山中学尽演讲义务"。

1933 年（民国二十二年）　六十一岁

4 月，《博史》一书出版。

6 月，曾赴龙山诗巢雅集，有和友人六如韵诗，末两句云："鞠躬尽瘁寻常事，动植犹然而况人。"

夏，为中华书局新编《国文读本》特约撰述者。

10 月，绍兴七县旅沪同乡会选举，当选监察委员。

秋，患肋膜炎，至 12 月 6 日去世。病笃时无钱医治，身后萧然，几于不克棺敛。

中国近代思想家文库

图书在版编目（CIP）数据

中国近代思想家文库．杜亚泉卷/周月峰编．—北京：中国人民大学出版
社，2014.5
ISBN 978-7-300-18723-5

Ⅰ.①中… Ⅱ.①周… Ⅲ.①思想史-研究-中国-近代②杜亚泉（1873～1933）-
思想评论 Ⅳ.①B250.5

中国版本图书馆 CIP 数据核字（2014）第 068662 号

中国近代思想家文库

杜亚泉卷

周月峰　编

Du Yaquan　Juan

出版发行	中国人民大学出版社	
社　　址	北京中关村大街 31 号	**邮政编码**　100080
电　　话	010 - 62511242（总编室）	010 - 62511770（质管部）
	010 - 82501766（邮购部）	010 - 62514148（门市部）
	010 - 62515195（发行公司）	010 - 62515275（盗版举报）
网　　址	http://www.crup.com.cn	
经　　销	新华书店	
印　　刷	涿州市星河印刷有限公司	
开　　本	720 mm×1000 mm　1/16	**版　　次**　2014 年 6 月第 1 版
印　　张	36.5 插页 1	**印　　次**　2025 年 1 月第 3 次印刷
字　　数	589 000	**定　　价**　126.00 元